SCRIPTORVM CLASSICORVM BIBLIOTHECA OXONIENSIS

OXONII
E TYPOGRAPHEO CLARENDONIANO

T. MACCI PLAVTI

COMOEDIAE

RECOGNOVIT
BREVIQVE ADNOTATIONE CRITICA INSTRVXIT

W. M. LINDSAY
IN VNIVERSITATE ANDREANA LITTERARVM HVMANIORVM PROFESSOR

TOMVS II

MILES GLORIOSVS MOSTELLARIA PERSA POENVLVS
PSEVDOLVS RVDENS STICHVS TRINVMMVS
TRVCVLENTVS VIDVLARIA FRAGMENTA

OXONII
E TYPOGRAPHEO CLARENDONIANO

Oxford University Press, Ely House, London W. 1

GLASGOW NEW YORK TORONTO MELBOURNE WELLINGTON
CAPE TOWN IBADAN NAIROBI DAR ES SALAAM LUSAKA ADDIS ABABA
DELHI BOMBAY CALCUTTA MADRAS KARACHI LAHORE DACCA
KUALA LUMPUR SINGAPORE HONG KONG TOKYO

ISBN 0 19 814629 9

First published 1905
Reprinted 1910, 1923, 1928, 1940, 1950
1953, 1956, 1959, 1963, 1966, 1974

Printed in Great Britain
at the University Press, Oxford
by Vivian Ridler
Printer to the University

ADDENDA ET CORRIGENDA

IN ADNOTATIONE CRITICA

[Occasionem nactus, dum novum examen ex alveari typographico emittitur, pauca in fabulis ipsis, aliquot in adnotatione aut correxi aut addidi; plura hic indicavi quae in adnotatione aut corrigenda videntur aut addenda.

W. M. LINDSAY.

Anno MCMX, *ex Universitate Andreana.*]

MIL. 101 ADD. 101 Ut *codd. Donati Adelph.* I. i. 25 qui amor est *id. ut vid.* (*cf. Berl. Phil. Woch.* 26, 17)
149 LEG. ne *Priscianus* I, 200, *sed cf. Thulin de coniunct. p.* 157
240 PRO *vel* lactest LEG. *fort.* quam lacte est (*vel* lactest) lactis
304 POST e *add. Camerarius* ADD. (*cf. Class. Rev.* 19, 110)
361 ADD. : quis illĭc est *Skutsch* (*Glotta* I, 315)
379 PRO fenestra *codd.* LEG. fenestra *codd.*: *vel* festra
480 POST (*pro* -ret?) ADD. , *quod tuetur Blase de mod. permutat. p.* 18
488 POST (*cf.* 490) ADD. *fort. pro* in uia
631 ADD. *vix* albicapillust
731 POST *om. P* ADD. , *fort. recte.*
812 POST *A n. l.* ADD. *Cf. Sjögren* ('*Fut. im Altlat.*' *p.* 15)
843 POST *Ritschl* ADD. , *Sjögren* ('*Fut. im Altlat.*' *p.* 190)
863 POST quot tu *cod.* ADD. (*cf. Class. Rev.* 19, 110)
897 POST incedit *cod.* ADD. (*cf. Poen.* 577 incedit *pro* cedit *P*)
920 ADD. quin *Durham* ('*Subj. Subst. Clauses*', *p.* 87)
926 PRO *fort.* LEG. *vix*
1005 POST iliam *cod.* ADD. tuis] tueris *Cannegieter de form. fut. exacti, p.* 102
1033 PRO *fort.* LEG. *vix*
1042 POST *Camerarius* ADD. , *sed. cf. Class. Rev.* 19, 110
1061 POST *suspectum* ADD. : *fort.* tantum (δεικτικῶς)
1071 POST quod *cod.* ADD. , *quod tuetur Gaffiot* ('*Subj. Subordin.*', *p.* 202)
1072 POST me *B* ADD. : quoniam (*del.* me) *Gaffiot*
1231 POST *metri causa* ADD. , *sed cf. Radford* (*Trans. Amer. Phil. Ass.* 35, 47)
1253 POST *Leo* ADD. (*sed cf. Cist.* 132)
1278 POST sunt ADD. *Fort.* dotis
1359 ADD. obliscendi *pronuntiandum*
1389 ADD. 1389 stātu *improbat Marx* (*ad Lucil.* 28, 794)

MOST. (*Personae*) ADD. THEOPROPIDES] Theoropides (Theu-) *codd., ut vid., quod tuetur Sonnenschein* (*Class. Rev.* 20, 448)

Most. 21 POST *Leo* ADD. adulescentem⟨que⟩ *Sonnenschein*
72 ADD. 72 itan est? *Seyffert*
73 POST *scripsi* ADD. (*Class. Rev.* 19, 110)
75 ADD. facies *ex* facias *cod.*, *ut vid.*
142 ADD. : plūit in corpus meum *Sonnenschein*
171 LEG. 171 res o. *Camerarius*: o. res *cod.*: omnés morés *Bergk*
199 ADD. *vel sic distingue* u. q. sim; et q. f. ante! sum *alii*
200 ADD. 200 Nimio *Fay*
211 ADD. *vel* capiti
213 PRO *vix* . . . plena LEG. *vix* malesuada mali uiti plena (*cf. Rud.* 319)
241 ADD. ⟨eu⟩ ed. *Sonnenschein*
ADD. : Ioui eo *Sonnenschein*
284, 285 PRO : tibi *cod.* LEG. (*sed cf. Sonnenschein ad loc.*)
302 ADD. (*quod tuetur Sonnenschein ad loc.*)
366 POST est ADD. (*vel* sit)
368 POST agam *cod.* ADD. , *quod tuetur Sjögren* ('*Fut. im Altlat.*' *p.* 84)
PRO *vel* LEG. *vix*
372 ADD. s. i. D. *Tranioni dant quidam*
407 LEG. 407–8 probrior (proprior P^{CD}, *quod tuetur Sonnenschein in Class. Rev.* 20, 439) *cod.* &c.
419 ADD. iam iam ⟨scio: A Philolachete mi adfers clauem istam⟩ *Niemeyer* (*Berl. Phil. Woch.* 28, 429)
445 POST *Schoell* ADD. : *fort.* istist (*cf. v.* 1064)
494 ADD. 494 annos *Abraham stud. Plaut. p.* 232
500 PRO KAREO LEG. KAREO
501 ADD. necuit *Ahlberg de correptione*, *p.* 30
580 POST *Guietus* ADD. , *Sicker* (*Philol. Suppl.* 11, 204)
605 POST *P* ADD. (*cf. Sjögren* '*Fut. im Altlat.*' *p.* 201)
691 ADD. *cf. Gaffiot* ('*Subjonct Subordin.*' *p.* 192)
711 ADD. , *Sjögren* (*Fut. im Altlat.*' *p.* 157)
741 PRO uellem *Muretus* : uelim *cod.* LEG. Vellem *Muretus*
765 PRO col- LEG. col—
878 ADD. , *sed cf. Sjögren* ('*Fut. im Altlat.*' *p.* 204)
928 PRO (?*pro* uti ubes) LEG. , *cf. Sjögren* ('*Fut. im Altlat.*' *p.* 55)
959 POST (*corr.* B²) ADD. haud int. est *Sonnenschein* (*Class. Rev.* 20, 157)
974 PRO (*immo* -ae) LEG. (*fort.* -e *dat. casu*)
992 LEG. erum ut (*pro* uti?) *P*, *fort. recte* : ut e. et *Skutsch*
1067 POST cuiius *A* ADD. ludificabo] *cf. Class. Rev.* 19, 110
POST hic *P* ADD. : hodie hic *Skutsch*
1077 ADD. op. mi *Niemeyer* : mi opportunus *Sjögren* ('*Fut. im Altlat.*' *p.* 22)
1077 LEG. aduenies *cod.* (*pro* -neis?) : aduenerit *Bentley*
1081 ADD. quidem ⟨edepol⟩ *Niemeyer* (*Berl. Phil. Woch.* 28, 430)
1107 PRO quaesiti LEG. quaesiti sit (-sti siet)

ADDENDA ET CORRIGENDA

MOST. 1110 POST munxti *cod.* ADD. : *vel* emunxisti
1114 ADD. , *sed cf. Sjögren* ('*Fut. im Altlat.*' *p.* 31)

PERS. 1 POST es *P* ADD. *vix* Am. in (*iamb. octonar.*)
39 POST *fiat* ADD. tuiame P^{CD} (*T n. l.*), *unde* tu iam me *Roppenecker* (*Plaut. Metr.* 2, 35)
42 PRO *sitiat Ital.* : sitiare *cod.* LEG. sitiare *cod.* : *corr. Roppenecker*
97 ADD. (*cf. Class. Rev.* 19, 110)
106 ADD. (*sed cf. Class. Rev.* 19, 110)
120 PRO q. LEG. cui (*i. e.* qui ?)
153 ADD. 153 tanta *Havet* (*cf. ad Men.* 680)
182 LEG. aureis *A* e. a. ⟨eis⟩ q. m. o. (*del.* sunt) *Sicker* (*Philol. Suppl* 11, 223) sunt m. *Ritschl*, *ut versus anapaesticus fiat*
218 ADD. 218 sciero] scio *Kampmann*, *Lindskog de condicionalibus*, *p.* 15
225 PRO écquid LEG. ĕcquĭd
269 ADD. *cf. Sjögren* ('*Fut. im Altlat.*' *p.* 157)
338 POST uendes ADD. *quod approbat Sjögren* '*Fut. im Altlat.*' *p.* 94
788 ADD : quidem *del. Havet* (*cf.* 789) uir, ⟨salue⟩. To. Salueto. Do. et tu b. l. LE. Dord. h. To. quin i. a. LE. Adi s. l. To. ag. ad SAG. Dord. h. l. s. To. Locus *Havet* (*Arch. Lat. Lex.* 10, 289)

POEN. 16 PRO haece LEG. f. haece
43 ADD. *fort.* ⟨Nunc⟩ nunc
211 ADD. illaec *Skutsch* (*Berl. Phil. Woch.* 17, 1167)
231[a] ADD. (*cf. ad Truc.* 213)
259 POST *Dousa*, ADD. *Sjögren* ('*Fut. im Altlat.*' *p.* 64)
524 ADD. 524 in *fort. delend.*
544 ADD. 544 *vel* At tr. (*cf. Radford* '*Amer. Journ. Phil.*' 25, 162)
547 ADD. , *sed cf. Gaffiot* ('*Subj. Subordin.*' *p.* 193)
561 LEG. qu. s. *cod.* : *trai. Bothe* aduenies *Bothe* : aduentares *Seyffert*
599 ADD. (? *pro* ag. Phil., ita n. a. est)
701 PRO ego *om. P* LEG. ego *om. P* : *post* rĕpl. *collocat Geppert*
730 ADD. , *sed cf. Sjögren* ('*Fut. im Altlat.*' *p.* 103)
740 ADD. *cf. Sjögren* ('*Fut. im Altlat.*' *p.* 96)
778 ADD. (*quod tuetur Marx ad Lucil. v.* 1289)
818 ADD. : ita *Seyffert*
875 ADD. *vix* tacĕre (*tertiae coniugationis* ; *cf. Sicker in Philol. Suppl.* 11, 225
954 ADD. (*cf. Journ. Phil.* 20, 145)
972 PRO *vel* quo tu *T* LEG. *vel* quo tu (*T*) *P*
1051 ADD. Antidamas] *cf. Class. Rev.* 19, 110
1070 ADD. *vel* med *vel* obît
1075 PRO *fort.* . . . aperi LEG. aperi] Aphrodite *Niemeyer Liter. Centralbl.* 11, 394)

POEN. 1137 PRO *omnino* LEG. *satis*
1251 ADD. , *cf. Lindskog de condicionalibus, p.* 102
1271 ADD. Apella *P*
1278 ADD. *fort. recte*
1390 ADD. facĭte et *vix ferendum*

PSEUD. 146 ADD. , *potius* peristroma
147 ADD. (*cf. ad Stich.* 378)
156 POST loquar *A*, ADD. *quod tuetur Sjögren* ('*Fut. im Altlat.*' *p.* 9);
157 PRO igerę LEG. ị(*vel* e)gerę
163 POST *Ritschl* ADD. , *Sjögren* ('*Fut. im Altlat.*' *p.* 8)
184 POST madefecistis *A* ADD. , *quod tuetur Gaffiot* ('*Subj. Subordin.*' *p.* 122)
208 PRO sermone LEG. sermonẹ
263 ADD. 263 potin *in fine coli improbat Seyffert* (*Berl. Phil. Woch.* 18, 1577)
340 ADD. , *sed cf. Sjögren* ('*Fut. im Altlat.*' *p.* 126)
521 PRO *vel* LEG. *ironice vel*
564 ADD. : *fort.* quasi
573 PRO *homoeoarch.* LEG. *homoeoarch., e. g.* ⟨Domi. mox exibo⟩?
615 ADD. (*sed cf. Class. Rev.* 19, 111)
650 POST *Bothe* ADD. , *sed cf. Prescott* ('*Some Phases*', *p.* 245)
734 ADD. 734 homoinem *B* (*vix pro* homonem)
785 ADD. , *sed cf. Landgraf* (*Arch. Lat. Lex.* 10, 376)
841 ADD. odos (*pronunt.* olos) dimissis manibus in c. u. *Postgate* (*Indogerm. Forsch.* 26, 115)
949 PRO efficī (*P ut vid.* . . . *P*[CD]) LEG. effici *B* (*pro* efficī, *i. e.* -cies?)
954 POST *suspectum* ADD. : ill'c est *Skutsch*, *fort. recte*
1071 ADD. : erit *Brugmann*, *Lindskog de condicionalibus*, *p.* 47
1159 ADD. , *cf. Sjögren* ('*Fut im Altlat.*' *p.* 87)
1274, 1274[a] ADD. nime ex discipul. (*anapaest.*) *Skutsch* (*Glotta* 1, 313)
1320 PRO doleastu LEG. doleas tu

RUD. 79 POST illic'st ADD. (ill'c est)
96 ADD. (*Class. Rev.* 19, 111)
103 ADD. p., ⟨salue⟩. DA. salueto. PL. am. ad. SC. sal. sis *Havet* (*Arch. Lat. Lex.* 10, 288):
107 ADD. : sēcus *Havet* (*Rev. Phil.* 31, 233)
161 DEL. NOT. ET LEG. *cf. Arch. Lat. Lex.* 15, 144
191 DEL. *vel* laborest
259 PRO *omnino* LEG. *satis*
272 POST *Bentley* ADD. *metri causa*
309 ADD. *cf. Sjögren* ('*Fut. im Altlat.*' *p.* 12)
376 ADD. *cf. Sjögren* ('*Fut. im Altlat.*' *p.* 59)

ADDENDA ET CORRIGENDA

RUD. 384 ADD. (*cf. Class. Rev.* 19, 111)

479 ADD. 479 hanc hinc *Seyffert* (*Burs. Jahresber.* 1890, *p.* 15)

528 POST *suspicatur* ADD. (*cf. tamen Havet, Arch. Lat. Lex.* 15, 358)

537 ADD. , *sed cf. Havet* (*Arch. Lat. Lex.* 15, 357)

636 ADD. *cf. Sjögren* ('*Fut. im Altlat.*' *p.* 61)

ADD. , *Lindskog de condicionalibus, p.* 41

687 POST *exhibuit cod.* ADD. ; *cf. Class. Rev.* 19, 111

699 PRO p̣ọṭ LEG. p̣ạṭ

705 ADD. 705 *vel* exit

822 DEL. NOT. ET LEG. Herculi fit *Palmer*

884 POST *ferendus* : ADD. semel eluo *Brix, Havet* (*Arch. Lat. Lex.* 15, 357)

888 PRO *testatur Priscianus* LEG. *codices Prisciani*

PRO *Fleckeisen . . . causa* LEG. *codices aliquot Prisciani*

913 ADD. *iamb. dim. cum anap. trim.*

920 ADD. nimísque *improbat Leo*

926 ADD. 926[a] *an* consciust?

993 ADD. audiuisti *cod.*

1006 POST cerritus ADD. c. ego *Schoell*

1127 POST *Pylades* ADD. *fort.* Gr. uidulūm

1130 ADD. *fort.* uidulus estne hic

1140 POST *Mueller* ADD. , *sed cf. Thulin de coniunctivo, p.* 102

1144 ADD. (*cf. ad Cist.* 678)

1247 POST *Pylades* ADD. , *sed cf. Exon* (*Class. Rev.* 20, 35)

1292 ADD. , *Sjögren* ('*Fut. im Altlat.*' *p.* 64)

1307 ADD. , *sed cf. Havet* (*Arch. Lat. Lex.* 15, 357)

1318 ADD. , *Sjögren* ('*Fut. im Altlat.*' *p.* 112)

1401 POST *Leo* ADD. , *Sjögren* ('*Fut. im Altlat.*' *p.* 190)

STICH. 149 ADD. , *sed cf. Sjögren* ('*Fut. im Altlat.*' *p.* 130)

167 ADD. *vix* hocce

197 ADD. *Cf. Sjögren* ('*Fut. im Altlat.*' *p.* 50)

297 PRO id LEG. id *prius*

470, 471 ADD. , *sed cf. Sjögren* ('*Fut. im Altlat.*' *p.* 103)

558 ADD. , *sed. cf. Thulin l. c.*

568 POST *Fleckeisen* ADD. : post (*immo* post') lauatum in p. ibo *Ritschl, Havet* (*Arch. Lat. Lex.* 15, 353)

577 ADD. : *fort. delend.* atque

PRO *omnino* LEG. *satis*

663 LEG *an* nós conuiuiumst

671 PRO redeunti *Acidalius* LEG. *cf. Leo* (*Herm.* 40, 612)

686 ADD. 686 quisque (quisqu') *Ahlberg* '*Proceleusm.*' *p.* 80

687 ADD. , *quod mavult Thulin de coniunct. p.* 151

691 ADD. *vel* oleai

715 PRO *omnino* LEG. *satis*

TRIN. 31 ADD. *cf. Havet* (*Rev. Phil.* 31, 230)

351 ADD. : malum *del. ut gloss. Brix, Morris* ('*Subjunctive*', *p.* 137)

TRIN. 502 ADD. : res *Schoell*, *Sicker* (*Philol. Suppl.* 11, 242)

535 ADD. , *cf. Havet* (*Rev. Phil.* 31, 230)

540 POST 1896 ADD. , *p.* 155

581 ADD. 581 LE. e. h. c. *Niemeyer.*

590 ADD. ero. ⟨ST. i modo⟩ *Niemeyer*

606 POST *Ital.* ADD. , *Sjögren* (‘*Fut. im Altlat.*’ *p.* 117)

679 POST tamen et si *cod.* ADD. : *vix* tamen si (*cf. ad Pers.* 362)

724 POST *Bothe*, ADD. *Seyffert* (‘*Stud. Plaut.*’ *p.* 30),

768 ADD. *fort.* ignotae

923 ADD. 923 erat *Acidalius*, *Sjögren* (‘*Fut. im Altlat.*’ *p.* 116)

928 PRO cecropio . . . *cod.* LEG. cecropia F^{CD} *cf. Prescott* (*Amer. Journ. Phil.* 29, 59)

987 PRO ip SY. LEG. ip (?*pro* CH. ipse) SY.

1012 POST *Camerarius* ADD. , *Thulin de coniunct. p.* 179

1115 ADD. 1115 hominum o. *Reiz metri causa*, *fort. recte* (*cf. ad Most.* 593)

1126 POST suum *cod.* ADD. , *fort. recte*

1187 POST *B* ADD. (?*pro* -as *corr.* -es)

TRUC. 62ª PRO siet . . . *cod.* LEG. p. siet *scripsi*: p. est *cod.*: hic posthac minus *Camerarius* (*cf. v.* 64)

127 POST cena detur *A* ADD. , *quod tuetur Sjögren* (‘*Fut. im Altlat.*’ *p.* 121)

131 PRO tonstricem LEG. tonstricem (tost-)
POST *non placet* ADD. : *vix* obstricem, *cf. Buecheler* (*Glotta* 1, 3)

165 PRO n LEG. n.

201 PRO ut] LEG. ut *alt.*]

249 POST (*i. e.* transiit) ADD. , *quod approbat Abraham* (‘*Stud. Plaut.*’ *p.* 239)

301 POST *displicet* ADD. ; *cf. Havet, Rev. Phil.* 31, 230

363 PRO *non* LEG. *non nimis*

374 POST *Plautinum* ADD. (*cf. tamen Sjögren* ‘*Fut. im Altlat.*’ *p.* 231)

381 DEL *fort. recte*
ADD. *cf. Gaffiot* (‘*Subjonct. Subordin.*’ *p.* 100)

393 ADD. annum *C. F. Müller* (‘*Nom. Akk. im Lat.*’ *p.* 101) :

419 ADD. , *quod tuetur Sjögren* (‘*Fut. im Altlat.*’ *p.* 36)

447 POST *displicet* ADD. ; *sed cf. Radford* (*Trans. Amer. Phil. Ass.* 35, 47)

485 PRO pote LEG. potis

501 POST *Leo* ADD. , *sed cf. Seyffert* (*Berl. Phil. Woch.* 17, 749) : uincerest *tuetur Kauer ad Ter. Adelph.* 828

519 PRO (magnos dolores) *Ital.* LEG. *Ital.*, *Leo* (*scil.* morbum)

523 POST *Bothe* ADD. , *sed* oppl. op. *placet* (*Vahlen, Sitzber. Berl. Akad.* 37, 13)

570 POST *sanatus* ADD. ; *cf. Seyffert* (*Berl. Phil. Woch.* 17, 750)

ADDENDA ET CORRIGENDA

TRUC. 658 POST amasios ADD. *an* m. a. (*om.* stos) *incert.*

768 ADD. 768 caedas *Studemund, Sjögren* ('*Fut. im Altlat.*' *p.* 119)

775 PRO *scripsi* LEG. *scripsi dubitanter*

830 POST *Camerarius* ADD. ; *cf. Lindskog de condicionalibus, p.* 102

862 LEG. uis] uelis *Camerarius*

863 PRO uis LEG. uis, te a me ire *Leo* : uis

885 POST *Schoell* ADD. mem. ⟨uolgo⟩ *C. F. Müller* ('*Syntax*' *p.* 7)

890 ADD. ; *sed cf. Seyffert* (*Berl. Phil. Woch.* 17, 746)

893 DEL. : damnis *cod.*

942 PRO i consultum i, LEG. i consultum i.,

VID. 75 ADD. 75 *cf. Journ. Phil.* 20, 151

FRAGM. LIX POST (facesso et facio) ADD. arg.] '*fort. titulus Plautinae comoediae* (Artemona ?) *latet.*' *Schoell*

SIGLA

A = Ambrosianus palimpsestus (G 82 sup.), saec. iii–iv
B = Palatinus Vaticanus (1612), saec. x–xi
C = Palatinus Heidelbergensis (1613), saec. x–xi
codd. = *AP*
cod. = *P* (ubi *A* deest) vel *A* (ubi *P* deest)
D = Vaticanus (3870), saec. x–xi
E = Ambrosianus (I 257 inf.), saec. xii ex.
J = Londinensis (Mus. Britann., Reg. 15 C XI), saec. xii in.
O = fragmentum Ottobonianum Vaticanum (misc. Lat. 687), saec. xi
P = archetypus codicum 'Palatinae' recensionis vel fons codicum *BCDEVJO* et correctionum B^3. In partibus iis ubi *T* praesto est (Bacch. 35–80, 570–650, 810–900, Pers., Poen., Pseud. 730–fin., Rud. init.–790) idem siglum pro P^A adhibetur.
P^A = proarchetypus 'Palatinae' recensionis vel fons codicum *P* et *T*
P^{BC} = fons codicum *B* (in parte altera) et P^{CD}
P^{BD} = fons codicum *B* (in parte priori) et DP^E
P^{CD} = fons codicum *C* et *D*
P^E = fons codicum *EV* et P^J
P^J = fons codicum *JO* et correctionum V^2
T = deperditus codex Turnebi vel fragmenta Senonensia
V = Vossianus Leidensis (Q 30), saec. xii in.

In textu apicibus ictus metricus indicatur; lineis inter vocabula ductis hiatus.

Numerationem versuum quae est in Teubneriana editione maiori conservare volui.

In adnotatione:

numeri uncinis inclusi spectant ad capita et capitum particulas in libello meo supra memorato ('Introduction to Latin Textual Emendation,' Macmillan., Lond., 1896), quem Francogallice reddidit I. Waltzing (Paris., Klincksieck., 1898).

Vocabula a capitali littera incipientia stant in initiis versuum.

In lectionibus Palimpsesti (*A*) enarrandis haec animadvertenda; punctis singulis singulae indicantur litterae quae omnino legi non possunt; puncto sub littera posito indicatur eam litteram dubiam esse; litterae quae intra uncinos stant legi quidem non possunt sed coniectura restitui; linea recta indicat neque numerum litterarum neque formas ullo modo legi nec conici posse.

MILES GLORIOSVS

ARGVMENTVM I

Meretricem Athenis Ephesum miles avehit.
Id dum ero amanti servos nuntiare volt
Legato peregre, ipsus captust in mari
Et eidem illi militi dono datust.
Suom arcessit erum Athenis et forat
Geminis communem clam parietem in aedibus,
Licere ut quiret convenire amantibus.
Obhaerentis custos hos videt de tegulis,
Ridiculis autem, quasi sit alia, luditur.
Itemque impellit militem Palaestrio
Omissam faciat concubinam, quando ei
Senis vicini cupiat uxor nubere.
Vltro abeat orat, donat multa. ipse in domo
Senis prehensus poenas pro moecho luit.

3 capsust *corr.* -tust *cod. ut vid* 5 ⟨servos⟩ erum ⟨ab⟩ *Ribbeck* 6 ciam *cod.* (*corr.* B^2) 7 liceret *cod.* 8 Oberrans *Ritschl*, *cui* obhaĕrentis *displicet* 9 ridicule is *Seyffert* deluditur P^{CD} 11 q. ei B^2 : q. cel *cod.* (*pro* q. eei ; *vix* quandŏc ei) 13 modo *cod.* (*corr.* B^2)

ARGVMENTVM II

Meretricem ingenuam deperibat mutuo
Atheniensis iuvenis; Naupactum is domo
legatus abiit. miles in eandem incidit,
deportat Ephesum invitam. servos Attici,
ut nuntiaret domino factum, navigat;
capitur, donatur illi captus militi.
ad erum ut veniret Ephesum scribit. advolat
adulescens atque in proximo devortitur
apud hospitem paternum. medium parietem
perfodit servos commeatus clanculum
qua foret amantum. geminam fingit mulieris
sororem adesse. mox ei dominus aedium
suam clientam sollicitandum ad militem
subornat. capitur ille, sperat nuptias,
dimittit concubinam et moechus vapulat.

2 naupactis domum *cod.* : *corr. Pylades* 4 inuitam *Saracenus* : inuitat (-ta B^1) *cod.* 5 facto *cod.* (*corr.* B^2) 7 Aduerum *cod.* (*corr.* B^2) 8 deu. *Saracenus, Bothe* : reuortitur *cod.* 11 geminam *Scutarius* : geminat *cod.* mulieris *Camerarius* : mulier *cod.* 12 adesse *Pylades* : ait esse *cod.* 14 spernat *cod.* (*corr.* B^2)

PERSONAE

PYRGOPOLYNICES MILES
ARTOTROGVS PARASITVS
PALAESTRIO SERVVS
PERIPLECTOMENVS SENEX
SCELEDRVS SERVVS
PHILOCOMASIVM MVLIER
PLEVSICLES ADVLESCENS
LVRCIO (?) PVER
ACROTELEVTIVM MERETRIX
MILPHIDIPPA ANCILLA
PVER
CARIO COCVS

SCAENA EPHESI

vel PYRGOPOLINICES
PERIPLECOMENVS *Ritschl*, *K. Schmidt* (*Herm.* 37, 377)
LVRCIO *dubium* (III. ii LVCRIO *P*, *A n. l.*; *v.* 843 uotio *vel* uocio *P*, *A n. l.*, *ubi* Lŭcrio *metro non convenit*)

ACTVS I

I. i PYRGOPOLYNICES ARTOTROGVS

PY. Curate ut splendor meo sit clupeo clarior
quam solis radii esse olim quom sudumst solent,
ut, ubi usus ueniat, contra conserta manu
praestringat oculorum aciem | in acie hostibus.
nam ego hanc machaeram mihi consolari uolo,
ne lamentetur neue animum despondeat,
quia se iam pridem feriatam gestitem,
quae misera gestit fartem facere ex hostibus.
sed ubi Artotrogus hic est? AR. stat propter uirum
fortem atque fortunatum et forma regia,
tum bellatorem—Mars haud ausit dicere
neque aequiperare suas uirtutes ad tuas.
PY. quemne ego seruaui in campis Curculionieis,
ubi Bumbomachides Clutomestoridysarchides
erat imperator summus, Neptuni nepos?
AR. memini. nempe illum dicis cum armis aureis,
quoius tu legiones difflauisti spiritu,
quasi uentus folia aut peniculum tectorium.
PY. istuc quidem edepol nihil est. AR. nihil hercle hoc quidemst
praeut alia dicam—quae tu numquam feceris.
peiiuriorem hoc hominem si quis uiderit

I. i *incipit A*; *usque ad v.* 17 *pauca servata* 7 fieri attam *P* 8 quem *P* miserę *A* gestitet *P*, *A n. l.* (*cf. v.* 7) fartem (-im) *Skutsch*, *etiam* P^{A} *ut vid.* (fartum (-im?) *T* (?), fratrem (-im?) P^{BC}), *A n. l.* 11 tam *Bothe* ars *P* (*corr.* B^2) 12 nequi *P* 13 curcus lis donis *P* 14 Bumb. *Pylades*: bumbomarides *P*, *A n. l.* Clutom. *Ritschl*: clutum ista ridis archidis *P*, *A n. l.*: Clutomistharidysarchides *Leo* 16 armis *Ital.*: auris *P*, *A n. l.* (v. 4) 17 egionis *P* 18 aut *Merula*: ut *P*, *A n. l.* paniculum *Turnebus*, *A n. l.* (*sed vide Class. Rev.* 6, 88) 19 hoc quidem *P* (*cf.* 31) 20 tu que *P* (*i.e.* tu quae, *fort. recte*; *sed cf. ad v.* 45)

aut gloriarum pleniorem quam illic est,
me sibi habéto, ego me mancupio dabo;
nisi unum, épityra estur insanum bene.
Py. ubi tu es? Ar. eccum. edepol uel elephanto in India,
quo pacto ei pugno praefregisti bracchium.
Py. quid, 'bracchium'? Ar. illud dicere uolui, 'femur.'
Py. at indíligenter iceram. Ar. pol si quidem
conixus esses, per corium, per uiscera
perque os elephanti transmineret bracchium.
Py. nolo istaec hic nunc. Ar. ne hercle operae pretium quidemst
mihi te narrare tuas qui uirtutes sciam.
uenter creat omnis hasce aerumnas: auribus
peraudienda sunt, ne dentes dentiant,
et adsentandumst quidquid hic mentibitur.
Py. quid illúc quod dico? Ar. ehem, scio iam quid uis dicere.
factum herclest, memini fieri. Py. quid id est? Ar. quidquid est.
Py. habes—Ar. tabellas uis rogare. habeo, et stilum.
Py. facete aduortis tuom animum ad animum meum.
Ar. nouisse mores tuos me meditate decet
curamque adhibere ut praeolat mihi quod tu uelis.
Py. ecquid meministi? Ar. memini centum in Cilicia
et quinquaginta, centum in Scytholatronia,
triginta Sardos, sexaginta Macedones—
sunt homines quos tu—óccidisti uno die.

23 habeto [et] *P* (*pro* hab., ei ?) 24 epityra *Varro L. L.* 7, 86: epytira ut (*pro* uel) aput illa *P* (*prava emendatione inculcata*), *A n. l.*: epityrum *edd.*, *quibus constructio* epityra (*acc. pl.*) estur *displicet* insane *Varro, etiam* (iens-) *P*, *contra morem Plautinum* 25 indiam *A* 26 ei *om. P* praefigisti *P* 31 quidem *P* (*cf.* 19) 34 peraurienda *C* (*i. e.* -haur-), *fort. recte* 36 hem *P* 37 factumst hercle *P* (*cf. ad Merc.* 330) 39 facite *P* adu. animum tuum *A* 40 me tuos *P* 41 praeuolat m. quo tu *P* 42 ciliciam *A* 43 Scyth. *Geppert*: scythalatroniam *A*: sycho latroniae *P* 44 sardos *A*: sardis *P* (*abl. plur.* ?) 45 tu quos *Pylades contra morem Plautinum* ⟨hoc⟩ oc. (*scil.* gladio) *Schoell* ⟨una⟩ uno *Ritschl*

Py. quanta istaec hominum summast? Ar. septem milia.
Py. tantum esse oportet. recte rationem tenes.
Ar. at nullos habeo scriptos: sic memini tamen.
Py. edepol memoria's optumá. Ar. offae monent.
Py. dum tale facies quale adhuc, adsiduo edes,
communicabo semper te mensa mea.
Ar. quid in Cappadocia, ubi tu quingentos simul,
ni hebes machaera foret, uno ictu occideras?
Py. at peditastelli quia erant, siui uiuerent.
Ar. quid tibi ego dicam, quod omnes mortales sciunt,
Pyrgopolynicem te unum in terra uiuere
uirtute et forma et factis inuictissumis?
amant ted omnes mulieres neque iniúria,
qui sis tam pulcher; uel illae quaé here pallio
me reprehenderunt. Py. quid eae dixerunt tibi?
Ar. rogitabant: 'hicine Achilles est?' inquit mihi.
'immo eius frater' inquam 'est.' ibi illarum altera
'ergo mecastor pulcher est' inquit mihi
'et liberalis. uide caesaries quam decet.
ne illae sunt fortunatae quae cum isto cubant!'
Py. itane aibant tandem? Ar. quaen me ambae opsecrauerint
ut te hodie quasi pompam illa praeterducerem?
Py. nimiast miseria nimi' pulchrum esse hominem. Ar. immo itast.

46 istic *A* 49 memoriast *P* monet *P* 50 qualem *P* edis *P* 53 occideris *P* (*pro* -res?) 54 peditas telu *P* si uiuerent *P* 57 uirtutem *P* (*corr.* B^2) inuictissumum *Ritschl* 58 te *codd.* iniuriam *A* 59 quistam *B* (iii. 3): qui es tan *A* (? *pro* qui sies t.) pulcher[um] *P* (*seq.* uel; iv. 3) hercle *P* 60 eae *Ritschl*: ere *P*, *A n. l.* (*pro* here?) 61 *vel* Achillis (*nom.*) tibi *P* 62 est *om.* *P* ibi] inuit *P* (*pro* iui; *cf.* 104 interiuit *pro* interibi) 63 pulchere si *P* (I *pro* T) 64 uida et caesariis *P* 65 illo *A* cubat *P* (*corr.* B^2) 66 aibant] a leuat *P* (l *pro* j) quaen] que *P* obsecrauerit *P* 67 illam *codd.* (*corr.* B^2) praeterducerent *A* 68 nimiast] nimis *P* (*pro* nimist?) immo itast *om.* *P*

molestaé sunt: orant, ambiunt, exopsecrant
uidere ut liceat, ad sese arcessi iubent,
ut tuo non liceat dare operam negotio.
PY. uidetur tempus esse ut eamus ad forum,
ut in tabellis quos consignaui hic heri
latrones, ibus denumerem stipendium.
nam rex Seleucus me opere orauit maxumo
ut sibi latrones cogerem et conscriberem.
regi hunc diem mihi operam decretumst dare.
AR. age demus ergo. PY. sequimini, satellites.—

ACTVS II

PALAESTRIO

II. i

Mihi ad enarrandum hoc argumentum est comitas,
si ad auscultandum uostra erit benignitas;
qui autem auscultare nolet exsurgat foras,
ut sit ubi sedeat ille qui auscultare uolt.
nunc qua adsedistis caussa in festiuo loco,
comoediai quam nos acturi sumus
et argumentum et nomen uobis eloquar.
'Αλαζών Graece huic nomen est comoediae,
id nos Latine 'gloriosum' dicimus.
hoc oppidum Ephesust; illest miles meus erus,
qui hinc ad forum abiit, gloriosus, inpudens,
stercoreus, plenus peiiuri atque adulteri.

69 obsecrant *P* 70 uiderit (-ri B^2) ut *P* 71 negotii *P* (*corr.* B^2) 73 aeri *P* 74–146 *deest A* 74 latrones ibus *Nonius* 486 *testans* ibus (*cf. Placidus corp. gloss.* 5, 75, *Donatus ad Eun.* 3, 1, 42): latronis bus *cod.* *vel* din. 75 res *cod.* (*corr.* B^2) 77 rei *BC* die *cod.* (*corr.* B^2) 78 demus *Hasper*: temus (tenemus B^1, teneamus *ut vid.* B^2) *cod.*: eamus *Ital.* 79 comtas *cod.* (*corr.* B^2) 81 auscultabunt *cod.* (*pro* auscultā; vii. p. 106) (*corr.* B^2) nollet *cod.*: nolit B^2 84 quam nos *Pylades*: quandos *cod.* (*pro* quannos) aucturi *cod.* (*corr.* B^2) 86 est *Pylades*: eloquar *cod.* (*ex v.* 85) (*pro* ē, *i. e.* est) 88 illest *Seyffert*: idē *B* (? *pro* illē, *i.e.* illest), *om.* P^{CD} (iii. 4)

ait sése ultro omnis mulieres sectarier:
is deridiculost quaqua incedit omnibus.
itaque hic meretrices, labiis dum nictant ei,
maiorem partem uideas ualgis sauiis.
nam ego hau diu apud hunc seruitutem seruio;
id uolo uos scire quo modo ád hunc deuenerim
in seruitutem ab eo quoi seruiui prius.
date operam, nam nunc argumentum exordiar.
erat erus Athenis mihi adulescens optumus;
is amabat meretricem †matre† Athenis Atticis
et illa íllum contra; qui est amor cultu optumus.
is publice legatus Naupactum fuit
magnai rei publicai gratia.
interibi hic miles forte Athenas aduenit,
insinuat sese ad illam amicam ⟨mei⟩ eri.
occepit eiius matri subpalparier
uino, ornamentis opiparisque opsoniis,
itaque intumum ibi se miles apud lenam facit.
ubi primum euenit militi huic occasio,
sublinit os illi lenae, matri mulieris,
quam eru' meus amabat; nám is illius filiam
conicit in nauem miles clam matrem suam,
eamque húc inuitam mulierem in Ephesum aduehit.
ubi amicam erilem Athenis auectam scio,

91 [ut] omnis *cod.* (*corr.* B^2) (*cf.* 151) ectarier *cod.* (*corr.* B^2) 92 deridiculost *Acidalius*: dericulust (*B*) *vel* deri dicust (*C*) *cod.* 93 nictant *Fulgent. serm. ant.* 46: ductant *Charis.* 103: ducant *cod.* ei *scripsi*: eum *codd. Fulgentii cum rell.* (*cf. Class. Rev.* 12, 456) 96 deuenerit *cod.* (*corr.* B^2) 97 ab eo cui B^2: habe oculi *cod.* (*i. e.* ab eo cuii) 98 exordiat *cod.* (*corr.* B^2) 100 *post* meretricem *lacunam sign. Leo* matre] acre *Tyrrell*: arte *Scioppius*: *fort.* ex (*Class. Rev.* 10, 333) 103 *codd. Mar. Victorini* 147 rei magnai publicai, *diductionem syllabarum testantis*: magna rei publicam *cod.* gratia *Ital.*: gratiast *cod.*: gratiai *codd. Mar. Vict.* 104 interibi *Acidalius*: interiuit *cod.* 105 meĭ eri *dubitanter scripsi*: meri *cod.* (eri B^2): eri, ilico *Schoell* 110 illis *cod.* (*vix pro* illĭus) 111 filia *cod.* (*corr.* B^2) 112 conicit *Camerarius*: contegit (contigit *B*) *cod.* (vi. 1, p. 84) 113 aduenit *cod.* (*corr.* B^2) (*cf. Rud.* 63 auenit *pro* auehit) 114 *post* 115: *trai. Acidalius*

ego quantum uiuos possum mihi nauem paro,
inscendo, ut eam rem Naupactum ad erum nuntiem.
ubi sumu' prouecti in altum, fit quod ⟨di⟩ uolunt,
capiunt praedones nauem illam ubi uectus fui:
priu' perii quam ad erum ueni quo ire occeperam.
ill' ⟨qui⟩ me cepit dat me huic dono militi.
hic postquam in aedis me ad se deduxit domum,
uideo illam amicam erilem, Athenis quae fuit.
ubi contra aspexit me, oculis mihi signum dedit
ne se appellarem; deinde, postquam occasio est,
conqueritur mecum mulier fortunas suas:
ait sése Athenas fugere cupere ex hac domu,
sese illum amare meum erum, Athenis qui fuit,
neque peius quemquam odisse quam istum militem.
ego quoniam inspexi mulieris sententiam,
cepi tabellas, consignaui, clanculum
dedi mércatori quoidam qui ad illum deferat
meum erum, qui Athenis fuerat, qui hanc amauerat,
ut is huc ueniret. is non spreuit nuntium;
nam et uenit et is in proxumo hic deuortitur
apud súom paternum | hospitem, lepidum senem;
itaque illi amanti suo hospiti morem gerit
nosque opera consilioque adhortatur, iuuat.
itaque ego paraui hic intus magnas machinas
qui amantis una inter se facerem conuenas.
nam unum conclaue, concubinae quod dedit
miles, quo nemo nisi eapse inferret pedem,

116 nuntiet *cod.* (*corr.* B^2) 117 di *add. Lipsius* 119 periit . . . uenit . . . iret *cod.* (*corr.* B^2) 120 qui *add. Beroaldus* huc *cod.* 121 deduxit *Camerarius*: duxit *cod.* 125 fortuna sua *cod.* (*corr.* B^2) 126 cuperet *cod.* (*corr.* B^2) 127 amaret *cod.* (*corr.* B^2) 128 odisset qua istum milite *cod.* (*corr.* B^2) 130 consignauit *cod.* (*corr.* B^2) 132 hac *cod.* 134 et *pr. del. Seyffert* is et *Ribbeck* 135 *vix* patĕrnum hosp. paternum suom *Guietus* 139 conuenias *cod.* 140 conclauem *cod.* (*corr.* B^2) 141 eapse *Turnebus*: ea se *cod.*

in eo conclaui ego perfodi parietem
qua commeatus clam esset hinc huc mulieri;
et sene sciente hoc feci: is consilium dedit.
nam meu' conseruos est homo hau magni preti,
quem concubinae miles custodem addidit.
ei nos facetis fabricis et doctis dolis
glaucumam ob oculos obiciemus eumque ita
faciemus ut quod uiderit non uiderit.
et mox ne erretis, haec duarum hodie uicem
et hinc et illinc mulier feret imaginem,
atque eadem erit, uerum alia esse adsimulabitur.
ita sublinetur os custodi mulieris.
sed fori' concrepuit hinc a uicino sene;
ipse exit: hic illest lepidus quem dixi senem.

ii PERIPLECTOMENVS PALAESTRIO

PE. Ni hercle diffregeritis talos posthac quemque in tegulis
uideritis alienum, ego uostra faciam latera lorea.
miquidem iam arbitri uicini sunt meae quid fiat domi,
ita per impluuium intro spectant. nunc adeo edico omnibus:
quemque a milite hoc uideritis hominem in nostris tegulis,
extra unum Palaestrionem, huc deturbatote in uiam.
quod ille gallinam aut columbam se sectari aut simiam

143 hinc *Camerarius*: hic *cod.* 144 senem scientem *cod.* (*corr.* B^2) fecit *cod.* (*corr.* B^2) 147 *accedit A* doctis] fạ(cti)s *A* (*i. e.* fictis?) 148 ịc̣(ie)ṃus *A* 149 ne *Priscianus* I, 200: non *codd.* 151 hic *P* [ut] feret *P* (ut *del.* B^2) (*cf.* 91) 152 al. es. *om. A* esset *P* (*corr.* B^2) 153 es *ut vid. P* 154 senem *P* (*corr.* B^2) 155 dixit (*corr.* B^2) senex [est] *P* (est *del.* B^2), *unde duplicem lectionem* senex *et* senem *eruit Seyffert* 156 defr. *codd.* 157 uestra ego *A* 158 mihi equidem *A* arbitriet uicis (-cini B^2) eunt *P* (*i. e.* arb. et uic. s.?) 161 uia *P*

dicat, disperiistis ni usque ad mortem male mulcassitis.
atque adeo, ut ne legi fraudem faciant aleariae,
adcuratote ut sine talis domi agitent conuiuium.
Pa. nescioquid malefactum a nostra hic familiast, quantum audio:
ita hic senex talos elidi iussit conseruis meis.
sed me excepit: nihili facio quid illis faciat ceteris.
adgrediar hominem. Pe. estne aduorsum hic qui aduenit Palaestrio?
Pa. quid agis, Periplectomene? Pe. hau multos homines, si optandum foret,
nunc uidere et conuenire quam te mauellem. Pa. quid est?
quid tumultuas cum nostra familia? Pe. occisi sumus.
Pa. quid negotist? Pe. res palamst. Pa. quae res palam est? Pe. de tegulis
modo nescioquis inspectauit uostrum familiarium
per nostrum impluuium intus apud nos Philocomasium atque hospitem
osculantis. Pa. quis homo id uidit? Pe. tuo' conseruos. Pa. quis is homost?
Pe. nescio, ita abripuit repente sese subito. Pa. suspicor
me periisse. Pe. ubi abît, conclamo: 'heus quid agis tu' inquam 'in tegulis?'
ille mihi abiens ita respondit, 'se sectari simiam.'

163 disperisti *P* 164 alariae *P* 165 taliis *P* domi] dolis *A* agitet *P* 166 a *om.* *P* huic *P* 167 conseruus meus *P* (*corr* B^2) 168 expetit nihil facio quod *A* 169 auenit *A* estne . . . Pal.] estne aduorsum est quasi *P* (quasi *pro* qui a-?) (*om.* uenit Palaestrio; iii. 2) 170 fuerit *P* 171 uideret *P* (*corr.* B^2) quam ueniret *P* (-re B^2) (? *pro* quomueniret, *antiqua forma*) quantem auellet *P* (*corr.* B^2) 172 *om.* *P* (*propter homoeoarch.*) qum *cod.* 173 de] a (*nota personae*?) de *A* 174 quisis *P* (*corr.* B^2) uestrarum *P* 176 id uidit] tuidit *P* conseruus [est] *P* is [erit] *P* (*corr.* B^2), *unde lectionem duplicem*, homost *et* erit (*immo* erat), *eruit Seyffert* 177 arripuit *A* 178 abit (*praes.*) *Bothe* [a] quid *P* (iv. 3) in tegulis *om.* *P* (*cf.* ii. 5)

PA. uae mihi misero quoi pereundumst propter nihili bestiam!
sed Philocomasium hicine etiam nunc est? PE. quom exibam, hic erat.
PA. i sis, iube transire huc quantum possit, se ut uideant domi
familiares, nisi quidem illa nos uolt, qui serui sumus,
propter amorem suom omnis crucibus contubernalis dari.
PE. dixi ego istuc; nisi quid aliud uis. PA. uolo. hoc ei dicito:
profecto ut ne quoquam de ingenio degrediatur muliebri 185^a
earumque artem et disciplinam optineat colere. PE. quém ad modum?
PA. ut eum, qui se hic uidit, uerbis uincat né is se uiderit.
siquidem centiens hic uisa sit, tamen infitias eat.
os habet, linguam, perfidiam, malitiam atque audaciam,
confidentiam, confirmitatem, fraudulentiam. 189^a
qui arguat se, eum contra uincat iureiurando suo:
domi habet animum falsiloquom, falsificum, falsiiurium,
domi dolos, domi délenifica facta, dómi fallacias.
nam mulier holitori numquam supplicat si quast mala:
domi habet hortum et condimenta ad omnis mores malificos.
PE. ego istaec, si erit hic, nuntiabo. sed quid est, Palaestrio,
quod uolutas tute tecum in corde? PA. paullisper tace,
dum ego mihi consilia in animum conuoco et dum consulo

180 misero] amisero *P* (*corr.* B^2) nihil bestia *P* (*corr.* B^2) 181 eram *P* (*corr.* B^2) 182 i sis *Geppert*: istis *A*: sis *P* huc transire *A*, *fort. recte* possint *A* uideat *P* 185 hic *P* d., *om.* ei *P* (*pro* idicito? i. 4, p. 108) 185^a *om. P* 186 colerem *P* quem] [et] quem *P* (*corr.* B^2) 187 hic se *P* ueruis uincta uinctane esse *P* (iv. 3) 189 perfidia militia *P* (*corr.* B^2) audatia *P* (-am B^2) 189^a confidentia c. fraudulentia *P* (*corr.* B^2) 191 *om. A propter homoeoarch.* 194 mores] molis *P* 196 tacet *P* (*corr.* B^2)

quid agam, quem dolum doloso contra conseruo parem,
qui illam hic uidit osculantem, id uisum ut ne uisum siet.
PE. quaere: ego hinc apscessero aps te huc interim. illuc sis uide,
quém ad modum astitit, seuero fronte curans, cogitans.
pectus digitis pultat, cor credo euocaturust foras;
ecce auortit: nixus laeuo in femine habet laeuam manum,
dextera digitis rationem computat, feriens femur
dexterum. ita uehementer icit: quod agat aegre suppetit.
concrepuit digitis: laborat; crebro commutat status.
eccere autem capite nutat: non placet quod repperit.
quidquid est, incoctum non expromet, bene coctum dabit.
ecce autem aedificat: columnam mento suffigit suo.
apage, non placet profecto mihi illaec aedificatio;
nam os columnatum poetae esse indaudiui barbaro,
quoi bini custodes semper totis horis occubant.
eugae! euscheme hercle astitit et dulice et comoedice;
numquam hodie quiescet priu' quam id quod petit perfecerit.
habet opinor. age si quid agis, uigila, ne somno stude,
nisi quidem hic agitare mauis uarius uirgis uigilias.
tibi ego dico. †anheriatus uestis† heus te adloqui, Palaestrio.

198 conserua *P* 199 ut *om. A* me *P* 200 illus *P* (*corr.* B^2) 201 abstitit seuera f. curas cogitas *P* 203 ecce [autem] au. *P* (iv. 3) leua in femina (-ne B^2) *P* 204 dexteram *P* (*corr. D*) ferit *A*: feries *P* (*i. e.* feriens): feruit *Studemund* 205 eicit *A*: *om. P* (iii. 4, p. 49) agat *Ritschl*: agit *A*: acta *P* (ii. 7) 206 crebros *A* 207 quo *P* 208 expromit *P* (*pro* -met?) coctu adabit *P ut vid.* 209 columna *P* suffulsit *P* 210 mihi illam *P* (?*pro* [mihi] illa mi) 211 osculumnatum *A* inaudiui *P*: audiui *A* 212–48 *deest A* 212 uini *cod.* (*i. e.* bini) occubat *cod.* (*corr.* B^2) 213 astitis *cod.*: adstetisti *codd. Paul. Fest.* 61 dulce *cod.* 214 perfecit *cod.*: *corr. Beroaldus* 215 *vel* opino studet *cod.* (*corr.* B^2) 216 uigilas *cod.* 217 cantheriatu's *latere videtur cum aut* scis (v. 3) *aut* nescis (*vel cf.* iii. 11): t. e. d. an heri adbibisti? heus te adloquor (*Beroaldus*), Pal. *Goetz, Schoell*

uigila inquam, expergiscere inquam, lucet hoc inquam. Pa. audio.
Pe. uiden hostis tibi adesse tuoque tergo opsidium? consule,
arripe opem auxiliumque ad hanc rem: propere hoc, non placide decet.
anteueni aliqua, áliquo saltu circumduce exercitum,
coge in opsidium perduellis, nostris praesidium para;
interclude inimicis commeatum, tibi muni uiam
qua cibatus commeatusque ad te et legiones tuas
tuto possit peruenire: hanc rém age, res subitaria est.
reperi, comminiscere, cedo calidum consilium cito,
quae hic sunt uisa ut uisa ne sint, facta infecta ne sient.
magnam illic homo rem incipissit, magna munit moenia.
tute unus si recipere hoc [ad] te dicis, confidentiast
nos inimicos profligare posse. Pa. dico et recipio
ad me. Pe. et ego impetrare dico id quod petis. Pa. at te Iuppiter
bene amet! Pe. auden participare me quod commentu's? Pa. tace,
dum in regionem astutiarum mearum te induco, ut scias
iuxta mecum mea consilia. Pe. salua sumes indidem.
Pa. eru' meus elephanti corio circumtentust, non suo,
neque habet plus sapientiai quam lapis. Pe. ego istuc scio.

218 expergis *cod.* (*corr.* B^2) hoc inqua *cod.* (*corr.* B^2) 219 uident *cod.* (*corr.* B^2) tergo *Pylades*: ergo *cod* consuli *cod.* 220 arripet *cod.* (*corr.* B^2) properem *cod.* (*corr.* B^2) 221 aliquo saltu *Kiessling*: aliquos autu (aut tu *B*) *cod.*: aut tú aliquo(r)sum *Leo* 222 coge *Camerarius*: cor *cod.* 223 interclude *Ital.*: intercludite *cod.* (*pro* intercludet? *saepissime per hanc fabulam* t *littera perperam adscripta, ut in vv.* 119, 215, 220) 226 reperit *cod.* (*corr.* B^2) 227 uisa ne *Ital.*: tui sane *cod.* infecta] ut facta *Spengel* siet *cod.* 228 homo rem *Meursius*: honorem *cod.* incipis sed magna munitis menia *cod.*: *corr. Salmasius* 229 tute u. *Reiz*: tude u. *cod.*: tu oenus *Bergk* te *scripsi*: atte (a te *B*) *cod.* (*i.e.* ad te) 230 possit *cod.* 231 et . . . petis *Palaestrioni continuat Appuhn* egom inpetrarem (-re B^2) dicom *cod.* 231–2 at . . . amet *Periplecomeni Appuhn* 232 aut inparte mici pare *cod.*: *corr. Bugge* 234 saluam *cod.* 235 circumtentus sum (est B^2) *cod.*: circumtectus est *codd. Donati ad Hec.* 2, 1, 17 236 sapientiai *Mueller*: sapientiame *cod.* aegomi stuescio *cod.* (egomet istuc scio B^2): *corr. Tyrrell*

PA. nunc sic rationem incipisso, hánc instituam astutiam,
ut Philocomasio hanc sororem geminam germanam alteram
dicam Athenis aduenisse cúm amatore aliquo suo,
tam similem quam lacte lactist; apud ⟨te⟩ eos híc deuortier
dicam hospitio. PE. eugae eugae, lepide, laudo commentum tuom!
PA. ut si illic concriminatus sit aduorsum militem
meu' conseruos, eam uidisse hic cum alieno osculari, eam
arguam uidisse apud te contra conseruom meum
cum suo amatore amplexantem atque osculantem. PE. immo optume!
idem ego dicam si ⟨ex⟩ me exquiret miles. PA. sed simillimas
dicito esse, et Philocomasio id praecipiendum est ut sciat,
ne titubet si ⟨ex⟩quiret ex ea míles. PE. nimi' doctum dolum!
sed si ambas uidere in uno miles concilio uolet,
quid agimus? PA. facilest: trecentae possunt caussae conligi:
'non domist, ábiit ambulatum, dormit, ornatur, lauat,
prandet, potat: occupatast, operae non est, non potest,'
quantum uis prolationis, dum modo hunc prima uia
inducamus uera ut esse credat quae mentibitur.

237 incipissom *cod.* (*corr.* B^2) 238 philochomasiom *cod.* (*saepissime per hanc fabulam* -om *pro* -o *scriptum*) huc *Ritschl* altera *cod.* (*corr.* B^2) 239 aduenissaet c. *cod.* (*corr. B*) (et *pro* ec; vi, p. 85) amatorem *cod.* (*corr.* B^2) aliquo B^2: aliquid quot *cod.* (iv. 3) 240 tum *cod.* (*corr.* B^2) quam lacte (*vel* lact') *Ital.*: quam lac B^2: tam (*om.* l.) *cod.* *vel* lactest te *add. Ital.* 243 eam u. *Merula*: eum u. *cod.* 244 uidisset *cod.* (*corr.* B^2) 245 amatorem *cod.* (*corr.* B^2) immo *Bentley*: immo [ut] *cod.* (*cf.* 91) 246 ex *add. Ritschl* 247 esset (-se B^2) et *cod.* recipiendum *cod.*: *corr. Pius* 248 exquiret *Ritschl*: quiret *cod.*: queret (*i. e.* quaeret) B^2 249 *accedit A* miles in uṇọ c. uelịt *A* 250 trecentem *P* (*corr.* B^2) conlici *P* 251 *vel* abit (*ita A*) 252 pr. potest *P* (*corr.* B^2) 253 is *P* prolationum *P* nunc *P* 254 mentibimur B^2: mentibitis *Havet* (*sed cf. ad* 24): *fort.* ⟨ea⟩ m.

PE. placet ut dicis. PA. intro abi ergo et, si isti est mulier, eam iube
cito domum transire, atque haec ei dice, monstra, praecipe,
ut teneat consilia nostra quem ad modum exorsi sumus
de gemina sorore. PE. docte tibi illam perdoctam dabo.
numquid aliud? PA. intro ut abeas. PE. abeo.—PA. et quidem ego ibo domum
atque hominem inuestigando operam huic dissimulabiliter dabo
qui fuerit conseruos qui hodie siet sectatus simiam.
nam ill' non potuit quin sermone suo aliquem familiarium
participauerit de amica eri, sese uidisse eam
hic in proxumo osculantem cum alieno adulescentulo.
noui morem egomet: 'tacere nequeo solus quod scio.'
si inuenio qui uidit, ad eum uineam pluteosque agam:
res paratast, ui pugnandoque hominem caperest certa res.
si ita non reperio, ibo odorans quasi canis uenaticus
usque donec persecutus uolpem ero uestigiis.
sed fores crepuerunt nostrae, ego uoci moderabor meae;
nam illic est Phílocomasio custos meu' conseruos qui it foras.

iii SCELEDRVS PALAESTRIO

SC. Nisi quidem ego hodie ambulaui dormiens in tegulis,
certo edepol scio mé uidisse hic proxumae uiciniae
Philocomasium erilem amicam sibi malam rem quaerere.

255 abiit *P* muliere *cod.* (*corr.* B^2) 256 transiret *P* (*corr.* B^2) dice *om.* *P* monstram *P* (*corr.* B^2) 257 consimilia *P* (*corr.* B^2) (v. 8) 258 perdocta *P* (*corr.* B^2) 259 et qu.] ecquidem *P* (*corr.* B^2) 260 atquem *P* inuestigandos *P* dissimulando (*om.* dabo) *P* 261 simia *P* (*corr.* B^2) 262 illem *P* (*corr.* B^2) qui sermoni (? *antiqua ablativi forma*) *P* familiarum *P* 263 particauerit *P* erius euidisset (B^1) *vel* eriqui uidisset (P^{CD}) *P* (eri se uidisse B^2): erili se uidisse *Ritschl*, *et fort. ita P* 264 quom *P* *ut vid.* (*antiqua forma*) 265 ego et *P* quod *om.* *P* 266 quid *A* uineas *P* 267 capere *P* 269 ero] pro *A* 270 uoce (? *pro* uocei) (-cem B^1) moderabo me (*pro* mee, *i.e.* meae) *P* 271 atque it *P* (? *pro* quei it) 274 malam rem] malum *ut vid.* (alium P^{CD}) *P* (v. 1)

PA. hic illam uidit osculantem, quantum hunc audiui loqui.
SC. quis hic est? PA. tuo' conseruos. quid agis, Sceledre? SC. te, Palaestrio,
uolup est conuenisse. PA. quid iam? aut quid negotist? fac sciam.
SC. metuo—PA. quid metuis? SC. ne hercle hodie, quantum hic familiariumst,
maxumum in malum cruciatumque insuliamus. PA. tu sali
solus, nam égo istam ínsulturam et desulturam nil moror.
SC. nescis tu fortasse apud nos facinus quod natumst nouom.
PA. quod id est facinus? SC. inpudicum. PA. tute sci soli tibi,
mihi ne dixis, scire nolo. SC. non enim faciam quin scias.
simiam hodie sum sectatus nostram in horum tegulis.
PA. edepol, Sceledre, homo sectatu's nihili nequam bestiam.
SC. di te perdant! PA. té istuc aequom—quoniam occepisti, eloqui.
SC. forte fortuna per impluuium huc despexi in proxumum:
atque ego illi áspicio osculantem Philocomasium cum altero
nescioquo adulescente. PA. quod ego, Sceledre, scelus ex te audio?
SC. profecto uidi. PA. tutin? SC. egomet duobus his oculis meis.
PA. abi, non ueri simile dicis neque uidisti. SC. num tibi
lippus uideor? PA. medicum istuc tibi meliust percontarier.

275 loquere (B^1) *vel* loquentem (P^{CD}) *vel potius* loq. (*i.e.* loqui *per compend. script.*) *P* 276 te] ste (sta B^2) *P* (*pro* S., *nota personae*, te) 277 quid negotii fac sciam *P*: quid iạṃ negoti est fasciam *A* 278 Metu *P* hic familiarumst (st *om.* B^1) *P*: est fami— *A in fine folii* 279–343 *deest A* 280 *vel* istanc nihil [hil] (hic *B*) *cod.* (iv. 3) 281 natus [hic] *B* (*cf.* 280) 282 sci *Bentley* (*satis dubia forma*): scis *cod.*: scias *Gulielmius* soli[te] tibi *cod.*: *corr. Camerarius* (iv. 3) 286 aequomst *Ritschl* 288 illa B^2 290 *vel* hisce 292 melius *cod.*

uerum enim tu istam, si te dí ament, temere hau tollas fabulam:
tuis nunc cruribus capitique fraudem capitalem hinc creas.
nam tibi iam ut pereas paratum est dupliciter nisi supprimis
tuom stultiloquium. Sc. qui uero dupliciter? Pa. dicam tibi.
primumdum, si falso insimulas Philocomasium, hoc perieris;
iterum, si id uerumst, tu ei custos additus perieris.
Sc. quid fuat me nescio: haec me uidisse ego certo scio.
Pa. pergin, infelix? Sc. quid tibi uis dicam nisi quod uiderim?
quin etiam nunc intus hic in proxumost. Pa. eho an non domist?
Sc. uisse, abi intro tute, nam ego mi iam nil credi postulo.
Pa. certum est facere.—Sc. híc te opperiam; eadem illi insidias dabo,
quam mox horsum ad stabulum iuuenix recipiat se ⟨e⟩ pabulo.

quid ego nunc faciam? custodem me illi miles addidit:
nunc si indicium facio, interii; ⟨interii⟩ si taceo tamen,
si hoc palam fuerit. quid peius muliere aut audacius?
dúm ego in tegulis sum, illaec †sum† hospitio edit foras;
edepol facinus fecit audax. hoccine si miles sciat,
credo hercle has sustollat aedis totas atque hunc in crucem.
hercle quidquid est, mússitabo potius quam intercam male;

295 nam *Camerarius*: iam *cod.* 295 *et* 300 nesi B^1 296 dicam *Guietus*: [hic] dictam *cod.* (iv. 3) 297 falsom *cod.* (*cf. ad v.* 238) 298 ⟨eo⟩ perieris (*ita cod.*) *Acidalius* it. perieris si id u.; tu ei c. additu's *Niemeyer* 299 quia *cod.* (*corr.* B^2) 303 facere certum est *Seyffert, secundum morem Plautinum* operiat B^1: -ar B^2 304 mox horsum *Camerarius*: uxor *cod.* *vel* iunix: iuuenis *cod.* (v. 9, p. 71; i. 8) e *add. Camerarius* 305 addidit *Dousa*: tradidit *cod.* 306 interii *add.* (*post* taceo) *Camerarius* 307 quod *B* 308 illaec *Ital.*: illac hec *cod.* s̄ (*i. e.* sum) *ut vid. cod.* (se B^2): se (*immo* sese) ex *Lambinus* illa ex suo sese *Lorenz*: illaec ec suo se *Schoell* 309 si miles *Pius*: simile *cod.* 310 totas *Pius*: tota si (totas B^2) [tollat] *cod.* (iv. 3) atquem *cod.* hunc *Heraldus*: hic *cod.* (hinc B^2) 311 qu. herclest *Bothe metro consulens*

non ego possum quae ipsa sese uenditat tutarier.

Pa. Sceledre, Sceledre, quis homo in terra te alter est audacior?
quis magi' dis inimicis natus quam tu atque iratis? Sc. quid est?
Pa. iuben tibi oculos ecfodiri, quibus id quod nusquam hic uides?
Sc. quid, nusquam? Pa. non ego tuam empsim uitam uitiosa nuce.
Sc. quid negotist? Pa. quid negoti sit rogas? Sc. qur non rogem?
Pa. non tu tibi istam praetruncari linguam largiloquam iubes?
Sc. quám ob rem iubeam? Pa. Philocomasium eccam domi, quam in proxumo
uidisse aibas te osculantem atque amplexantem cum altero.
Sc. mirumst lolio uictitare te tam uili tritico.
Pa. quid iam? Sc. quia luscitiosu's. Pa. uerbero, edepol tu quidem
caecus, non luscitiosu's. nam illa quidem | illae domi.
Sc. quid, domi? Pa. domi hercle uero. Sc. abi, ludis me, Palaestrio.
Pa. tum mihi sunt manus ínquinatae. Sc. quidum? Pa. quia ludo luto.

312 issa *cod.*, *fort. recte* 313 interemat est alter audatior *cod.*: *corr. Ritschl*, *nam* test altēr (*cf. ad Asin.* 250, *Curc.* 438) *suspectum* 314 *vel* mage dehis *cod.* quantum *cod.* (vii. 4) iratis *Camerarius*: irat *cod.* 315 iubent *cod.* (*corr.* B^2) hic] est (*immo* st) *Ital.* uidis *cod.* 316 tuam empsim uitam *Lindemann*: mutuam ea ipsi tui tam *cod.* 318 non tu tibi *Bentley*: non iu et ibi *cod. ut vid.* (num tute tibi B^2) praetunc ari *cod.* (*corr.* B^2): praeruncari *Goetz, Schoell* 319 iubeat *cod.* (*corr.* B^2) qua *cod.* (*corr.* B^2) 320 aleuas *cod.* (aiebas B^2) amplexante (B^1) *vel* ampleocante *PCD*) (*utrum pro* -ox- *an* -ecs- *incert.*) *cod.* (*corr.* B^2) 321 mirum lolio *codd. Fulgentii serm. ant.* 13 ('*Plaut. Merc.*'): mirus olio *cod.* 322 ueherbero *cod.* (*corr.* B^2) 323 *vel* caecu's illam q. *cod.* (*corr.* D^2) (m *littera perperam adscripta est saepissime per hanc fabulam, ut in vv.* 231, 297, 262, *etc.*) *fort.* quidemst (*cf.* 19) illae *scripsi*: illa *cod.* (*cf.* 348) nam illam quidem eccam *Gruterus* 325 Tum B^2: Tam *cod.*

Sc. uae capiti tuo! Pa. ⟨tuo⟩ istuc, Sceledre, promitto fore
nisi oculos orationemque aliam commutas tibi.
sed fores cóncrepuerunt nostrae. Sc. at ego ilico opseruo fores;
nam nihil est qua hinc huc transire ea possit nisi recto ostio.
Pa. quin domi eccam! nescioquae te, Sceledre, scelera suscitant.
Sc. mihi ego uideo, mihi ego sapio, ⟨mihi⟩ ego credo plurumum:
mé homo nemo deterrebit quin ea sit in his aedibus.
hic opsistam, ne inprudenti huc ea se subrepsit mihi.
Pa. meus illic homo est, deturbabo iam ego illum de pugnaculis.
uin iam faciam uti stultiuidum te fateare? Sc. áge face.
Pa. neque te quicquam sapere corde neque oculis uti? Sc. uolo.
Pa. nemp' tu istic ais esse erilem concubinam? Sc. atque arguo
eam me uidisse osculantem hic intus cum alieno uiro.
Pa. scin tu nullum commeatum hínc esse a nobis? Sc. scio.
Pa. neque solarium neque hortum nisi per impluuium? Sc. scio.
Pa. quid nunc? si ea domist, si facio ut eam exire hinc uideas domo,
dignun es uerberibus multis? Sc. dignus. Pa. serua istas fores,

326 tuo *add. Camerarius* 327 alia *Guietus* 328 ilico (B) *vel* ila (P^{CD}) *cod.* (illas B^2) obseruo *Ital.*: obserui (-uis P^{CD}) *cod.* 329 hinc *Ital.*: hic *cod.* 330 Quin *Merula*: Quem *cod.* (*pro* Quein?) quae *Camerarius*: [ut] que *cod.* (*cf.* 245) suscitat *cod.* (*corr.* B^2) 331 mihi *add. Pylades* 332 *vel* med deterrebit *Klotz*: detereuti *cod.* (-ti *pro* -it) sit ea *Mueller*, *nam* sit in hīs (*dact.*) *displicet*: in his sit *Niemeyer fort. recte* 335 uim *cod.* te B^2: ut (*om.* P^{CD}) *cod.* ut (*ita cod.*) st. esse tu (*om. alii*) te f. *Goetz* 337 ais *Camerarius*: as *cod.* (*cf.* 358) esset *cod.* (*corr.* B^2) 338 me *Camerarius*: ne *cod.* uidisset *cod.* 339 esset *cod.* (*corr.* B^2) 341 hinc exire *cod.*: *trai. Acidalius* domi *cod.*

ne tibi clam se supterducat istinc atque huc transeat.
SC. consilium est ita facere. PA. pede ego iam illam huc tibi sistam in uiam.—
SC. agedum ergo face. uólo scire utrum egon id quod uidi uiderim
an illic faciat, quod facturum dicit, ut ea sit domi.
nam egoquidem meos óculos habeo nec rogo utendos foris.
sed hic illi subparasitatur semper, hic eae proxumust,
primus ad cibum uocatur, primo pulmentum datur;
nam illic noster est fortasse circiter triennium
neque quoiquam quam illic in nostra meliust famulo familia.
sed ego hoc quod ago, id me agere oportet, hoc opseruare ostium.
sic opsistam. hac quidem pol certo uerba mihi numquam dabunt.

PALAESTRIO PHILOCOMASIVM SCELEDRVS iv

PA. Praecepta facito ut memineris. PH. totiens monere mirumst.
PA. at metuo ut sati' sis subdola. PH. cedo uel decem, edocebo
minime malas ut sint malae, mihi solae quod superfit.
age nunciam insiste in dolos; ego aps te procul recedam.
PA. quid ais tu, Sceledre? SC. hanc rem geró. habeo auris, loquere quiduis.
PA. credo ego istoc exemplo tibi esse pereundum extra portam,

344 pede *Acidalius*: pedes *cod.* *accedit A* inuitam *P* 345 ego *P* 347 roga utendi (P^{CD}) *vel* rogat utende (*B*) *P* 348 ea *P* 350 fortasset *P* (*corr.* B^2) 351 *vel* quoiiquam quam ílli (illi *codd.*) in *om. P* 352 quid *P* 354 tolles *P* (LL *pro* TI; vi. 1) 355 ut *om. A* 356 Memini *P* sola equo *P* 357 *Palaestrioni tribuit P* (*A n. l.*) iam nunc *P* 358 ais] as *P* (*cf.* 337) 359 exemplo (B^1) *an* extemplo ($P^{CD}B^2$) *incert. P* esse pereundum (perfundum *A*, eundum *codd. Gell.*) extra portam *A*, *codd. Gellii*

dispessis manibus, patibulum quom habebis. Sc. quamnam | ob rem?
Pa. respicedum ad laeuam: quis illaec est mulier? Sc. pro di inmortales,
eri cóncubinast haec quidem! Pa. mihi quoque pol ita uidetur.
age nunciam, quando lubet—Sc. quid agam? Pa. perire propera.
Ph. ubi iste ést bonu' seruos qui probri me maxumi innocentem
falso insimulauit? Pa. em tibi! hic mihi dixit tibi quae dixi.
Ph. tun me uidisse in proxumo hic, sceleste, ais osculantem?
Pa. ac cum alieno adulescentulo dixit. Sc. dixi hercle uero.
Ph. tun me uidisti? Sc. atque his quidem hercle oculis—Ph. carebis, credo,
qui plus uident quam quod uident. Sc. numquam hercle deterrebor
quin uiderim id quod uiderím. Ph. ego stulta et mora multum
quae cum hoc insano fabuler, quem pol ego capitis perdam.
Sc. noli minitari: scio crucem futuram mihi sepulcrum;
ibi mei maióres sunt siti, pater, auos, proauos, abauos.

15, 15, 4: esse eundum actutum si extra portam est *P* (*conflatum ex duplici lectione* esse pereundum *et* eundum actutumst; *vix ortum ex* eundum actutum sc⟨ilicet⟩, *glossa in* pereundum) 360 dispessis *testatur Gellius*: dispensis *A*: dispersis *P* habebis] uidetis *A* 361 illaec quis est *Bothe, nam spondeus in fine hemistichii displicet* 363 peripe (*pro* perire) propere *ut vid. P* (peripe propero B^1, peri perpropere $P^{CD}B^2$) 364 est (ē) *om. P* probri] prodit *P* (*pro* probi; *cf. ad* 223) maxume *P* 365 instimulauit *A* m. id dixit Ph. tibi quem d. *P* dixit (B^1) *vel* dixti (P^{CD}) *P* 366 tun] tute *P* *om.* ais *P* 368 tune (*om.* me) *A* hercle *om. P* crebro *A* (*pro* crebo) 371 fabulem (-let B^1) *P* *fort. recte* (*sed cf. Langen 'Beitraege,'* p. 61) 373 sunt maloris *A*

non possunt mihi minaciis tuis hísce oculi ecfodiri.
sed paucis uerbis te uolo, Palaestrio. opsecro, unde
exît haec huc? PA. und' nisi domo? Sc. domo? PA. mé uiden? Sc. te uideo.
nimi' mirumst facinus quo modo haec hinc huc transire potuit;
nam certo neque solariumst apud nós neque hortus ullus
neque fenstra nisi clatrata; nam certe ego te hic intus uidi.
PA. pergin, sceleste, intendere hanc arguere? PH. ecastor ergo
mi hau falsum euenit somnium quod noctu hac somniaui.
PA. quid somnia[ui]sti? PH. ego eloquar. sed amabo aduortite animum.
hac nocte in somnis mea soror geminast germana uisa
uenisse Athenis in Ephesum cum suo amatore quodam;
i ambo hóspitio huc in proxumum mihi deuortisse uisi.
PA. Palaestrionis somnium narratur. perge porro.
PH. ego laeta uisa quia soror uenisset, propter eandem
suspicionem maxumam sum uisa sustinere.
nam arguere in somnis me meus mihi familiaris uisust
me cum alieno adulescentulo, quasi nunc tu, esse osculatam,
quom illa osculata mea soror gemina esset suompte amicum.

374 mihi possunt AP^{CD} minis *A* oculis AB^1 fodiri *P* 375 o. [te] *A* unde *in initio sequentis versus AP*: *huc transposui* (*cf. Class. Rev.* 6, 404) 376 hac huc *P*: haec (*om.* huc) *A*, *fort. altera lectio* opsecro te, Unde exit (*praes.*) haec domo? Sc. domo? PA. me] domo modo me *A* 377 nimis] nis (*D*) *vel* nisi (*BC*) *P* (?*pro* nīis, *i.e.* nimis) miserum est *A* hic (*om.* huc) *P* potuerit *P* 379 fenestra *codd.* nisi] neque *A* clatrata *Scutarius*: clarata *codd.* certo *P* hic *om. A* 380 intenderet (-re et $P^{CD}B^2$) *P* ego *P* 381 eueniat *P* (*pro* -niet?) 382 aduortit (B^1) *vel* aduortito ($P^{CD}B^2$) *P* 383 gemina et (P^{CD}) *vel* gemina (*B*) *P* 384 quom *A* (*antiqua forma*) suo] eo *P* 385 ei *Ritschl*: et *A* (T *pro* I): hi *P* hospitium *A* deuortis̄ (*i.e.* -isse) *P ut vid.* (-tis B^1, -ti sunt $P^{CD}B^2$) *Plurima apud hanc fabulam eiusmodi contractionum vestigia* 386 Palaestrionis *Dousa*: palaestrioni *codd.* (*seq.* s) 389 me familiaris meus mihi uisus est *P* 390 nunc est osculatam esse *P* (v. 3): nunc tu es ausculatam *A* 391 ausculta AB^1 (*pro* ausculata) suompte (-uum-) *etiam P ut vid.* (sumptu B^1, suum P^{CD})

id me insimulatam perperam falsum esse somniaui.
PA. satin eadem uigilanti expetunt quae in somnis uisa memoras?
eu hercle praesens somniúm! abi intro et comprecare.
narrandum ego istuc militi censebo. PH. facere certumst,
neque me quidem patiar probri falso inpune insimulatam.—
SC. timeo quid rerum gesserím, ita dorsus totus prurit.
PA. scin te periisse? SC. nunc quidem domi certost. certa res est
nunc nostrum opseruare ostiúm, ubi ubist. PA. at, Sceledre, quaeso,
ut ad id exemplum somnium quam simile somniauit
atque ut tu suspicatus es eam uídisse osculantem!
SC. nescio quid credam egomet mihi iam, ita quod uidisse credo
me id iam non uidisse arbitror. PA. ne tu hercle sero, opinor,
resipisces: si ad erum haec res prius praeuenit, peribis pulchre.
SC. nunc demum experior mi ob oculos caliginem opstitisse.
PA. dudum edepol planumst id quidem, quae hic usque fuerit intus.
SC. nihil habeo certi quid loquar: non uidi eam, etsi uidi.
PA. ne tu edepol stultitia tua nos paene perdidisti:

392 id (it) *etiam P ut vid.* (item B^1, ita $P^{CD}B^2$) 393 uigilantis *P* 394 heus *P* praesentsomnium *ut vid. P* (perdent somnium B^1, praesentia omnia $P^{CD}B^2$) 396 proui *P* (*i. e.* probi, *vulgaris forma*) (prout B^1, prodi $P^{CD}B^2$) 397 gesserit *P* 398 num *A* 399 o. ubisset (ubi isset $P^{CD}B^2$) *P* (*pro* o. ubi siet?) 400 quam (quā) *etiam P ut vid.* (quia *B*, quasi $P^{CD}B^2$) 401 es *om. A* 402 *om. P* 403 id iam] eam *P* arbitri (B^1) *vel* arbitraris ($P^{CD}B^2$) *vel potius* arbitr̄ (*i. e.* -ror) *P* h. opinor obsecro (*pro* sero) *P* *vel* opino 404 respicis si ($P^{CD}B^2$) *vel* resipisci (B^1) *P* deuenerit *A*: [ob oculos] (*ex* 405) preuenit *P ut vid.* (creuerit B^1, peruenit $P^{CD}B^2$) peruis *P* (*corr.* B^2) 405 mi] prius *P* (*ex* 404) optigisse *P ut vid.* 406 planum hic q. *P* hinc *P* 407–66 *deest A* 407 uidi eam *Camerarius*: uideam *cod.* 408 nostra (nos B^2) p. perdidit *cod.*: *corr. Camerarius*

dum te fidelem facere ero uoluisti, apsumptu's paene.
sed fores uicini proxumi crepuerunt. conticiscam.

PHILOCOMASIVM SCELEDRVS PALAESTRIO — V

PH. Inde ignem in aram, ut Ephesiae Dianae laeta laudes
gratisque agam eique ut Arabico fumificem odore amoene,
quom me in locis Neptuniis templisque turbulentis
seruauit, saeuis fluctibus ubi sum adflictata multum.
SC. Palaestrio, o Palaestrió! PA. o Sceledre, Sceledre, quid uis?
SC. haec mulier, quae hinc exît modo, estne erilis concubina
Philocomasium an non est ea? PA. hercle opinor, ea uidetur.
sed facinus mirum est quo modo haec hinc huc transire potuit,
si quidem east. SC. an dubium tibi est eam esse hanc? PA. ea uidetur.
SC. adeamus, appellemus. heus, quid istúc est, Philocomasium?
quid tibi istic in istisce aedibus debetur, quid negotist?
quid nunc taces? tecum loquor. PA. immo edepol tute tecum;
nam haec nihil respondet. SC. te adloquor, uiti probrique plena,
quae circum uicinos uagas. PH. quicum tu fabulare?
SC. quicum nisi tecum? PH. quis tu homo es aut mecum quid est negoti?
SC. me rogas? hem, qui sim? PH. quin ego hoc rogem quod nesciam?

411 laeta *Pareus*: lata (latas $P^{CD}B^{2}$) *cod.* 413 quom *Leo*: qui *cod.* (*pro* qum, *seq.* m.?): quae B^{2} 417 *vix* opino 418 haec hic nunc tr. potuerit *cod.*: *corr. Ritschl* 419 tibi (P^{CD}) *an* id (*B*) *incert. cod.*: *an* id tibi? 421 in istisce *Seyffert*: insce (B^{1}) *vel* in hisce (P^{CD} B^{2}) *cod.* 423 nihil [est] respondit *cod.* (est *del.* B^{2}) (iv. 3) adloquar *B* probrique *codd. Nonii* 467: propinque *cod.* (*pro* probique) 425 negotist *Ritschl* 426 hem] homo *Acidalius* quae n. P^{CD}

PA. quis ego sum igitur, si hunc ignoras? PH. mihi odiosus, quisquis es,
et tu et hic. SC. non nos nouisti? PH. neutrum. SC. metuo maxume,
PA. quid metuis? SC. enim ne ⟨nos⟩ nosmet perdiderimus uspiam;
nam nec te neque me nouisse ait haec. PA. persectari hic uolo,
Sceledre, nos nostri an alieni simus, ne dum quispiam
nos uicinorum inprudentis aliquis immutauerit.
SC. certe equidem noster sum. PA. et pol ego. quaeris tu, mulier, malum.
tibi ego dico, heus, Philocomasium! PH. quae te intemperiae tenent
qui me perperam perplexo nomine appelles? PA. eho!
quis igitur uocare? PH. Diceae nomen est. SC. iniuria's,
falsum nomen possidere, Philocomasium, postulas;
ἄδικος es tu, non δικαία, et meo ero facis iniuriam.
PH. egone? SC. tu⟨ne⟩. PH. quaé heri Athenis Ephesum adueni uesperi
cum meo amatore, adulescente Atheniensi? PA. dic mihi,
quid hic tibi in Epheso est negoti? PH. geminam germanam meam
hic sororem esse indaudiui, eam ueni quaesitum. SC. mala es.
PH. immo ecastor stulta multum quae uobiscum fabuler.

427 hunc *Pylades*: [tu] hunc *cod.* (? *pro* húnc tu) 428 PA. metuo *Ribbeck* (*et in* 429 Sc. quid . . . PA. enim) 429 nos *add. Reiz* 430 hic] *fort.* hac 431 ne clam *Bothe* 433 quaeres *cod.* 436 Dicaeae (Δικαίᾳ) *Spengel* (*melius* -ce-, *ut* 'prehendo' *pro* 'praĕhendo'; *cf. v.* 808): dicere *cod.*: Glycerae *Pareus* iniuria est (ē) *cod.* (*cf. Isid. etym.* 5, 26, 10) 438 a dice testu non dicat ei et *cod.*: *corr. Spengel*: 'Αγλυκῆs es tu, non γλυκεῖα et *Hasper* [non] facis *cod.*: non *del. Ital.* 439 ne *add. Ritschl* 442 inaudiui *ut vid. cod.* (B^1 *n. l.*) uenio B^1 443 etcastor B^1 fabulem *cod.* (*cf.* 371), *fort. recte* (*corr.* B^2)

abeo. Sc. abire non sinam te. Ph. mitte. Sc. manufestaria's.
non omitto. Ph. at iam crepabunt mihi manus, malae tibi,
nisi me omittis. Sc. quid, malum, astas? quin retines altrinsecus?
Pa. nil moror negotiosum mihi esse tergum. qui scio
an ista non sit Philocomasium atque alia eius similis siet?
Ph. mittis me an non mittis? Sc. immo uí atque inuitam ingratiis,
nisi uoluntate ibis, rapiam te domum. Ph. hosticum hoc mihi
domicilium est, Athenis domus est atque erus; ego istam domum
neque moror neque uos qui hómines sitis noui neque scio.
Sc. lege agito: te nusquam mittam, nisi das firmatam fidem
te huc, si omisero, intro ituram. Ph. ui me cogis, quisquis es.
do fidem, si omittis, isto me intro ituram quo iubes.
Sc. ecce omitto! Ph. at ego abeo missa.—Sc. muliebri fecit fide.
Pa. Sceledre, manibus amisisti praedam. tám east quam potis
nostra erilis concubina. uin tu facere hoc strenue?
Sc. quid faciam? Pa. ecfer mihi machaeram huc intus. Sc. quid facies ea?
Pa. intro rumpam recta in aedis: quemque hic intus uidero

444 m. es *Ritschl*: m. res est *cod.* (v. 3) 445 iam cr. mihi *Bothe*: iam cr. *cum* mihi *in marg. addito, ut vid. cod.* (mihi *ante* iam *B*, *om.* *P*CD) 446 quin retines *Pylades*: qui detenes (-tin- *P*CD) *cod.* (quid te tenes B^2) 448 *vel* istaec *vel* sit (*ita cod.*) 449 inuitam *Ital.*: uita *cod.* 450 uoluntate ibis *Camerarius*: uoluptate (-em *B*) ibi *cod.* hosticum *Lipsius*: hostium (ost-) *cod.* 451 est domicilium *P*CD, *fort. recte* Sc. at erus ⟨hic⟩ *Ritschl*: Atticis *Leo* 452 q. s. h. *Guietus* 456 *vel* Pa. mul. feci (B^1) *vel* fecisti (*P*CDB^2) *cod.*: egisti *Seyffert* 457 Sceledre ⟨e⟩ *Fleckeisen* east quam potis *Camerarius*: ea sique ampotis *cod.* (vii. 1, p. 20)

cum Philocomasio osculantem, eum ego optruncabo extempulo.
Sc. uisanest ea esse? Pa. immo edepol plane east. Sc. sed quo modo
dissimulabat! Pa. abi, machaeram huc ecfer. Sc. iam faxo hic erit.—

Pa. neque eques neque pedes profectost quisquam tanta audacia
qui aeque faciat confidenter quicquam quam mulier facit.
ut utrubique orationem docte diuisit suam,
ut sublinitur os custodi cauto, conseruo meo!
nimi' beat quod commeatus transtinet trans parietem.

Sc. heus, Palaestrio, machaera nihil opust. Pa. quid iam? aut quid est?
Sc. domi eccam erilem concubinam. Pa. quid, domi? Sc. in lecto cubat.
Pa. edepol ne tu tibi malam rem repperisti, ut praedicas.
Sc. quid iam? Pa. quia hanc attingere ausu's mulierem hinc ex proxumo.
Sc. magis hercle metuo. Pa. sed numquam quisquam faciet quin soror
istaec sit gemina huius: eam pol tu osculantem hic uideras.
Sc. id quidem palam est eam esse, ut dicis; quid propius fuit
quam ut perirem, si elocutus essem ero? Pa. ergo, si sapis,
mussitabis: plus oportet scire seruom quam loqui.
ego abeo a te, ne quid tecum consili commisceam,

461 obstruncabo [me] B^1 465 mulier facit *Luchs*: mulieris faciunt *cod.* 466 ductae *cod.* (*corr.* B^2) diuisit suam *Luc. Mueller*: diuit uttuam (P^{CD}) *vel* du it intuam (B^1) *cod.* : *vix* ducit in uiam 467 *accedit A* subl. os] subliniturus (*corr.* B^2) *P* custodiit *P* (custodi ut B^2) 469 aut quid est] haud quid [opus] est *P* 472 hinc ex] hic in *P* 473 qui *P* 474 ista sit germana *P* 475 Et *P* (*pro* It, *i. e.* Id) 476 locutus *P* 478 a *om. P*

atque apud hunc ero uicinum ; tuae mihi turbae non placent.
eru' si ueniet, si me quaeret, hic ero : hinc me arcessito.—

SCELEDRVS PERIPLECTOMENVS vi

SC. Satin abiit ille neque erili negotio
plus curat, quasi non seruitutem seruiat?
certo illa quidem hic nunc intus est in aedibus,
nam egomet cubantem eam modo offendi domi.
certum est nunc opseruationi operam dare.
PE. non hercle hisce homines me marem, sed feminam
uicini rentur esse serui militis :
ita me ludificant. meamne hic inuitam hospitam,
quae heri huc Athenis cum hospite aduenit meo,
tractatam et ludificatam, ingenuam et liberam?
SC. perii hercle ! hic ad me recta habet rectam uiam.
metuo illaec mihi res ne malo magno fuat,
quantum hunc audiui facere uerborum senem.
PE. accedam ad hominem. tun, Sceledre, hic, scelerum caput,
meam lúdificauisti hospitam ante aedis modo?
SC. uicine, ausculta quaeso. PE. ego auscultem tibi?
SC. [ex]purgare uolo me. PE. tun ted expurges mihi,
qui facinus tantum tamque indignum feceris?
an quia latrocinamini, arbitramini
quiduis licere facere uobis, uerbero?
SC. licetne? PE. at ita me di deaeque omnes ament

479 ero *om.* *P* 480 quaerit *P* (*pro* -ret ?) hinc] hic *P* 481 erile negotium *codd.* (i. 9), *fort. recte*, *quanquam neque* erilē *neque* eríle negót- *placet* : eri rem, negotium *Redslob* (*Liter. Centralbl.* 1895, p. 1762) : eri hilo negotium *Leo* 482 seruitute *codd.* 483 quidem illa *P* 484 ego et cubantem ea domo *P* offendam *A* 488 mea (me *C*) mane *P* inuita *P* (*cf.* 490) hospī *ut vid.* *P* (*i. e.* hospitam ?) 490 tractata et ludificata ingenua et libera *P* 491 r. h. recta uia *P* 497 ex (*fort. ex* E, *nota personae, ortum*) *seclusi, nam* expurgar' *vix ferendum, neque* expúrgaré uolo *placet* Expurigare . . te (*ita codd.*) expuriges (*del.* mihi) *Ritschl* 501–38 *deest* *A*

nisi mihi supplicium uirgarum·de te datur
longum diutinumque, a mani ad uesperum,
quod meas confregisti imbricis et tegulas,
ibi dum condignam te sectatu's simiam,
quodque inde inspectauisti meum apud me hospitem
amplexum amicam, quom osculabatur, suam,
quodq' concubinam erilem insimulare ausus es
probri pudicam meque summi flagiti,
tum quod tractauisti hospitam ante aedis meas:
nisi mihi supplicium stimuleum de ⟨te⟩ datur,
dedecoris pleniorem erum faciam tuom
quam magno uento plenumst undarum mare.
Sc. ita sum coactus, Periplectomene, ut nesciam
utrum me ⟨ex⟩postulare priu' tecum aequiust—
nisi ⟨si⟩ istaec non est haec neque ⟨haec⟩ istast, mihi
med expurgare haec tibi uidetur aequius;
sicut etiam nunc nescio quid uiderim:
itast ista huiius similis nostrai tua,
siquidem non eadem est. Pe. uise ad me intro, iam scies.
Sc. licetne? Pe. quin te iubeo; et placide noscita.
Sc. ita facere certum est.—Pe. heus, Philocomasium, cito
transcurre curriculo ad nos, ita negotiumst.
post, quando exierit Sceledrus a nobis, cito
transcurrito ad uos rusum curriculo domum.
nunc pol ego metuo ne quid infuscauerit.
si hic non uidebit mulierem—aperitur foris.

502 uirgeum *Guietus* 503 longumque *Luc. Mueller, cui* diū-tinum *displicet* diutinum usque *Redslob* 505 sectaris *codd. Servii ad Georg.* 4, 296 507 amplexam *Bothe* 510 meam *Leo* 511 mihi *Lambinus*: tibi *cod.* te *add. Lambinus* 513 uentum *cod.* (*corr.* B^{2}) 515 exp. *Ritschl* aequiost *an* aequomst *incert. P* (aequumst P^{CD}, aequo sit B^{1}) (*cf. Journ. Phil.* 26, 291) utrum me postulare prius ⟨ut satis duis, an ueniam ut des orare⟩ tecum aequom siet (?) *Leo* 516 si *add. Acidalius* haec *add. Ritschl* 517 *vel* me (*ita* $P^{CD}B^{2}$: mea B^{1}) expurigare 521 quin *Lipsius*: [ne]quin *cod.* et] i (ei) *Ritschl* (*cf. Sjögren* '*Part. Copul.*' p. 85) 523 transcurrere *cod.* (*corr.* B^{2}) negotiis *cod.* (-tiust B^{2}) 527 fobis *cod.* (*corr.* B^{2}) (B *pro* R)

SC. pro di inmortales! similiorem mulierem
magi'que eándem, ut pote quae non sit eadem, non reor
deos fácere posse. PE. quid nunc? SC. commerui malum.
PE. quid igitur? eanest? SC. etsi east, non est ea.
PE. uidistin istam? SC. uidi et illam et hospitem
complexam atque osculantem. PE. éanest? SC. nescio.
PE. uin scire plane? SC. cupio. PE. abi intro ad uos domum.
continuo, uide sitne istaec uostra intus. SC. licet,
pulchre admonuisti. iám ego ad te exibo foras.—
PE. numquam edepol hominem quemquam ludificarier
magis facete uidi et magi' miris modis.
sed eccum egreditur. SC. Periplectomene, te opsecro
per deos atque homines perque stultitiam meam
perque tua genua—PE. quíd opsecras me? SC. inscitiae
meae et stultitiae ignoscas. nunc demum scio
me fuisse excordem, caecum, incogitabilem.
nam Philocomasium eccam intus. PE. quid nunc, furcifer?
uidistin ambas? SC. uidi. PE. erum exhibeas uolo.
SC. meruisse equidem me maxumum fateor malum
et tuae fecisse me hospitae aio iniuriam;
sed meam esse erilem concubinam censui,
quoi me custodem erus addidit miles meus.
nam ex uno puteo similior numquam potis
aqua aquai sumi quam haec est atque ista hospita.

529, 530 no sit *cod.* (*corr.* B^2) reo *cod.* (*corr.* B^2) 531 conmeru *cod.* (*corr.* B^2) 532 etsi aest *cod.* (*corr.* B^2) 533 istam] *utrum* istam (P^{CD}) *an* eam (*B*) *an* iam (*pro* illam ?) *incert. cod.* 534 complexum *Acidalius* 535 uim *cod.* (*corr.* B^2) abit *cod.* (*corr.* B^2) 536 uostra *Bothe*: [domum] uostra *cod.* (*ex v.* 535; iv. 3) 537 iam *Ital.*: [si] iam *cod.* (iv. 3) 539 *accedit A* *vel* mage m. 541 stultitia mea *P* (*corr.* B^2) 542 gea *P* (*pro* gēa, *i. e.* genua ?) 543 demum] dem *P* (*corr.* B^2) 544 excorde *P* (*corr.* B^2) 545 quis nunc *P* (*corr.* B^2) (*pro* quinnunc; i. 4) 546 Vidisti *P* 547 equidem me] tequideme *P* facior *P* 548 fecisset *P* (*corr.* B^2) hospitiae *A* alo iniuria *P* (*corr.* B^2) 551 umo *P* (*corr.* B^2) (? *pro* ūo) potest *A* 552 aqua] atquam *P* (*pro* acqua, *vulgari forma*) (*corr.* B^2) aquai (-ae)] aeque A^1B^1 summis *P* (*corr.* B^2) atquem histham (*i. e.* istam) *ut vid.* *P* (*corr.* B^2)

et me despexe ad te per impluuium tuom
fateor. PE. quidni fateare ego quod uiderim?
et ibi osculantem meum hospitem cum ista hospita
uidisti? SC. uidi (qur negem quod uiderim?),
sed Philocomasium me uidisse censui.
PE. ratu'n ístic me hominem esse omnium minimi preti,
si ego me sciente paterer uicino meo
eam fíeri apud me tam insignite iniuriam?
SC. nunc demum a me insipienter factum esse arbitror
quom rem cognosco; at non malitiose tamen
feci. PE. immo indigne; nám hominem seruom suos
domitos habere oportet oculos et manus
orationemque. SC. ego⟨ne⟩ si post hunc diem
muttiuero, etiam quod egomet certo sciam,
dato excruciandum me: egomet me dedam tibi;
nunc hoc mi ignosce quaeso. PE. uincam animum meum,
ne malitiose factum id esse aps te arbitrer.
ignoscam tibi istuc. SC. at tibi di faciant bene!
PE. ne tu hercle, si te dí ament, linguam comprimes,
posthac etiam illud quod scies nesciueris
nec uideris quod uideris. SC. bene me mones,
ita facere certum est. sed satine oratu's? PE. abi.
SC. numquid nunc aliud me uis? PE. ne me noueris.

553 meo *A* despexi *P* 554 ni] nunc *A* fatear et ego [et] *P* (et *utrumque del.* B^2): fateare ergo *A*: *vix* fatearis égo uiderit *P* (*corr.* B^2) 555, 556 *om. P* (iii. 11) 557 uidisset *P* (*corr.* B^2) 558 me istic *P* minimum *P* (*corr.* B^2) praetei *ut vid. A* 559 scientem patere *P* (*corr.* B^2) 560 eam] em *P* (*corr.* B^2) (*vix antiqua forma*) itam *P* (*corr.* B^2) insignitam *A* (*cf.* 569) iniuria *P* (*corr.* B^2) 561 a me *Ital.*: a me [tam] *A* (*cf. v.* 560): me *P* (*om.* a) arbitro P^{CD} *fort. recte* 563 homine *P* (*corr.* B^2) seruo *P* (*corr.* B^2): seruos *A* suo *P* (*corr.* B^2) 565 huc *P* (*corr.* B^2) 566 ego mes (B^1) *vel* ego me (P^{CD}) *P* (*corr.* B^2) scio *A* 567 dato excruciatum me ego medidam (egomet dedam B^2) tibi *P* 568 ignoscam *P* (*pro* -sc̄?) (ignoscas B^2) 569 malitiosum *A* (*cf.* 560) 570 di *om. P* (*add.* B^2) 571 Ni *A* amant P^{CD} conprimis *P* 571–2 *vel sic distingue* compr. posthac, et. 572 post haec *P* 573 nec] ne *P* 574 ita pacere (*corr.* B^2) certum esset (est B^2) satine oratus abit *P*

Sc. dedit híc mihi uerba. quam benigne gratiam
fecit ne iratus esset! scio quam rem gerat
ut, miles quom extemplo a foro adueniat domum,
domi cómprehendar. una hic et Palaestrio
me habent uenalem : sensi et iam dudum scio.
numquam hercle ex ista nassa ego hodie escam petam;
nam iam aliquo aufugiam et me occultabo aliquot dies,
dum haec consilescunt turbae atque irae leniunt.
nam uni satis populo inpio merui mali.
uerum tamendem quidquid est, ibo hinc domum.—
Pe. illic hinc apscessit. sat edepol certo scio
occisam saepe sapere plus multo suem :
quoin id adimatur ne id quod uidit uiderit?
nam illius oculi atque aures atque opinio
transfugere ad nos. usque adhuc actum est probe;
nimium festiuam mulier operam praehibuit.
redeo in senatum rusum ; nam Palaestrio
domi núnc apud me est, Sceledrus nunc autemst foris :
frequens senatus poterit nunc haberier.
†ibo intro, ne, dum apsum, multae sortitae fuant†.

576 gratia *P* 577 socios qua (so dos qua P^{CD}) *P* (*corr.* B^2) 579 comprehendat *P* 581 massa *P* hod. capetam *P* 582 [aut] aliquot *P* (*corr.* B^2) (iv. 3) 583 leuiunt B^1 584 uni] nunc *P* 585 tamen deme (*i. e.* de me?) *P* hic *P* (*corr.* B^2) 588 quoin id *Ribbeck* : quin id *A* : quod in *P* (quod ei B^2) 590 adhunc *P* (*corr.* B^2) actum] tum *A* 591 festiuam *Gulielmius* : festiua *codd.* opera *P* peribunt *P* 592 senatu *A* 593, 594 *turbati in P*, freq. sen. scel. n. autem foras dom. n. ap. me pot. n. hab. (iv. 3) 595 ibo] *fort.* i : *vix delend.* (intro '*introeo*') *vix troch. septenar.* mulṭaẹ sortiṭaẹ fiaṭ *A* : multi (multis B^2) sortito fuam *P* : alter sorti defuat *Leo*

ACTVS III

III. i PALAESTRIO PERIPLECTOMENVS PLEVSICLES

PA. Cohibete intra limen etiam uos parumper, Pleusicles,
sinite me priu' perspectare, ne uspiam insidiae sient
concilium quod habere uolumus. nam opus est nunc tuto loco
unde inimicus ne quis nostri spolia capiat consili.
nam bene consultum inconsultumst, si id inimicis usuist,
neque potest quin, si id inimicis usuist, opsit tibi ;
nam bene ⟨consultum⟩ consilium surrupitur saepissume,
si minu' cum cura aut cautela locu' loquendi lectus est.
quippe qui, si resciuere inimici consilium tuom,
tuopte tibi consilio occludunt linguam et constringunt manus
atque eadem quae illis uoluisti facere, illi faciunt tibi.
sed speculabor nequis aut hinc aut ab laeua aut a dextera
nostro consilio uenator adsit cum auritis plagis.
sterilis hinc prospectus usque ad ultumamst plateam probe.
euocabo. heus Periplectomene et Pleusicles, progredimini !
PE. ecce nos tibi oboedientes. PA. facilest imperium in bonis.
sed uolo scíre, eodém consilio quod intus meditati sumus

597 perspectari P^{CD} : prospectare *B* 598 nunc *om. A* 599 nequi *A* nostris (-ra B^1) *P ut vid.* captat *A* (T *pro* I) *sequitur ir P* : unde inimicus nequis nostra spolia capiat auribus (*haec aut retractatoris sunt aut ex una glossa* 'auribus' *orta*) 600 est *om. P* inimicis usuist *Ritschl* : inimicusuist *A* : inimicis usus *P* 601 quin si id] qui nisi *P* tibi *Acidalius* : mihi *P* (*A n. l.*) 602, 603 *retractatoris esse credit Weise* 602 consultum *add. Bothe* (iii. 1) 603 aut catalogos *P* (v. 9, 1) lectum *P* (?-us B^1) 604 quippe quî *Tyrrell* : quippe hi *A* : quippe *P* scire siuere *P* (i. 5) suum *P* 606 illi *om. P* (? *pro* faciunt i) 607 nĕquis *suspectum* (*A n. l.*) aut hinc] hinc *Studemund* (*etiam A* ?) aut ab (a) l.] a l. P^{CD} aut a d.] aut d. *B* 609 ultumam plateamst *P* (*cf. Merc.* 330) 612–80 *deest A*

gerimus rem? Pe. magis non potest esse ad rem utibile. Pa. †immo†
quid tibi, Pleusicles? Pl. quodn' uobis placeat, displiceat mihi?
quis homo sit magis meu' quam tu's? Pa. loquere lepide et commode.
Pe. pol ita decet hunc facere. Pl. at hoc me facinus miserum macerat
meumque cor corpusque cruciat. Pe. quid id est quod cruciat? cedo.
Pl. me tibi istúc aetatis homini facinora puerilia
obicere neque te decora neque tuis uirtutibus;
ea te expetere ex opibus summis méi honóris gratia
mihique amanti ire opitulatum atque ea te facere facinora
quae istaec aetas fugere facta magi' quam sectari solet:
eam pudet me tibi in senecta obicere sollicitudinem.
Pa. nouo modo tu homo amas, siquidem te quicquam quod faxis pudet;
nihil amas, umbra es amantis magi' quam amator, Pleusicles.
Pl. hancine aetatem exercere méi amóris gratia?
Pe. quid ais tu? itane tibi ego uideor oppido Accheruntícus?
tam capularis? tamne tibi diu uídeor uitam uiuere?
nam equidem hau sum annos natus praeter quinquaginta et quattuor,
clare oculis uideo, pernix sum pedibus, manibus mobilis.
Pa. si albicapillus hic, uidetur neutiquam ab ingenio senex.

613 ad rem non potest esse *P*CD immo *in initio v.* 614 *P*CD: *fort.* i modo (*per compend. script.* imō) 616 hunc *Ital.*: hanc *cod.* miseram B^1, *unde* misere *Bothe* 617 cedo *Camerarius*: ced *P ut vid.* 619 o. atque B^1, *unde* o. ac neque *Ribbeck* 620 A *Ritschl* ex *Bothe*: [te] ex *cod.* (ii. 2) mei *Pylades*: mihi *cod.* (*pro* mi?) 622, 625 *vel* mage 624 taxis *cod.* (*corr.* B^2) *vel sic distingue* amas; . . pudet. 625 amantis *Niemeyer*: amantum *cod.* (*cf.* 253, 385) 626 mei *Ital.*: me *cod.* (?*pro* med): ⟨mei⟩ me *Lindemann* 627 tu itane] totam (*pro* tu? tam) *codd. Nonii* 4 628 tamine *cod.* (*antiqua forma*?) uitam *Camerarius*: uita *cod.* 629 natus annos *cod.*: *trai. Camerarius* 630 manibus pedibus *cod.*: *trai. Guietus* (ii. 1, p. 37) 631 ab *codd. Nonii* 9: ibi *cod.* *vix* senexst

inest in hoc emussitata sua sibi ingenua indoles.
PL. pol id quidem experior ita esse ut praedicas, Palaestrio ;
nam benignitas quidem huiius oppido adulescentulist.
PE. immo, hospes, magi' quom periclum facies, magi' nosces meam
comitatem erga te amantem. PL. quid opus nota noscere ?
PE. ut apud te exemplum experiundi habeas, ne †itas† foris ;
nam nisi qui ipse amauit aegre amantis ingenium inspicit :
et ego amoris aliquantum habeo umorisque etiam in corpore
nequedum exarui ex amoenis rebus et uoluptáriis.
uel caúillator facetus uel conuiua commodus
item ero neque ego oblocutor sum alteri in conuiuio :
incommoditate apstinere me apud conuiuas commodo
commemini et meam orationis iustam partem persequi
et meam pártem itidem tacere, quom aliena est oratio ;
minime sputator, screator sum, itidem minime mucidus :
post Ephesi sum natus, non enim in Apulis ; non sum Animula.
PA. o lepidum semisenem, si quas memorat uirtutes habet,
atque equidem plane educatum in nutricatu Venerio !
PE. plus dabo quam praedicabo ex me uenustatis tibi.
neque ego úmquam alienum scortum subigito in conuiuio

634 adolescentules (-le $P^{CD}B^2$) *cod.* : *corr. Camerarius* : -la est *Leo* 635 *vel* mage . . . mage mea *cod.* 636 comitatem erga *Camerarius* : comitante merce *cod.* *vel* opust *ante* 637 *talem sententiam intercidisse coniecit Ritschl* : nam ipsum amasse oportet, si amanti ire opitulatum uoles 637 te B^2 : *om. cod.* ne itas] negis P^{CD} (*pro* $\overset{\text{gi}}{\text{ne}}$itas, *i. e.* neitas *corr.* negitas ?) *vix* ne bitas foras (*cf. ad* 869) 638 nisi *Gruterus* : ipsi *cod. ut vid.* 639, 640 [me] etiam *cod.* : me *del. Ital.* 643 īdem *Ussing* ego *om. B* oblecutor (obliuiscor B^1) *cod.* (*corr.* B^2) 644 conuiuias *cod.* (*corr.* B^2) quomodo *cod.* : commodos *Mueller* 645 commeminit *cod.* meam (?) *Leo* : meae *cod.*, *sed* me(ae) *displicet* 646 taceret *cod.* 647 minimis (*corr.* B^2) putatur scrahator *cod.* 648 Animula *Schol. Virg. G.* 2, 134 : in imula *cod.* : Animulâs *Scioppius* : Animulae *Bothe* 649 semisenem *Ital.* : semisemne (semine *B*) *cod.* uirtutis *Scutarius* : ur tuis *cod.* 650 *vel* quidem eductum *cod.* : *corr. Bentley* 652 numquam *Merula* : umquam *cod.* subigito[m] in (s. mi in B^2) *cod.* (*cf. ad vv.* 323, 784)

neque praeripio pulpamentum neque praeuorto poculum
neque per uinum umquam ex me exoritur discidium in conuiuio :
si quis ibi est odiosus, abeo domum, sermonem segrego ;
Venerem, amorem amoenitatemque accubans exerceo.
PA. tu quidem edepol omnis moris ad uenustatem †uicet† ;
cedo tris mi homines aurichalco contra cum istis moribus.
PL. at quidem illúc aetatis qui sit non inuenies alterum
lepidiorem ad omnís res nec qui amicus amico sit magis.
PE. tute me ut fateare faciam esse adulescentem moribus,
ita apud omnis comparebo tibi res benefactis frequens.
opu'ne erit tibi aduocato tristi, iracundo ? ecce me !
opu'ne leni ? leniorem dices quam mutum est mare
liquidiusculusque ero quam uentus est fauonius.
uel hilarissumum conuiuam hinc indidem expromam tibi
uel primarium parasitum atque opsonatorem optumum ;
tum ad saltandum non cinaedus malacus aequest atque ego.
PA. quid ad illas artis optassis, si optio eueniat tibi ?
PL. huius pro meritis ut referri pariter possit gratia,
tibique, quibu' nunc me esse experior summae sollicitudini.
at tibi tanto sumptui esse mihi molestumst. PE. morus es.
nam in mala uxore atque inimico si quid sumas, sumptus est,
in bono hospite atque amico quaestus est quod sumitur :

653 copulum *cod.* (*corr.* B^2) (ii. 7) 654 mea *cod.* in *om.* *B* 655 odiosus est *B* *fort.* ibist o. 656 amoram amonitatem quae accubas *cod.* (*corr.* B^2) 657 *vel* môris uenustate P^{CD} uacet *B*: uiges D^2 *fort.* tuus . . . moris (*nom. sing.*) . . . uiget (*vix* facit) : tui (*Camerarius*) . . . uigent *Ribbeck* 658 contra cum B^2 : contramtum *cod.* (t *pro* c) 660 nec [magis] quid (*corr.* B^2) amicus amicos sint (*corr.* B^2) magis *cod.* (ii. 2) : *corr.* *Ital.* 661 fateare *Ital.* : fatear et *cod.* adulescente *cod.* (*corr.* B^2) 662 bona factis *cod.* 663 tris furacundo *cod.* (*corr.* D^2) 664 dicis *cod.* (*pro* -es ? i. 3) 666 conuiuium hinc indidam *cod.* : *corr.* *Ital.*, *Camerarius* 668 saltandum *Nonius* 5 : salutandum *cod.* antque *cod.* (*corr.* B^2) 669 qui *B* at tillas *cod.* (*pro* at illas, *i. e.* ad i.) (*corr.* B^2) optissi *cod.* (optassi B^2) : *corr.* *Camerarius* 670 huic *Guietus* referet *cod.* (*corr.* B^2) 671 esset experio *cod.* (*corr.* B^2) (-io *fort. recte*) 672 es] est *cod.* 673 sumas *Camerarius* : sumat *cod.* 674 quaetus *cod.* (*corr.* D^2)

et quod in dínis rebus sumas sumpti sapienti lucrost.
deum uirtute est te unde hospitio accipiam apud me comiter:
es, bibe, animo opsequere mecum atque onera te hilaritudine.
liberae sunt aedes, liber sum autem ego; me uolo uiuere.
nam mihi, deum uirtute dicam, propter diuitias meas
licuit uxorem dotatam genere summo ducere;
sed nolo mi oblatratricem in aedis intro mittere.
PA. qur non uis? nam procreare liberos lepidumst opus.
PE. hercle uero liberum esse tete, id multo lepidiust.
PA. tú homo et alteri sapienter potis es consulere et tibi.
PE. nam bona uxor suaue ductust, si sit usquam gentium
ubi ea possit inueniri; uerum egone eam ducam domum
quae mihi numquam hoc dicat 'eme, mi uir, lanam, und' tibi pallium
malacum et calidum conficiatur tunicaeque hibernae bonae,
ne algeas hac hieme' (hoc numquam uerbum ex uxore audias),
uerum priu' quam galli cantent quae me e somno suscitet,
dicat 'da, mi uir, calendis meam qui matrem moenerem,
da qui faciam condimenta, da quod dem quinquatrubus

675 dinis (*i. e.* diuinis; *ita cod.*) *suspectum* sumat *Goetz, Schoell* sumpti *Goetz, Schoell*: sumptu *cod.* (-tus B^2): *del. Camerarius*: sumptumst (*del.* sumas) *Ritschl* lucrumst *Leo* (*cf. Merc.* 553) 676 te unde *Haupt*: eundem *codd. Nonii* 415: tasenunde *cod.* (? ii. 4; *cf.* comitas *infra*) accipiem *cod.* (*vix antiqua forma*) comitas *cod.* (*pro* comit̄, *i. e.* -ter) 677 est *cod.* hilaritudine *Nonius* 120: hilaritus me (hilarissime *B*) *cod.* 678 ego; me u. *scripsi*: egomet uuolo *cod.* (v. 10): ego; mei u. *Leo*: ego et u. *Seyffert* uiuere *Haupt*: libere *cod.* (bibere B^2) liberum autem ego me uolo uiuere *Lorenz* 679 uirtutem *cod.* (*corr.* B^2) 681 *accedit A* introducere *A* (*cf.* 680) 682 *vel* PL. lepidus sonus *P* (lepidissimumst B^2): lepidumst onus *Lipsius* 683 tete *om. P* est lepidius *P* 684 est *P* (*corr.* B^2), *A n. l.* 685 sua deductust situs quam *P* (i. 5; iii. 3) 686 possi (possim *B*) *P* 687 lanam *Ital.*: ianam *A*: tanam *P* 688 malamcum *P* mihi bernae *P* (*corr.* B^2) 690 e *om. P* 691 munerem *A*: uenerit *P* 692 faciam *Ritschl*: faciat *P*, *fort. recte* (*A n. l.*) condimenta, da *Ritschl*: condiat da (dan P^{CD}, *pro* dá ?) *P* (*cf. Rud.* 574 uesti *pro* uestimenti; v, p. 106) det *P* (*corr.* B^2)

praecantrici, coniectrici, háriolae atque haruspicae;
flagitiumst si nihil mittetur quae supercilio spicit;
tum plicatricem clementer non potest quin moenerem;
iam pridem, quia nihil apstulerit, suscenset ceriaria;
tum opstetrix expostulauit mecum, parum missum sibi;
quid? nutrici non missuru's quicquam quae uernas alit?'
haec atque huiius similia alia damna multa mulierum
mé uxoré prohibent, mihi quae huius similis sermones sera[n]t.
Pa. di tibi propitii sunt, nam hercle si istam semel amiseris
libertatem, hau facile in eundem rusum restitues locum.
Pl. at illa laus est, magno in genere et in diuitiis maxumis
liberos hominem educare, generi monumentum et sibi.
Pe. quando habeo multos cognatos, quid opu' sit mihi liberis?
nunc bene uiuo et fortunate atque ut uolo atque animo ut lubet.
mea bona mea morti cognatis didam, inter eos partiam.
í apud me aderunt, me curabunt, uisent quid agam, ecquid uelim.
priu' quam lucet adsunt, rogitant noctu ut somnum ceperim.
eos pro liberis habebo qui mihi mittunt munera.

693 precatrici *B*² *et fort. P* conlectrici *P* (l *pro* j): coct(ri)ci *A* 694 si *om. A* (iii. 1) 695 plicatricem *Studemund*: plicat— *A*: patricam *P* quin (*ita B*²)] hinc quam *P* (*pro* hinc qui?) mun. *codd.* 696 ceraria *P* 697 obstrex *P* (*corr. B*²) 698 quid] quii *P* (*pro* quit?) 699 huiius *vix tolerandum*: horum *Ritschl* (*cf. v.* 700) 700 *vel* med prohibenti *P* simile *B* sermones serat *Lambinus*: sermones serant *A*: sermoniserant *P* (*pro* sermonis s.?) 701 sunt *om. A* hercle nam *P* ista *P* 702 in [te] *P* (iv. 2) restituis *A* uocum *P* (iocum *B*²) 703 *vel* illaec 704 homines *A* (i. 9) educaret *P* (*corr. B*²) 705 sit *Ital.*: fit *P*: *om. A*: est *Ritschl, Goetz* liberis *om. A* 706 et] ei *P* (*corr. B*²) fortunato *P* atquam animo ut lubet *P*: atque [ut] animo ut uolet *A* 707 Meam *P* (*corr. D*²) cognatim *P* dicam *P* partim *P* 708 li *P* (*pro* ii): hi *A* ederunt *P* uisant (uisam *B*) *P* ecquid *Ital.*: hic quid *P*: quid *A* uelint (-it *P*^CD) *P ut vid.* 709 somnium *P* caeperiam *P* 710 habeo quam mittunt *P*

sacruficant: dant inde partem mihi maiorem quam sibi,
abducunt ad exta; me ad se ad prandium, ad cenam uocant;
ille misérrumum se retur minimum qui misit mihi.
illi inter se certant donis, egomet mecum mussito:
bona mea inhiant, me certatim nutricant et munerant
PA. nimi' bona ratione nimiumque ad te et tuam uitam uides:
et tibi sunt gemini et trigemini, si te bene habes, filii.
PE. pol si habuissem, sati' cepissem miseriarum e liberis:
continuo excruciarer animi: si ei fort' fuisset febris,
censerem emori; cecidissetue ebrius aut de equo uspiam,
metuerem ne ibi diffregisset crura aut ceruices sibi.
PL. huic homini dignum est diuitias esse et diu uitam dari,
qui et rem seruat et se bene habet suisque amicis usui est.
PA. o lepidum capút! ita me di deaeque ament, aequom fuit
deos parauisse uno exemplo ne omnes uitam uiuerent;
sicuti mérci pretium statuit qui est probus agoranomus:
quae probast mers, pretium ei statuit, pro uirtute ut ueneat,
quae inprobast, pro mercis uitio dominum pretio pauperet,
itidem diuos dispertisse uitam humanam aequom fuit:

711 dant *per compend. script. in P* (dent P^{CD}, dus *B*) (*corr.* B^2) malorem *A* 712 ad se ad] ad se *P* (*corr.* B^2) uocat *P* (*corr.* B^2) 714 ego et mucum (mecum B^2) *P* 715 me *om. P* nutricunt et munera *P* (·ra *pro* -rā, *i.e.* rant; v, p. 106) 716 tua multam *P* (L *pro* I; v, p. 76) habes *A*: sapis *Mueller* (*Rhein. Mus.* 54, 399), *sed cf. Weber* (*Philol.* 57, 231) 717 triticemini (tricemini B^2) *P* habeṭ filiạ *A* 718 habuisset s. cepisse *P* (*corr.* B^2) e *om. P* 719, 720 *om. P* (? iii. 11) *vel* forti, *vix* forte 721 cecidissetne *AP*: *corr. Ritschl* dequo suspiam *P* 722 defr. *codd.* aut] ad *P* 723 *vel* PA. esset d. *P* (*corr.* B^2) dare *P* (*pro* -rei?) 724 se] qui *P* usui est] uule *P* (L *pro* I, e *pro* ē, *i.e.* est) 725 *vel* PL. media eaeque amet *P* (*corr.* B^2) 726 parauisset *P* ụnọuno *A* 727–9 *vel* sicut qui est . . . ei statuit *om. P*: mers pretium . . . inprobast *om. A*: quae inproba est mers pretium eis statuis pro uirtute ut nẹuiant *codd. Nonii* 415 (iii. 11, p. 50) 728 ueniat *P*: neuiant *codd. Nonii* 729 pauper erit *P*: pauperat *codd. Nonii* 157 730 disperdisset *P*

qui lepide ingeniatus esset, uitam ei longinquam darent,
qui inprobi essent et scelesti, is adimerent animam cito.
si hoc parauissent, et homines essent minu' multi mali
et minus audacter scelesta facerent facta, et postea,
quí homines probi essent, esset is annona uilior.
Pe. qui deorúm consilia culpet stultus inscitusque sit,
quique eos uituperet. nunc [iam] istis rebus desisti decet.
nunc uolo opsonare, ut, hospes, tua te ex uirtute et mea
meae domi accipiam benigne, lepide et lepidis uictibus.
Pl. nihil me paenitet iam quanto sumptui fuerim tibi;
nam hospes nullus tám in amici hospitium deuorti potest
quin, ubi triduom continuom fuerit, iam odiosus siet;
uerum ubi dies decem continuos sit, east ódiorum Ilias:
tam etsi dominus non inuitus patitur, serui murmurant.
Pe. seruiendae seruituti ego seruos instruxi mihi,
hospes, non qui mi imperarent quibu'ue ego essem obnoxius:
si illis aegrest mihi id quod uolup est, meo remigio rem gerunt,
tamen id quod odiost faciundumst cum malo atque ingratiis.
nunc, quod occepi, opsonatum pergam. Pl. si certumst tibi,
commodulum opsona, ne magno sumptu: mihi quiduis sat est.

731 ingenuatus *P* ei *om.* *P* 732 i. estet (est P^{CD}, sunt et B^2 *ut vid.*) scaeles hisus (scaelesti his B^2) *P* adhimerant (-ent B^2) *P* animum *A* 733 parauisset *P* (*corr.* B^2) hominis esset (ēēt) *P* 734 faceret *P* 736 concilia culpe *P* insictusque *P* 737 quidque *P* iam *om.* *A* isti *P* 738 ut] [uel]ut *ut vid.* *P* (iv. 3, p. 97) 739 demi *P* (*corr.* B^2) 740 quantum sumptum *A*: quanto sumptum *P* (-ptu B^2) : *corr.* *Camerarius* tibi] ihibi *A* (? *ex* mihi *corr.* tibi) 741 hoc pis *P* t. inimici *P* 743 c. ite astodorum illas *P* 744 inuitus partitur *A* : uitus sit patitur *P* murmurat *P* 745 seruienti seruitute *P* (? *pro* -di -tem) introuxi *P* 746 inpararent quibus ego aessae o. *P* 747 si illius egressi mihi incit (inicit *B*) quod uolupis me horem remigio *P* gero *P* 748 odiose *P* malum *P* atquem *P ut vid.* 749 certus *P* (*pro* certust, *i. e.* -tumst) 750–88 *deest A* 750 ne magno *Ital.* : nemo agnum *cod.*

PE. quin tu istanc orationem hinc ueterem atque antiquam amoues?
proletario sermone nunc quidem, hospes, utere;
nam i solent, quando accubuere, ubi cena adpositast, dicere:
'quid opus fuit hoc ⟨sumpto⟩ sumptu tanto nostra gratia?
insaniuisti hercle, nám idem hoc hominibus sat erat decem.'
quod eorum caussa opsonatumst culpant et comedunt tamen.
PA. fit pol illud ad íllud exemplum. ut docte et perspecte sapit!
PE. sed eidem homines numquam dicunt, quamquam adpositumst ampliter:
'iube illud demi; tolle hanc patinam; remoue pernam, nil moror;
aufer illam offam porcinam, probus hic conger frigidus⟨t⟩,
remoue, abi aufer': neminem eorum haec adseuerare audias,
sed procellunt sese [et procumbunt] in mensam dimidiati, dum appetunt.
PA. bonu' bene ut malos descripsit mores! PE. hau centensumam
partem dixi atque, otium rei si sit, possum expromere.
PA. igitur id quod agitur, ⟨ei⟩ hic primum praeuorti decet.
nunc hoc animum aduortite ambo. mihi opus est opera tua,
Periplectomene; nám ego inueni lepidam sycophantiam
qui admutiletur miles usque caesariatus, atque uti
huic amanti ac Philocomasio hanc ecficiamus copiam,

751 quan *cod.* uerem *cod.* 752 [nam] pr. *cod.* (*ex v.* 753) (iv. 3): nam *del. Bentley* 753 accubueret *cod.* 754 sumpto *addidi*: ⟨hospes⟩ *Camerarius* 755 erant *cod.* 756 culpante et *cod.* 757 *vel* illúc ad illúc perspecie *cod.* 758 umquam *B* (*vix interrogative*) 760 hinc concer *cod.* 761 hac *cod.* 762 *post v.* 777 *repetitur talis* sed (se) procumbunt in mensam dimidiati petunt sese in mensam *Ritschl*: se et procumbunt *cod.* (v. 1) 763 descipsit (decepsit *B*) *cod.* centesima *cod.* 764 rei si sit *Pylades*: reis istit *cod.* 765 ⟨ei⟩ hic *Bothe*: huic *Scaliger*: ei rei *Seyffert* 767 lepidem *cod.* 768 usque *Camerarius*: que *cod.* 769 philocomasium *cod.* (v. 9, p. 71)

ut hic eam abducat habeatque. Pe. dari istanc rationem uolo.
Pa. at ego mi anulum dari istunc tuom uolo. Pe. quam ad rem usui est?
Pa. quando habebo, igitur rationem mearum fabricarum dabo.
Pe. utere, accipe. Pa. accipe a me rusum rationem doli
quam institui. Pe. perpurigatis damu' tibi ambo operam auribus.
Pa. eru' meus ita magnus moechus mulierum est ut neminem
fuisse aeque neque futurum credo. Pe. credo ego istúc idem.
Pa. isque Alexandri praestare praedicat formam suam
itaque omnis se ultro sectari in Epheso memorat mulieres.
Pe. edepol qui te de isto multi cupiunt nunc mentirier,
sed ego ita esse ut dicis teneo pulchre. proin, Palaestrio,
quam potis tam uerba confer maxume ad compendium.
Pa. ecquam tu potis reperire forma lepida mulierem
quoi facetiarum cor pectusque sit plenum et doli?
Pe. ingenuamne an libertinam? Pa. aequi istuc facio, dum modo
eam des quae sit quaestuosa, quaé alat corpus corpore,
quoique sapiat pectus; nam cor non potest quod nulla habet.
Pe. lautam uis an quae nondum sit lauta? Pa. sic consucidam,
quam lepidissumam potis quamque adulescentem maxume.

770 abducit *cod.* *vel* abeatque (*ita cod.*) dare *cod.* (*pro* -rei ?) 771 quam ad rem *Camerarius*: quamatre *cod.* (*pro* quamatrē) 772 ratione *cod.* 774 institi *Fleckeisen* (*Jahrb. Class. Phil.* 67, 405) *vel* Pl. *vel* perpurgatis (*ita cod.*) ambo damus tibi *cod.*: *trai. Fleckeisen* 776 fuisse aeque *Ital.*: fuisset atque *cod.* *vel* Pl. istunc *cod.* 777 isque *Leo*: itaque *cod.* (*cf. v.* 778): atque *Ribbeck* 778 omni se *cod.* 779 nunc *Acidalius*: non *cod.* (vii. 2) mentirier *Ital.*: mentier (metier P^{CD}) *cod.* 781 *vel* potes 783 facetiarum *Camerarius*: fatiarum *cod.* cor pectusque *Dziatzko*: corpusque *cod.*: cor corpusque *Camerarius* 784 ingenuumne hanc libertinam. Pa. atque istuc facio[m]dum (faciundum *B*, *sed cf. v.* 652) modo *cod.*: *corr. Ital.*, *Lambinus* 786 nam *Ital.*: iam *cod.* 787 sit lautam *cod.* 788 quamquem (quamquam *B*) *cod.*

Pe. habeo eccillam meam clientam, meretricem adulescentulam.
sed quid ea usus est? Pa. ut ad te eam iam deducas domum
itaque eam huc ornatam adducas, ex matronarum modo,
capite compto, crinis uittasque habeat adsimuletque se
tuam esse uxorem: ita praecipiundum est. Pl. erro quam insistas uiam.
Pa. at scietis. sed ecqua ancillast illi? Pe. ést prime cata.
Pa. ea quoque opus est. ita praecipito mulieri atque ancillulae,
ut simulet se tuam esse uxorem et deperire hunc militem,
quasique hu⟨n⟩c anulum faueae suae dederit, ea porro mihi,
militi ut darem, quasique ego rei sim interpres. Pe. audio.
ne me surdum uerberauit! si audes, ego recte meis
auris ut * ⟨Pa.⟩ *
ei dabo, ⟨a⟩ tua mi uxore dicam delatum et datum,
ut sese ad eum conciliarem; ille eiusmodi est: cupiet miser,
qui nisi adulterio studiosus rei nulli aliaest inprobus.
Pe. non potuit reperire, si ipsi Soli quaerendas dares,
lepidiores duas ad hanc rem quám ego. hábe animum bonum.

789–91 *praesto est A* 789 clientam meam meretricem *A*: meam clientameletricem *P* (mel. *forma vulgaris*) 790 aut *A* (*vel* A, *i. e. pers. nota*, ut) 791 ex *om. P* 792–804 *versuum initia leguntur A* 793 tuam] tam *P* 794 haecque *P* (*i. e.* ecquae) *vel* illic prime cata *Salmasius*: primicata *P*, *A n. l.* 795 praecipito *Saracenus*: praecipio *P*, *A n. l.* 797 hunc *Ital.*: hoc *AB*: huc *P*CD faueae suae *Scaliger*: famaesae [ancille] (famose ancille *B*) *P* (iv. 1, p. 61), *A n. l.* 798 ⟨ei⟩ rei *Ritschl* 799 ueruerat uit (uerberauit *B*) si audis *cod.*: esse arbitreris (*immo* tu arbitrere) sodes *Seyffert* *fort* uerbera (*unde cod.* uerberat uit) 799a *om. P* (*si in* ei (*cf. v.* 800) *versus desiit*, *propter homoeotel.*) (meas) Auris utor *Seyffert*: Auribus utor *Leo* 800 (ei) dabo *A* (*suppl. Ribbeck*): dabo *P* a *add. Camerarius* (*A n. l.*) uxorem *P* (*A n. l.*) 803 potui *P*, *A n. l.* reperiri *B* 804 ⟨ergo⟩ habe *Pradel*: ⟨dabo.⟩ habe *Luchs* (*A n. l.*)

PA. ergo adcura, sed propere opust. nunc tu ausculta mi, Pleusicles.
PL. tibi sum oboediens. PA. hoc facito, miles domum ubi aduenerit,
memineris ne Philocomasium nomines. PL. quem nominem?
PA. Diceam. PL. nempe eandém quae dudum constitutast. PA. pax! abi.
PL. meminero. sed quid meminisse id refert, ⟨rogo⟩ ego te tamen.
PA. ego enim dicam tum quando usus poscet; interea tace;
ut nunc etiam hic agit, actutum partis defendas tuas.
PL. eo ego intro igitur.—PA. et praecepta sobrie ut cures face.

PALAESTRIO LVRCIO ii

PA. Quantas res turbo, quantas moueo machinas!
eripiam ego hodie concubinam militi,
si centuriati bene sunt manuplares mei.
sed illúm uocabo. heus Sceledre, nisi negotiumst,
progredere ante aedis, te uocat Palaestrio.
LV. non operaest Sceledro. PA. quid iam? LV. sorbet dormiens.
PA. quid, sorbet? LV. illud 'stertit' uolui dicere.
sed quia consimile est, quom stertas, quasi sorbeas—

805–18 *pauca in versuum finibus leguntur A* 805 propere *Brix*: properam (*B*) *vel* properas (*P*[CD]) *vel etiam* properā (*i. e.* properato?) *P*, *A n. l.* mi *om. B* 806 huc *B* 807 quam *P*[CD] 808 *de* Diceam (*ita cod.*) *cf. ad v.* 436 abi *Camerarius*: abis *P*: -bes *ut vid. A* (*i. e.* habes?) 809 rogo *add. Brix* (*A n. l.*) 810 poscit *P* (*pro* -et?), *A n. l.* 811 nunc (nc̄) (*B*) *vel* cum (c̄) (*P*[CD]) *P*, *A n. l.* agat (*A n. l.*) ac tu tum *Leo* ut cum etiam hic aget, ⟨tu⟩ actutum *Niemeyer* (*sed cf. Thulin 'de coniunctivo,'* p. 185) 812 eo *Ital.*: ego *P*, *A n. l.* et] ei (i) *Gulielmius*, *fort. recte* (*cf. Sjögren 'Part. Copul.'* p. 85) ut cures] adcures (atc.) *Ritschl* 817 uocat *Ital.*: uoca (*B*) *vel* uoco (*P*[CD]) *P*, *A n. l.* 819 stertit *Ital.*: steterit (*B*) *vel* sterterit (*P*[CD]) *P*, *A n. l.* 820–39 *initia fere versuum leguntur A* 820–1 quom *Acidalius*: quod *P*, *A n. l.*

PA. eho an dórmit Sceledrus intus? LV. non naso quidem,
nam eo mágnum clamat. PA. tetigit calicem clanculum :
†domisit† nardini amphoram cellarius.
eho tu sceleste, qui illi subpromu's, eho—
LV. quid uis? PA. qui[d] lubitum est illi condormiscere?
LV. oculis opinor. PA. non te istuc rogito, scelus.
procede huc. periisti iam nisi uerum scio.
prompsisti tu illi uinum? LV. non prompsi. PA. negas?
LV. nego hercle uero, nam ill' me uotuit dicere;
neque equidem heminas octo exprompsi in urceum
neque illic calidum | exbibit in prandium.
PA. neque tu bibisti? LV. di me perdant si bibi,
si bibere potui! PA. quid iam? LV. quia enim opsorbui;
nam nimi' calebat, amburebat gutturem.
PA. alii ebrii sunt, alii poscam potitant.
bono subpromo et promo cellam creditam!
LV. tu | hercle idem fáceres si tibi esset credita :
quoniam aemulari non licet, nunc inuides.
PA. eho an umquam prompsit antehac? responde, scelus.
atque ut tu scire possies, dico tibi :
si falsa dices, Lurcio, excruciabere.
LV. ita uero? ut tu ipse me dixisse delices,

824 domi sitam ardimi nam amphoram P^{CD} : dormis ita arcliminam phoram *B*: *a litteris* pr- *versus incepisse potest in A* dum misit (nardum in am.) *Ussing*: prompsit *Pareus* (vii, p. 99): *vix* promisit nardini *Ital.* 826 qui *Beroaldus* : quid *P et ut vid. A* (*vix* quīd, *sed fort.* quïd lub. *ita pronuntiatum ut* quī lub. (quillub.) *audiretur*) 827 *vel* opino 830 i. metuit *B* (*pro* ille uet. ?) 831 heminas *Saracenus*: feminas *P*, *A n. l.* (i. 8) 832 calidas *Niemeyer* (*A n. l.*) 834 potuisti *P*, *A n. l.* 835 calebat adurebat *codd. Nonii* 207 : (c)ạḷẹḅ— *A* : caleuit (*pro* -euat ?) ambureuat *P* 836 alia postcam (postquam *B*) *P*, *A n. l.* : *corr. Palmerius, Acidalius, Lipsius* potitant *Lipsius* : potitam *corr.* potatam *P ut vid.* (M *pro* NT ; vi. 1), *A n. l.* 838 *vix* hercule idem *Ital.* : id— *A* : diem *P* : itidem *Bergk* si *Ital.* : sit *P*, *A n. l.* 842 possis (*ita P*, *A n. l.*) ⟨ego⟩ *Pylades* 843 falsa *Ital.* : palsa *P*, *A n. l.* dices *Ritschl* : dicis *P* (*pro* -es ?), *A n. l.* Lurcio *Fleckeisen ex scaenae tit. et pers. notis* (LVCRIO *P*, LVCHRIO D^2, *A n. l.*) : uotio (-cio) *P*, *A n. l.* excruciaberet *P*, *A n. l.* : *corr. Ital.* (*cf. ad* 223) 844–54 *extremi fere versus leguntur A*

post ⟨e⟩ sagina ego eiciar cellaria,
ut tibi, si promptes, alium subpromum pares.
Pa. non edepol faciam. age eloquere audacter mihi.
Lv. numquam edepol uidi promeré. uerum hoc erat:
mihi imperabat, ego promebam postea.
Pa. hoc illi crebro capite sistebant cadi.
Lv. non hercle tam istoc ualide cassabant cadi;
sed in célla erat paullum nimi' loculi lubrici,
ibi erat bilibris aula sic propter cados,
ea saepe deciens complebatur: uidi eam
plenam atque inanem fieri; ópera maxuma,
ubi bacchabatur aula, cassabant cadi.
Pa. abi, abi íntro iam. uos in cella uinaria
bacchanal facitis. iam hercle ego illum ádducam a foro.
Lv. perii! excruciabit me erus, domum si uenerit,
quom haec facta scibit, quia sibi non dixerim.
fugiam hercle aliquo atque hoc in diem extollam malum.
ne dixeritis, opsecro, huic, uostram fidem!
Pa. quo tú agis? Lv. missus sum alio: iam huc reuenero.
Pa. quis misit? Lv. Philocomasium. Pa. abi, actutum redi.
Lv. quaeso tamen tú meam partem, infortunium

845 e *add. Ritschl* (*A n. l.*) (i. 7) eicia *P*, *A n. l.* 846 promtis (proptis P^{CD}) *P*, *A n. l.*: prompsis *Ribbeck* subpromis paris *P* 847 aget *P*, *A n. l.* 849 inperauat (*i. e.* -bat) (imperauit *B*) *P*, *A n. l.* 850 hoc *Brix*: hic *P*, *A n. l.* illi cebro (*i. e.* crebro) *ut vid. P* (illecebro *B*, illi celebro P^{CD}), *A n. l.* sistebat (*B*) *vel* sistebas (P^{CD}) *P* 851 *om. A* (iii. 11) cassabant *Pylades*: cassauat (cessauit *B*) *cod.* 852 erit p. *P*, *A n. l.*: paulum erat *Brix*, *nam* erát paulúm *displicet* 853 aula (-lla) sic *Ritschl*: auilis hic *P*, *A n. l.* 854, 855 compleuatur (-etur *B*) die Ea plenam *P*, *A n. l.*: *corr. Leo*: c. in die *Ritschl deleto versu sequenti* 854 complebatur, deciens (?) *Leo*, *fort. recte* 855 plena maxuma *P*: plenam maxume *Leo* 856 auia cassabat *P* 858 illum] erum *P* adducata (-cta *B*) fore *P* 860 dixerit *P* 861–994 *deest A* 861 diem *Camerarius*: die *cod.* extollat *cod.* 862 ne huic d. *Kellerhoff* uostra *cod.* 863 quot tu *cod.* aliquo *Haupt* 865 infortinum *cod.*

si diuidetur, mé apsente accipito tamen.—
Pa. modo intellexi quam rem mulier gesserit:
quia Scéledrus dormit, hunc subcustodem suom
foras áblegauit, dum ab se huc transiret. placet
sed Periplectomenus quam ei mandaui mulierem
nimi' lepida forma ducit. dí hercle hanc rem adiuuant.
quam digne ornata incedit, hau meretricie!
lepide hoc succedit sub manus negotium.

iii PERIPLECTOMENVS ACROTELEVTIVM
MILPHIDIPPA PALAESTRIO

Pe. Rem omnem tibi, Acroteleutium, tibique una, Milphidippa,
domi démonstraui in ordine. hanc fabricam fallaciasque
minu' si tenetis, denuo uolo pércipiatis plane;
sati' si intellegitis, aliud est quod potius fabulemur.
Ac. stultitia atque insipientia mea istaéc sit, ⟨mi patrone,⟩
me ire in opus alienum aut [t]ibi meam operam pollicitari,
si ea in ópificina nesciam aut mala esse aut fraudulenta.
Pe. at meliust ⟨com⟩monerier. Ac. meretricem commoneri
quam sane magni referat, nihil clám est. quin egomet ultro,
postquam adbibere aures meae tuam oram orationis,
tibi dixi, miles quém ad modum potisset deasciarei.

868 huc *cod.* 869 foras *Lambinus*: foris *cod.* (*contra usum Plautinum*) (*cf.* 1124, 1215 foris *pro* foras) transire *cod.* 871 atiuuat (at uiuat P^{CD}) *cod.* 874 r. o. acretele tibi ut ium (ut unum *B*) *cod.*: *corr. Studemund* 875 in *del. Pylades* 878 st. atque *Ital.*: stultitiaque *cod.* insipientiam falsta (falsa *B*) haesit *cod.* (F *pro* E, L *pro* I; vi. 1): *corr. Leo, qui* mi patrone *vel* Periplectomene *addidit*: insipientia insulsitasque haec esset *Goetz*: *propius a scripto absit* i. insulsitas siet haec 879 tibi *cod.*: ibi *Leo* mea *cod.* 880 ea in o. *Camerarius*: eam opificinam *cod.* nesciat *cod.* 881 *vix* melius est commonerier (c̄mon-) *Schoell*: monerier *cod.*: ⟨te⟩ mon. *Ritschl* 882 egomet ultro *Acidalius*: ego mfustro (ego insustro *B*) *cod.* 883 meae] mea et P^{CD} tuae oram *Gulielmius* (*sed* tu(ae) *displicet*): tuam moram *cod.* 884 potissit *Leo* deasciari *Palmerius*: deasdarei (P^{CD}) (d *pro* cl; vi. 1) *vel* assecla rei (*B*) *cod.*

PE. at nemo solus sati' sapit. nam ego multos saepe uidi
regionem fugere consili priu' quam repertam haberent.
AC. si quid faciundum est mulieri male atque malitiose,
ea síbi inmortalis memoriast meminisse et sempiterna;
sin bene quid aut fideliter faciundumst, eo deueniunt
obliuiosae extemplo uti fiant, meminisse nequeunt.
PE. ergo istuc metuo, quom uenit uobis faciundum utrumque:
nam id proderit mihi, militi male quod facietis ambae.
AC. dum nescientes quod bonum faciamus, ne formida.
PE. mala mille meres. AC. st! ne paue, peioribus conueniunt.
PE. ita uos decet. consequimini. PA. cesso ego illis obuiam ire.
uenire saluom gaudeo, lepide hercle ornatus [in]cedis.
PE. bene opportuneque obuiam es, Palaestrio. em tibi adsunt
quas me iussisti adducere et quo ornatu. PA. eu! noster esto.
Palaestrio Acroteleutium salutat. AC. quis hic amabo est
qui tam pro nota nominat me? PE. hic noster architectust.
AC. salue, architecte. PA. salua sis. sed dic mihi, ecquid hic te

886 repertam haberent (-buere *Palmerius*) *Pylades*, *Lambinus*: reperta habere *cod.* 888 meminisset et *cod.* (*cf. ad v.* 223) 889 quid aut *Camerarius*: [aut] quid aut *cod.* (iv. 3) faciundum si (*pro* faciundumst) eadem ueniunt *cod.*: *corr. Camerarius*: faciundumst eaedem eueniet *Ritschl*: faciundum eisdem ueniat *Leo*: faciundumst eaedem ueniunt *Niemeyer* 890 *vel* extempulo ut (ut *cod.*) neque eunt *PCD* 891 quom *Mueller*: quo *cod.* 892 militi *Acidalius*: militia *cod.* 893 quod (*B*) *vel* quid (*PCD*) *cod.* faciemus *PCD vel* dum ne scientes quid 894, 895 mala milla mer est (mala mulier est *B*) Ac. ne pauet *cod.*: *correxi* (i, p 30) *vel* mill' mala mulier mers est *Bentley* 897 uenere *cod.* cedis *Bothe*: incedit *cod.* 898 Pal. em] palestridem *cod.* 899 me *Ital.*: ne *cod.* adducere et quo *Ital.*: adduceret et equo *cod.* esto *Ital.*: esio *cod.* 900 qui sic ambo est *cod.*: *corr. Camerarius* 901 quid *B* notam minat (mittat *B*) notam PE. ehic (hic *B*) *cod.*: *corr. Ital.*, *Guietus* 902 saluasissiet (salua si sis et *B*) *cod.*: *corr. Ital.*

onerauit praeceptis? PE. probe meditatam utramque duco.
PA. audire cupio quém ad modum; ne quid peccetis paueo.
PE. ad tua praecepta de meo nihil his nouom adposiui.
AC. nemp' ludificari militem tuom erum uis? PA. exlocuta's[t].
AC. lepide et sapienter, commode et facete res parata est.
PA. atque huius uxorem te uolo ⟨ted⟩ adsimulare. AC. fiat.
PA. quasi militi animum adieceris simulare. AC. sic futurum est.
PA. quasique ea res per me interpretem et tuam ancillam ei curetur.
AC. bonu' uatis poteras esse, nam quae sunt futura dicis.
PA. quasique anulum hunc ancillula tua aps té detulerit ad me
quem ego militi ⟨porro⟩ darem tuis uérbis. AC. uera dicis.
PE. quid istís nunc memoratis opust quae commeminere? AC. meliust.
nam, mi patrone, hoc cogitato, ubi próbus est architectus,
bene lineatam si semel carinam conlocauit,
facile esse nauem facere, ubi fundata, constitutast.
nunc haec carina sati' probe fundata, [et] bene statutast,
adsunt fabri architectique ⟨adsunt⟩ ad eam haud inperiti.
si non nos materiarius remoratur, quod opus⟨t⟩ qui det

903 ducam *B* 904 paueuo (paueno *B*) *cod.* (-ebo *pro* -eo; v. 12) 906 -ast *cod.* 907 facite *cod.* par. est *Camerarius*: paratae (-te) *cod.* (*pro* -ta ē, *i. e.* est?) 908 huis *P*CD te *Ital.*: tu *cod.* ted *add. Ribbeck* ux. uolo ⟨te esse⟩ *Leo* adsimulari *cod.* fiet *Beroaldus*: fiat *cod.* 909 adieris *P*CD (iii. 10) 910 quasique aeres aest per (*P*CD) *vel* quasi que res est per (*B*) *cod.*: *corr. Ital.*, *Ritschl* ancilla *P*CD ei coeretur *Ribbeck*: eieceretur (*B*) *vel* ceretur (*P*CD) *cod.* 911 nam *Camerarius*: num *cod.* (u *pro* a; vi. 1) qui *cod.* 912 ancillulam tuam *cod.* aome *cod.* (O *pro* D; vi. 1) 913 quarem ego *B* porro *add. Reiz, Brix* 914 comminere *B* 918 haec *Camerarius*: hic *cod.* satis profundata bene et statutast *cod.*: *corr. Acidalius* (et bene) (vii, p. 105) 919 atsunt eabri (muliebria *B*) architectique ate ama ut (amant *B*) inp. *cod.*: fabri *Ital.*, ad eam ⟨rem⟩ haud *Pylades* adsunt *addidi* (*Journ. Phil.* 26, 293): ⟨famuli⟩ fabri *Hasper*: *fort.* architectí ⟨quo⟩que 920 materarius *cod.*

(noui indolem nostri ingeni), cito erit parata nauis.
PA. nemp' tu nouisti militem meum erum? AC. rogare mirumst.
populi odium quidni nouerim, magnidicum, cincinnatum,
moechum unguentatum? PA. num ille te nam nouit? AC. numquam uidit:
qui nouerit me quis ego sim? PA. nimi' lepide fabulare;
eo pote fúerit lepidius pol fieri. AC. potin ut hominem
mihi des, quiescas ceterá? ni ludificata lepide
ero, cúlpam omnem in me imponitó. PA. age igitur intro abite,
insistite hoc negotium sapienter. AC. alia cura.
PA. age, Periplectomene, has nunciam duc intro; ego ad forum illum
conueniam atque illi hunc anulum dabo atque praedicabo
a túa uxóre mihi datum esse eamque íllum deperire;
hanc ad nos, quom extemplo a foro ueniemus, mittitote.
quasi clanculum ad ⟨eum⟩ missa sit. PE. faciemus: alia cura.
PA. uos modo curate, ego illúm probe iam oneratum huc acciebo.—
PE. bene ambula, bene rem geras. egone hoc si ecficiam plane,
ut concubinam militis meus hospes habeat hodie
atque hinc Athenas auehat, ⟨si⟩ hodie hunc dolum dolamus,
quid tibi ego mittam muneris! AC. datne ab se mulier operam?

923 nouerint (nouerit P^{CD}) *cod.* (v, p. 78) 924 ille te nam *Bothe*: illa et aenam (illa eam *B*) *cod.* (*pro* illae tae nam ?) 925 sum *cod.* (*corr. C*) 926 pote fuerit *scripsi*: potiuerim (-riin *vel* -run P^{CD}) *cod.*: *fort.* ⟨opus⟩ potuerit 931 atquem *cod.* 932 at *cod.* esset *cod.* eamquam *cod.* 933 hanc ad *Ital.*: hac at *ut vid. cod.* (hec ad *B*, hoc at *D*, haoit *C*) quom *Camerarius*: quam *cod.* mittitote *Bothe*: mittito *cod.* 934 eum *add. Pylades* 935 oneratum huc *Ital.*: oneratur hunc *cod.* 936 geras *Seyffert*: gerat *cod.* 937 concubina *cod.* 938 auehat *Dousa*: habeat *cod.* (v. 12, p. 73) si *add. Camerarius, Gruterus* 939, 940 ab se *Ital.*: absi *cod.*: eapse *Acidalius*

PE. lepidissume et comissume—AC. confido confuturum.
ubi facta erit conlatio nostrarum malitiarum,
hau uereor ne nos subdola perfidia peruincamur.
PE. abeamus ergo intro, haec uti meditemur cogitate,
ut accurate et commode hoc quod agendumst exsequamur,
ne quid, ubi miles uenerit, titubetur. AC. tu morare.

ACTVS IV

IV. i PYRGOPOLYNICES PALAESTRIO

PY. Volup est, quod agas, si id procedit lepide at⟨que ex⟩ sententia ;
nam ego hodie ad Seleucum regem misi parasitum meum,
ut latrones quos conduxi hinc ad Seleucum duceret,
qui eius regnum tutarentur, mihi dum fieret otium.
PA. quin tu tuam rem cura potius quam Seleuci, quae tibi
condicio noua et lúculenta fertur per me interpretem.
PY. immo omnis res posteriores pono atque operam do tibi.
loquere : auris meas profecto dedo in dicionem tuam.
PA. circumspicedum ne quis nostro hic auceps sermoni siet.
nam hoc negoti clandestino ut agerem mandatumst mihi.
PY. nemo adest. PA. hunc arrabonem amoris primum a me accipe.
PY. quid hic ? unde est ? PA. a luculenta ác festiua femina,

941 lepidi sum et comisumet *cod.* : *corr. Gruterus* comsissime (*i. e.* compsissume) *Glossarium Plauti* (*ex hac fabula*) cumfut. *cod.* (*pro* c̄fut. *i. e.* confut. ?) 942 malitiarum *Ital.* : militiarum *cod.* 944 abeamus *Camerarius* : habemus *cod.* 945 *post* 946 *cod.* : *trai. Gulielmius* : *vix secludend.* 947 atque ex *Ital.*, *Ritschl* 948 reg. Sel. (?) *Asmus de appositione*, p. 48 949 ducere *cod.* 950 que *cod.* (*pro* quei ?) 951 tu tuam] tuta uam *PCD* : tuam *B* 954 dido *cod.* 955 circumspicito cum *cod.* : *corr. Ital.*, *Guietus* 956 agere mandatus *cod.* 957 amoris *Ital.* : moris *cod.* accepi *cod.*

quae te amat tuamque éxpetessit pulchram pulchritudinem;
eius nunc mi anulum ad te ancilla porro ut deferrem dedit.
PY. quid ea? ingenuan an festuca facta e serua liberast?
PA. uah! egone ut ad te ab libertina esse auderem internuntius,
qui ingenuis sati' responsare nequeas quae cupiunt tui?
PY. nuptanst an uiduá? PA. et nupta et uidua. PY. quo pacto potis
nupta et uidua esse eadem? PA. quia adulescens nuptast cum sene.
PY. eugae! PA. lepida et liberali formast. PY. caue mendacium.
PA. ad tuam fórmam illa una dignast. PY. hercle pulchram praedicas.
sed quis east? PA. senis huius uxor Periplectomeni e proxumo.
ea demoritur te atque ab illo cupit abire: odit senem.
nunc te orare atque opsecrare iussit ut eam copiam
sibi potestatemque facias. PY. cupio hercle equidem si illa uolt.
PA. quae cupit? PY. quid illá faciemus concubina quae domist?
PA. quin tu illam iube aps te abire quo lubet: sicut soror

959 tuamque *Pius*: tumque (cumque *B*) *cod.* expetisset *cod.* 960 eis P^{CD} hunc *Acidalius* deferret *cod.* 961 ingenua *cod.* an *Ital.*: ac *cod.* e serua *Dousa*: seruare *cod.* (? *pro* serua e) 962 ad te *Ital.*: abste *cod.* (*pro* ate, *i. e.* atte) audere *cod.* 963 responsaret (responderet *B*) *cod.* cupiunt tui *Scioppius*: cupit uti (capiti uti *B*) *cod.* 964, 965 nuptanst uidua (*B*) *vel* nuptanist anuida (P^{CD}) *cod.*: nuptan est an uidua *Ritschl fort. recte*: *vix* nupta? anst u.? quo *Ital.*: quid *cod.* (qui B^2) 966 uidua et nupta P^{CD} adem (idem *B*) *cod.* quia *Ital.*: qui *cod.* 967 lepide et *B*, *unde* euge lepide. PA. liberali (?) *Leo* 968 pulchrum *cod.*: *corr. Pius* 969 east] haecst *B* PY. proxumo *cod.*: e proxumo (*om.* PY.) *Bach* (*cf. ad Men.* 151): PY. ex pr.? *alii* 970 cupit *Acidalius*: cipit *cod.* 971 copiam *Ital.*: cupiam (*B*) *vel* capiam (P^{CD}) *cod.* 973 illam *B* concubinam *cod.* (*cf. ad v.* 323) quando mist *cod.* (*corr.* D^2) 974 quo lubet *Ital.*: quod iubet *cod.* (*vix pro* quōd l.)

eius huc gemina uenit Ephesum et mater, accersuntque eam.
Py. eho tu, aduenit Ephesum mater eiius? Pa. aiunt qui sciunt.
Py. hercle occasionem lepidam, ut mulierem excludam foras!
Pa. immo uin tu lepide facere? Py. loquere et consilium cedo.
Pa. uin tu illam actutum amouere, a te ut abeat per gratiam?
Py. cupio. Pa. tum te hoc facere oportet. tibi diuitiarum adfatimst:
iube sibi aurum atque ornamenta, quae illi instruxti mulieri,
dono habere, ⟨abire⟩, auferre áps te quo lubeat sibi.
Py. placet ut dicis; sed ne istanc amittam et haec mutet fidem
uide modo. Pa. uah! delicatu's, quae te tamquam oculos amet.
Py. Venu' me amat. Pa. st tace! aperiúntur fores, concede huc clanculum.
haec celox illiust, quae hinc egreditur, internuntia.
Py. quaé haec celox? Pa. ancillula illiust, quae hinc egreditur foras.
quae anulum istunc attulit quem tibi dedi. Py. edepol haec quidem
bellulast. Pa. pithecium haec est prae illa et spinturnicium.
uiden tu illam oculis uenaturam facere atque aucupium auribus?

975 ug geminam uenite *cod.* 976 eon *cod.* an uenit *Goetz* eius *Ital.* : aeuius *cod.* 978 faceret *B et fort. cod.* loquerit et *B* 981 instruxit *cod.* 982 abire *add. Goetz* auferet *cod.* quod PCD (*cf. ad* 974) iubeat *cod.* (*corr. D*) 983 ne ⟨et⟩ istam (*ita cod.*) *Brix* et *om. B* (iii. 1) 985 st] ast *cod.* aperitur foris *Bentley rhythmi causa* 986 hic egr. *cod.* 987 *retractatoris esse credit Seyffert* haec *del. Bothe* quae *om. B* hic *cod.* 988 dedit *cod.* (*corr.* B^2)

MILPHIDIPPA PYRGOPOLYNICES PALAESTRIO ii

MI. Iam est ante aedis circus ubi sunt ludi faciundi mihi.
dissimulabo, hos quasi non uideam neque esse hic etiamdum sciam.
PY. tace, subauscultemus ecquid de me fiat mentio.
MI. numquis[nam] hic própe adest qui rem alienam potius curet quam suam,
qui aucupet me quid agam, qui de uesperi uiuat suo?
eos nunc homines metuo, mihi ne opsint neue opstent uspiam,
domo si bita⟨n⟩t, dum huc transbitat, quae huius cupiens corporist,
997[a] ⟨er⟩a mea, quoius propter amorem cor nunc miser⟨ae contremit⟩,
quae amat hunc hominem nimium lepidum et nimia pulchritudine,
militem Pyrgopolynicem. PY. satin haec quoque me deperit?
meam laudat speciem. edepol huiius sermo hau cinerem quaeritat.
PA. quo argumento? PY. quia enim loquitur laute et minime sordide.
PA. quidquid istaec de te loquitur, nihil attrectat sordidi.
PY. tum autem illa ipsa est nimium lepida nimi'que nitida femina.

991 Tam *cod.* ludificandi *cod.* : *corr. Camerarius* 993 ec qui P^{CD} 994 nam *del. Reiz* properat est *B* (*vix pro* propter adest) *fort.* potius *delend.* 995–1000 *in initiis quaedam leguntur A* 995 aquam *P* dem *P* (*pro* dé), *A n. l.* 996 *fort.* ópsint, ne op. *rhythmi causa* (*A n. l.*) obstent *Ital.* : obtet (opt-) *P, A n. l.* 997 domosibit ac dum huc transiuit adque (atque) huius *P, A n. l.* : *corr. Leo* (bitat) *vel* corporest 997[a] *om.* A^1P (? iii. 11) : *in A mg. sup. manus coaeva ascripsit : retractatori ascribit Leo suppl. Goetz vix* misere 998 nimiam pulchritudinem *B* 1000 *vel* PA. edepol sermo *Gruterus* : sermonis *P, A n. l.* (i. 9) 1001 PA.] *vel* PY. PY.] *vel* PA. 1002 quidquid i. *Bothe* : quid ad (quid ait *B*) i. *P* (a *pro* ꝗ, *i. e.* qui) : quid i. quae *A* de te *vel* teteque *A* sordidi *Ritschl* : sordide *P* (*pro* -ei ?), *A n. l.* 1003 tu *P* (*corr. D*)

hercle uero iam adlubescit primulum, Palaestrio.
Pa. priu'ne quam illam oculis tuis—Py. uideon id quod credo tibi?
tum haec celocla autem illa apsente subigit me ut amem. Pa. hercle hanc quidem
nihil tu amassis; mihi haec desponsast: tibi si illa hodie nupserit,
ego hanc continuo uxorem ducam. Py. quid ergo hanc dubitas conloqui?
Pa. sequere hac me ergo. Py. pedisequos tibi sum. Mi. utinam, quoius caussa foras
sum egressa, ⟨eiius⟩ conueniundi mihi potestas euenat.

Pa. erit et tibi exoptatum optinget, bonum habe animum, ne formida;
homo quidamst qui scit quod quaeris ubi sit. Mi. quem ego híc audiui?
Pa. socium tuorum conciliorum et participem consiliorum.
Mi. tum pol ego id quod celo hau celo. Pa. immo et celas et non celas.
Mi. quo argumento? Pa. infidos celas: ego sum tibi firme fidus.
Mi. cedo signum, si harunc Baccharum es. Pa. amat mulier quaedam quendam.
Mi. pol istuc quidem multae. Pa. at non multae de digito donum mittunt.
Mi. enim cognoui nunc, fecisti modo mi ex procliuo planum.

1004–13 *non legitur A* 1005 iliam *cod.* uideo (ideo *B*) *cod.* (i, p. 27) 1006 tum *Ital.*: cum *cod.* celocula *Bugge* (*cf. Class. Rev.* 6, 89): elocuta *cod.* illam autem *cod.*: *traieci* 1007 desponsatast *PCD* tibi *om. B* 1009 foras (fori *B*) *in initio versus sequentis, cod.*, *unde* cuius gratia Foras sum *Mueller* 1010 eius *add. Spengel*: *fort.* ⟨utinam⟩ 1013 consiliorum *Bothe*: consiliarium *P*, *A n. l.* 1014 immo etiam (et etiam *B*) sed non celas *P* 1015 firme fides (firme fidelis *PCD*, firma fides *B*) *P* 1016 est *P* 1017–26 *pauca in initiis leguntur A* 1017 didigito domum *B* 1018 planum *Gulielmius*: patrem *P*, *A n. l.* (vii, p. 104)

sed hic numquis adest? PA. uel adest uel non. MI. cedo te mihi solae solum.
PA. breuin an longinquo sermoni? MI. tribu' uerbis. PA. iam ad te redeo.
PY. quid ego? hic astabo tantisper cum hac forma et factis [sic] frustra?
PA. patere atque asta, tibi ego hanc operam do. PY. properandó—excrucior.
PA. pedetemptim (tu haec scis) tractare soles hasce huiius modi mercis.
PY. age age ut tibi maxume concinnumst. PA. nullumst hoc stolidiu' saxum.
redeo ad te. quid me uoluisti? MI. quo pacto hoc Ilium appelli
uelis, id fero ád te consilium. PA. quasi hunc depereat—
MI. teneo istuc.
PA. conlaudato formam et faciem et uirtutes commemorato.
MI. ad eam rem habeo omnem aciem, tibi uti dudum iam demonstraui.
PA. tu cetera cura et contempla et de meis uenator uerbis.
PY. aliquam mihi partem hodie operae des denique, iam tandem ades †ilico†
PA. adsum, impera si quid uis. PY. quid illaec narrat tibi? PA. lamentari

1019 uel est *B* solae solum [esse] P^{CD} : sisoluē *B* : *corr. Pius* 1020 breuẹm — *A* sermone *P*, *A n.l.* 1021 quom *P* (*antiqua forma*), *A n. l.* [sit] frustram *B* : [si sic] frustram P^{CD} : *vix octonarius* (*A n. l.*) 1022 do operam *P*, *A n. l.* : *traieci*, *assonationis causa*; *de hiatu cf. Journ. Phil.* 27, 218 propera ⟨expecta⟩ndo *Ritschl* : properadum ⟨stando⟩ *Colvius* : *fort.* properandon (-ne *i. e.* nonne) excruciet *B* 1023 haec (hec) scis] scis *Ritschl* (*del.* hec) : nescis *Guietus* (*interrogative*) : hoc scis *Leo* tractari *Pylades* solē *ut vid. P* (*A n. l.*) : solitas *Ritschl* 1024 concinnus *P*, *A n. l.* (*pro* -ust, *i. e.* -umst) 1025 Ilium *Gertz* : cilium *cod.* apeli (P^{CD}) *vel* a . . . pi (B^1) *P*, *A n. l.* (accepi B^2) : accedi *Gertz* hoc occipiam aperi *Koch* 1026 id] ut *B* (*pro* it) fero] refero *Guietus* ut ferrem abs te *Leo* huc *cod.* 1027–31 *pauca servata A* 1028 aciem *Camerarius* : faciem P^{CD} : matiem *B*, *unde* materiem *Seyffert* (*A n. l.*) 1030 iam *om.* *A* adest *B*, *A n. l.* ilico] remeligo (*del.* iam) *Leo* (*A n. l.*) 1031 [te] lam. P^{CD}, *A n. l.*

ait illam, miseram cruciari et lacrumantem se adflictare,
quia tis egeat, quia te careat. ob eam rem huc ad te missast.
Py. iube adire. Pa. at scin quid tu facias? facito fastidi plenum,
quasi non lubeat; me inclamato, quia sic te uolgo uolgem.
Py. memini et praeceptis parebo. Pa. uocon ergo hanc quae te quaerit?
Py. adeat, si quid uolt. Pa. si quid uis, adi, mulier. Mi. pulcher, salue.
Py. meum cognomentum commemorauit. di tibi dent quaequomque optes.
Mi. tecum aetatem exigere ut liceat— Py. nimium optas. Mi. non me dico,
sed eram meam quae te demoritur. Py. aliae multae idem istuc cupiunt
quibu' copia non est. Mi. ecastor hau mirum si te habes carum,
hominem tam pulchrum et praeclarum uirtute et forma, factis.
deu' dignior fuit quisquam homo qui esset? Pa. non hercle humanust ergo—
nam uolturio plus humani credo est. Py. magnum me faciam
nunc quom illaec me illi[c] conlaudat. Pa. uiden tu ignauom ut sese infert?

1032-9 *pauca in primis et extremis versibus leguntur A* 1033 *fort.* tĭs ⟨ea⟩ (*A n. l.*) 1034 facite *B* (? *pro* face te), *A n. l.* 1035 sic te *Pylades*: sic tam *P*, *A n. l.*: tam te *Baier* 1036 uocon *Ritschl*: uoco *P*, *A n. l.* 1037 adi *om. B* 1038 [quis] commerauit *B*: commemorat *Hermann, cui octonarius displicet* (*cf. ad Pers.* 834) (*A n.l.*) quaecumque] ut *B* (*ex supra scripto* -cum-?): *fort.* quaeque 1040–1121 *deficit A, nisi quod usque ad v.* 1058 *paucissima in primis et extremis versibus leguntur* 1040 multae aliae *cod.*: *trai. Brix* itidem *Pradel de praep.* p. 506 1042 praeclarum *Ritschl*: praeclaram (-ra P^{CD}) *cod.* (a *pro* u; vi. 1) uirtutem et formam *B* ⟨et⟩ factis *Camerarius* 1043 deus *Brix*: heus (heuis *B*) *cod.* quam h. *B* humanum stergeo *cod.*: *corr. Haupt* 1044 me *om. B* 1045 quom *Ritschl, et ut vid. cod.* (quo *B*: q̄m (*i. e.* quoniam) *D*:

quin tu huic responde, haec illaec est ab illa quam dudum ⟨dixi⟩.
PY. qua ab illarum? nam ita me occursant multae: meminisse hau possum.
MI. ab illa quae digitos despoliat suos et tuos digitos decorat.
nam hunc anulum áb tui cupientí huic detuli, híc porro ⟨ad te⟩.
PY. quid nunc tibi uis, mulier? memora. MI. ut quae te cupit, eam ne spernas,
quae per tuam nunc uitam uiuit: sit necne sit spes in te uno est.
PY. quid nunc uolt? MI. te compellare et complecti et contrectare.
nam nísi tu illi fers suppetias, iam illa animum despondebit.
áge,
mi Achilles, fiat quod te oro, serua illam pulchram pulchre,
exprome benignum ex te ingeniúm, urbicape, occisor regum.
PY. eu hercle ódiosas res! quotiens hoc tibi, uerbero, ego interdixi,
meam ne sic uolgo pollicitere operám? PA. audin tu, mulier?
dixi hoc tibi dudum et nunc dico: nisi huic uerri adfertur merces,
non hic suo seminio quemquam proculenam impertiturust.

om. C) illic me illic *cod.*: illaec me sic *Ritschl* infert *Acidalius*: inferat *cod.* (i. 9) 1046 illaec *Pylades*: illic *cod.*: illinc *Seyffert* dixi *add. Reiz* 1047 quam *B* (vii. 4), *unde* quanam *Camerarius*, *cui* qua | ab *displicet* 1049 *fort.* anellum ab tui *om. B* cupientis *cod.* huc *PCD*: *vel* hūïc: *an* huc huic? hic ad te p. *Ritschl*: huic (*om. B*) p. *cod.* (*etiam v.* 1046 *in fine mancus est*) hic ⟨ad te detulit⟩ p. *Schoell* 1050 ut qui *cod.* 1051 uiuit *Pius*: uult *cod.* nec *B*: *vel* necn' 1054 age *extra versum posui*, *nam* Ăchĭlles *vix ferendum*, *neque* fĭat *placet*: mi Ach. *et sq. v.* age exprome *Fleckeisen* fuat (?) *Leo* *fort.* quod *delend.* pulchre] pulcher *Pius* 1055 urbicape *Camerarius*, *etiam cod. ut vid.* (ubi cape *B*: [ini]uirbicape *PCD*) (ini *pro* ui; iv. 3) 1058 uerri affertur *Priscianus* 1, 149: uerriant fertur *cod.* (*pro* u. atf.) 1060 porculae nam *codd. Prisciani*: proculem *cod.* (*cf. Class. Rev.* 10, 333)

MI. dabitur quantum ipsus preti poscet. PA. talentum Philippi huic opus auri est;
minus ab nemine accipiet. MI. eu ecastor nimi' uilest tandem!
PY. non mihi auaritia umquam innatast: satis habeo diuitiarum,
plus mi auri mille est modiorum Philippi. PA. praeter thensauros.
tum argenti montes, non massas, habet Aetina non aeque altos.
MI. eu ecastor
hominem peiiurum! PA. út ludo? MI. quid ego? ut sublecto? PA. scite.
MI. sed amabo, mitte me áctutum. PA. quin tu huic respondes aliquid,
aut facturum aut non facturum? MI. quid illam miseram animi excrucias,
quae numquam male de te meritast? PY. iube eampse exire huc ad nos.
dic me ei omnia quae uolt facturum. MI. faci' nunc ut facere aequom,
quom, quae te uolt, eandem tu uis. PY. non insulsum huic ingenium.

1061 talĕntum *suspectum* philippium *cod.* 1062 ab nem. min. (?) *Leo, rhythmo consulens* 1064 thensaurus *cod. ut vid.* 1065 aethna (*om. B*) mons (*om. B*) non aeque a. *cod.*: Aetina non aeque altast *Loewe*: Aetna mŏns non aeque altust *Lachmann*: Aetnā mons aeque altas *Tittler* 1066[a] ut *Camerarius*: ui *cod.* sublectos *cod.* PA. scite *del. Acidalius, cui* eu ecastor *extra versum epiphonema displicet*: *versui sequenti* (*cum* responde) *tribuit Schoell* 1067 *vel* mitt' med : mittite me *C*, *cf. Skutsch* (*Philol.* 59, 483) 1069 de te meritast] dixerit at *B* (*pro* d&ēerit ast? vi, p. 85) iube eampse *Rittershusius*: iubeam ipse *cod.* 1070 me ei *scripsi*: mihi *cod.*: me *Ital.* (*immo* med) ⟨te⟩ facere *Hermann*: facerest *Goetz* *vel* aequomst 1071 quom *Lambinus*: quod *cod.* quae te] te (que *written above*) *cod. ut vid.* (*ita D*: ipte *C*: que *B*) non [hoc] insulsum hinc *cod.*: *corr. Ritschl* non . . . ing. *Palaestrioni dat Ital.*, *fort. recte*

Mi. quomq' me oratricem hau spreuisti sîstique exorare ex te.
quid est? ut ludo? Pa. nequeo hercle equidem risu[m] admoderarier: ⟨hahahae!⟩
Mi. ob eam caussam huc aps te auorti. Py. non edepol tu scis, mulier,
quantum ego honorem nunc illi habeo. Mi. scio et istuc illi dicam.
Pa. contra auro alii hanc uendere potuit operam. Mi. pol istuc tibi credo.
Pa. meri bellatores gignuntur, quas hic praegnatis fecit,
et pueri annos octingentos uiuont. Mi. uae tibi, nugator!
Py. quin mille annorum perpetuo uiuont ab saeclo ad saeclum.
Pa. eo minu' dixi ne haec censeret me aduorsum se mentiri.
Mi. perii! quot hic ipse annos uiuet, quoius filii tam diu uiuont?
Py. postriduo natus sum ego, mulier, quam Iuppiter ex Ope natust.
Pa. si hic pridie natus foret quam ille est, hic haberet regnum in caelo.
Mi. iam iam sat, amabo, est. sinite abeam, si possum, uiua a uobis.
Pa. quin ergo abeis, quando responsumst? Mi. ibo atque illam huc adducam,
propter ⟨quam⟩ opera est mihi. numquid uis? Py. ne magi' sim pulcher quam sum,
ita me mea forma habet sollicitum. Pa. quid hic nunc stas? quin abis? Mi. abeo.

1072 quoniam (qm̄) me *B* haud *Camerarius*: hii (hic P^{CD}) *cod.* ex te] ixste *cod.* (exste D^2) 1073 equidem *Bothe*: quidem *cod.* risu meo mod. P^{CD}: risum ac mod. *B* (ac *pro* at, *i. e.* ad ? *sed* admoderarier *perdubium*) hahahae *add. Studemund* (iii. 4) 1079 quin *Ital.*: qui *cod. cum codd. Nonii* 499 saeculo *codd. Nonii*: sacio (-tio) *cod.* (i *pro* l) 1086 quam *add. Bentley* *vel* mage 1087 habent *cod.*

PA. atque adeo (audin?) dicito docte et cordate, ut cor ei saliat—
Philocomasio dic, sist istic, domum ut transeat: hunc hic esse.
MI. †hic cum era est, clam nostrum hunc† sermonem sublegerunt.
PA. lepide factumst: iam ex sermone hoc gubernabunt doctiu' porro.
MI. remorare, abeo.—PA. neque te remoror neque tango neque te—taceo.
PY. iube maturare illam exire huc. iam istic rei praeuortemur.

iii PYRGOPOLYNICES PALAESTRIO

PY. Quid nunc mihi es auctor ut faciam, Palaestrio,
de concubina? nam nullo pacto potest
prius haec in aedis recipi quam illam amiserim.
PA. quid me consultas quid agas? dixi equidem tibi
quo id pacto fieri possit clementissume.
aurum atque uestem muliebrem omnem habeat sibi
quae illi instruxisti: sumat, habeat, auferat;
dicasque tempus maxume esse ut eat domum:
sororem geminam adesse et matrem dicito,
quibu' concomitata recte deueniat domum.
PY. qui tu scis eas adesse? PA. quia oculis meis
uidi hic sororem esse eiius. PY. conuenitne eam?
PA. conuenit. PY. ecquid fortis uisast? PA. omnia

1088 audin tu *cod.*: tu *del. Reiz* dicito ut docte et cordate curas aluit *B* (i. 6) ut . . saliat *Milphidippae dant alii* 1089 istic *Brix*: hic *cod.* 1090 ⟨mea⟩ era *Camerarius* quae etiam n. *Servius Dan. in Virg. Buc.* 9, 21 (? *pro* quae etiam clam n.) hunc ⟨hinc⟩ *Mueller* 1092 PA. rememorare MI. abeo neque te remoro *cod.*: *corr. Gruterus, Bothe* neque tango *Hermann, neque aliter ut vid.* (neq.&ango) *cod.* (neque et ago *B*: neque te tango *P*CD) 1094 quis *P*CD mihi nunc est *cod.* 1096 amiserim *Scaliger*: obmiserit *cod.* 1098 pacto id *B* 1101 maxume *Scaliger*: maxumum *cod.* 1102 geminat^{am}esse *ut vid. cod.* (geminat esse *B*, geminam esse *P*CD) 1103 concomitata *Acidalius*: cum comita *cod.* 1104 Quid *cod.* 1106 fortis *Nonius* 306: fortius *cod.* (i. 9)

uis optinere. Py. ubi matrem esse aiebat soror?
Pa. cubare in naui lippam atque oculis turgidis
nauclerus dixit, qui illas aduexit, mihi.
is ad hos nauclerus hospitio deuortitur.
Py. quid is? ecquid fortis? Pa. abi sis hinc, nam tu quidem
ad equas fuisti scitus admissarius,
qui consectare qua maris qua feminas.
hoc age nunc. Py. istuc quod das consilium mihi,
te cum illa uerba facere de ista re uolo;
nam cum illa sane congruos sermo tibi.
Pa. qui potius quam tute adeas, tuam rem tute agas?
dicas uxorem tibi necessum ducere;
cognatos persuadere, amicos cogere.
Py. itan tu censes? Pa. quid ego ní ita censeam?
Py. ibo igitur intro. tu hic ante aedis interim
speculare, ut, ubi illaec prodeat, me prouoces.
Pa. tu modo istuc cura quod agis. Py. curatum id quidemst.
quin si uoluntáte nolet, uí extrudam foras.
Pa. istuc caue faxis; quin potius per gratiam
bonam abeat aps te. atque illaec quae dixi dato,
aurum, ornamenta quae illi instruxisti ferat.
Py. cupio hercle. Pa. credo te facile impetrassere.
sed abi intro. noli stare. Py. tibi sum oboediens.—
Pa. numquid uidetur demutare †aut utique†
dixi esse uobis dudum hunc moechum militem?
nunc ad me ut ueniat usust Acroteleutium aut

1107 optinere *Camerarius*: optinare (opinare P^{CD}) *cod.* *vel* aibat 1110 hos *Pylades*: uos *cod.* 1111 ecqui *cod.* abisis (abhis *B*) hic *cod.*: *corr.* *Saracenus* 1113 qua f. *Lipsius*: que f. *cod.* 1116 illa] alio *B* *vel* congruost: congruit *Ital.* 1117 adeas *Bothe*: ades *cod.* 1118 necessum (-us P^{CD}) [esse] ducere *cod.*: esse *del.* *Scaliger*, *nam* necĕssum esse *suspectum* 1122 *accedit A* 1124 Qui *A* foris *P*, *A n. l.* 1130 numquid quidetur *P* alio atque uti *Lachmann*, *A n. l.* 1131 dixisse u. *ut vid.* *A* huc mecum *P* 1132 aut *om.* *P* (*cf.* *Sjögren* 'Part. Copul.' p. 33)

ancillula eius aut Pleusicles. pro Iuppiter,
satine ut Commoditas usquequaque me adiuuat!
nam quos uidere exoptabam me maxume,
una exeuntis uideo | hinc e proxumo.

iv

ACROTELEVTIVM MILPHIDIPPA
PALAESTRIO PLEVSICLES

AC. Sequimini, simul círcumspicite ne quis adsit arbiter.
MI. neminem pol uideo, nisi hunc quem uolumus conuentum. PA. et ego uos.
MI. quid agis, noster architecte? PA. egone architectus? uah! MI. quid est?
PA. qui⟨a⟩ enim non sum dignus prae te palum ut figam in parietem.
MI. heia uero! PA. nimi' facete nimi'que facunde mala's.
ut lepide deruncinauit militem! MI. at etiam parum.
PA. bono animo es: negotium omne iam succedit sub manus;
uos modo porro, ut occepistis, date operam adiutabilem.
nam ipse miles concubinam intro abiit oratum suam
ab se ut abeat cum sorore et matre Athenas. PL. eu, probe!
PA. quin etiam aurum atque ornamenta quae ipse instruxit mulieri
omnia dat dono, a se ut abeat: ita ego consilium dedi.

1135 me *om. A* 1136 uideo exeuntis *Acidalius* uideo ⟨ego⟩ *Bothe*: *fort.* uideon hinc ⟨huc⟩ *Mueller* e *om. P* (*i.e.* hinc *pro* hince; i. 7) 1138 pol *om. A* [est] et (? *notae personae loco*) *Palaestrioni haec verba dant edd. contra ordinem nominum in scaenae titulo in codd. ubi* PLEVSICLES *praeponitur*; *cf. Spengel* (*Sitzber. Akad. Muench*, 1883, p. 271) 1139 quidst *A* 1140 qui enim *P, A n. l.* (e *pro* ę, *i.e.* ae?) ut figam p. *P* 1141 MI.] *vel* AC. facite *P* facunde *P ut vid.* (faciunda *B*, fecunden P^{CD}) : fẹcunde *A* malast *P* 1142 parum] rogas *A* (*interrogative*?) 1143 est *P, A n. l.* 1144 porro ut *Ital.*: porro ue *P*: (ụṭ p)ọ(rro) *A* 1146 habeas *P, A n. l.* 1147 instruxi mulieri *A*: instruxit mulier *P* 1148 donase *A*: dono se *P* consilium [tum] *P*

Pl. facile istuc quidemst, si et illa uolt et ille autem cupit.
Pa. non tu scis, quom ex alto puteo susum ad summum escenderis,
maxumum periclum inde esse ab summo ne rusum cadas?
nunc haec res apud summum puteum geritur: si prosenserit
miles, nihil ecferri poterit huiius: nunc quom maxume
opust dolis. Pl. domi esse ad eam rem uideo siluai satis:
mulieres tres, quartus tute's, quintus ego, sextus senex.
quod apud nos fallaciarum sex situmst, certo scio,
oppidum quoduis uidetur posse expugnari dolis.
date modo operam. Ac. íd nos ad te, si quid uelles, uenimus.
Pa. lepide facitis. nunc hanc tíbi ego ímpero prouinciam.
Ac. impetrabis, imperator, quod ego potero, quod uoles.
Pa. militem lepide et facete, laute ludificarier
uolo. Ac. uoluptatem mecastor mi imperas. Pa. scin quém ad modum?
Ac. nempe ut adsimulem me amore istius differri. Pa. tenes.
Ac. quasique istius caussa amoris ex hoc matrimonio
abierim, cupiens istius nuptiarum. Pa. omne ordine.
nisi modo unum hoc: hasce esse aedis dicas dotalis tuas,
hinc senem aps te abiisse, postquam feceris diuortium:

1150 descenderis *P* 1151 indie esset (P^{CD}) *vel* in dono esset (*B*) *P* 1152 nunc hanc *P* praesenserit *Ital. fort. recte* 1153 nihil hac ferre potuit *P* maximi (maximo *B*) *P* 1154 domi *sqq. Palaestrioni continuat Leo* (*cum P*) esset *P* 1155 mulieres st res *P* sego *P* 1156–62 *tantum priores partes leguntur A* 1156 sex situmst *Klotz*: sexitumst *ut vid. P* (x *pro* xs; i. 7), *A n. l.* 1157 posset (poset) *P* expugnare *P*, *A n. l.* (*pro* -rei?) 1159 tacitis *P* hanc t. e. *Gruterus*: hoc tibi ego *P*: tibi ego ha(nc) *A* 1161 ⟨et⟩ laute *Camerarius* 1162 uoluntatem *P* scin *Bothe*: ⌈et⌉ scin ⌈tu⌉ (et scintur P^{CD}) *P*, *A n. l.* 1163 amorem *P*, *A n. l.* differre titenis *P*, *A n. l.* (*pro* -rei *corr. ex* -ret?) 1164 causam *P* 1165 istius omne ordinis nuptiarum *P*: istius nup(tia)ru(m Pa. omne)ṃ (ordin)ẹṃ *A*: *corr. Bentley* 1166 esset *P* dicat *P* 1167 abisset *P*

ne ille mox uereatur introire in alienam domum.
Ac. bene mones. Pa. sed ubi ille exierit intus, istinc te procul
ita uolo adsimulare, prae illius fórma quasi spernas tuam
quasique eius opulentitatem reuerearis, et simul
formam, amoenitatem illius, faciem, pulchritudinem
conlaudato. satin praeceptumst? Ac. teneo. satinest, si tibi
meum opus ita dabo expolitum ut inprobare non queas?
Pa. sat habeo. nunc tibi uicissim quae imperabo ea discito.
quom extemplo hoc erit factum, ubi intro haec abierit, ibi tu ilico
facito uti uenias ornatu húc ad nos nauclerico;
causeam habeas ferrugineam, [et] scutulam ob oculos laneam,
palliolum habeas ferrugineum (nam is colos thalassicust),
id conexum in umero laeuo, exfafillato bracchio,
praecinctus aliqui: adsimulato quasi gubernator sies;
atque apud hunc senem omnia haec sunt, nam is piscatores habet.
Pl. quid? ubi ero exornatus quin tu dicis quid facturu' sim?
Pa. huc uenito et matris uerbis Philocomasium arcessito,
ut, si itura siet Athenas, eat tecum ad portum cito
atque ut iubeat ferri in nauim si quid imponi uelit.

1168 damnum *P* (vii, p. 104) 1169 istic *P* 1170 tuas *P* 1171 reuearis *P* ret *P* 1172 forma moenitatis *P* 1173–9 *extrema fere leguntur A* 1175 uisscisim *P*, *A n. l.* (ea) discito *A* : non discitos *P* (*pro* disc- *corr. ex* nosc- ?) 1176 quom *Lindemann* : quam *P*, *A n. l.* ibi] tibi *P* 1177 ueniat *P*, *A n. l.* ornatus (-os P^{CD}) *P* ad nos *om. P* 1178 causiam *Pius* : cause hanc *P*, *A n. l.* ferrugineam *Scutarius* : ferrugenas (-es P^{CD}) *P*, *A n. l.* et scutulam *A* : cultura *P* (i. 8) ab *P* lanea *P* 1179 is[is] *P* 1180 conexum *codd. Nonii* 103 : conixum *P*, *A n. l.* exfafillato *P cum testimonio Pauli* 83 (effafilatum) *et Placidi c. gl.* 5, 21, 7; 63, 25 (*item*) *cf.* 67, 3 (exfabillauero) : expapillato *Paulus* 79, *Nonius* : ex(palliol)ato *A* 1182 hunc *om. A ut vid.* 1183 sum *A* 1186 it. est etthena se tecum *B*, it. esiam ethena se atecum P^{CD} 1187 ut i.] adiubeat *P* (*pro* ati-, a *pro* u) imp. uelit] inponunt (-no P^{CD}) *P* (-nunt *pro* -ni tit, *i. e.* -ni uel it?)

nisi eat, te soluturum esse nauim : uentum operam dare.
PL. sati' placet pictura. perge. PA. ille extemplo illam hortabitur
ut eat, ut properet, ne sit matri morae. PL. múltimodis sapis.
PA. ego illi dicam, ut me adiutorem, qui onu' feram ad portum, roget.
ille iubebit me ire cum illa ad portum. ego adeo, ut tu scias,
prorsum Athenas protinam abibo tecum. PL. atque ubi illo ueneris,
triduom seruire numquam te quin liber sis sinam.
PA. abi cito atque orna te. PL. numquid aliud? PA. haec ut memineris.
PL. abeo.—PA. et uos abite hinc intro actutum ; nam illum huc sat scio
iam exiturum esse intus. AC. celebre apud nos imperium tuomst.—
PA. agite apscedite ergo. ecce autem commodum aperitur foris.
hilarus exit : impetrauit. inhiat quod nusquam est miser.

PYRGOPOLYNICES PALAESTRIO V

PY. Quod uolui ut uolui impetraui, per amicitiam et gratiam,
a Philocomasio. PA. quid tam intus fuisse te dicam diu?

1188 ea te *P* 1190–1284 *deest A, nisi quod* 1257–84 *paucissima in primis et extremis versibus supersunt* 1190 matri mora sit *Brix, rhythmi causa* modice sapis *Nonius* 342 ('Plautus in Milite') (*cf. ad* 1422) 1191 adiutore *cod.* 1192 iussit *B* 1193 protinam *Bentley*: protinus *cod.* (i. 7) 1195 orna te *Ital.*: orare *cod.* 1196 huc *Luchs*: hinc *cod.* 1197 iam *Merula*: nam (non P^{CD}) *cod.* celebre *Camerarius*: celedre *ut vid. cod.* (sceledre [i] P^{CD}) 1198 peritur *cod.* 1199 hilarius *cod.* (*pro* -us?) 1200 ut uolui *Guietus*: ut uolo *cod.* (iii. 3) 1201 quid [nam] tam intus fuisset et (fuisse P^{CD}) dicam diu, *cod.* (*pro* fuiss&edicam) : *corr. Ussing*

PY. numquam ego me tam sensi amari quam nunc ab illa muliere.
PA. quid iam? PY. ut multa uerba feci, ut lenta materies fuit!
uerum postremo impetraui ut uolui: donaui, dedi
quae uoluit, quae postulauit; ⟨te⟩ quoque ⟨ei⟩ dono dedi.
PA. etiam me? quo modo ego uiuam sine te? PY. áge, animo bono es,
idem ego te liberabo. nam si possem ullo modo
impetrare ut abiret, ne te abduceret, operam dedi;
uerum oppressit. PA. deos sperabo teque. postremo tamen
etsi istuc mi acerbumst, quia ero te carendum est optumo,
saltem id uolup est quom ex uirtute formai euenit tibi
mea opera super hac uicina, quam ego nunc concilio tibi.
PY. quid opust uerbis? libertatem tibi ego et diuitias dabo,
si impetras. PA. reddam impetratum. PY. at gestio. PA. at modice decet:
moderare animo, ne sis cupidus. sed eccam ipsam, egreditur foras.

vi MILPHIDIPPA ACROTELEVTIVM
PYRGOPOLYNICES PALAESTRIO

MI. Era, eccum praesto militém. AC. ubi est? MI. ad laeuam. AC. uideo.

1202 me tam *Camerarius*: mittam *cod.* (quid tam P^{CD}) (*cf.* 1201) 1203 feci *Mueller*: fecit *cod.* 1204 inpetrauit *cod.* (*corr.* B^2) do. dedi (-ei) *Brix*: dona uidere *cod.* (i. 6): dona uidero *Palmer* (*Hermath.* 9, 66) 1205 te *et* ei *add. Pylades* 1206 a. b. es *Ital.*: animo bono (b. a. *B*) et (*in initio v.* 1207) *cod.* 1207 agotelli illibera bonam (*B*) *vel* ago telliberabo nam (P^{CD}) *cod.*: *corr. Ital.*: e. te illim lib. *Ribbeck, Leo* posset *cod.* *vix* alio modo 1208 haberet *cod. ut vid.* (*pro* abeiret ?) nec *Salmasius* 1210 optime *B* 1211 quoniam (qm̄) *B* forme uenit *cod.*: *corr. Camerarius* 1212 hac uicina *testatur Festus* 305: hanc uicinam *cod.* tibi *Festus*: mihi *cod.* 1213 opus *cod.* 1214 imperatum *cod.* at modice *Camerarius*: ac modico (modo *B*) *cod.* dice P^{CD} 1215 foris P^{CD}

MI. aspicito limis, ne ille nos se sentiat uidere.
AC. uideo. edepol nunc nos tempus est malas peiores fieri.
MI. tuomst principium. AC. ópsecro, tute ipsum conuenisti ?
ne parce uocem, ut audiat. MI. cum ipso pol sum locuta,
placide, ipsae dum lubitum est mihi, otiose, meo arbitratu.
PY. audin quae loquitur ? PA. audio. quam laeta est quia ted adiit !
AC. o, fortunata mulier es ! PY. ut amari uideor ! PA. dignu's.
AC. permirum ecastor praedicas te adiisse atque exorasse ;
per epistulam aut per nuntium, quasi regem, adiri eum aiunt.
MI. namque edepol uix fuit copiá adeundi atque impetrandi.
PA. ut tu inclutu's apud mulieres ! PY. patiar, quando ita Venus uolt.
AC. Veneri pol habeo gratiam, eandémque et oro et quaeso
ut eiius mihi sit copiá quem amo quemque expetesso
benignusque erga me siet, quod cupiam ne grauetur.
MI. spero ita futurum, quamquam multae illum sibi expetessunt :
ille illas spernit, segregat hasce omnis, extra te unam.
AC. ergo iste metus me macerat, quod ille fastidiosust,
ne óculi eiius sententiam mutent, ubi uiderit me,
atque eiius elegantia meam extémplo speciem spernat.

1217 aspicite *cod.* limis [oculis] *cod.* (iv. 1) : oc. *del. Guietus* uidere sentiant *cod.* : *corr. Ital., Reiz* 1218 fiere *B* 1219 tuom espa incipium (t. est initium *PCD*) *cod.* : *corr. Camerarius* 1220 uocem *testatur schol. Aen.* 10, 532 : uoci (parce uictu audiat *B*) *cod.* locuta *Saracenus* : secuta *cod.* 1221 meo (me *B*) arbitratu (arbitrii *B*) [ut uolui] *cod.* (iv. 1) : ut uol. *del. Reiz* 1222 q. ad te *B* (*om.* adiit) (? *pro* adiit te) 1223 muliĕr es] mulieris *B* (i. 4 ; v. 9, p. 70) *dubito an recte* (*nominativus antiquus*) *neque est cur corrigas* o fortunatae mulieris dignus est *cod.* 1224 audisse *cod.* 1228 tandemque exoro *PCD* 1229 expetes sunt *B* (*cf.* 1231) 1230 ⟨ut⟩ s. *Merula* 1231 illum multae *cod.* : *trai. Mueller metri causa* : eum multae *Bentley* 1232 hasce *vix placet* : ab se *Ital.* 1233 *vel* ill' *vel* illic

MI. non faciet, ⟨modo⟩ bonum animum habé. PY. ut ipsa se contemnit !
AC. metuo ne praedicatio tua nunc meam fórmam exsuperet.
MI. istuc curaui, ut opinione illius pulchrior sis.
AC. si pol me nolet duceré uxorem, genua amplectar
atque opsecrabo ; alio modo, si non quibo impetrare,
consciscam letum : uiuere sine illó scio mé non posse.
PY. prohibendam mortem mulieri uideó. adibon ? PA. minime ;
nam tu te uilem feceris, si te ultro largiere :
sine ultro ueniat ; quaeritet, desideret, exspectet
sine : perdere istam gloriam uis quám habes? caue sis faxis.
nam nulli mortali scio optigisse hoc nisi duobus,
tibi et Phaoni Lesbio, tam mulier sé ut amaret.
AC. eo intro, an tu illunc euocas foras, mea Milphidippa ?
MI. immo opperiamur dum exeat aliquis. AC. durare nequeo
quin eam intro. MI. occlusae sunt fores. AC. ecfringam. MI. sana non es[t].
AC. si amauit umquam aut si parem sapientiam [hic] habet ac formam,
per amorem si quid fecero, clementi ⟨hic⟩ animo ignoscet.
PA. ut, quaeso, amore perditast te misera ! PY. mutuom fit.
PA. tace, ne aúdiat. MI. quid astitisti opstupida ? qur non pultas ?

1236 modo(m̊) *add.* (?) *Leo* h. a. b. *Bothe* 1242 mulieri uideo [mulieri (-rem P^{CD})] *cod.* : *corr. Taubmann* 1243 uelim *cod.* 1245 sine, p. *Leo* : sino p. (sinon p. P^{CD}, summopere *B*) *cod.* : nisi p. *Ritschl* : *vix* sīn' (*i. q.* nisi) p. 1247 mulier se *Seyffert* : muuete (P^{CD}) *vel* uiuere (*B*) *cod.* 1248 illuc *cod.* : *corr. Bentley* euocatus (-tum P^{CD}) *cod.* : *corr. Seyffert* aut tu illum huc euoca *Fleckeisen* 1250 eam *Saracenus* : etiam *cod.* es *Pylades* 1251 si amauit *Camerarius* : simulauit *cod.* hic *del. Bentley* (*cf.* 1252) 1252 hic *addidi* (*ex v.* 1251) ignoscet animo *Reiz* 1253 te] tuo *Leo* : *om.* P^{CD}

Ac. quia non est intus quem ego uolo. Mi. qui scis? Ac. scio de olefactu ;
nam odore nasum sentiat, si intus sit. Py. hariolatur.
quia mé amat, propterea Venus fecit eam ut díuinaret.
Ac. nescio ubi hic prope adest quem expeto uidere: olet profecto.
Py. naso pol iam haecquidem plus uidet quam óculis. Pa. caeca amore est.
Ac. tene me ópsecro. Mi. qur? Ac. ne cadam. Mi. quid ita? Ac. quia stare nequeo,
ita animus per oculos meos ⟨meu'⟩ defit. Mi. militem pol
tu aspexisti. Ac. ita. Mi. non uideo. ubi est? Ac. uideres pol, si amares.
Mi. non edepol tu illum magis amas quam ego, mea, si per te liceat.
Pa. omnes profecto mulieres te amant, ut quaeque aspexit.
Py. nescio tu ex me hoc audiueris an non: nepos sum Veneris.
Ac. mea Milphidippa, adi opsecro et congredere. Py. ut me ueretur!
Pa. illa ad nos pergit. Mi. uos uoló. Py. et nos te. Mi. út iussisti,
eram meam eduxi foras. Py. uideo. Mi. iube ergo adire.
Py. induxi in animum ne oderím item ut alias, quando orasti.
Mi. uerbum edepol facere non potis, si accesserit prope ad te.
dum te optuetur, interim linguam oculi praeciderunt.

1255 de olefactu *Skutsch* (*Philol.* 59, 504): edepol facio (scio *B*) *cod.* : pol de olfactu *Mueller* (*Rhein. Mus.* 54, 400) : scio edepol facile *Bothe*: scio pol ego, olfacio *Leo* 1259 c. amore *Gruterus*: c. ore *cod.* (*pro* caecāore) 1260 quor *cod.* 1261 meus *add. Haupt* d. ⟨mi⟩ *Schoell* 1263 mea (*B*) *vel* me (*PCD*) *cod.* : amem *Camerarius* 1265 me ex *cod.*: *trai. Hermann* audieris *cod.* 1267 *vel* ted *vel* uti 1268 foris *B* 1269 in *om. B* odorim *cod.* 1270 edepol (*B*) *vel* hercle (*PCD*) *cod.* 1271 interim *om. PCD*

PY. leuandum morbum mulieri uideo. MI. ut tremit! atque extimuit,
postquam te aspexit. PY. uiri quoque armáti idem istuc faciunt,
ne tu mirere mulierem. sed quid ⟨est quod⟩ uolt me facere?
MI. ad se ut eas: tecum uiueré uolt atque aetatem exigere.
PY. egon ád illam eam quae nupta sit? uir eius me deprehendat.
MI. quin tua caussa exegit uirúm ab se. PY. qui id facere potuit?
MI. [quia] aedes dotalis huiiu' sunt. PY. itane? MI. ita pol. PY. iube domum ire.
iam ego illi ero. MI. uide né sies in exspectatione,
ne illam animi excrucies. PY. non ero profecto. abite. MI. abimus.—
PY. sed quid ego uideo? PA. quid uides? PY. nescioquis eccum incedit
ornatu quidem thalassico. PA. it ad nos, uolt te profecto.
nauclerus hicquidem est. PY. uidelicet accersit hanc iam. PA. credo.

1272 ut tremit *Hermann*: [uiden] ut tremit (iubent adirem *B*; *cf. ad* 1273) *cod.* (ii. 6) 1273 *post* faciunt *sequitur* iube domum ire *in P* (*non in A ut vid.*), *quae verba retractatoris fuisse credo qui vv.* 1272–8 *omittere voluit*: *del.*, *ut ex v.* 1278 *illata*, *Acidalius* 1274 [melius] mulierem *cod.* (iv. 3): melius *del. Guietus*: eius mul. *Leo* est quod *addidi* (iii. 11): q. ⟨illa⟩ *Ritschl* metacere (me tacerit *B*, met agere *PCD*): -ẹere *A* 1275 ad sed eas *B* (*vix recte*) 1276 ad *om. PCD* me deprehendat *Loewe*: ṃẹ...... dat *A*: metuere hendast (metuendus est *B*) *P*: med ut prendat (prehendat) *Goetz* 1277 exigit *cod.* a se *Merula*: asse[qui] (*PCD*) *vel* obse[quit] (*B*) *cod.* (iv. 3) quid? qui id *Camerarius* 1278 quia (*etiam A ut vid.*) *del. Reiz* (*cf. ad* 752). *Neque* quia aĕdes *placet neque in quarto pede* huius sunt iube *Weise*: iubam *cod.*: *fort.* iuben 1279 iam *Bothe*: itam *cod.* in ex. *Ital.*: inspectatione (exspectatione *B*) *cod.* ne sis (*ita cod.*) ⟨illi⟩ in ex. *Mueller* (*Rhein. Mus.* 54, 400) 1282 it ad nos *Brix*: iam (*pro* itan?) non *cod.* 1283 hanc iam. PA. credo *Leo post alios*: hanc — *A*: hac itam [hic] credo *P*

PLEVSICLES PALAESTRIO vii
PYRGOPOLYNICES

PL. Alium alio pacto propter amorem ni sciam
fecisse multa nequiter, uerear magis
me amoris caussa ⟨huc⟩ hoc ornatu incedere.
uerum quom multos multa admisse acceperim
inhonesta propter amorem atque aliena a bonis :
mitto iam, ut occídi Achilles ciuis passus est—
sed eccúm Palaestrionem, stat cum militi :
oratio alio mihi demutandast mea.

mulier profecto natast ex ipsa Mora ;
nam quaeuis alia, quae morast aeque, mora
minor ea uidetur quam quae propter mulieremst.
hoc adeo fieri credo consuetudine.
nam ego hanc accerso Philocomasium. sed fores
pultabo. heus, ecquis hic est? PA. adulescens, quid est?
quid ueis ? quid pultas ? PL. Philocomasium quaerito.
a matre illius uenio. sí iturast, eat.
omnis moratur : nauim cupimus soluere.
PY. iam dudum res paratast. i, Palaestrio,
aurum, ornamenta, uestem, pretiosa omnia
duc adiutores tecum ad nauim qui ferant.
omnia composita sunt quae donaui : auferat.
PA. eo.—PL. quaeso hercle propera. PY. non morabitur.

quid istuc, quaeso ? quid oculo factumst tuo ?

1284 nesciam *cod.* 1285–1303 *pauca in initiis extant A* 1286 huc *add. Mueller* (*Rhein. Mus.* 54, 400) 1287-9 *om. A* 1287 accepimus (?) *Leo* 1288 aliena *Gulielmius* : alienum *cod.* 1290 militi *B* 1291 allo *P*, *A n. l.* 1298 uis (ueis) *Ritschl* : tu eis *ut vid. P* (tu ais *B*, tu es P^{CD}), *A n. l.* 1300 absoluere P^{CD} 1301 paratast i *Seyffert* : paratas si *B* : paratast P^{CD}, *A n. l.* 1302 pretiosa omnia *Bothe* : preciose (-um P^{CD}) omne [ut ferat] *P* (ii. 5), *A n. l.* 1303 duc] dum *P* 1306 quid oculus factus tuo *B*, *A n. l.*

Pl. habeo equidem hercle oculum. Py. at laeuom dico. Pl. eloquar.
amoris caussa hercle hoc ego oculo utor minus,
nam si apstinuissem amorem, tamquam hoc uterer.
sed nimi' morantur me diu. Py. eccos exeunt.

viii

Palaestrio Philocomasivm
Pyrgopolynices Plevsicles

Pa. Quid modi flendo quaeso hodie facies? Ph. quid ego ni fleam?
ubi pulcherrume egi aetatem, inde abeo. Pa. ém hominem tibi
qui a matre et sorore uenit. Ph. uideo. Py. audin, Palaestrio?
Pa. quid uis? Py. quin tu iubes ecferri ómniá quae istí dedi?
Pl. Philocomasium, salue. Ph. ét tu salue. Pl. materque et soror
tibi salutem me iusserunt diceré. Ph. saluae sient.
Pl. orant te ut eas, uentus operam dum dat, ut uelum explicent;
nam matri oculi si ualerent, mecum uenissent simul.

1307-22 *paucissima in extremis versibus extant in A* 1308 amoris *Ritschl*: moris *P, A n. l.*: maris *Merula* (*sed vix* hercule) ego *Ital.*: ago (*om. B*) *P, A n. l.* minus *Camerarius*: minem *P* (*cf. ad* 1309), *A n. l.* 1309 abstinuisset (-a et *B*) *P* (*cf. ad* 1308), *A n. l.* amare *Muretus* (*A n. l.*) tamquam *Ital.*: [quem] tam quam *P, A n. l.* utere *P, A n. l.* 1311 fendo *P* (*corr.* D^2), *A n. l.* 1312 pulcherrume egaetatem (pulcherrimam etatem *B*) *P, A n. l.*: *corr. Ital.* inde *Ritschl*: uideo (*om.* P^{CD}) *P, A n. l.* (ui *pro* in; vi. 1) mum (*om. B*) hominem (-ne *B*) *P, A n. l.*: *corr. Leo post alios* 1313 audin *Guietus*: audistis in (*B*) *vel* audistin (P^{CD}) *P, A n. l.* (*pro* audin *corr. ex* audisti(s)? *Fuitne in archetypo* audī?) 1314 quin tu] qui intus *B* 1316 sibi *P, A n. l.* 1317 eas *Ital.*: eat *P ut vid.* (ad(uentus) *B*: eant P^{CD}), *A n. l.* ut uelum *Ital.*: ut uallam (ut [ut] uallem *B*) *P, A n. l.* (uall- *pro* uellum, *antiqua forma*) explicet *P* 1318 mechum (moechum P^{CD}: haec nunc *B*) uenissent (cenissent P^{CD}) simul [est] *P, A n. l.* (*pro* simul, *marg.* e, *i. e.* semul?)

Ph. ibo ; quamquam inuita facio : hómini pietas—Pl. scio ; sapis.
Py. si non mecum aetatem egisset, hodie stulta uiueret.
Ph. istuc crucior, a uiro me tali abalienarier,
nam tu quemuis potis es facere ut afluat facetiis ;
et quia tecum eram, propterea ánimo eram ferocior :
eam nobilitatem amittendam uideo. Py. a ! ne fle. Ph. non queo,
quom te uideo. Py. habe bonum animum. Ph. scio ego quid doleat mihi.
Pa. nam nil miror, si lubenter, Philocomasium, híc eras,
⟨si⟩ forma huiius, mores, uirtus, attinere animum hic tuom,
quóm ego seruos quando aspicio hunc, lacrumo quia diiungimur.
Ph. opsecro licet complecti priu' quam proficisco ? Py. licet.
Ph. o mi óculle, ó mi ánime. Pa. ópsecro, tene mulierem,
ne adfligatur. Py. quid istuc quaesost ? Pa. quia aps te abit, animo male
factum est huic repente miserae. Py. curre intro atque ecferto aquam.
Pa. nil aquam moror, quiescat malo. ne interueneris,

1319 omni pietas scio (sit eo P^{CD}) Pl. [chant] sapis *P*, *A n. l.* (i, p. 28) : *corr. Niemeyer* 1322 quemuis *codd. Nonii* 305 : quamuis *P*, *A n. l.* potis sis (potissis) *codd. Nonii* (*A n. l.*) fluat *P*, *codd. Nonii* 1323–93 *deest A* 1323 animo *codd. Nonii* : animum *cod.* 1324 uide omnia hec fle (flet *B*) *cod.* (*pro* uideo Mī., *i. e.* Miles, a) : *corr. Lindemann, Seyffert* 1325 quid] [in]quit *cod.* 1326 ⟨tu⟩ hic *Ritschl* : ⟨cum⟩ hoc *Brix* 1327 si *add. Bugge* formam h. morem *cod* : *corr. Pylades* [hic] an. attinere hic t. *cod.* : *correxi* (*Harv. Stud.* 9, 127) *fort.* u. sic at. 1328 Quem P^{CD} lacrumo *Ribbeck* : lacrumum *cod.* diiungimur *Camerarius* : diungitur *cod.* 1330 ocule *Lorenz* : oculi *cod.* ⟨o meum cor⟩ *Mueller* tene *Gruterus* : te *cod.* *fort.* opsecro te, ⟨ópsecro, tene⟩ 1331 quaepost qui abste *cod.* : *corr. Seyffert* 1332 miserat currit et introm (intrem *B*) atque certo aq. *cod.* (*pro* curre *corr. ex* -rit) : *corr. Ital.*, *Seyffert* 1333 quiescat *Luchs* : quot (quod) *cod.*

quaeso, dum resipiscit. Py. capita inter se nimi' nexa hisce habent.
non placet. labra ab labellis aufer, nauta, caue malum.
Pl. temptabam spirarent an non. Py. aurem admotam oportuit.
Pl. si magi' uis, eam omittam. Py. nolo: retineas. Pa. fio miser.
Py. exite atque ecferte huc intus omniá quae istí dedi.
Pa. etiam nunc saluto te, ⟨Lar⟩ familiaris, priu' quam eo.
conserui conseruaeque omnes, bene ualete et uiuite,
bene quaeso inter uos dicatis †et me† apsenti tamen.
Py. age, Palaestrio, bono animo es. Pa. eheu! nequeo quin fleam,
quom aps te abeam. Py. fer aequo | animo. Pa. scio ego quid doleat mihi.
Ph. sed quid hoc? quae res? quid uideo? lux, salue * * *
Pl. * ⟨salue.⟩ iam resipisti? Ph. ópsecro, quem amplexa sum
hominem? perii! sumne ego apud me? Pl. ne time, uoluptas mea.
Py. quid istuc est negoti? Pa. ánimus hanc modo hic reliquerat.
metuoque et timeo ne hoc tandem propalam fiat nimis.

1334 resipiscit *Ital.*: respicit *cod.* uexam hinc habet *cod.*: *corr. Camerarius* (hisce *Fleckeisen*) 1335 labram *cod.* aufer *Mueller*: fer *cod.* nauta caue m. *Bugge* (malo *Lorenz*; *cf. ad Bacch.* 463): inaut acemalum (ad macellum *B*) *cod.* (vii, p. 103) 1336 spiraret *Camerarius* aurem admotam *Pareus*: non aurem (aut eum *B*) at nostam *cod.*: au. adpostam (?) *Leo* [hoc] oportuit *B* (? *pro* hop-) 1337 *vel* mage eam omittam *Ritschl*: amo mittam *cod.* retineat *cod.* fio *Kayser*: flo *cod.* ret. Pl. omisero (?) *Leo* 1339 Lar *add. Bothe* eo *Ital.*: ero *cod.* 1341 *fort.* de med *vel* etiam me (mi *Palmer*) 1342 est *cod.* heu *cod.* neque quin (quiin *PCD*) fleat *cod.*: *corr. Ital.* 1343 ⟨quaeso⟩ aequo *Mueller* (*Rhein. Mus.* 54, 401) *fort.* ted. . . an. aequo 1344 quae res *Seyffert*: queris *cod.* quid *Ital.*: quod *cod.* ⟨Pl. et tu, lux mea⟩ *Leo* 1345 ⟨Et tu salue⟩ iam *Niemeyer* (iii. 11) *vel* resipistin ⟨Philocomasium?⟩ Ph. *Ritschl* (iii. 2) 1348 et *Ital.*: ut *cod.* propalam *Camerarius*: proalla (proilla *B*) *cod.*

PY. quid id est? PA. nos secundum ferri nunc per urbem haec omnia,
ne quis tíbi hoc uítio uortat. PY. mea, non illorum dedi:
parui ego illos facio. agite, ite cum dis beneuolentibus.
PA. tua ego hoc caussa dico. PY. credo. PA. iam uale. PY. et tu bene uale.
PA. ite cito, iam ego adsequar uos: cúm ero pauca uolo loqui.—
quamquam alios fideliores semper habuisti tibi
quam me, tamen tibi habeo magnam gratiam rerum omnium;
et, si | ita sententia esset, tibi seruire malui
multo quám alii libertus esse. PY. hábe animum bonum.
PA. eheu, quom uenit mi in mentem ut mores mutandi sient,
muliebres mores discendi, obliuiscendi stratiotici!
PY. fac sis frugi. PA. iam non possum, amisi omnem lubidinem.
PY. i, sequere illos, ne morere. PA. bene uale. PY. et tu bene uale.
PA. quaeso memineris, si forte liber fieri occeperim
(mittam nuntium ad te), ne me deseras. PY. non est meum.
PA. cogitato identidem tibi quam fidelis fuerim.
si id facies, tum demum scibis tibi qui bonu' sit, qui malus.
PY. scio et perspexi saepe. PA. uerum quom antehac, hodie maxume
scies: immo hodie †meorum† factum faxo post dices magis.
PY. uix reprimor quin te manere iubeam. PA. caue istuc feceris:
dicant te mendacem nec uerum esse, fide nulla esse te,

1350 istuc *Luchs* 1351 alios *Bothe* 1353 ero *Ital.*: ego *cod.* uolo loqui *Ritschl*: eloqui *cod.* 1356 ita si *Lachmann*: si istaec *Skutsch* (*Herm.* 32, 92) 1357 esset *cod.* habeo bonum animum *cod.*: *trai. Bothe* 1358 eheu *Leo*: haeum *cod.* (*vix interiectio*) 1359 stratiotici *Scutarius*: stratiosi (stratiost P^{CD}) *cod.* 1362 q. ot (ut) m. P^{CD} fieri occeperit *cod.* 1364 dent idem *cod.* 1366 ⟨tum⟩ hod. *Ital.* 1367 eorum *B*: uerum *Camerarius*: me tuom *Leo*: *fort.* morum 1369 dicent *cod.* (*cf.* 1370) esset *cod.* fide *Ital.*: fidele *cod.*

dicant seruorum praeter me ésse fidelem neminem.
nam si honeste censeam te facere posse, suadeam;
uerum non potest. caue fáxis. Py. abi iam. Pa. patiar quidquid est.
Py. bene uale igitur. Pa. ire meliust strenue.—Py. etiam nunc uale.
ante hoc factum hunc sum arbitratus semper seruom pessumum:
eum fidelem mihi esse inuenio. quom egomet mecum cogito,
stulte feci qui hunc amisi. íbo hinc intro nunciam
ad amores meos. sed, sensi, hinc sonitum fecerunt fores.

ix PVER PYRGOPOLYNICES

Pv. Ne me moneatis, memini ego officium meum,
ego †nam† conueniam illum, ubi ubi est gentium;
inuestigabo, óperae non parco meae.
Py. me quaerit illic. ibo huïc puero obuiam.
Pv. ehem, te quaero. salue, uir lepidissume,
cumulate commoditate, praeter ceteros
duo dí quem curant. Py. qui duo? Pv. Mars et Venus.
Py. facetum puerum! Pv. intro te ut eas opsecrat,
te uolt, te quaerit, teque exspectans expetit.
amanti fer opem. quid stas? quin intro is? Py. eo.—
Pv. ipsus illic sese iam impediuit in plagas;
paratae insidiae sunt: in statu stat senex,
ut adoriatur moechum, qui formast ferox,
qui omnis se amare credit, quaeque aspexerit

1370 dicent *Leo* (*cf.* 1369) esset *cod.* 1371 censeat *cod.* 1372 pa. q. e. *Pyrgopolynici continuant alii* 1373 Py.] *vel* Pa. Pa.] *vel* Py. melius est trenue *cod.* Py.] *vel* Pa. 1374 huc sum *cod.* 1375 inuento *cod.* egomet *Lambinus*: ego et *cod.* 1376 fecit . . . amisit *cod.* 1377 amores *Ital.*: mores *cod.* et sensit *cod.* 1379 nam] iam *Camerarius* 1380 parcam *Camerarius* 1381 ilico hinc p. *B* (*pro* illic eo h. p.?) *an* ibon? ⟨ego⟩ huic *Brix* 1386 expetit *Pareus*: petit *cod.* (*om. B*) 1387 quin *Merula*: quid *cod.* 1388 sese *Pylades*: ese *cod.* (se *PCD*) 1391 quemque *PCD*

mulier: eum oderunt qua uiri qua mulieres.
nunc in tumultum ibo: intus clamorem audio.—

ACTVS V

PERIPLECTOMENVS PYRGOPOLYNICES V.
CARIO LORARII SCELEDRVS

PE. Ducite istum; si non sequitur, rapite sublimem foras,
facite inter terram atque caelum út siet, discindite.
PY. opsecro hercle, Periplectomene, te. PE. nequiquam hercle opsecras.
uide ut istic tibi sit acutus, Cario, culter probe.
CA. quin iamdudum gestit moecho hóc abdomen adimere,
ut faciam quasi puero in collo pendeant crepundia.
PY. perii! PE. haud etiam, numero hoc dicis. CA. iamne ⟨ego⟩ in hominem inuolo?
PE. immo etiam priu' uerberetur fustibus. CA. multum quidem.
* * * * * * *
PE. qur es ausus subigitare álienam uxorem, inpudens?
PY. ita me dí ament, ultro uentumst ad me. PE. mentitur, feri.
PY. mane dum narro. PE. quid cessatis? PY. non licet mi dicere?
PE. dice. PY. oratus sum ad eam ut irem. PE. qur ire ausu's? em tibi!
PY. oiei! sati' sum uerberatus. opsecro. CA. quam mox seco?
PE. ubi lubet: dispennite hominem diuorsum et distendite.

1392 mulier eum *Camerarius*: mulieres eum (P^CD^) *vel* mulierem (*B*) *cod.* 1394 *accedit A* sublimen *B*, *A n. l.* 1397 actus *P* 1400 iamne ⟨ego⟩ *Fleckeisen* (*A n. l.*): iam tandem *Mueller* (*Rhein. Mus.* 54, 402) inuoco *P*, *A n. l.* 1401 ueretur *P* 1401[a] *om. P*: *haec comparent in A*: agi . . . . c . . . . . ams . . . . . s — f . . . m — 1405 *om. A* dic *cod.* ad eam ut irem *Ribbeck*, *Seyffert*: ad te amuttire (P^CD^) *vel* ad te uenirem (*B*) *cod.* quor ire *Seyffert*: quirere (P^CD^) *vel* quare (*B*) *cod.* 1406 olei *P* seco] ego *P* (x *pro* xs) 1407 dispennite *testatur Nonius* 9: dispendite *A* (*cum B*): distendite *P* et dispendite *P*: et distennite *Meursius*

PY. opsecro hercle te ut mea uerba aúdias priu' quam secat.
PE. loquere. PY. non de nihilo factumst: uiduam hercle esse censui,
itaque ancilla, conciliatrix quaé erat, dicebat mihi.
PE. iura te non nociturum esse hómini de hac re nemini,
quod tu hódie hic uerberatu's aut quod uerberabere,
si te saluom hinc amittemus Venerium nepotulum.
PY. iuro per Iouem et Mauortem me nociturum nemini,
quod ego hic hodie uapularim, iureque id factum arbitror;
et si intestatus non abeo hinc, bene agitur pro noxia.
PE. quid si id non faxis? PY. ut uiuam semper intestabilis.
CA. uerberetur etiam, postibi amittendum censeo.
PY. di tibi bene faciant semper, quom aduocatus mihi bene's.
CA. ergo des minam auri nobis. PY. quám ob rem? CA. saluis testibus
ut ted hodie hinc amittamus Venerium nepotulum;
aliter hinc non eibis, ne sis frustra. PY. dabitur. CA. magi' sapis.
de tunica et chlamyde et machaera ne quid speres, non feres.
LO. uerberon etiam, an iam mittis? PY. mitis sum equidem fustibus.
opsecro uos. PE. soluite istunc. PY. gratiám habeo tibi.
PE. si posthac prehendero ego te híc, carebis testibus.
PY. caussam hau dico. PE. eamus intro, Cario.—PY. seruos meos

1409 non de nihilo factumst *Hasper*: non dum niliblo factus (*B*) *vel* nondum donec factum est (P^{CD}) *P*, *A n. l.*: nondum nihili factu's *Camerarius* hercle *om.* *P* 1411 non *om.* *A* hominem *P* 1412 tu hic ho. *Bothe*: *fort.* tu's ho. hic uerberabere] uerberare *P* 1413 amittimus *codd. Prisciani* I, 102 (*pro* -em- ?): mittemus *A*: mittimus *P* 1414 idum (-am P^{CD}) et martem *P* (D *pro* O; vi, 1) 1415 uapularim . . . . f. *A*: uapularim iurequi f. (*B*) *vel* uapulo sed mihi id eque f. (P^{CD}) *P* 1417 semper uiuam *A* 1418 post tibi amitte dum *P* 1419 bine *A* mihi benest *A*: bene mihi es (adest *B*) *P*: m. uenis *Leo* 1421 te *codd.* 1422 a nobis *P* *vel* mage m. sapis] (*cf. ad v.* 1190) 1423 macra *P* 1424 an iam mittis *Brix*: anim (animam P^{CD}) amittis *P*, *A n. l.* 1426 *vel* ted arebo cestibus *P* 1427 carios *P*

eccos uideo. Philocomasium iam profecta est? dic mihi.
Sc. iam dudum. Py. ei mihi! Sc. magi' dicas, si scias quod ego scio.
nam illic qui | ob oculum habebat lanam nauta non erat.
Py. quis erat igitur? Sc. Philocomasio amator. Py. qui tu scis? Sc. scio.
nam postquam porta exierunt, nihil cessarunt ilico
osculari atque amplexari inter se. Py. uae misero mihi!
uerba mihi data esse uideo. scelu' uiri Palaestrio,
is me in hanc inlexit fraudem. iure factum iudico;
si sic aliis moechis fiat, minus hic moechorum siet,
magi' metuant, minus has res studeant. eamus ad me. plaudite.

1429 sqq. Sc.] *vel* Servvs 1429 *vel* mage 1430 ob oculum habebat l — *A*: lanam ob oculum habebat *P* laeuom *add. Hasper* (*post* ob), *Leo* (*post* habebat) *fort.* ⟨illam⟩ lanam 1432 portam *A*, *fort. recte* 1434 uir *P* 1435 in hanc iniexit fraudem *A*: hanc (*corr.* in hanc) inlexit fraude *ut vid. P* (hinc illexit fraude *P*CD, inlexit fraude in *B*) iure — 1437 studeant *Sceledro dedit Bothe* 1436 si] sic *P* moechus fuit *P* 1437 *vel* mage

MOSTELLARIA

ARGVMENTVM

Manu misit emptos suos amores Philolaches
Omnemque absente rem suo absumit patre.
Senem ut revenit ludificatur Tranio:
Terrifica monstra dicit fieri in aedibus
Et inde pridem emigratum. intervenit
Lucripeta faenus faenerator postulans
Ludosque rursum fit senex; nam mutuom
Acceptum dicit pignus emptis aedibus.
Requirit quae sint: ait vicini proxumi.
Inspectat illas. post se derisum dolet,
Ab sui sodale gnati exoratur tamen.

2 absimit *cod.* (*corr.* B^2) 4 fieri *Gruterus*: sileri *cod.* (*pro* fiieri? vi. 1) 5 pridem *Bothe*: primum *cod.* 8 acceptum [tum] *cod.*: *corr. Camerarius* 11 exorator *cod.* (*corr.* B^2)

PERSONAE

Tranio Servvs
Grvmio Servvs
Philolaches Advlescens
Philemativm Meretrix
Scapha Ancilla
Callidamates Advlescens
Delphivm Meretrix
Theopropides Senex
Misargyrides Danista
Simo Senex
Phaniscvs Servvs
Pinacivm (?) Servvs
Sphaerio (?) Servvs
Lorarii

Scaena ATHENIS

(P)INA(CI)VM *in titulo* IV. i *in A*
de nomine Sphaerio *vid. ad v.* 419

ACTVS I

I. i GRVMIO TRANIO

GR. Exi e culina sis foras, mastigia,
qui mi inter patinas exhibes argutias.
egredere, erilis permities, ex aedibus.
ego pol te ruri, si uiuam, ulciscar probe.
⟨exi,⟩ exi, inquam, nidoricupi, nam quid lates?
TR. quid tibi, malum, hic ante aedis clamitatiost?
an ruri censes te esse? apscede ab aedibus.
abi rús, abi díerecte, apscede ab ianua.
em, hoccine uolebas? GR. perii! qur me uerberas?
TR. quia uiuis. GR. patiar. sine modo adueniat senex.
sine modo uenire saluom quem apsentem comes.
TR. nec ueri simile loquere nec uerum, frutex,
comesse quemquam ut quisquam apsentem possiet.
GR. tu urbanus uero scurra, deliciae popli,
rus mihi tu obiectas? sane hoc, credo, Tranio,
quod te in pistrinum scis actutum tradier.
cis hercle paucas tempestates, Tranio,
augebis ruri numerum, genu' ferratile.
nunc, dum tibi lúbet licetque, pota, perde rem,
corrumpe * erilem adulescentem optumum;
dies noctesque bibite, pergraecaminei,
amicas emite, liberate: pascite
parasitos: opsonate pollucibiliter.
haecine mandauit tibi, quom peregre hinc it, senex?
hocine modo hic rem curatam offendet suam?
hoccine boni esse officium serui existumas
ut eri sui corrumpat et rem et filium?

5 exi *addidi dubitanter*, *nam* inquám *displicet* -cupi nam] culine (*i.e.* -nae) B^2, *unde* nidor e culina *Pylades* 6 clamatiosi *cod.* : *corr. Acidalius* 9, 10 en *cod.* 12 saluos *cod.* (*corr.* B^2) 16 hoc *om.* P^{CD} *et fort. cod.* 17 sis *cod.* 21 corrumpe ⟨porro⟩ (?) *Leo* *Vide ne lacera pagina in* P^{BC} *fuerit*; *cf. ad v.* 57 25 it *Bothe* (iit *Ital.*). ut *cod.* (*pro* iit)

nam ego illúm corruptum duco quom his factis studet;
quo nemo adaeque iuuentute ex omni Attica
antehac est habitus parcus nec magi' continens,
is nunc in aliam partem palmam possidet.
uirtute id factum tua et magisterio tuo.
Tr. quid tibi, malum, méd aut quid ego agam curatiost?
an ruri, quaeso, non sunt quos cures boues?
lubet potare, amare, scorta ducere.
mei tergi facio haec, non tui fiducia.
Gr. quam confidenter loquitur [fue]! Tr. at te Iuppiter
dique omnes perdant! ⟨fu!⟩ oboluisti alium
(germana inluvies, rusticus, hircus, hara suis),
canem, capram commixtam. Gr. quid uis fieri?
non omnes possunt olere unguenta exotica,
si tú oles, neque superiores accumbere
neque tam facetis quam tu uiuis uictibus.
tu tibi istos habeas turtures, piscis, auis,
sine me aliato fungi fortunas meas.
tu fortunatu's, ego miser: patiunda sunt.
meum bonum me, te tuom maneat malum.
Tr. quasi inuidere mihi hoc uidere, Grumio,
quia mihi bene est et tibi male est; dignissumumst:
decet méd amare et te bubulcitarier,
me uictitare pulchre, te miseris modis.
Gr. o carnuficium cribrum, quod credo fore,
ita te forabunt patibulatum per uias
stimulis, * si huc reueniat senex.
Tr. qui scis an tibi istuc eueniat priu' quam mihi?

29 dico B^2 31 *vel* mage 34 *vel* me (*ita cod.*) 38 fue *del. Ritschl* (*cf. v.* 39) 39 fu *add. Ritschl* (*cf. v.* 38) 40 *fort.* rustica, *nam* rústicus hírcus *suspectum* sui *cod.* 41 canes capro commixta *Scaliger*: caeno κοπρῶν commixte *Leo* 43 superiores *Leo*: superior P^{CD}, superior quam erus *B* 46 tibi obustos (*pro* t. habe istos?) *codd. Servii in buc.* 1, 58 aueis B^1 47 aleato *cod.* (*vulgaris forma*): aliatum *alii* 53 *vel* me (*ita cod.*) 55 carnificum *cod.*: *corr. Pylades* 57 st. ⟨carnufices⟩ *Leo*; *cf. ad v.* 21

GR. quia numquam merui, tu meruisti et nunc meres.
TR. orationis operam compendi face,
nisi te mala re magna mactari cupis.
GR. eruom daturin estis bubus quod feram?
date aes inhonestis: agite, porro pergite
quoniam occepistis: bibite, pergraecamini,
este, ecfercite uos, saginam caedite.
TR. tace atque abi rús. ego ire in Piraeum uolo,
in uesperum parare piscatum mihi.
eruom tibi aliquis cras faxo ad uillam adferat.
quid est quod tu me nunc optuere, furcifer?
GR. pol tibi istuc credo nomen actutum fore.
TR. dum interea sic sit, istuc 'actutum' sino.
GR. ita est. sed unum hoc scito, nimio celerius
uenire quod obest quam illuc quod cupide petas.
TR. molestus ne sis nunciam, i rus, te amoue.
ne tu hercle praeterhac mihi non facies moram.—
GR. satin abiit neque quod dixi flocci existumat?
pro di inmortales, opsecro uostram fidem!
facite huc ut redeat noster quam primum senex,
triennium qui iam hinc abest, priu' quam omnia
periere, et aedes et ager; qui nisi huc redit,
paucorum mensum sunt relictae reliquiae.
nunc rus abibo. nam eccum erilem filium
uideo, corruptum | ex adulescente optumo.—

ii

PHILOLACHES

Recordatu' multum et diu cogitaui
argumentaque in pectus multa institúi
ego, atque in meo corde, si est quod mihi cor,

62 seruom *cod.* (*corr.* B^2) daturi *cod.* 63 data es in(h)onestis *cod.* (*corr.* B^2) 64 occepisti B^2P^{CD} bibi *cod.* (*corr.* B^2) 65 ecfercite *Camerarius*: ecferute (ec ferite *B*) *cod.* 69 quod tu (*B*) *vel* quid tu (P^{CD}) (*i.e.* quid est? quid tu) *cod.* 71 intereas *cod.* 73 obest *scripsi*: moleste *cod.* (*cf. v.* 74) ueniet quod noles *Leo* 74 *vel sic distingue* sis, nunciam i 75 [erres] hercle *cod.* (iv. 3): erres *del. Spengel* 80 huc] nunc *Ritschl* 81 mensuum *cod.* 83 corruptum ⟨tam⟩ *Pradel de praepos.* p. 543

eam rem uolutaui et diu disputaui,
hominem quoiiu' rei, quando natus est
similem esse arbitrarer simulacrumque habere
id repperi iam exemplum.
nouarum aedium esse arbitro similem ego hominem
quando hic natus est. ei rei argumenta dicam.
atque hoc hau uidetur ueri simile uobis,
at ego id faciam esse ita ut credatis.
profecto esse ita ut praedico uera uincam.
atque hoc uosmet ipsi, scio, proinde uti nunc
ego esse autumo, quando dicta audietis
[mea], haud aliter id dicetis.
auscultate, argumenta dum dico ad hanc rem:
simul gnaruris uos uolo esse hanc rem mecum.

aedes quom extemplo sunt paratae, expolitae,
factae probe examussim,
laudant fabrum atque aedes probant, sibi quisque inde exemplum expetunt,
sibi quisque similis uolt suas, sumptum, operam ⟨parum⟩ parcunt suam.
atque ubi illo immigrat nequam homo, indiligens
cum pigra familia, inmundus, instrenuos,
hic iam aedibus uitium additur, bonae quom curantur male;
atque illud saepe fit: tempestas uenit,
confringit tegulas imbricesque: ibi
dominus indiligens reddere alias neuolt;
uenit imber, lauit parietes, perpluont,
tigna putefacit, perdit operam fabri:

87 uol. eam rem *Weise*, ***nam*** diū (*bisyll.*) *placet* 88 n. esset *Leo*: natust *Schoell* (*anap.*) 89 *an* arbitrarem? (*cf. ad* 91) 91 arbitror B^2P^{CD} 92 hic *del. Lorenz* 93–5 *retractatoris esse credit Ritschl, fort. recte* 95 ita esse *cod.*: *trai. Bentley* 98 mea *del. Hermann* 100 uos *Camerarius*: uo *cod.* 104 simile suo is sua *cod.*: *corr. Ritschl, Spengel* sumptu *B* parum *addidi* 105 indiligens[que] *cod.*: que *del. Pylades* 106 instr. *Ital.*: strenuus *cod.* (v. 9, 8) 108 *vel* illuc 112 putrefacit *cod.* (pŭtr-) perdit *Bergk*: per *cod.* (*pro* perđ, *i. e.* perdit, vii. 4)

nequior factus iam est usus aedium.
atque ⟨ea⟩ haud est fabri culpa, sed magna pars
morem hunc induxerunt: si quid nummo sarciri potest,
usque mantant neque id faciunt donicum
parietes ruont: aédificantur aedes totae denuo.

haec argumenta ego aedificiis dixi; nunc etiam uolo
dicere uti hómines aedium esse similis arbitremini.
primumdum parentes fabri liberum sunt:
i fundamentum supstruont liberorum;
extollunt, parant sedulo in firmitatem,
et ut ⟨et⟩ in usum boni et in speciem
poplo sint sibique, hau materiae reparcunt
nec sumptus ibi sumptui ducunt esse;
expoliunt: docent litteras, iura, leges,
sumptu suo et labore
nituntur ut alii sibi esse illorum similis expetant.
ad legionem quom ita * * * adminiclum is danunt
tum iam, aliquem cognatum suom.
eatenus abeunt a fabris. unum ubi emeritum est stipendium,
igitur tum specimen cernitur quo eueniat aedificatio.

nam ego ad illud frugi usque et probus fui
in fabrorum potestate dum fui.
postea quom immigraui ingenium in meum,
perdidi operam fabrorum ilico oppido.
uenit ignauia, ea mi tempestas fuit,
mihi aduéntú suo grandinem imbrem[que] attulit;

114 ea *add. Hermann* 115 morem *Lambinus*: moram *cod.* hanc B^2P^{CD} 119 adicere (*scil.* argumenta) (?) *Leo* 121 i (ei)] et P^{CD} *et fort. cod.* 123 et *add. Schoell* *vel* uti usu *B* 124 neparcunt B^2 125 esse ducunt *cod.*: *trai. Schoell, ut integer tetram. fiat* 129 comita (comitum B^2) *cod.* *lacunam in* P^A (*cf.* 151) *sic explevit Leo* ⟨paratos mittunt⟩ 131 eatenus. abeunt *distinxit Leo* unum *del. Ritschl, cui* ubi ĕmer. *displicet* 133 fui frugi *Schoell, favente allitteratione* 135 quom *Guietus*: quam *cod.* emigraui B^2 in ingenium *cod.*: *trai. Bothe* 138 *vel* mi: ⟨et⟩ mi *Leo* que *del. Bothe* (*cf.* 105, 144)

haec uerecundiam mi et uirtutis modum
deturbauit detexitque a med ilico;
postilla optigere eam neglegens fui.
continuo pro imbre amor aduenit †in cor meum†,
is usque in pectus permanauit, permadefecit cor meum.
nunc simul res, fides, fama, uirtus, decus
deseruerunt: ego sum in usu factus nimio nequior.
atque edepol ita haec tigna umiditate putent: non uideor mihi
sarcire posse aedis meas quin totae perpetuae ruant,
cum fundamento perierint nec quisquam esse auxilio queat.
cor dolet quom scio ut nunc sum atque ut fui,
quo neque industrior de iuuentute erat
*   *   *   *   arte gymnastica:
disco, hastis, pila, cursu, armis, equo
uictitabam uolup,
parsimonia et duritia discipulinae alieis eram,
optumi quique expetebant a me doctrinam sibi.
nunc, postquam nihili sum, id uero meopte ingenio repperi.

PHILEMATIVM SCAPHA PHILOLACHES iii

PHILEM. Iam pridem ecastor frigida non laui magi' lubenter
nec quom me melius, mea Scapha, rear esse deficatam.
SC. euentus rebus omnibus, uelut horno messis magna
fuit. PHILEM. quíd ea messis attinet ad meam lauationem?

139 domum *Fay*, *fort. recte* 140 detexitque *Camerarius*: [texit] detexitque *cod.* (iv 3) *vel* me (*ita cod.*) 141 opticere *cod.* (optinere B^2) ea *Seyffert* 142 in cor meum (*cf.* 143)] tetigit guttis grandibus *Leo* (*ex Front.* p. 27) 144 decus[que] *cod.*: que *del. Bothe* 146 umiditate *Ussing*: umide *cod.*: umide ⟨iam⟩ *Hermann* putant *cod.* (*corr.* B^2) uideo *cod.* 148 cum *Ritschl*: [quin] cum *cod.* (*pro* qum? iv. 3; *cf. Mil.* 172) 151 *lacunam in* P^A (*cf.* 129) *sic explevit Ussing* ⟨quisquam nec clarior⟩ 152 filia *cod.* (*corr.* B^2) 154 parsimoniae duritia *cod.*: *corr. Ital.* 155 tam e *cod.* (*corr.* B^2) 157 *vel* mage 159 *vel* euentust *vel* omnibust

Sc. nihilo plus quam lauatio tua ad messim. Philol. o Venu' uenusta,
haec illa est tempestas mea, mihi quae modestiam omnem
detexit, tectus qua fui, quom mihi Amor et Cupido
in pectus perpluit meum, neque iam umquam optigere possum:
madent iam in corde parietes, periere haec oppido aedes.
Philem. contempla, amabo, mea Scapha, satin haec me uestis deceat.
uolo mé placere Philolachi, meo ocello, meo patrono.
Sc. quin tu te exornas moribus lepidis, quom lepida tute es?
non uestem amatores amant mulieri', sed uestis fartim.
Philol. ita me di ament, lepidast Scaphá, sapit scelesta multum.
ut lepide res omnis tenet sententiasque amantum!
Philem. quid nunc? Sc. quid est? Philem. quin me aspice et contempla ut haec me deceat.
Sc. uirtute formai [id] euenit te ut deceat quidquid habeas.
Philol. ergo ob istoc uerbum te, Scaphá, donabo ego hodie—áliqui
neque patiar te istanc gratiis laudasse, quae placet mi.
Philem. nolo ego te adsentari mihi. Sc. nimi' tuquidem stulta es mulier.
eho, mauis uituperarier falso quam uero extolli?
equidem pol uel falso tamen laudari multo malo
quam uero culpari aut meam speciem alios inridere.
Philem. ego uerum amo, uerum uolo dici mi: mendacem odi.

163 tectusque *cod.* (*corr.* B^2) quom *Ritschl*: quam *cod.*, *fort. recte* 164 optingere *cod.* 167 me *Bothe*: meo *cod.* philolacheti *cod.* 168 quid tu te ex., mo. lep. quom *Bothe*, *Ritschl*, *fort. recte* 170 lepidast *Gruterus*: lepida *cod.* (iii. 3) 171 o. mores *Bergk*: o. res *cod.*: res omnis *Camerarius* 172 deceat *Camerarius*: decet *cod.* 173 formae id *cod.*: id *del.* (?) *Leo*, *nam elisio syllabae* -ae *in genetivo displicet* 174 istuc *Brix*: hoc *cod.* (*pro* iste hoc? *cf. v.* 175 hanc *pro* istanc) *vix* hŏdie 175 istanc] hanc P^{CD} 176 quidem tu P^{CD}

SC. ita tu me ames, ita Philolaches tuo' té amet, ut uenusta es.
PHILOL. quid ais, scelesta? quo modo adiurasti? ita ego istam amarem?
quid istaéc me, id qur non additum est? infecta dona facio.
periisti: quod promiseram tibi dono perdidisti.
SC. equidem pol miror tam catam, tam doctam te et bene edúctam
nunc stultam stulte facere. PHILEM. quin mone quaéso, si quid erro.
SC. tu ecastor erras quae quidem illum exspectes unum atque illi
morem praecipue sic geras atque alios asperneris.
matronae, non meretricium est unum inseruire amantem.
PHILOL. pro Iuppiter! nam quod malum uorsatur meae domi illud?
di deaeque omnes me pessumis exemplis interficiant,
nisi ego illam anum interfecero siti fameque atque algu.
PHILEM. nolo ego mihi male te, Scaphá, praecipere. SC. stulta es plane
quae illum tibi aeternum putes fore amicum et beneuolentem.
moneo ego te: te ille deseret aetate et satietate.
PHILEM. non spero. SC. insperata accidunt magi' saepe quam quae speres.
postremo, si dictis nequis perduci ut uera haec credas
mea dicta, ex factis nosce rem. uides quaé sim et quae fui ante.
nihilo ego quam nunc tu * * * * * * * *

184 cura *cod.* (*corr.* B^2) 185 dona *cod.* (*corr.* B^2): doni (?) *Leo* 186 catam *Pius*: captam *cod.* doctam] docilem *Leo* eductam *Camerarius*: doctam *cod.* 187 nunc *Bothe*: non *cod.* (vii. 2) stultam B^2: sta i tam *cod.* (a *pro* u; vi. 1) 189 asperneres *cod.* (-ris B^2) (? *pro* -re) 191 domi illud *Camerarius*: domillum *cod.* 192 me omnes *Ritschl*, *cui* omnés me *displicet* 194 mei *cod.* (*pro* mehi *vel* mehei, *antiqua forma*) 195 putas P^{CD} 197 *vel* mage 199 et quae] *fort.* atqui

* * * * * * amata sum; atque uni modo gessi morem:
qui pol me, ubi aetate hoc caput colorem commutauit,
reliquit deseruitque me. tibi idem futurum credo.
PHILOL. uix comprimor quin inuolem illi in oculos stimulatrici.
PHILEM. solam ille me soli sibi suo ⟨súmptu⟩ liberauit:
illi me soli censeo esse oportere opsequentem.
PHILOL. pro di inmortales, mulierem lepidam et pudico ingenio!
bene hercle factum et gaudeo mihi nihil esse huiius caussa.
SC. inscita ecastor tu quidem es. PHILEM. quapropter? SC. quae istuc ⟨cures⟩,
ut te ille amet. PHILEM. qur opsecro non curem? SC. libera es iam.
tu iam quod quaerebas habes: ill' te nisi amabit ultro,
id pro capité tuo quod dedit perdiderit tantum argenti.
PHILOL. perii hercle, ni ego illam pessumis exemplis enicasso!
illa hanc corrumpit mulierem malesuada †uitilena†.
PHILEM. numquam ego illi possum gratiam referre ut meritust de me.
Scapha, id tu mihi ne suadeas ut illúm minoris pendam.
SC. at hoc únum facito cogites: si illum inseruibis solum
dum tibist nunc haec aetatula, in senecta male querere.
PHILOL. in anginam ego nunc me uelim uorti, ut ueneficae illi
fauces prehendam atque enicem scelestam stimulatricem.

200, 200a ⟨minus fui pulchra et uenusta et nihilo Minus ego quam nunc tu⟩ *Seyffert* 204 *post* 205 *cod.* (*prius om. propter homoeoarch.*): *corr. Ritschl* sumptu *add. Bentley* 205 illi *Fleckeisen*: [solam] illi *cod.* (*cf. v.* 204) me *Camerarius*: meo *cod.* 208 inciste ecastor (*B*) *vel* castor (P^{CD}) *cod.* cures *add. Pylades* 211 tuo capite *Bentley* 213 cantilena *Ussing* *vix* malesüadá uiti plena 217 tibist . . . aetatula *Klotz*: tibi . . . aetatulast *cod.* (*cf. ad Merc.* 330) aetatlast *vix ferendum, nullo modo* senĕcta in *del.* (?) *Fleckeisen*

PHILEM. eundem ánimum oportet nunc mihi esse gratum, ut impetraui,
atque olim, priu' quam id extudi, quom illi subblandiebar.
PHILOL. di⟨ui⟩ me faciant quod uolunt, ni ob istam orationem
te liberasso denuó et ni Scapham enicasso.
SC. si tibi sat acceptum est fore tibi uictum sempiternum
atque illum amatorem tibi proprium futurum in uita,
soli gerundum censeo morem et capiundas crinis.
PHILEM. ut fama est homini, exin solet pecuniam inuenire.
ego si bonam famam mihi seruasso, sat ero diues.
PHILOL. siquidem hercle uendundust pater, uenibit multo potius
quam te me uiuo umquam sinám egere aut mendicare.
SC. quid illís futurum est ceteris qui té amant? PHILEM. magis amabunt,
quom ⟨me⟩ uidebunt gratiam referre ⟨bene mere⟩nti.
PHILOL. utinam meus nunc mortuos pater ad me nuntietur,
ut ego exheredem me meis bonis fáciam atque haec sit heres.
SC. iam ista quidem apsumpta res erit: dies nóctesque estur, bibitur,
neque quisquam parsimoniám adhibet: sagina plane est.
PHILOL. in té hercle certumst principi ut sim parcus experiri,
nam neque edes quicquam neque bibes apud mé his decem diebus.
PHILEM. si quid tu in illum bene uoles loqui, id loqui licebit:
nec recte si illi dixeris, iam ecastor uapulabis.

220 *vel sic distingue* esse, gr. ut im. inpetrauit *cod.* 222 diui *Bothe*: di *cod.* mi (mei) *Pius* 223 caspam *cod.* 227 sole *cod.* (*corr.* B^2) 232 me *add. Gruterus* r. bene merenti *Camerarius, Bentley*: referenti *cod.* (iii. 11): r. rem ferenti *Gruterus* 233 nunc meus B^2PCD, *unde* n. m. emortuos *Schoell* 234 meis me *cod.*: *trai. Schoell* 235 quidem absumpta [quidem] *cod.* 237 principe (-pi) *Bentley*: principium *cod.* 238 *vel* med his decem *Bentley*: isdec *cod.* (vii, p. 104)

PHILOL. edepol si summo Ioui bo⟨nó⟩ argento sacruficassem,
pro illius capite quod dedi, numquam aeque id bene locassem.
uideas eam medullitus me amare. oh! probus homo sum:
quae pro me caussam diceret, patronum liberaui.
SC. uideo enim te nihili pendere prae Philolache omnis homines.
nunc, ne eius caussa uapulem, tibi potius adsentabor,
si acceptum sat habes, tibi fore illum amicum sempiternum.
PHILEM. cedo mi speculum et cum ornamentis arculam actutum, Scapha,
ornata ut sim, quom huc adueniat Philolaches uoluptas mea.
SC. mulier quae se suamque aetatem spernit, speculo ei usus est:
quid opust speculo tibi quae tute speculo speculum es maxumum?
PHILOL. ob istuc uerbum, ne nequiquam, Scapha, tam lepide dixeris,
dabo aliquid hodie peculi—tibi, Philematium mea.
PHILEM. suo quique loco uiden capillum sati' compositumst commode?
SC. ubi tu commoda es, capillum commodum esse credito.
PHILOL. uah! quid illá pote peius quicquam mulieri memorarier?
nunc adsentatrix scelesta est, dudum aduorsatrix erat.
PHILEM. cedo cerussam. SC. quid cerussa opust nám? PHILEM. qui malas oblinam.

241 iouiuo (-bo?) *cod.* (ioui uiuo B^2) (vii. p. 105): Ioui probo *Schoell*: Ioui boui eo *Leo* 242 locassem *Guietus*: collocassem *cod.* 243 uideas *Schoell*: [ut] uideas *cod.* (iv. 3) 245 enim *cod. Varronis de L. L.* 9. 54: *om. cod., fort. recte* (iv. 3) 247 Is *cod.* 249 adueniat *Ritschl*: ueniat *cod.* 250 ei usus est *Camerarius*: elusa est *cod.* (i. 6) 252 dixerit B^2 253 perculi *cod.* (*corr.* B^2) 254 capillum (*gen. neut.*) *testatur Nonius* 198: capillus *cod.* compositust *cod.* 255 commodes *cod.* (e *pro* -a e-) 256 *vel* illac memorarier *Ital.*: morarier *cod.* 258 opost *ut vid. cod.*

Sc. una operá | ebur atramento candefacere postules.
Philol. lepide dictum de atramento atque ebore. eugae! plaudo Scaphae.
Philem. tum tu igitur cedo purpurissum. Sc. non do. scita es tu quidem.
noua pictura interpolare uis opus lepidissumum?
non istanc aetatem oportet pigmentum ullum attingere,
neque cerussam neque Melinum neque aliam ullam offuciam.
Philem. cape igitur speculum. Philol. ei mihi misero! sauium speculo dedit.
nimi' uelim lapidem qui ego illi speculo dimminuam caput.
Sc. linteum cape atque exterge tibi manus. Philem. quid ita, opsecro?
Sc. ut speculum tenuisti, metuo né olant argentum manus:
ne usquam argentum te accepisse suspicetur Philolaches.
Philol. non uideor uidisse lenam callidiorem ullam alteras.
ut lepide atque astute in mentem uenit de speculo malae!
Philem. etiamne unguentis unguendam censes? Sc. minime feceris.
Philem. quapropter? Sc. quia ecástor mulier recte olet ubi nihil olet.
nam istae ueteres, quae se unguentis unctitant, interpoles,
uetulae, edentulae, quae uitia corporis fuco occulunt,
ubi sese sudor cum unguentis consociauit, ilico
itidem olent quasi quom una multa iura confudit coquos.
quid olant nescias, nisi id unum út male olere intellegas.
Philol. ut perdocte cuncta callet! nihil hac docta doctius.
uerum illuc est: maxuma adeo pars uostrorum intellegit,

259 opera ⟨era⟩ *Schoell*: *vix* operan 264 offugiam *cod.* 266 dimminuat *cod.* (*corr.* B^2) 270 alteram B^2 271 sp. mane P^{CD} 274 *vel* istaec 275 occulunt *schol. Verg. Georg.* 4, 39: occultant *cod.* 277 unam *cod.* (vii. 4) (*corr.* B^2) 278 olant (-leant) *Lambinus*: oleas *cod.* ut *Camerarius*: ni *cod.*: nimis *Sonnenschein* 280 illuc esse *codd. Gellii* 20, 6, 12 (*i. e.* ess'?): illud (*pro* illuc; i. 7) est *cod.* maxima *codd. Gellii*: maximam (-um P^{CD}) *cod.*

quibus anus domi súnt uxores, quae uos dote meruerunt.
PHILEM. agedum contempla aurum et pallam, satin haec ⟨me⟩ deceat, Scapha.
SC. non me istuc curare oportet. PHILEM. quém opsecro igitur? SC. eloquar:
Philolachem, is ne quid emat, nisi quod tibi placere censeat.
nám amator meretricis mores sibi emit auro et purpura.
quid opust, quod suom esse nolit, ei ultro ostentarier?
purpura aetati occultandaest, aurum turpi mulieri.
pulchra mulier nuda erit quam purpurata pulchrior:
poste nequiquam exornata est bene, si morata est male.
pulchrum ornatum turpes mores peius caeno conlinunt.
nam si pulchra est nimis ornata est. PHILOL. nimi' diu apstineo manum.
quid hic uos diu agitis? PHILEM. tibi me exorno ut placeam. PHILOL. ornata es satis.
abi tu hinc intro atque ornamenta haec aufer. sed, uoluptas mea,
mea Philematium, potare tecum conlibitum est mihi.
PHILEM. et edepol mihi tecum, nam quod tibi lubet idem míhi lubet,
mea uoluptas. PHILOL. ém istuc uerbum uile est uiginti minis.
PHILEM. cedo, amabo, decem: bene emptum tibi dare hoc uerbum uolo.
PHILOL. etiam nunc decem minae apud te sunt; uel rationem puta.
triginta minas pro capite tuo dedi. PHILEM. qur exprobras?

282 me *add.* *Camerarius* 283 curare istuc *cod.* : *trai.* *Guietus* 284, 285 is B^2D^1 : us *cod.* sibi *Schoell* : tibi *cod.* 287 ei *Pylades* : e *cod.* (te B^2P^{CD}) 288 aetate *cod.* (aetas B^2) (*vix pro* -tis) turpe B^2 290 postea *cod.* 291 *cf.* *Poen.* 306 continunt *cod.* 292 si *Camerarius* : nesi *cod.* manu *cod.* 293 diu *del.* *Weise* : duae *Camerarius* 295 mihi *Bentley* : mihi [libet] *cod.* (*cf.* 296) 296 idem] id B^2 297 eam ist. *cod.* (*corr.* B^2) 298 decem *Acidalius* : decum *cod.* (*pro* dec̄, *i. e.* decem; *cf.* *ad v.* 238) 299 *fort.* decemne ap.

PHILOL. egone id exprobrem, qui mihimet cupio id opprobrarier ?
nec quicquam argenti locaui iam diu usquam aeque bene.
PHILEM. certe ego, quod te amo, operam nusquam melius potui ponere.
PHILOL. bene igitur ratio accepti atque expensi inter nos conuenit :
tu me amas, ego té amo ; merito id fieri uterque existumat.
haec qui gaudent, gaudeant perpetuo suo semper bono ;
qui inuident, ne umquam eorum quisquam inuideat prosus commodis.
PHILEM. age accumbe igitur. cedo aquam manibus, puere, appone hic mensulam.
uide tali ubi sint. uin unguenta ? PHILOL. quid opust ? cum stacta accubo.
sed estne hic meu' sodalis qui huc incedit cúm amica sua ?
is est, Callidamates cum amica incedit. eugae ! oculus meus,
conueniunt manuplares eccos : praedam participes petunt.

CALLIDAMATES DELPHIVM PHILOLACHES PHILEMATIVM iv

CA. Aduorsum ueniri mihi ad Philolachem
uolo temperi. audi, em tibi imperatum est.
nam illi ubi fui, inde ecfugi foras,
ita me ibi male conuiui sermonisque taesumst.
nunc comissatum ibó ad Philolachetem,
ubi nos hilari ingenio et lepide accipie⟨n⟩t.
ecquid tibi uideor mamma-madere ?

302 iam *Camerarius* : tam *cod.* 303 opera manus quam *cod.* (*corr.* B^2) 307 *post* 308 *cod.* : *trai. Acidalius* 307 commodi *cod.* (*corr.* B^2) 308 mensulam *testatur Priscianus* I, 114 : mensam *cod.* (v. 8) 309 stacte B^2 311 cum amica [cum] *cod.* (ii. 2) (eccum B^2) : cum *del. Bothe* 313 uenire *cod.* Philolachetem *Hermann* 315 fuit *cod.* 316 ibĭ *om.* B^1 taesumst *Pareus* : tesunt *cod.* 318 et lepide B^2 : elepida *cod.* accipient *Lorenz* : accipiet *cod.* 319 mammam adire *cod.* (*cf.* 331) : *vel* ma-ma-madere (*metri causa*)

DE. semper istoc modo
moratus †uite† debebas.
CA. uisne ego te ac tu me amplectare?
DE. si tibi cordi est face[re], licet. CA. lepida es.
duce me amabo. DE. caue [ne] cadas, asta.
CA. o—o— ocellu's meus;
tuos sum alumnus, mel meum.
DE. caue modo ne prius in uia accumbas
quam illi, ubi lectust stratu', coimus.
CA. sine, siné cadere me.
DE. sino. CA. sed et hoc quod mihi ín manus est:
DE. si cades, non cades quin cadam tecum.
CA. iacentis tollet postea nos ambos aliquis.
DE. madet homo. CA. tun me ais mammamadere?
DE. cedo manum, nolo equidem te adfligi.
CA. em tene. DE. age, i simul. CA. quo ego eam? ⟨DE.⟩ an ⟨ne⟩scis?
CA. scio, in mentem uenit modo: nemp' domum eo comissatum.
DE. immo, istuc quidem. CA. iam memini.

PHILOL. num non uis me obuiam his ire, anime mi?
illi ego ex omnibús optume uolo.
iam reuortar. PHILEM. diu ést 'iam' íd mihi.
CA. ecquis hic est? PHILOL. adest. CA. eu, Philolaches,
salue, amicissume mi omnium hominum.

321 *fort.* (*iamb. dim. acat.*) moratu's uti eb-ebibas *vel* ut eb-eb-ebibas (*cf. Trin.* 250 quo debebit *pro* quod ebibit) 322 amplectare *Pylades*: amplectere *cod.* 323 corde *cod.* face *Spengel*, *metri causa* 324 *vel* DE. amabo, caue ne *delevi*, *metri causa* 325a sum B^2: suum *cod.* 326 accubas *cod.* (*corr.* B^2) 328a et *om.* P^{CD} manu B^2 329 clades quin (dades quiin P^{CD}) *cod.* (*corr.* B^2) 331 me ais *Scaliger*, *necnon cod.* (mea is) *ut vid.* (mea his P^{CD}, meam uis B) 333 quod *cod.* (*corr.* B^2) DE. an nescis *Gertz* 337 illi ego *Camerarius*: ilico *cod.* 338 id 'iam' *Bugge*

PHILOL. di te ament. accuba, Callidamates.
unde agis te? CA. unde homó ebriu' probe.
PHILEM. quin amabo accubas, Delphium mea?
da illi quod bibat. CA. dormiam ego iam.
PHILOL. num mirum aut nouom quippiam facit?
DE. quid ego ⟨ist⟩oc faciam postea? PHILEM. mea, sic sine eumpse.
age tu interim da ab Delphio cito cantharum circum.

ACTVS II

TRANIO PHILOLACHES CALLIDAMATES II. i
DELPHIVM PHILEMATIVM PVER

TR. Iuppiter supremus summis opibus atque industriis
me periisse et Philolachetem cupit erilem filium.
occidit spes nostra, nusquam stabulum est confidentiae,
nec Salus nobis saluti iam esse, si cupiat, potest:
ita mali, maeroris montem maxumum ad portum modo
conspicatus sum: erus aduenit peregre, periit Tranio.
ecquis homo est qui facere argenti cupiat aliquantum lucri,
quí hodie sese excruciari meam uicem possit pati?
ubi sunt isti plagipatidae, ferritribaces uiri,
uel isti qui hosticas trium númmum caussa subeunt sub falas,
ubi †aliqui quique† denis hastis corpus transfigi solet?
ego dabo ei talentum primus qui in crucem excucurrerit;
sed ea lege ut offigantur bis pedes, bis bracchia.
ubi id erit factum, a me argentum petito praesentarium.

346 istoc (*vel* illoc) *Skutsch*: hoc *cod.* (*pro* iste hoc?) *vel* mea? PHILEM. sic eum ipse *cod.* 352 itam aliam eroris (erroris P^{CD}) *cod.* (*corr.* B^2) (i. 6) 355 meamui (mea uice B^2) *cod.* (*pro* meam uic̄? *cf.* 238 dec *pro* decem) 357 uel] uibi B^1 (*cf.* 356, 358) hosticas *Ritschl*: hastis *cod.* nummorum *cod.* falas *Camerarius*: falsa *cod.* (ii. 7) 358 ubi] uel B^1 (*cf.* 357) ubi alii qui d. (*cum* solent) *Bugge*: ubi quinis aut d. *Leo* solent B^2

sed ego—sumne infelix qui non curro curriculo domum?
PHILOL. ⟨adest⟩, adest opsonium. eccum Tranio a portu redit.
TR. Philolaches. PHILOL. quid est? TR. ⟨et⟩ ego et tu— PHILOL. quid et ego et tu? TR. periimus.
PHILOL. quid ita? TR. pater adest. PHILOL. quid ego ex te aúdio? TR. apsumpti sumus.
pater inquam tuo' uenit. PHILOL. ubi is est, opsecró? TR. ⟨ubi is est?⟩ adest.
PHILOL. quis id ait? quis uidit? TR. egomet inquam uidi. PHILOL. uae mihi!
quid ego ago? TR. nam quid tu, malum, me rogitas quid agas? accubas.
PHILOL. tutin uidisti? TR. egomet inquam. PHILOL. certe? TR. ⟨certe⟩ inquam. PHILOL. occidi,
si tu uera memoras. TR. quid mihi sit boni, si mentiar?
PHILOL. quid ego nunc faciam? TR. iube haec hinc omnia amolirier.
quis istic dormit? PHILOL. Callidamates. suscita istum, Delphium.
DE. Callidamates, Callidamates, uigila! CA. uigilo, cedo [ut] bibam.
DE. uigila. pater aduenit peregre Philolache⟨i⟩. CA. ualeat pater.
PHILOL. ualet illequidem atque ⟨ego⟩ disperii. CA. bis periisti? qui potest?
PHILOL. quaeso edepol, exsurge; pater aduenit. CA. tuo' uenit pater?

362 infelix *Pylades*: [ille] infelix *cod.* (iv. 3) 363 adest *add. Gruter* aedit *cod.* (*corr.* B^2) 364 et *add. Dousa* 365 ad[at] est (ad *supra*) *cod.* (*pro* atest?) (*corr.* B^2) *vel* ted 366 ubi is est *addidi* 368 ago *Lambinus*: agam *cod.* nam *Dousa*: num *cod.* *vel* ago nam? TR. quid rogitet P^{CD} accubans *cod.* 369 tutin *Fleckeisen*: tuiin *cod.* certe *add. Camerarius* 370 si mentiar *Pylades*: si mentirer *cod.*: mentirier *Schoell* 372 quid *cod.* (*corr.* B^2) 373 ut *del. Bentley* 374 philolache (*i. e.* -ae?) *cod.*: Philolachei *Bergk*, *Wackernagel* (*Arch. Lat. Lex.* 14, 5) 375 ego *add. Pylades* 376 edepol ⟨te⟩ *Reiz, nam* edepōl *suspectum*

iube abíre rusum. quid illi reditio | etiam huc fuit?
PHILOL. quid ego agam? pater iam híc me offendet miserum adueniens ebrium,
aedis plenas conuiuarum et mulierum. miserum est opus
igitur demum fodere puteum, úbi sitis faucis tenet;
sicut ego aduentu patris nunc quaero quid faciam miser.
TR. ecce⟨re⟩ autem hic deposiuit caput et dormit. suscita.
PHILOL. etiam uigilas? pater, inquam, aderit iam hic meus. CA. ain tu, pater?
cedo soleas mi, ut arma capiam. iam pol ego occidam patrem.
PHILOL. perdis rem. DE. tace, amabo. PHILOL. abripite hunc intro actutum inter manus.
CA. iam hercle ego uos pro matula habebo, nisi mihi matulam datis.
PHILOL. perii! TR. habe bonum animum: ego istum lepide medicabo metum.
PHILOL. nullus sum! TR. taceas: ego quí istaec sedem meditabor tibi.
satin habes si ego aduenientem íta patrem faciam tuom,
non modo ne intro eat, uerum etiam ut fugiat longe ab aedibus?
uos modo hinc abite intro atque haec hinc propere amolimini.
PHILOL. ubi ego eró? TR. ubi maxume esse uis: cum hác, cum istac eris.
DE. quid si igitur abeamus hinc nos? TR. non hoc longe, Delphium.
nam intus potate hau tantillo hác quidem caussa minus.

377 ⟨i⟩ iube *Schoell* (*cf. Sjögren* '*Part. Copul.*' p. 85) huc etiam *Camerarius* 378 offendit *cod.* (*pro* -et?) 382 eccere *Ritschl* autem ⟨iterum⟩ *Mueller* suscitat *cod.* (*corr.* B^2) 385 *vel* DE. p. r. t. a. *vel* TR. abr. 387 meditabo *cod.* (*corr.* D^1) 388 nullum *cod.* (*corr.* B^2) 389-90 tuum [non modo hinc abite intro atque hec inquid] Non modo *etc. cod.* (*corr.* B^2) (iv. 3; iii. 11) 390 eat B^2: at *cod.* 393 si *Bothe*: est *cod.* (*cf. ad* 402) 394 entus *cod.* (*corr.* B^2) (*vix forma antiqua*)

PHILOL. ei mihi! quóm istaec blanda dicta quó eueniánt madeo metu.
TR. potin animo ut sies quieto et facias quod iubeo? PHILOL. potest.
TR. omnium primum, Philematium, intro abi, et tu, Delphium.
DE. morigerae tibi erimus ambae.—TR. íta ille faxit Iuppiter!
animum aduorte nunciam tu quae uolo accurarier.
omnium primumdum | aedes iam fac occlusae sient;
intus caue muttire quemquam siueris. PHILOL. curabitur.
TR. tamquam si intus natus nemo in aedibus habitet. PHILOL. licet.
TR. neu quisquam responset quando hasce aedis pultabit senex.
PHILOL. numquid aliud? TR. clauem mi harunc aedium Laconicam
iam iube ecferri intus: hasce ego aedis occludam hinc foris.
PHILOL. in tuam cústodelam meque et meas spes trado, Tranio.—
TR. pluma haud interest patronus an cliens probior siet.

Homini, quoi nulla in pectore est audacia,
nam quoiuis homini uel optumo uel pessumo,
quamuis desubito facile est facere nequiter:
uerum id uidendum est, id uiri doctist opus,
quae dissignata sint et facta nequiter,

395 quam *Camerarius* euenant *Bothe* 396 ut an. sis (sis *etiam cod.*) *Bentley* 399 nunciam tu *Bentley*: nunc tu iam (nunc tulam P^{CD}) *cod.* 400 ⟨haec⟩ aedes *Ritschl* 402 si B^2: st *cod.* 403 putabit *cod.* (*corr.* B^2) 404 iaconicam *cod.* 406 custodiam *cod.* (*cf. ad Merc.* 233) 407 probrior (proprior P^{CD}) *cod.* (propior B^2) sciet *cod.* (*corr.* B^2) 409 cui *cod.* (? *pro* quî) est in pectore *cod.*: *trai. Pylades* 410 *del. Ritschl*; *e simili disticho ex alia fabula in marg. ascripto*, nam . . . nequiter, *hic versus in textum irrepsisse creditur* homine *cod.* (*corr.* B^2) *post v.* 411 *iteratur v.* 425, *utrum casu* (ii. 6) *an indicii causa omitti posse vv.* 412–24 *incert.* 413 dissignita B^2P^{CD} nequiter *Dousa*: nequitia *cod.* (*pro* nequiī, *i.e.* nequiter?)

tranquille cuncta et ut proueniant sine malo,
ni quid potiatur quam ob rem pigeat uiuere.
sicut ego ecficiam, quae facta hic turbauimus,
profecto ut liqueant omnia et tranquilla sint
neque quicquam nobis pariant ex se incommodi.
sed quid tu egredere, Sphaerio? iam iam. optume
praeceptis paruisti. Pv. iussit maxumo
opere orare ut patrem aliquo apsterreres modo
ne intro iret ad se. Tr. quin etiam illi hoc dicito,
facturum ⟨me⟩ ut ne etiam aspicere aedis audeat,
capite obuoluto ut fugiat cum summo metu.
clauim cedo atque abi [hinc] intro atque occlude ostium,
et ego hinc occludam. iube uenire nunciam.
ludos ego hodie uiuo praesenti hic seni
faciam, quod credo mortuo numquam fore.
concedam a foribus huc, hinc speculabor procul,
unde aduenienti sarcinam imponam seni.

THEOPROPIDES TRANIO ii

Th. Habeo, Neptune, gratiam magnam tibi,
quom med amisisti a te uix uiuom domum.
uerum si posthac me pedem latum modo
scies ímposisse in undam, hau caussast ilico
quod nunc uoluisti facere quin facias mihi.
apage, apage te a me nunciam post hunc diem!
quod crediturus tibi fui omne credidi.

414 *post* 415 *cod.* : *trai. Acidalius* : 414 *post* 416 *collocat Fay* (*Berl. Phil. Woch.* 20, 828) 414 sine[mo] malo *cod.* (iv. 3) 416 turbabimus *cod.* 417 linqueant *cod.* (*corr.* B^2) 418 ex se *Camerarius* : exei (exeis *B*) *cod.* (x *pro* xs) 419 (i, p. 29) Sphaerio *Seyffert* : sperio *cod.* 421 opere *Ital.* : opete *cod.* 422 ad se *Pylades* : adest *cod.* 423 me *add. Pylades* *vel* uti 425 (*vide ad* 411) abi hinc intro *vel* abii intro *cod.* 427 sene *cod.* (*corr.* B^2) 428 quo do edo *cod.* (*corr.* B^2) 432 ad te (*pro* atte, ate) *cod.* (*corr.* B^2) domum *P. Thomas* : modo *cod.* (*cf.* 433) 433 uirum *cod.* 434 causa illico est *cod.* : *trai. Scriverius* 436 apage acage *cod.* (*corr.* B^2) 437 omni *cod.* (*corr.* B^2)

TR. edepol, Neptune, peccauisti largiter
qui occasionem hanc amisisti tam bonam.
TH. triennio post Aegypto aduenio domum;
credo exspectatus ueniam familiaribus.
TR. nimio edepol ille potuit exspectatior
uenire qui te nuntiaret mortuom.
TH. sed quid hoc? occlusa ianua est interdius.
pultabo. heus, ecquis †ist†? aperitin fores?
TR. quis homo est qui nostras aedis accessit prope?
TH. meu' seruos hicquidem est Tranio. TR. o Theopropides,
ere, salue, saluom te aduenisse gaudeo.
usquin ualuisti? TH. usque, ut uides. TR. factum optume.
TH. quid uos? insanin estis? TR. quidum? TH. sic, quia
foris ámbulatis, natus nemo in aedibus
seruat neque qui recludat neque [qui] respondeat.
pultando [pedibus] paene confregi hasce ambas ⟨fores⟩.
TR. eho an tú tetigisti has aedis? TH. qur non tangerem?
quin pultando, inquam, paene confregi fores.
TR. tetigistin? TH. tetigi, inquam, et pultaui. TR. uah! TH. quid est?
TR. male hercle factum. TH. quid est negoti? TR. non potest
dici quam indignum facinus fecisti et malum.
TH. quid iam? TR. fuge, opsecro, atque apscede ab aedibus.
fuge huc, fuge ad me propius. tetigistin fores?
TH. quo modo pultare potui, si non tangerem?
TR. occidisti hercle—TH. quem mortalem? TR. omnis tuos.
TH. di te deaeque ómnes faxint cum istoc omine—
TR. metuo te atque istos expiare ut possies.

445 ist] intust *Leo* : hic est *Schoell* istas aperit fores B^2 448 galue *cod.* (*corr.* B^2) 449 usque inualuisti *cod.* 452 quis *cod.* (*corr.* B^2) : *del. Bothe* 453 pedibus *del. Bothe* ambas] *vix* ianuas foris *add. Ritschl* 454, 455 tu *Ital.* : tute *cod.* (? *i.e.* tut') 464 axint *cod.* (*corr.* B^2)

TH. quam ob rem? aut quam subito rem mihi adportas nouam?
TR. et heus, iube illos illinc ambo apscedere.
TH. apscedite. TR. aedis ne attigatis. tangite
uos quoque terram. TH. opsecro hercle, quin eloquere ⟨rem⟩.
TR. quia septem menses sunt quom in hasce aedis pedem
nemo intro tetulit, semel ut emigrauimus.
TH. eloquere, quid ita? TR. circumspicedum, numquis est
sermonem nostrum qui aucupet? TH. tutum probest.
TR. circumspice etiam. TH. nemo est. loquere nunciam.
TR. capitale scelu' factumst. TH. quid est? nón intellego.
TR. scelus, inquam, factum est iam diu, antiquom et uetus.
TH. antiquom? TR. id adeo nos nunc factum inuenimus.
TH. quid istuc †est sceleste†? aut quis id fecit? cedo.
TR. hospes necauit hospitem captum manu;
iste, ut ego opinor, qui has tibi aedis uendidit.
TH. necauit? TR. aurumque ei ademit hospiti
eumque híc defodit hospitem ibidem in aedibus.
TH. quapropter id uos factum suspicamini?
TR. ego dicam, ausculta. út foris cenauerat
tuo' gnatus, postquam rediit a cena domum,
abimus omnes cubitum; condormiuimus:
lucernam forte oblitus fueram exstinguere;
atque ille exclamat derepente maxumum.
TH. quis homo? an gnatus meus? TR. st! tace, ausculta modo.
ait uénisse illum in somnis ad se mortuom.
TH. nempe ergo in somnis? TR. ita. sed ausculta modo.

467 ambo *Scaliger*: amabo *cod.* 468 atigate *cod.*: attigat *codd. Diomedis* 382 469 rem *add. Bothe* 473 sermonum *cod.* (*corr.* B^2) 475 *rhythmus displicet* capitali scedis (capitalis cedes B^2) facta est *cod.*: *corr. Goetz, Schoell* 478 est scelesti *Dissaldeus* (*sed* istuc'st *dubium*): est sceleris *Spengel*: scelesti est (-tist) *Bothe* 479 negauit *cod.* (*corr.* B^2) 480 *vel* opino has tibi *Ital.*: hastibus *cod.* 481 ei *Scioppius*: et *cod.* 482 en *cod.* (*corr.* B^2) (*cf. ad* 394) 484 aut *cod.* (*corr.* B^2) 486 gubitum *cod.* (*corr.* B^2) 489 st *Camerarius*: si *cod.* (sed B^2) (i. 8. D. 27) 490 ad se B^2: adesse *cod.*

ait illum hoc pacto sibi dixisse mortuom—
TH. in somnis? TR. mirum quin uigilanti diceret.
qui abhinc sexaginta annis occisus foret.
interdum inepte stultus es * * * *
TH. taceo. TR. sed ecce quae illi in * *
'ego transmarinus hospes sum Diapontius.
hic habito, haéc mihi dedita est habitatio.
nam me Accheruntem recipere Orcus noluit,
quia praemature uita careo. per fidem
deceptus sum: hospes me hic necauit isque me
defodit insepultum clám [ibidem] in hisce aedibus.
scelestus, auri caussa. nunc tu hinc emigra.
†scelestae hae† sunt aedes, inpia est habitatio.'
quae hic monstra fiunt anno uix possum eloqui.
TH. st, st!
TR. quid, opsecro hercle, factum est? TH. concrepuit foris.
TR. hicin percussit! TH. guttam haud habeo sanguinis,
uiuom me accersunt Accheruntem mortui.
TR. perii! illisce hodie hanc conturbabunt fabulam.
nimi' quam formido ne manufesto hic me opprimat.
TH. quid tute tecum loquere? TR. apscede ab ianua.
fuge, opsecro hercle. TH. quo fugiam? etiam tu fuge.
TR. nihil ego formido, pax mihi est cum mortuis.
INTVS heus, Tranio! TR. non me appellabis si sapis.
nihil ego commerui neque istas percussi fores.

493 quin *Pylades*: qui *cod.* 496 ille inquit B^2 495-6 *lacunam in* P^A (*cf. vv.* 517-8) *sic explevit Schoell*, (495) Theopropides, (496) somnis mortuos 498 habeto P^{CD} (*pro* habeo?) dedita haec mihi est *Bothe, cui hiatus in pausa displicet* 499 nam ine P^{CD} orchus *cod.* 500 hareo *cod.* (*pro* KAREO) (*corr.* B^2) 501 hic me *cod.*: *transp. Guietus* 502 ibidem *del. Bentley* 504 *fort.* scelestaé sunt (*om.* hae) impla *cod.* 505 monitra *cod.* (*corr.* B^2) 506 st st *Gruterus*: setet (sedet P^{CD}) *cod.* (i. 8, p. 27) *Tranioni continuat cod.* 507 TR.] *vel* TH. TH.] *vel* TR. fores *cod.* (*corr.* B^2) 508 TR.] *vel* INTVS hicine *cod.* 509 ad cherunteM (ad acheruntem *B*) *cod.* 510 perii (perī) *Ital.*: per *cod.* 511 opprimant P^{CD} 512 tute tecum *Merula*: te tu cum *cod.* (tu tecum B^2) (*cf.* 551) 513 quor *Bothe* fuges *cod.* 516 quommerui *cod.*

* * * * * quaeso, quid segreges
* * * * * * * * * * * es te agitat, Tranio?
quicum istaec loquere? Tr. an quaeso tu appellaueras?
ita me di amabunt, mortuom illum credidi
expostulare quia percussisses fores.
sed tu, etiamne astas nec quae dico optemperas?
Th. quid faciam? Tr. caue respexis, fuge, [atque] operi caput.
Th. qur non fugis tu? Tr. pax mihi est cum mortuis.
Th. scio. quíd modo igitur? qur tanto opere extimueras?
Tr. nil me curassis, inquam, ego míhi prouidero:
tu, ut occepisti, tantum quantum quis fuge
atque Herculem inuoca. Th. Hercules, ted inuoco.—
Tr. et ego—tibi hodie ut det, senex, magnum malum.
pro di inmortales, opsecro uostram fidem!
quid ego hodie negoti confeci mali.

ACTVS III

Danista Tranio Theopropides III. i

Da. Scelestiorem ego annum argento faenori
numquam ullum uidi quam hic mihi annus optigit.
a mani ad noctem usque in foro dego diem,
locare argenti nemini nummum queo.
Tr. nunc pol ego perii plane in perpetuom modum.

517-8 *lacunam in* P^A (*cf. vv.* 495-6) *sic explevit Leo*, (517) Intvs. quaeso—Tr. caue uerbum faxis. Th. dic quid, (518) sermonem. Tr. apage hinc te. Th. quae res te 520 amabant *cod.* (*corr.* B^2) 523 atque *del. Guietus* 527 fuge *Ital.* : fui *cod.* (fugis B^2) 528 inuoca *Bentley* : inuocabi *cod.* *vel* te (*ita cod.*) 529 utibi hodie ut *cod.* (ut tibi hodie B^2) : *corr. Ital.* 531 mali *Guietus* : malum *cod.* 533 uidi] iud P^{CD} (*pro* uid?) 534 a noctem *cod.* (*pro* annoc., *i.e.* ad noc.) (*corr.* B^2)

danista adest qui dedit * * * *
qui amica est empta quoque * * * * *
manufesta res est, nisi quid occurro prius,
ne | hoc senex resciscat. ibo huic obuiam.
sed quidnam hic sese tam cito recipit domum?
metuo ne de hac re quippiam indaudiuerit.
accedam atque appellabo. ei, quam timeo miser!
nihil est miserius quam animus hominis conscius,
sicut me †habet†. uerum utut res sese habet,
pergam turbare porro: ita haec res postulat.
unde is? TH. conueni illum unde hasce aedis emeram.
TR. numquid dixisti de illo quod dixi tibi?
TH. dixi hercle uero | omnia. TR. ei misero mihi!
metuo ne techinae meae perpetuo perierint.
TH. quid tute tecum? TR. nihil enim. sed dic mihi,
dixtine quaeso? TH. dixi, inquam, ordine omnia.
TR. etiam fatetur de hospite? TH. immo pernegat.
TR. negat * * * * * * quom. TR. cogita:
* * * * * dicam si confessu' sit.
quid nunc faciundum censes? TR. egon quid censeam?
cape, opsecro hercle, cúm eo ⟨tu⟩ una iudicem,
(sed eum uideto ut capias, qui credat mihi)
tam facile uinces quam pirum uolpes comest.
DA. sed Philolachetis seruom éccum Tranium,

537–8 *lacunam in* P^A (*cf. vv.* 554–5) *sic explevit Camerarius*, (537) argentum faenore, (538) opus in sumptus fuit 539 quid *Angelius*: quod *cod.* 540 rescissat *cod.* 542 inaudiuerit *cod.* 543 ei *Taubmann*: et *cod.* 545 me ⟨male⟩ habet *Niemeyer* res [es]se se *cod.* (*corr.* B^2) 548 *vel* illoc dixi B^2: dixit *cod.* 549 ⟨illi⟩ omnia *Pylades* (*immo* ei) ei *Ital.*: et *cod.* (ue B^2) *secuntur vv.* 553, 557–9 *suis locis redeuntes* (*cf. ad* 411) 551 tute *Ital.*: tu *cod.* (*cf.* 512) 552 Dixtin (*ita cod.*) ⟨ei⟩ *Fay* 554 necat P^{CD} 554–5 *lacunam in* P^A (*cf. vv.* 537–8) *sic explevit Leo post Camerarium*, (537) negat scelestus? TH. negitat inquam, (538) non confitetur? TH. dicam 557 (*vid. ad* 549) hercle obsecro cum [m]eo *post v.* 549 tu *addidi* 559 uincis P^{CD}

quì mihi neque faenus neque sortem argenti danunt.
Th. quo té agis? Tr. nec quoquam abeo. né ego sum miser,
scelestus, natus dis inimicis omnibus.
iam illo praesente adibit. ne ego homo sum miser,
ita et hinc et illinc mi exhibent negotium.
sed occupabo adire. Da. hic ad me it, saluo' sum,
spes est de argento. Tr. hílarus est: frustra est homo.
saluere iubeo te, Misargyrides, bene.
Da. salue et tu. quid de argentost? Tr. abi sis, belua.
continuo aduemiens pilum iniecisti mihi.
Da. hic homo inánis est. Tr. hic homo est certe hariolus.
Da. quin tu istas mittis tricas? Tr. quin quid uis cedo.
Da. ubi Philolaches est? Tr. numquam potuisti mihi
magis opportunus aduen⟨ire quam⟩ aduenis.
Da. quid est? Tr. concede huc. ⟨Da. quin mihi faenus red⟩ditur?
Tr. scio té bona esse uoce, ne clama nimis.
Da. ego hercle uero clamo. Tr. ah, gere morem mihi.
Da. quid tibi ego morem uis geram? Tr. abi quaeso hinc domum.
Da. abeam? Tr. redito huc circiter meridie.
Da. reddeturne igitur faenus? Tr. reddet: nunc abi.
Da. quid ego huc recursem aut operam sumam aut conteram?
quid si hic manebo potius ad meridie?
Tr. immo abi domum, uerum hercle dico, abi modo.

562 nec quo quom *cod.* (*corr.* B^2) : *vel* neq. 563 dehis *cod.* 566 me it *Ital.*: meis *cod.* salus *cod.* (*corr.* B^2) 569 quide argentos *cod.* (*corr.* B^2) 571 ⟨Certe⟩ hic *Seyffert* 574 magius (maius P^{CD}) *cod.* (*corr.* B^2 *ut vid.*) 574–6 *lacunam in* P^A (*cf. vv.* 596–8) *suppl. Ital., Ritschl* 576 *accedit A* cl. nim. *Camerarius*: cḷạmaṭ ṃịṃịṣ *A* : *om. P* 577 clamạ(bo) AP^{CD} gere] cherem *P* (*corr.* B^2) 578 ceram *P* (*corr.* B^2) 579 hunc *P* (*corr.* B^2) 580 reddet nunc *Guietus*: reddetur nunc *codd.*: reddeturne (*affirmative*) *Leo* 582 *post* si *discrepabat A* (si man. hic p.?) 583 abi ⟨abi⟩ m. *Ritschl cui* dico | ábi *displicet* modo *P*: ḍomum *A*

* * * faenus * nqu * ⟨mod⟩o,
DA. quin uos mihi faenus date. quid hic nugamini?
TR. eu hércle, ne tu—abi modo, ausculta mihi.
DA. iam hercle ego illunc nominabo. TR. eúgae strenue!
beatus uero es nunc quom clamas. DA. meum peto.
multos me hoc pacto iam dies frustramini.
molestus si sum reddite argentum: abiero.
responsiones omnis hoc uerbo eripis.
TR. sortem accipe. DA. immo faenus, id primum uolo.
TR. quid ais tu, omniúm hominum taeterrume?
uenisti huc te extentatum? agas quod in manumst.
non dat, non debet. DA. non debet? TR. ne[c] frit quidem
ferre hinc potes. an metuis ne quo abeat foras
urbe exsolatum faenoris caussa tui,
quoi sortem accipere iam lice[bi]t? DA. quin non peto
sortem: illuc primum, faenus, reddundum est mihi.
TR. molestus ne sis. nemo dat, age quidlubet.
tu solus, credo, faenore argentum datas.
DA. cedo faenus, redde faenus, faenus reddite.
daturin estis faenus actutum mihi?
datur faenus mi? TR. faenus illic, faenus hic!
nescit quidem nisi faenus fabularier.
ultro te! neque ego taetriorem beluam

584 *om. P* (*propter homoeotel.*): DA. at uolo (*vel* non eo); prius da faenus. TR. i inquam, i modo *supplevit Studemund* 588 puto *P* 591 u. eripit *P* (? *pro* uerbum eripit) 593 quid ais? tun *Brix* hominem (*corr.* B^2) omnium *P* 594 manum est *A*: manust (-u est) *P* 595 nec erit *P*, *A n. l.*: *corr. Ellis* 596–8 *propter lacunam in* P^A (*cf. vv.* 574–6) *desunt in P haec*, (596) metuis ne, (597) atum faenor, (598) accipere iam li 596 hoc *P* 598 orṭẹm *A* licet *Studemund*: *vix* licerit (*ut* 'monero' *apud Pacuvium*) 599, 600 *om. P* (*propter homoeoarch.* ?) 601–46 *inter* 885 *et* 886[a] *delati in P*, *turbatis in hac fabula plurimis foliis* (*excipiunt se vv.* 686–801, 842–83, 802–41, 884, 885, 601–43, 886–1065, 644–85, 1066 *sqq.*); *cf. Seyffert* (*Berl. Phil. Woch.* 12, 194) 601 sit *A* 603 reddideṭe *A* 604 estiis *P* 605 date mihi fenus *P*: datur m. f. (?) *Schoell* 607 ultro te *Seyffert*: uetro (uetero B^2) te *P*: uṇọ . . *A*: unose *Studemund* belum *P* (*corr.* B^2)

uidisse me umquam quemquam quam te censeo.
Da. non edepol tu nunc me istis uerbis territas.
Th. calidum hoc est: etsi procul abest, urit male.
quod illúc est faenus, opsecro, quod illíc petit?
Tr. pater eccum aduenit peregre non multo prius
illius, is tibi et faénus et sortem dabit,
ne inconciliare quid nos porro postules.
uide núm moratur. Da. quin feram, si quid datur.
Th. quid ais tu? Tr. quid uis? Th. quis illic est? quid illíc petit?
quid Philolachetem gnatum compellat ⟨meum⟩
sic et praesenti tibi facit conuicium?
quid illí debetur? Tr. opsecro hercle, ⟨tu⟩ iube
obi⟨cere⟩ argentum ob os inpurae beluae.
Th. iubeam —? Tr. iuben hómini argento os uerberarier?
Da. perfacile ego ictus perpetior argenteos.
Th. quod illúc argentum est? Tr. est—huic debet Philolaches
paullum. Th. quantillum? Tr. quasi — quadraginta minas;
ne sane id multum censeas. Da. paullum id quidem est.
Tr. audin? uidetur⟨ne⟩, opsecro hercle, idoneus
danista qui sit, genu' quod inprobissumum est?
Th. non ego istuc curo qui sit, ⟨quid sit⟩, unde sit:
⟨id⟩, id uolo mihi dici, id me scire expeto.
adeo etiam argenti faenus creditum audio?
Tr. quattuor quadraginta illi debentur minae;

608 quam *om. A* 609 tu nunc me *Schoell*: nunc me tu *P*: ṭunc me *A* 609ª habes turita m. *P* 612 est s. *A* 614–52 *deest A* 616 meum *add. Camerarius* 618 tu *add. Leo, Schoell* iubi *cod.* 619 obicere *Mueller*: obici *Ital.* 620 iuben B^2: iube in *cod.* 622 illud *cod.* 625–8 *post* 621 *collocavit Ritschl, fort. recte* 625 uidetur *cod.*: *corr. Camerarius* 626 qui *Ital.*: quid *cod.* 627 istunc (?) *Leo* quid sit *add. Leo* 628 id *addidi* 629 creditum *Ital.*: credit *cod.* 630 (*cf.* 652ª)

dic te daturum, ut abeat. TH. egon dicam dare? 633
TR. dice. TH. egone? TR. tu ipsus. dic modo, ausculta mihi.
promitte, age inquam: ego iubeo. TH. responde mihi: 635
quid eo est argento factum? TR. saluom est. TH. soluite
uosmet igitur, si saluomst. TR. aedis filius
tuos emit. TH. aedis? TR. aedis. TH. eugae! Philolaches
patrissat: iám homo in mercatura uortitur.
ain tu, aedis? TR. aedis inquam. sed scin quoiusmodi? 640
TH. qui scire possum? TR. uah! TH. quid est? TR. ne me roga.
TH. nam quid ita? TR. speculoclaras, candorem merum.
TH. bene hercle factum. quid, eas quanti destinat?
TR. talentis magnis totidem quot ego et tu sumus.
sed arraboni has dedit quadraginta minas; 645
hinc sumpsit quas ei dedimus. satin intellegis?
nam postquam haec aedes ita erant, ut dixi tibi,
continuo est alias aedis mercatus sibi.
TH. bene hercle factum. DA. heus, iam adpetit meridie. 649-51
TR. apsolue hunc quaeso, uomitu[m] ne hic nos enicet.
quattuor quadraginta illi debentur minae, 652a
et sors et faenus. DA. tantumst, nihilo plus peto. 631
TR. uelim quidem hercle ut uno nummo plus petas. 632
TH. adulescens, mecum rém habe. DA. nempe aps te petam?
TH. petito cras. DA. abeo: sat habeo si cras fero.—
TR. malum quod isti di deaeque omnes duint! 655

634 Dic *cod.* 642 speculo claras *Leo* candorem *Spengel*: canorem *cod.* 644 magnis *Pius*: ⌈a⌉magnis *cod.* (iv. 3; ii. 7) 646 hinc *Pylades*: hic *cod.* quas ei *B*[2]: quasi *cod.* 647 aedis *B*[2]: cedis *cod.* ita erant *Camerarius*: iterant *cod.* (e *pro* ae) 651 meridies *Saracenus* 652 uomitu *Bothe* 652[a] (*cf.* 630) *accedit A* 631, 632 *post* 630 *posuit Ritschl*; *cf. Seyffert* (*Berl. Phil. Woch.* 16. 253) 654 fero] pẹtọ *A* 655 quad *A* de deaque *P* (*corr. B*[2])

ita mea consilia perturbat paenissume.
nullum edepol hodie genus est hominum taetrius
nec minu' bono cum iure quam danisticum.
TH. qua in regione istas aedis emit filius?
TR. ecce autem perii! TH. dicisne hoc quod te rogo?
TR. dicam. sed nomen domini quaero quid siet.
TH. age comminiscere ergo. TR. quid ego nunc agam
nisi ut in uicinum hunc proxumum * *,
eas émisse aedis huiius dicam filium?
calidum hercle esse audiui optumum mendacium.
quidquid di dicunt, id decretumst dicere.
TH. quid igitur? iam commentu's? TR. dí istum perduint—
(immo istunc potius) de uicino hoc proxumo
tuos emit aedis filius. TH. bonan fide?
TR. siquidem tu argentum reddituru's, tum bona,
si redditurus non es, non emit bona.
TH. non in loco emit perbono. TR. immo in optumo.
TH. cupio hercle inspicere hasce aedis. pultadum fores
atque euocá aliquem intus ad te, Tranio.
TR. ecce autem perii! nunc quid dicam nescio.
iterum iam ad unum saxum me fluctus ferunt.
TH. quid nunc? TR. non hercle quid nunc faciam reperio:
manufesto teneor. TH. euocadum aliquem ocius,
roga círcumducat. TR. heus tu, at hic sunt mulieres:
uidendumst primum utrum eae uelintne an non uelint.

656 peruortit *Priscianus* 1, 99; 2, 67 (*A n. l.*) paenissime *testantur Charisius* 189, *Priscianus*: plenissime *P*, *A n. l.* 657 hodie *om. A* 659 qua[re] *A* (iv. 3) 660 *vel* dicin 663 ḍ—rdiem (*vel* -percitem) *A*: mendatium *P* (v, p. 80) 665 audiui esse *P* 668 coṃṃẹṇṭuṣṭ *A* 669 istuc *P* 671 tu] es *P* 673 TH. *del. Seyffert* *vel* perbono? (*interrogative*) TR.] TH. *Seyffert* in *om. P* 675 euoca⟨dum⟩ *Guietus* Tranio] terno *P* 676 perii] iterum *P* 678 Quid nunc *Tranioni continuat P* recerio *P* 679 ocius] foras *P* 681 uelint aut non u. *A*

TH. bonum aequomque oras. i, percontare et roga.
ego hic tantisper, dum exis, te opperiar foris.
TR. di te deaeque ómnes funditus perdant, senex,
ita mea consilia undique oppugnas male.
eugae! optume eccum aédium dominus foras
Simo progreditur ipsus. huc concessero,
dum mi senatum consili in cor conuoco.
igitur tum accedam hunc, quando quid agam inuenero.

ii SIMO TRANIO THEOPROPIDES

SI. Melius anno hoc mihi non fuit domi
nec quod una esca me iuuerit magis.
prandium uxor mihi perbonum dedit,
nunc dormitum iubet me ire: minime.
non mihi forte uisum ilico fuit,
melius quom prandium quam solet dedit:
uoluit in cubiculum abducere me anus.
non bonust somnu' de prandio. apage.
clanculum ex aedibus me edidi foras.
tota turget mihi uxor, scio, domi.
TR. res parata est mala in uesperum huic seni.
nam et cenandum et cubandumst ei male.
SI. quom magis cogito cum meo animo:
si qui' dotatam uxorem atque anum habet,
neminem sollicitat sopor: [in] omnibus

682 oras] rogas *A* (v. 1) i *om. P* 685 mala *P* 686 Fuge *P* (F *pro* E: vi. 1) 687 pr. intus *A* 689 huc AB^2 enuenero *P* (*cf. ad* 394) 691 nequodest caunameruerit magis *P* 692 peranium (-ann-) *P* (*corr.* B^2) 693 mieire *P* (*corr.* B^2) 695 qum *A*: quam *P* solum *P* 697 bonum est somnum *A*: bonus somnus est *P*: *fort.* bonumst somnus 699 scio [nunc] *P* 700 male *A* 701 nam et cenandum ei et cubandum est male *A*: nam et cenandum et cubandum st ni [trahis] male *P* (*fort. ex* TRA. h(ic) s(upple) *in marg. adscripto*; ii. 6; iv. 5): *corr. Ritschl* 703–5 *lacuna in* P^A (*cf. vv.* 723–6) 703 atque anum *om. P spatio relicto* habét anúm (?) *Leo, nam hiatus* anum | habet *displicet* 704 sopor in omnibus *A*: sopo *omissis extremis P* (sopor B^2): s. ibi o. *Ritschl*

ire dormitum odio est, uelut nunc mihi
exsequi certa res est ut abeam
potius hinc ad forum quam domi cubem.
atque pol nescio ut moribus sient
uostrae: haéc sát scio quam me habe[a]t male ⟨et⟩
peiius posthac foré quam fuit mihi.
Tr. abitus tuo' tibi, senex, fecerit male:
nil erit quod deorum nullum accusites;
te ipse iure optumo merito incuses licet.
tempus nunc est senem hunc adloqui mihi.
hoc habet! repperi qui senem ducerem,
quo dolo a me dolorem procul pellerem.
accedam. di te ament plurumum, Simo.
Si. saluos sis, Tranió. Tr. ut uales? Si. non male.
quid agis? Tr. hominem optumum teneo. Si. amice facis
quom me laudas. Tr. decet. Si. certe. quin hercle te hau bonum teneo seruom.
721^a Th. heia! mastigia, ad me redi. Tr. iam isti ero.
Si. quid nunc? quam mox? Tr. quid est? Si. quod solet fieri hic
intu'. Tr. quid id est? Si. scis iam quid loquar. sic decet.

705 ḍom(itu)m *A* uelut nunc mihi] ue *P*, *omissis quae secuntur* 709 uos(tra) *A* ⟨at⟩ haec *Hermann* me *om.* B^1 (*A n. l*) habet *Bothe* (*A n. l.*) et *addidi* (*A n. l.*) 711 ⟨si⟩ ab. *Camerarius* 712 *vix* deûm ullum AB^2 713 eiure *A* incusses *A*: incusis *P* (*corr.* B^2) 714 adloquimini *P*; *versum repetit A post* 715 *sic*: (tempu)s nunc ẹst mịḥị ḥụnc adloqui senem (*var. lect* ? ii. 6) 715 ducerem] c̣ịr(cumd)ucerem *A* 716 *om. A* (*v. ad* 714) quod *cod.* (*corr.* B^2) 718 ut uales *Simoni continuat A* (*i. e.* Tr. non m. Si. Quid a.) 719 uamice *P* (ua amice B^2, *i. e.* uah! amice) (u *pro nota personae*; *cf. ad v.* 750) 720, 721 c̣ẹṛṭẹ quịṇ m— (? *i. e.* mehercle) | Hauḍ bonuṃ *A*: certe si hercle te [habeo] hau | Bonum (habeo hau *del.* B^2) *P* 721^a iam] eam *P*, *A n. l.* 722 num *A* quid ịṣ ẹṣṭ *A* dic B^2 723-4 *lacuna in* P^A (*cf. vv.* 703-5) 723 quid id est *et* loquar sic decet *hab. P* (*cett. desunt*) Intus. scis iam—Tr. quid est? Si. quid l. *Leo*

* * * morem geras.
uita quam sit breuis simul cogita.
TR. quid? ehem,
uix tandem percepi super his rebus nostris te loqui.
SI. musice hercle agitis aetatem, ita ut uos decet,
uino et uictu, piscatu probo, electili
uitam colitís. TR. immo uita antehac erat:
nunc nobis com[mun]ia haec exciderunt, ⟨Simo.⟩
SI. quidum? TR. ita oppido occidimus omnés, Simo.
SI. non taces? prospere uobis cuncta usque adhuc
processerunt. TR. ita ut dicis facta hau nego.
nos profecto probe ut uoluimus uiximus.
sed, Simo, ita nunc uentus nauem ⟨nostram⟩ deseruit—SI. quid est?
quo modo? TR. pessumo. SI. quaen subducta erat
tuto in terra? TR. ei! SI. quid est? TR. me miserum, occidi!
SI. qui? TR. quia uenit nauis nostrae naui quae frangat ratem.
SI. uelim ut tu uelles, Tranio. sed quid est negoti? TR. éloquar.
eru' peregre uénit. SI. tunc * * portenditur,
ind' ferriterium, postea ⟨crux. TR. per tua te g⟩enua opsecro,

724–58 *deest A* 725 *vix* quamst (*ut trimeter fiat*) breui P^{CD} 727 percipio *cod. Festi* 305 730 probo, piscatu *Gulielmius* 731 ⟨uos⟩ colitis *Spengel*, ⟨quom⟩ c. *Redslob*, *ut integer tetrameter fiat* uit (ut B^2) ant. *cod.* : ita ant. *Seyffert* 732 comia *scripsi* (v. 8): omnia *Camerarius* Simo *addidi* (iii. 2) 733 *vix* quidum itá? TR., *ut integer tetram. fiat* 737 nostram *add. Camerarius* 738 quaene *Pylades*: quae nec *cod.* 740 ratem] trabes *Lorenz* 741 uellem *Muretus*: uelim *cod.* trannios est (*om.* ed quid) *cod.* (*corr.* B^2) negotist *Brix* 741–3 *lacuna in* P^A (*cf. vv.* 763–5) 742 portenditur *Ussing*: cor tenditur *cod.* 743 *supplevit Ussing*

ne indicium ero facias meo. Si. e me, ne quid metuas, nihil sciet.
Tr. patrone, salue. Si. nil moror mi istiusmodi clientes.

Tr. nunc hoc quod ad te noster me misit senex—
Si. hoc mihi responde primum quod ego te rogo:
iam de istis rebus uoster quid sensit senex?
Tr. nil quicquam. Si. numquid increpitauit filium?
Tr. tam liquidust quam liquida esse tempestas solet.
nunc te hoc orare iussit opere maxumo,
ut sibi liceret inspicere hasce aedis tuas.
Si. non sunt uenales. Tr. scio equidem istuc. sed senex
gynaeceum aedificare uolt hic in suis
et balineas et ambulacrum et porticum.
Si. quid ergo somniauit? Tr. ego dicam tibi.
dare uolt uxorem filio quantum potest,
ad eam rem facere uolt nouom gynaeceum.
nam sibi laudauisse hasce ait architectonem
nescioquem exaedificatas insanum bene;
nunc hinc exemplum capere uolt, nisi tu neuis.
nam ille eo maiore hinc opere ex te exemplum petit,
quia isti úmbram aestate tíbi esse audiuit perbonam
sub diuo columine usque perpetuom diem.
Si. immo edepol uero, quom usquequaque umbra est, tamen
sol semper hic est usque a mani ad uesperum:

744, 745 sciat *cod.* (*corr.* B^2) 747 me[me] mis. *cod.* (*corr.* B^2) 750 num] unum *cod.* (u- *pro nota personae; cf. ad* 719) increpauit *B* 757 quid ergo somniauit *Leo*: quid consomniauit *cod.* (con- *pro* $\overset{o}{g}$, *i.e.* ergo) 759 *accedit A* 760 laudasse *P* (aiṭ haṣ *A* 761 ex. [esse] *A*: esse (*om.* P^{CD}) aedificatas *P*: *corr. Studemund* has sane bene *P* 763–5 *lacuna in* P^A (*cf. vv.* 742–3) 763 malo (*om.* re hinc) opere *P* 764 quia hic (*om.* u. aud.) esse aestate perbonam *P* 765 subdiu (*pro* dio?) *P*, *A n. l.*: sub sudo *Studemund* (*ex A*), *Funck* (*Arch. Lat. Lex.* 10, 344), *fort. recte* col- (*om.* umine usque) *P* 766 eṣ *A* 767 huc (*om.* est) *A*

quasi flagitator astat usque ad ostium,
nec mi umbra hic usquamst nisi si in puteo quaepiamst.
TR. quid? Sarsinatis ecqua est, si Vmbram non habes?
SI. molestus ne sis. haec sunt sicut praedico.
TR. at tamen inspicere uolt. SI. inspiciat, si lubet;
si quid erit quod illi placeat, de exemplo meo
ipse aedificato. TR. eon, uoco huc hominem? SI. i, uoca

TR. Alexándrum magnum atque Agathoclem aiunt maxumas
duo rés gessisse: quid mihi fiet tertio,
qui solus facio facinora inmortalia?
uehit hic clitellas, uehit hic autem alter senex.
nouicium mihi quaestum institui non malum:
nam muliones mulos clitellarios
habent, at ego habeo homines clitellarios.
magni sunt oneris: quidquid imponas uehunt.

nunc hunc hau scio an conloquar. congrediar.
heus Theopropides! TH. hem quís hic nominat me?
TR. ero seruo' multis modis fidus. TH. unde is?
TR. quod me miseras, adfero omne impetratum.
TH. quid illi, opsecro, tam diu destitisti?
TR. seni non erat otium, id sum opperitus.
TH. antiquom optines hoc tuom, tardus ut sis.
TR. heus tu, si uoles uerbum hoc cogitare,
simul flare sorbereque hau factu facilest.

769 hic *om.* P 770 arsinatiṣ A ecquam P 774 i *om.* P 778 hic *pr. om.* P (*add.* B^2) 781 at *om.* P 783 hunc *om.* P (iii. 1) (*add.* B^2) [con] conl. *intercedente spatio* P (*corr.* B^2) congredibor *Weise, ut integer tetrameter fiat* 784–5 *lacuna in* P^A (? *cf.* *vv.* 802–3) 784 hem ⟨nam⟩ *Bugge* quis hic *om.* P (quis *add.* B^2) 785 multum suo (*ceteris omissis*) P (*add.* fidelis B^2), *unde* multimodis (*ita* A) suo f. *Ritschl* fidus *Ritschl*: filius A 786 quŏd] quo AP^{CD} 787 *vel* illic (*ita codd.*) 788 otium erat P 789 sies A 790 *vix* illoc (*ut integer tetrameter fiat*)

ego hic esse et illi simitu hau potui.
TH. quid nunc? TR. uise, specta tuo usque arbitratu.
TH. age ⟨i⟩, duce me. TR. num moror? TH. supsequor te.
TR. senex ipsus te ante ostium eccum opperitur.
sed ut maestust sese hasce uendidisse!
TH. quid tandem? TR. orat ut suadeam Philolacheti
ut istas remittat sibí. TH. haud opinor.
sibi quisque ruri metit. si male emptae
forent, nobis istas redhibere hau liceret.
lucri quidquid est, id domum trahere oportet.
misericordia s * hominem oportet.
TR. morare hercle, * facis. supsequere. TH. fiat.
do tibi ego operam. TR. senex illic est. em, tibi adduxi hominem.
SI. saluom te aduenisse peregre gaudeo, Theopropides.
TH. di te ament. SI. inspicere te aedis has uelle aiebat mihi.
TH. nisi tibi est incommodum. SI. immo commodum. i intro atque inspice.
TH. at enim mulieres—SI. caue tu ullam flocci faxis mulierem.
qualubet perambula aedis oppido tamquam tuas.
TH. 'tamquam'? TR. áh, caue tu illi obiectes nunc in aegritudine

792 *vel* illic (*ita codd.*) simul (simulet P^{CD}) *P* pote fui *Sonnenschein, ut integer tetrameter fiat* 793 quid nun [uis] *A* uiṣa *A* usque *om. P* 794 i *add. Weise* duc *codd.* nom *A* : nunc *P* 795 eccum] illud *A* (*pro* illi?) 796 ut *om. P* se *P* *fort. integer tetrameter* sed ut maestus est (*ita codd*) sese hasc' uenum dedisse 797–825 *deest A* 798 *vel* opino haud ⟨faciam⟩ o. *Ussing* 800 placeret P^{CD} 802–3 *lacunam in* P^{A} (*cf. vv.* 784–5) *sic explere licet*: (802) supersedere *vel* se abstinere (*Leo*), (803) odiose (*Leo*) *vel* sic cum 804 hominem, ⟨Simo⟩ *Schoell* (iii. 2) (*septenar.*) 806 inspiceren te (inspicerent P^{CD}, inspicere te B^2) aedes [te] *cod.* : *corr. Pareus* : inspicere iste aedis te *Lorenz* belle *cod.* 807 incommodum est *cod.* : *trai. Bentley* 808 illam *B*

te has emisse. non tu uides hunc uoltu uti tristi est senex?
TH. uideo. TR. ergo inridere ne uideare et gestire admodum;
noli facere mentionem ted emisse. TH. intellego
et bene monitum duco, atque esse existumo humani ingeni.
quid nunc? SI. quin tu is intro atque otiose perspecta ut lubet.
TH. bene benigneque arbitror te facere. SI. factum edepol uolo.
[uin qui perductet? TH. apage istum perductorem, non placet.
quidquid est, errabo potius quam perductet quispiam.]
TR. uiden uestibulum ante aedis hoc et ambulacrum, quoiusmodi?
TH. luculentum edepol profecto. TR. age specta postis, quoiusmodi,
quanta firmitate facti et quanta crassitudine.
TH. non uideor uidisse postis pulchriores. SI. pol mihi
eo pretio empti fuerant olim. TR. aúdin 'fuerant' dicere?
uix uidetur continere lacrumas. TH. quanti hosce emeras?
SI. tris minas pro istis duobus praeter uecturam dedi.
TH. hercle qui multum inprobiores sunt quam a primo credidi.
TR. quapropter? TH. quia edepol ambo ab infumo tarmes secat.
TR. intempestiuos excissos credo, id is uitium nocet.
atque etiam nunc sati' boni sunt, si sunt inducti pice;

812 et *om. B* 813 te (*ita cod.*) ⟨has⟩ *Guietus* 814 esse *Merula*: se *cod.* (te B^2) ingenio *cod.* 816 benigneque *Camerarius*: benique *cod.* 816^{ab} (*cf.* 843 *sqq.*) *adiectos a retractatore ut vv.* 817–47 *in actione omitterentur secl. Seyffert* 816^{b} Quid *cod.* (*cf.* 846) 817 amplacrum *cod.* (*pro* ambłacrum, *i. e.* ambul-) (*corr.* B^2) 821 audin fuerant *Ital.*: aut infuerat *cod.* (auden fuerant B^2) 823 duobus *Merula*: diebus *cod.* 824 multo *Ital.*, *fort. recte* (i. 3) 825 tarmes secat *Scaliger*: tramisecat *cod.* (tramis secat B^2, *fort. recte*) 826 *accedit A* intempestius *A* docet *A*

non enim haec pultiphagus opifex opera fecit barbarus.
uiden coagménta in foribus? TH. uideo. TR. specta quam arte dormiunt.
TH. dormiunt? TR. illud quidem 'ut coniuent' uolui dicere.
satin habes? TH. ut quidquid magi' contemplo, tanto magi' placet.
TR. uiden pictum, ubi ludificat una cornix uolturios duos?
TH. non edepol uideo. TR. at ego uideo. nam inter uolturios duos
cornix astat, ea uolturios duo uicissim uellicat.
quaeso huc ad me specta, cornicem ut conspicere possies.
iam uides? TH. profecto nullam equidem illic cornicem intuor.
TR. at tu isto ad uos optuere, quoniam cornicem nequis
conspicari, si uolturios forte possis contui.
TH. omnino, ut te apsoluam, nullam pictam conspicio hic auem.
TR. age, iam mitto, ignosco: aetate non quis optuerier.
TH. haec, quae possum, ea mihi profecto cuncta uehementer placent.
SI. latiu' demumst operae pretium iuisse. TH. recte edepol mones.
SI. eho istum, puere, circumduce hasce aedis et conclauia.
nam egomet ductarem, nisi mi esset apud forum negotium.
TH. apage istum a me perductorem, nil moror ductarier.
quidquid est, errabo potius quam perductet quispiam.
SI. aedis dico. TH. ergo intro eo igitur sine perductore. SI. ilicet.

828 pultufagis *A* 829 dormunt *P* (*corr. B*²) 831 *vel* mage . . . mage contemplor *codd.* 832, 833 *vel* duo 832 ludificatur *codd.* c. una *P* 833 *om. P* (iii. 11) uideor nam *cod.* 834 uellitat *P* (*corr. B*²) 836 *vel* illi cornicum *A* 842 erecte *P* (*corr. B*²) (e- *pro nota personae*? *cf. v.* 849) 843 hos *A* 844 ad *P* 845–7 *lacuna in P*ᴬ (*cf. vv.* 864–7) 845 a *om. P* perductorem *om. P* 846, 847 er. p. quam *om. P* (*cf.* 816ᵇ) 848 adis *P*

TH. ibo intro igitur. TR. mane sis uideam, ne canes— TH. agedum uide.
TR. st! abi, cánes. st! abin diérecta? abin hinc in malam crucem?
at etiam restas? st! abi istinc. SI. nil pericli est, age *
tam placidast quam feta quaeuis. eire intro audacter licet.
eo ego hinc ad forum.—TH. fecisti commode, bene ambula.
Tranio, | age, canem | istanc a foribus abducant face,
etsi non metuenda est. TR. quin tu illam aspice ut placide accubat;
nisi molestum uis uideri te atque ignauom. TH. iam ut lubet.
sequere hac me igitur.—TR. equidem haud usquam a pedibus apscedam tuis. —

ACTVS IV

IV. i PHANISCVS

Serui qui quom culpa carent tamen malum métuont,
i solent esse eris utibiles.
nam illi qui nil metuont postquam sunt malum meriti,
stulta sibi expetunt consilia:
exercent sese ad cursuram, fugiunt, sed i si reprehensi sunt,
faciunt a malo, peculio quod nequeunt, augent,

849 igitur [est] *P* (*corr.* B^2) (est *pro* E, *nota personae*? *cf. v.* 842) uide] unde *P* 850 est—est *codd.* caniِ est *A* (*pro* canest?) abi d. *P* dierecte P^{CD}, *A n. l.* [est] abin *P* (in *om.* P^{CD}) (*corr.* B^2) 851 st] est *P* (*om.* B^2), *A n. l.* *vix* periculi age ⟨modo⟩ *Weise* (*A n. l.*) 852 quauis *P*: quamuis *Leo* 853 eo (ec P^{CD}) ego *P*: ego abeo *A* 854 tranioagec—us . . . . face *A* abducat *P*: ⟨aliquis⟩ abd. *Weise* 855 ill(a) *A* 858–9 *cf. Men.* 983[a b] 858 carint *P* 859–90 *deest A* 860 *fort.* malum postquam sunt meriti, *ut fiat versus Reizianus* 862 fugiunt *del. ut glossam Bothe* 863 a *del. Bothe fort. recte*: de *Gulielmius*

ex pauxillo * de parant.
mihi in pectore consili * * * * malam rem
prius quam ut meum.
ut adhuc fuit mi, corium esse oportet,
sincerum atque uti uotem uerberari.
si huïc imperabo, probe tectum habebo,
malum quom impluit ceteris, ne impluat mi.
nam, ut serui uolunt esse erum, ita solet.
boni sunt, ⟨bonust⟩; inprobi sunt, malus fit.
nam nunc domi nóstrae tot pessumi uíuont,
peculi sui prodigi, plagigeruli.
ubi aduorsum ut eant uoc⟨it⟩antur ero:
'non eo, molestu' ne sis.
scio quod properas: gestis aliquo; iam hercle ire uis, mula, foras pastum.'
bene merens hoc preti inde apstuli. abii foras.
solus nunc eo aduorsum ero ex plurumis seruis.
hoc die crastini quóm erus resciuerit,
mane castigabit eos bubulis exuuiis.
postremo minoris pendo tergum illorum quam meum:
illi erunt bucaedae multo potius quam ego sim restio.

864–6 *lacunam in* P^{A} (*cf. vv.* 845–7) *sic expleas licet* (864, 865) mox grande *vel* thensaurum inde, (866) consiliumst in tergum alienum inferre *vel* consilium sedet cauere 864, 865 pauxil *cod.* (-illo B^{2}) 867 ut] *fort.* in 868 *vel sic distingue* fuit, mi co. 869 *fort.* ⟨ita⟩ uti (*duo cola Reiziana*): ut *cod.* (*vix trimeter bacch.*, *nam* uotĕm *obstat*) uerberare *cod.* (*pro* -rei ?) 870 ⟨id⟩ si *Leo vel* huic (*duo cola Reiziana*) 871 ceteros *cod.* (*corr.* B^{2}) 873 boni sunt bonust *Bergk*: bonis sum *cod.* improbis sunt (sum B^{1}) *cod.* fit *Gruterus*: fuit *cod.* 876 uocitantur *Hermann*: uocantur *cod.* (-atur B^{1}) 877 *vel* molestus (*troch. dim.*) *vel* sies (*iamb. dim. acat.*) 878 quŏd] quo *Merula* erde P^{CD} (d *pro* cl; vi. 1) iueris *Skutsch*, *nam* ire uĭs (ir' uīs ?) *suspectum* 879 preti inde abstuli abii *Camerarius*, *Hermann*, *Bothe*: precium unde abstultabi *cod.* 880 *fort.* ⟨égo⟩ eo . . . eró (*vers. Reizianus*) 881 di *cod.* (*corr.* B^{2}) 882 *fort.* concastigabit mane eos b. e. (*vers. Reizianus*) 883 pen ergum *spatio intercedente cod.* (*suppl.* B^{2})

ii PINACIVM PHANISCVS

PI. Mane tu atque adsiste ilico, 885
Phanisce. etiam respicis?
PHA. mihi molestus ne sies. 886a
PI. uide ut fastidit simia!
manesne ilico, inpure parasite? 887a
PHA. qui parasitus sum? PI. ego enim dicam: cibo perduci poteris quouis.
PHA. mihi sum, lubet esse. quid id curas?
PI. ferocem facis, quia te erus amat. PHA. uah! 890
oculi dolent. PI. qur? PHA. quia fumu' molestust.
PI. tace sis, faber, qui cudere soles plúmbeos númmos.
PHA. non ⟨pol⟩ potes tu cogere me ut tibi male dicam.
nouit erus me. PI. suam quidem [pol] culcitulam oportet. 894-5
PHA. si sobriu' sis, male non dicas. PI. tibi optemperem, quom tu mihi nequeas?
at tu mecum, pessume, ito aduorsus. PHA. quaeso hercle apstine
iam sermonem de istis rebus. PI. faciam et pultabo fores.
heus, ecquis hic est, maxumam qui his iniuriam
foribus defendat? ecquis has aperit fores? 900
homo nemo hinc quidem foras exit.
ut esse addecet nequam homines, ita sunt. sed eo magi' cauto est opu' ne huc
exeat qui male me mulcet.

886 respices (respice *B*) *ut vid. cod.* (*i. e.* -is?) 888 poteres *cod.* (*vix pro* -re *passive*) 889 *post* 887 *cod.*: *trai. Acidalius* mihi *Ital.*: milis *cod.* 890 erus *Leo*: eratus *cod.*: erus tuus *Studemund, unde fit bacch. tetrameter acatal.* uha *cod.* 891 *accedit A*; *usque ad* 922 *pauca leguntur* 893 pol *add. Ritschl* (*cf. v.* 894) (*A n. l.*) 894 pol *del. Schoell, ut vers. Reizianus fiat* (*A n. l.*) 896 neque eas *P*, *A n. l.* 897 pessimi tu *P* 899 his qui in. *Guietus* (*iamb. senar.*): *fort.* in. qui his (*vers. Reiz.*) 900 ecquis—fores] [hec quis] ec quis huc exit (at aperit) atque aperit *P* (*pro* ecquis huc exit foras?) 901 homo *om. P* 902 *vel* mage 903 me *om. A ut vid.*

THEOPROPIDES TRANIO III.iii

TR. Quid tibi uisum est mercimoni? TH. ⟨totus,⟩ totus gaudeo.
TR. num nimio emptae tibi uidentur? TH. nusquam edepol ego me scio
uidisse umquam abiectas aedis nisi modo hasce. TR. ecquid placent?
TH. ecquid placeant me rogas? immo hercle uero perplacent.
TR. quoiusmodi gynaeceum? quid porticum? TH. insanum bonam.
non equidem ullam in publico esse maiorem hac existumo.
TR. quin ego ipse et Philolaches in publico omnis porticus
sumu' commensi. TH. quid igitur? TR. longe omnium longissuma est.
TH. di inmortales, mercimoni lepidi! ⟨si⟩ hercle nunc ferat
sex talenta magna argenti pro istis praesentaria,
numquam accipiam. TR. si hercle accipere cupies, ego numquam sinam.
TH. bene res nostra conlocata est istoc mercimonio.
TR. me suasore atque impulsore id factum audacter dicito,
qui subegi faenore argentum ab danista ut sumeret,
quod isti dedimus arraboni. TH. seruauisti omnem ratem.
nempe octoginta debentur huic minae? TR. hau nummo amplius.
TH. hodie accipiat. TR. ita enim uero, ne qua caussa supsiet.

904 totus *add. Gruterus* : *fort.* ⟨omnis⟩ (*Harv. Stud.* 9, 130) *vel* ⟨quid mihi ?⟩ 905 nusquam *Schoell*: numquam *P*, *A n. l.* ego *om. A* scito *P* 906 ablectas *P*, *A n. l.* 907 ec. placent *P*, *A n. l.* 912 si *add. Camerarius* (*A n. l.*) 914 accipiem *P*, *A n. l.* (*vix antiqua forma*) hercle *Ital.* : ere te *P*, *A n. l.* cupias *Camerarius* (*A n. l.*) 918 quid *A*

uel mihi denumerato, ego illi porro denumerauero.
TH. at enim ne quid captioni mihi sit, si dederim tibi.
TR. egone te ioculo modo ausim dicto aut facto fallere?
TH. egone aps te ausim non cauere, ni quid committam tibi?
TR. quia tibi umquam quicquam, postquam tuo' sum, uerborum dedi?
TH. ego enim caui recte: eam dis gratiam atque animo meo!
sat sapio si aps te modo uno caueo. TR. tecum sentio.
TH. nunc abi rús, dic me aduenisse filio. TR. faciam ut iubes.
TH. curriculo iube in urbem ueniat iam simul tecum. TR. licet.
nunc ego me illac per posticum ad congerrones conferam.
dicam ut hic res sint quietae atque hunc ut hinc amouerim.—

IV. ii PHANISCVS THEOPROPIDES PINACIVM

PHA. Hic quidem néque conuiuarum sonitus itidém ut antehac fuit,
neque tibicinam cantantem neque alium quemquam audio.
TH. quaé illaec res est? quid illisce homines quaerunt apud aedis meas?
quid uolunt? quid intro spectant? PHA. pergam pultare ostium.
heus, reclude, heus, Tranio, etiamne aperis? TH. quaé haec est fabula?
PHA. etiamne aperis? Callidamati nostro aduorsum uenimus.

922 captionis *Geppert* sit B^2: sed *P*, *A n. l.* 923 ịọc̣ọ *A* 925 quid *Bothe* tibin *Schrader* 926 dehis *P* (*cf.* 563 dehis *pro* dis): bis (*vel* dis) *A* (*Class. Rev.* 10, 333) eam ambis gr.? *Schoell*: eam mihi des gr. *Leo* 928 abi ,[i] *P* ut uoles *P* (? *pro* uti ubes) 929, 930 [ubi] iube *P* (iv. 3) 932 hic] hinc *A*, *fort. recte* quaesitae *A* ut hunc hinc *P* (*pro* uti h. h.?) 933 *rhythmus suspectus* item *Bothe* *vel* uti 935 meas] mē (mem P^{CD}) *P* (*corr.* B^2) (*i. e.* meas) 936 pultari *P* (*corr.* B^2) 937 etiam *P* (*om.* -ne)

TH. heus uos, pueri, quid istic agitis? quid istas aedis frangitis?
PI. heus senex, quid tu percontare ad te quod nihil attinet?
TH. nihil ad me attinet? PI. nisi forte factu's praefectus nouos,
qui res alienas procures, quaeras, uideas, audias.
TH. non sunt istae aedes ubi statis. PI. quid ais? an iam uendidit
aedis Philolaches? aut quidem iste nos defrustratur senex.
TH. uera dico. sed quid uobis est negoti hic? PHA. eloquar.
erus hic noster potat. TH. erus hic uoster potat? PHA. ita loquor.
TH. puere, nimium delicatu's. PI. ei aduorsum uenimus.
TH. quoí hominí? PI. ero nostro. quaeso, quotiens dicendumst tibi?
TH. puere, nemo hic habitat. nam te esse arbitror puerum probum.
PHA. non hic Philolaches adulescens habitat hisce in aedibus?
TH. habitauit, uerum emigrauit iam diu ex hisce aedibus.
PHA. senex hic elleborosust certe. érras peruorse, pater.
nam nisi hinc hodie emigrauit aut heri, certo scio
hic habitare. TH. quin sex menses iam hic nemo habitat. PI. somnias.
TH. egone? PI. tu. TH. tu ne molestu's. sine me cum puero loqui.
nemo habitat. PHA. habitat profecto, nám heri et nudius tertius,

940–5 *om. P* 940 quae n. attinent (*etiam* 941 attinent) *Schoell* (*ex A*) 943 *vix* non (*i.e.* nonne) s. ⟨méae⟩ i. : meae sunt i. *Schoell* (*A vix legitur*) 944 quid *Schoell* 947 [a]delicatus *P* : delicatum *A* *vel* PHA. 948 *vel* quoii 949 hic nemo *P* 950 *vel* PI. in *om. P* 951 *om. P* (iii. 11) 952 PHA.] *vel* PI. (*et infra* PHA. erras) cerebrosus est *P* 953 hic *P* 955 molestus (*sc.* sis) *alii* 956 haeitat pr. *ut vid. P* (E *pro* B ; *vix pro* habet *corr.* habitat)

quartus, quintus, sextus, usque postquam hinc peregri eiius pater
abiit, numquam hic triduom unum desitum est potarier.
TH. quid ais? PHA. triduom unum est haud intermissum hic esse et bibi,
scorta duci, pergraecari, fidicinas, tibicinas
ducere. TH. quis istaec faciebat? PHA. Philolaches. TH. qui Philolaches?
PHA. quoiiu' patrem Theopropidem esse opinor. TH. ei ⟨ei⟩, occidi,
si haec hic uera memorat! pergam porro percontarier.
ain tu istic potare solitum Philolachem istum, quisquis est,
cúm ero uostro? PHA. aio, inquam. TH. puere, praeter speciem stultus es.
uide sis ne forte ad merendam quopiam deuorteris
atque ibi ampliuscule quam sati' fuerít biberis. PHA. quid est?
TH. ita dico, ne ad alias aedis perperam deueneris.
PHA. scio qua me eire oportet et quo uenerim noui locum.
Philolaches hic habitat, quoiius est pater Theopropides.
qui, postquam pater ad mercatum hinc abiit, hic tibicinam
liberauit. TH. Philolachesne ergo? PHA. ita, Philematium quidem.
TH. quanti? PHA. triginta—TH. talentis? PHA. μὰ τὸν Ἀπόλλω, sed minis.
TH. liberauit? PHA. liberauit ualide, triginta minis. 973ª

957 hinc *om.* *A* peregrei *A* : -gre *P* 958 triduom munum (unum B^2) desitum (*add.* est B^2) esse et bibi est (bibisse *ut vid.* B^1, bibi B^2) *P* (*cf.* 959) 959 agis *P* (*corr.* B^2) essi *Lambinus* 961 conduci *Ritschl*: ducier *Lambinus* 962 quoi *P* *vel* opino et *P*: ei ⟨ei⟩ *Gruterus*: ei ⟨mihi⟩ *Camerarius* 964 istuc portare *P* silitum *A* 965 uostra *P* (*corr.* B^2) aio *A*: haec (hec) *P*: hic *Ital.* 967 ampliuscule *Leo*: amplius *A*: melius cui *P* 968 ab *P* (*corr.* B^2) neueneris *P* 969 eire] et re *P* (ire B^2) locum] loqui *P* (*pro* loci?) 971 m. ab. hinc (*om.* hic) *P* (iii. 1) 972 -ne *om.* *P* 973 sed] sex *P* 973ª *om.* *P* (iii. 11)

TH. ain minis triginta amicam destinatam Philolachem—?
PHA. aiio. TH. atque eam manu emisisse? PHA. aiio. TH. et, postquam eius hinc pater
sit profectus peregre, perpotasse adsiduo, ác simul
tuo cum domino? PHA. aiio. TH. quid? is aedis emit has hinc proxumas?
PHA. non aiio. TH. quadraginta etiam dedit huic quae essent pignori?
PHA. neque istuc aiio. TH. ei! perdis. PHA. immo suom patrem illic perdidit.
TH. uera cantas. PHA. uana uellem. patris amicu's uidelicet.
TH. eu edepol patrem eiius miserum praedicas! PHA. nihil hoc quidem est,
triginta minae, prae quam alios dapsilis sumptus facit.
TH. perdidit patrem. PHA. unus istic seruos est sacerrumus,
Tranio: is uel Herculi †conterere quaestum potest†.
edepol ne me eius patris misere miseret, qui quom istaec sciet
facta ita, amburet ei misero corculum carbunculus.
TH. si quidem istaec uera sunt. PHA. quid merear quam ob rem mentiar?
PI. heus uos, ecquis hasce áperit? PHA. quid istas pultas ubi nemo intus est?
alio credo comissatum abiisse. abeamus nunciam—

974 destinatum *P* Philolachi *Gulielmius* (*immo* -ae) 975 eiius *A* 976 *vel* perpotauisse ac simul *om. P* 977 *vel sic distingue* quid is? aed. has hinc] hic *P* 978 huc *P* (*corr.* *B*[2]) qui *A* est *P* 979 n. illud *B*, *A n. l.* 981 *vel* heu eiius] meum (eum *C*) *P* 982 preter quam *P* dapsillies *P* 983 *vel* isti se. est sa.] seruos si (*pro* seruolust?) acerrimus *P* 984 *vix* quaesitum pote siet *Ellis*: possiet *Camerarius* 985 ne *om. P* (iii. 1) misere *om. P* (iii. 1) 986 ita] isṭa [esse] *A* (e)i miseṛi *A*: misero ei *P* 988 e. aperit has *A* (? *pro* ecqui a. has) ista *P* est] st *P* (*pro* sit?) 989 abemus *P* (*corr.* *B*[2])

Th. puere—⟨Pha.⟩ átque porro quaeritemus. sequere hac me. ⟨Pi. sequor⟩.
Th. puere, iamne abis? Pha. libertas paenulast tergo tuo:
mihi, nisi ut erum metuam et curem, nihil est qui tergum tegam.—

iii THEOPROPIDES SIMO

Th. Perii hercle! quid opust uerbis? ut uerba audio,
non equidem in Aegyptum hinc modo uectus fui,
sed etiam in terras solas orasque ultumas
sum circumuectus, ita ubi nunc sim nescio.
uerum iam scibo, nam eccum unde aedis filius
meus emit. quid agis tu? Si. a foro incedo domum.
Th. numquid processit ad forum] hodie noui?
Si. etiam. Th. quid tandem? Si. uidi ecferri mortuom. Th. hem!
Si. nouom unum uidi mortuom ecferri foras.
modo eum uixisse aiebant. Th. uae capiti tuo!
Si. quid tu otiosus res nouas requiritas?
Th. quia hodie adueni peregre. Si. promisi foras,
ad cenam ne me te uocare censeas.
Th. hau postulo edepol. Si. uerum cras, nisi ⟨qui⟩ prius
uocauerit—me, uel apud te cenauero.
Th. ne istuc quidem edepol postulo. nisi quid magis
es occupatus, operam mihi da. Si. maxume.

990 *om. P* (*propter homoeoarch.*?) puere *del. Leo, ut ex v. sq. anticipatum* (iv. 3) porro *Goetz*: puero *cod.* Pi. sequor *add. Ussing* 992 erum ut *P* tergum tergam *A* 993–1013 *deficit A, nisi quod hic illic paucissima servata* 993 uerba *Camerarius*: uerbera *cod.* (v. 8) 996 circum uentus *cod.*: *corr. Merula* 998 agis *Aldus*: ais *cod.* 999 ⟨hic⟩ ho. *Ritschl* 1002 uae B^2: tuae *cod.* 1003 tu *Merula*: tu [ut] *cod.* (iv. 3) 1005 te *Ital.*: tue *cod.* (iv. 3) 1006 quis *add. Camerarius* 1008 iste *P* (*corr.* B^2) 1009 es *om. A*

1010 TH. minas quadraginta accepisti, quod sciam,
a Philolachete? SI. numquam nummum, quod sciam.
TH. quid, a Tránione seruo? SI. ⟨nimi'⟩ multo id minus.
TH. quas arraboni tibi dedit? SI. quid somnias?
TH. egone? at quidem tu, qui istoc speras te modo
1015 potesse dissimulando infectum hoc reddere.
SI. quid autem? TH. quod me apsente hic tecum filius
negoti gessit. SI. mecum ut ille hic gesserit,
1018-20 dum tu hinc abes, negoti? quidnam aut quo die?
TH. minas tibi octoginta argenti debeo.
SI. non mihi quidem hercle. uerum, si debes, cedo.
fides seruanda est, ne ire infitias postules.
TH. profecto non negabo debere, et dabo;
1025 tu caue quadraginta accepisse hinc te neges.
SI. quaeso edepol huc me aspecta et responde mihi.
1026a q * * * * * * argenti minas
fu * * * * * * TH. ego dicam tibi.
tantu * * * * * * * * ebeat
de te aedis. SI. i⟨tane? de me⟩ ille aedis emerit?
1026e * * * * *
1027 SI. te uelle uxorem aiebat tuo nato dare,
ideo aedificare hic uelle aiebat in tuis.
TH. hic aedificare uolui? SI. sic dixit mihi.
1030 TH. ei mihi, disperii! uocis non habeo satis.
uicine, perii, interii! SI. numquid Tranio
turbauit? TH. immo éxturbauit omnia.

1010 quadraginta *Pylades*: triginta *cod.* (xxx *pro* xxxx; vii. 6) quod *Guietus*: quas (qua P^{CD}) *cod.* 1012 nimis *add. Fay* (iii. 1) id *om. A ut vid.*: ⟨hercle⟩ id *Ritschl* 1014 te speras *P* 1016 tecum *om. P* 1025 hinc te *Lambinus*: hinc ne *P*: minas *A* (*om.* neges; v. 1) 1026a *sqq. om. P* (*propter lacunam in* P^{BC} *ut vid.*; *cf.* *vv.* 1056–60) 1026d *suppl. Schoell, Studemund* 1026e *vix* . . . ⟨responde mihi⟩ (iii. 11) 1027–41 *deest A qui multo plus quam P habuisse videtur. Vide igitur ne pagina XXI versuum in* P^A *praetermissa sit* 1027 agebat *cod.* (*corr.* B^2) 1028 hic *Camerarius*: hoc *cod.* (*cf. ad* 1027–41) 1031 uicine *Acidalius*: uicini *cod.* 1032 Turbabit *cod.* (*corr.* B^2)

deludificatust mé hodie indignis modis.
SI. quid tú ais? TH. haec res sic est ut narro tibi:
deludificatust me hodie in perpetuom modum.
nunc te opsecro ut me bene iuues operamque des.
SI. quid uis? TH. i mecum, | opsecro, | una simul.
SI. fiat. TH. seruorumque operam et lora mihi cedo.
SI. sume. TH. eademque opera ⟨ego⟩ haec tibi narrauero,
quis med exemplis hodie eludificatus est.

ACTVS V

V. i

TRANIO THEOPROPIDES

TR. Quí homo timidus erit in rebus dubiis, nauci non erit;
atque equidem quid id esse dicam uerbum nauci nescio.
nám erus me postquam rus misit filium ut suom arcésserem,
abii illac per angiportum ad hortum nostrum clanculum,
ostium quod in angiporto est horti, patefeci fores,
eaque eduxi omnem legionem, ét maris et feminas.
postquam ex opsidione in tutum eduxi manuplaris meos,
capio consilium ut senatum congerronem conuocem.
quoniam conuocaui, atque illi me ex senatu segregant.
ubi ego me uideo uenire in meo foro, quantum potest
facio idem quod plurumi alii, quibu' res timida aut turbidast:
pergunt turbare usque ut ne quid possit conquiescere.

1033 te ludificatust me (et me *B*: mi P^{CD}) h. *cod.*: *corr. Bothe vel* med *vix* hŏdie indigni dis *cod.* (*corr.* B^2) 1034 agis *cod.* (*corr.* B^2) 1036 Nun *cod.* (*corr.* B^2) 1037 ⟨hinc⟩ obs. ⟨ad te⟩ *Leo* 1039 operam *ut vid. cod.* (opera *D*) ego *add.* (*post* eadem) *Camerarius* 1040 eemplis *ut vid. cod.* (*corr.* B^2) lud. *Ital.* 1041 dubiis n. *Priscianus* 1, 204: dubii sis n. *cod.* (? *pro* dubiis n. is) 1042 *accedit A* *versum male secludunt ut glossema quidam*: *tuentur Schoell, Leo* quod *cod. Festi* 166 1043 ut filium *codd.*: *trai. Bothe* 1044, 1045 abilla per *P* 1048 ex] exiị *A* opsidionem *P* 1049 congeronum B^2 (*i. e.* -err-) 1050 senatus *P* 1051 uentrem *P* 1053 possit] sit *P* (*pro* pote sit?)

nam scio equidem nullo pacto iam esse posse haec clam senem.
non amicus alius quis * * * riuabo se *
aut * * * * * * * * *
pro * * * * * * * * *
ille qui * * * * * * ero simul *
praéoccupabo atque anteueniam et foedus feriam. me moror.
sed quid hoc ést quod fori' concrepuit proxuma uicinia?
eru' meus hicquidem est. gustare ego eius sermonem uolo.
Th. ilico intra limen isti astate, ut, quom extemplo uocem,
continuo exsiliatis. manicas celeriter conectite.
ego illum ante aedis praestolabor ludificatorem meum,
quoius ego hodie ludificabo corium, si uiuo, probe.
Tr. res palam est. nunc te uidere meliust quid agas, Tranio.
Th. docte atque astu mihi captandumst cum illoc, ubi huc aduenerit.
non ego illi éxtemplo hamum ostendam, sensim mittam lineam.
dissimulabo me horum quicquam scire. Tr. o mortalem malum!
alter hoc Athenis nemo doctior dici potest.
uerba illi non magi' dare hodie quisquam quam lapidi potest.
adgrediar hominem, appellabo. Th. nunc ego ille húc ueniat uelim.
Tr. siquidem pol me quaeris, adsum praesens praesenti tibi.
Th. eugae! Tranio, quid agitur? Tr. ueniunt ruri rustici.
Philolaches iam hic aderit. Th. edepol mihi oppórtune aduenis.

1054, 1055 haec *om. P* 1056–61 *om. P* (*propter lacunam in* P^{BC} *ut vid.*; *cf. vv.* 1026ª–1026ᵉ) 1061 praeoccupato *cod.* : *corr. Studemund* 1062–3 *vel iamb. octonarii* 1062 quid] qui *P* (*corr.* B^2) 1063 sermone *P* (*corr.* B^2) 1064 isti astate *Ussing* : istastate *A* : astate illic *P* (? *pro* a. isti ; v. 4) 1065 manilas *P* coniectite *A* 1066 praestabor *P* (*corr.* B^2) 1067 cuiius *A* hodie] hic *P* 1069 astu *Bothe* : astute *codd.* 1070 hamum] itamum *P* 1071 mortale *P* 1073 *vel* mage dare *om. P* *deficit A* 1077 aduenerit *Bentley* : aduenies *cod.* (*pro* -neis ?)

nostrum ego hunc uicinum opinor esse hominem audacem et malum.
Tr. quidum? Th. quia negat nouisse uos—Tr. negat? Th. nec uos sibi
nummum umquam argenti dedisse. Tr. abi, lúdis me, credo hau negat.
Th. quid iam? Tr. scio, iocaris tu nunc ⟨istuc⟩. nam ille quidem hau negat.
Th. immo edepol negat profecto, neque se hasce aedis Philolachi
uendidisse. Tr. ého an negauit sibi datum argentum, opsecro?
Th. quin ius iurandum pollicitust dare se, si uellem, mihi,
neque se hasce aedis uendidisse neque sibi argentum datum.
* * * ⟨datum⟩ est.
Th. dixi ego istuc idem illi. Tr. quid ait? Th. seruos pollicitust dare
suos mihi omnis quaestioni. Tr. nugas! numquam edepol dabit.
Th. dat profecto. Tr. quin †et illum in ius si ueniam†. Th. mane.
experiar, ut opino. Tr. (' opino '?) certum est. mihi hominem cedo.
Th. quid si igitur ego accersam ⟨iam⟩ homines? Tr. factum iam esse oportuit. 1093
uel hominem aedis iube mancupio poscere. Th. immo hóc primum uolo, 1091

1078 huc *cod.* (*corr.* B^2) *vel* opino 1079 quia *Bothe*: qui *cod.* uor *cod.* (*corr.* B^2) 1080 umquam B^2: quam *cod.* (iii. 3) argentei *cod.* (*antiqua forma*) 1081 tu nunc istuc *Schoell*: tu nunc tu *cod.* (nunc tu B^2) 1083 Tr. eho B^2: reeho *cod.* 1084 qui *cod.* se si *Ital.*: sisi *cod.* 1085 *versum intercidisse vidit Acidalius*; *qui exierit in* datum est 1087 idem ego istuc *Niemoeller, usitato ordine* 1089 *fort.* quin ego, illum íntus si inueniam— 1090 opinor *cod.* opino *add. Schoell* 1093 iam *add. Schoell* esse iam *cod.*: *trai. Camerarius* 1091 iube aedis m. *cod.*: *trai. Mueller*: iube m. aedis *Bothe* mancipare *Ussing* hoc *om.* P^{CD}

quaestioni accipere seruos. Tr. faciundum edepol censeo.
ego interim hanc aram occupabo. Th. quid ita? Tr. nullam rem sapis.
né enim illi huc confugere possint quaestioni quos dabit.
hic ego tibi praesidebo, ne interbitat quaestio.
Th. surge. Tr. minime. Th. ne occupassis, opsecro, aram. Tr. qur? Th. scies.
quia enim id maxume uolo, ut illi ístoc confugiant. sine:
tanto apud iudicem hunc argenti condemnabo facilius.
Tr. quod agas, id agas. quid tu porro serere uis negotium?
nescis quam metuculosa res sit ire ad iudicem?
Th. surgedum huc igitur. consulere quiddam est quod tecum uolo.
Tr. sic tamen hinc consilium dedero. nimio plus sapio sedens.
tum consilia firmiora sunt de diuinis locis.
Th. surge, ne nugare. aspicedum contra me. Tr. aspexi. Th. uides?
Tr. uideo. huc si quis intercedat tertius, pereat fame.
Th. quidum? Tr. quia nil ⟨illi⟩ quaesti sit. mali hercle ambo sumus.
Th. perii! Tr. quid tibi est? Th. dedisti uerba Tr. qui tandem? Th. probe
med emunxti. Tr. uide sis, satine recte: num mucci fluont?
Th. immo etiam cerebrum quoque omne é capite emunxti meo.
nam omnia male facta uostra repperi radicitus,

1095 huc *Saracenus*: hic *cod.* 1097 neoc tu passis *cod.* (*corr.* B^2) aram *Pylades*: arma *cod.* (ii. 7) 1099 hinc *cod.* (*corr.* B^2) 1100 uis serere *cod.*: *trai. Bothe* (*cf. ad Asin.* 250, *Curc.* 438) 1101 re *cod.* (*corr.* B^2) 1102 huc est cons. ig. qu. *cod.*: *corr. Langen ex schol. Aen.* 11, 343 *vel* quiddamst 1103 sic *Pius*: si *cod.* 1104 tunc P^{CD} 1106 intercedas *cod.* (*corr.* B^2) 1107 illi *add. Leo*: *vix* nihil quaesiti sit ⟨ei, ita⟩ *Ritschl* 1108 probi *cod.* 1109 emunxit *cod.* (-xisti B^2) 1110 omnem *cod.* (*corr.* B^2) munxti *cod.*

non radicitus quidem hercle uerum etiam exradicitus.
TR. numquam edepol hodie †inuitus destinant† tibi.
TH. iam iubebo ignem et sarmenta, carnufex, circumdari.
TR. ne faxis, nam elixus esse quam assus soleo suauior.
TH. exempla edepol faciam ego in te. TR. quia placeo, exemplum expetis?
TH. loquere: quoiusmodi reliqui, quom hinc abibam, filium?
TR. cum pedibus, manibus, cum digitis, auribus, oculis, labris.
TH. aliud te rogo. TR. aliud ergo nunc tibi respondeo.
sed eccum tui gnati sodalem uideo | huc incedere
Callidamatem: illo praesente mecum agito, si quid uoles.

ii CALLIDAMATES THEOPROPIDES TRANIO

CA. Vbi somno sepeliui omnem atque óbdormiui crapulam,
Philolaches uenisse ⟨dixit⟩ mihi suom peregre huc patrem
quoque modo hominem ad⟨uenientem⟩ seruos ludificatu' sit,
ait se metuere in conspe⟨ctum sui patris pr⟩ocedere.
nunc ego de sodalitate solus sum orator datus
qui a patre eiius conciliarem pacem. átque eccum optume!
iubeo te saluere et saluos quom aduenis, Theopropides,
peregre gaudeo. hic apud nos hodie cenes, sic face.
TH. Callidamate⟨s⟩, di te ament. de cena facio gratiam.
CA. quin uenis? TR. promitte: ego ibo pro te, si tibi non lubet.

1113 inditus B^2 desistam *Leo* 1114 i. i. et sarmenta *Pylades*: lubeo (?) (lubo *vel* lube P^{CD}) i. et sarmen *cod.* (sarnem P^{CD}): iubeo i. et sarmen ⟨arae⟩ *Seyffert* 1115 faxis [sis] *cod.* (*corr.* B^2) solio *cod.* (*corr.* B^2) 1118 Quom *P ut vid.* 1119 ego *B* 1120 gnatis *cod.* (*corr.* B^2) *vix* uideon huic *cod.*: huc ⟨nunc⟩ *Redslob* 1121 agite *cod.* (*corr.* B^2) 1122 somno *Ritschl*: omnium *cod.*: somnum *Ital.* *fort.* abdormiui 1123–5 *lacuna in* P^A (*cf. vv.* 1144–6) 1123 ⟨dixit⟩ *Pylades, Bothe* 1124 hom.] dominum *Bugge* adu. *supplevit Aldus* ludificatum *cod.* 1125 consp.—proc. *suppl. Ritschl* 1127 optimi *cod.* (*corr.* B^2) 1128 et *del.* (?) *Leo* aduenisset heuropides *cod.*: *corr. Ital.* 1129 face *Scioppius*: tale *cod.*

TH. uerbero, etiam inrides? TR. quian me pro te ire ad cenam autumo?
TH. non enim ibis. ego ferare faxo, ut meruisti, in crucem.
CA. age mitte istaec. tu ad me ad cenam—TR. dic uenturum. quid taces?
CA. sed tu istuc quid confugisti in aram? TR. ínscitissumus
adueniens perterruit me. loquere nunc quid fecerim:
nunc utrisque disceptator eccum adest, age disputa.
TH. filium corrupisse aio te meum. TR. ausculta modo.
fateor peccauisse, amicam liberasse apsente te,
faenori argentum sumpsisse; id esse apsumptum praedico.
numquid aliud fecit nisi quod [faciunt] summis gnati generibus?
TH. hercle mihi tecum cauendum est, nimi' qui's orator catus.
CA. sine me dum istuc iudicare. surge, ego isti adsedero.
TH. maxume, accipe hanc ⟨tute⟩ ad te litem. TR. enim istic captio est.
fac ego ne metuam ⟨mihi atque⟩ ut tu meam timeas uicem.
TH. iam minoris * * ⟨fa⟩cio praequam quibu' modis
me ludificatust. TR. bene hercle factum, et factum gaudeo:
sapere istac aetate oportet qui sunt capite candido.
TH. quid ego nunc faciam? TR. si amicus Diphilo aut Philemoni es,
dicito is quo pacto tuo' te seruos ludificauerit:
optumas frustrationes dederis in comoediis.

1132 inridens *cod.* (*corr.* B^2) ire *om.* *B* 1134 ista acto *cod.*: *correxi*, *nam* ista *vix Plautinum* *vel* TR. quid 1135 *vel* inscitissumu's 1136 *vel* TR. adu. eloquere *Langen* 1139 potauisse *Acidalius* te *om. cod.* (*add.* B^2) 1141 feci *cod.* (*corr.* B^2) faciunt *del. Guietus* sum̄ *ut vid. cod.* (*i. e.* summis) 1142 hercle *Pius*: erile *cod.* 1144-6 *lacuna in* P^A (*cf. vv.* 1123-5) 1144 accipte (-pite P^{CD}) *cod.* (-to B^2) tute *suppl. Ritschl*: modo *Ussing* 1145 mihi atque *suppl. Ritschl* 1146 omnia alia facio *suppl. Camerarius, Ritschl* 1148 qui sunt *Camerarius*: quis *cod.* (*pro* qui s̄, *i. e.* qui sunt): qui sis *Schoell* 1149 dephilo (? *pro* dei-) aut philomontes *cod.*: *corr. Leo* 1150 pacto *Ital.*: capto *cod.* 1151 commodiis *cod.*

CA. tace parumper, sine uicissim me loqui, ausculta. TH. licet.
CA. omnium primum sodalem me esse scis gnato tuo.
is adi[i]t me, nam illum prodire pudet in conspectum tuom
propterea quia fecit quae te scire scit. nunc te opsecro,
stultitiae adulescentiaeque éiius ignoscas: tuost;
scis solere illanc aetatem tali ludo ludere.
quidquid fecit, nobiscum una fecit: nos deliquimus.
faenus, sortem sumptumque omnem, quí amica ⟨empta⟩ est, omnia
nos dabimus, nos conferemus, nostro sumptu, non tuo.
TH. non potuit uenire orator magis ad me impetrabilis
quam tu; neque sum illic iratus neque quicquam suscenseo.
immo me praesente amato, bibito, facito quod lubet:
si hoc pudet, fecisse sumptum, supplicí habeo satis.
CA. dispudet. TR. ⟨post⟩ istam ueniam quid me fiet nunciam?
TH. uerberibus, lutum, caedere pendens. TR. tamen etsi pudet?
TH. interimam hercle ego ⟨te⟩ si uiuo. CA. fac istam cunctam gratiam:
Tranio remitte quaeso hanc noxiam caussa mea.
TH. aliud quiduis impetrari a me facilius perferam
quam ut non ego istum pro suis fáctis pessumis pessum premam.
CA. mitte quaeso istum. * TH. uiden ut restat furcifer?

1152 paruomper *cod.* (*antiqua forma?*) me uicissim *cod.*: *trai. Acidalius* lucet *cod.* (*corr.* B^2) 1154, 1155 eum *Bothe* (*cf. ad Epid.* 135) *fort.* pu. pr. (*usitato ordine*) 1156 fecit *Merula*: facit *cod.* 1159 una nobiscum *cod.*: *trai. Camerarius* nos *Camerarius*: non *cod.* delinquimus *cod.* 1160 empta *add. Ritschl* 1163 illi sum *cod.*: *traieci* 1165 supplici⟨id⟩*Luchs* 1166 post *add. Mueller* 1167 c. lutum *cod.*: *trai. Guietus*: c. multum *Ussing* tam inest si *cod.* (tametsi B^2) 1168 te *add. Guietus* si uiuo B^2: suibo *cod.* 1169 Tranioni *cod.* amitte *Ussing* (*cf.* 1172) 1170 perf. a me fac. *Bothe* 1172 mitte que sis tume *cod.* (? *pro* istum. E., *i. e. Theopropidis nota*): *corr. Ritschl* (quaeso *iam Ital.*) *fort.* TH. ⟨men istum ?⟩(*Class. Rev.* 10, 333), *vel* istum, ⟨Theopropides.⟩ (iii. 2) astat *Ritschl* (*cf.* 1169)

Ca. Tranio, quiesce, si sapi'. Th. tu quiesce hanc rem modo
petere : ego illum, ut sit quietus, uerberibus subegero.
Tr. nihil opust profecto. Ca. áge iam, sine ted exorarier.
Th. nolo ores. Ca. quaeso hercle. Th. nolo, inquam, ores. Ca. nequiquam neuis.
hanc modo unam noxiam, unam—quaeso, fac caussa mea.
Tr. quid grauaris ? quasi non cras iam commeream aliam noxiam :
ibi utrúmque, et hoc et illud, poteris ulcisci probe.
Ca. sine te exorem. Th. age abi, abi inpune. em huíc habeto gratiam.

spectatores, fabula haec est acta, uos plausum date.

1173 quiesce si sapis *Camerarius*: qui esse sapis *cod.* 1174 uerberibus ut sit quietus *cod.* : *trai. Acidalius* 1175 profecto ⟨orato⟩ *Mueller* (*Rhein. Mus.* 54, 403) 1177 unam *pr. del. Loman* ⟨missam⟩ fac *Ritschl* 1178 gras *cod.* (*corr.* B^2) 1179 ⟨tu⟩ utr. *Ritschl* 1180 age abe (*corr.* B^2) abi *cod.* (? *pro* a. abei, abei)

PERSA

ARGVMENTVM

Profecto domino suos amores Toxilus
Emit atque curat leno ut emittat manu;
Raptamque vi emeret de praedone virginem
Subornata suadet sui parasiti filia,
Atque ita intricatum ludit potans Dordalum.

Per hanc fabulam totam praesto est T *Hoc arg. om. A* 3 vi] ut *Valla* emere *Schoell* 5 dorpalum *cod.*

* tur ⟨se⟩rvu *
* * * *
* * * *
* * * *
* fingunt * *
* ant ⟨v⟩erec * *
* * * *
* ta * rsi *
* de ⟨vi⟩rgi * *
* cam ven * *
* ⟨pr⟩etio ⟨p⟩arv *
* * * *
* a re⟨ci⟩pit e *
* tue ⟨l⟩eno *

Hoc argumentum om. P, mediam versuum partem et 4, 6 *exitus servavit A* *post v.* 14 *nihil scriptum fuit* 1 ⟨erus dum peregrina⟩tur, ⟨se⟩ruu⟨s Toxilus⟩ *Schoell* 8 ⟨adla⟩ta ⟨e Pe⟩rsia *Schoell* 10 ⟨pudi⟩cam uen⟨dit⟩ *Leo* 13 ⟨cum praed⟩a re⟨ci⟩pit *Schoell* 14 ⟨perpe⟩tue leno ⟨luditur⟩ *Leo*

PERSONAE

Toxilvs Servvs
Sagaristio Servvs
Satvrio Parasitvs
Sophoclidisca Ancilla
Lemniselenis Meretrix
Paegnivm Pver
Virgo
Dordalvs Leno

Scaena ATHENIS

Sag.] Sagariscio *in v.* 459 *et* IV. ii. tit. *B, quod tuetur K. Schmidt* (*Herm.* 37, 205)

ACTVS I

TOXILVS SAGARISTIO I. i

To. Qui amans egens ingressus est princeps in Amoris uias
superauit aerumnis suis aerumnas Hercul⟨e⟩i.
nam cum leone, cum excetra, cum ceruo, cúm apro Aetolico,
cum auibus Stymphalicis, cum Antaeo deluctari mauelim
quam cúm Amore: ita fio miser quaerendo argento mutuo
nec quicquam nisi 'non est' sciunt mihi respondere quos rogo.
Sag. qui ero suo seruire uolt bene seruos seruitutem,
ne illum edepol multa in pectore suo conlocare oportet
quae ero placere censeat praesenti atque apsenti suo.
ego neque lubenter seruio neque sati' sum ero ex sententia,
sed quasi lippo oculo me eru' meus manum apstinere hau quit tamen
quin mi imperet, quin me suis negotiis praefulciat.
To. quis illic est qui contra me astat? Sag. quis hic est qui sic contra me astat?
To. similis est Sagaristionis. Sag. Toxilus hicquidem meus amicust.
To. is est profecto. Sag. eum esse opinor. To. congrediar. Sag. contra adgredibor.

1 es *P* uiam *codd. scholiastae in Verg. Buc.* 10, 69 (*A n. l.*) 2 suis] in suis *codd. schol. Verg.* 3 [et] cum e. *P* 4 me del. malueram (*pro* -im ?) *schol. Verg.*, *unde fit vers. anapaesticus* 8 edepol illum *P* 9 q(uae)ro *A* 10 serui *A* 12 Quid *P* 13, 14 *inverso ordine A* (*v.* 13 *propter homoeoarch. praetermissus erat*; ii. 6) 13 qui sic *Schoell*: qui si *A* : qui *P* (*unde* quis illic est qui *Bach*) 14 sagaristioni *A*, *vix Plautinum* 15 *vel* opino c. adgredior *P* (*vix pro* contran adgredior ?)

To. o Sagaristio, di ament te. Sag. o Toxile, dabunt di quae exoptes.
ut uales?
To. ut queo. Sag. quid agitur?
To. uiuitur.
Sag. satin ergo ex sententia? To. si eueniunt quae exopto, satis.
Sag. nimi' stulte amicis utere. To. quid iam? Sag. imperare oportet.
To. mihi quidem tu iam eras mortuos, quia non te uisitabam.
Sag. negotium edepol—To. ferreum fortasse? Sag. plusculum annum
fui praéferratus apud molas tribunus uapularis.
To. uetu' iam istaec militiast tua. Sag. satin tu usque ualuisti? To. hau probe.
Sag. ergo edepol palles. To. saucius factus sum in Veneris proelio:
sagitta Cupido cor meum transfixit. Sag. iam serui hic amant?
To. quid ego faciam? disne aduorser? quasi Titani cum is belligerem
quibu' sat esse non queam?
Sag. uide modo ulmeae catapultae tuom ne transfigant latus.
To. basilice agito eleutheria.
Sag. quid iam? To. quia erus peregri est. Sag. ain tu,
peregri est? To. si tut' tibi bene esse
pote pati, ueni: uíues mecum,
basilico accipiere uictu.

16 o *alt. om. A* op(te)s *A* 19 imperare] [quia iam] imperare *P* (iv. 5) 20 uisitaui *P* 21 negoti *A* 24 sum factus *A* 26 ergo *P* aduorse *P* (? *pro* -sem) is] dis *P* 28 ut meae *P* 30–167 *deficit A* 30 si tute *scripsi*: sicut et *B*: sit ut P^{CD}: si tu *Camerarius*

SAG. uah! iam scapulae pruriunt, quia te istaec audiui loqui.
To. sed hoc me únum excruciat. SAG. quidnam id est?
To. haec dies summa hodie | est, mea amica sitne libera
34a an sempiternam seruitutem seruiat.
34b SAG. quid nunc uis ergo et ego ⟨uolo⟩.
To. emere amicum tibi me potis es sempiternum. SAG. quém ad modum?
To. ut mihi des nummos sescentos quos pro capite illius pendam,
quos continuo tibi reponam in hoc tríduo aut quadriduo.
age fi benignus, subueni.
SAG. qua confidentia rogare tu a med argenti tantum audes,
inpudens? quin si egomet totus ueneam, uix recipi potis est
quod tu me rogas; nam tú aquam a pumici nunc postulas,
qui ipsus siti aret. To. sicine hoc té mi facere? SAG. quid faciam? To. rogas?
alicunde exora mutuom. SAG. tu fac idem quod rogas me.
To. quaesiui, nusquam repperi. SAG. quaeram equidem, si quis credat.
To. nempe habeo in mundo. SAG. si id domi esset mihi, iam pollicerer:
hoc meumst ut faciam sedulo. To. quidquid erit, recipe te ad me.
quaere tamen, ego item sedulo. SAG. si quid erit, * iam ut scias
* To. opsecro te—SAG. resecroque. To. operam da hanc mihi

33 me unum] meum am *B* (*pro* meum animum?) excrucia *cod.* 34 dis *corr.* dies *cod. ut vid.* (disees *T*, de *P*BC) (v. 3) *fort.* summast h. *vix* hōdie 34b *nihil post* ergo *P*BC: et ego (*hic reponend.*?) *T* uolo *addidi* 38 fi] sed *P*CD (? *pro* sei benignu's), *T n. l.* 39 confitentia *cod.*: *vix* fidentia, *ut versus troch. fiat* argentum *P*BC 40 ueniam *cod.* 41 [ma]nam *B* 42 sitiat *Ital.*: sitiare *cod.* sicin te mi hoc *Mueller* rogan *B*1 44 quaeram — 46 sedulo *Sagaristioni dat* (?) *Leo* 45 habes *Pius* mi esset *Seyffert* iam *Ital.*: am *cod.* 47 ⟨te fac⟩iam *Abraham* *fort.* iam ut scias ⟨tu Mecum, dabo operam⟩ 48 resecro (*om.* que) *P*BC *vel* mi

fidelem. SAG. ah! odio me enicas.
TO. amoris uitio, non meo, nunc tibi morologus fio.
SAG. at pol ego aps te concessero.—TO. iamne abis? bene ambulato.
sed recipe[te] quam primum potes, caue fuas mi in quaestione.
usque ero domi dum excoxero lenoni malam rem áliquam.

ii SATVRIO

Veterem atque antiquom quaestum maiorum meum
seruo atque optineo et magna cum cura colo.
nam numquam quisquam meorum maiorum fuit
quin parasitando pauerint uentris suos:
pater, auos, proauos, abauos, atauos, tritauos
quasi mures semper edere alienum cibum,
neque edacitate eos quísquam poterat uincere,
neque is cognomentum erat duris Capitonibus.
unde égo hunc quaéstum optineo et maiorum locum.
neque quadrupulari me uolo, neque enim decet
sine méo periclo ire aliena ereptum bona
neque illí qui faciunt mihi placent. planen loquor?
nam puplicae rei caussa quiquomque id facit
magi' quam sui quaesti, animus induci potest
eum esse ciuem ét fidelem ét bonum.
si legerupam qui damnet, det in publicum
dimidium; átque etiam in ea lege adscribier:
ubi quádrupulator quempiam iniexit manum,
tantidem ille illi rusus iniciat manum,
ut aequa parti prodeant ad trisuiros:
si id fiat, né isti faxim nusquam appareant

51 te *del. Bothe rhythmi causa* (i. 9) 60 atque *Leo fort. recte* : *del. Sixius* *vel* cognomen tum *cod.* Duricap. *Sixius* 61 optineo quaestum *Schoell* 62 *vel* quadruplari (*ita cod.*) 66 *vel* mage 67 nec—nec *Mueller* (*Rhein. Mus.* 54, 527) 68 [sed] si (? *pro* sei) *cod.* : sed *delevi* (iv. 3) : sed * * * | Si (*versu amisso*) *Brix* 69 etiam ⟨hoc⟩ in *Schoell* 70 *vel* quadruplator (*ita cod.*) quoipiam *Acidalius* iniexit *Camerarius* : inlexi *cod.* 71 illi] illum *Bothe* 73 faxim nusquam *Pylades* : faximus quam *cod.*

qui | hic albo rete aliena oppugnant bona.
sed sumne ego stultus qui rem curo publicam
ubi sint magistratus quos curare oporteat?
nunc huc intro ibo, uisam hesternas reliquias,
quieríntne recte necne, num †infuerit† febris,
opertaen fuerint, ne quis obreptauerit.
sed aperiuntur aedes, remorandust gradus.

TOXILVS SATVRIO iii

To. Omnem rem inueni, ut sua sibi pecunia
hodie illam faciat leno libertam suam.
sed eccúm parasitum quoius mihi auxiliost opus.
simulabo quasi non uideam : ita adliciam uirum.
curate istic uos atque adproperate ocius,
ne mihi morae sit quicquam ubi ego intro aduenero.
commisce mulsum, struthea coluteaque appara,
bene ut in scutris concaleat, et calamum inice.
iam pol ille hic aderit, credo, congerro meus.
SAT. me dicit, eugae! To. lautum credo e balineis
iam hic adfuturum. SAT. ut ordine omnem rem tenet!
To. collyrae facite ut madeant et colyphia,
ne míhi incócta detis. SAT. rem loquitur meram.
nihili sunt crudae nisi quas madidas gluttias;
tum nisi cremore crassost ius collyricum
nihilist macrum illud epicrocum pellucidum:
quasi †iuream† esse ius decet collyricum.
nolo in uesicam quod eat, in uentrem uolo.

78 quieuenerint (-rit *T*) ne *cod.* afuerit *Haupt*: *fort.* is fuerit 79 opertaen *Pylades*: oporte ne *cod.* 84 alliciam *Camerarius*: allictam *cod.* 85 ocius *ut vid. cod.* (ac ius (?) *T*, oculus P^{BC}) 87 colutheaque *Ital.*: colutheaquam *cod. ut vid.* (coluthequam P^{BC}) *metrum suspectum* 88 concaleant *Scaliger* iniice *Ital.*: nice *cod.* 91 ut [in] o. *cod.* (*corr.* P^{CD}) rea *ut vid. cod.* (A *pro* M) (*corr.* P^{CD}) 93 incocta ne mihi *Bothe* loquitur meram *Camerarius*: loquitum eram *cod.* 94 nihili *Pius*: nihil *cod* 96 nihilist *Scaliger*: nihil est *cod.* 97 *vel* uiream

To. prope me hic nescioquis loquitur. Sat. o mi Iuppiter
terrestris, coepulonus compellat tuos.
To. o Saturio, opportune aduenisti mihi.
Sat. mendacium edepol dicis atque hau te decet:
nam essurio uenio, non aduenio saturio.
To. at edes, nam iam intus uentris fumant focula.
calefieri iussi reliquias. Sat. pernam quidem
ius est adponi frigidam postridie.
To. ita fieri iussi. Sat. ecquid hallécis? To. uah, rogas?
Sat. sapi' multum ad genium. To. sed ecquid meministin here
qua de re ego tecum mentionem feceram?
Sat. memini: ut murena et conger ne calefierent;
nam nimio melius oppectuntur frigida.
sed quid cessamus proelium committere?
dum mane est, omnis esse mortalis decet.
To. nimi' paene manest. Sat. mane quod tu occeperis
negotium agere, id totum procedit diem.
To. quaeso animum aduorte hoc. iám heri narraui tibi
tecumque oraui ut nummos sescentos mihi
dares utendos mutuos. Sat. memini et scio
et te me orare et mihi non esse quod darem.
nihili parasitus est qui Argentumdonidest:
lubido extemplo coeperest conuiuium,
tuburcinari de suo, si quid domist.
cynicum esse egentem oportet parasitum probe:
ampullam, strigilem, scaphium, soccos, pallium,
marsuppium habeat, inibi paullum praesidi
qui familiarem suam uitam oblectet modo.

100 [te] c. P^{BC} 104 ad aedes *codd. Nonii* 10: atedis *cod.* uentris *codd. Nonii*: ueneris *cod.* 106 iusses *Bugge*: satiust *Schoell* 107 ĕcquid *suspectum* 108 sed ⟨tu⟩ *Schoell* meministi *cod.* 110 ne *codd. Prisciani* 1, 224: nec *cod.* 116 [enim] iam P^{CD} narraut (-auit P^{CD}) *cod.* 120 q. argentum domidest *cod.*: -dast *Schoell*: quist Argentumdonides *Fleckeisen* (*cf. ad Merc.* 330), *nam* -dest *pro* -des est *suspectum*: cui a. domi est *Pylades* 123 egentem *Ital.*: gentem *cod.*

To. iam nolo argentum : filiam utendam tuam
mihi da. Sat. numquam edepol quoiquam etiam utendam dedi.
To. non ad istuc quod tu insimulas. Sat. quid eam uis? To. scies.
quia forma lepida et liberali est. Sat. res itast.
To. hic leno neque te nouit neque gnatam tuam.
Sat. me ut quisquam norit nisi ille qui praebet cibum?
To. ita est. hoc tu mi reperire argentum potes.
Sat. cupio hercle. To. tum tu me sine illam uendere.
Sat. tun illam uendas? To. immo alium adlegauero
qui uendat, qui esse se peregrinum praedicet.
sicut istic leno non sex menses Megaribus
huc est quom commigrauit. Sat. pereunt reliquiae.
posterius istuc tamen potest. To. scin quam potest?
numquam hercle hodie | hic prius edis, ne frustra sis,
quam te hoc facturum quod rogo adfirmas mihi ;
atque nisi gnatam tecum huc iam quantum potest
adducis, exigam hercle ego te ex hac decuria.
quid nunc? quid est? quin dicis quid facturu' sis?
Sat. quaeso hercle me quoque etiam uende, si lubet,
dum saturum uendas. To. hoc, si facturu's, face.
Sat. faciam equidem quae uis. To. bene facis. propera, abi domum ;
praemostra docte, praecipe astu filiae,
quid fabuletur : ubi se natam praedicet,
qui sibi parentes fuerint, und' surrupta sit.
sed longe ab Athenis esse se gnatam autumet ;

128 utendam] uendaa *cod.* (A *pro* M) 129 instimulas *cod.* eam uis *Ital.* : eamus *cod.* 137 non *Weise* : nondum *cod.* : haudum *Ritschl* 140 ⟨ut⟩ num. *Lange* (*Jahrb. Class. Phil.* 1893, p. 193) : *fort.* non (n̄) umquam *vix* hercule hic hodie *Spengel* edis *Ital.* : sedis *cod.* : edes *Bothe* 142 quantua *cod.* (A *pro* M) 144 quid est? *Saturioni dat Seyffert* 145 uendes (uendas *PCD*) elubet *cod.* : *corr. Pylades*, *Schoell* (? sei)

et ut adfleat quom ea memoret. SAT. etiam tu taces?
ter tanto peior ipsa est quam illam tu esse uis.
TO. lepide hercle dicis. sed scin quid facias? cape
tunicam atque zonam, et chlamydem adferto et causeam
quam ille habeat qui hanc lenoni huic uendat—SAT. eu, probe!
TO. quasi sit peregrinus. SAT. laudo. TO. et tu gnatam tuam
ornatam adduce lepide in peregrinum modum.
SAT. πόθεν ornamenta? TO. áps chorago sumito;
dare debet: praebenda aediles locauerunt.
SAT. iam faxo hic aderunt. sed ego nihil horunc scio.
TO. nihil hercle uero. nam ubi ego argentum accepero,
continuo tu illam a lenone adserito manu.
SAT. sibi habeat, si non extemplo ab eo abduxero.—
TO. abi et istuc cura. interibi ego puerum uolo
mittere ad amicam meam, ut habeat animum bonum,
med esse ecfecturum hodie. nimi' longum loquor.—

ACTVS II

II. i SOPHOCLIDISCA LEMNISELENIS

SO. Sati' fuit indoctae, inmemorí, insipienti dicere totiens.
nimi' tandem me quidem pro barda et pro rustica reor habitam esse aps te.
quamquam ego uinum bibo, at mandatá non consueui simul bibere una.
me quidem iam sati' tibi spectatam censebam esse et meos mores.

154 qui *cod.* 157 gnatam tuam *Camerarius* : tuam gnatam [tamen] *cod.* 165 cura interibi ego *Acidalius* : curam me tibi ego *cod.* 167 me (*ita cod.*) e. e. ⟨hoc⟩ hodie *Guietus* 168 *accedit A* indotae *P* 171 tibi] bi *P* censueram *P*

nam equidem te iam sector quintum hunc annum, quom interea, credo,
oui' si in ludum iret, potuisset iam fieri ut probe litteras sciret,
quom interim tu meum ingenium fans atque infans nondum etiam edidicisti.
potin ut taceas? potin ne moneas?
memini et scio et calleo et commemini.
amas pol misera: id tuo' scatet animus.
ego istuc placidum tibi ut sit faciam.
miser est qui amat. certo is quidem nihilist
qui nihil amat: quid ei homini opu' uita est?
ire decet me, ut erae opsequens fiam, libera ea opera ocius ut sit.
conueniam hunc Toxilum: eius auris, quae mandata sunt, onerabo.

TOXILVS PAEGNIVM SOPHOCLIDISCA ii

To. Satin haec tibi sunt plana et certa? satin haec meministi et tenes?
Pa. melius quam tu qui docuisti. To. ain uero, uerbereum caput?
Pa. aio enim uero. To. quid ergo dixi? Pa. ego recte apud illam dixero.
To. non edepol scis. Pa. dá hercle pignus, ni omnia memini et scio,
et quidem sí scis tute quot hodie habeas digitos in manu.

172 iam te *A* interea] interim (*T ut vid.*) *vel* interiam (P^{BC}) *P* 173 ouis *Bergk*: quiṣ *A*, *fort. recte* (*sed cf. ad Truc.* 655, *Merc.* 524): cuis (cuius TP^{CD}) *P* potuisse *A* 174 fans non edidicisti atque infans *P* 178 placidum] pelagus *A* 179 miser—amat *Lemniselenidi dant Ital.* nihil est *P* 180 nihili *A* ei] et *A* 181 liberam ea *P* (? *i.e.* libera mea) 182 aureis *A* sunt mandata *Ritschl*, *ut versus anapaesticus fiat* 183 planae (-ne P^{CD}) *P* hac *A* 184 tu *om.* *P* 187 Equidem *P* tute (*i.e.* tut') quod (*i.e.* quot) habeas hodie *P*

To. egon dem pignus tecum? Pa. audacter, si lubidost perdere.
To. bona pax sit potius. Pa. tum tu igitur sine me ire. To. et iubeo et sino;
sed ita uolo te: curre[re] ut domi sis, quom ego te esse illi censeam.
Pa. faciam. To. quó ergo is nunc? Pa. domum: uti domi sim, quom illi censeas.
To. scelu' tu pueri es atque ob istánc rem ego aliqui te peculiabo.
Pa. scio fide hercle erili ut soleat inpudicitia opprobrari
nec subigi queantur umquam ut pro ea fide habeant iudicem.
To. abi modo. Pa. ego laudabis faxo. To. sed has tabellas, Paegnium,
ipsi Lemniseleni fac des et quae iussi nuntiato.
So. cesso ire ego quo missa sum.
Pa. eo ego. To. i sane. ego domum ibo. face rem hanc cum cura geras.
uola curriculo.—Pa. istuc marinus passer per circum solet.

illic hinc abiit intro huc. sed quis haec est quae me aduorsum incedit?
So. Paegnium hicquidem est. Pa. Sophoclidisca haéc peculiarest eiius
quo ego sum missus. So. nullus esse hodie hoc puero peior perhibetur.
Pa. compellabo. So. commorandust. Pa. ⟨standumst⟩ apud hanc obicem.

188 lubidos est *P* 190 uolo] urolo *A* curre *scripsi*: curare *P*: currere *A* (*cf. Stich.* 285 currere *pro* curre *P*) 191 *duobus versiculis* Faciam, *et* Domi *A* 192 aliqui *Dousa*: aliquiṭ *A*: aliquid *P* 193 hercole *ut vid. A* 194 Ne *A* 195–247 *deest A* 195 ergo *cod.* 200 i. abiit (*i.e.* abît?) h. *cod.*: *trai. Ritschl* (*secundum morem Plautinum*) mi *Pradel de praep.* p. 485 203 *vel* commorandumst (*sed* c. '*manendum est*' *vix Plautinum*) standumst *add. Leo* hana *B* obicem (obiecem) *Valla*: obieci *cod.* (*pro* obiecim?) ob. ⟨gradus⟩ *Schoell*: obiēci ⟨moram⟩ *Pradel de praep.* p. 491 *fort.* compellabo. Pa. commorandumst — ⟨So. Paegnium!⟩ Pa. me apud h. obicem (iii. 2)

So. Paegnium, deliciae pueri, salue. quid agis? ut uales?
Pa. Sophoclidisca, di—me amabunt. So. quid me? Pa. utrum hercle illis lubet;
sed si ut digna's faciant, odio hercle habeant et faciant male.
So. mitte male loqui. Pa. quom ut digna's dico, bene, non male loquor.
So. quid agis? Pa. feminam scelestam te astans contra contuor.
So. certe equidem puerum peiorem quam te noui neminem.
Pa. quid male facio aut quoi male dico? So. quoi pol quomque occasio est.
Pa. nemo homo umquam ita arbitratust. So. at pol multi esse ita sciunt.
Pa. heia! So. beia! Pa. tuo ex ingenio mores alienos probas.
So. fateor e[r]go profecto me esse ut decet lenonis familiae.
Pa. sati' iam dictum habeo. So. sed quid tu? confitere ut te autumo?
Pa. fatear, si ita sim. So. iam abi, uicisti. Pa. abi nunciam ergo. So. hoc mi expedi,
quó agis? Pa. quo tu? So. dic tu. ⟨Pa. dic tu. So.⟩ prior rogaui. Pa. at post scies.
So. eo ego hinc hau longe. Pa. et quidem ego ⟨eo⟩ hau longe. So. quó ergo ⟨tu is⟩, scelus?
Pa. nisi scieró prius ex te, tu ex me numquam hoc quod rogitas scies.
So. numquam ecastor hodie scibis priu' quam ex ted audiuero.
Pa. itane est? So. itane est. Pa. mala's. So. scelestu's. Pa. decet me. So. me quidem hau decet.

205 iubet *cod.* 210 mali f. P^{CD} 213 ego *Camerarius*: ergo *cod.* 216 abis *var. lect. in* P^{CD} dic tu *add. Bentley* 217 eo *add. Ritschl* ego *B* tu is *add. Ritschl* (*spatium vacuum in cod.*) 219 ⟨ego⟩ ex te (te *etiam cod.*) *Kampmann* 220 maleas *B* (*pro* malas *corr.* mala es) h. d.] addecet *Bothe*

PA. quid ais? certumnest celare quó iter facias, pessuma?
SO. offirmastin occultare quo te immittas, pessume?
PA. par pari respondes dicto. ábi iam, quando ita certa rest.
nihili facio scire. ualeas. SO. asta. PA. at propero. SO. et pol ego item.
 PA. ecquid habes? SO. ecquid tu? PA. nil equidem.
  SO. cedo manum ergo. PA. estne haec manus?
 SO. ubi illa áltera est furtifica laeua? PA. dómi eccam. húc nullam attuli.
SO. habes nescioquid. PA. ne me attrecta, subigitatrix. SO. sin te amo?
PA. male operam locas. SO. qui? PA. quia enim nihil amas quom ingratum amas.
SO. temperi hanc uigilare oportet formulam atque aetatulam,
né, ubi uorsicapillus fias, foede semper seruias.
tuquidem haud etiam es octoginta pondo. PA. at confidentia
illa militia militatur multo magi' quam pondere.
atque ego hanc [nunc] óperam perdo. SO. quid iam? PA. quia peritae praedico.
sed ego cesso. SO. mane. PA. molesta es. SO. ergo ⟨ero⟩ quoque, nisi scio
quó agas te. PA. ad uos. SO. et pol ego ad uos. PA. quid eo? SO. quid id ad te attinet?
PA. enim non ibis nunc, uicissim nisi scio. SO. odiosu's. PA. lubet.

221 ⟨sed⟩ quid *Sonnenschein* certumne *Camerarius*: certum *cod.* 222 offirmasti *cod.* (? *pro* -mauisti) 223 *vel* res (res est *cod.*) 224 item *Camerarius*: ite *cod.* (ire P^{CD}) 225 *vix troch.* (*cum* ĕcquid tu) 226 eccillam *Mueller* 228 ingratu *cod.* 230 uorsicapillus *Ritschl*: capillus uersipellis *cod.* (*pro* uersipellis *corr.* uersicapillus ?) 232 mil. illa *Ritschl*: tua mil. *Schoell*: ea mil. *Enger* (*cf. ad Epid.* 135), *quibus* ílla mĭlítia *displicet* *vel* mage 233 nunc *del. Bothe.* *Credo in archetypo fuisse* $\overset{\text{hanc}}{\text{nunc}}$, *i. e.* nunc *corr. in* hanc, *nisi quidem vv.* 232–3 *iambici sunt* (*cum* illaec mil.) 234 ero *add. Bothe*

numquam hercle istuc exterebrabis, tú ut sis peior quam ego siem.
So. malitia certare tecum miseria est. Pa. mers tu mala es.
quid est quod metuas? So. idem istuc quod tu : mora. Pa. dic ergo. So. at uotita sum
ne hoc quoiquam homini edicerem, omnes muti ut loquerentur prius.
Pa. edictum est magno opere mihi, ne quoiquam hoc homini crederem,
omnes muti ut eloquerentur prius hoc quám ego. So. at tu hoc face :
fide data credamus. Pa. noui : omnes sunt lenae leuifidae,
neque tippulae leuius pondust quam fides lenonia.
So. dic amabo. Pa. dic amabo. So. nolo ames. Pa. facile impetras.
So. tecum habeto. Pa. et tú hoc taceto. So. tacitum erit. Pa. celabitur.
So. Toxilo has fero tabellas tuo ero. Pa. abi, eccillum domi.
at ego hánc ad Lemniselenem tuam eram opsignatam abietem.
So. quid istic scriptum? Pa. iuxta tecum, si tu nescis, nescio;
nisi fortasse blanda uerba. So. abeo. Pa. et ego abiero.— So. ambula.

Sagaristio iii

Ioui ópulento, incluto, Ópe gnato,
supremo, ualido, uiripotenti,
opes, spes bonas, copias commodanti
* lubens uitulorque merito,

237 peior *Camerarius* : prior *cod.* 239 mora *scripsi* : more n *T ut vid., om.* P^{BC} 240 *vel* dicerem 242 ut] *vel* uti eloquerentur *Mueller* : loquerentur *cod.* (*cf. ad Mil.* 476) 244 n. tippulae *Paul.* 366 : n. stipulae *cod.* (? *pro* nequest tippulae) *vel* pondus est (*ita cod.*) 248 *accedit A* ; *sed multa desunt in vv.* 251–8 hanc ⟨huc⟩ *Schoell* 250 et *Acidalius* : at *P*, *A n. l.* 254 *lacunam sign. ex A edd.*

quia meo amico amicitér hanc commoditatis copiam
danunt, argenti mutuí ut ei egenti opem adferam ;
quod ego non magi' somniabam neque opinabar neque censebam,
eam fore mihi occasionem, ea nunc quasi decidit de caelo ;
nam eru' meu' me Éretriam misit, domitos boues uti sibi mercarer,
dedit argentum, nam ibi mercatum dixit ess' dieseptumei :
stultus, qui hoc mihi daret argentum, quoius ingenium nouerat.
nam hoc argentum | alibi abutar : 'boues quos emerem non erant.'
nunc et amico prosperabo et genio meo multa bona faciam,
diu quo bene erit, die uno apsoluam : tuxtax tergo erit méo. non curo.
nunc amico hominibus domitis mea ex crumina largiar.
nam id demum lepidumst, triparcos homines, uetulos, auidos, ardos
bene admordere, qui salinum seruo opsignant cum sale.
uirtus est, ubi occasio
admonet, dispicere. quid faciet mihi ?
uerberibus caedi iusserit, compedis impingi. uapulet,
ne sibi me credat supplicem fore : uae illi ! nihil iam mihi noui
offerre potest quin sim peritus. sed Toxili puerum Paegnium eccum.

255 quia] quam *codd. Nonii* 510 256 utlegenti *P* 257 *vel* mage *vel* opinabam 258, 259 *inverso ordine P* (*v.* 258 *prius omisso propter homoeoarch.* ? ii. 6) 259 num *P* *vel* ut (*rhythmo favente*) 260 die esse s *Bothe* 262 abutar alibi *Guietus* *fort.* aliubi ab. 263 et *om. A* amico [meo] *P* 264 quod *P* 265 homiṇi biṇiṣ (*vix* bibus) *A* : homini bubus (*T ut vid.*) *vel* hominibus (*P*^BC) *P* (*cf. Class. Rev.* 10, 333) : homini ibus *Sonnenschein* 267 quis alienum *P* 268 *vix* uirtust 269 imponi *P* 270 mihi iam nihil *P* 271 offerri *P*, *fort. recte*

PAEGNIVM SAGARISTIO iv

PA. Pensum meum quod datumst confeci. nunc domum propero. SAG. mane, etsi properas.
Paegnium, ausculta. PA. emere oportet, quem tibi oboedire uelis. SAG. asta.
PA. exhibeas molestiam, | ut opinor, si quid debeam,
qui nunc sic tamen es molestus. SAG. scelerate, etiam respicis?
PA. scio ego quid sim aetatis, eo istuc maledictum inpune auferes.
SAG. ubi Toxilús est tuos erus?
277^{a} PA. ubi illi lubet, nec
277^{b} te consulit. SAG. etiam
dicis ubi sit, uenefice?
PA. nescio, inquam, ulmitriba tu.

SAG. male dicis maiori. PA. prior promeritus perpetiare.
280^{a} seruam operam, linguam liberám eru' iussit med habere.
SAG. dicisne mi ubi sit Toxilus? PA. dico ut perpetuo pereas.
SAG. caedere hodie tu restibus. PA. tua quídem, cucule, caussa!
non hercle, si os perciderim tibi, metuam, morticine.
SAG. uideo ego te: iam incubitatus es. PA. ita sum. quid id attinet ad te?
at non sum, ita ut tu, gratiis. SAG. confidens. PA. sum hercle uero.
nam ego me confido liberum fore, tu te numquam speras.
SAG. potin ut molestus ne sies? PA. quod dicis facere non quis.

272 *vel troch.* d. p.] pro domum cero[domum] *ut vid. P* (*pro* pro pero? v. 3) 273 astas *A* 274 *fort.* m. ⟨mi⟩ *vel* uti *vel* opino 275 tam *P* 278 edicis *P* *de* ubĭ *cf. ad Bacch.* 1068 280ª liberam] operam *A* (v. 4) me iussit P^{CD} 281 *vel* dicin *vel* mihi 283 morticẹine *A* 284 es] sum *A* (*cf.* 285) an te attinet *A*, *unde* ad te attingit *Mueller*: attinet te (*del.* ad) *Bothe*, *nam* áttinet ád *displicet* 285 sum *pr. om. A* (*cf.* 284) ut] ui *P* (I *pro* T) 286 foret (fore P^{CD}) ut enumquam P^{BC}

Sag. abi in malam rem. Pa. at tu domum: nam ibi tibi parata praestost.
Sag. uadatur hic me. Pa. utinam uades desint, in carcere ut sis.
Sag. quid hoc? Pa. quid est? Sag. etiam, scelus, male loquere? Pa. tandem uti líceat,
quom seruos sis, seruom tibi male dicere. Sag. itane? specta
quid dedero. Pa. nihil, nam nihil habes. Sag. di deaeque me omnes perdant—
Pa. amicus sum, eueniant uolo tibi quae optas. Sag. atque id fiat,
nisi te hodie, si prehendero, defigam in terram colapheis.
Pa. tun me defigas? te cruci ipsum adfigent propediem aliei.
Sag. qui te di deaeque—scis quid hinc porro dicturus fuerim,
ni linguae moderari queam. potin abeas? Pa. abigis facile.
nam umbra mea hic intus uapulat.—Sag. ut istúnc di deaeque perdant!
tamquam proserpens bestiast bilinguis et scelestus.
hercle istum abiisse gaudeo. foris áperit, eccere autem
quem conuenire maxume cupiebam egreditur intus.

v Toxilvs Sophoclidisca Sagaristio

To. Paratum iam esse dicito unde argentum sit futurum,
iubeto habere animum bonum, dic me illam amare multum;
ubi se adiuuat, ibi me adiuuat. quae dixi ut nuntiares,
satin éa tenes? So. magi' calleo quam aprugnum callum callet.—
To. propera, ábi domum. Sag. nunc huic ego graphice facetus fiam.

289 desinit *A* 292 te *P* 293, 294 *inverso ordine P* 293 eueniat *A* 294 deferam *A* 295 Tunc *P* propediem adfigent *P* 296 Quin *P* 297 moderaris (? -rei) quiam *A* 298 hic *vel* iam *A* : *om. P* 299 bestiae (? *pro* bestia ē, *i. e.* est) *P* 300 illum *P* fores *P* 301 cum uenire *P* (*pro* c̄, *i. e.* con-) 302 dicto *P* 304 adluat ibi me adluat *P* 305 satine t. *A* *vel* mage : plus *codd. Nonii* 258 306 ego huic *P* ⟨nunc⟩ nunc ego huic *Kaempf*

subnixis alis me inferam atque amicibor gloriose.
To. sed quis hic ansatus ambulat? Sag. magnufice conscreabor.
To. Sagaristio hicquidemst. quid agitur, Sagaristio? ut ualetur?
ecquid, quod mandaui tibi, estne ín te speculaé? Sag. adito.
uidebitur. factum uolo. uenito. promoneto.
To. quid hoc híc in collo tibi tumet? Sag. uomicast, pressare parce;
nam ubi qui mala tangit manu, dolores cooriuntur.
To. quando istaec innatast tibí? Sag. hodie. To. secari iubeas.
Sag. metuo ne inmaturam secem, ne exhibeat plus negotei.
To. inspicere morbum tuom lubet. Sag. ah ah! abi atque caue sis
a cornu. To. quid iam? Sag. quia boues bini hic sunt in crumina.
To. emitte sodes, ne enices fame; sine ire pastum.
Sag. enim metuo ut possiem in bubile reïcere, ne uagentur.
To. ego reiciam. habe animum bonum. Sag. credetur, commodabo.
sequere hac sis. argentum hic inest quod mecum dudum orasti.
To. quid tú ais? Sag. dominus me boues mercatum Eretriam misit.
nunc mi Eretria erit haec tua domus. To. nimi' tu facete loquere.

308, 309 *inverso ordine A* 308 ansatus] conatus *codd. Nonii* 479 conscreabor *Nonius*: concrẹạbọr *A*: constabor (contestabor *D*) *P* 310 *rhythmus displicet* *vel* speculai 313 tetigit *P* 316 iubẹt *A* ah ah abi] ahbi *P* 319 *vel* possim (*ita codd.*) (*cum* enim *metribrach.*) bubilem *P* reîc. in bub. *Bothe* uiagentur *P* 320 creditur *P*, *A n. l.* (*pro* ·detur? i. 3) 321 seque *P* quod me dudum rogasti *P* (v. 1, p. 65) 322 boues] uobis *P*

atque égo omne árgentum tibi hoc actutum incolume redigam;
nam iam omnis sycophantias instruxi et comparaui
quo pacto ab lenone auferam hoc argentum—SAG. tanto melior.
TO. et mulier ut sit libera atque ipse ultro det argentum.
sed sequere me : ad eam rem usus est tua míhi opera.—SAG. utere ut uis.—

ACTVS III

III. i SATVRIO VIRGO

SAT. Quae res bene uortat mihi et tibi et uentri meo
perennitatique adeo huic, perpetuo cibus
ut mihi supersit, suppetat, superstitet :
sequere hac, mea gnata, me, cum dis uolentibus.
quoi rei opera detur scis, tenes, intellegis;
communicaui tecum consilia omnia.
ea caússa ad hoc exemplum te exornaui ego.
uenibis tu hodie, uirgo. VI. amabo, mi pater,
quamquam lubenter escis alienis studes,
tuin uéntris caussa filiam uendas tuam?
SAT. mirum quin regi' Philippi caussa aut Attali
te potius uendam quam mea, quae sis mea.
VI. utrum pro ancilla mé habes an pro filia?
SAT. utrum hercle magis in uentris rem uidebitur.
meum, opino, imperiumst in te, non in me tibi[st].
VI. tua istaéc potestas est, pater. uerum tamen,
quamquam res nostrae sunt, pater, pauperculae,
modice et modeste meliust uitam uiuere;

324 hoc tutum (hoc totum *T*) *P* ⟨hoc⟩ o. a. t. hoc (*i. e.* huc) *Mueller* 325 omneis *A* 328 *vel* mi uter *A* 330 perennitatis que *P* cibo *codd.* : *corr. Leo* perennitassitque adeo huic perpetuom cibum *Buecheler* 335 exemptum *A* 338 tui uentris causam *A* uendis *P* (?*pro* uendes) 341 u. tu pro *P*, *sed* utrŭm tu *vix ferendum* 343 opinor *codd.* tibi *A* 346 modeste est melius *codd. Nonii* 342

nam ad paupertatem si admigrant infamiae,
grauior paupertas fit, fides sublestior.
SAT. enim uero odiosa es. VI. non sum neque me esse arbitror,
quom parua natu recte praecipio patri.
nam inimici famam non ita ut natast ferunt.
SAT. ferant eantque maxumam malam crucem;
non ego inimicítias omnis plure existumo
quam mensa inanis nunc si apponatur mihi.
VI. pater, hominum inmortalis est infamia;
etiam tum uiuit quom esse credas mortuam.
SAT. quid? metuis ne te uendam? VI. non metuo, pater.
uerum insimulari nolo. SAT. at nequiquam neuis.
meo modo istuc potius fiet quam tuo.
VI. fiat. SAT. quae hae res sunt? VI. cogita hoc uerbum, pater:
eru' si minatus est malum seruo suo,
tam etsi id futurum non est, ubi captumst flagrum,
dum tunicas ponit, quanta adficitur miseria!
ego nunc quod non futurumst formido tamen.
SAT. uirgo atque mulier nulla erit quin sit mala,
quae praeter sapiet quam placet parentibus.
VI. uirgo atque mulier nulla erit quin sit mala,
quae reticet si quid fieri peruorse uidet.
SAT. malo cauere meliust te. VI. at si non licet
cauere, quid agam? nam ego tibi cautum uolo.
SAT. malu'ne égo sum? VI. non es ṇeque me dignumst dicere,

347 immigrant *cod. Festi* 294 nam ubi ad p. accessit infamia *Nonius* 177, *vix recte* 348 paupertas grauior *codd. Nonii* 349 me *om. A* 350 qum *A* 352 [in] max. *P* 353 plure *Charisii* 109, 211 *huc rettulit Seyffert*: pluris *codd.* aestimo *Pylades* 362 tamenetsi *P*: tamenesi *A*, *fort. recte* (*i. e.* tamen si) id futurum] aurus A^{1} (*vix pro* habiturus) 367 erat *P* 369 liceat *A* 371 eṣt *A*

uerum ei rei operam do ne alii dicant quibu' licet.
SAT. dicat quod quisque uolt; ego de hac sententia
non demouebor. VI. at, meo sí liceat modo,
sapienter potius facias quam stulte. SAT. lubet.
VI. lubere tibi per me licere intellego;
uerum lubere hau liceat, si lubeat mihi.
SAT. futura es dicto oboediens an non patri?
VI. futura. SAT. scis nam tibi quae praecepi? VI. omnia.
SAT. et ut uí surrupta fueris? VI. docte calleo.
SAT. et qui parentes fuerint? VI. habeo in memoria.
necessitate me mala ut fiam facis.
uerum uideto, me ubi uoles nuptum dare,
ne haec fama faciat repudiosas nuptias.
SAT. tace, stúlta. non tu nunc hominum mores uides,
quoiiu' modi hic cum mala fáma facile nubitur?
dum dos sit, nullum uitium uitio uortitur.
VI. ergo istuc facito ut ueniat in mentem tibi
me esse indotatam. SAT. caue sis tu istuc dixeris.
pol deum uirtute dicam et maiorum meum,
ne te indotatam dicas quoi dos sit domi:
librorum eccillum hábeo plenum soracum.
si hoc adcurassis lepide, quoi rei operam damus,
dabuntur dotis tibi inde sescenti logei
atque Attici omnes; nullum Siculum acceperis:
cum hac dote poteris uel mendico nubere.
VI. quin tu me ducis, si quo ducturu's, pater?
uel tu me uende uel facé—quid tibi lubet.

372 uirum *P* 376 per me tibi *P* 377 liceat si liceat *A*: lubeat si liceat *Pistoris*, *cf. Gray* (*Class. Rev.* 14, 24) 379 nam *displicet*: iam *Seyffert* 380 et id ut s. *P* 386 quoiuis m. *Guietus* 387 sit] ẹt *A* 390 dicọ *A* 391 ni *A* 392 eccillud *Sonnenschein* (*Class. Rev.* 6, 400), (*ex Paulo* 296, *qui tamen* soracum *pro* soracus *perperam posuisse videtur; cf. Class. Rev.* 5, 9) plenum [illum] *A*: *fort.* plellum (*cf. Poen.* 314) 394 longi *P* 398 ⟨me⟩ face *Ritschl*

SAT. bonum aequomque oras. sequere hac.—VI. dicto sum audiens.—

DORDALVS ii

Quidnam esse acturum hunc dicam uicinum meum,
qui mihi iuratust sese hodie argentum dare?
quod si non dederit atque hic dies praeterierit,
ego argentum, ille iusiurandum amiserit.
sed ibi concrepuit fori'. quisnam egreditur foras?

TOXILVS DORDALVS iii

TO. Curate isti intus, iam ego domum me recipiam. DO. oh,
Toxile, quid agitur? TO. oh, lutum lenonium,
commixtum caeno sterculinum publicum,
inpure, inhoneste, iniure, inlex, labes popli,
pecuniai accipiter auide atque inuide,
procax, rapax, trahax—trecentis versibus
tuas ínpuritias traloqui nemo potest—
accipin argentum? accipe sis argentum, inpudens,
tene sis argentum, etiam tu argentum tenes?
possum te facere ut argentum accipias, lutum?
non mihi censebas copiam argenti fore,
qui nisi iurato mihi nil ausu's credere?
DO. sine respirare me, ut tibi respondeam.
uir summe populi, stabulum seruitricium,
scortorum liberator, suduculum flagri,
compedium tritor, pistrinorum ciuitas,
perenniserue, lurcho, edax, furax, fugax,
cedo sis mi argentum, da mihi argentum, inpudens,

399 hac endicto *A* (en *pro personae nota*?) audi eas *P* 400 dicat hunc *A* 401 se *A*, *fort. recte* 408 iniure] periure *A* (v. 1; *cf. Paulus* 110) 409 pecunias *Buecheler* (-ae *codd.*) 415 *om. P* 417 tibi ut *P* 418 seruitritium *codd.* 419 subiculum *P* 420 ciuilas *A* 421 lyṛchẹ *A* : lurch *ut vid. P*

possum [a] te exigere argentum? argentum, inquam, cedo,
quin tu mi argentum reddis? nihilne te pudet?
leno te argentum poscit, solida seruitus,
pro liberanda amica, ut omnes audiant.
To. tace, opsecro hercle. ne tua uox ualide ualet!
Do. referundae ego habeo linguam natam gratiae.
eodem mihi pretio sal praehibetur quo tibi.
nisi me haec defendet, numquam delinget salem.
To. iam omitte iratus esse. id tibi suscensui
quia te negabas credere argentum mihi.
Do. mirum quin tibi ego crederém, ut idem mihi
faceres quod partim faciunt argentarii:
ubi quid credideris, citius extemplo [a] foro
fugiunt quam ex porta ludis quom emissust lepus.
To. cape hoc sis. Do. quin das? To. nummi sescenti hic erunt,
probi, numerati. fac sit mulier libera
atque huc continuo adduce. Do. iam faxo hic erit.
non hercle quoi nunc hoc dem spectandum scio.
To. fortasse metuis in manum concredere?
Do. mirum quom citius iam a foro argentarii
abeunt quam in cursu rotula circumuortitur.
To. abi istác trauorsis angiportis ad forum;
eadem istaec facito mulier ad me transeat
per hortum. Do. iam hic faxo aderit. To. at ne propalam.
Do. sapienter sane. To. supplicatum cras eat.
Do. ita hercle uero.—To. dum stas, reditum oportuit.

423 a *om. A* (*cf.* 435) 424 nihilne] nihil ni *P* 430 haec me *A* 431 omitto *P* 432 te] ṭụ *A* 433 ut ⟨tu⟩ *Bothe* 435 a *om. A* 436 quom emissust] eṃịṣṣus *A* 437 sape *corr.* cape *P, ui vid.* 439 (ad)duc̣eị *A* 442 mirum quin *A* (*pro* qum) (*cf. Journ. Phil.* 26, 289) 444–78 *deest A*

ACTVS IV

TOXILVS IV. i

Si quam rem accures sobrie aut frugaliter,
solet illa recte sub manus succedere.
atque edepol ferme ut quisque rem accurat suam,
sic ei procedit postprincipio denique,
si malus aut nequamst, male res uortunt quas agit,
sin autem frugist, eueniunt frugaliter.
hanc ego rem exorsus sum facete et callide,
igitur prouenturam bene confido mihi.
nunc ego lenonem ita hodie intricatum dabo,
ut ipsus sese qua se expediat nesciat.
Sagaristio, heus, exi atque educe uirginem
et istás tabellas quas consignaui tibi,
quas tu attulisti mi ab ero meo usque e Persia.

SAGARISTIO TOXILVS ii

SAG. Numquid moror? To. eúgae, eugae! exornatu's basilice;
tiara ornatum lepida condecorat schema.
tum hanc hospitam autem crepidula ut graphice decet!
sed satin estis meditati? SAG. tragici et comici
numquam aeque sunt meditati. To. lepide hercle adiuuas.
age, illúc apscede procul e conspectu, tace.
ubi cum lenone me uidebis conloqui
id erit adeundi tempus. nunc agerite uos.

451 ferme *Scaliger*: firme *cod.* 452 *vel ante* denique *distingue* 456 bene pr. *Bothe, cui* -turám *displicet* 463 tiara ornatum lepide condecorat tuum *cod.*: theatrum lepida condecorat schema *codd. Prisciani* I, 200 *qui testatur* schema *primae decl. et gen. fem.* tiaratum *Schoell* 467, 468 (*cf.* 727, 728) *secl. Ussing* 467 aspice deprocul inconspectum t. *cod.*

iii DORDALVS TOXILVS

Do. Quoí homini di propitii sunt, aliquid obiciunt lucri;
nam ego hodie compendi feci binos panis in dies.
ita ancilla mea quae fuit hodie, sua nunc est: argento uicit;
iám hodie alienum cenabit, nihil gustabit de meo.
sumne probus, sum lepidus ciuis, qui Atticam hodie ciuitatem
maxumam maiorem feci atque auxi ciui femina?
sed ut ego hodie fui benignus, ut ego multis credidi!
nec satis a quiquam homine accepi: ita prosum credebam omnibus;
nec metuo, quibu' credidi hodie, ne quis mihi in iure abiurassit:
bonu' uolo iam ex hoc die esse—quod neque fiet neque fuit.
To. hunc hominem ego hodie in trasennam doctis deducam dolis,
itaque huic insidiae paratae sunt probe. adgrediar uirum.
quid agis? Do. credo. To. únde agis te, Dordalé? Do. credo tibi.
di dent quae uelis. To. eho, an iám manu emisisti mulierem?
Do. credo edepol, credo, inquam, tibi. To. iam liberta auctu's? Do. enicas.
quin tibi me dico crederé. To. dic bona fide: iam liberast? Do. ⟨pol aio.⟩
í ad forum ad praetorem, exquire, siquidem credere mihi non uis.
libera, inquamst: ecquid audis? To. at tibi di bene faciant omnes!
numquam enim posthac tibi nec tuorum quoiquam quod nolis uolam.
Do. abi, ne iura, sati' credo.

471 binons *P* 479 *accedit A* 480 ducam *P* 483 mullirẹm *A* 485, 486 . olẹṭ . . *A* (pol aio *vel* doletne *vel* Do. olim): *om. P* 487 ii *P* (*vel pro* ei, *i. e.* i, *vel pro* i, i) e praetore *A* mihi credere *A* 489 quoiquam *Lambinus*: quiquam *A*: *om. P* 489, 490 *coniungit A*

To. ubi nunc tua libertast? Do. apud te. To. ain, apud mest? Do. aio, inquam, apud te est, inquam.
To. ita me di amént ut ob istanc rem tibi multa bona instant a me.
nam est res quaedam quam occultabam tibi dicere: nunc eam narrabo,
und' tu pergrande lucrum facias: faciam ut mei memineris, dum uitam
uiuas. Do. bene dictis tuis bene facta aures meae aúxilium exposcunt.
To. tuom promeritumst merito ut faciám. et ut me scias esse ita facturum,
  tabellas tene has, pellegé. Do. hae quid ád mé? To. immo ad te attinent et tua re
  fert, nam ex Persia ad med adlatae modo sunt istaec a meo ero. Do. quando? To. hau dudum.
Do. quid istae narrant? To. percontare ex ipsis: ipsae tibi narrabunt.
Do. cedo sane mihi. To. at clare recitato. Do. tace, dum pellego. To. recita: haú uerbum faciam.
  Do. 'salutem dicit Toxilo Timarchides
  et familiae omni. si ualetis, gaudeo.
  ego ualeo recte et rem gero et facio lucrum
  neque istóc redire his octo possum mensibus,
  itaque hic est quod me detinet negotium.
  Chrysopolim Persae cepere urbem in Arabia,
  plenam bonarum rerum atque antiquom oppidum:
  ea comportatur praeda, ut fiat auctio

491 libertas *P* 493 ea *codd. Nonii* 210 494 pergrandem *Nonius testatus gen. masc.*, *sed* lucrŭm f. *displicet* 495 uiuas *priori v. adhaeret A* (*et P* ?) dicis *P* facta] actis *A* expostulant *P* 496 ita *om. P* 497 istae *Bach*: hae! (*interiect.*) *Seyffert* alienent *A* 498 nam ex Persia sunt istaec allatạẹ mihi ạ mẹọ (er)o *A* (*anap.*): nam e persia ad me allatae modo sunt istae a meo domino *P*: *bacch. heptametr. scripsi* 499 *vel* istaec 500 recita *om. P* 504 isto reddere *P* 505 detenet *A* 506 Cleusipolim *P* 508 comparatur *P*

publicitus ; ea res me domo expertem facit.
operam atque hospitium ego isti praehiberi uolo
qui tibi tabellas adfert. cura quae is uolet,
nam is míhi honóres suae domi habuit maxumos.'
Do. quid id ad me aut ad meam rem refert Persae quid rerum gerant
aut quid eru' tuo'? To. tace, stultiloque ; nescis quid te instet boni
neque quam tibi Fortuna faculam lucriferam adlucere uolt.
Do. quaé istaec lucrifera est Fortuna? To. ístas quae norunt roga.
ego tantumdem scio quantum tu, nisi quod pellegi prior.
sed, ut occepisti, ex tabellis nosce rem. Do. bene me mones.
fac silentium. To. nunc ad illud uenies quod refert tua.
Do. 'ist' qui tabellas adfert adduxit simul
forma expetenda liberalem uirginem,
furtiuam, abductam ex Arabia penitissuma ;
eam te uolo curare ut istic ueneat.
ac suo periclo is emat qui eam mercabitur :
mancupio neque promittet neque quisquam dabit.
probum et numeratum argentum ut accipiat face.
haec cura et hospes cura ut curetur. uale.'
To. quid igitur? postquam recitasti quod erat cerae creditum,
iam mihi credis? Do. ubi nunc illest hospes qui hasce huc attulit?
To. iam hic credo aderit: arcessiuit illam a naui. Do. nil mi opust

511 offert *A* uelit *A* 512 mi hic *Redslob* 513 ẹam *A* 515 nequiquam *P* lucificam *P* (*pro* lucrificam) : lucrifera *Ritschl* 516 fo. lucrifica est *P* 519 uentes *P* 521 uirginem] mulierem *P* 522 adductam (aduectam *B*) *P*, *codd. Prisciani* 1, 99 523 accurare *P* *vel* isti ueniat *A* 524 eam *om. A*, *unde* is eam emat qui m. *Ritschl*, *rhythmo consulens* (*nam* periculo *vix ferendum*) 525 promittịs *A* (-tes ?) 529 huc *om. P*

litibus neque tricis. quámobrem ego argentum enumerem foras?
nisi mancupio accipio, quid eo mihi opust mercimonio?
To. tacen an non taces? numquam ego te tam esse matulam credidi.
quid? metuis? Do. metuo hercle uero. sensi ego iam compluriens,
neque mi haud inperito eueniet tali ut in luto haeream.
To. nihil pericli mihi uidetur. Do. scio istuc, sed metuo mihi.
To. mea quidem istuc nihil refert: tuá ego hoc facio gratia,
ut tibi recte conciliandi primo facerem copiam.
Do. gratiam habeo. sed te de aliis quam alios de te suauiust
fieri doctos. To. ne quis uero ex Arabia penitissuma
persequatur. etiam tu illam destinas? Do. uideam modo
mercimonium. To. aequa dicis. sed optume eccum ipse aduenit
hospes ille qui has tabellas attulit. Do. hicinest? To. hic est.
Do. haecine illást furtiua uirgo? To. iuxta tecum aeque scio,
nisi quia specie quidem edepol liberalist, quisquis est.
Do. sat edepol concinnast facie. To. út contemptim carnufex!
taciti contemplemus formam. Do. laudo consilium tuom.

SAGARISTIO VIRGO TOXILVS DORDALVS iv

SAG. Satin Athenae tibi sunt uisae fortunatae atque opiparae?
VI. urbis speciem uidi, hóminum mores perspexi parum.
To. numquid in príncipio cessauit uerbum docte dicere?
Do. hau potui etiam in primo uerbo perspicere sapientiam.

531 numerum *P* 532 opus *P* 534 *vel sic distingue* quid metuis? iam *om. Gellius Noct. Att.* 5, 21, 16 (*unde hausit Nonius* 87) (*neglegens citatio*) 535 ludo *P* 536 p. u. (*om.* mihi) *P* 537 quidem ⟨hercle⟩ *Mueller* hoc facio] refero *P* (v. 4) 539, 540 alios de te] ḍẹ te alios *A* 541 barbaria *P* 543 adunt *P* (*pro* adūit, *i. e.* aduenit?) 546 es *P* 547 concinnast *Camerarius*: concinnas *P*, *A n. l.* (*cf.* 491) 548 contemplemur *codd.* 549 sunt *om. P* (vii, p. 96) 550 hominum ⟨horum⟩ *Mueller* (*Rhein. Mus.* 54, 527): hominum ⟨autem⟩ *Schoell* (*A n. l.*) prospexi *P*

SAG. quid id quod uidisti? ut munitum muro tibi uisum oppidumst?
VI. si incolae bene sunt morati, id pulchre moenitum arbitror.
perfidia et peculatus ex urbe et auaritia si exsulant,
quarta inuidia, quinta ambitio, sexta óptrectatio,
septumum peiiurium,—TO. eugae! VI. octaua indiligentia,
nona iniuria, decumum, quod pessumum adgressust, scelus:
haec unde aberunt, ea urbs moenita muro sat erit simplici;
ubi ea aderúnt, centumplex murus rebus seruandis parumst.
TO. quid ais tu? DO. quid uis? TO. tu in illis es decem sodalibus:
té in exsilium ire hinc oportet. DO. quid iam? TO. quia peiiurus es.
DO. uerba quidem haud indocte fecit. TO. ex tuo, inquam, usust: eme hanc.
DO. edepol qui quom hanc magi' contemplo, magi' placet. TO. si hanc emeris,
di inmortales! nullus leno te alter erit opulentior.
euortes tuo arbitratu hómines fundis, familiis;
cum optumis uiris rem habebis, gratiam cupient tuam:
uenient ad te comissatum. DO. at ego intro mitti uotuero.
TO. at enim illi noctu occentabunt ostium, exurent fores:
proin tu tibi iubeás concludi aédis foribus ferreis,
ferreas aedis commutes, limina indas ferrea,
ferream seram atque anellum; ne sis ferro parseris:
ferreas tute tibi impingi iubeas crassas compedis.
DO. i sis [in] malum cruciátum. TO. i sane tú—hanc eme; ausculta mihi.

553 uisumst oppidum *P* (*cf. ad Merc.* 330) 554 id *om. P* 556 ambitio] arbitrio *A* 557 *vix* SAG. eugae 558 adgressu *P* (iii. 3) 559–60 ea urbs . . . aderunt *om. P* (*propter homoeotel.*) 559 *fort.* moero 560 aberunt *A* murum *A* 562 ire hinc] h— *A* (*i. e.* hinc ire) 563 ussut *B* (*pro* ussust ?) 564 *vel* mage c. mage 568 uotuero *Camerarius* : uoluero *A* : *om. P* 572 anellum *Bothe* : anulum *codd.* 573 tulte *A* coṇpẹdis crassas *A* 574 i sis in *A* : i in *P*: in *seclusi* : *fort.* in' (tu) ḥ(an)c emẹ au. *A* : hanc eme (*sed* eme hanc *T*) atque au. *P*

Do. modo uti sciam quanti indicet. To. uin huc uocem? Do. ego illo accessero.
To. quid agis, hospes? Sag. uenio, adduco hanc ad te, ut dudum dixeram.
nám heri in portum noctu nauis uenit. ueniri hanc uolo,
si potest; si non potest, iri hinc uolo quantum potest.
Do. saluos sis, adulescens. Sag. siquidem hanc uendidero pretio suo.
To. atqui aut hoc emptore uendes pulchre aut alio non potis.
Sag. esne tu huic amicus? To. tam quam di omnes qui caelum colunt.
Do. tum tu mihi es inimicus certus. nam generi lenonio
numquam ullus deu' tam benignus fuit qui fúerit propitius.
Sag. hoc age. opusnest hac tibi empta? Do. si tibi uenissest opus,
mihi quoque emptast; si tibi subiti nihil est, tantumdemst mihi.
Sag. indica, fac pretium. Do. tua mers est, tua indicatiost.
To. aequom hic orat. Sag. uin bene emere? Do. uin tu pulchre uendere?
To. ego scio hercle utrumque uelle. Do. age, indica prognariter.
Sag. priu' dico: hanc mancupio nemo tibi dabit. iam scis? Do. scio.
indica minimo daturus qui sis, qui duci queat.
To. tace, tace. nimi' tu quidem hercle homo stúltus es pueriliter.
Do. quid ita? To. quia enim te ex puella priu' percontari uolo

576 agis] ais *P ut vid.* ad te *om. P* 578 ire *P* 580 potis *vel* potist *A* : potes *P* 581 estne *codd.* 584 hac] haec *P* 585 subiti *om. A* (iii. 1) 586 To. fac *vel* i fac *A* 591 hercle *om. A* est *codd.* 592 ex puella te *A*

quae ad rem referunt. Do. atque hercle tu me monuisti hau male.
uide sis, ego ille doctus leno paene in foueam decidi,
ni hic adesses. quantum est adhibere hominem amicum ubi quid geras!
To. quo genere aut qua in patria nata sit aut quibu' parentibus,
ne temere hanc te emisse dicas mé impulsore aut inlice,
uolo te percontari. Do. quin laudo, inquam, consilium tuom.
To. nisi molestum est, percontari hanc paucis hic uolt. Sag. maxume,
suo arbitratu. To. quid stas? adi sis tute atque ipse itidem roga
ut tibi percontari liceat quae uelis; etsi mihi
dixit dare potestatem eiius; sed ego te malo tamen
eumpse adire, ut ne contemnat te ille. Do. sati' recte mones.
hospes, uolo ego hanc percontari. Sag. a terra ad caelum, quidlubet.
Do. iube dum ea huc accedat ad me. Sag. i sane ac morem illi gere.
percontare, exquire quiduis. To. age, age nunc tu, in proelium
uide ut ingrediare auspicato. Vi. liquidumst auspicium, tace.
curabo ut praedati pulchre ad castra conuortamini.
To. concede istuc, ego illam adducam. Do. age, ut rem esse in nostram putas.

593 reperạnt *A* atque] et qui *P* 594 ego ille doctus] (ne) ịllẹ (d)ọrtus *A* leno [ẹt] *A* 595 hominem amicum adhibere *A* gerat *A* 597 d. suasu atque inpulsu meo *P* 598 *om.* *P* 600 abi (*om.* sis) *P* 604 percontirị *A* 605 eam *Redslob* hoc *A* (*antiqua forma*) 608 *om.* *P* 609 istuc] sis iam (si suam *B*) *P* putras *A*

To. ehodum huc, uirgo. uide sis quid agas. Vi. taceas, curabo ut uoles.
To. sequere me. adduco hanc, si quid uis ex hac percontarier.
Do. enim uolo te adesse. To. hau possum quin huic operam dem hospiti,
quoí erus iussit. quid si hic non uolt me una adesse? Sag. immo i modo.
To. do tibi ego operam. Do. tibi ibidem das, ubi tu tuom amicum adiuuas.
Sag. exquire. To. heus tu, aduigila. Vi. satis est dictum: quamquam ego serua sum,
scio ego officium meum, ut quae rogiter uera, ut accepi, eloquar.
To. uirgo, híc homo probus est. Vi. credo. To. non diu apud hunc seruies.
Vi. ita pol spero, si parentes facient officium suom.
Do. nolo ego te mirari, si nos ex te percontabimur
aut patriam tuam aut parentes. Vi. qur ego hic mirer, mi homo?
seruitus mea mi interdixit ne quid mirer meum malum.
Do. noli flere. To. ah, di istam perdant! ita catast et callida.
ut sapiens habet cór, quam dicit quod opust! Do. quid nomen tibist?
To. nunc metuo ne peccet. Vi. Lucridi nomen in patria fuit.
To. nomen atque omen quantiuis iam est preti. quin tu hanc emis?
nimi' pauebam ne peccaret. expediuit. Do. si te emam,

610 *om. P*, *cf. Gray* (*Class. Rev.* 14, 24) 612 hu *A* 613 adesse una *P* 614 ego tibi *P* 616 rogiter *A ut vid.* (-tet?): rogitet *P* 619 minari *P* 620 hic] id *P* homo mi *A* 623 ut sapiens] iens (*post lacunam*) *P* (nec dolens *T*, *om.* P^{BC}) quod n. *A* 624 nunc] nonte *P* lucridei *A* 625 tam *an* iam *incert. A* : *om. P*

mihi quoque Lucridem confido fore te. To. tu si hanc emeris,
numquam hercle hunc mensem uortentem, credo, seruibit tibi.
Do. ita uelim quidem hercle. To. optata ut eueniant operam addito.
nihil adhuc peccauit etiam. Do. ubi tu nata es? Vi. ut mihi
mater dixit, in culina, in angulo ad laeuam manum.
To. haec erit tibi fausta meretrix: natast in calido loco,
ubi rerum omnium bonarum copiast saepissuma.
tactus lenost; qui rogaret ubi nata esset diceret,
lepide lusit. Do. at ego patriam te rogo quae sit tua.
Vi. quae mihi sit, nisi haec ubi nunc sum? Do. at ego illam quaero quae fuit.
Vi. omne ego pro nihilo esse duco quod fuit, quando fuit:
tamquam hominem, quando animam ecflauit, quid eum quaeras qui fuit?
To. ita me di bene ament, sapienter! atque eo miseret tamen.
sed tamen, uirgo, quae patriast tua, age mi actutum expedi.
quid taces? Vi. dico equidem: quando hic seruio, haec patriast mea.
To. iam de istoc rogare omitte (non uides nolle eloqui?)
ne suarúm se miseriarum in memoriam inducas. Do. quid est?
captusne est pater? Vi. non captus, sed quod habuit [id] perdidit.

627 fore te] forte *A* 629 ut optata eueniant *A*: opta ut eueniant (conueniant P^{BC}) *P* 632 callido *P* 633 sepissime (sepisse *B*) *P* 634 tactus est leno *P* rogarit *A*: rogarat *Camerarius* 635 te rogo] qu(ae)so *A* (*seq.* quae sit) 636 qui f. *A* (*ex* 638) 637 ducto *P* 639 eo] equidem *P* (? *pro* quidem; *cf. Skutsch, Herm.* 32, 94; *an pro* (ac) mequidem? *Cf. ad Stich.* 329) 641 quando] [patriam] quandoquidem *P* (iv. 1) haec] hac (B^1) *vel* has (B^2P^{CD}) *P* 642–56 *pauca in versuum initiis servata A* 642 eloqui *Camerarius*: loqui *P*, *A n. l.* 643 inducat *Dousa* (*A n. l.*) 644 id *del. Bothe* (*A n. l.*): *ante* quod *trai. Schoell*

To. haec erit bono génere nata : nihil scit nisi uerum loqui.
Do. quis fuit? dic nomen. Vi. quid illum miserum memorem qui fuit?
nunc et illum Miserum et me Miseram aequom est nominarier.
Do. quoiusmodi | is in populo habitust? Vi. nemo quisquam acceptior :
serui liberique amabant. To. hominem miserum praedicas,
quóm et ipsus prope perditust et beneuolentis perdidit.
Do. emam, opínor. To. etiam 'opinor'? summo genere esse arbitror ;
diuitias tu ex istac facies. Do. ita di faxint! To. eme modo.
Vi. iam hoc tibi dico : actutum ecastor meu' pater, ubi me sciet
ueniisse, ipse aderit et me aps te redimet. To. quid nunc? Do. quid est?
To. audin quid ait? Vi. nam etsi res sunt fractae, amici sunt tamen.
Do. ne sis plora ; libera eris actutum, si crebro cades.
uin mea esse? Vi. dum quidem ne nimi' diu tua sim, uolo.
To. satin ut meminit libertatis? dabit haec tibi grandis bolos.
age si quid agis. ego ad hunc redeo. sequere. redduco hanc tibi.
Do. adulescens, uin uendere istanc? Sag. magi' lubet quam perdere.

648 quius *A* ⟨suo⟩ in *memorat Ussing* (*A n. l.*) *fort.* quoiusmodist . . . habitus (*A n. l.*) 650 quṃ (et) *A* : et *om. P* probe *Bothe, Ritschl, quibus* prope *pro* '*paene*' *displicet* (*A n. l.*) 651 *vel* opino . . . opino etiamne *Mueller* (*A n. l.*) 653 actutum *Guietus* : [iam] actutum *P*, *A n. l.* 654 uenisse (ip)se ade— *A* : uenisse huc aderit hic *P* abs te *Bothe* : absentem *P*, *A n. l.* 657 ne *om. A ut vid.* 659–70 *paucissima in extremis versibus servata A* 660 *vel* mage

Do. tum tu pauca in uerba confer: qui datur, tanti indica.
Sag. faciam ita ut te uelle uideo, út emas. habe centum minis.
Do. nimiumst. Sag. octoginta. Do. nimiumst. Sag. nummus abesse hinc non potest,
quod nunc dicam. Do. quid id est ergo? eloquere actutum atque indica.
Sag. tuo periclo sexaginta haéc datur argenti minis.
Do. Toxilé, quid ago? To. di deaeque te agitant irati, scelus,
qui hanc non properes destinare. Do. habeto. To. abi, argentum ecfer huc.
non edepol minis trecentis carast. fecisti lucri.
Do. * * ⟨habeto⟩. To. eu! praedatu's probe. 668a
Sag. heus tu, etiam pro uestimentis huc decem accedant minae.
Do. apscedent enim, non accedent. To. tace sis, non tu illum uides
quaerere ansam, infectum ut faciat? abin atque argentum petis?
* * atque ut dignust perit. 671a
Do. heus tu serua istum. To. quin tu is intro? Do. abeo atque argentum adfero.—

V Toxilvs Virgo Sagaristio

To. Edepol dedisti, uirgo, operam adlaudabilem,
probam et sapientem et sobriam. Vi. si quid bonis
boni fit, esse id et graue et gratum solet.

661 qui *Scioppius*: quid *P*, *A n. l.* 662 uideo *Acidalius*: uideam *P*, *A n. l.* centum *Valla*: —tum *A*: trecentum *P* (trecentis *B*) (*cf.* 668): tibi $\overset{\text{i}}{(\text{t})}$ centum *Valla* 665 dabitur *Bentley* (*A n. l.*) 666 irati *Pylades*: irati et *P*, *A n. l.* (*pro* -tei?) 667 q. hac *P*, *A n. l.* 668a eu—probe (*om. priore versus parte*) *post* habeto (*v.* 667) *exhibet P*, habeto *addidi* (*A n. l.*) (*cf. ad Trin.* 1112–4): To. abi . . . huc *retractatoris esse credit Leo* 669 accedent P^{CD}, *A n. l.* 671a *om. P* (*propter homoeotel.*?) 672 is intro] in— *A* (*i. e.* intro is?) 675 idem et *P*

To. audin tu, Persa? ubi argentum ab hoc acceperis,
simulato quasi eas prosum in nauem. Sag. ne doce.
To. per angiportum rusum te ad me recipito
illac per hortum. Sag. quod futurum est praedicas.
To. at ne cum argento protinam permittas domum,
moneo, te. Sag. quod te dignumst, me dignum esse uis?
To. tace, párce uoci: praeda progreditur foras.

Dordalvs Sagaristio Toxilvs vi

Do. Probae hic argenti sunt sexaginta minae,
duobus nummis minus est. Sag. quid ei nummi sciunt?
Do. cruminam hanc emere aut facere uti remigret domum.
Sag. ne non sat esses leno, id metuebas miser,
inpure, auare, ne crumillam amitteres?
To. sine, quaeso. quando lenost, nihil mirum facit.
Do. lucro faciundo ego auspicaui in hunc diem:
nil mihi tam paruist quin me id pigeat perdere.
age, accipe hoc sis. Sag. hunc in collum, nisi piget,
impone. Do. uero fiat. Sag. numquid ceterum
me uoltis? To. quid tam properas? Sag. ita negotiumst:
mandatae quae sunt, uolo deferre epistulas;
geminum autem fratrem seruire audiui hic meum,
eum ego ut requiram | atque uti redimam uolo.
To. atque edepol tu me commonuisti | hau male.
uideor uidisse hic forma persimilem tui,
eadem statura. Sag. quippe qui frater siet.
Do. quid est tibi nomen? To. * quod ad te attinet.

676 (ab hoc ar)gentum *A* 679 quo *P* 682 uoce *P* (*pro* -cem *vel* -cei; *vel cf.* i. 10) 684 *vel* minust 685 ⟨huc⟩ ut (ut *codd.*) *Mueller* (*Rhein. Mus.* 54, 527) 687 cruminam *P* 691, 692 age accipe (-i *B*) hoc sis nunquid ceterum Hunc in collum nisi piget impone uero fiat *P* (ii. 6) 692 imp. uero. Do. fiat *Brix* 696 Tum *P* (T *pro* E) 697 ⟨nunc⟩ com. *Hermann* 700 *om. P* (*propter homoeoarch.*) Quid *Brix*: Quod *cod.* (*vix Plautinum*) ⟨sciscita⟩ *Leo*

Do. quid attinet non scire? Sag. ausculta ergo, ut scias:
Vaniloquidorus Virginesuendonides
Nugiepiloquides Argentumextenebronides
Tedigniloquides Nugides Palponides
Quodsemelarripides Numquameripides. em tibi!
Do. eu hercle! nomen multimodis scriptumst tuom.
Sag. ita sunt Persarum mores, longa nomina,
contortiplicata habemus. numquid ceterum
uoltis? Do. uale. Sag. et uos, nam animus iam in nauist mihi.
To. cras ires potius, hodie hic cenares. Sag. uale.—

vii

Toxilvs Dordalvs Virgo
Satvrio Sagaristio

To. Postquam illic abiit, dicere hic quiduis licet.
ne hic tibi dies inluxit lucrificabilis;
nam non emisti hanc, uerum fecisti lucri.
Do. ille quidem iam scit quid negoti gesserit,
qui mihi furtiuam meo periclo uendidit,
argentum accepit, abiit. quí ego nunc scio
an iam adseratur haec manu? quo illum sequar?
in Persas? nugas! To. credidi gratum fore
beneficium meum apud te. Do. immo equidem gratiam
tibi, Toxile, habeo; nam te sensi sedulo
mihi dare bonam operam. To. tibin ego? immo sedulo.
Do. attat! oblitus sum intus dudum edicere
quae uolui edicta. adserua hanc.—To. saluast haec quidem.
Vi. pater nunc cessat. To. quid si admoneam? Vi. tempus est.
To. heus, Saturio, exi. nunc est illa occasio

702 uirginis uendonident *P* 703 nugipiloquides *P* argentumexterebronides *Pius* 704 Nug. Palp.] numdesexpalponides *P* (iv. 4): Nummosexpalponides *Ritschl* 705 em] ea *P* (A *pro* M) 706 scriptum *A* 709 et] set *A* iam *om. A* meus *P* 711 illic ⟨hinc⟩ *Kiessling* 712 lucrificabis *A* 721 sedulo] serui *P* (? *pro* serio) 722 dicere *A*

inimicum ulcisci. SAT. écce me. numquid moror?
TO. age, illúc apscede procul e conspectu, tace;
ubi cum lenone me uidebis conloqui,
tum turbam facito. SAG. dictum sapienti sat est.
TO. tunc, quando abiero—SAG. quin taces? scio quíd uelis.

DORDALVS TOXILVS viii

DO. Transcidi loris omnis adueniens domi,
ita mihi supellex squalet atque aedes meae.
TO. redis tu tandem? DO. redeo. TO. né ego hodie tibi
bona multa feci. DO. fateor, habeo gratiam.
TO. num quippiam aliud me uis? DO. ut bene sit tibi.
TO. pol istúc quidem omen iám ego usurpabo domi,
nam iam inclinabo me cum liberta tua.

SATVRIO VIRGO DORDALVS ix

SAT. Nisi égo illunc hominem perdo, perii. atque optume
eccum ipsum ante aedes. VI. salue multum, mi pater.
SAT. salue, mea gnata. DO. ei! Persa me pessum dedit.
VI. pater hic meus est. DO. hem, quid? pater? perii oppido!
quid ego ígitur cesso infelix lamentarier
minas sexaginta? SAT. ego pol te faciam, scelus,
te quoque etiam ipsum ut lamenteris. DO. occidi!
SAT. age ambula in ius, leno. DO. quid me in ius uocas?
SAT. illi apud praetorem dicam. sed ego in ius uoco.
DO. nonne antestaris? SAT. tuan ego caussa, carnufex,
quoiquam mortali libero auris atteram,
qui hic commercaris ciuis homines liberos?
DO. sine dicam. SAT. nolo. DO. aúdi. SAT. surdus sum. ambula.

727, 728 (*cf.* 467, 468) 730 *om. P* (*propter homoeoarch.* ?) 734 bonamuita *P* (*cf. Cas.* 841) effeci *A* habẹbo *A* 736 omniam *P* 738 illum *codd.* 740 ei] et *P* Pessa (*vix* persum) *pronuntiandum* *in* 741 *deficit A*

sequere hac, scelesta feles uirginaria.
sequere hac, mea gnata, me usque ad praetorem.—Vi. sequor.—

ACTVS V

V. i TOXILVS LEMNISELENIS SAGARISTIO

To. Hostibu' uictis, ciuibu' saluis, re placida, pacibu' perfectis,
bello exstincto, re bene gestá, intégro exércitu et praesidiis,
quom bene nos, Iuppiter, iuuisti, dique alii omnes caelipotentes,
eas uobis gratis habeo atque ago, quia probe sum ultus meum ínimicum.
nunc ob eam rem inter participes diuidam praedam et participabo.
ite foras: hic uolo ante ostium et ianuam
meos participes bene accipere. 758^a
statuite hic lectulos, ponite hic quae adsolent.
hic statui uolo primum †aquilam†, 759^a
unde ego omnis hilaros, ludentis, laetificantis faciam ut fiant,
quorum opera mihi facilia factu facta haec sunt quae uolui ecfieri.
nam inprobus est homo qui beneficium scit accipere et reddere nescit.
Le. Toxile mi, qur ego sine te sum, qur tu autem sine med es? To. agedum er-

751 sceleste (i) *Lambinus* 756 habeo grates (i) P^CD 758 *vel* it' 759^a aquilam *vel* aliquam *cod. ut vid.* (aquila mihi P^CD, aliqua mihi, *corr.* aliquam *B*) *fort.* aulam (aullam, *perperam script.* auilam) mi 761 h. m. facilia factu facta sunt *cod.* (*septenar.*): *trai. Mueller* 762 acc.] sumere P^CD (*vix var. lect. in cod.*) 763 autem tu P^CD me *cod.*

-go accede ad me atque amplectere sis. LE. ego uero. To.
oh, nil hoc magi' dulcest.
765 sed, amabo, oculus meu', quin lectis nos actutum commen-
damus?
LE. omnia quae tu uis, ea cupio.
766ª To. mutua fiunt a me. age, age, age ergo,
tu Sagaristio, accumbe in summo.
767ª SAG. ego nil moror: cedo parem, quem pepigi.
To. temperi. SAG. mihi istuc temperi serost. To. hoc age,
accumbe. hunc diem suauem
meum natalem agitemus amoenum.
769ª date aquam manibus, apponite mensam.
770 do hanc tibi florentem florenti. tu hic eri' dictatrix nobis.
LE. age, puere,
771ª ab summo septenis cyathis committe hos ludos.
moue manus, propera.
772ª To. Paegnium, tarde cyathos mihi das;
cedo sane. bene mihi, bene uobis, bene meae amicae,
773ª optatus hic mi
dies datus hodiest ab dis, quia te licet liberam med amplecti.
775 LE. tua factum opera. To. bene omnibu' nobis.
775ª hoc mea manu' tuae poclum donat, ut amantem amanti
decet. LE. cedo. To. accipe. LE. bene
776ª ei qui inuidet mi et ei qui hoc gaudet.

DORDALVS TOXILVS SAGARISTIO ii
PAEGNIVM LEMNISELENIS

Do. Qui sunt, qui erúnt quique fuerunt quique futuri sunt
posthac,

764 ad me *P*CD : me (mea *B*) ad me *cod.* *vel* mage 765 quin *Camerarius* : quin [in] *cod.* 766ª age *tert. del. Ital.* 768 age, ⟨age⟩ *Mueller* (*octonar.*) 769ª ponite *Guietus*, *cui* manib'us ăpponite *displicet* 772ª cyathos *Ital.* : ciazas *cod.* 773 meae *Ital.* : me *cod. ut vid.* (*pro* mee, *i. e.* meae) 775ª mea *Camerarius* : meae *cod.* 776ª gaud *P*CD

solus ego omnibus antideo facile, miserrumus hominum ut uiuam.
perii, interii! pessumus hic mi dies hodie inluxit corruptor,
ita me Toxilu' perfabricauit itaque meam rem diuexauit.
uehiclum argenti miser eieci, amisi, neque quám ob rem eieci, habeo.
qui illum Persam atque omnis Persas atque etiam omnis personas
male di omnes perdant! ita misero Toxilus haec mihi conciuit.
quia ei fidem non habui argentí, eo mihi eas machinas molitust:
quem pol ego ut non in cruciatum atque in compedis cogam, si uiuam!
siquidem huc umquam eru' redierit eiius, quod spero—sed quid ego aspicio?
hoc uide, quae haec fabulast? pol hic quidem potant. adgrediar. o bone uir,
salueto, et tu, bona libertá. To. Dordalus hicquidemst. Sag. quin iube adire.
To. adi, si lubet. Sag. agite, adplaudamus. To. Dordale, homo lepidissume, salue.
locus hic tuos est, hic accumbé. ferte aquam pedibus. praeben tu puere?
Do. ne sis me uno digito attigeris, ne te ad terram, scelus, adfligam.
Pa. at tibi ego hoc continuo cyatho oculum excutiam tuom.
Do. quid ais, crux, stimulorum tritor? quomodo me hodie uorsauisti,

778 homonum *cod.* (*vix antiqua forma*) 782 amisi *del. Acidalius* 788 hic quidem pol *Mueller* 789, 790 To.] Le. *Ussing* 792 accuba (?) *Leo* fer aquam pedibus, praeben, puere *Guietus* (*anap.*) *sane* aquăm p. *displiceat* *vel* Pa. pr. tu (*sc.* pedes)? Do. pu. 794 ego tibi *P*CD

ut me in tricas coniecisti, quomodo de Persa manu' mi aditast?
To. iurgium hinc auferas, si sapias.
Do. at, bona liberta, haec sciuisti et me celauisti? Le. stultitiast,
quoi bene esse licet, eum praeuorti
litibu'. posterius istaec te
magi' par agerest.
Do. uritur cor mi.
To. da illi cantharum, exstingue ignem, si
cor uritur, caput ne ardescat.
Do. ludos me facitis, intellego.
To. uin cinaedum nouom tibi dari, Paegnium?
quin elude, ut soles, quando liber locust hic.
hui, babae! basilice te intulisti et facete.
Pa. decet me facetum esse et hunc inridere
lenonem lubidost, quando dignus ⟨es⟩t.
To. perge ut coeperas. Pa. hoc, leno, tibi.
Do. perii! perculit me prope. Pa. em, serua rusum.
Do. delude, ut lubet, erus dum hinc abest.
Pa. uiden ut tuis dictis pareo?
sed quin tu meis contra item dictis seruis
atque hoc quod tibi suadeo faci'? Do. quid est id?
Pa. restim tu tibi cape crassam ac suspende te.
Do. caue sis me attigas, ne tibi hoc scipione
malum magnum dem. Pa. tu uteré, te condono.
To. iam iam, Paegnium, da pausam.
Do. ego pol uos eradicabo. Pa. at te ille, qui supra nos habitat,

796 additast *cod.* 797 iurigium *Skutsch* (*Philol.* 59, 501), *ut acatal. dimeter fiat* (*sed cf.* 800) 798 et *Camerarius*: ea *cod.* 801 *vel* mage 801b *vel* illic 810 probe *Bothe* 811 delube *cod.* (i. 10) 813 sed *Ital.*: i sed *cod.* 814 tibi *om. B* 815 te suspende *Ritschl*, *ut tetram. bacch. fiat* 817 tu utere *T ut vid.*, tu *om.* *P*BC

qui tibi male uolt maleque faciet. non hi dicunt, uerum ego.
To. age, circumfer mulsum, bibere da usque plenis cantharis.
iam diu fáctum est, postquam bibimus; nimi' diu sicci sumus.
Do. di faciant ut id bibatis quod uos numquam transeat.
Sag. nequeo, leno, quin tibi saltem staticulum olim quem Hegea
faciebat. uide uero, si tibi sati' placet. To. me quoque uolo
reddere Diodorus quem olim faciebat in Ionia.
Do. malum ego uobis dabo, ni[si] abitis. Sag. etiam muttis, inpudens?
iam ego tibi, si me inritassis, Persam adducam denuo.
Do. iam taceo hercle. ac tu Persa es, qui me usque admutila[ui]sti ad cutem.
To. tace, stulte: hic eius geminust frater. Do. hicinest? To. ac geminissumus.
Do. di deaeque ét te et geminum fratrem excrucient! Sag. qui te perdidit:
nam ego nihil merui. Do. at enim quod ille meruit, tibi id opsit uolo.
To. agite sultis, hunc ludificemus. Le. nisi si dignust, non opust.
et me hau par est. To. credo eo quía non inconciliat, quom te emo.
Le. at tamen non—tamen—To. caue ergo sis malo | et sequere me.
te mihi dicto audientem esse addecet, nam hercle apsque me

821 bibere da] biberet P^{CD} 829 iam taceo hercle *secl. Leo* custem (*B*) *vel* curtem (P^{CD}) *cod.* 833 hunc sultis *Guietus, nam* súltis, hunc lú. *vix ferendum* 834 et *Ritschl*: at *cod.* eo credo *cod.*: *trai. Schoell* inconciliaut *cod.*, *quod ut* inconciliauit *interpretantur* 835 To. non attamen (nolo tamen *Ussing*), caue sis malo ergo *Bothe*

foret et meo praesidio, hic faceret te prostibilem propediem.
sed ita pars libertinorum est: nisi patrono qui aduorsatust,
nec sati' liber sibi uidetur nec sati' frugi nec sat honestus,
ní id ecfecit, ní ei male díxit, ni grato ingratus repertust.
LE. pol bene facta tua me hortantur tuo ut imperio paream.
To. ego sum tibi patronus plane qui huic pro te argentum dedi.
* graphice hunc uolo ludificari. LE. meo ego in loco sedulo curabo.
Do. certo illi homines mihi nescioquid mali consulunt, quod faciant. SAG. heus uos!
To. quid ais? SAG. hicin Dordalus est leno qui hic liberas uirgines mercatur?
hicinest qui fuit quondam fortis? Do. quae haec res est? ei! colapho me icit.
malum uobis dabo. To. at tibi nos dedimus dabimusque etiam. Do. ei! natis peruellit.
PA. licet: iam diu saepe sunt expunctae. Do. loqueré tu etiám, frustum pueri?
LE. patrone mi, i intro, amabo, ad cenam.
Do. mea Ignauia, tu nunc me inrides?
LE. quiane te uoco, bene ut tibi sit? Do. nolo mihi bene esse. LE. ne sit.
To. quid igitur? sescenti nummi quid agunt, quas turbas danunt?
Do. male disperii! sciunt referre probe inimico gratiam.
SAG. sati' sumpsimu' supplici iam.
Do. fateor, manus do uobis.

837 cropediem *cod.* 840 id] ei *Bothe* 843 * graphice] hice *post spatium* P^{BC}: pergraphice *Spengel*: nunc (*vel* age) graphice *Mueller* 844 quod *Ald.*: quid *cod.* heus *Ald.*: heu *cod.* 845 agis *cod.* (*corr.* P^{CD}) hicin *Schoell*: hic si ne *cod.* 846 col. me *Lambinus*: colaphum *cod.* 847 percellit *Ussing* 848 dius *cod.* sunt saepe *Ritschl*, *cui* saepe sŭnt (*vel* saep' sunt) *displicet* 852 To.] *vel* SAG. acunt *cod.* 854 SAG.] *vel* To. iam supplici *Bothe*, *ut integer dimeter fiat* 855 u. d. *cod.* (*contra metrum*)

TO. et post dabis sub furcis. 855a
SAG. abi intro—in crucem. DO. an me hic parum exercitum hisce
habent? TO. conuenisse * te Toxilum.

mei spéctatores, bene ualete. leno periit. CATERVA. plaudite.

856 exercitum *Camerarius* : execitum *cod. ut vid.* 858 CATERVA] pantio *cod.* (*pro* pantes *glossa siglo* ω *in* P^A *addita*)

POENVLVS

ARGVMENTVM

Puer septuennis surripitur Carthagine.
Osor mulierum emptum adoptat hunc senex
Et facit heredem. eius cognatae duae
Nutrixque earum raptae. mercatur Lycus,
Vexatque amantem. at ille cum auro vilicum
Lenoni obtrudit, ita eum furto alligat.
Venit Hanno Poenus, gnatum hunc fratris repperit
Suasque adgnoscit quas perdiderat filias.

Per hanc fabulam totam praesto est T 2 mulierum i *B*, *unde* m. ibi *Ritschl* 4 mercatur *Angelius* : mercatus *cod.* 6 itae *B*

PERSONAE

AGORASTOCLES ADVLESCENS
MILPHIO SERVVS
ADELPHASIVM } PVELLAE
ANTERASTILIS }
LYCVS LENO
ANTAMOENIDES MILES
ADVOCATI
COLLYBISCVS VILICVS
SYNCERASTVS SERVVS
HANNO POENVS
GIDDENIS NVTRIX
PVER ANCILLA

SCAENA CALYDONE

ANTERASTILIS] *vel* ANTERASTYLIS

ANTAMOENIDES] ANTAMVNIDES *K. Schmidt* (*Herm.* 37, 376) : -MON- *A in* V. v *tit. et* (*cum* P^CD) *v.* 1322 (*pro* -MOEN-)

COLLYBISCVS] *vel* -LVB- : -LAB- *P in vv.* 415, 558 (*sed cf. K. Schmidt ibid.*)

PROLOGVS

Achillem Aristárchi mihi commentari lubet:
ind' mihi principium capiam, ex ea tragoedia
'sileteque et tacete atque animum aduortite,
audire iubet uos imperator'—histricus,
bonoque ut animo sedeant in subselliis
et qui essurientes et qui saturi uenerint:
qui edistis, multo fecistis sapientius,
qui non edistis, saturi fite fabulis;
nam quoi paratumst quod edit, nostra gratia
nimia est stultitia sessum inpransum incedere.
'exsurge, praeco, fac populo audientiam.'
iam dudum exspecto si tuom officium scias:
exerce uocem quam per uiuisque et colis.
nam nisi clamabis, tacitum te obrepet fames.
age nunc reside, duplicem ut mercedem feras.

'bonum factum †esse†, edicta ut seruetis mea.'
scortum exoletum ne quis in proscaenio
sedeat, neu lictor uerbum aut uirgae muttiant,
neu dissignator praeter os obambulet
neu sessum ducat, dum histrio in scaena siet.
diu quí domi otiosi dormierunt, decet
animo aequo nunc stent uel dormire temperent.
serui ne opsideant, liberis ut sit locus,
uel aes pro capite dent; si id facere non queunt,
domum abeant, uitent ancipiti infortunio,
ne et hic uarientur uirgis et loris domi,

5 sedeant *Ital.*: sedeate *cod.*, *quod ut* sedeatis *interpretantur* (*cf. ad Most.* 468) 6 esurientes *Ital.*: esuplentes *cod.* (PL *pro* RI) 13 qua *T* colis *displicet*: te alis *Leo*: uales *Geppert*: *fort.* clues 16 factumst *Pylades*: *intercidisse quaedam credit Leo*: *vix* haece 17 quis] quod *Ital.* 24 queant *Seyffert*

si minu' curassint, quóm eri reueniant domum.
nutrices pueros infantis minutulos
domi ut procurent neu quae spectatum adferat,
ne et ipsae sitiant et pueri pereant fame
neue essurientes hic quasi haedi obuagiant.
matronae tacitae spectent, tacitae rideant,
canora hic uoce sua tinnire temperent,
domum sermones fabulandi conferant,
ne et hic uiris sint et domi molestiae.
quodque ad ludorum curatores attinet,
ne palma detur quoiquam artifici iniuria
niue ambitionis caussa extrudantur foras,
quo deteriores anteponantur bonis.
et hoc quoque etiam quod paene oblitus fui:
dum ludi fiunt, in popinam, pedisequi,
inruptionem facite; nunc dum occasio est,
nunc dum scribilitae | aestuant, occurrite,
haec imperata quae sunt pro imperio histrico,
bonum hercle factum pro se quisque ut meminerit.
ad argumentum nunc uicissatim uolo
remigrare, ut aeque mecum sitis gnarures.
eius nunc regiones, limites, confinia
determinabo: ei rei ego sum factus finitor.
sed nisi molestumst, nomen dare uobis uolo
comoediai; sin odiost, dicam tamen,
siquidem licebit per illos quibus est in manu.
Καρχηδόνιος uocatur haec comoedia;
latine Plautus 'Patruos' Pultiphagonides.

27 reueniant *Bothe*: ueniant *cod.* (iii. 3) 30 pertant *cod.* (T *pro* E) (*unde* peritent *T*, pereant P^{CD}) 32 rediant *cod.* 36 ad *om. B* 43 ⟨aestu⟩ aestuant *Goetz* 44 quae imperata *cod.*: *trai. Camerarius, rhythmo consulens* 47 ignarures *cod. ut vid.* 49 eius *codd. Nonii* 11 finītor factus sum *Muretus, sed cf. Nettleship* (*Journ. Phil.* 24, 229) 50 nomen dare *Ital.*: non mendare *cod.* 53 *post hunc versum lacunam signavit Geppert*

nomen iam habetis. nunc rationes ceteras
accipite ; nam argumentum hoc hic censebitur :
locus argumentost suom sibi proscaenium,
uos iuratores estis. quaeso, operam date.
Carthaginienses fratres patrueles duo
fuere summo genere et summis ditiis ;
eorum alter uiuit, alter est emortuos.
propterea apud uos dico confidentius,
quia mi pollictor dixit qui eum pollinxerat.
sed illi seni qui mortuost, ⟨ei⟩ filius
unicu' qui fuerat ab diuitiis a patre
puer séptuennis surrupitur Carthagine,
sexennio priu' quidem quam moritur pater.
quoniam periisse sibi uidet gnatum unicum,
conicitur ipse in morbum ex aegritudine :
facit illum heredem fratrem patruelem suom,
ipse abit ad Accheruntem sine uiatico.
ill' qui surrupuit puerum Calydonem auehit,
uendit eum domino hic diuiti quoidam seni,
cupienti liberorum, osori mulierum.
emit hospitalem is filium inprudens senex
puerum illum eumque adoptat sibi pro filio
eumque heredem fecit quom ipse obiit diem.
is illíc adulescens habitat in illisce aedibus.
reuortor rusus denuo Carthaginem :
siquid amandare uoltis aut curarier,
argentum nisi qui dederit, nugas egerit ;
uerum qui dederit, magi' maiores [nugas] egerit.
sed illi patruo | huiius qui uiuit senex,

57 sibis *cod.*, *unde* suos sibist *Ritschl*, *fort. recte* 63 pollector *cod.* 64 *vel* illic ⟨ei⟩ fi. *Acidalius* 65 fuerit *cod.* (*corr.* *P*[CD]) abditiuus *Gulielmius* 71 habiit (*i.e.* abiit) *cod.* 74 mulierem *cod.* 78 *vel* is illi 80 mandare *Saracenus*, *cui et* quid ăm. *et* sĭquid *displicent* 82 uerum *del. Schoell* *vel* mage n. *del. Pylades* 83 *vix* huīus (*trisyll.*), *potius* huiusce : *fort.* huius ⟨hominis⟩ (iii, p. 51)

Carthaginiensi duae fuere filiae,
altera quinquennis, alterá quadrimula:
cum nutrice una periere a Magaribus.
eas quí surrupuit in Anactorium deuehit,
uendit eas omnis, et nutricem et uirgines,
praesenti argento—homini, si leno est homo,
quantum hominum terra sustinet sacerrumo.
uosmet nunc facite coniecturam ceterum
quid id sit hominis quoi Lyco nomen siet.
is ex Anactorio, ubi prius habitauerat,
huc in Calydonem commigrauit hau diu,
sui quaésti caussa. is in illis habitat aedibus.
earum hic adulescens alteram ecflictim perit,
suam síbi cognatam, inprudens, neque scit quae siet
neque eam umquam tetigit, ita eum leno macerat,
neque quicquam cúm ea fecit etiamnum stupri
neque duxit umquam, neque ille uoluit mittere:
quia amare cernit, tangere hominem uolt bolo.
illam minorem in concubinatum sibi
uolt emere miles quidam qui illam deperit.
sed pater illarum Poenus, posquam eas pérdidit,
mari te⟨rraque⟩ | usquequaque quaeritat.
ubi quamque in urbem | est ingressus, ilico
omnis meretrices, ubi quisque habitant, inuenit;
dat aurum, ducit noctem, rogitat postibi
und' sit, quoiatis, captane an surrupta sit,
quo genere gnata, qui parentes fuerint.

85 altera ⟨erat⟩ qua *Ritschl* 86 quom *cod.* (*antiqua forma*) 89 praesenti *codd. Nonii* 397 : praesens *cod.* : praesenti ⟨ibi⟩ *Mueller, cui* argento | homini *displicet* 94 commigrauit in Calydone *cod.* : *corr. Pylades* 99 quom *cod.* (*antiqua forma*) num *Merula* : nun *cod.* 99, 100 *damnat Guietus* 101 uolt bolo *Camerarius* : uolibolo *cod.* (I *pro* T) 103 deperit *Ital.* : peperit *cod.* (P *pro* D) 104 illarum *Ital.* : illi im *intercedente spatio cod.* posquam *Ritschl* : pes quam *cod.* eas *Ital.* : meas *cod.* 105 marite *cod.* : mari terraque eas *Geppert* (*qui in v.* 104 eas *delet*) *fort.* ⟨is⟩ us. 106 ⟨is⟩ est *Pylades* 109 quolatis captaneant *cod.* : *corr. Ital.*

ita docte atque astu filias quaerit suas.
et is omnis linguas scit, sed dissimulat sciens
se scire: Poenus plane est. quid uerbis opust?
is heri huc in portum naui uenit uesperi,
pater harunc; idem huic patruos adulescentulo est:
iamne hoc tenetis? si tenetis, ducite;
caue dírrumpatis, quaeso, sinite transigi.
ehem, paéne oblitus sum relicuom dicere.
ill' quí adoptauit hunc sibi pro filio,
is illi Poeno | huius patruo hospes fuit.
[is hodie huc ueniet reperietque hic filias
et hunc sui fratris filium, ut quidem dídici ego.
ego ibo, ornabor; uos aequo animo noscite.]
hic qui hodie ueniet reperiet suas fílias
et hunc sui frátris filium. dehinc ceterum
ualete, adeste. ibo, alius nunc fieri uolo:
quod restat, restant alii qui faciant palam.
ualete atque adiuuate ut uos seruet Salus.

ACTVS I

AGORASTOCLES MILPHIO I. i

AG. Saepe ego res multas tibi mandaui, Milphio,
dubias, egenas, inopiosas consili,
quas tu sapienter, docte et cordate et cate
mihi reddidisti | opiparas opera tua.

119 pro filio sibi *cod.* : *trai. Bothe metri causa* 120 *vix* huīus (*trisyll.*), *potius* huiusce : *fort.* huius ⟨hominis⟩ (iii, p. 51) patruo *Ital.* : patri *cod.* 121–3 *retractatori tribuo, alterum exitum* (124–8) *ipsi Plauto* 123 ibi *cod.* (*corr.* D^1) aequos animos *cod.* (*corr.* P^{CD}) 124 huc *Geppert* 127 alii qui *Camerarius* : aliqui *cod.* 132 ⟨ope⟩ opera *Lachmann*

quibu' pro benefactis fateor deberi tibi
et libertatem et multas gratas gratias.
Mi. scitumst, per tempus si obuiamst, uerbum uetus.
nam tuae blanditiae mihi sunt, quod dici solet,
gerrae germanae, *αἱ δὲ κολλῦραι λύραι.*
nunc mihi blandidicus es : heri in tergo meo
tris facile corios contriuisti bubulos.
Ag. amans per amorem si quid feci[t], Milphio,
ignoscere id te mi aequom est. Mi. hau uidi magis.
et nunc ego amore pereo. sine te uerberem,
item ut tu mihi fecisti, ob nullam noxiam :
postid locorum tu mihi amanti ignoscito.
Ag. si tibi lubido est aut uoluptati, sino :
suspende, uinci, uerbera ; auctor sum, sino.
Mi. si auctoritatem postea defugeris,
ubi dissolutus tu sies, ego pendeam.
Ag. egone istuc ausim facere, praesertim tibi ?
quin si feriri uideo te, extemplo dolet.
Mi. mihi quidem hercle. Ag. immo mihi. Mi. istuc mauelim.
sed quid nunc tibi uis ? Ag. qur ego apud te mentiar ?
amo inmodeste. Mi. meae istuc scapulae sentiunt.
Ag. at ego hanc uicinam dico Adelphasium meam,
lenonis huiius meretricem maiusculam.
Mi. iam pridem equidem istuc ex te audiui. Ag. differor
cupidine eiius. sed lenone istoc Lyco,
illius domino, non lutumst lutulentius.

134 grates *cod.*, *sed cf. C. G. L.* v. 176, 20 'grata gratia . . . Plautus dixit.' 137 *αἱ*] *σαὶ* *Leo* 140 Ag. amans *Weise* : adamans *cod.* (*pro* Ad(gorastocles) (*ita in tit. scaenae*) amans) feci *Ital.* 142 et] em *Ussing* et égo nunc pereo amore *Ritschl* 144 locorum *Pylades* '*ex ant. codd.*' : locarum *cod.* 147 postea *Ital.* : post era *cod.* 152 ergo *cod.* (*corr.* P^{BC}) 155 maiusculam *Ital.* : malusculum *cod.*

MI. uin tu illi nequam dare nunc? AG. cupio. MI. em me dato.
AG. abi díerectus. MI. dic mihi uero serio:
uin dare malum illi? AG. cupio. MI. em eundem me dato:
utrumque faxo habebit, et nequam et malum.
AG. iocare. MI. uin tu illam hodie sine dispendio
tuo túam libertam facere? AG. cupio, Milphio.
MI. ego faciam ut facias. sunt tibi intus aurei
trecenti nummi Philippi? AG. sescenti quoque.
MI. sati' sunt trecenti. AG. quid eis facturu's? MI. tace.
totum lenonem tibi cum tota familia
dabo hodie dono. AG. quí id facturu's? MI. iam scies.
tuo' Collybiscus nunc in urbest uilicus;
eum hic non nouit leno. satin intellegis?
AG. intellego hercle, sed quo euadas nescio.
MI. non scis? AG. non hercle. MI. át ego iam faxo scies.
ei dabitur aurum, ut ad lenonem deferat
dicatque se peregrinum esse ex alio oppido:
se amare uelle atque opsequí animo suo;
locum sibi uelle liberum praeberier
ubi nequam faciat clam, ne quis sit arbiter.
leno ad se accipiet auri cupidus ilico:
celabit hominem et aurum. AG. consilium placet.
MI. rogato seruos ueneritne ad eum tuos.
ill' me censebit quaeri: continuo tibi
negabit. quid tu dubitas quin extempulo
dupli tibi, auri et hominis, fur leno siet?

159 em me dato *Ital.*: en mendato *cod.* (vii. 4) 163 dispendio *Gruterus*: damno (damno et P^{BC}) dispendio *cod.* (iv. 1?): *duplicem lectionem* damno tuo | Tuam *et* dispendio | Tuo tuam *eruunt alii* 166 philippii *cod.* (*pro* -pei?) 168 quom *cod.* (*antiqua forma*) 169 qui id *Guietus*: quid *cod.* 173 *vix* hercule 174 ei *Ital.*: et *cod.* 176 obsequi ⟨hic⟩ *Mueller* 184 duplici (*corr. ex* dupli?) *cod.*

neque id unde ecficiat habet: ubi in ius uenerit,
addicet praetor familiam totam tibi.
ita decipiemus fouea lenonem Lycum.
AG. placet consilium. MI. immo etiam, ubi expoliuero,
magis hoc tum demum dices: nunc etiam rudest.
AG. ego in aedem Veneris eo, nisi quid uis, Milphio.
Aphrodisia hodie sunt. MI. sció. AG. oculos uolo
meos délectare munditiis meretriciis.
MI. hoc primum agamus quod consilium cepimus.
abeamus intro, ut Collybiscum uilicum
hanc perdoceamus ut ferat fallaciam.
AG. quamquam Cupido in corde uorsatur, tamen
tibi auscultabo.—MI. faciam ut facto gaudeas.
inest amoris macula huic homini in pectore,
sine damno magno quae elui ne utiquam potest.
itaque hic scelestus est homo leno Lycus,
quoi iam infortuni intenta ballistast probe,
quam ego hau multo post mittam e ballistario.
sed Adelphasium eccam exît atque Anterastilis.
haec est prior quae meum erum dementem facit.
sed euocabo. heus, i foras, Agorastocles,
si uis uidere ludos iucundissumos.
AG. quid istúc tumultist, Milphio? MI. em amores tuos,
si uis spectare. AG. o multa tibi di dent bona,
quom hoc mi optulisti tam lepidum spectaculum!

ii ADELPHASIVM ANTERASTILIS ANCILLA MILPHIO AGORASTOCLES

ADE. Negoti sibi qui uolet uim parare,
nauem et mulierém, haec duo comparato.
nam nullae magis res duae plus negoti
habent, forte si occeperis exornare,

203 exit eccam *Camerarius, cui* exit *displicet Pylades, Spengel* 211 ⟨sibi⟩ duo

neque umquam sat istae duae res ornantur
neque is ulla ornandi satis satietas est.
atque haec, ut loquor, nunc domo docta dico.
nam nos usque ab aurora ad hoc quod diei est,
[postquam aurora inluxit, numquam concessa[ui]mus],
ex industria ambae numquam concessamus
lauari aut fricari aut tergeri aut ornari,
poliri, expoliri, pingi, fingi ; et una
binae singulis quae datae nobis ancillae,
eae nos lauando, eluendo operam dederunt,
aggerundaque aqua sunt uiri duo defessi.
apage sis, negoti quantum in muliere una est.
sed uero duae, sat scio, maxumo uni
poplo quoilubet plus satis dare potis sunt,
quae noctes diesque omni in aetate semper
ornantur, lauantur, tergentur, poliuntur.
postremo modus muliebris nullus est.
neque umquam lauando et fricando
231[a] scimus facere neniam.
nam quae lauta est nisi perculta est, meo quidem animo quasi inluta est.
ANTE. miro[r] equidem, soror, te istaec sic fabulari
quae tam callida et docta sis et faceta.
nam quom sedulo munditer nos habemus,

214 sat istae *Reiz, Hermann* : satis hae *cod.* (satīs *vix ferendum*) 216 domo *Goeller* : modo *cod.* 218 *versum parum elegantem retractatori tribuunt edd. post Acidalium* : *fort. prior pars* postquam au. inl. *conservanda* (v. 4) 222 d. ancillae nobis *Bothe*, *nam* datae̋ *in versu bacchiaco displicet* (ii. 1) : sunt a. n. *Reiz* *vix* ancil- | -lae eae nos *etc.* (*per synaphiam*) 223 eae *Pylades* : ea *cod.* 224 gerundaque aq. *Spengel* (iv. 3), *ut versus bacchiacus fiat* (*nam* aggerŭndaque *vix ferendum*) : *vix* aquaque aggerunda (*cum* uirĭ) 231 neque umquam] numquam *Bothe* (*in fine v.* 230) : *fort.* quae (*v.* 230) Necumquam, *ut v.* 230 *integer tetrameter fiat* 231[a] neniam *Gruterus* : nniam *vel* eniam *cod.* 232 qua clauata *cod.* (*i. e.* quae lauata) inluta *Camerarius* : inlusta *cod.* 233 miro *Geppert*, *nam* sorŏr *in versu bacchiaco displicet*

uix aegreque amatorculos inuenimus.
ADE. ita est. uerum hoc unum tamen cogitato:
modus omnibus rebus, soror, optúmum est hábitu.
nimia omnia nimium exhibent negoti hominibus ex se.
ANTE. soror, cogitá, amabo, item nos perhiberi
quam si salsa muriatica esse autumantur,
sine omni lepóré et sine suauitate:
nisi multa aqua usque et diu macerantur,
olent, salsa sunt, tangere ut non uelis.
item nos sumus,
eiius seminis mulieres sunt,
insulsae admodum atque inuenustae
sine munditia et sumptu.
MI. coqua est haec quidem, Agorastocles, ut ego opinor:
scit muriatica ut maceret. AG. quid molestu's?
ADE. soror, parce, amabo: sat est istuc alios
dicere nobis, ne nosmet in nostra etiam uitia loquamur.
ANTE. quiesco. ADE. ergo amo te. sed hoc nunc
responde mihi:
sunt hic omnia
quae ad deum pacem oportet adesse? ANTE. omnia accuraui.
AG. diem pulchrum et celebrem et uenustatis plenum,
dignum Veneri pol, quoi sunt Aphrodisia hodie.
MI. ecquid gratiae, quom huc foras te euocaui?
iam num me decet hic donari
cado uini ueteris? dic dari. nil respondes?

236 uix aegreque] ut aegre *codd. Nonii* 510 238 *vix* optumumst (?-must) h. (*anap. colon*) modust o. r. sorŏr optumum h. *Spengel* (*bacch. tetram.*) 239 negoti *Hermann*: negotium *cod.* 246 inuenustae *Merula*: inuenustate *cod.*: inuenustate ⟨onustae⟩ *Schoell, ut integer tetram. fiat*: *alii* ad⟨modum⟩que inuenustae *vel* ⟨inuenuste⟩ inuenustae 248 *vel* opino 250 amabo *Ital.*: amalo *cod.* 251 etiam uitiam *cod.* eloquamur (*del.* in) *Hermann* 254 omnia *om. Hermann, Bothe, ut bacch. tetram. fiat* 256 *vel* Venere 257 gratiaest *Ritschl* 258 hic *scripsi*: huic *ut vid. cod.* (*om.* PBC) 259 dare *Dousa, fort. recte, nam* darī *in versu bacchiaco displicet*

lingua huic excidit, ut ego opinor.
quid hic, malum, astans opstipuisti? Ag. sine amem, ne opturba ac tace.
Mi. taceo. Ag. si tacuisses, iam istuc 'taceo' non gnatum foret
Ante. eamus, mea soror. Ade. eho amabo, quid illo nunc properas? Ante. rogas?
quia erus nos apud aedem Veneris mantat. Ade. maneat pol. mane.
turba est nunc apud aram. an te ibi uis inter istás uorsarier
prosedas, pistorum amicas, reginas alicarias,
miseras schoeno delibutas seruilicolas sordidas,
quae tibi olant stabulum statumque, sellam et sessibulum merum,
quas adeo hau quisquam umquam liber tetigit neque duxit domum,
seruolorum sordidulorum scorta diobolaria?
Mi. i in malam crucem! tun audes etiam seruos spernere,
propudium? quasi bella sit, quasi eampse reges ductitent,
monstrum mulieris, tantilla tanta uerba funditat,
quoius ego nebulai cyatho septem noctes non emam.
Ag. di inmortales omnipotentes, quid est apud uos pulchrius?
quid habetis qui mage inmortalis uos credam esse quam ego siem
qui haec tanta oculis bona concipio? nam Venus non est Venus:
hanc equidem Venerem uenerabor me ut amet posthac propitia.
Milphio, heus, Mílphio, ubi es? Mi. assum apud te eccum. Ag. at ego elixus sis uolo.

260 *vel* opino 261 opstipuisti *Camerarius*: opstituisti *cod.* ac tace *Camerarius*: actate *cod.* 264 mantet pol *Ritschl* 266 reginas (*T*) *vel* reliquias (*PBC*) *cod.* 267 seruulicolas *Gruterus*, *sed cf. Skutsch* (*Jahrb. Class. Philol. suppl.* 27, 103) 270 duobolaria *cod.* 278 posthac *Camerarius*: [ac] (at *PBC*) posthac (pos hac) *cod.* (iv. 3) 279 Milphio *alt. del. Bothe*

Mi. enim uero, ere, facis delicias. Ag. de tequidem haec didici omnia.
Mi. etiamne ut ames eam quam numquam tetigeris? Ag. nihil id quidemst:
deos quoque edepol et amo et metuo, quibu' tamen ápstineo manus.
Ante. eu ecastór! quom ornatum aspicio nostrum ambarum, paenitet
exornatae ut simus. Ade. immo uero sane commode;
nam pro erili et nostro quaestu sati' bene ornatae sumus.
non enim potis est quaestus fieri, ni sumptus sequitur, scio,
et tamen quaéstus non consistet, si eum sumptus superat, soror.
eo illud satiust 'satis' quod satis est habitu; ⟨hóc⟩ plus quam sat est.
Ag. ita me dí ament, ut illa mé amet malim quam di, Milphio.
nam illa mulier lapidem silicem subigere ut se amet potest.
Mi. pol idquidem hau mentire, nam tu es lapide silice stultior
qui hanc ames. Ag. at uide sis, cum illac numquam limaui caput.
Mi. curram igitur aliquo ad piscinam aut ad lacum, limum petam.
Ag. quid eo opust? Mi. ego dicam: ut illi ét tibi limem caput.
Ag. í in malam rem! Mi. ibi sum equidem. Ag. perdis. Mi. taceo. Ag. at perpetuo uolo.
Mi. enim uero, ere, meo mé lacessis ludo et delicias facis.

281 id *Bothe*: illic *P ut vid.* (*pro* idic? *cf.* 291): hoc *Seyffert* 282 *accedit A* [ego] tamen *P* 285 erili et] erilicet *P* 286 potis est q.] pote q. *testatur Charisius* 223, *sed* enim *vix ferendum*: potest q. *P* (*pro* potis est?) fieri . . . quaestus (*v.* 287) *om. P ut vid.* (*propter homoeotel.*) 288 habitu hoc *scripsi*: habitus *P*, *A n. l.*: *fort.* hoc autem (h^{c} aū) ⟨quam illud quod⟩ *Ritschl* 291 id quidem] equidem *A* (? *pro* icq.) 292 quom i. *P* (*antiqua forma*) 294 opus sit *P* (i. 7, 2) *vel* illic limen *P* 295 i in] in *A* (? in') perg(is) *A*

ANTE. sati' nunc lepide ornatam credo, soror, te tibi uiderier;
sed ubi exempla conferentur meretricum aliarum, ibi tibi
erit cordolium si quam ornatam melius forte aspexeris.
ADE. inuidia in me numquam innatast neque malitia, mea soror.
bono med esse ingenio ornatam quam auro multo mauolo:
aurum, id fortuna inuenitur, natura ingenium bonum.
bonam ego quam beatam me esse nimio dici mauolo.
meretricem pudorem gerere magi' decet quam purpuram:
magi'que id meretricem, pudorem quam aurum gerere, condecet.
pulchrum ornatum turpes mores peius caeno conlinunt,
lepidi mores turpem ornatum facile factis comprobant.
AG. eho tu, uin tu facinus facere lepidum et festiuom? MI. uolo.
AG. potesne mi auscultare? MI. possum. AG. abi domum ac suspende te.
MI. quámobrem? AG. quia iam numquam audibis uerba tot tam suauia.
quid tibi opust uixisse? ausculta mihi modo ac suspende te.
MI. siquidem tu es mecum futurus pro uua passa pensilis.
AG. at ego amo hanc. MI. at ego esse et bibere. ADE. ého tu, quid ais? ANTE. quid rogas?
ADE. uiden tu? pleni oculi sorderum quí erant, iam splendent mihi?
ANTE. immo etiam in medio oculo paullum sordet. cedo sis dexteram.

298 conferuntur *P* 300 innatast] gnatạ est *A*[1] 301 *vel* me (*ita cod.*) ingenio esse *P* 302 id] in *P* 303 *et* 304 (*post* 305 *in A*) *retractatoris esse possunt* 304 *vel* mage 305 magisque id (?) *Leo*: magisque *A*: magis quid (-it) *P* (i *pro* ei ?) 306 *cf. Most.* 291 turpest *A* 310 quia] qui *P* 311 ac] et *A* 312 es tu *codd. Nonii* 11 pensili *codd. Nonii* 313 amabo *A* 314 ple(lli) *A, fort. recte* sorderunt *P* 315 ⟨ADE.⟩ cedo *Ital.* sị *A* deteram *Scaliger, sed ancillam alloqui Anterastilis videtur*

AG. ut quidem tu húius oculos inlutis manibus tractes aut teras?
ANTE. nimia nos socordia hodie tenuit. ADE. qua de re, opsecro?
ANTE. quia non iam dudum ante lucem ad aedem Veneris uenimus,
primae ut inferremus ignem in aram. ADE. aha! non factost opus:
quaé habent nocturna ora, noctu sacruficatum ire occupant.
priu' quam Venus expergiscatur, priu' deproperant sedulo
sacruficare; nam uigilante Venere si ueniant eae,
ita sunt turpes, credo ecastor Venerem ipsam e fano fugent.
AG. Milphio. MI. edepol Milphionem miserum! quid nunc uis tibi?
AG. opsecro hercle, ut mulsa loquitur! MI. nil nisi laterculos,
sesumam papaueremque, triticum et frictas nuces.
AG. ecquid amare uideor? MI. damnum, quod Mercurius minime amat.
AG. namque edepol lucrum | amare nullum amatorem addecet.
ANTE. eamus, mea germana. ADE. áge sis, ut lubet. ANTE. sequere hac. ADE. sequor.
MI. eunt hae. AG. quid si adeamus? MI. adeas. AG. primum prima salua sis,
et secunda tu insecundo salue in pretio; tertia
salue extra pretium. ANC. tum pol ego et oleum et operam perdidi.
AG. quó agis? ADE. egone? in aedem Veneris. AG. quid eo? ADE. ut Venerem propitiem.

316 ut tu quidem *P* 319 primae] prima cum *P* (? *pro* primum^{ae}, *i. e.* primum *corr.* primae) signem *P* factust *A* 320 occupans *P* 321 experiscatur *P* 328 nam quidem edep. *Bothe* ⟨ullum⟩ am. *Brix* 331 tu in s. (*del. alt.* in) *Studemund*: tu secundo *Camerarius* (*cf. Amer. Journ. Phil.* 21, 37) 333 q. te a. *P* (i. 9)

AG. eho, an irata est? ADE. propitia hercle est. AG. uel ego pro illa spondeo.
quid tu ais? ADE. quid mihi molestu's, opsecro? AG. aha, tam saeuiter!
ADE. mitte, amabo. AG. quid festinas? turba nunc illi est. ADE. scio.
sunt illi aliae quas spectare ego et me spectari uolo.
AG. qui lubet spectare turpis, pulchram spectandam dare?
ADE. quia apud aedem Veneris hodie est mercatus meretricius:
eo conueniunt mercatores, ibi ego me ostendi uolo.
AG. inuendibili merci oportet ultro emptorem adducere:
proba mers facile emptorem reperit, tam etsi in apstruso sitast.
quid ais tu? quando illi apud me mecum palpas et lalas?
ADE. quo die Orcus Accherunte mortuos amiserit.
AG. sunt mihi intus nescioquot nummi aurei lymphatici.
ADE. deferto ad me, faxo actutum constiterit lymphaticum.
MI. bellula hercle! i dierecte in maxumam malam crucem!
quam magis aspecto, tam magis est nimbata et nugae merae.
ADE. segrega sermonem. taedet. AG. age, sustolle hoc amiculum.
ADE. pura sum, comperce amabo me attrectare, Agorastocles.
AG. quid agam nunc? ADE. si sapias, curam hanc facere compendi potest.
AG. quid ego nunc te curem? quid ais, Milphio? MI. ecce odium meum!
quid me uis? AG. qur mi haec irata est? MI. qur haec irata est tibi?
qur ego id curem? namque istaec magi' meast curatio?

334 ADE. *suspectum* (*cf. Gellius* 11, 6) 340 ego *om. A* 342 tam etsi] tarem est et si *P* (*pro* tamenetsi ?) in occulto sitast *A* 343 mec. caput et corpus copulas *P* lallas *A* 344 ab a. *P* amiseris *P* 345 intus *om. A* laurei *A* 347 ei *A* (*antiqua forma*) : ⟨AG.⟩ i *Ital.* 351 potes *Ital.* : *fort.* pote 352 non *Acidalius* ais] agas *P* 354 *vel* nam quaé : nam qui *Ritschl* *vel* mage

Ag. iam hercle tu periisti, nisi illam mihi tam tranquillam facis
quam mare olimst quóm ibi alcedo pullos educit suos.
Mi. quid faciam? Ag. exora, blandire, expalpa. Mi. faciam sedulo.
sed uide sis ne tu oratorem hunc pugnis pectas postea.
Ag. non faciam. Ade. non aequos in me es, sed morare et male facis.
bene promittis multa ex multis: omnia incassum cadunt.
liberare iurauisti me hau semel sed centiens:
dum te exspecto, neque ego usquam aliam mihi paraui copiam
neque istuc usquam apparet; ita nunc seruio nihilo minus.
i, soror. apscede tu a me. Ag. perii! ecquid ais, Milphio?
Mi. mea uoluptas, mea delicia, mea uita, mea amoenitas,
meus ocellus, meum labellum, mea salus, meum sauium,
meum mel, meum cor, mea colustra, meu' molliculus caseus—
Ag. mene ego illaéc patiar praesente dici? discrucior miser,
nisi ego illum iubeo quadrigis cursim ad carnuficem rapi.
Mi. noli, amabo, suscensere ero meo caussa mea.
ego faxo, si non irata's, ninnium pro te dabit
ac te faciet ut sies cíuis Attica atque libera.
quin adire sini'? quin tibi qui bene uolunt, bene uis item?
si ante quid mentitust, nunciam dehinc erit uerax tibi.
sine te exorem, sine prehendam auriculis, sine dem sauium.

355 peristiṣ *A* 356 alcedo *testatur Priscianus* 1, 206 (*cf. Fronto*, p. 225 *N.*) : alcyo *codd.* (v. 1) seducít *P* 357 exblandire *Goetz et Loewe* palpa *A fort. recte* 358 postea] omnia *A* 361 iura uis te *P* (*pro* -tei?) sedentiens (-tlens?) *P ut vid.* 362 ego *om. P* 364 agis *P* 365 mea delicia *testatur Gellius* 19, 8, 6 (*unde Nonius* 100): meae deliciae *codd.* 366 oculus *A* 368 ego praesent(e) patiar illaec *A* (? *pro* pr. pa. e. i.) 371 iṛataṣṭ *A* 372 Atque *codd.* 373 quin adire sinis *Adelphasio* (*ut vid.*) *dat A* (*pro* q. abire s.?) quin adiri (*T ut vid.*) *vel* qui in adire (P^{BC} *ut vid.*) *P* 374 quidem entitus sit *P* (? *pro* quid ementitust) *vix* nunc iam (*cf. ad Epid.* 135) 375, 376 *inverso ordine P* (*prius omisso v.* 375 *propter homoeoarch.*; ii. 6) 375 auris *A*

ADE. apscede hinc sis, sycophanta par ero. MI. at scin quo modo?
iam hercle ego faciam ploratillum, nisi te facio propitiam,
atque hic ne me uerberetíllum faciat, nisi te propitio,
male formido: noui ego huiius mores morosi malos.
quam ob rem amabo, mea uoluptas, sine te hoc exorarier.
AG. non ego homo trioboli sum, nisi ego illi mastigiae
exturbo oculos atque dentes. em uoluptatem tibi!
em mel, em cor, em labellum, ém salutem, em sauium!
MI. impias, ere, te: oratorem uerberas. AG. iam istoc magis:
etiam ocellum addam et labellum, linguam. MI. ecquid facies modi?
AG. sicine ego te orares iussi? MI. quo modo ergo orem? AG. rogas?
sic enim diceres, sceleste: huiius uoluptas, te opsecro,
huius mel, huius cor, huius labellum, huiius lingua, huiius sauium,
huius delicia, huiius salus amoena, huiius festiuitas:
huiiu' colustra, huiius dulciculus caseus, mastigia,
huiius cor, huiius studium, huiius sauium, mastigia;
omnia illa, quae dicebas tua esse, ea mémorares mea.
MI. opsecro hercle te, uoluptas huiius atque odium meum,
huiius amica mammeata, mea inimica et maleuola,
oculus huiius, lippitudo mea, mel huiius, fel meum,
ut tu huïc irata ne sis aut, si id fieri non potest,
capias restim ac te suspendas cum ero et uostra familia.
nam mihi iam uideo propter te uictitandum sorbilo,
itaque iam quasi ostreatum tergum ulceribus gestito

377 plorantem illum *P* propiciam facio *P* 378 me ne *P*: ne in me (?) *Leo* 379 morosi] moros *A* 380 amabo *om. A* te hoc *Geppert*: te *P*: hoc *A* 385 [et] li. *P* 386 orare *A* (i. 9) iussịt *A* ego *A* 389 *vel* huiiu' dĕl. deliciae *A*, *corr. Mercerus* (*ex v.* 365): colustra *P* (*ex v.* 390) 390 *om.* A^1 (*cf. ad v. sq.*) 390a *supra* sauium mastigia *scripsit* dulciculus caseus A^2 392 ẹius *A* 396 quom *P* (*antiqua forma*)

propter amorem uostrum. ⟨ADE.⟩ amabo, men prohibere postulas
ne te uerberet magi' quam ne mendax me aduorsum siet?
ANTE. aliquid huic responde, amabo, commode, ne incommodus
nobeis sit. nam detinet nos de nostro negotio.
ADE. uerum. etiam tibi hanc amittam noxiam unam, Agorastocles.
non sum irata. AG. non es? ADE. non sum. AG. da ergo, ut credam, sauium.
ADE. mox dabo, quom ab re diuina rediero. AG. í ergo strenue.
ADE. sequere me, soror. AG. atque audin? ADE. etiam. AG. Veneri dicito
multum meis uerbeis salutem. ADE. dicam. AG. atque hoc audi. ADE. quid est?
AG. paucis uerbis rem diuinam facito. atque audin? respice.
respexit. idem edepol Venerem credo facturam tibi.

iii AGORASTOCLES MILPHIO

AG. Quid nunc mi es auctor, Milphio? MI. ut me uerberes
atque auctionem facias: nam inpunissume
tibi quidem hercle uendere hasce aedis licet.
AG. quid iam? MI. maiorem partem in ore habitas meo.
AG. supersede istis uerbis. MI. quid nunc ueis tibi?
AG. trecentos Philippos Collybisco uilico
dedi dúdum, priu' quam me euocauisti foras.
nunc opsecro te, Milphio, hanc per dexteram
perque hanc sororem laeuam perque oculos tuos
perq' meos amores perque Adelphasium meam
perque tuam leibertatem—MI. em nunc nihil opsecras.

400 *vel* mage 401 incommodis *P* 407 multa *P* audin *Ritschl*
409 pol *P* 410 auctor es *A* 413 parte minore h. mea *P* (i. 6)
414 ueis nunc *A* 416 dum *A*

AG. mi Milphidisce, mea commoditas, mea salus,
fac quod facturum te promisisti mihi,
ut ego hunc lenonem perdam. MI. perfacile id quidemst.
i, adduce testis tecum; ego intus interim
iam et ornamentis meis et sycophantiis
tuom exornabo uilicum. propera atque abi.
AG. fugio. MI. meum est ístuc magis officium quam tuom.
AG. egone, egone, si istuc lepide ecfexis—MI. i modo.
AG. ut non ego te hodie—MI. abi modo. AG. emittam manu—
MI. i modo. AG. non hercle mercam—MI. óh—AG. uah—MI. abi modo.
AG. quantum Accheruntest mortuorum. MI. etiamne abis?
AG. neque quantum aquaist in marí—MI. abiturun es?
AG. neque nubes omnes quantumst—MI. pergin pergere?
AG. neque stellae in caelo—MI. pergin auris tundere?
AG. neque hoc neque illuc neque—enim uero serio—
neque hercle uero—quid opust uerbis? quippini?
quod uno uerbo—dicere hic quidueis licet—
neque hercle uero serio—scin quomodo?
ita me di amabunt—uin bona dicam fide?
quod hic inter nos liceat—ita me Iuppiter—
scin quam uidetur? credin quod ego fabuler?
MI. si nequeo facere ut abeas, egomet abiero;
nam isti quidem hercle orationi Oédipo
opust cóniectore, qui Sphingi interpres fuit.—
AG. illic hinc iratus abiit. nunc mihi cautio est
ne meamet culpa meo amori obiexim moram.

422 te esse promisisti (-misti ?) *P* 424 *om. A* (*propter homoeoarch.* ?) 425 et ornamentis] tormentis *A* miis *P* (*antiqua forma*) 430 merear *A* 432 mare *A* 435 illud *A* 436 opus *A* 440 licet *A* 441 *vel sic distingue* scin quam ?—uidetur—uide tu *P* 442 abireo *P* 443 orationist (*deinde* opus) *Bothe* (*sed cf. Journ. Phil.* 27, 217)

ibo atque arcessam testis, quando Amor iubet
me oboedientem | esse seruo liberum.—

ACTVS II

II LYCVS ANTAMOENIDES

LY. Di illum infelicent omnes qui post hunc diem
leno ullam Veneri umquam immolarit hostiam
quiue ullum turis granum sacruficauerit.
nam ego hodie infelix dis meis íratissumis
sex immolaui | agnos nec potui tamen
propitiam Venerem facere uti | esset mihi.
quoniam litare nequeo, ábii illim ilico
iratus, uotui | exta prosicarier;
[neque ea poricere uolui, quoniam non bona
haruspex dixit: deam esse indignam credidi.]
eo pácto auarae Veneri pulchre adii manum.
quando id quod sat erat satis habere noluit,
ego pausam feci. sic ago, sic me decet.
ego faxo posthac di deaeque ceteri
contentiores mage erunt atque auidi minus,
quom scibunt Veneri ut adierit leno manum.
condigne haruspex, non homo trioboli,
omnibus in extis aibat portendi mihi
malum damnumque et deos esse iratos mihi.
quid ei diuini aut humani aequomst credere?
mina mihi argenti dono postilla datast.
sed quaeso, ubinam illic restitit miles modo

447 Amor (*iambus*) *hic vix ferendum* quando ⟨ita⟩ *Luchs* : quandoc (?) *Leo* iubet Amor *vel* Amŏrí lubet (lubet *B*) *Luchs* 448 meo ob. *B*: ob. me *Bentley*: meo ob. ⟨me⟩ *Gruterus, fort. recte* 451 quiue] qui *A* (iii. 3) 453 agnos immolaui *Pylades* 454 ⟨aes⟩ esset *Palmer* 455 non queo *Geppert* *vel* abiui 456 uolui *A* exta uotui *Reiz* : uotui ⟨ei⟩ (?) *Leo* 456ª, 456ᵇ *om. A* 456ª poricere *Seyffert* : picere *cod.* 456ᵇ dea e. indigna *Pistoris* 459 paussam *A* 461 audiui *A* 462 qum *P* 463 *post v.* 471 *A* (ii. 6) 466 aut *Pius*: haud *P*: atque *A*

quei hanc mihi donauit, quem ego uocaui ad prandium?
sed eccum incedit. ANTA. ita ut occepi dicere,
lenulle, dé illac pugna Pentetronica,
quom sexaginta milia hominum uno die
uolaticorum manibus occidi meis.
LY. uolaticorum—hóminum? ANTA. íta deico quidem.
LY. an, opsecro, usquam sunt homines uolatici?
ANTA. fuere. uerum ego interfeci. LY. quo modo
potuisti? ANTA. dicam. uiscum legioni dedi
fundasque; eo praésternebant folia farferi.
LY. quoi rei? ANTA. †ne ad fundas uiscus adhaeresceret†.
LY. perge. optume hercle peiieras. quid postea?
ANTA. in fundas uisci indebant grandiculos globos,
eo illós uolantis iussi funditarier.
quid multa uerba? quemquem uisco offenderant,
tam crebri ad terram reccidebant quam pira.
ut quisque acciderat, eum necabam | ilico
per cerebrum pinna sua sibi quasi turturem.
LY. si hercle istuc umquam factum est, tum me Iuppiter
faciat ut semper sacruficem nec umquám litem.
ANTA. an mi haec non credis? LY. credo, ut mi aequomst credier.
age eamus intro. ANTA. dum exta referuntur, uolo
narrare tibi etiam unam pugnam. LY. nil moror.
ANTA. ausculta. LY. non hercle auscultabo. ANTA. quo modo?

471 lenulle *Priscianus testatur* I, 109 : lenullo *A* : lenuile *P ut vid.* (I *pro* L) 474 euolaticorum *P* (*cum A ante corr.*) (E *erat personae nota*) : uolaticorumne *Guietus* 475 uiatici *P* 479 ad f. u. ne *Bothe* *fort.* ambhaeresceret (v. p. 81) 481 uisci indebant *Gruterus* : uisclindebant *A* : uis uindebant *P* glandiculos *A* 482 eo *Camerarius* : eos *A* : ego *P* 485 accidebant *P* : aeci- *vel* reci- *A* 489 *vel* necumquam 490 est aecum *P* credere *A* 491 referantur *A* 493 auscultabo *usque ad* (*v. sq.*) hercle *om. P* (*propter homoeoteleuton*)

colaphis quidem hercle tuom iam dilidam caput,
nisi aut auscultas aut—is in malam crucem.
Ly. malam crucem ibo potius. Anta. certumnest tibi?
Ly. certum. Anta. tum tu igitur die bonó, Aphrodisiis,
addice tuam mihi meretricem minusculam.
Ly. ita res diuina mihi fuit: res serias
omnis extollo ex hoc die in alium diem.
profestos festos habeam decretum est mihi.
nunc hinc eamus intro. sequere hac me.—Anta. sequor.
in hunc diem iam tuo' sum mercennarius.—

ACTVS III

III. i Agorastocles Advocati

Ag. Ita me dí ament, tardo amico nihil est quicquam nequius,
praesertim homini amanti, qui quidquid agit properat omnia.
sicut ego hos duco aduocatos, homines spissigradissumos,
tardiores quam corbitae sunt in tranquillo mari.
atque equidem hercle dedita opera amicos fugitaui senes:
scibam aetati tardiores, metui meo amori moram.
nequiquam hos procos mi elegi loripedes, tardissumos.
quin si ituri hodie estis, ite, aut ite hinc in malam crucem.
sicine oportet ire amicos homini amanti operam datum?
nam istequidem gradus succretust cribro pollinario;
nisi cum pedicis condidicistis istoc grassari gradu.
Adv. heus tu, quamquam nos uidemur tibi plebeii et pauperes,
si nec recte dicis nobis diues de summo loco,

494 elidam *P* 495 aut *pr. om. P* 497 aphrodiis *P* 500 ex *om. A* 501–71 *deest A* 501 *vel* Anta. pr. profestos *Turnebus*: profectos *cod.* 504 nihili *cod.* inequius P^{BC} (*vix pro* iniquius) 505 que *cod.* (*corr. B*) 507 corbitae *Nonius* 533: corditae *cod.* (D *pro* B) in] et in *codd. Nonii* 511 aut ite *Ital.*: audite *cod.*

diuitem audacter solemus mactare infortunio.
nec tibi nos obnoxii istuc quid tu ames aut oderis:
quom argentum pro capite dedimus, nostrum dedimus, non tuom;
liberos nos esse oportet. nos te nihili pendimus,
ne tuo nós amori seruos esse addictos censeas.
liberos homines per urbem modico magi' par est gradu
ire, seruoli esse duco festinantem currere.
praesertim in re populi placida atque interfectis hostibus
non decet tumultuari. sed si properabas magis,
pridie nos te aduocatos huc duxisse oportuit.
ne tu opinere, hau quisquam hodie nostrum curret per uias
neque nos populus pro cerritis insectabit lapidibus.
AG. at si ad prandium me in aedem uos dixissem ducere,
uinceretis ceruom cursu uel gralatorem gradu;
nunc uos quia mihi aduocatos dixi et testis ducere,
podagrosi estis ac uicistis cocleam tarditudine.
ADV. an uero non iusta caussa est qur curratur celeriter
ubi bibas, edas de alieno quantum ueis usque ad fatim,
quod tu inuitus numquam reddas domino de quoio ederis?
sed tamen cum eo cum quiqui, quamquam sumu' pauperculi,
est domi quod edimus, ne nos tam contemptim conteras.
quidquid est pauxillulum illuc, omne nostrum id intus est,
neque nos quemquam flagitamus neque nos quisquam flagitat.

518 obnoxii *Bothe*: obnixii [sumus] *cod.* (? *pro* obnixi s.) 521 seruos *Pylades*: seruos [tuos] *cod.* 522 *vel* mage 523 (seruuli *C*: seruili *D*: seruile *B*: *T n. l.*) ul *per ligaturam script. cum* il *facile confunditur*) 527 *vel* opines 530 ceruom cursu] circum (? *i. q.* κίρκον, '*accipitrem*') curso *cod. Varronis de L. L.* 7. 69: cursu ceruas *codd. Pauli* 97 uel] el *B*: et *codd. Pauli* *vel* grall-: glabatorem *cod.* (B *pro* R; *pro* glar-, *plebeia forma*) 532 tarditune *cod.* 533 an *Dousa*: ad (at) *cod.* quor *Ritschl*: quo *cod.* 534 edis *Speijer* ueis *ut vid. cod.* (*unde* uelis P^{CD}, *om. B*) 535 quoio *Bergk*: quio *cod.* 536 quom eo quom *cod.* (*antiqua forma*) 538 pauxillum *B* nostrum id omne *cod.*: *traieci* int. est] non tuomst *Bentley*

tua caussa nemo nostrorumst suos rupturus ramites.
Ag. nimis iracundi estis: equidem haec uobis dixi per iocum.
Adv. per iocum itidem dictum habeto quae nos tibi respondimus.
Ag. opsecro hercle, operam celocem hanc mihi, ne corbitam date;
adtrepidate saltem, nam uos adproperare hau postulo.
Adv. si quid tu placide otioseque agere uis, operam damus;
si properas, cursores meliust te aduocatos ducere.
Ag. scitis rem, narraui uobis quod uostra opera mi opu' siet,
de lenone hoc qui me amantem ludificatur tam diu,
ei paratae ut sint insidiae de auro et de seruo meo.
Adv. omnia istaec scimus iam nos, si hi spectatores sciant;
horunc hic nunc caussa haec agitur spectatorum fabula:
hos te satius est docere, ut, quando agas, quid agas sciant.
nos tu ne curassis: scimus rem omnem, quippe omnes simul
dedicimus tecum una, ut respondere possimus tibi.
Ag. ita profecto est. sed agite igitur, ut sciam uos scire, rem
expedite et mihi quae uobis dudum dixi dicite.
Adv. itane? temptas an sciamus? non meminisse nos ratu's
quo modo trecentos Philippos Collybisco uilico
dederis, quos deferret huc ad lenonem inimicum tuom,
isq' se ut adsímularet peregrinum esse aliunde ex alio oppido?
ubi is detulerit, tú eo seruom quaesitum aduentes tuom
cum pecunia. Ag. meministis memoriter, seruasti' me.
Adv. ille negabit: Milphionem quaeri censebit tuom;
id duplicabit omne furtum. leno addicetur tibi.

542 dicta *Bentley* 543–6 (*etiam* 567–77) *retractatoris esse credit Leo, ‘breviorem scaenam Plautinae substitutam’* 543 celocem *testatur Nonius* 533 : uelocem *cod.* ne] nec *Nonius* 547 quid *Ussing* 551 hic *Pylades* : hinc *cod.* 552 agas sc. *Acidalius* : agant sc. *cod.* 554 possemus *Leo* 556 et *del. Lambinus, Ritschl* 560 isque *del. Leo* esse *del. Bothe* 561 qu. s. *cod.* : *trai. Bothe* aduenies *Bothe* : aduentes *cod.* (T *pro* I) : -tares *Seyffert* 562 qum *cod.*

ad eam rem nos esse testis uis tibi. AG. teneti' rem.
ADV. uix quidem hercle, íta pauxilla est, digitulis primoribus.
AG. hoc cito et cursim est agendum. propera iam quantum potest.
ADV. bene uale igitur. te aduocatos meliust celeris ducere;
tardi sumu' nos. AG. optume itis, pessume hercle dicitis.
quin etiam deciderint femina uobis in talos uelim.
ADV. at edepol nos tíbi in lúmbos linguam atque oculos in solum.
AG. heia! hau uostrumst iracundos esse quod dixi ioco.
ADV. nec tuom quidem est amicis per iocum iniuste loqui.
AG. mittite istaec. quid uelim uos scitis. ADV. callemus probe:
lenonem ut peiiurum perdas, id studes. AG. teneti' rem.
eugae! opportune egrediuntur Milphio una et uilicus.
basilice exornatus cedit et fabre ad fallaciam.

MILPHIO COLLYBISCVS AGORASTOCLES ADVOCATI ii

MI. Iam tenes praecepta in corde? CO. pulchre. MI. uide sis calleas.
CO. quid opust uerbis? callum aprugnum callere aeque non sinam.
MI. fac modo ut condocta tibi sint dicta ad hanc fallaciam.
CO. quin edepol condoctior sum quam tragoedi aut comici.
MI. probus homost. AG. adeamus propius. adsunt testes. MI. tot quidem
non potuisti adducere homines magis ad hanc rem idoneos.

565 testis] estis *cod.* 566 *vix* hercule itast p. *Geppert* 567–77 *cf. ad* 543–6 568 aduocatus *cod.* melius *cod.* 570 uobis femina *cod.*: *trai. Ritschl* 571 tibi nos *Bothe* 572 *accedit A* 573 ne *A* 574 mitte *ut vid. A* uelim uos] uelimus *A* 576 Ecce *P* 577 incedit *P* 582 ad eam proprius (propius *D*) *P* adsunt t.? *Milphioni tribuit,* tot quidem *Agorastocli Leo*

nam istorum nullus nefastust : comitiales sunt meri ;
ibi habitant, ibi eos conspicias quam praetorem saepius.
hodie iuris coctiores non sunt qui litis creant
quam hi sunt qui, si nihil est quicum litigent, litis emunt.
Adv. di te perdant ! Mi. uos quidem hercle—cúm eo cum quiqui tamen
et bene et benigne facitis quóm ero amanti operam datis.
sed isti iam sciunt negoti quid sit ? Ag. omne in ordinem.
Mi. tum uos animum aduortite igitur. hunc uos lenonem Lycum
nouistis ? Adv. facile. Co. at pol ego eum qua sit facie nescio.
eum mihi uolo demonstretis hominem. Adv. nos curabimus.
sati' praeceptumst. Ag. hic trecentos nummos numeratos habet.
Adv. ergo nos inspicere oportet istuc aurum, Agorastocles,
ut sciamus quid dicamus mox pro testimonio.
Co. agite, inspicite. Adv. aurum est profecto hic, spectatores, comicum :
macerato hoc pingues fiunt auro in barbaria boues ;
uerum ad hanc rem agundam Philippum est : ita nos adsimulabimus.
Co. sed ita adsimulatote quasi ego sim peregrinus. Adv. scilicet,
et quidem quasi tu nobiscum adueniens hodie oraueris
liberum ut commostraremus tibi locum et uoluptárium
ubi ames, potes, pergraecere. Co. eu edepol mortalis malos !
Ag. ego enim docui. Mi. quis te porro ? Co. agite intro abite, Agorastocles,
ne hic uos mecum conspicetur leno neu fallaciae

586 doctiores *Ital.* (*A n. l.*) *fort. recte* 587 quic. l. l. e.] litium lites semunt *P* (*? pro* ⟨aliud⟩ *vel* ⟨quicquam⟩ lit. *etc.*) 588 quom eo quom *P* (*antiqua forma*) 590 omnem in ordine *P*: omne in ordine *Ital.* 593 uolo mihi *P* 597 hoc *Geppert* : *om. P* 599 ab *A* agundum est philippum est ita nos adsimulemus *A* 601 hodie *om. A* 602 uoltarium *A* 603 eu *om. A* 604–34 *deest A*

praepedimentum obiciatur. Adv. hic homo sapienter sapit.
facite quod iubet. Ag. abeamus. sed uos—Adv. sati' dictumst. abi.
Ag. abeo. Adv. quaeso, di inmortales, quin abis? Ag. abeo.—Adv. sapis.
Co. st!
609a tace. Adv. quid est? Co. fores haé fecerunt magnum flagitium modo.
Adv. quid ⟨id⟩ est flagiti? Co. crepuerunt clare. Adv. di te perduint!
pone nos recede. Co. fiat. Adv. nos priores ibimus.
Co. faciunt scurrae quod consuerunt: pone sese homines locant.
Adv. illic homo est qui egreditur leno. Co. bonus est, nam similis malist.
iam nunc ego illic egredienti sanguinem exsugam procul.

Lycvs Advocati Collybiscvs iii

Ly. Iam ego istúc reuortar, miles: conuiuas uolo
reperire nobis commodos qui una sient;
interibi attulerint exta, [atque] eadem mulieres
iam ab re diuina credo apparebunt domi.
sed quid huc tantum hominum incedunt? ecquidnam adferunt?
et illé chlamydatus quisnam est qui sequitur procul?
Adv. Aetoli ciues te salutamus, Lyce,
quamquam hanc salutem ferimus inuiti tibi et
622a quamquam bene uolumus leniter lenonibus.
Ly. fortunati omnes sitis, quod certo scio
nec fore nec Fortunam id situram fieri.

606–8 *vel* Ag. hic . . . dictumst. Adv. abi. Ag. abeo . . . inmortales—Adv. quin 607 sed] et *Seyffert* 609 st *Camerarius*: si *cod.* 610 id *add. Acidalius* 612 *vel* sesse (*antiqua forma?*) 615 istuc (?*pro* isto) ego *cod.*: *trai. Bothe* 617 attulerint (*B*) *vel* attulerunt (P^{CD}) *cod.* atque *improbat Niemoeller* 618 rediuiua *cod.* 620 *vel* ill' sequetur *cod.* 622a (*cum* et *v. prioris*) *secl. Bentley* (*cf. v.* 639) (*vid. ad v.* 706) 624 fore nec *Pylades*: foren et *cod.*

Adv. istic est thensaurus stultis in lingua situs,
ut quaestui habeant male loqui melioribus.
Ly. uiam qui nescit qua deueniat ad mare,
eum oportet amnem quaerere comitem sibi.
ego male loquendi uobis nesciui uiam:
nunc uos mihi amnes estis; uos certum est sequi:
si bene dicetis, uostra ripa uos sequar,
si male dicetis, uostro gradiar limite.
Adv. malo bene facere tantumdemst periculum
quantum bono male facere. Ly. qui uero? Adv. scies.
malo si quid bene facias, beneficium interit;
bono si quid male facias, aetatem expetit.
Ly. facete dictum! sed quid istúc ad me attinet?
Adv. quia nos honoris tui caussa ad te uenimus,
quamquam bene uolumus leniter lenonibus.
Ly. si quid boni adportatis, habeo gratiam.
Adv. boni de nostro tibi nec ferimus nec damus
neque pollicemur neque adeo uolumus datum.
Ly. credo hercle uobeis: ita uostra est benignitas.
sed quid nunc uoltis? Adv. hunc chlamydatum quem uides,
ei Márs iratust. Co. capiti uostro istuc quidem!
Adv. nunc hunc, Lyce, ad te diripiundum adducimus.
Co. cum praeda hic hodie incedet uenator domum:
canes compellunt in plagas lepide lupum.
Ly. quis hic est? Adv. nescimus nos quidem istum qui siet;
nisi dudum mane ut ad portum processimus,
atque istunc e naui exeuntem oneraria
uidemus. adiit ad nos extemplo exiens;

630 amnis *Brix* 631 uos ripa *Bothe* 634 qui *Ital.*: quid *cod.* 635 *accedit A* bene] malẹ *A* (*ex v.* 636) id beneficium interit *P*: id *del. Bentley*: aetatem expetit *A* (*ex v.* 636) 636 expetis *A* 638 [huc] ad te *P*, *unde* tui honoris causa huc ad te *Reiz* 640 adportastis *A* 641 damus [tibi] *P* 646 hunc nunc *P* 647 raeda *P* 648 lupum] lycum *P* (? *pro* λύκον) 649 istum quidem *P* 650 d. a mane *P*

salutat, respondemus. Co. mortalis malos!
ut ingrediuntur docte in sycophantiam!
Ly. quid deinde? Adv. sermonem ibi nobiscum copulat.
ait se peregrinum esse, huius ignarum oppidi;
locum sibi uelle liberum praeberier
ubi nequam faciat. nos hominem ad te adduximus.
tu sei te dí amant, agere tuam rem occasiost.
Ly. itane ille est cupiens? Adv. aurum habet. Ly. praeda haec meast.
Adv. potare, amare uolt. Ly. locum lepidum dabo.
Adv. at enim hic clam, furtim | esse uolt, ne quis sciat
neue arbiter sit. nam hic latro in Sparta fuit,
ut quidem ipse nobeis dixit, apud regem Attalum;
ind' nunc aufugit, quoniam capitur oppidum.
Co. nimi' lepide de latrone, de Sparta optume.
Ly. di deaeque uobis multa bona dent, quom mihi
et bene praecipitis et bonam praedam datis.
Adv. immo ut ipse nobis dixit, quo accures magis,
trecentos nummos Philippos portat praesidi.
Ly. rex sum, si ego illunc hodie ad me hominem adlexero.
Adv. quin hicquidem tuos est. Ly. opsecro hercle hortamini,
ut deuortatur ad me in hospitium optumum.
Adv. neque nos hortari neque dehortari decet
hominem peregrinum: tuam rem tú ages, si sapis.
nos tibi palumbem ad aream usque adduximus:
nunc te illum meliust capere, si captum esse uis.
Co. iamne itis? quid quod uobeis mandaui, hospites?

655 copulant *P* 658 faciet *P* 659 age *Acidalius* 660 ille . . . habet *advocatis dat Seyffert* 661 uoli *P* (I *pro* T) (*item* 662) 662 ⟨se⟩ esse *Mueller* 663 siparta *P* 665 nunc *om. A*: huc *Camerarius* 669 accurres *codd.* 670 praesidi *Gulielmius*: praes ibi (prae sibi) *codd.*, *vix recte* 671 illum *codd.* *vel* ad med: *om. A* (? *pro* hod. hom. ad me adle.) mallexero *P* 672 tuus sum *A* (*pro* sume?): tuus Ly. est *P* (*in archetypo* E *nota lenonis personae erat*) 677 melius *codd.* castum *P*

ADV. cum illoc te meliust tuam rem, ádulescens, loqui:
illic est ad istas res probus quas quaeritas.
CO. uidere equidem uos uellem quom huic aurum darem.
ADV. illinc procul nos istuc inspectabimus.
CO. bonam dedistis mihi operam. LY. it ad me lucrum.
CO. illud quidem quorsum asinus caedit calcibus.
LY. blande hominem compellabo. hóspes hospitem
salutat. saluom te aduenire gaudeo.
CO. multa tibi di dent bona, quom me saluom esse uis.
LY. hospitium te aiunt quaeritare. CO. quaerito.
LY. ita illí dixerunt quei hinc a me abierunt modo,
te quaeritare a muschis. CO. minime gentium.
LY. quid ita? CO. quia ⟨a⟩ múscis si mi hospitium quaererem,
aduenions irem in carcerem recta uia.
ego id quaero hospitium ubi ego curer mollius
quam regi Antiocho | oculi curari solent.
LY. edepol ne tibi illum possum festiuom dare,
siquidem potes esse te pati in lepido loco,
in lecto lepide strato lepidam mulierem
complexum contrectare. CO. ís, leno, uiam.
LY. ubi tu Leucadio, Lesbio, Thasio, Chio,
uetustáte uino edentulo aetatem inriges;
ibi ego te repplebo usque unguentum geumatis,
quid multa uerba? faciam, ubi tu laueris,
ibi ut bálineator faciat unguentariam.
sed haec latrocinantur quae ego dixi omnia.
CO. quid ita? LY. quia aurum poscunt praesentarium.

679 quom *P* (*antiqua forma*) rem tuam *Guietus* 682 illic *A* 690 muscis *codd.* (*cf. Class. Rev.* 10, 333) [ah] mi. *A* (*ex v.* 691 ?) 691 a *add. Ital.* (*cf. ad v.* 690) 692 [huc] irem *P* 693 hostium *P* 694 quam ⟨quom⟩ *Schoell* ocelli *Goetz*, *Loewe* (*cf. v.* 366 oculus *pro* ocellus): eculei *Mueller* (*Rhein. Mus.* 54, 529) *fort. recte*: loculi *alii* (*cf. Men.* 691 oculos *pro* loculos) 695 illud *Ital.* 696 te *om. P* 697 [et] lepidam *A* 699 choo *P* 701 ego *om. P* egeumatis *P* (? *pro* te g.): cheumatis *Ritschl* 702 laueres *A*

Co. quin hercle accipere tu non mauis quam ego dare.
Adv. quid si euocemus huc foras Agorastoclem,
ut ipsus testis sit sibi certissumus?
heus tu, qui furem captas, egredere ocius,
ut tute inspectes aurum lenoni dare.

iv

AGORASTOCLES ADVOCATI
COLLYBISCVS LYCVS

Ag. Quid est? quid uoltis, testes? Adv. specta ad dexteram.
tuo' seruos aurum | ipsi lenoni dabit.
Co. age, accipe hoc sis: heic sunt numerati aurei
trecenti nummi qui uocantur Philippei.
hinc me procura; propere hosce apsumi uolo.
Ly. edepol fecisti prodigum promum tibi.
age, eamus intro. Co. te sequor. Ly. age, age, ambula,
ibi quae relicua alia fabulabimur.
Co. eadem narrabo tibi res Spartiaticas.
Ly. quin sequere me ergo.—Co. abduc intro. addictum tenes.—
Ag. quid nunc mi auctores estis? Adv. ut frugi sies.
Ag. quid si animus esse non sinit? Adv. esto ut sinit.
Ag. uidistis leno quom aurum accepit? Adv. uidimus.
Ag. eum uos meum esse seruom scitis? Adv. sciuimus.
Ag. rem aduorsus populi saepe leges? Adv. sciuimus.
Ag. em istaec uolo ergo uos commeminisse omnia,
mox ad praetorem quom usus ueniet. Adv. meminimus.
Ag. quid si recenti re aedis pultem? Adv. censeo.
Ag. si pultem, non recludet? Adv. panem frangito.

706 Qui *P* *post hunc v. secuntur in P vv.* 720, 707, 708, *in A vv.* 707, 720 (*om.* ad. te.), 730, 708; *scilicet decurtandae scaenae causa versus in margine adscripti erant* 708–45 *deest A* 710 dari (-rei) *Bentley* 712 ⟨iam⟩ ipsi *Geppert*: *fort.* ⟨ubi⟩ ipsi dabit *Pylades*: dabat *cod.* 713 hic *Ital.*: se ic *cod.* 714 philippi *cod.* (i. 7) 718 ibique r. *cod.* 720 (*cf. ad* 706) ergo] intro *codd. in priore loco* abduc] duc me ergo *codd. ibid.* 721 sies *Ital.*: spes *cod.* 722 ⟨ita⟩ ut *Mueller* 724 sciuimus *Camerarius*: scimus *cod.* 727 quom ad praetorem *cod.*: *trai. Geppert*

AG. si exierit leno, censen hominem interrogem
meu' seruos ad eum ueneritne? ADV. quippini?
AG. cum auri ducentis nummis Philippis? ADV. quippini?
AG. ibi extémplo leno errabit. ADV. qua de re? AG. rogas?
quia centum nummis minu' dicetur. ADV. bene putas.
AG. alium censebit quaeritari. ADV. scilicet.
AG. extemplo denegabit. ADV. iuratus quidem.
AG. homo fúrti sese astringet—ADV. hau dubium id quidemst.
AG. quantumquantum ad eum erit delatum. ADV. quippini?
AG. Diespiter uos perduit! ADV. te quippini?
AG. ibo et pultabo ianuám. ADV. ita, quippini?
AG. tacendi tempus est, nam crepuerunt fores.
foras egredier uideo lenonem Lycum.
adeste quaeso. ADV. quippini? * si uoles
operire capita, ne nos leno nouerit,
qui illi malae rei tantae fuimus inlices.

V LYCVS AGORASTOCLES ADVOCATI

LY. Suspendant omnes nunciam se haruspices
quam ego illis posthac quod loquantur creduam,
qui in re diuina dudum dicebant mihi
malum damnumque maxumum portendier:
is explicaui meam rem postilla lucro.
AG. saluos sis, leno. LY. di te ament, Agorastocles.
AG. magi' me benigne nunc salutas quam antidhac.
LY. tranquillitas euenit quasi naui in mari:

730 (*cf. ad* 706) censent *P* (*pro* censen): quid tum *A* 731 seruos *Geppert*: seruosi *cod.* 732 quom *cod.* (*antiqua forma*) 734 dicetur *Pylades*: diceretur *cod.* 737 furtis ese *aut* furtisé *cod.* (vii. 4) (furtis est B^1D^1, f. es C^1B^2, f. e C^2D^2) adstringit *cod.* (*pro* -et?) quidem P^{CD}: quid est *B* 739 *post* 740 *posuit Acidalius* 740 ita] ito *Acidalius* 742 egredie *T ut vid.*: egredietur P^{CD}: egredi eccum *Mueller* (*Rhein. Mus.* 54, 528), *nam* egredier *forma suspecta* 743 ⟨sine⟩ si *Geppert* 744 operite *Scaliger* 745 qui] quid *codd. Nonii* 446 (?*pro* quia) malae ire it ante *cod.* 746 *accedit A* sese *A* 748 *vel* quoi *vix* dina 750 explicauit *A* 752 *vel* mage 753 quasị nautin *A* (T *pro* I): quast naui in *P* (T *pro* I)

utquomque est uentus exim uelum uortitur.
AG. ualeant apud te quos uolo; atque hau te uolo.
LY. ualent ut postulatumst, uerum non tibi.
AG. mitte ad me, si audes, hodie Adelphasium tuam,
die fésto celebri nobilique Aphrodisiis.
LY. calidum prandisti prandium hodie? dic mihi.
AG. quid iam? LY. quia os nunc frigefactas, quom rogas.
AG. hoc age sis, leno. seruom esse audiui meum
apud te. LY. apud me? numquam factum reperies.
AG. mentire. nam ad te uenit aurumque attulit.
ita mi renuntiatumst, quibu' credo satis.
LY. malus es, captatum me aduenis cum testibus.
tuorum apud me nemost nec quicquam tui.
AG. mementote illuc, aduocati. ADV. meminimus.
LY. hahahae! iam teneo quid sit, perspexi modo.
hi qui illum dudum conciliauerunt mihi
peregrinum Spartanum, id nunc his cerebrum uritur,
me esse hos trecentos Philippos facturum lucri.
nunc hunc inimicum quia esse sciuerunt mihi,
eum adlegarunt suom qui seruom diceret
cum auro esse apud me; compositast fallacia
ut eo me priuent atque inter se diuidant.
lupo agnum eripere postulant. nugas agunt.
AG. negasne apud te esse aurum nec seruom meum?
LY. nego: et negando, si quid refert, aruio.
ADV. periisti, leno. nam istest huiius uilicus
quem tibi nos esse Spartiatem diximus,
qui ad te trecentos Philippeos modo detulit.
idque in istoc adeo | aurum inest marsuppio.

754 est *om.* *A* *fort.* uentust 755 ualent *A* (*cf.* 756) 756 postulaṇṭ(um) est *A* 763 maurumque *P* 765 esṭ *A* qum *P* 768 *vel* hahae perpexit *P* 773 *vel* adlegauerunt 774 quom *P* (*antiqua forma*) 777 nec] ṇẹ *A* 778 aruio (*plebeia forma*) *vel* rāuio 781 philippos *P* 782 adeo in istoc *Pylades*

Ly. uae uostrae aetati! Adv. íd quidem ⟨in⟩ mundo est tuae.
Ag. age omitte actutum, furcifer, marsuppium:
manufesto fur es. mihi quaeso hercle operam date
dum me uideatis seruom ab hoc abducere.—
Ly. nunc pol ego perii certo, haud arbitrario.
consulto hoc factum est mihi ut insidiae fierent.
sed quid ego dubito fugere hinc in malam crucem
priu' quam hinc optorto collo ad praetorem trahor?
eheu! quom ego habui háriolos haruspices;
qui si quid bene promittunt, perspisso euenit,
id quod mali promittunt, praesentariist.
nunc ibo, amicos consulam quo me modo
suspendere aequom censeant potissumum.—

vi Agorastocles Collybiscvs Advocati

Ag. Age tu progredere, ut [testes] uideant te ire istinc foras.
estne hic meu' seruos? Co. sum hercle uero, Agorastocles.
Ag. quid nunc, sceleste leno? Adv. quicum litigas
apscessit. Ag. utinam hinc abierit malam crucem!
Adv. ita nos uelle aequom est. Ag. cras susscribam homini dicam.
Co. numquid me? Ag. apscedas, sumas ornatum tuom.
Co. non sum nequiquam miles factus; paullulum
praedae intus feci: dum lenonis familia
dormitat, extis sum satur factus probe.
apscedam hinc intro.—Ag. factum a uobis comiter.
bonam dedistis, aduocati, operam mihi.

783–849 *deest A* 783 istuc quidem *Luchs* in *add. Pylades* 785 *vel post* mihi *distingue* 791 quam *codd. Nonii* 392 792 Quia quid *codd. Nonii* (? *pro* Quidquid) 792, 793 perspisso . . . promittunt *om. cod.* (*propter homoeotel.*): *supplet Nonius* 793 praesentari est *codd. Nonii*: praesentarium est *P*BC 796 age tu *Ital.*: agetur *cod.*: *hoc potius ut ex Agorastoclis nomine ortum del. Spengel* testes *del. Bentley* 797 hercle *Acidalius*: [me] hercle *cod.* 798 quiquom *cod.* (*antiqua forma*) 799 aberit *cod.* 801 numquid *Lambinus*: num qui *cod.* 803 fe. in. (?) *Leo, nam* praedae *cum elisione dipthongi suspectum* (*nisi quidem* praedaĕ ĭnt- *pronuntiandum*)

cras mane, quaeso, in comitio estote obuiam.
tu sequere me intro. uos ualete.—ADV. et tu uale.
iniuriam illic insignite postulat:
nostro seruire nos sibi censet cibo.
uerum ita sunt * isti nostri diuites:
si quid bene facias, leuior pluma est gratia,
si quid peccatumst, plumbeas iras gerunt.
domos abeamus nostras, sultis, nunciam,
quando id quoi rei operam dedimus impetrauimus,
ut perderemus corruptorem ciuium.—

ACTVS IV

MILPHIO IV. i

Exspecto quo pacto meae techinae processurae sient.
studeo hunc lenonem perderé, ut meum erum miserum macerat,
is me autem porro uerberat, incursat pugnis, calcibus:
seruire amanti miseria est, praesertim qui quod amat caret.
attat! e fano recipere uideo se Syncerastum,
lenonis seruom; quid habeat sermonis auscultabo.

SYNCERASTVS MILPHIO ii

SY. Sati' spectatum est, deos atque homines eius neclegere gratiam,
quoi hominí erus est consimilis uelut ego habeo hunc huiusmodi.
neque peiiurior neque peior alter usquam est gentium

810 nostro *Ital.*: nostros *cod.* 811 ⟨morati⟩ *Palmer* (*Hermath.* 5, 61): *fort.* uerum ⟨enim uero⟩, *vel* uerum ita sunt, ⟨ita sunt⟩ uostri *Bach* 812 gratia *Ital.*: grauia *cod.* 818 ut] qui *Ital.* (iut *B*, *pro* uti?) 820 praesentim *cod.* (*corr. D*) 822 sermones *cod.* (*i.e.* -is) 824 quoius hominis *Geppert* est *Pylades* (*etiam cod.*?): et *P*[BC]

quám erus meus est, neque tam luteus neque tam caeno conditus.
ita me di ament, uel in lautumiis uel in pistrino mauelim
agere aetatem praepeditus latere forti ferreo
quam apud lenonem hunc seruitutem colere. quid illuc est genus,
quaé illic hominum corruptelae fiunt! di uostram fidem!
quoduis genus ibi hominum uideas quasi Accheruntem ueneris,
equitem, peditem, libertinum, furem an fugitiuom uelis,
uerberatum, uinctum, addictum: quí habet quod det, utut homo est,
omnia genera recipiuntur; itaque in totis aedibus
tenebrae, latebrae, bibitur, estur quasi in popina, haú secus.
ibi tu uideas litteratas fictilis epistulas,
pice signatas, nomina insunt cubitum longis litteris:
ita uinariorum habemus nostrae dilectum domi.
Mi. omnia edepol mira sunt nesi erus hunc heredem facit,
nam id quidem, illi, uti meditatur, uerba facit emortuo.
et adire lubet hominem et autem nimis eum ausculto lubens.
Sy. haec quom hic uideo fieri, crucior: pretiis emptos maxumis
apud nos expeculiatos seruos fieri suis eris.
sed ad postremum nihil apparet: male partum male disperit.
Mi. proinde habet orationem quasi ipse sit frugi bonae,
qui ipsus hercle ignauiorem potis est facere Ignauiam.
Sy. nunc domum haec ab aedi Veneris refero uasa, ubi hostiis
eru' nequiuit propitiare Venerem suo festo die.

828 ferreo *Scaliger*: ferro *cod.* 829 quod *Bothe* 832 an *Acidalius*: ad *cod.*: *del.* (?) *Leo* 833 utut *ut vid. cod.*: ut *P*BC 834 in *del. Abraham* 836 futiles (? fict.) *T*: *om. P*CD 840 nam hic quidem *Luchs* *vel* illic ut (ut *cod.*) faciet mortuo *Ussing* 841 aut culto *cod.* 843 eris (heris) *Camerarius*: ceris *cod.* 844 partum *Ital.*: parum *cod.* 846 hercle ipsus *cod.*: *trai. Curio* poti est *cod.* (? *pro* potes e. *corr.* potis e.) 848 nequiuit *Ital.*: ne quuti *cod.*

MI. lepidam Venerem! SY. nam meretrices nostrae primis hostiis
Venerem placauere extemplo. MI. o lepidam Venerem denuo!
SY. nunc domum ibo. MI. heus, Synceraste! SY. Syncerastum qui uocat?
MI. tuos amicus. SY. haud amice faci' qui cum onere offers moram.
MI. at ob hanc moram tibi reddam operam ubi uoles, ubi iusseris.
habe rem pactam. SY. si futurumst, do tibi operam hanc. MI. quo modo?
SY. ut enim ubi mihi uapulandum sit, tu corium sufferas.
apage, nescio quid uiri sis. MI. malu' sum. SY. tibi sis. MI. te uolo.
SY. at onus urget. MI. at tu appone et respice ad me. SY. fecero,
quamquam haud otiumst. MI. saluos sis, Synceraste. SY. o Milphio,
di omnes deaeque ament—MI. quemnam hominem? SY. nec te nec me, Milphio:
neque erum meum ádeo. MI. quém ament igitur? SY. aliquem id dignus qui siet.
nam nostrorum nemo dignust. MI. lepide loquere. SY. me decet.
MI. quid agis? SY. facio quod manufesti moechi | hau ferme solent.
MI. quid id est? SY. refero uasa salua. MI. di te et tuom erum perduint!

849 I^{is} (?) *cod.* (primus P^{CD}, *om. B*)   850 *accedit A*   exemplo *P*   851 heu *P* (*corr. D*)   852 cum] quam *P* (? *pro* quom, *antiqua forma*)   offeras *A*, *B ante corr.*   853 moram] rem *P*: remoram *Geppert*   854–6 *vel* SY. habe . . . MI. si . . . SY. quo . . . MI. ut . . . SY. apage   855 sit] est *P* (*pro* siet? *cf. v.* 1213)   856 tibisisis *A*   860 id *vel* eo *A*: *om. P*   861 lepidueloquere (lepidum el. P^{CD}) *P*   862 manufesto *corr.* -i *P ut vid.* (manifesti *T*, manufesto i P^{BC})   moechi ⟨hic⟩ *Bothe*: moechuli *Schoell*

Sy. me non perdent; illum ut perdant facere possum, si uelim,
meum erum ut perdant, neí mihi metuam, Milphio. Mi. quid id est? cedo.
Sy. malus es? Mi. malu' sum. Sy. male mihi est. Mi. memoradum, num esse aliter decet?
quid est quod male sit tibi, quoi domi sit quod edis, quod ames adfatim,
neque triobolum ullum amicae das et ductas gratieis?
Sy. Diespiter me sic amabit—Mi. ut quidem edepol dignus es.
Sy. ut ego hanc familiam interire cupio. Mi. adde operam, si cupis.
Sy. sine pinnis uolare hau facilest: meae alae pinnas non habent.
Mi. nolito edepol deuellisse: iam his duobus mensibus
uolucres tibi erunt túae hirquínae. Sy. í malam rem! Mi. i tú atque erus.
Sy. uerum. enim qui homo eum norit, norit. cito homo peruorti potest.
Mi. quid iam? Sy. quasi tu tacere [uero] quicquam poti' sis. ⟨Mi.⟩ rectius
tacitas tibi res sistam quam quod dictum est mutae mulieri.
Sy. animum inducam facile ut tibi istuc credam, ni te nouerim.
Mi. crede audacter meo periclo. Sy. male credam et credam tamen.

864 perdent illum] perde nullum *P* 865 idst *A* 866 memora⟨dum⟩ num *Geppert*: memora num *A*: memorandum *P* 867 tibi *om. P* quodque ames *A* 871 meae *monosyll. elis. displicet, neque minus* mé(ae) ălae 872 noli *A* 873 i m.] in m. *P* (*i. e.* isne?): i in m. *Ital.* 874 norit *semel* (*sequente spatio*) *P* scito *A* 875 *om.* uero *P* *vel* pote sis: potịsẹs *A* *aut iambicus versus cum* uero *aut trochaicus* (quam si tu t. q.) 876 tacitus tibi resistam *codd.*: *corr. Palmerius, Bothe* mulae *P* (L *pro* T) 877 credam ni] credamini *P* 878 credam credam et *A*

MI. scin tu erum tuom meo ero esse inimicum capitalem? SY. scio.
MI. propter amorem—SY. omnem operam perdis. MI. quid iam? SY. quia doctum doces.
MI. quid ergo dubitas quin lubenter tuo ero meu' quod possiet
facere faciat male, eius merito? tum autem si quid tu adiuuas,
eo facilius facere poterit. SY. at ego hoc metuo, Milphio.
MI. quid est quod metuas? SY. dúm ero insidias paritem, ne me perduim.
si eru' meus me esse elocutum quoiquam mortali sciat,
continuo is me ex Syncerasto Crurifragium fecerit.
MI. numquam edepol mortalis quisquam fiet e me certior,
nisi ero méo uni índicasso, atque ei quoque ut ne enuntiet
id esse facinus ex ted ortum. SY. male credam et credam tamen.
sed hoc tu tecum tacitum habeto. MI. Fide non melius creditur.
loquere (locus occasioque est) libere: hic soli sumus.
SY. eru' si tuo' uolt facere frugem, meum erum perdet. MI. quí id potest?
SY. facile. MI. fac ergo id 'facile' noscam ego, ut ille possit noscere.
SY. quia Adelphasium, quám erus deamat tuos, ingenuast. MI. quo modo?
SY. eodem quo soror illius altera Anterastilis.
MI. cedo qui id credam. SY. quia illas emit in Anactorio paruolas

881 quin] qui *P* quod] quid *A* 883 poteris *P* 884
A
pariter *A* perdiam *P* (*aut pro* -DVIM *aut* IA *ex* VA) 885 locutum *P* mortalis *A* (*etiam P*?) 888 ero uni meo *Bothe* 889 *vel* te (*ita codd.*) 891 libera *A* 892 uolet *P* perdit *A* 893 ego *om. P* 896 cedo qui] sequi *P* id *om. A* parudas *P*

de praedone Siculo. Mɪ. quanti? Sʏ. duodeuiginti minis,
duas illas et Giddenenem nutricem earum tertiam.
et ille qui eas uendebat dixit se furtiuas uendere:
ingenuas Carthagine aibat esse. Mɪ. di uostram fidem!
nimium lepidum memoras facinus. nam eru' meus Agorastocles
ibidem gnatust, ind' surruptus fere sexennis, postibi
qui eum surrupuit huc deuexit meoque eró eum hic uendidit.
is in diuitias homo adoptauit hunc quom diem obiit suom.
Sʏ. omnia memoras quo id facilius fiat: manu eas adserat,
suas popularis, liberali caussa. tacitu's? Mɪ. tace modo.
Sʏ. profecto ad incitas lenonem rediget, si eas abduxerit.
Mɪ. quin priu' disperibit faxo quam unum calcem ciuerit.
ita paratumst. Sʏ. ita di faxint ne apud lenonem hunc seruiam!
Mɪ. qui hercle conlibertus meu' faxo tu eris, sei di uolent.
Sʏ. ita di faxint! numquid aliud me morare, Milphio?
Mɪ. ualeas beneque ut tibi sit. Sʏ. pol istuc tibi et tuost ero in manu.
uale et haec cura clanculum ut sint dicta. Mɪ. non dictumst. uale.
Sʏ. at enim nihil est, nisi dum calet hoc agitur. Mɪ. lepidu's quom mones.
et ita hoc fiet. Sʏ. proba materies data est, si probum adhibes fabrum.
Mɪ. potin ut taceas? Sʏ. taceo atque abeo.—Mɪ. mihi commoditatem creas.
illic hinc ábiit. di inmortales meum erum seruatum uolunt
et hunc disperditum lenonem: tantum eum instat exiti.
satine priu' quam unumst iniectum telum, iam instat alterum?

898 giddeminem *P ut vid.* 903 eum] tum *P* eum] *fort.* tum 906 Mɪ. tacitus tace m. *Camerarius* 908 unum *testatur Nonius* 199: unam *codd.* 909 lenẹm *A* 910 quin *A*, *sed* hercl' *displicet* tu *om. P* 911 nunc quid *P* *vel* aliud? me 912 tuo erost *P* (*cf. ad Merc.* 330) 913 dicia *P* (I *pro* T) 917 illinc hinc *P* 919 iam] tam *ut vid. P* alterum] iterum *P*

ibo intro haec ut meo ero memorem. nam huc si ante aedis euocem,
quae audiuistis modo, nunc si eadem híc iterum iterem, inscitiast.
ero uni potius intus ero odio quam hic sim uobis omnibus.—
[di inmortales, quanta clades, quanta aduentat calamitas
hodie ad hunc lenonem! sed ego nunc est quom me commoror.
ita negotium institutumst, non datur cessatio;
nám et hoc docte consulendum quod modo concreditumst
et illud autem inseruiendumst consilium uernaculum.
remora si sit, qui malam rem mihi det merito fecerit.
nunc intro ibo: dum erus adueniat a foro, opperiar domi.—]

ACTVS V

HANNO V. i

[Ythalonimualonuthsicorathisymacomsyth
chymlachchunythmumysthyalmycthybaruimysehi
liphocanethythbynuthiiadedinbynuii
bymarobsyllohomalonimuybymysyrthoho

920 seuocem *P* 921 audiuisti *P* iterem *om. P* 922 ero uni] uni *Guietus, ut vers. troch. fiat, nam* ero ŭni *vix ferendum* intro ero *A* obio *P* (B *pro* D) 923–9 *retractatoris esse videntur* 923 ṭụṛ(ba) (*vix* clades) *A* aduenit *P* 924 moror *P* 925 ita] id *P* 926 nocte *P* quod modo *per compend. scr. P* (quomodo *T*, quo domo *B*, quod homo *P*[CD]) 927 autem] aurum *A* 928 remora *Camerarius*: remor *P*: remoror *A* quia *A* 930–9 *om. A* (*vix propter homoeoarch.*) *verborum divisio quae interpunctione indicata erat in P nonnisi in vv.* 935–6 *servata est. De toto loco cf. Class. Rev.* 12, 362. *Singulas codicum Palatinorum lectiones enarrare nolui* 930 ythalonium *T* (*cf. codd. Rufini in metr. Terent.* 560 *K.* halonium 'Poeni dicunt deum et producenda syllaba metri gratia sicut exigit iambus') 931 eiybar uimysthi *T ut vid.* 932 bynuii] *vel* bynuhii 933 hamolomim *T ut vid.*

bythlymmothynnoctothuulechantidamaschon
yssidobrimthyfel yth chyl ys chon chem liful
yth binim ysdybur thinnochotnuagorastocles
ythemanethihychirsaelychotsithnaso
bynnyydchilluchilygubulimlasibitthym
bodialytheraynnynuyslymmonchothiusim]

Ythalonimualoniuthsicorathiịsthymhimịhymacomsyth
combaepumamịtalmeṭloṭiambẹat
iulecantheconaalonịmbalumbar dechor
baṭs . . . . hunesobinesubịcsịllimbalịm
esseantidamossonalẹmuedubertefet
dọnobun.ḥunẹccilthumucommucroluful
altanịmauosdubẹrithemḥụarcharistolem
sitṭẹṣedanecnasotersahelicot
alemusdubertịṃụrmuc̣ọpsuisṭiti
aoccaaneclicṭorbọdesịụssilimlimmịmc̣ọlus

deos deasque ueneror qui hanc urbem colunt
ut quod de mea re huc ueni rite uenerim,
measque híc ut gnatas et mei frátris filium
reperire me siritis, di uostram fidem !
[quae mihi surruptae sunt et fratris filium.]

935 yssideobrum *T ut vid.* 936 *vel* thinnochut 937 aelychot] elycothi *T* 938 idchilliihily *P*BC : ydchid lithyly *T* 939 choth lusim *P*BC : choth iufim (tu-) *T* 940–9 *dedi ex Studemundi apographo. Haec fuisse videntur in P* (*cf. Class. Rev. ibid.*)

N Exanolimuolanussuccurratimistimaltimacumesse
concubitumabellocutimbeatlulacantichona
enuseshuiecsilihcpanasseathidmascon
alemuidubertefelonobutuneceltummcomucroluful
atenimauosouberhenthyacharistoclem
etteseanec(-ehc)nasocteliahelicos
alemusdubertermicompsuestipti
aodeaneclictorbodesiussumlimnimcolus

940 Exanolim *P, pro* X (*i. e. nota personae Hannonis*) a. *ut vid.* 951 hunc *A* 952 mẹl *A* (*etiam P*?) (L *pro̤* I) 954 *secl. Lindemann*

sed hic mihi antehac hospes Antidamas fuit;
eum fécisse aiunt sibi quod faciundum fuit.
eius filium esse hic praedicant Agorastoclem:
ad eum hospitalem hanc tesseram mecum fero;
is in hisce habitare monstratust regionibus.
hos percontabor qui hinc egrediuntur foras.

AGORASTOCLES MILPHIO HANNO ii

AG. Ain tu tibi dixe Syncerastum, Milphio,
eas ésse ingenuas ambas surrupticias
Carthaginiensis? MI. aio, et, si frugi esse uis,
eas líberali iam adseres caussa manu.
nam tuom flagitiumst tuas te popularis pati
seruire ante oculos, domi quae fuerint liberae.
HA. pro di inmortales, opsecro uostram fidem!
quam orationem hanc aures dulcem deuorant?
cretast * profecto horum hominum oratio.
ut mi apsterserunt omnem sorditudinem!
AG. si ad eam rem testis habeam, faciam quod iubes.
MI. quid tu mihi testis? quin tu insistis fortiter?
aliqua Fortuna fuerit adiutrix tibi.
AG. incipere multost quam impetrare facilius.
MI. sed quaé illaec auis est quae huc cum tunicis aduenit?
numnam in balineis circumductust pallio?
AG. facies quidem edepol Punicast. guggast homo.
MI. seruos quidem edepol ueteres antiquosque habet

957 hic praedicant esse *P* 958 ad eum] meum (*T ut vid.*) *vel* deum (P^{BC}) *P* 959 is *om.* *P* abitrare *A* 960 hinc] huc *P* 962 eas] as *P* 964 iam *om.* *A* adsere *P* manum *A*P^{CD} 965 popularis te *P* 968, 969 *inverso ordine P* 969 *vix* cretast ⟨cretast⟩ ⟨haec⟩ horunc *Geppert* 970 mihi hi *cod. opt. Nonii* 173 (*pro* mi i apstersere *vel* -runt ?) 971 habeant *A* 972 quid tu *Ital.* : quiṭu *A* : quntu (P^{BC} *ut vid.* : quantu *B*) *vel* qua tu (*T*) *P* quin tu] quitu *A* : quntu (P^{BC} *ut vid.* : quantu *B* : quin tu P^{CD}) *vel* quo tu *T* *fort.* quo tu . . qua tu 975 sed quaenam *P* quom t. *P* (*antiqua forma*) 976 in abaliniis (-neis) *P* circumductus *P* 977 guggast homo] *Milphioni dat Leo*

AG. qui scis? MI. uiden ómnis sarcinatos consequi?
atque ut opinor digitos in manibus non habent.
AG. quid iam? MI. quia incédunt cum anulatis auribus.
HA. adibo | hosce atque appellabo Punice.
si respondebunt, Punice pergam loqui;
si non, tum ad horum mores linguam uortero.
MI. quid ais tu? écquid commeministi Punice?
AG. nihil edepol. nam qui scire potui, dic mihi,
qui illim sexennis perierim Carthagine?
HA. pro di inmortales! plurumeí ad illunc modum
periere pueri liberi Carthagine.
MI. quid ais tu? AG. quid uis? MI. uin appellem hunc Punice?
AG. an scis? MI. nullus me est hodie Poenus Poenior.
AG. adei atque appella quid uelit, quid uenerit,
qui sit, quoiatis, unde sit: ne parseris.
MI. auo. quoiates estis aut quo ex oppido?
HA. annobynmytthymballebechaedreanech.
AG. quid ait? MI. Hannonem se esse ait Carthagine,
Carthaginiensis Mytthumballis filium.
HA. auo. MI. salutat. HA. donni. MI. doni uolt tibi
dare hic nescioquid. audin pollicitarier?

979 hominis P^{BC} 980 atq(ue . . . . . op)inor *A* (a. hercle op. ?) atque ut ego opino in manibus digitos non habent *Weise rhythmo consulens* 981 quom *codd.* (*antiqua forma*) 982 audibo *P*: *fort.* adibon ⟨ego⟩ hosce *Reiz* atque hosce P^{CD}: ⟨ad⟩ hosce atque *Camerarius* 983 si *om. A* 984 linguam u.] lingua ac ue. P^{BC} (*vix pro* linguam atuertero, *i. e.* adu.) 985 quid ais? ecquid tu *Goetz, Loewe*: *fort.* quid ais? tun ecquid 988 *an* plurumein? ad illum modo *A*: ad hunc modum *P* (hunc *pro* illum hunc, *i. e.* illunc?) 991 denus (*corr.* D^2) *P ut vid.* 993 quid *Priscianus* 1, 595 *et* 2, 122 quo patis *P* (P *pro* I) parseris *Priscianus* 2, 122: pạṛsẹrịṭ *A*: parleris *P* 994 auo quoiatis esṭis unde sit ne p(a)ṛṣ(e)rịṭ (*ex v.* 993) *A* auo] quid est *Priscianus utrubique* 995 annobynmytthymballeuḍraḍạitannech *A*: anno muthum balle bechaedre anech *P* 996 se esse] sese *P* 997 mytṭhumbalis *A*: muthum baslis *P* (-ballis P^{CD}) 998 auo] uo *P* (A *cum nota personae confuso*) 999 hinc *P* auṭin *A* pollicierier *P* (-cerier *D*)

AG. saluta hunc rusus Punice uerbis meis.
MI. auo donnim inquit hic tibi uerbis suis.
HA. meharbocca. MI. istuc tibi sit potius quam mihi.
AG. quid ait? MI. miseram esse praedicat buccam sibi.
fortasse medicos nos esse arbitrarier.
AG. †si ést†, nega esse; nolo ego errare hospitem.
MI. audin tu? ⟨HA.⟩ rufeennycchoissam. AG. sic uolo
profecto uera cuncta huic expedirier.
roga númquid opu' sit. MI. tu qui sonam non habes,
quid in hanc uenistis urbem aút quid quaeritis?
HA. muphursa. AG. quid ait? HA. miuulechianna. AG. quid uenit?
MI. non audis? mures Africanos praedicat
in pompam ludis dare se uelle aedilibus.
HA. lechlachananilimniichot. AG. quid nunc ait?
MI. ligulas, canalis ait se aduexisse et nuces:
nunc orat operam ut des sibi, ut ea ueneant.
AG. mercator credo est. HA. assam. MI. áruinam quidem.
HA. palumergadetha. AG. Milphio, quid nunc ait?
MI. palas uendundas sibi ait et mergas datas,
ad messim credo, nisi quid tú aliud sapis,
ut hortum fodiat atque ut frumentum metat.
AG. quid istuc ad me? MI. certiorem te esse uolt,
ne quid clam furtim se accepisse censeas.

1001 donnịm *A*: nonni (-e P^{CD}) mihi *P* hic tibi inquid *P* 1002 me har bocca *P*: mẹpharbua *A* 1005 ⟨ita⟩ est *Camerarius, sed cf. Amer. Journ. Phil.* 21, 35 1006 audi *P* rufee(*vel* y)nnycchoissam *A*: rufeen nuco istam *P* 1008 zonam P^{CD} (*usitata forma*) 1010 miụ — ṇạ *spatio non satis capiente quae in P intercedunt A* 1011 mụụ(res)acṛịfiçạ(no)s *A* 1012 dare se] dares *P* 1013 lẹchḷacha(n)naniḷimnịịcḥṭo *A*: laechlachananimliminichot *P* 1015 sibi *om. A* ueniant *P* (*corr.* C^2) 1016 assammạṛbịnam *A*: issam MI. arbinam *P*; ṃ (*vel* h) *in A fort. Milphionis nomen indicaverat* 1017 palumịrgadetha *A*: palumergadetha *P* 1018 sibi ait et] sibim tet *P* (M *ex* AI) 1019, 1020 *inverso ordine P* 1019 quid] quidem *P* 1020 fodi *P* (iii 3) petat *A* 1022 furti *P*

HA. muphonnimsycorathim. MI. hem! caue sis feceris
quod hic te órat. AG. quid ait aut quid orat? expedi.
MI. sub cratim ut iubeas se supponi átque eo
lapides imponi multos, ut sese neces.
HA. gunebelbalsameniyrasa. AG. narra, quid est?
quid ait? MI. non hercle nunc quidem quicquam scio.
HA. at ut scias, nunc dehinc latine iam loquar.
seruom hercle te esse oportet et nequam et malum,
hominem peregrinum atque aduenam qui inrideas.
MI. at hercle te hominem et sycophantam et subdolum,
qui huc aduenisti nos captatum, migdilix,
bisulci lingua quasi proserpens bestia.
AG. maledicta hinc aufer, linguam compescas face.
maledicere huïc temperabis, si sapis.
meis cónsanguineis nolo te iniuste loqui.
Carthagini ego sum gnatus, ut tu sis sciens.
HA. o mi popularis, salue! AG. et tu edepol, quisquis es.
et si quid opus est, quaeso, dic atque impera
popularitatis caussa. HA. hábeo gratiam.
[uerum ego hic hospitium hábeo: Antidamae filium
quaero (commostra si nouisti) Agorastoclem.]
sed ecquem ádulescentem tu hic nouisti Agorastoclem?
AG. siquidem Antidamai quaeris ádoptaticium,
ego sum ipsus quem tu quaeris. HA. hem! quid ego audio?
AG. Antidamae gnatum me esse. HA. sí itast, tesseram
conferre si uis hospitalem, eccam attuli.

1023 mufo(n)nimsi(*vel* y)ccoratim *A*: muphonnium sucorachim (-ahim) *P* sis] si *P* 1025 sese *Pylades* *an* supponiér? 1027 gunebbalsamẹmly(*vel* i)ryla *A*: gunebelbalsamenierasan *P* 1028 Qui *P* 1031 adueniam *A* qui inrideas *om. A* 1032 sycophanta *P* (*corr. C*) 1035 hanc *A* aufers *P* (*interrogative*?) 1036 huic tu *P*BC 1039 est *A* 1042, 1043 *cum* 1053 (*qui suo loco redit*) *post v.* 1048 *collocat A. Scilicet in margine archetypi steterant. Retractator voluit vv.* 1044–52 *abicere* 1042 hospiti (-te) sum *P* *vel* Antidamai 1043 commostra si] commonstransi *P* 1045 Antidamai *Bothe*: antidamati *A*: anthidamarchi *P* 1047 te esseram *P* 1048 comferre *A*

Ag. agedum huc ostende. est par probe. nam habeo domi.
Ha. o mi hospes, salue multum! nam mi tuo' pater
patritus †ergo† hospes Antidamas fuit.
haec mi hospitalis tesserá cum illo fuit.
Ag. ergo hic apud med hospitium praebebitur.
nam haú repudio hospitium neque Carthaginem.
ind' súm oriundus. Ha. di dent tibi omnes quae uelis!
quid ais? qui potuit fieri uti Carthagini
gnatus sis? hic autem habuisti Aetolum patrem.
Ag. surruptus sum illim. hic me Antidamas hospes tuos
emit et is me sibi adoptauit filium.
Ha. Demarcho item ipse fuit adoptaticius.
sed mitto dé illoc, ad te redeo. dic mihi,
ecquid meministi tuom parentum nomina,
patris atque matris? Ag. memini. Ha. memoradum mihi,
si noui forte aut si sunt cognati mihi.
Ag. Ampsigura mater mihi fuit, Iahon pater.
Ha. patrem atque matrem uiuerent uellem tibi.
Ag. an mortui sunt? Ha. factum, quod ego aegre tuli.
nam mihi sobrina Ampsigura tua mater fuit;
pater tuos, is erat frater patruelis meus,
et is me heredem fecit quom suom obiit diem,
quo priuatum med aegre patior mortuo.
sed sí ita est, ut tu sis Iahonis filius,

1049 huic *A* es *A* nam] quam *Seyffert* domum *P* 1050 mihi tuus p. *P*: mi p. *A* 1051 patri tuus *P ut vid.* (pater tuus *B*, patruus *C*) *vix* erego, *antiqua forma* 1052 quom *P* (*antiqua forma*) 1053 hospitium [tibi] *P* 1054 nam ⟨ego⟩ *Mueller*: namque *Acidalius post Pyladem* prepudio *P* 1055 unde *Ital.* 1056 qui] quid *A* ut *codd.* 1058 *vix* surptus (*Journ. Phil.* 26, 296) illinc *codd.* Antidama *Mueller* 1063 patris atque matris memini *Agorastoclis P* memorandum *P* 1064 noui] notio *A* 1065 fuit mihi *A* 1066-1103 *deest A* 1067 ego *om.* P^{BC} (iii. 1) 1071 me priuatum *cod.*: *traieci* : m. p. ⟨esse⟩ *Camerarius*

signum esse oportet in manu laeua tibi,
ludenti puero quod memordit simia.
ostende: inspiciam. †aperi. audi atque ades†.
Ag. mi patrue, salue. Ha. ét tu salue, Agorastocles.
iterum mihi gnatus uideor quom te repperi.
Mi. pol istám rem uobis bene euenisse gaudeo.
sed te moneri num neuis? Ha. sane uolo.
Mi. paterna oportet filio reddi bona.
aequomst habere hunc bona quae possedit pater.
Ha. hau postulo aliter: restituentur omnia;
suam síbi rem saluam sistam, si illo aduenerit.
Mi. facito sis reddas, etsi hic habitabit, tamen.
Ha. quin mea quoque iste habebit, si quid me fuat.
Mi. festiuom facinus uenit mihi in mentem modo.
Ha. quid id est? Mi. tuá opust opera. Ha. dic mihi, quid lubet?
profecto uteris, ut uoles, operam meam.
quid est negoti? Mi. potin tu fieri subdolus?
Ha. inimico possum, amicost insipientia.
Mi. inimicus hercle est huiius. Ha. male faxim lubens.
Mi. amat ab lenone hic. Ha. facere sapienter puto.
Mi. leno hic habitat uicinus. Ha. male faxim lubens.
Mi. ei duae puellae sunt meretrices seruolae
sorores: earum hic alteram ecflictim perit
neque eam incestauit umquam. Ha. acerba amatiost.
Mi. hunc leno ludificatur. Ha. suom quaestum colit.
Mi. hic illí malam rem dare uolt. Ha. frugist si id facit.

1075 inspice iam P^{CD} *fort.* ostende. ⟨Ag. ostendo.⟩ inspice iam. Ha. aperi ades] audes *T ut vid.* *vix* aperi — audes? (*vel* si audes)—atque adest! 1077 '*fort. Agorastocles loquitur*' *Leo* 1078 bene uertisse *Mueller* (*Rhein. Mus.* 54, 528), *dictio usitata* 1079 sed (set) *Pareus*: et *cod.* 1080 reddi filio *cod.*, *contra metrum* (*corr.* D^1) 1084 habitabit *Pylades*: habit *cod.* (iii. 3) 1087 *vel* tuast opus: t. eo opust *Mueller* (*Rhein. Mus.* 54, 529) 1090 insipientia est *cod.*: *trai. Pylades* 1092 allenone (ale-) *cod.* facere *Camerarius*: facele *cod. ut vid.* 1095 periit *cod.* (*i. e.* perît) 1097 hunc *Pius*: nunc *cod.* (N *pro* H) 1098 frugist *Mueller*: frugi *cod.* (iii. 3)

Mi. nunc hoc consilium capio et hanc fabricam paro,
ut te adlegemus, filias dicas tuas
surruptasque esse paruolas Carthagine,
manu líberali caussa | ambas adseras
quasi filiae tuae sint ambae. intellegis?
Ha. intellego hercle. nam mihi item gnatae duae
cum nutrice una surruptae sunt paruolae.
Mi. lepide hercle adsimulas. iam in principio id mihi placet.
Ha. pol magi' quam uellem. Mi. eu hercle mortalem catum,
malum crudumque et callidum | et subdolum!
ut adflet, quo illud gestu faciat facilius!
me quoque dolis iam superat architectonem.
Ha. sed earum nutrix qua sit facie mi expedi.
Mi. statura hau magna, corpore aquilo. Ha. ípsa east.
Mi. specie uenusta, óre atque oculis pernigris.
Ha. formam quidem hercle uerbis depinxti probe.
Mi. uin eam uidere? Ha. filias malo meas.
sed i atque uoca illam; sí eae meae sunt filiae,
si illarum est nutrix, me continuo nouerit.
Mi. heus, ecquis hic est? nuntiate ut prodeat
foras Gíddeneni. est qui illam conuentam esse uolt.

1099 fabricam apparo P^{CD} (*pro* fabrica aparo, *perperam script. pro* fabricam paro; A *pro* M) 1102 manu *Scutarius*: manum *cod.*: manuque *Pylades* ambas] eas *vel* has *Weise* 1103 inpellegis *cod.* (P *pro* T) 1104 *accedit A* 1105 quom *P* (*antiqua forma*) (sunt s)urruptae *A*: surreptas uni *P* (I *pro* T) 1107 *vel* mage 1108 ⟨senem⟩ malum (?) *Leo* et callidum *Pylades*: est ollidum *P* (*pro* estolidum?), *A n. l.* 1109 illum gestum *A* 1111 facile *A* 1112 hau] non *Gellius* 13. 30, 6 (*unde Nonius* 52) aquilost *Gellius* (aquilino *Nonius*) east] est *codd. Gellii* (*vix pro* ipsast, east) 1114 depinxit *codd. Gellii* probe] mihi *P* (v. 1) 1115 uin eam] uinam *P* 1116 atque uoca *Guietus*: atque euoca *codd.* (iv. 4), *contra metrum, ut videtur*: euoca *Pareus* (*del.* atque) illum *A* meae *om. A* 1118 ecquid *A* 1119 Giddeneni (-ini) *Mueller*: gid dene mē (-em *vel* -en) *P*: giddenenem *A*

iii GIDDENIS MILPHIO HANNO AGORASTOCLES PVER

GI. Quis pultat? MI. qui te proxumust. GI. quid uis? MI. eho,
nouistin tu illunc tunicatum hominem qui siet?
GI. nam quém ego aspicio? pro supreme Iuppiter!
eru' meus hicquidem est, mearum alumnarum pater,
Hanno Carthaginiensis. MI. ecce autem mala!
praestrigiator hic quidem Poenus probust,
perduxit omnis ad suam sententiam.
GI. o mí ere, salue, | Hanno insperatissume
mihi tuisque filiis, salue atque—eho,
mirari noli neque me contemplarier.
cognoscin Giddenenem | ancillam tuam?
HA. noui. sed ubi sunt meae gnatae? id scire expeto.
GI. apud aedem Veneris. HA. quid ibi faciunt? dic mihi.
GI. Aphrodisia hodie Veneris est festus dies:
oratum ierunt deam ut sibi esset propitia.
MI. pol sati' scio, impetrarunt, quando hic hic adest.
AG. eho an huius sunt illae filiaé? GI. ita ut praedicas.
tua pietas nobis plane auxilio fuit,
quom húc aduenisti hodie in ipso tempore;
namque hodie earum mutarentur nomina
facerentque indignum genere quaestum corpore.
PV. auonesilli. GI. hauonbanesilliimustine.
mepsietenestedumetalannacestimim.

1120 te] tu *A* 1121 mouistin *P* 1123 (hi)ç quid(em est meus e)rus *A* (*vel* meus est) 1127 ⟨o⟩ Hanno *Mueller* insperastis sume *P* 1128 *in* eho (*contra morem Plautinum hic adhibito*) *vocem Punicam latere credit Ussing* 1129 contemptarier *P* 1130 *vel* Giddeninem: Gid. ⟨me⟩ *Koch* 1131 sint *A* 1132 *sub finem A discrepare videtur* 1136 illa et *P* (*pro* illaec?) 1137 *neque* tuá pietas *neque* tua pīetas *omnino placet* plane nobis *Acidalius* *fort.* plane ⟨ea⟩ aux. 1141 auammaịllị hạuonbanẹsịll . . mustinẹ — *A*: hauonbenesiilliinmustine *P* 1142 mịpstạẹtemẹstx(*vel* a)sdumetalan . . . . sti — *A*: messiestenestedum — *T*: mepsietenestedumetalamnacestimim *P*BC

AG. quid illí locuti sunt inter se? dic mihi.
HA. matrem hic salutat suam, haec aútem hunc filium.
tace atque parce muliebri supelléctili.
AG. quae east supellex? HA. clarus clamor. AG. sine modo.
HA. tu abduc hosce intro et una nutricem semul
iube hanc abire hinc ad te. AG. fac quod imperat.
MI. sed quis illas tibi monstrabit? AG. ego doctissume.
MI. abeo igitur. AG. facias modo quam memores mauelim.
patruo aduenienti cena curetur uolo.
MI. lachanna uos, quos ego iam detrudam ad molas,
ind' porro ad puteum atque ad robustum codicem.
ego faxo hospitium hoc leniter laudabitis.—
AG. audin tu, patrue? dico, ne dictum neges:
tuam míhi maiorem filiam despondeas.
HA. pactam rem habeto. AG. spondesne igitur? HA. spondeo.
AG. mi patrue, salue. nam nunc es plane meus.
nunc demum ego cum illa fabulabor libere.
nunc, patrue, si uis tuas uidere filias,
me sequere. HA. iamdudum equidem cupio et te sequor.
AG. quid si eámus illis obuiam? HA. at ne interuias
praeterbitamus metuo. magne Iuppiter,
restitue certas mi ex incertis nunc opes.
AG. egoquidem meos amores mecum confido fore.
sed eccás uideo ipsas. HA. haecin meae sunt filiae?
quantae e quantillis iam sunt factae! AG. scin quid est?
Thraecae sunt: in celonem sustolli solent.

1143 (si)nt *A* 1146 suppelle *P* sine modo *Hannoni continuat P* 1147 *vel* abduce 1148 hanc abire hinc] abire hanc *P* 1152 lachanna *A*: lachanam *P* 1153 ad puteum] apud eum *P* 1159 quom *P* (*antiqua forma*) 1162 illi *P* (? *pro* illisce) interuiis *A* 1163 praeterbita *P* 1165 amores meos *Pylades, ut versus iambicus fiat* 1167 e] ṭẹ *A* 1168 (in cel)ọnem *A*: celumne (cae-) *P* (*cf. Amer. Journ. Phil.* 21, 37) tragicae sunt; in calones sustolli solent *Leo* sustolli so!em (-ni P^{CD}) *P*

MI. opino hercle hodie, quod ego dixi per iocum,
id euenturum esse et seuerum et serium,
ut haec ínueniantur hodie esse huiius filiae.
AG. pol istúc quidem iam certum est. tu istos, Milphio,
abduce intro. nos hasce hic praestolabimur.

iv

ADELPHASIVM ANTERASTILIS
HANNO AGORASTOCLES

ADE. Fuit hodie operae pretium quoiuis qui amabilitati animum adiceret
oculis epulas dare, delubrum qui hodie ornatum eo uisere uenit.
deamaui ecastor illi ego hodie lepidissuma munera meretricum,
digna diua uenustissuma [Venere], neque contempsi eiius opes hodie.
tanta ibi copia uenustatum aderat, in suo quique loco sita munde.
Arabus, murrinus, omnis odor
complebat. hau sordere uisust
festu' dies, Venu', nec tuom fanum: tantus ibi clientarum erat numerus
quae ad Calydoniam uenerant Venerem. ANTE. certo enim, quod quidem ad nos duas
attin[u]it, praepotentes pulchre pacisque potentes, soror, fuimus,
neque ab iuuentute inibi inridiculó habitae, quod pol, soror, ceteris omnibu' factumst.

1169–73 *secl. Ussing* 1169 opinor *P*, *A n. l.* ego *om. A ut vid.* 1170 (esse)ṭ et *A* 1173 intró *suspectum* intro ⟨hinc⟩ *Goetz, Loewe* (*A n. l.*) praestolabitur *P* 1174 ciuis *P* 1176 deamauit *A* *vix* ecastŏr (*anap. septenar.*) illic ego *P* : illịc ẹo *A* 1177 dea *Guietus, ut versus anapaesticus fiat* Venere *seclusi metri causa* iius *corr. ex* ius *A* opus *P* 1178 quique (*P*BC) *vel* quicquam (quicque?) (*T*) *P* : quicque *A* loco (*vel* sita) *om. A* : loco *om. T* (*etiam P*?) 1179 arabius murrinusque omnis dor *P* (odor *D*) 1180 tum *P* 1182 *vel* pulchrae 1183 (inibi) *A* : ibi *P*

ADE. malim istuc aliis uideatur quam uti tu te, soror, conlaudes.
ANTE. spero equidem. ADE. et pol ego, quom ingeniis quibu' sumus atque aliae gnosco;
eo sumu' gnatae genere ut deceat nos esse a culpa castas.
HA. Iuppiter, qui genu' colis alisque hominum, per quem uiuimu' uitalem aeuom,
quem penes spes uitae sunt hominúm omnium, da diem hunc sospitem, quaeso,
rebus mis agundis, ut quibus annos multos carui quasque e patri-
-a perdidi paruas redde is libertatem, inuictae praemium ut esse sciam pietati. AG. omnia faciet Iuppiter faxo, nam mihi est obnoxius et me metuit. HA. tace quaeso.
AG. ne lacruma, patrue.
1192a ANTE. ut uolup est homini, mea soror, si quod agit cluet uictoria;
sicut nos hodie inter alias praestitimus pulchritudine.
ADE. stulta, soror, magis es quam uolo. an tu eo pulchra uidere, opsecro,
si tibi illi non os oblitumst fuligine? AG. o pátrue, o patrue mi!
HA. quid est, fratris mei gnate, [gnate] quid uis? expedi.
AG. at enim hoc uolo agas. HA. at enim ago istuc.
AG. patrue mi patruissume.
197a HA. quid est? AG. ést lepida et lauta. ut sapit!
HA. ingenium patris habet quód sapit.

1184 [ita] uid. *P* 1185 et *Pylades*: ut *P*, *A n. l.* ig(no)s(co) *A* 1187 ueitalem *A* (*antiqua forma*) 1188 [apud] penes *P* (iv. 2) spe *P* quaeso *om. A* 1189 meis *A* (*cf. ad Trin.* 822) e *om. A* 1190 redde is] pederis *A* ubertatem *P* sciant *A* 1192 lacrime *P* 1194 (e)st *A* 1195 fuli neci *P* (ii. 7) mi [patruissime] *P* (*cf.* 1197). *Metrum displicet et huius versus et praecedentis* 1196 gnate *semel A ut vid.*: *vix* gnate gnate ⟨gnate⟩, *ut troch. septenar. fiat* 1197 uolo hoc *P* ate *P*, *A n. l.*

AG. quae res? iam diu édepol sapientiam tuam haec quidem abusast.
nunc hinc sapit, hinc sentit quidquid sapit, ex meo amore.

ADE. non eo génere sumu' prognatae, tam etsi sumu' seruae, soror,
ut deceat nos facere quicquam quod homo quisquam inrideat.
multa sunt mulierum uitia, sed hoc e multis maxumumst,
quom sibi nimi' placent minu'que addunt operam uti placeant uiris.
ANTE. nimiae uoluptatíst quod in extis nostris portentumst, soror,
quod haruspex de ambabus dixit — AG. uelim de me [ali]quid dixerit.
ANTE. nos fore inuíto domino nostro diebus paucis liberas.
id ego, nisi quid dí aut paréntes faxint, qui sperem hau scio.
AG. mea fiducia hercle haruspex, patrue, his promisit, scio,
libertatem, quia me amare hanc scit. ADE. soror, sequere hac. ANTE. sequor.
HA. priu' quam abitis, uos uolo ambas. nisi piget, consistite.
ADE. quis reuocat? AG. qui bene uolt uobis facere. ADE. facere occasiost.
sed quis homost? AG. ameicus uobeis. ADE. quiquidem inimicus non siet.
AG. bonus est hic homo, mea uoluptas. ADE. pol istum malim quam malum.
AG. seiquidem amicitiast habenda, cum hoc habendast. ADE. hau precor.
AG. multa bona uolt uobeis facere. ADE. bonu' boneis bene feceris.

1199 [eo] edepol *A* quidem] qui quem *P* 1200 hicc (*corr. B*) sapit hinc *P*: hic sapit hic *A* 1203 mulierum sunt *Bothe*, *favente allitteratione* 1204 *vel* ut (*ita codd.*) 1206 quod *Bothe*: quodque *codd.* *vix* ambis aliquid *A* (v. 1): aliquid quid *P* (iv. 1) 1208 qui] quid *P* 1211 uola *P ut vid.* 1212 qui] quis *A* 1213 siet] est *P* 1215 quom *P* (*antiqua forma*) 1216 uobis facere uult *P* boneis] beneis *A*

HA. gaudio ero uobeis—ADE. at edepol nos uoluptati tibi.
HA. leibertatique. ADE. istoc pretio tuas nos facile feceris.
AG. patrue mí, ita me di amabunt, ut ego, si sim Iuppiter,
iam hercle ego illam uxorem ducam et Iunonem extrudam foras.
ut pudice uerba fecit, cogitate et commode,
ut modeste orationem praebuit! HA. certo haec meast.
sed ut astú sum adgressus ad eas! AG. lepide hercle atque commode.
perge etiam temptare. in pauca confer: sitiunt qui sedent.
HA. quid istic? quod faciundumst qur non agimus? in ius uos uolo.

AG. nunc, patrue, tu frugi bonae es. uin hanc ego adprendam? HA. tene.
ADE. an patruos est, Agorastocles, tuos hic? AG. iam faxo scibis.
nunc pol ego te ulciscar probe, nam faxo—mea eris sponsa.
HA. ite in ius, ne moramini. antestare me atque duce.
AG. ego te antestabor, postea hanc amabo atque amplexabor.
sed illudquidem uolui dicere—immo hercle dixi quod uolebam.
HA. moramini. in ius uos uoco, nisi honestiust prehendi.
ADE. quid in ius uocas nos? quid tibi debemus? AG. deicet illi.
ADE. etiam me meae latrant canes? AG. at tu hercle adludiato:

1219 me *om.* *A* 1223 astus *P* 1224 HA. (*ita B*) Pergo e. t. ? *Acidalius* temptaret P^{BC} (*vix pro* temptare et *vel* at) qui] que *P* 1225 uoco *Camerarius* (*usitata locutio*) (*cf. ad Mil.* 1400) 1226 nunc tene patrue tufrugi sibonę es. HA. uin ego hanc adpredam tene (tene *om.* P^{CD}) *P* (ego hanc *usitatus ordo*) 1227 hic] hec (haec) *P* 1228 ego pol *A* eris mea *A* 1229 antetarde *A* 1230 amplexabo *P*, *fort. recte* 1231 deicere *A* (*antiqua forma*) immo dixi hercle *P*: immo dixi (*del.* hercle) *Bentley*, *rhythmi causa* *vix* hercl' 1233 dẹ(ic)ẹṭiṣilli *A* (*i.e.* dicet [is] illi, *vix pro* discetis illi) 1234 me *om.* *A*: meae me *Kaempf*

dato mi pro offa sauium, pro ósse linguam obicito.
ita hanc canem faciam tibí oleȯ tranquilliorem.
HA. it' si itis. ADE. quid nos fecimus tibi? HA. fures estis ambae.
ADE. nosn' tibi? HA. uos inquam. AG. atque ego scio. ADE. quid id fúrtist? AG. hunc rogato.
HA. quia annos multos feilias meas célauistis clam me
atque equidem ingenuas leiberas summoque genere gnatas.
ADE. numquam mecastor reperies tu istuc probrum penes nos.
AG. da pignus, ni nunc peiieres, in sauium, uter utri det.
ADE. nil tecum ago, apscede opsecró. AG. atque hercle mecum agendum est.
nam hic patruos meus est, pro hoc mihi patronus sim necesse est;
et praedicabo quomodo uos furta faciatis multa
quoque modo | huius filias apud uós habeatis seruas,
quas uos ex patria liberas surruptas esse scitis.
ADE. ubi sunt eae? aut quas, opsecro—AG. sati' iam sunt maceratae.
HA. quid si eloquamur? AG. censeo hercle, patrue. ADE. misera timeo
quid hoc sít negoti, mea soror; ita stupida sine animo asto.
HA. aduortite animum, mulieres. primum, si id fieri possit,
ne indigna indignis di darent, id ego euenisset uellem;
nunc quod boni mihi di danunt, uobeis uostraeque matri,
eas dís est aequom gratias nos agere sempiternas,
quom nostram pietatem adprobant decorantque di inmortales.

1238 id furti estis *P* (i. 7, p. 20) nunc *P* 1240 quidem *Bentley* e genere *A* 1242 da *om. A* 1243 atqui *Guietus* 1245 quŏmodo *suspectum* (*cf. ad Bacch.* 1068) uos *del. E. Becker* (*cf. ad v.* 1246) *fort.* furtificetis (v. 1) 1246 quoqui *B* *aut* uos *addend. uidetur post* uos (*vel post* habeatis) (*cf. v.* 1245) *aut* hominis *post* huius (iii, p. 51) huiusce *Camerarius* 1248 AG.] *vel* HA. 1249 Quin eloquar *P*: quin eloquamur *Weise* ḥẹṛcị . . *A*: ergo *P*CD: hercle, o (?) *Leo* 1251 pọssẹt *A* 1252 euenire *P*

uos meae estis ambae filiaé et hic est cognatus uoster,
huiusce fratris filius, Agorastocles. Ade. amabo,
num hi falso oblectant gaudio nos? Ag. at med ita di seruent
ut hic páter est uoster. date manus. Ade. salue, insperate nobis
pater, té complecti nos siné. cupite atque exspectate
pater, salue. Ha. ambae filiae sunt. Ante. amplectamur ambae.
Ag. quis mé amplectetur postea? Ha. nunc ego sum fortunatus,
multorum annorum miserias nunc hac uoluptáte sedo.
Ade. uix hoc uidemur credere. Ha. magi' qui credatis dicam.
nam uostra nutrix primum me cognouit. Ade. ubi ea, amabo, est?
Ha. apud hunc est. Ag. quaeso, qui lubet tam diu tenere collum?
omitte saltem tu alterá. nolo ego istunc enicari
priu' quam te mi desponderit. Ade. mitto. Ante. sperate, salue.
Ha. condamus alter alterum ergo in neruom bracchialem.
quibu' nunc in terra melius est? Ag. eueniunt digna dignis.
Ha. tandem huic cupitum contigit. Ag. o Apelle, o Zeuxis pictor,

1258 obiectant *P* *vel* me (*ita codd.*) ita me *Geppert* (*usitatus ordo*) 1260 te] e *P* 1261 sumus *Ital.* (*A n. l.*), *i. e.* Ante. a. f. sumus, a. a. 1263 sedeo *P* 1264 uideamur *P* *vel* mage 1265 prima *Bentley*, *nam spondeus* (-um me) *in fine hemistichii displicet* ea] e *P* 1266 nunc *P* est *om.* *A* 1267, 1268 *ordine inverso* *P* 1267 saltē (*i. e.* saltem) *ut vid.* *P* (salutem *T*, salute *B*, salte P^{CD}) istunc *scripsi*: istuc *P*, *A n. l.* enicari (*T*) *vel* enicam (P^{BC}) *P*: (enicas) m(e) *A* nolo ego istuc—⟨Ade.⟩ enicas me. ⟨Ag.⟩ Prius etc. *Goetz*, *Schoell* 1268 omitto *P* (*sed* despenderit *B*) (? v. 3) *vel* Ade. mitto? sp. sa. 1271 contingit *A*

qur numero | estis mortui, hoc exemplo ut pingeretis?
nam alios pictores nil moror huiusmodi tractare exempla.

HA. di deaeque ómnes, uobeis habeo merito magnas gratias,
quom hac me laetitia adfecistis tanta et tantis gaudiis,
ut meae gnátae ad me redirent et potestatem meam.
ADE. mi pater, tua pietas plane nobeis auxilio fuit.
AG. patrue, facito in memoria habeas tuam maiorem filiam
mihi te despondisse. HA. memini. AG. et dotis quid promiseris.

V

ANTAMOENIDES ADELPHASIVM
ANTERASTILIS HANNO AGORASTOCLES

ANTA. Si ego minam non ultus fuero probe quam lenoni dedi,
tum profecto me sibi habento scurrae ludificatui.
is etiam me ad prandium ad se abduxit ignauissumus,
ipse abiit foras, mé reliquit pro atriensi in aedibus.
ubi nec leno neque illae redeunt nec quod edim quicquam datur,
pro maiore parte prandi pignus cepi, abii foras;
sic dedero: aere militari tetigero lenunculum.
nanctus est hominem mina quem argenti circumduceret.
sed mea amica nunc mihi irato obuiam ueniat uelim:
iam pol ego illam pugnis totam faciam uti sit merulea,
ita replebo | atritate, atritior multo ut siet
quam Aegyptini, qui cortinam ludis per circum ferunt.
ADE. tene sis me arte, mea uoluptas; male ego metuo miluos,

1272 *fort.* ⟨qur⟩, qur estis numero *Reiz* hic exemplum *P* 1275 adfecistis *post* tantis *P* 1276 et *A ut vid.* : in *P* 1278 memoriam *P* 1281 habeant oscurrae *P* ludificatui *ut vid. A* : ludificis catii *ut vid. P* 1282 ịṇ p. *A* abduxit (*B*) *vel* adduxit (*P*CD) *P, A n. l.* 1283 abẹit *A* 1285 prandẹị *A* 1286 aere] e (*vel* i) *A* : e *codd. Prisciani* 1, 109 : e re *Seyffert* 1287 que *P* 1290 repl. ⟨eam⟩ *Bentley* ạtrịṭior *A* : atrior *P* : *cf. Paulus* 28 'atritas (*leg.* atritus) atri coloris' 1291 Aegyptini] aegipti aut *P* fuerunt *P*

mala illa bestiast, ne forte me auferat pullum tuom.
ANTE. ut nequeo te sati' complecti, mi pater! ANTA. ego me moror.
propemodum | hoc opsonare prandium potero mihi.
sed quid hoc ést? quid est? quid hoc est? quid ego uideo? quo modo?
quid hoc est conduplicationis? quaé haec est congeminatio?
quis hic homo est cum tunicis longis quasi puer cauponius?
satin ego oculis cerno? estne illaec mea amica Anterastilis?
et ea est certo. iam pridem ego me sensi nihili pendier.
non pudet puellam ámplexari baiiolum in media uia?
iam hercle ego illunc excruciandum totum carnufici dabo.
sane genus hoc mulierosumst tunicis demissiciis.

sed adire certum est hanc amatricem Africam.
heus tu, tibi dico, mulier, ecquid te pudet?
quid tibi negotist autem cum istac? dic mihi.
HA. adulescens, salue. ANTA. nolo, nihil ad te attinet.
quid tíbi hanc dígito tactio est? HA. quia mihi lubet.
ANTA. lubet? HA. ita dico. ANTA. ligula, ín' malam crucem?
tune hic amator audes esse, hallex uiri,
aut contrectare quod mares homines amant?
deglupta maena, sarrapis sementium,
manstruca, halagora, sampsa, tum autem plenior
ali ulpicique quam Romani remiges.
AG. num tibi, adulescens, malae aut dentes pruriunt,

1294 compecti *A* 1295 ⟨iam⟩ hoc *Pradel* 1296 quid est] quid hoc *P* 1298 quom *P* (*antiqua forma*) 1299 oc(ulis) ego *A* anterastris *P* 1300 est certo] esterto *P* 1301 baliolum *P* (*i. e.* baiiolum) 1302 *vix* hercule illum (*ita codd.*) ego *B* dato *A* 1303 muliebrosum st *P* 1304 hanc [ad] *P* 1306 negotium est au. *A*: negotii autem est *P* 1308 istanc *Pylades* 1309 legula *P* (*corr.* P^{CD}) in' (*i.e.* isne)] i A^1: i in A^2: in *post spat.* *B* (*i. e.* HA. in'?) 1310 fallax *A* 1313 manstructa *P* halagora *om.* *A* samçsa (-psa?) *A*: sama *P* 1314 ulpique *P*

qui huic es molestus, an malam rem quaeritas?
Anta. †qur non† adhibuisti, dum istaec loquere, tympanum?
nam te cinaedum esse arbitror magi' quam uirum.
Ag. scin quam cinaedus sum? ite istinc, serui, foras,
ecferte fustis. Anta. heus tu, si quid per iocum
dixi, nolito in serium conuortere.
Ante. quid tibi lubidost, opsecro, Antamoenides,
loqui inclementer nostro cognato et patri?
nam hic noster pater est; hic nos cognouit modo
et hunc sui frátris filium? Anta. ita me Iuppiter
bene amet, bene factum! gaudeo et uolup est mihi
siquidem quid lenoni optigit magni mali
quomque e uirtute uobis fortuna optigit.
Ante. credibile ecastor dicit. crede huic, mi pater.
Ha. credo. Ag. et ego credo. sed eccum lenonem optume,
credo. Anta. et ego credo. Ag. édepol hic uenit cómmodus.
bonum uirum eccum uideo, se recipit domum.
[Ha. quis hic est? Ag. utrumuis est, uel leno uel Lycus.
in seruitute hic filias habuit tuas
et mi auri fur est. Ha. bellum hominem, quem noueris!]
rapiamus in ius. Ha. minime. Ag. quapropter? Ha. quia
iniuriarum multo induci satius est.

1317 curne *Bothe*: quin *Geppert* (*cf. ad Pseud.* 501) adhib. (*cf. ad Most.* 598) 1318 cinaedu *A* *vel* mage 1320 fuistis *A* 1322 qui *Seyffert* es *P* (est *C*[1]): *om. A* 1323 indementer *P* (*corr. D*) 1327 siquidem quid *Camerarius*: ṣiquiḍ *A*: siquidem *P* 1330 optume] lycum *P* (v. 1?) 1331 *om. P* (*propter homoeoarch.*?) et *scripsi* (*cf. v.* 1330): at *cod.* 1332 se recipit] (r)ẹdeun(te)m *A* 1333–5 (*cf.* 1382–4) *om. A, nisi quod verba* quis hicst (*sic*) *in fine v.* 1332 *exhibet* (*scilicet e margine exemplaris sumpta*). *Retractatoris esse videntur* 1333 uel leno uel *v.* 1382: et leno *cod.* 1335 mihi *v.* 1384: mihi hic *cod.* 1336 in ius] intus *P* 1337 indici *A*

LYCVS AGORASTOCLES HANNO ANTAMOENIDES vi

LY. Decipitur nemo, mea quidem sententia,
qui suis amicis narrat recte res suas;
nam omnibus amicis meis idem unum conuenit,
ut me suspendam, ne addicar Agorastocli.
AG. leno, eamus in ius. LY. opsecro te, Agorastocles,
suspendere ut me liceat. HA. in ius te uoco.
LY. quid tibi mecum autem? HA. quia | hasce aio liberas
ingenuasque esse filias ambas meas;
eae súnt surruptae cum nutrice paruolae.
LY. iam pridem equidem istuc sciui, et miratus fui
neminem uenire qui istas adsereret manu.
meae quidem profecto non sunt. ANTA. leno, in ius eas.
LY. de prandio tu dicis. debetur, dabo.
AG. duplum pro furto mi opus est. LY. sume hinc quid lubet.
HA. et mihi suppliciis multis. LY. sume hinc quid lubet:
ANTA. et mihi quidem mina argénti. LY. sume hinc quid lubet.
collo rem soluam iam omnibus quasi baiiolus.
AG. numquid recusas contra me? LY. hau uerbum quidem.
AG. ite igitur intro, mulieres. sed, patrue mi,
tuam, ut dixisti, mihi desponde filiam.
HA. haud aliter ausim. ANTA. bene uale. AG. et tu bene uale.
ANTA. leno, arrabonem hoc pro mina mecum fero.—

1341 addicare *P* 1343 [leno] in ius *P* (iv. 3?) 1344 quia ⟨enim⟩ *Bothe*: *fort.* ⟨'quid'?⟩ quia ḥạṣ ḍ(ico) *A* 1348 manum *P* 1351 *vel* mihi opust mi *om. A* quidlubet *Acidalius*: quodiubet *A*: quidem *P* 1352 quọḍ (lu)bet *A* 1353 *om. A* (*propter homoeotel.*?) *vel* miquidem mina *Camerarius*: minimam *cod.* 1355 contra me] contram *A*: contra *Langen* had *P* (*cf. Trin.* 585 had *pro* haud) 1357 dixti *A* 1358 alṭer *A*

Ly. perii hercle! Ag. immo hau multo post, si in ius ueneris.
Ly. quin egomet tibi me addico. quid praetore opust?
uerum opsecro te ut liceat simplum soluere,
trecentos Philippos; credo conradi potest:
cras auctionem faciam. Ag. tantisper quidem
ut sis apud me lignea in custodia.
Ly. fiat. Ag. sequere intro, patrue mi, ut [hunc] festum diem
habeamus hilare, huiius malo et nostro bono.

multum ualete. multa uerba fecimus;
malum postremo omne ad lenonem reccidit.
nunc, quod postremum est condimentum fabulae,
si placuit, plausum postulat comoedia.—

(Alter Exitvs Fabvlae)

vii Agorastocles Lycvs Antamoenides
Hanno Adelphasivm Anterastilis

Ag. Quam rém agis, miles? qui lubet patruo meo
loqui inclementer? ne mirere mulieres
quod eum sequontur: modo cognouit filias
suas ésse hasce ambas. Ly. hem, quod uerbum auris meas
tetigit? nunc perii! Anta. únde haec perierunt domo?
Ag. Carthaginienses sunt. Ly. at ego sum perditus.
illuc ego metuei semper ne cognosceret
eas áliquis, quod nunc factumst. Anta. uae misero mihi!
Ly. periere, opinor, duodeuiginti minae,

1360 in ius] intus *P* 1361 quid] quod *P* 1366 hunc *om. A* 1367 habemus *P* (*corr. B*[1]) hilare *Bentley*: hilarem (il.) *codd.* (*vix Plautinum; cf. Abraham stud. Plaut.* 221) 1369 posttro *A* reccidit] redit *P* 1370 quid *P* 1372 agitis *P* melius cui *A* (?*pro* meil.) 1373 ne mirere] meminere *P* (ne- *B ex corr.*) 1376 Ag. domo *P ut vid.* 1377 *repetitur post* 1381 (*ubi A iam deficit*) *P* '*atque omitti potuerunt vv.* 1378-81' *Leo* 1380 *vel* opino

qui hasce emi. Ag. ét tute ipse periisti, Lyce.
Ha. quis hic est? Ag. utrumuis est, uel leno uel Lycus.
in seruitute hic filias habuit tuas,
et mi auri fur est. Ha. bellum hominem, quem noueris!
Anta. leno, rapacem te esse semper credidi,
uerum etiam furacem ⟨aiunt⟩ qui norunt magis.
Ly. accedam. per ego te tua te genua opsecro
et hunc, cognatum quem tuom esse intellego:
quando boni estis, ut bonos facere addecet
†facite et† uostro subueniatis supplici.
iam pridem equidem istas esse sciui liberas
et exspectabam si qui eas ádsereret manu.
nam meae ⟨eae⟩ prosum non sunt. tum autem aurum tuom
reddam quod apud me est et iusiurandum dabo
me malitiose nihil fecisse, Agorastocles.
Ag. quid mihi par facere sit cum me egomet consulam.
omitte genua. Ly. mitto, si ita sententia est.

Anta. heus tu leno! Ly. quid lenonem uis inter negotium?
Anta. ut minam mi argenti reddas priu' quam in neruom abducere.
Ly. di meliora faxint! Anta. sic esto: ideo cenabis foris.
aurum, argentum, collum, leno, tris res nunc debes semul.
Ha. quid med hac re facere deceat egomet mecum cogito.

1381 tute] tu *P* 1382–1419 *deest A* 1382–4 (*cf.* 1333–5) 1382 est nouelle nouellycus *cod.*: *corr. Lipsius ex v.* 1333 1386 ⟨aiunt⟩ *Brix* 1387 ego tua te *Kaempf*: ego te tua haec *Pradel* ⟨oro⟩ obsecro *Geppert* 1390 facitote et *Bothe*: *vix* faciate et (*cf. ad v.* 5): faciatis (*om.* et) *Leo*: facite ut ⟨uos⟩ *Hasper* 1391 sciui esse *cod.*: *trai. Bothe* 1392 manum *cod.* 1393 eae *add. Geppert* 1396 quid *Hasper*: quod *cod.* quom (*antiqua forma*) egomet P^{BC}: quomodo egomet *T* 1397 Ha. omitte P^{CD} 1399 ut minam mi argenti *Seyffert*: utinam mihi argentum *cod.* 1400 faxsint *ut vid. cod.* esto *scripsi*: estu *cod.*: est, tu *Hasper* ideo] hodie *Hasper, fort. recte* 1401 re *cod.* 1402 me (*ita codd.*) ⟨in⟩ *Reiz, Geppert*

si uolo hunc ulcisci, litis sequar in alieno oppido,
quantum audiui ingenium et mores eiius quo pacto sient.
ADE. mi pater, ne quid tibi cum istoc rei siet †acmassum† opsecro.
ANTE. ausculta sorori. abi, díiunge inimicitias cum inprobo.
HA. hoc age sis, leno. quamquam ego te meruisse ut pereas scio,
non experiar tecum. AG. neque ego ; si aurum mihi reddes meum,
leno, quando ex neruo emissu's—compingare in carcerem.
LY. iamne autem ut soles ? ANTA. ego, Poene, tibi me purgatum uolo.
si quid dixi iratus aduorsum animi tui sententiam,
id uti ignoscas quaeso ; et quom istas inuenisti filias,
ita me dí ament, mihi uoluptátist. HA. ignosco et credo tibi.
ANTA. leno, tu autem amicam mihi des facito aut mihi reddas minam.
LY. uin tibicinam meam habere ? ANTA. nil moror tibicinam ;
nescias utrum ei maiores buccaene an mammae sient.
LY. dabo quae placeat. ANTA. cura. LY. aúrum cras ad te referam tuom.
AG. facito in memoria habeas. LY. miles, sequere me.— ANTA. ego uero sequor.—
AG. quid ais, patrue ? quando hinc ire cogitas Carthaginem ?

1403 sequăr *displicet* 1404 quod *cod.* 1405 ni p. *cod.* (*corr. D*) quom *cod.* (*antiqua forma*) acmassum] fac missum *Pradel de praep.* 515, *Niemeyer Mil. Glor.* p. 166. *Sed potest esse Punicum* achmassim *vel* hamāsīm '*iniuriae*' 1409 compingam te *Skutsch* 1410 iamne *Spengel* : iam *cod.* purgatum *Ital.* : pugnatum *cod.* 1413 uoluptatis est *cod.* : ⟨ut⟩ mihi uolup est *Seyffert* 1414 aut *Seyffert* : aut [auri] *cod.* (*pro* $\overset{\text{aut}}{\text{auri}}$? v. 3) 1416 ei maiores *Ital.* : eim mores *cod.* (M *pro* AI) an m. *Ital.* : amammae *cod.* 1418 facto *cod.*

nam tecum mi una ire certum est. HA. ubi primum potero, ilico.
AG. dum auctionem facio, hic opus est aliquot ut maneas dies.
HA. faciam ita ut uis. AG. age sis, eamus, nos curemus. CATERVA. plaudite.

1420-2 *initia et media quaedam extant A* 1421 facto *P, A n. l.*

PSEVDOLVS

M. IVNIO. M. FIL. PR. VRB.
AC. ME.

didascaliae reliquias servavit A 2 ac *vel* fac me *vel* aed acta Megalesiis *Ritschl*

ARGVMENTVM I

Praesentis numerat quindecim miles minas,
Simul consignat symbolum, ut Phoenicium
Ei det leno qui eum cum relicuo adferat.
Venientem caculam intervortit symbolo
Dicens Syrum se Ballionis Pseudolus
Opemque erili ita tulit; nam Simmiae
Leno mulierem, quem is supposuit, tradidit.
Venit Harpax verus: res palam cognoscitur
Senexque argentum quod erat pactus reddidit.

ARGVMENTVM II

Calidorus iuvenis m⟨eretricem Phoenicium⟩
ecflictim deperibat, nummorum indigus;
eandem miles, qui viginti mulierem
minis mercatus abiit, solvit quindecim.
scortum reliquit ad lenonem ac symbolum,
ut qui attulisset signum simile cetero
cum pretio secum aveheret emptam mulierem.
mox missus ut prehendat scortum a milite
venit calator militaris. hunc dolo
adgreditur adulescentis servus Pseudolus
tamquam lenonis atriensis: symbolum
aufert minas⟨que⟩ quinque acceptas mutuas
dat subditicio caculae cum symbolo;
lenonem fallit sycophanta[cie] cacula.
scorto Calidorus potitur, vino Pseudolus.

Arg. I habet P post prologum : *om. A* 6 attulit *Bothe*
Arg. II habet A ante prologum sed posteriori manu : *om. P* 1 ịụ-ụẹṇịṣ *incertissima lectione cod.* mer. Phoen. *suppl. Ritschl* 4 soluit *Ritschl* : absoluit *cod.* 7 muliere *cod.* 8 ut prehendat *Bugge* : adpraehendit *cod.* scortu *cod.* 9 dolo *incertissima lectione cod.* 12 aufert *Mai* : adfert *cod.* que *add. Ritschl* 13 subditiuo cā. *Ritschl* : cā. subditicio *Bergk* 14 *vel* secophantaue *cod.* : sycophanta *Ritschl* cacula sycophantice *Seyffert* 15 uino Pseudolus *Sauppe* : uiuo seudulo *cod.*

PERSONAE

Pseudolus Servus
Calidorus Adulescens
Ballio Leno
Simo Senex
Callipho Senex
Harpax Cacula
Charinus Adulescens
Lorarii
Meretrices
Puer
Cocus
Simia Sycophanta

Scaena ATHENIS

PROLOGVS

Exporgi meliust lumbos atque exsurgier:
Plautina longa fabula in scaenam uenit.

ACTVS I

PSEVDOLVS CALIDORVS I. i

PS. Si ex te tacente fieri possem certior,
ere, quae miseriae te tam misere macerant,
duorum labori ego hominum parsissem lubens,
mei té rogandi et tis respondendi mihi;
nunc quoniam id fieri non potest, necessitas
me subigit ut te rogitem. responde mihi:
quid est quod tu exanimatus iam hos multos dies
gestas tabellas tecum, eas lacrumis lauis
nec tui participem consili quemquam facis?
eloquere, ut quod ego nescio id tecum sciam.
CALI. misere miser sum, Pseudole. PS. id te Iuppiter
prohibessit! CALI. nihil hoc Iouis ad iudicium attinet:
sub Veneris regno uapulo, non sub Iouis.
PS. licet me id scire quid sit? nam tu me antidhac
supremum habuisti comitem consiliis tuis.
CALI. idem animus nunc est. PS. face me certum quid tibist;
iuuabo aut re⟨d⟩ aut opera aut consilio bono.
CALI. cape has tabellas, tute hinc narrato tibi
quae me miseria et cura contabefacit.
PS. mos tibi geretur. sed quid hoc, quaeso? CALI. quid est?

Prologum exhibet post Argumentum A: ante Argumentum P lacunam ante sign. Ritschl, et ante et post Leo 1 exsurger *P* (*vix pro* exsurgere) 4 macerent *A, codd. Gellii* 20, 6, 9 (i. 9) 6 Mis *Popma* et [tui] tis *codd. Gellii* (*unde Nonius* 501) (*pro* et ^{tui} tis; iv. 2): etui *A*: et te *P* 12 id *om. A* 16 id *om. A* tu meo *A* 17 com. con.] se— *cod. Festi* 305 19 aut re iuu. *Bothe* *de* red, *ablativi forma dubia, cf. Arch. Lat. Lex.* 10, 550

Ps. ut opinor, quaerunt litterae hae sibi liberos:
alia áliam scandit. CALI. ludis iam ludo tuo?
Ps. has quidem pol credo nisi Sibulla legerit,
interpretari alium potesse neminem.
CALI. qur inclementer dicis lepidis litteris
lepidis tabellis lepida conscriptis manu?
Ps. an, opsecro hercle, habent quas gallinae manus?
nam has quidem gallina scripsit. CALI. odiosus mihi es.
lege uel tabellas redde. Ps. ímmo enim pellegam.
aduortito animum. CALI. non adest. Ps. at tu cita.
CALI. immo ego tacebo, tú istinc ex cera cita;
nam istic meus animus nunc est, non in pectore.
Ps. tuam amicam uideo, Calidore. CALI. ubi ea est, opsecro?
Ps. eccam in tabellis porrectam: in cera cubat.
CALI. at te di deaeque quantumst—Ps. seruassint quidem!
CALI. quasi solstitialis herba paullisper fui:
repente exortus sum, repentino occidi.
Ps. tace, dúm tabellas pellego. CALI. ergo quin legis?
Ps. 'Phoenicium Calidoro amatori suo
per ceram et linum litterasque interpretes
salutem impertit et salutem ex te expetit
lacrumans titubanti | animo, corde et pectore.'
CALI. perii! salutem nusquam inuenio, Pseudole,
quam illi remittam. Ps. quam salutem? CALI. argenteam.
Ps. pro lignean salute ueis argenteam
remittere illi? uide sis quam tu rem geras.
CALI. recita modo: ex tabellis iam faxo scies
quam subito argento mi usus inuento siet.
Ps. 'leno me peregre militi Macedonio

23 *vel* opino 24 iam] me *P* (iv. 2 ?) 26 posse *codd.* 29 quas] que (*i. e.* quae ?) *P* 30 gallinas *A* 33 hinc *P* (*pro* iste hinc, *i. e.* istinc ?) 36 ceram *A* 42 lignum *codd. Ausonii epist.* 22, 1, *p.* 184 *Sch.*, *fort. recte* (*cf.* 47 *infr.*) 43 impertit] mittit *P* (*cf. v.* 46) abste *P* 44 illacrumans *Schoell* titubantique *Ritschl* 45 ipseudole *P* 51 macedonico *P*

minis uiginti uendidit, uoluptas mea ;
et priu' quam hinc abiit quindecim miles minas
dederat ; nunc unae quinque remorantur minae.
ea caússa miles hic reliquit symbolum,
expressam in cera ex anulo suam imaginem,
ut qui huc adferret eiius similem symbolum
cum eo simul me mitteret. ei rei dies
haec praestituta est, proxuma Dionysia.'
CALI. cras ea quidem sunt : prope adest exitium mihi,
nisi quid mi in ted est auxili. Ps. sine pellegam.
CALI. sino, nám mihi uideor cúm ea fabularier ;
lege : dulce amarumque una nunc misces mihi.
Ps. 'nunc nostri amores, mores, consuetudines,
iocu', ludus, sermo, suauisauiatio,
compressiones artae amantum corporum,
teneris labellis molles morsiunculae,
nostr[or]um orgiorum * -iunculae,
papillarum horridularum oppressiunculae,
harunc uoluptátum mi omnium atque ibidem tibi
distractio, discidium, uastities uenit,
nisi quae mihi in test aut tibist in me salus.
haec quaé ego sciui ut scires curaui omnia ;
nunc ego te experiar quid ames, quid simules. uale.'
CALI. est misere scriptum, Pseudole. Ps. oh ! miserrume.
CALI. quin fles ? Ps. pumiceos oculos habeo : non queo
lacrumam exorare ut exspuant unam modo.
CALI. quid ita ? Ps. genu' nostrum semper siccoculum fuit.

52 mea uoluptas uendidit *A* 55–9 *pauca in initiis leguntur A* 57 ut] qi *A* 59 ⟨ad⟩ Dionysia *Ritschl* 60 cras . . . sunt *epistolae continuat P*, *A n. l.* 61 te *codd.* 62 quom *P* (*antiqua forma*) 65 *del. Kiessling* (*cf. Bacch.* 116) loci *A* (*pro* ioci, *vix pro* logi) suauis sauiatio (suau-) *codd.* 66 comparum *P*CD (n *pro* r ; *vix var. lect. in P*) 67ª *om. P* (*propter homoeotel.*) nostrum *Lorenz* 69 *vel* mihi ibidea *P* (A *pro* M) : itidem *Ital.* 70 au(stitie)s *A* 71 intestauit ibi est *P* : in ted est a. t. *Ritschl* 73–8 *paucissima servata A* 77 quii *B* (*pro* quit, *vix pro* qui)

CALI. nilne adiuuare me audes? Ps. quid faciam tibi?
CALI. eheu! Ps. 'eheu'? id quidem hercle ne parsis: dabo.
CALI. miser sum, argentum nusquam inuenio mutuom—
Ps. eheu! CALI. neque intus nummus ullus est. Ps. eheu!
CALI. ille abducturus est mulierem cras. Ps. eheu!
CALI. istocine pacto me adiuuas? Ps. do id quod mihi est;
nam is mihi thensaurus iugis in nostra domost.
CALI. actum est de me hodie. sed potes tu mutuam
drachumam dare unam mihi quam cras reddam tibi?
Ps. uix hercle, opinor, si me opponam pignori.
sed quid ea drachuma facere uis? CALI. restim uolo
mihi emere. Ps. quámobrem? CALI. qui me faciam pensilem.
certum est mihi ante tenebras tenebras persequi.
Ps. quis mi igitur drachumam reddet, si dedero tibi?
an tu te ea caússa uis sciens suspendere
ut me defrudes, drachumam si dederim tibi?
CALI. profecto nullo pacto possum uiuere
si illa a me abalienatur atque abducitur.
Ps. quid fles, cucule? uiues. CALI. quid ego ni fleam,
quoi nec paratus nummus argenti siet
neque libellai spes sit usquam gentium?
Ps. ut litterarum ego harum sermonem audio,
nisi tu illi drachumis fleueris argenteis,

78 audes *Ital.*: ades *P*, *A n. l.* 79 Ps. heu *P* 81 [pseudole] Ps. eheu neque i. n. ullust *P* (*vix pro* Pseudole. Ps. eheu. CALI. neque i. nummulus nullust) 82 abducturust *A* *fort.* abducturust múl. cras. Ps. ⟨cras?⟩ e. 83 adiuuas *Ital.*: adtuas *P*, *A n. l.* 84 (d)o —t *A* (domost?): est domo *P* 85 actum hodie iam de me est sed (quod *B*) potes nunc mutuam *P* 86 mihi unam *P* 87 *vel* opino o. [est] (*perperam scriptum pro* ST, *i. e.* SI; iv. 3) si *P*, *unde* opino, etsi *Ritschl* 88 quidem a d. *P* 89 pendulum *codd. Porphyrionis ad Hor. Sat.* 2, 2, 99 91 dederim *P* (*cf. v.* 93) 93 drachuma *P*[CD] 100 lacrumis *Meursius* (dacrumis)

quod tu istis lacrumis te probare postulas,
non pluris refert quam si imbrim in cribrum geras.
uerum ego te amantem, ne paue, non deseram.
spero alicunde hodie me bona opera aut hac mea
tibi inuenturum esse auxilium argentarium.
atque id futurum unde unde dicam nescio,
nisi quia futurumst: ita supercilium salit.
CALI. utinam quae dicis dictis facta suppetant!
PS. scis tu quidem hercle, mea si commoui sacra,
quo pacto et quantas soleam turbellas dare.
CALI. in te nunc omnes spes sunt aetati meae.
PS. satin est si hanc hodie mulierem ecficio tibi
tua ut sit aut si tibi do uiginti minas?
CALI. sati', si futurumst. PS. roga me uiginti minas,
ut me ecfecturum tibi quod promisi scias.
roga, opsecro hercle. gestio promittere.
CALI. dabisne argenti mi hodie uiginti minas?
PS. dabo. molestus nunciam ne sis mihi.
atque hoc, ne dictum tibi neges, dico prius:
si neminem alium potero, tuom tangam patrem.
CALI. di te mi semper seruent! uerum, si potest,
pietatis caussa—uel etiam matrem quoque.
PS. de istac re in oculum utrumuis conquiescito.
CALI. utrum? anne in aurem? PS. at hoc peruolgatumst minus.
nunc, ne quis dictum sibi neget, dico omnibus,
pube praesenti in contione, omni poplo,
omnibus amicis notisque edico meis
in hunc diem a me ut caueant, ne credant mihi.

101 *an* dacrumis? 102 legas *A* : ingeras *Salmasius* 104 hac mea *Merula* : ḥọc meam *A* : haec mea *P* 115 quo *P* 116 *cf. v.* 1073 opsecro hercle *Calidori P* 117 *vel* Dabin argentí 121 semper *om. P* (iii. 1) sẹ (*pro* sei?) *A* potes *P* 124 oculum utrum anne *P* (iv. 1) : utr(um a)n *A* : oculum anne *Bentley*

CALI. st!
tace opsecro hercle. PS. quid negoti est? CALI. ostium
lenonis crepuit. PS. crura mauellem modo.
CALI. atque ipse egreditur penitus, peiiuri caput.

ii BALLIO LORARII MERETRICES PSEVDOLVS CALIDORVS

BA. Exite, agite exite, ignaui, male habiti et male conciliati,
quorum numquam quicquam quoiquam uenit in mentem ut recte faciant,
quibu', nisi ad hoc exemplum experior, non potest úsura usurpari.
neque ego homines magis asinos numquam uidi, ita plagis costae callent:
quos quom ferias, tibi plus noceas; eo enim ingenio hi sunt flagritribae,
qui haec habent consilia, ubi data occasiost, rape, clepe, tene, harpaga, bibe, es, fuge: hoc est
eorum officium, ut mauelis lupos apud ouis quam hos domi linquere custodes.
at faciem quom aspicias eorum, hau mali uidentur: opera fallunt.
nunc adeo hanc edictionem nisi animum aduortetis omnes,
nisi somnum socordiamque ex pectore oculisque exmouetis,
ita ego uostra latera loris faciam ut ualide uaria sint,
ut ne peristrómata quidem | aeque picta sint Campanica
neque Alexandrina beluata tonsilia tappetia.

130 hercle opseç(r)o *A* 131 mauelịm *A*. *contra metrum* 132 penitus] intus *Acidalius* 133 agite ite *P* malace h. *Schoell* (*anap. octonar.*) 134 faciaṭ *A* 136 umquam *P* 137 quom (qum)] dum *P* (D *pro* Q) 138, 139 *coniungunt codd.* 138 clepe *om. A* (iii. 4) 139 est fugi *P* 140, 141 officium] opus *P* mauelis] induellis *P* lupus *P* oueis *A* linquere quam hos domi c. *P* 142 aspicies *P* 144 amouetis *P* (A *pro* X?) 146 *vix* peristromáta (*troch. septenar.*) 147 consilia *P* (c *pro* t): tonsiliā *suspectum*

atque heri iam edixeram omnibus dederamque eas prouincias,
uerum ita uos estis praediti †neglegentes† ingenio inprobi,
officium uostrum ut uos malo cogatis commonerier;
nempe ita animati | esti' uos: uinciti' duritia hoc atque me.
hoc sis uide, ut álias res agunt! hoc agite, hoc animum aduortite,
huc adhibete auris quae ego loquor, plagigera genera | hominum.
numquam edepol uostrum durius tergum erit quam terginum hoc meum.
quid nunc? doletne? em sic datur, si quis erum seruos spernit.
adsistite omnes contra me et quae loquor aduortite animum.
tu qui urnam habes aquam ingere, face plenum ahenum sit coquo.
te cum securi caudicali praeficio prouinciae.
Lo. at haec retunsast. Ba. sine siet; itidem uos [quoque estis] plagis omnes:
numqui minus ea gratia tamen omniúm opera utor?
tibi hoc praecipio ut niteant aedes. habes quod facias: propera, abi intro.
tú esto lectisterniator. tú argentum eluito, idem exstruito.
haec, quom ego a foro reuortar, facite ut offendam parata,

149 nĕglegentes *vix ferendum*: neg̣lẹnṭi *A* improbo *P* 150 male *A* 151 *fort.* ⟨animi⟩ animati uincite *P* durita hoc *A*: hoc duritia ergo *P* (ergo *pro* terg-; iv. 1) 152 sis uide ut *Loewe*: uide sis ut *P*: uid(e ut) *A*: *an* uides ut? 153 *post* 154 *A* (*prius om. propter homoeotel.*; ii. 6) loquar *P* plagigerula *Bothe* *vix* homōnum, *veri similius* homullûm 154 etit *vel* efit *A* terginum hoc *P*: hoc terg. *codd. Nonii* 227: terginum (*om.* hoc) *A* 155 qui nunc *P* (*pro* quinnunc) sic] si *A* 156 me et quae] meeque *P*, *ut vid.* loquar *A*, *sed* loquăr *displicet* 157 igẹrẹ *A* ahemum *A* coquo (coco)] cito *P* 158–81 *pauca leguntur A* 158 te] se *A* 159 quoque estis *delevi* (iv. 2) (*A n. l.*) —(plagi)s *in fine versus A ut vid.* (? *i. e.* omnes plagis) 160 opera ⟨ego⟩ utor *Hermann* 163 eo *P* reuortar *Ritschl*: reuortor *P*, *A n. l.*

uorsa, sparsa, terta, strata, lautaque coctaque omnia úti sint.
nam mi hodie natalis dies est, decet eum omnis uos concelebrare.
pernam, callum, glandium, sumen facito in aqua iaceant. satin audis?
magnufice uolo me uiros summos accipere, ut mihi rem esse reantur.
intro abite atque haec cito celebra, ne mora quae sit, coquo' quom ueniat;
ego eo in macellum, ut piscium quidquid ibist pretio praestinem.
i, puere, prae; ne quisquam pertundat cruminam cautiost.
uel opperire, est quod domi dicere paene fui oblitus.
auditin? uobis, mulieres, hanc habeo edictionem.

uos quae in munditiis, mollitiis deliciisque aetatulam agitis,
uiris cum summis, inclutae amicae, nunc ego scibo atque hodie experiar
quae capiti, quae uentri operam det, quaeq' suae rei, quae somno studeat;
quam libertam fore mihi credam et quam uenalem hodie experiar.
facite hodie ut mihi munera multa huc ab amatoribu' conueniant.
nam nisi mihi penus annuos hodie conuenit, cras poplo prostituam uos.

164 uorsasprastergastrata *P* (terga, *i. e.* terca, *pro* terta) lautaque coctaque] aut unctaque *schol. Aen.* 1, 478 (*A n. l.*), *unde* l. unctaque *Ladewig* 165 uos] l . . s *A* 166 gallum *P* 167 summos uiros *P*, *A n. l.*: *trai. Bothe* 168 celebra (*vel* celera: *cf. v.* 165) *scripsi* (*cum* ābite): celebrate *P*, *A n. l.* ueniat *Ritschl*: ueniat [mihi] *P*, *A n. l.* 169 (ibi est) *A*: est *P* (iii. 3) praesentinem *P* 170 qu(ispi)am *A*, *unde* quispiam tundat *Spengel* 171 obl. fui *Spengel*, *rhythmi causa* 173 *vix* aetatlam (*anap.*) 175 quaeque] quae suae *Bothe* (*A n. l.*), *nam* quaeq' *suspectum* 178 mihi (mi) *om. P* annuus penus *codd. Servii Aen.* 1, 703, *Prisciani* 170 *et* 260 hodie *omittunt idem* conuenit] congeritur (-atur) *Prisc.* poplŏ *suspectum*

natalem scitis mi esse diem hunc: ubi isti sunt quibu' uos oculi estis,
quibu' uitae, quibu' deliciae estis, quibu' sauia, mammia, mellillae?
maniplatim mihi munerigeruli facite ante aedis iam hic adsint.
qur ego uestem, aurum atque ea quibus est uobis usus, praebeo? [aut] quid mi
domi nisi malum uostra operast hodie? inprobae uino modo cupidae estis:
eo uos uostros panticesque adeo madefactatis, quom ego sim hic siccus.

nunc adeo hoc factust optumum ut nomine quemque appellem suo,
ne dictum esse actutum sibi quaepiam uostrarum mihi neget:
aduortite animum cunctae.
principio, Hedylium, tecum ago, quae amica es frumentariis,
quibu' cunctis montes maxumi frumenti acerui sunt domi:
fac sis sit delatum huc mihi frumentum, hunc annum quod satis,
mihi et familiae omni sit meaé, atque adeo ut frumento afluam,
ut ciuitas nomen mihi commutet meque ut praedicet
lenone ex Ballione regem Iasonem. CALI. audin? furcifer [quae loquitur?]
satin magnuficus tibi uidetur? PS. pol iste atque etiam malificus.

179 *vel* sciti' mihi 180 mamilla *P* (*pro* mamiia?) mellitae *P* (*A incert.*) 182 usuṣ *A*: usui *P* praehibeo *cod.* (*i. e.* prĕhibeo *ut* prĕhendo?) aut *om. P* 183 *vel post* inprobae *distingue* 184 madefactatis *codd. Nonii* 395: madefecistis *A*: madefacitis (*B*) *vel* madefactis (*P*CD) *P* simihic *A* 185 factust *Lambinus*: factum est *codd.* quamque nomine *A* 186, 187 *cohaerent codd.* 186 nec *P* 188 hedyllum *P* (*i. e.* Hedylium?): (edy)ṭium *A* amices *P* (*pro* -caes) 189 acerui frumenti *P* acerui *improbat ut glossam Acidalius* 191 etiam familiae *P*: et malitiae *A* *vel* siet 193 sqq. *sic disp. Bothe* Lenóne—Iasonem (*iamb.*) | Aúdin f. quae loquitur . . . uidetur (*troch.*) | Pol—malificus (*troch.*) 193 exbaliạṭo regẹm regem iasonem *A* quae loquitur *om. A* (iv. 1)

sed tace atque hanc rem gere.
BA. Aeschrodora, tu quae amicos tibi habes lenonum aemulos
lanios, quí item ut nos iurando iure maló male quaerunt rem, audi:
nisi carnaria tria grauida tegoribus onere uberi hodie
mihi erunt, cras te, quasi Dircam olim ut memorant duo gnati Iouis
deuinxere ad taurum, item ego te distringam ad carnarium;
id tibi prófecto taúrus fiet. CALI. nimi' sermone huius ira incendor.
Ps. huncine hic hominem pati
colere iuuentutem Atticam?
ubi sunt, ubi latent quibus aetas integra est, qui amant a lenone?
quin conueniunt? quin una omnes peste hac populum hunc liberant?
sed uah!
nimium stultus, nimium fui
indoctus: illine audeant
id facere quibus ut seruiant
suos amor cogit? simul prohibet faciant aduorsum eos quod nolint.
CALI. uah! tace.
Ps. quid est? CALI. mále morigeru's, male facis mihi quom sermone huic obsonas.
Ps. taceo. CALI. at taceas malo multo quam tacere dicas. BA. tu autem,
Xytilis, fac ut animum aduortas, quoius amatores oliui

197 male *om.* *P* (iii. 1) 198 togeribus *A* oneri *P*, *fort. recte* 200 ego te distringam] hodie stringam *P* 201 id *in fine v. prioris B* profectus *A* Ps. Nimis . . . Atticam *Acidalius* (*A n. l.*) 204 hunc] hinc *A* 205, 205a sed *et* uah *propriis versibus*, *deinde* nimius stultus nimis fui *A* : sed nimis sum stultus nimium fui *P* 205b inductus *A* ne illi au. *P* 206 prohibent *A* nolunt *P* 207 uah *om.* *A* 208 morigerus male *om.* *A* (iii. 11) quo sermone huius obsọ — *A*, *unde* sermoni huius *Ritschl* 209 tacere [te] *P* (iv. 2) 210 xittilis *P*: xyṭilis (xittilis?) *A* : Xystilis *Ital.* quouis *P*

δύναμιν domi habent maxumam.
si mihi non iam huc culleis
oleum deportatum erit,
te ipsam culleo ego cras faciam ut deportere in pergulam;
ibi tibi adeo lectus dabitur ubi tu hau somnum capias, sed ubi
usque ad languorem—tenes
quo se haec tendant quae loquor.
ain, excetra tu? quae tibi amicos tot habes tam probe oleo onustos,
num quoipiam est hodie tua tuorum ópera conseruorum
nitidiusculum caput? aút num ipse ego pulmento utor magis
unctiusculo? sed scio, tu óleum hau magni pendis, uino
te deuincis. sine modo,
reprehendam ego cuncta hercle una opera, nisi quidem tu haec omnia
facis ecfecta quae loquor.
tu autem quae pro capite argentum mihi iam iamque semper numeras,
ea pacisci modo scis, sed quod pacta es non scis soluere,
Phoenicium, tibi ego haec loquor, deliciae summatum uirum:
nisi hodie mi ex fundis tuorum amicorum omne huc penus adfertur,
cras Phoenicium poeniceo corio inuises pergulam.

CALIDORVS PSEVDOLVS BALLIO iii

CALI. Pseudole, non audis quae hic loquitúr? PS. audio, ere, equidem atque animum aduorto.

211 domo *A* 212 huic cullius *P* 213 erit *om. P* 217 *vix* quose (*ut* quosum, quorsum) 218 ain] en *P* excétra *displicet* *fort.* ain (aïn) *vel extra versum vel in fine v.* 224 *collocand.* honestos *A* 219 cupiam *P* hodie etua *P* (*pro* hodi&ua ?) 220 nitidissimum *P* 222 deungis *Acidalius* 223 rependam *Angelius* ego cuncta hercle *P*: ego hercle ego cuncta *A* : hercle ego cuncta *Usener* n. q. hodie tu omnia Facis scelesta haec ut loquor *P* 225 se.per *A* : sepe *P* 227 haec ego *P* uerum *A* 229 phoenici phoenicio *P* inuisus *A* 230 *nulla nova scaena A* audi cere *P* (*corr. D*)

CALI. quid mihi es auctor huic ut mittam, ne amicam hic meam prostituat?
Ps. nihil curassis, liquido es animó: ego pro me et pro te curabo.
iam diu ego huic bene et hic mihi uolumús et amicitia est antiqua:
mittam hodie huic suo die natali malam rem magnam et maturam.
CALI. quid opust? Ps. potin aliam rem ut cures? CALI. at—Ps. bat! CALI. crucior. Ps. cor dura. 235
CALI. non possum. Ps. fac possis. CALI. quonam uincere pacto possim animum?
Ps. in rem quod sit praeuortaris quam in re aduorsa animo auscultes.
CALI. nugae istaec sunt: non iucundumst nisi amans facit stulte. Ps. pergin? 238
CALI. o Pseudole mi, sine sim nihili,
mitte me sis. Ps. ⟨sino :⟩ sine modo ego abeam. 239[a]
CALI. mane, mane, iam ut uoles med esse ita ero. 240

Ps. nunc tu sapis. BA. it dies; ego mihi ces- 240[a]
-so: i prae, puere. CALI. heus, abit. quin reuocas?
Ps. quid properas? placide. CALI. at priu' quam abeat. 241[a]
BA. quid hoc, malum, tam placide is, puere? 242
Ps. hodie nate, heus, hodie nate, tibi ego dico, heus, hodie nate,
redi et respice ad nos. tametsi occupatu's,

232 nihil] bene *P* (? *pro* ne) 233 mihi hic *A* 234 m. ego hodie *A* natalio *P* (*vix pro* natali ego) 235–61 *deest A* 236 pacto possim uincere *cod.*: *trai. Spengel* Ps. vince *Leo* 237 quam *Ussing*: qua *cod.* (vii. 4) 239 oho *vel* o o *cod.* 239[a] *vel* mitt' sino *add. Ritschl* 240 ita ergo *cod.* (*corr.* B^2) 240[a] tum *cod.* (*corr.* B^2) (vii. 4) 241 abit *Bothe*: abiit *cod.* (*i. e.* abît) 241[a] Quod *B* 242 quod hoc malum *cod.*: quid malum *Ritschl* placide is *Camerarius*: placidis *cod.* (i. 7, p. 108)

moramur. mane, em conloqui qui uolunt te.
Ba. quid hoc est? quis est qui moram mi occupato
molestam optulit? Ps. qui tibi sospitalis
fuit. Ba. mortuost qui fuit: qui sit ussust.
Ps. nimi' superbe. Ba. nimi' molestus. Cali. reprehende hominem, adsequere. Ba. i puere.
Ps. occedamus hac obuiam. Ba. Iuppiter te
perdat, quisquis es. Ps. te uolo. Ba. hau uos ego ambos.
uorte nac puere, te. Ps. non licet conloqui te?
Ba. at mi non lubet. Ps. sin tuamst quippiam in rem?
Ba. licetne, opsecro, bitere an non licet? Ps. uah!
manta. Ba. omitte. Cali. Ballio, audi. Ba. surdu' sum prófecto inanilogistae.
Cali. dedi dum fuit. Ba. non peto quod dedisti.
Cali. dabo quando erit. Ba. ducito quando habebis.
Cali. eheu, quam ego malis perdidi modis
quod tibi detuli et quod dedi! Ba. mortua
uerba re nunc facis; stultus es, rem actam agis.
Ps. nosce saltem hunc quis est. Ba. iam diu scio
qui fuit: nunc quis est ipsus ⟨se⟩ sciat.
ambula tu. Ps. potín ut semel modo,
Ballio, huc cum lucro respicias?

Ba. respiciam istoc pretio; nam si sacruficem summo Ioui

245 em *Usener*: est (ē) *cod.* (*vix Plautinum*) uolunte *cod.* (*corr. CD*[2]) 247 quid *cod.* sospitali *cod.* 249 *vel* molestu's 250 occedamus, *cf. Festus* 181: accedamus *cod.* 251 hau *scripsi*: at *cod.* (*cf. ad Poen.* 1355) perdát, quísqui's. Ps. té uólo ⟨ego⟩. Ba. at uós ⟨nólo⟩ ego ámbós *Koch* 252 te puere *cod.*: *trai. Mueller* ⟨an⟩ non *Schoell* 254 bitere *Lipsius*: uiuere *cod.*, *vix recte* 255 surdu' sŭm *displicet* profĕcto] Cali. proh *Goetz* (*melius fort.* oro) inanilogista es *Ital.* 260 agis *Ital.*: magis *cod.* 261 dius *cod.* 262 *accedit A* quis *Camerarius*: qui *codd.* est ipsus se *scripsi*: sịt ipsẹ *A*: estis ipsus *P* 264 hunc *P* (*corr. B*[2])

atque in manibus exta teneam ut poriciam, interea loci
si lucri quid detur, potius rem diuinam deseram.
non potest pietati opsisti huíc, utut res ceterae.
Ps. deos quidem quos maxume aequom est metuere, eos minimi facit.
Ba. compellabo. salue multum, serue Athenis pessume.
Ps. di te deaeque ament uel huiius arbitratu uel meo,
uel, si dignu's alio pacto, neque ament nec faciant bene.
Ba. quid agitur, Calidore? Cali. amatur atque egetur acriter.
Ba. misereat, si familiam alere possim misericordia.
Ps. heia! scimus nos quidem te qualis sis; ne praedices.
sed scin quid nos uolumus? Ba. pol ego propemodum: ut male sit mihi.
Ps. et id et hoc quod te reuocamus. quaeso animum aduorte. Ba. audio.
atque in pauca, ut occupatus nunc sum, confer quid uelis.
Ps. hunc pudet, quod tibi promisit quaque id promisit die,
quia tibi minas uiginti pró amica etiam non dedit.
Ba. nimio id quod pudet facilius fertur quam illud quod piget.
non dedisse istunc pudet: me quia non accepi piget.
Ps. at dabit, parabit: aliquot hos dies manta modo.
nám id hic metuit ne illam uendas ob simultatem suam.
Ba. fuit occasio, si uellet, iam pridem argentum ut daret.
Cali. quid si non habui? Ba. si amabas, inuenires mutuom,

267 destram *P* (T *pro* E) 268 potes *P* ut res sunt *P et schol. Aen.* I, 378 269 quos *schol. Verg.*: quod *P*, *A n. l.* 271 amente *P* (*corr.* B^2) huiius] (h)oluṣ (*i. e.* hoius) *A* 274 po(ss)em *A* 276 prope modo (modu B^2) *P* 277 reuocamus] rcg̣ịṭạụị *A* aduortite *A* 279 hunc] hun (hū?) *P* quaque] quamquam (*pro* quáq., *i. e.* quaque?) *P* 282 dedissetis tum p. *P* 283 aliquos *Mueller* (*A incert.*): aliquid *Dousa* 284 hic it (id) *P* 285 pridet (di pridet *B*) *P* (*corr.* D^2) 286 habuit *A* si amabas] iam abas *P* tuum *P*

ad danistam deuenires, adderes faenusculum,
surruperes patri. Ps. surruperet hic patri, audacissume?
non periclumst ne quid recte monstres. Ba. non lenonium st.
Cali. egon patri surrupere possim quicquam, tam cauto seni?
atque adeo, si facere possem, pietas prohibet. Ba. audio.
pietatem ergo istam amplexator noctu pro Phoenicio.
sed quom pietatem ⟨te⟩ amori uideo tuo praeuortere,
omnes ⟨homines⟩ tibi patres sunt? nullus est tibi quem roges
mutuom argentum? Cali. quin nomen quoque iam interiit 'mutuom.'
Ps. heus tu, postquam hercle isti a mensa surgunt sati' poti uiri,
qui suom repetunt, alienum reddunt nato nemini,
postilla omnes cautiores sunt ne credant alteri.
Cali. nimi' miser sum, nummum nusquam reperire argenti queo;
ita miser et amore pereo et inopia argentaria.
Ba. eme die caeca hercle oliuom, id uendito oculata die:
iam hercle uel ducentae fieri possunt praesentes minae.
Cali. perii! annorum lex me perdit quinauicenaria.
metuont credere omnes. Ba. eadem est mihi lex: metuo credere.
Ps. credere autem! eho an paénitet te quanto hic fuerit usui?

288 surruperis *A*: surripuisses *P* Ba. audacissume (*adverb.*) *A ut vid.* 290 [quam] tam *P* (*corr.* B^2) 291 possim *C* (*A incert.*) 292 *post* 296 *A*; *scilicet scriba, omissione vv.* 292-5 *animadversa, supplere decrevit, mox ab incepto destitit* 293-5 *om. A* 293 pietatem te *Mueller*: pietate *cod.* (? *i. e.* pīetatem) 294 homines *add. Bentley* 295 metuum *cod.* quin *Ital.*: qui *cod.* *versum intercidisse, quo ad danistas adulescentem leno relegarit, coniecit Kiessling; si in* audio *desiit, omissio in A propter homoeotel. facta est* 296 saturi (*pro* sat uiri) p. *P* (*om.* uiri) 298 postilla omnes] ab alienis *P* nec reddant *P* 299 miser sum] miserum *A* que oc *P* (*corr.* B^2) 301 eme] (emi)to *cod. Festi* 178 uenito *A* 302 possunt fie(ri) *A* 303 annortum *P* perdet *A* 304 mihi est *A* 305 huic *A*

BA. non est iustus quisquam amator nisi qui perpetuat data;
det, det usque: quando nil sit, simul amare desinat.
CALI. nilne te miseret? BA. inanis cedis, dicta non sonant.
atque ego te uiuom saluomque uellem. PS. ého an iam mortuost?
BA. utut est, mihi quidem profecto cum istis dictis mortuost:
ilico uixit amator, ubi lenoni supplicat.
semper tu ad me cum argentata accedito querimonia;
nam istuc quod nunc lamentare, non esse argentum tibi,
apud nouercam querere. PS. eho an umquam tu huius nupsisti patri?
BA. di meliora faxint! PS. face quod te rogamus, Ballio,
mea fide, si isti formidas credere. ego in hoc triduo
aut terra aut marí alicunde euoluam id argentum tibi.
BA. tibi ego credam? PS. qur non? BA. quia pol quá opera credam tibi
una opera alligem fugitiuam cánem agnínis lactibus.
CALI. sicine mihi aps te bene merenti male refertur gratia?
BA. quid nunc uis? CALI. ut opperiare hos sex dies aliquos modo
ne illam uendas neu me perdas hominem amantem. BA. animo bono es.
uel sex menses opperibor. CALI. eugae, homo lepidissume!
BA. immo uein etiam te faciam ex laeto laetantem magis?
CALI. quid iam? BA. quia enim non uenalem iám habeo Phoenicium.
CALI. non habes? BA. non hercle uero. CALI. Pseudole, í accerse hostias,

306 iustus] usu (-ui) *Ital.* quicquam *A* 307 det det] detque *P* 308 te] temet *P* (*i. e.* te mei ?) cedes *P* (*i. e.* -is ?) 311 supplicat] placet *P* 312 quom *P* (*forma antiqua*) 313 istunc *A* clametare *P* 315 di melius faciant Ps. fac hoc quod *P* 316 *vel* istic 317 aliquonde *A* (*forma antiqua*) id] in *A* 318 quor *A* operas *P* 319 tactibus *A* 321 aliquos] saltem *P* 323 fuge *A* 325 quid iam] quidam (quidum ?) *A* iam] am *P* 326 o pseudole *P* i] ei *A* : *om. P* (*cf.* 330) accersi (arc-) *P* (? *pro* accerse i)

uictumas, lanios, ut ego huic sácruficem summo Ioui;
nam hic mihi nunc est multo potior Iuppiter quam Iuppiter.
BA. nolo uictumas: agninis me extis placari uolo.
CALI. propera, quid stas? í accerse agnos. audin quid ait Iuppiter?
PS. iam hic ero; uerum extra portam mi etiam currendumst prius.
CALI. quid eo? PS. lanios inde accersam duo cum tintinnabulis,
eadem duo greges uirgarum inde ulmearum adegero,
ut hodie ad litationem huic suppetat satias Ioui.
BA. í in malam crucem! PS. istuc ibit Iuppiter lenonius.
BA. ex tua re est ut ego emoriar. PS. quidum? BA. ego dicam tibi:
quia edepol, dum ego uiuos uiuam, numquam eris frugi bonae.
ex tua re non est ut ego emoriar. PS. quidum? BA. sic, quia
si ego emórtuos sim, Athenis te sit nemo nequior.
CALI. dic mihi, opsecro hercle, uerum serio hoc quod te rogo.
non habes uenalem amicam tu meam Phoenicium?
BA. non edepol habeo profecto, nam iam pridem uendidi.
CALI. quo modo? BA. sine ornamentis, cum intestinis omnibus.
CALI. meam tu amicam uendidisti? BA. ualide, uiginti minis.
CALI. uiginti minis? BA. utrum uis, uel quater quinis minis,

327 laniosus tego *P* *vel* huïc 328 potius *A* queam *P* (vii. 1) 329 uictumis *A* 330 i] ei *A* : *om.* *P* (*cf.* 326) 335 *vel* In' (*i.e.* isne) m. (*ita P*) istic *P* 336 [non] est *P* (*cf.* *v.* 338) 338 ex tua re ut ego emoriar non est e re (*vix pro* vere) *A*, *vix conflat. ex illa versione quae supra est et altera* út ego émoriár non est e ré tua quidum? síc, quia 339 mortuus *A* nequor *P* (*corr.* *D*) 340 rogo [est] *P* ('*pro* rogem' *Seyffert*) (rogem *corr.* *D*) 343 quom i. *A* (*antiqua forma*)

militi Macedonio, et iam quindecím habeo minas.
CALI. quid ego ex te audió? BA. amicam tuam esse factam argenteam.
CALI. qur id ausu's facere? BA. lubuit, mea fuit. CALI. eho, Pseudole,
i gladium adfer. PS. quid opus gladio? CALI. qui hunc occidam—átque me.
PS. quin tu ted occidis potius? nam hunc fames iam occiderit.
CALI. quid ais, quantum terra tetigit hominum peiiurissume?
iurauistin te illam nulli uenditurum nisi mihi?
BA. fateor. CALI. nemp' conceptis uerbis? BA. etiam consutis quoque.
CALI. peiiurauisti, sceleste. BA. at argentum intro condidi.
ego scelestus nunc argentum promere po⟨ti⟩s sum domo:
tu qui pius, istoc es genere gnatus, nummum non habes.
CALI. Pseudole, adsiste altrim secus atque onera hunc maledictis. PS. licet.
numquam ad praetorem aeque cursim curram, ut emittar manu.
CALI. ingere mala multa. PS. iam ego te differam dictis meis.
inpudice. BA. itast. CALI. sceleste. BA. dicis uera. PS. uerbero.
BA. quippini? CALI. bustirape. BA. certo. PS. furcifer. BA. factum optume.

346 habeo ⟨ab eo⟩ *Brix* 348 eho Pseudole *continuat Ballioni A* 349 ei *codd.* opust *Ritschl* hoc (*pro* honc?) *A* *fort.* qui ⟨ego⟩ hunc 351 tegit (*pro* tetegit?) *P*: terram tetigit *Geppert, Longworth* (*Class. Rev.* 13, 272) 353 consulis *P* (L *pro* T) 355 possum *codd., sed* promerē *suspectum* 356 pius sistoc (*om.* es) *P* (? *pro* pius es, istoc) *vel* piu's 357 adsistera trinsecus *P* (*corr. in D*) 358 atque c. c. lite mittar manus *P* 360 dices *P* (*i. e.* -is?) 361 certe *P* factam *P* (a *pro* u)

CALI. sociofraude. BA. sunt mea istaec. PS. parricida. BA. perge tu.
CALI. sacrilege. BA. fateor. PS. peiiure. BA. uetera uaticinamini.
CALI. legerupa. BA. ualide. PS. permities adulescentum. BA. acerrume.
CALI. fur. BA. babae! PS. fugitiue. BA. bombax! CALI. fraus populi. BA. planissume.
PS. fraudulente. CALI. inpure. PS. leno. CALI. caenum. BA. cantores probos!
CALI. uerberauisti patrem atque matrem. BA. atque occidi quoque
potius quam cibum praehiberem: num peccaui quippiam?
PS. in pertussum ingerimus dicta dolium, operam ludimus.
BA. numquid aliud etiam uoltis dicere? CALI. ecquid te pudet?
BA. ten amatorem esse inuentum inanem quasi cassam nucem?
uerum quamquam multa malaque [in me] dicta dixistis mihi,
nisi mihi hodie attulerit miles quinque quas debet minas,
sicut haec est praestituta summa ei argento dies,
si id non adfert, posse opinor facere me officium meum.
CALI. quid id est? BA. si tu argentum attuleris, cum illo perdidero fidem:
hoc meum est officium. ego, operae si sit, plus tecum loquar;

362 sociufraude *A* mea ec ista *P* (ec *e marg. aut superscr.*) 364 permittes *A*: permilies *P* 366 leno *Calidoro continuat P* 370 nunc quid alium *P* ec quite p. *P* (*pro* ecquit te) 371 te *P* inuentum esse *P* 372 uerum q. m. mala quae in me dicta dixistis tamen *A*: sed q. m. mala quae in me dicta dixistis mihi *P*: *duas versiones conflatas*, uerum q m. malaque dicta dixistis mihi *et* sed q. m. malaque in me dicta dixistis, tamen, *credit Seyffert* (*Berl. Phil. Woch.* 16, 284) 373 hodie *om. P* mites *P* (T *pro* L) 374 summa ei] summae *P* 375 id non adfert] is non aderit *P vel* opino me *om. P* 376 quom *P* (*antiqua forma*) perdiderim *P* 377 hoc officium meum est mihi opera si sit *A*

sed sine argénto frustra es qui me tui misereri postulas.
haec meast sententia, ut tu hinc porro quid agas consulas.
CALI. iamne abis? BA. negoti nunc sum plenus.—PS. paullo post magis.
illic homo meus est, nisi omnes di me atque homines deserunt.
exossabo ego illúm simulter itidem ut murenam coquos.
nunc, Calidore, te mihi operam dare uolo. CALI. ecquid imperas?
PS. hoc ego oppidum admoenire ut hodie capiatur uolo;
ad eam rem usust hominem astutum, doctum, cautum et callidum,
qui imperata ecfecta reddat, non qui uigilans dormiat.
CALI. cedo mihi, quid es facturus? PS. temperi ego faxo scies.
nolo bis iterari, sat sic longae fiunt fabulae.
CALI. optumum atque aequissumum oras. PS. propera, adduc hominem cito.
CALI. pauci ex multis sunt amici, hómini certi qui sient.
PS. ego scio istuc. ergo utrumque tibi nunc dilectum para
ex multis, [atque exquire] ex illis paucis unum qui certust cedo.
CALI. iam hic faxo aderit.—PS. potin ut abeas? tibi moram dictis creas.

iv PSEVDOLVS

Postquam illic hinc ábiit, tu astas solus, Pseudole.
quid nunc acturu's, postquam erili filio

378 es qui] est quod *P* miserere *Spengel* 379 sententia meast *A* consulas] postulas *A* (*ex v.* 378) 382 simulter *testatur Nonius* 170: similiter *codd.* sim. ego illum *P* quoquos (-qus) *codd.* 383 sed nunc calidore operam mihi te uolo dare *P* quid P^1, ecquid P^2 *ut vid.* 385 cauto et callido *A*: scitum et callidum *P* 387 est *P* 389 adhuc *P* cito] celeriter *A* 390 multi *A* qui certi *P*: certe qui *A vix recte* 391 istunce ego utrumque *A*: istuc Ps. ergo utrimque *P* dẹlectum *A* 392 *ut supra A ut vid.*: Ex multis exquire illis unum qui certus siet *P*: '*conflatae sunt duae versiones*' *Seyffert* (*Berl. Phil. Woch.* 16, 284) 393 aduerit *A* dicis *A* 394 *vel* abît pseudols *P*

largitu's dictis dapsilis? ubi sunt ea?
quoi neque paratast gutta certi consili
neque adeo argenti neque—nunc quid faciam scio.
neque exordiri primum unde occipias habes
neque ad détexundam telam certos terminos.
sed quasi poeta, tabulas quom cepit sibi,
quaerit quod nusquam gentiumst, reperit tamen,
facit illud ueri simile quod mendacium est,
nunc ego poeta fiam: uiginti minas,
quae nunc nusquam sunt gentium, inueniam tamen.
atque ego me iam pridem huic daturum dixeram
et uolui inicere tragulam in nostrum senem;
uerum is nescioquo pacto praesensit prius.
sed comprimunda uox mihi atque oratiost:
erum eccum uideo | huc Simonem una simul
cum suo uicino Calliphone incedere.
ex hoc sepulcro uetere uiginti minas
ecfodiam ego hodie quas dem erili filio.
nunc huc concedam unde horum sermonem legam.

SIMO PSEVDOLVS CALLIPHO V

SIMO. Si de damnoseis aut si dé amatoribus
dictator fiat nunc Athenis Atticis,
nemo anteueniat filio, credo, meo:
ita nunc per urbem solus sermoni omnibust,
eum uélle amicam liberare et quaerere
argentum ad eam rem. hoc alii mihi renuntiant;

396 largius *A* 397 qui *P* (*pro* quoi) neque parata gutta *P*: nec paratust (*i. e.* -umst) quicquam *A* 398 *del. Ussing*; *cf. Seyffert* (*Berl. Phil. Woch.* 16, 284) 402 nusquam si (*i. e.* st) gentium *P* (*cf. ad Merc.* 330) recerit *A* 404 minae *P*, *fort. recte* 405 nusquam nunc *P* 406-8 *eiecit Ladewig* 406 huic iam pridem me *P* 407 at *P* incipere *P* tragolam *A* 408 praesentiṣ *A* 409 conprimendast . . . oratio *P* (*cf. ad Merc.* 330) 410 uideo ⟨ipsum⟩ *Bach*: *fort.* uideo ⟨ego⟩ 411 quom *P* (*antiqua forma*) 414 unde] ut *P* 415 aut si] aut *P* 417 antecedat *P* 418 sermone (*vix recte*) est omnibus *P* (*cf. ad Merc.* 330) 420 ali *A*

atque id iam pridem sensi et subolebat mihi,
sed dissimulabam. Ps. iam ille felat filius.
occisa est haec res, haeret hoc negotium.
quo in commeatum uolui—árgentarium
proficisci, ibi nunc oppido opsaeptast uia.
praesensit: nihil est praedae praedatoribus.
CALL. homines qui gestant quique auscultant crimina,
si meo arbitratu liceat, omnes pendeant,
gestores linguis, auditores auribus.
nam istaec quae tibi renuntiantur, filium
te uelle amantem argento circumducere,
fors fuat an istaec dicta sint mendacia;
sed si sint ea uera, ut nunc mos est, maxume,
quid mirum fecit? quid nouom, adulescens homo
si amat, si amicam liberat? Ps. lepidum senem!
SIMO. uetu' nolo faciat. CALL. at enim nequiquam neuis;
uel tu ne faceres tale in adulescentia.
probum patrem esse oportet qui gnatum suom
esse probiorem quam ipsus fuerit postulet.
nam tu quod damni et quod fecisti flagiti
populo uiritim potuit dispertirier.
idne tu mirare, si patrissat filius?
Ps. ὦ Ζεῦ, ⟨Ζεῦ⟩ quam pauci estis homines commodi! em,
illic est pater patrem esse ut aequomst filio.

421 id] hoc *A* subolet *P* 422 *om. P (propter homoeotel. ut vid.)* illi (*vix* ille) *cod.* feḷaṭ *cod.*: foetet *Loewe* 424 quo in] quin *P* uolueram *Ritschl* 425 uia] ula *P* 430 istae *P* 432 forsitan ea tibi d. *P* 433 sed si ea uera sunt *P* maxume [tibi renuntiant] *A*; *aut confusae sunt in codd. duae versiones* (sed sí ea uera sunt (sint?) quae (ut?) tibi renuntiant *et* sed si sint ea uera, ut nunc mos est, maxume) *aut varia lectio* tibi renuntiant (*pro* mos est, maxume) *in margine exemplaris steterat unde A descriptus est* 434 quod noum *A* 436 at enim nequiquam] nequi at enim quam *A (an vera antiqua locutio?)* 442 *vel* idn' mirari *P* 443 Ζεῦ *addidi* cọmmodem *A* 444 pater *om. P* (iii. 1)

SIMO. quis hic lóquitur? meus hic est quidem séruos Pseudolus.
hic mihi corrumpit filium, scelerum caput;
hic dux, hic illist paedagogus, hunc ego
cupio excruciari. CALL. iam istaec insipientiast,
iram in propromptu gerere. quanto satius est
adire blandis uerbis atque exquirere
sintne illa necne sint quae tibi renuntiant!
bonus animus in mala re dimidiumst mali.
SIMO. tibi auscultabo. PS. ítur ad te, Pseudole.
orationem tibi para aduorsum senem.
erum saluto primum, ut aequomst; postea
si quid superfit uicinos impertio.
SIMO. salue. quid agitur? PS. statur hic ad hunc modum.
SIMO. statum uide hominis, Callipho, quam basilicum!
CALL. bene confidenterque astitisse intellego.
PS. decet innocentem qui sit atque innoxium
seruom superbum esse apud erum potissumum.
CALL. sunt quae te uolumus percontari, quae quasi
per nebulam nosmet scimus atque audiuimus.
SIMO. conficiet iam te hic uerbis ut tu censeas
non Pseudolum, sed Socratem tecum loqui.
PS. itast, iam pridem tu me spernis, sentio.
paruom esse apud te mihi fidem ipse intellego.
cupi' me esse nequam: tamen ero frugi bonae.
SIMO. fac sis uociuas, Pseudole, aedis aurium,
mea ut migrare dicta possint quo uolo.

445 quis] siquis *P* (iv. 5, p. 62) est hicquidem *Fleckeisen* 446 scelerum cạp(u)t hic corrụpit m(ih)i filium *A* 447 illest *P* 449 (p)ro(pr)om(pt)u *A*: promptu (proptu *B*) *P* 451 sint illa negnes iniquae *P*: sintne illa uera necne (*i. e.* necn'?) quae *A* 453 ad te] adie *P* 458 quiam *P* 460 innoxius *P et ut vid. A*: *corr. Bothe ex Capt. v.* 665 467 paruam *P*: parụm *A* (*cf. ad Capt.* 893) 470 quae *A*

Ps. age loquere quiduis, tam etsi tibi suscenseo.
Simo. mihin dómino seruos tu suscenses? Ps. tam tibi
mirum id uidetur? Simo. hercle qui, ut tu praedicas,
cauendumst mihi aps te irato; atque alio tu modo
me uerberare atque ego te soleo cogitas.
quid censes? Call. edepol merito esse iratum arbitror,
quom apud te paruomst ei fides. Simo. iam sic sino;
iratus sit: ego ne quid noceat cauero.
sed quid ais? quid hoc quod te rogo? Ps. sí quid uis roga.
quod scibo Delphis tibi responsum dicito.
Simo. aduorte ergo animum et fac sis promissi memor.
quid ais? ecquam scis filium tibicinam
meum amare? Ps. *ναὶ γάρ*. Simo. liberare quam uelit?
Ps. *καὶ τοῦτο ναὶ γάρ*. Simo. ecquas uiginti minas
per sycophantiam atque per doctos dolos
paritas ut a me aúferas? Ps. aps ted ego auferam?
Simo. ita, quas meo gnáto des, qui amicam liberet?
fatere, dic *καὶ τοῦτο ναί*. Ps. *καὶ τοῦτο ναί*.
Call. fatetur. Simo. dixin, Callipho, dudum tibi?
Call. memini. Simo. qur haec, tu ubi resciuisti ilico,
celata me sunt? qur non resciui? Ps. eloquar.
quia nolebam ex me morem progigni malum,
erum ut ⟨suo'⟩ seruos criminaret apud erum.
Simo. iuberes hunc praecipitem in pistrinum trahi.

472 mihi *A* tam] iam *P* 473 id *om. A* 477-551 *deest A* 477 parum ste fides *cod.* (*cf. ad* 467) sine *Brix* 479 si *del. Fleckeisen rhythmo consulens, fort. recte*: *vix* sĭquĭd 481 auorte e. a. et faxis promissis memor *cod.* 483 *ναὶ γάρ Bentley*: nae gar [mea est] *cod.* 484 cetuton kaito itone gras (gars P^{CD}) *cod.*: *corr. Bentley* (iv. 3, p. 61) 485 (*cf.* 527) *del. Ritschl* 486 a *om.* P^{CD} auf. a me *Camerarius rhythmo consulens* te *cod.* 487 meo gnato *Ital.*: ame cognato *cod.* 488 fateri di chaytoyna Ps. chaitoyionai *cod.*: *corr. Bothe, qui tamen omnia graeca Pseudolo tribuit* 490-1 quor *cod.* 492 pregigni (que gigni *B*) *cod.*: *corr. Scaliger* 493 Erilem *Goetz* suos *add. Mueller* criminar(e)it *P* 494 iuberen *Bothe*

CALL. numquid, Simo, peccatum est? SIMO. immo maxume.
Ps. desiste, recte ego meam rem sapio, Callipho;
peccata mea sunt. animum aduorte nunciam
quapropter te †expertem amoris nati habuerim:†
pistrinum in mundo scibam, si id faxem, mihi.
SIMO. non a me scibas pistrinum in mundo tibi,
quom ea mussitabas? Ps. scibam. SIMO. quin dictumst mihi?
Ps. quia illúd malum aderat, istuc aberat longius;
illud erat praesens, huic erant dieculae.
SIMO. quid nunc agetis? nam hinc quidem a me non potest
argentum auferri, qui praesertim senserim.
ne quisquam credat nummum iam edicam omnibus.
Ps. numquam edepol quoiquam supplicabo, dum quidem
tu ⟨uiuos⟩ uiues. tu mi hercle argentum dabis,
aps te equidem sumam. SIMO. tú a me sumes? Ps. strenue.
SIMO. excludito mi hercle oculum, si dedero. Ps. dabis.
iam dico ut a me caueas. CALL. certe edepol scio,
si apstuleris, mirum et magnum facinus feceris.
Ps. faciam. SIMO. si non apstuleris? Ps. uirgis caedito.
sed quid si apstulero? SIMO. do Iouem testem tibi
te aetatem inpune habiturum. Ps. facito ut memineris.
SIMO. egon ut cauere nequeam, quoi praedicitur?
Ps. praedico ut caueas. dico, inquam, ut caueas. caue.

495 peccatum est Simo *cod.*: *trai. Bothe* 497 peccatan ea sunt? *Bothe* 498 nati amoris te expertem *Bothe*: nati expertem amoris te (?) *Leo*: *fort.* nati *delend. ut glossa* 499 in mundo *testatur Charisius* 201 (*cf. v.* 500): inmundum *cod.* si dixem *Ritschl* quia sciebam in (mi *Goetz*) pistrinum in mundo fore *cod. Charisii* (*neglegens citatio, ut vid.*) 501 quin *Ritschl*: cur non *cod.* (v. 1) 502 quia illud *Acidalius*: qui aliud *cod.*: *vix* quia alid 503 erant *Pylades*: erat *cod.* 508 uiuos *add. Ritschl* *vix* hercule 510 exlidito *Ritschl* 511 CALL.] SIMO. *Ital.*: *Pseudolo continuat* c. e. s. *Seyffert* 516 *post* 517 *collocat Bugge* 516 praedicitur *Ital.*: praeditur *cod.*

em istis mihi tu hodie manibus argentum dabis.
Call. edepol mortalem graphicum, si seruat fidem!
Ps. seruitum tibi me abducito, ni fecero.
Simo. bene atque amice dicis. nam nunc non meu's.
Ps. uin etiam dicam quod uos magi' miremini?
Call. studeo hercle audire, nam ted ausculto lubens.
[Simo. agedum, nam sati' lubenter te ausculto loqui.]
Ps. priu' quam istam pugnam pugnabo, ego etiam prius
dabo aliam pugnam claram et commemorabilem.
Simo. quam pugnam? Ps. em ab hoc lenone uicino tuo
per sycophantiam atque per doctos dolos
tibicinam illam tuo' quam gnatus deperit,
ea círcumducam lepide lenonem. Simo. quid est?
Ps. ecfectum hoc hodie reddam utrumque ad uesperum.
Simo. siquidem istaec opera, ut praedicas, perfeceris,
uirtute regi | Ágathocli antecesseris.
sed si non faxis, numquid caussaest ilico
quin te in pistrinum condam? Ps. non unum diem,
uerum hercle in omnis quantumst; sed si ecfecero,
dabin mi argentum quod dem lenoni ilico
tua uoluntáte? Call. ius bonum orat Pseudolus;
'dabo' inque. Simo. at enim scin quid mihi in mentem uenit?
quid si hisce inter se consenserunt, Callipho,
aut de compecto faciunt consutis dolis,
qui me †argento circumuortant?† Ps. quis me audacior

518 tu *Pius*: ut *cod.* 521 Call. *Bothe* non meu's *Ritschl* (*vel* non meu's? *interrogative*): nam meust *cod.* 522 *vel* mage 523 studie *cod.* auscultu *cod.* 523ᵃ *a Plauto abiudicat Abraham* '*Stud. Plaut.*' p. 182 526 emᵉ (emabe *B*, eme ab *PCD*) *cod. ut vid.* 529 lepidele nomem *cod.* lenonem, et quidem Effectum *Acidalius* 532 virtute ⟨tu⟩ *Ritschl* rei *cod.*: regi ⟨ipsi⟩ *Mueller* (*Rhein. Mus.* 54, 529) *vix* Agathocoli (-culi) 533 causa est *cod.* 534 n. u. [quidem] diem [modo] *cod.*: *corr. Ritschl* (in diem), *Bothe* (iv. 1, p. 61) 541 arg.] aere *Seyffert* interuortant *Fleckeisen* auditior *B* (*pro* -atior)

sit, si istuc facinus audeam? immo sic, Simo:
si sumu' compecti seu consilium umquam iniimus
aut si de istac re umquam inter nos conuenimus,
quasi in libro quom scribuntur calamo litterae,
stilis me totum usque ulmeis conscribito.
SIMO. indice ludos nunciam, quando lubet.
PS. da in hunc diem operam, Callipho, quaeso mihi
ne quo te ad aliud occupes negotium.
CALL. quin rus ut irem iám heri constitueram.
PS. at nunc disturba quas statuisti machinas.
CALL. nunc non abire certum est istac gratia;
lubidost ludos tuos spectare, Pseudole.
et si hunc uidebo non dare argentum tibi
quod dixit, potius quam id non fiat ego dabo.
SIMO. non demutabo. PS. namque edepol, si non dabis,
clamore magno et multum flagitabere.
agite amolimini hinc uos intro nunciam
ac meis uicissim date locum fallaciis.
CALL. fiat, geratur mos tibi. PS. sed te uolo
domi usque adesse. CALL. quin tibi hanc operam dico.—
SIMO. at ego ad forum ibo. iam hic ero.—PS. actutum redi.
suspicio est mi nunc uos suspicarier,
me idcirco haec tanta facinora promittere,
qui uos oblectem, hanc fabulam dum transigam,
neque sim facturus quod facturum dixeram.

542 audeam *Pylades*: audeam *cum glossa* facere uel dicere *P* (audeam facere *B*, audeam dicere *P*CD) 543 conspecti *cod.* in. [de istac re] *cod.* (*marginalis emendatio ad v.* 544) 544 de ea re *cod.* (*sed cf. ad v.* 543) conueniamus *cod.* 544[a] *secl. Ussing* cum in libro *Guietus* (*sed cf. Lindsay praef. in Capt.* p. 39) *vix* librŏ *vix* l. conscr. 549 mecum statueram *Lorenz, cui* constitūeram *displicet* 552 *accedit A* [in] ludos *A* (iv. 3) 554 dixi *P* 556 multo P^1, multum P^2 *ut vid.* 559 giratur *A* mos] nos *P* (*corr. D*) 560 quid *A* 561 ero] adero *P* 563 ⟨his⟩ prom. *Ritschl, nam* facinorā *suspectum*: *fort.* ⟨ero⟩ prom. 564 qui *Ital.*: quo *A* (*cf. Kienitz 'de qui local.'* p. 551): quin *P*

non demutabo. atque etiam certum, quod sciam,
quo id sim facturus pacto nihil etiam scio,
nisi quia futurumst. nam qui in scaenam prouenit,
nouo módo nouom aliquid inuentum adferre addecet;
si id facere nequeat, det locum illi qui queat.
concedere aliquantisper hinc mi intro lubet,
dum concenturio in corde sycophantias.
* * exibo, non ero uobis morae;
tibicen uos interibi hic delectauerit.— 573[a]

ACTVS II

II. i

PSEVDOLVS

Pro Iuppiter, ut mihi quidquid ago lepide omnia prospereque eueniunt:
neque quod dubitem neque quod timeam meo in pectore conditumst consilium.
nam ea stultitiast, facinus magnum timido cordi credere; nam omnes res perinde sunt 576–7
ut agas, ut eas magni facias; nam ego ín meo pectore príus ita paraui copias,
duplicis, triplicis dolos, perfidias, ut, ubiquomque hostibu' congrediar
(maiorum meum fretus uirtute dicam, mea industria et malitia fraudulenta), 581–2
facile ut uincam, facile ut spoliem meos perduellis meis perfidiis.

567 id *om. P* 570 id *om. A* det] et *P* 571 inro *P* 572 dum] cum *ut vid. Nonius* 11 (*A n. l.*) 573 *om. P* (*propter homoeoarch.*?) — xibo *A* : ⟨sed mox⟩ exibo *Leo* 573[a] interea (ra cum *B*) *P* 578 meo ego in *A* 580 ub. cum *P* (*pro* ubiquomque? v. 3) 581, 582 malorum meorum *P* mea] me *P* fraudulentia *codd.* : *corr. Bothe* 583 facilem ut sp. *A*

nunc inimicum ego hunc communem meum atque uostrorum omnium
585 Ballionem exballistabo lepide: date operam modo;
585a hoc ego oppidum admoenire ut hodie capiatur uolo.
atque hoc meas legiones adducam; si hoc expugno facilem hanc rem meis cíuibu' faciam,
post ad oppidum hoc uetus continuo meum exercitum protinus obducam:
ind' mé et simul participes omnis meos praeda onerabo atque opplebo,
metum et fugam perduellibus meis me ut sciant natum.
590 eo sum genere gnatus: magna me facinora decet ecficere
quae post mihi clara et diu clueant.
sed hunc quem uideo quis hic est qui oculis meis obuiam ignobilis obicitur?
lubet scire quid hic uenit cum macchaera et huic quam rem agat hinc dabo ínsidias.

HARPAX PSEVDOLVS ii

594–5 HA. Hi loci sunt atque hae regiones quae mi ab ero sunt demonstratae,
ut ego oculis rationem capio quam mi ita dixit eru' meu' miles,
septumas esse aedis a portá ubi ille habitet leno quoi iussit
symbolum me ferre et hoc argentum. nimis uelim
certum qui id mihi faciat Ballio leno ubi hic habitat.
600 Ps. st!
600a tace, tace, meus hic est homo, ni omnes di atque homines deserunt.

584 uostrum *codd.* 585a (*cf.* 384) *secl. Ritschl* hoc die *P* 586 *vel* adque a. ut hoc *P* si e. (*om.* hoc) *A* f. [ego] hanc *P* 587 *fort.* postid ad (*anap. octonar.*) mecum *P*: proti (*om.* nus obducam) *A* 589 me [esse] ut *P* 592 *vel sic distingue* uideo? ignorabilis *P* (v. I. p. 78) 593 uĕnit *scripsi*: ueniat *A* (i. 9): uelit *P* *de* macchaera *cf. Harv. Stud.* 9, 126 596–600 *pauca servata A* 596 quom *Goetz* 597 habitat *P* cuius sit *P* 599 certum *fort. om. A* quid m. *codd.* (*corr. C*) 600–600a (*cf.* 381) *secl. Reiz* st] si *P*

nouo consilio nunc mi opus est,
noua res haec subito mi obiectast:
hoc praeuortar principio; íllaec omnia missa habeo quae ante agere occepi.
iam pol ego hunc stratioticum nuntium aduenientem probe percutiam.

HA. ostium pultabo atque intus euocabo aliquem foras.
PS. quisquis es, compendium ego te facere pultandi uolo;
nam ego precator et patronus foribus processi foras.
HA. tune es Ballio? PS. immo uero ego eius sum Subballio.
HA. quid istuc uerbist? PS. condus, promus sum, procurator peni.
HA. quasi te dicas atriensem. PS. immo atriensi ego impero.
HA. quid tu, seruosne es an liber? PS. nunc quidem etiam seruio.
HA. ita uidere, et non uidere dignus qui liber sies.
PS. non soles respicere te, quom dicis iniuste alteri?
HA. hunc hominem malum esse oportet. PS. di me seruant atque amant,
nam haec mihi incus est: procudam égo hodie hinc multos dolos.
HA. quid illic solus secum loquitur? PS. quid ais tu, adulescens? HA. quid est?
PS. esne tu an non es ab illo militi Macedonio,
seruos eiius qui hinc a nobis est mercatus mulierem,
qui argenti meo ero lenoni quindecim dederat minas,
quinque debet? HA. sum. sed ubi tu me nouisti gentium
aut uidisti aut conlocutu's? nam equidem Athenas antidhac
numquam adueni neque te uidi ante hunc diem umquam oculis meis.

601 *vel* mihi (*troch. dim.*) 601ª subito mihi haec *P* 605 ego *om. A* putandi *P* 607 e (*vel* ē, *i. e.* est, es) oballio *P* (iv. 2) 610 quid] quin *A* *vel* seruo'n 612 dicas *P* (i. 9) 614 dolos *an* bolos *incert. A* 615 secum solus *P* 616 militi[te] *P* (militite *B*, milite P^{CD}) 618 meo erị *A* : ero meo *P* 620 equidem] idem *A* athenis *P* 621 adueni] ueni *A*

Ps. quia uidere inde esse; nam olim quom abiit, argento haec dies
praestitutast, quoad referret nobis, neque dum rettulit.
Ha. immo adest. Ps. tun attulisti? Ha. égomet. Ps. quid dubitas dare?
Ha. tibi ego dem? Ps. mihi hercle uero, qui res rationesque eri
†Ballionis curo, argentum accepto, expenso et quoi debet dato†.
Ha. si quidem hercle etiam supremi promptas thensauros Iouis,
tibi libellam argenti numquam credam. Ps. dum tu sternuas,
res erit soluta. Ha. uinctam potius sic seruauero.
Ps. uae tibi! tu inuentu's uero meam qui furcilles fidem.
quasi mi non sescenta tanta soli soleant credier.
Ha. potest ut alii ita arbitrentur et ego ut ne credam tibi.
Ps. quasi tu dicas me te uelle argento circumducere.
Ha. immo uero quasi tu dicas quasique ego autem id suspicer.
sed quid est tibi nomen? Ps. seruos est huic lenoni Surus,
eum esse me dicam. Surus sum. Ha. Surus? Ps. id est nomen mihi.
Ha. uerba multa facimus. eru' si tuo' domi est, quin prouocas,
ut id agam quod missus huc sum? Ps. quidquid est nomen tibi,
si intus esset, euocarem. uerum si dare uis mihi,

622 hic *P* 624, 625 attulisṭin *A* (*i. e.* tun? attulistin?) 626 ego] hercle *A* (v. 4) 627 *fort. conflat ex duplici lectione* (1) accepto et quoi debet dato, (2) accepto, expenso et dato *vix* Balli (*cf.* Tranius *Most.* 560) expenso *del. Bothe* 628 promptes *Acidalius et fort. A* 629 dum tu st. *Harpagi tribuunt codd.* strenuas *P* 630 uinciam *P* 631 ualẹ ibi *A* uero meam] ṣolus uerumẹam *A* (*pro* solus, *corr.* uer.) forcilles *P* 633 alii] aui *P* ut *om. A* 635 id *om. A* 637 mihi] meum *A* 639 quo *P* hic *P* q. e. n. tibi *Harpagi dat Acidalius*, *fort. recte*

magis erit solutum quasi ipsi dederis. HA. at enim scin quid est?
reddere hoc, non perdere eru' me misit. nam certo scio
hoc, febrim tibi esse, quia non licet hoc inicere ungulas.
ego nisi ipsi Ballioni nummum credam nemini.
PS. at illic nunc negotiosust: res agitur apud iudicem.
HA. di bene uortant! at ego quando eum esse censebo domi,
rediero. tu epistulam hanc a me accipe atque illi dato.
nam istic sumbolust inter erum meum et tuom de muliere.
PS. scio equidem: ut qui argentum adferret atque expressam imaginem
suam huc ád nos, cum eo aiébat uelle mitti mulierem.
nam hic quoque exemplum reliquit eiius. HA. omnem rem tenes.
PS. quid ego ni teneam? HA. dato istunc sumbolum ergo illi. PS. licet.
sed quid est tibi nomen? HA. Harpax. PS. apage te, Harpax, hau places;
huc quidem hercle haud ibis intro, ni quid ἅρπαξ feceris.
HA. hostis uiuos rapere soleo ex acie: eo hoc nomen mihi est.
PS. pol te multo magis opinor uasa ahena ex aedibus.
HA. non ita est. sed scin quid te oro, Sure? PS. sciam si dixeris.
HA. ego deuortor extra portam huc in tabernam tertiam
apud anum illam doliarem, claudam, crassam, Chrysidem.
PS. quid nunc uis? HA. inde ut me arcessas, eru' tuos ubi uenerit.
PS. tuo arbitratu, maxume. HA. nam ut lassus ueni de uia,
me uolo curare. PS. sane sapis et consilium placet.

641 quasi] quam si *A*: quam *P* 642 me *om. P* iussit *A* (*vel* missit) nam] non *P* 643 huc i. *A* 649 ut *del. Ritschl* 650 huc suam *Bothe* quom *P* (*antiqua forma*) *vel* aibat 652 ergo istum simbolum ergo *P* (iv. 3) 654 audibis *A* 655 facie *A* eo *om. P* mihi nomen *A* 656 muito *P* *vel* opino exscaedibus *P* 657 ista *A* orem *P* (i. 9) 659 diobolia reclaudam *P* (v. 8) 662 nolo *P*

sed uide sís ne in quaestione sis quando arcessam mihi.
HA. quin ubi prandero, dabo operam somno. PS. sane censeo.
HA. numquid uis? PS. dormitum ut abeas. HA. abeo.— PS. atque audin, Harpage?
iube sis te operiri: beatus eri', si consudaueris.

PSEVDOLVS iii

Di inmortales, conseruauit me illic homo aduentu suo.
suo uiatico redduxit me usque ex errore in uiam.
namque ipsa Opportunitas non potuit mi opportunius
aduenire quam haec allatast mi opportune epistula.
nam haec allata cornu copiaest, ubi inest quidquid uolo:
hic doli, hic fallaciae omnes, hic sunt sycophantiae,
hic argentum, híc amica amanti erili filio.
atque ego nunc me ut gloriosum faciam et copi pectore:
quo modo quídque agerem, ut lenoni surruperem mulierculam,
iam instituta, ornata cuncta in ordine, animo ut uolueram,
certa, deformata habebam; sed profecto hoc sic erit:
centum doctum hominum consilia sola haec deuincit dea,
Fortuna. atque hoc uerum est: proinde ut quisque Fortuna utitur,
ita praecellet atque exinde sapere eum omnes dicimus.
bene ubi quod scimus consilium áccidisse, hominem catum
eum esse declaramus, stultum autem illum quoi uortit male.
stulti hau scimus frustra ut simus, quom quod cupienter dari

669 nam i. mi (mihi) op. n. p. op. *P* 670 allatast] cauata est *P* 671 copiast *codd.* 672 doliri *P* (*corr.* B^{2}) [sunt] hic sunt *P* (iv. 3) 673 argentumst (est) *Camerarius* 674 me g. f. ut c. *P* (ii. 4) 675 quique *P* lenonis *A* 676 institutam (*om.* ornata) *A* (iii. 11) 678 certum *A* 680 praecellet *vel* -it *A* ducimus *A* 681 quo(d di)scimus *A*: quid discimus *P*: quoi sc. *Acidalius fort. recte* *vix* disscīmus 682 declaratur *A* quo *P* 683 scimus *codd.* quid *Lipsius* (*usitata forma*)

petimus nobis, quasi quid in rem sit possimus noscere.
certa mittimus dum incerta petimus; atque hoc euenit
in labore atque in dolore, ut mors obrepat interim.
sed iam satis est philosophatum. nimi' diu et longum loquor.
di inmortales! aurichalco contra non carum fuit
meum mendacium, hic modo quod subito commentus fui,
quia lenonis me esse dixi. nunc ego hac epistula
tris deludam, erum et lenonem et qui hanc dedit mi epistulam.
eugae! par pari aliud autem quod cupiebam contigit:
uenit eccum Calidorus, ducit nescioquem secum simul.

iv CALIDORVS CHARINVS PSEVDOLVS

CALI. Dulcia atque amara apud te sum elocutus omnia:
scis amorem, scis laborem, scis egestatem meam.
CH. commemini omnia: id tu modo, me quid uis facere, fac sciam.
CALI. quom haec tibi alia sum elocutus, †uis scires si scis† de symbolo. 696a
CH. omnia, inquam. tu modo quid me facere uis fac ut sciam. 696b
CALI. Pseudolus mi ita imperauit, ut aliquem hominem strenuom,
beneuolentem adducerem ad se. CH. seruas imperium probe;
nám et amicum et beneuolentem ducis. sed istic Pseudolus
nouo' mihist. CALI. nimium est mortalis graphicus, εὑρετής mihist.

685 hoc uenit *P* (*i. e.* hoc *pro* hoce; i. 7) 686 repat *ut vid. A* 691 ludam *A*, *fort. recte* (*cf. ad Amph. arg.* i. 7) 696[a b] *om. A* (*propter homoeotel.*?); *secl. Ritschl* uix rem scis *Leo*: *fort.* scire scis? (*interrogative*) 699 istinc *P* 700 nouus si mihi est *P* (*pro* nouust mihi est; *cf. ad* 717) graphicus] scitus *A* εὑρήτης *Palmer* (*Hermath.* 9, 71), *nam iambus* -ετης *ante iambum* mihist *displicet*

is mihi haec sese ecfecturum dixit quae dixi tibi.
Ps. magnufice hominem compellabo. Cali. quoia uox resonat? Ps. io!
io te, te, turanne, te, te égo, qui imperitas Pseudolo,
quaero quoi ter trina triplicia, tribu' modis tria gaudia,
artibus tribu' tris demeritas dem laetitias, de tribus
fraude partas per malitiam, per dolum et fallacias;
in libello hoc opsignato ad te attuli pauxillulo.
Cali. illic homost. Ch. ut paratragoedat carnufex! Ps. confer gradum
contra pariter, porge audácter ad salutem bracchium.
Cali. dic utrum Spemne an Salutem te salutem, Pseudole?
Ps. immo utrumque. Ch. Vtrumque, salue. sed quid actumst? Ps. quid times?
Cali. attuli hunc. Ps. quid, attulisti? Cali. 'adduxi' uolui dicere.
Ps. quis istic est? Cali. Charinus. Ps. eugae! iam χάριν τούτῳ ποιῶ.
Ch. quin tu si quid opust, mi audacter imperas? Ps. tam gratia.
bene sit tibi, Charine. nolo tibi molestos esse nos.
Ch. uos molestos? nihil molestumst mihi quidem. Ps. tum igitur mane.
Cali. quid istuc est? Ps. epistulam modo hanc íntercepi et sumbolum.

701 sese] esse *P* (*pro* sesse, *antiqua forma*?) 702 sonat *P*, *contra metrum* 703 iote tete tiranne te rogo *P*: te te turanne (*corr.* tyr-) ṭ(e e)go *A* : *corr. Leo* pseudole (*corr. ex* sp-) *A* : pseudoli *P*: *corr. Ital.* 704 per *A* tria] me tria *P* (*vix pro* em tria) 705 tris] ter *P* 705a [et] per d. *P* fallaciam *P* 706 ad te] abs te hoc *A* : hoc *Ussing* 708 proge audacter *A* : por claudaciter *P* (CL *pro* GE) bacchium *A* 709 an Sal.] ans matrem *P* 711 hinc *P* 712 euge iam charytoi io ποlω *P* : eug — tuṭopoio *A* : *corr. Scaliger* 713 si quid] quicquid *P* graciam *P ut vid.*: gratiast *Pareus* 714 tibi *prius om. P* 715 u. m. mihi molestum est quidem *P* (ii. 4) : u. m. mihi? m. mi id quidem *Leo et* (*sine* mi) *Pius* tum tu *B* 716 modo *om. A* hanc modo *Guietus*

CALI. sumbolum? quem sumbolum? PS. qui a milite allatust modo.
eiius seruos qui hunc ferebat et quinque argenti minas,
tuam qui amicam hinc arcessebat, ei os subleui modo.
CALI. quo modo? PS. horum caussa haec agitur spectatorum fabula:
hi sciunt qui hic adfuerunt; uobis post narrauero.
CALI. quid nunc agimus? PS. liberam hodie tuam amicam amplexabere.
CALI. egone? PS. tú istic ipsus, inquam, si quidem hoc uiuet caput;
si modo mihi hominem inuenietis propere. CH. qua facie? PS. malum,
callidum, doctum, qui quando principium prehenderit,
porro sua uirtute teneat quid se facere oporteat;
atque qui hic non uisitatus saepe sit. CH. si seruos est,
numquid refert? PS. immo multo mauolo quam liberum.
CH. posse opinor me dare hominem tibi malum et doctum, modo
qui a patre aduenit Carysto necdum exît ex aedibus
quoquam neque Athenas aduenit umquam ante hesternum diem.
PS. bene iuuas. sed quinque inuentis opus est argenti minis
mutuis quas hodie reddam: nam huius mihi debet pater.
CH. ego dabo, ne quaere aliunde. PS. o hominem opportunum mihi!
etiam opust chlamyde et machaera et petaso. CH. possum a me dare.

717 militi *an* -te *incert. A* aliatust modo est *P* (ii. 4) 718 cum q. a. minis *P* (*cf. v.* 753) 719 arcessabat *P* (*corr. C*): accersabat *A*, *vix recte* ei os] eius *A* (i. 7) 720 fabule *P* 723 tu istic] tute ego *P* (*pro* tute ergo) uiuit *A*: uiue *P* 724 propere *Calidoro dat A ut vid.* 727 a. eum qui non hic usitatus *P* si] uṭ *A* 729 *vel* opino 730 *ab hoc versu usque ad finem fabulae praesto est T* exit aedibus *A* (*pro* exīit aed.?) 733 nam] nam unam *P* (*vel* unam P^1, nam P^2)

Ps. di inmortales! non Charinus mihi hicquidem, sed Copiast.
sed iste seruos ex Carysto qui hic adest ecquid sapit?
Ch. hircum ab alis. Ps. manuleatam tunicam habere hominem addecet.
ecquid is homo habet aceti in pectore? Ch. atque acidissumi.
Ps. quid, si opu' sit ut dulce promat indidem, ecquid habet? Ch. rogas?
murrinam, passum, defrutum, mellam, mel quoiuismodi;
quin in corde instruere quondam coepit pantopolium.
Ps. eugepae! lepide, Charine, meo me ludo lamberas.
sed quid nomen esse dicam ego isti seruo? Ch. Simiae.
Ps. scitne in re aduorsa uorsari? Ch. turbo non aeque citust.
Ps. ecquid argutust? Ch. malorum facinorum saepissume.
Ps. quid quom manufesto tenetur? Ch. anguillast, elabitur.
Ps. ecquid is homo scitust? Ch. plebi scitum non est scitius.
Ps. probus homo est, ut praedicare te audio. Ch. immo si scias,
ubi te aspexerit, narrabit ultro quid sese uelis.
sed quid es acturus? Ps. dicam. úbi hominem exornauero,
subditiuom fieri ego illum militis seruom uolo;
sumbolum hunc ferat lenoni cum quinque argenti minis,
mulierem ab lenone abducat: em tibi omnem fabulam!

736 mihi quidem est sed copia *P* 737 isti *P* (*pro* istĭc?) qui hic adest ecquid] hic qui aduenit quid (qui *B*) *P* 738 aliis *P* (? *pro* allis, *antiqua forma*) decet *P* 739 ecquid habetis (*i. e.* habet is) homo *P*: equidem homo habet *A*: *corr. Lorenz* acidissumum *A*, *fort. recte* 740 indidem] id est (*pro* ĭdem) *codd. Plinii N. H.* 14, 93 *qui sic versum citat*: quod si opus est . . . habeat 741 mellam] melinam (mell.) *P* quouis *P* modo *A* 742 hermopolium *P* (*pro* thermopolium) 743 me meo *P* 744-815 *deest A* 748 scitius *Camerarius*: scitus *cod.* 750 sese *Camerarius*: esse *cod.* (*cf. ad* 701) 751 quid D^1: qui el (quis P^{CD}) *cod.* (vi. 1)

ceterum quo quidque pacto faciat ipsi dixero.
CALI. quid nunc igitur stamus? Ps. hominem cum ornamentis omnibus
exornatum adducite ad me iam ad tarpezitam Aeschinum.
sed properate. CALI. prius illi erimus quam tu.—Ps. abite ergo ocius.
quidquid incerti mi in animo prius aut ambiguom fuit,
nunc liquet, nunc defaecatumst cor mihi; nunc peruiamst:
omnis ordine his sub signis ducam legiones meas
aui sinist⟨e⟩ra, | auspicio liquido atque ex sententia;
confidentia est inimicos meos me posse perdere.
nunc ibo ad forum atque onerabo meis praeceptis Simiam,
quid agat, ne quid titubet, docte ut hanc ferat fallaciam.
iam ego hoc ipsum oppidum expugnatum faxo erit lenonium.

ACTVS III

III. i PVER

Quoi seruitutem di danunt lenoniam
puero, atque eidem si addunt turpitudinem,
ne illi, quantum ego nunc corde conspicio meo,
malam rem magnam multasque aerumnas danunt.
uelut haec mi euenit seruitus, ubi ego omnibus
paruis magnisque miseriis praefulcior:
neque ego amatorem mi inuenire ullum queo
qui amet me, ut curer tandem nitidiuscule.

760 peruiamst *Spengel*: peruiast (P^{BC}) *vel* prouiast (promast?) (*T cod.*: peruiumst *Ital.* *vix* proba uiast 761 ordine his *Mueller* (*Rhein. Mus.* 54, 530): ordines *cod.* (? *pro* ordinis, *pro* ordine is; i. 7, p. 108): ordine (*immo* -ni) *Scaliger* 762 ex ⟨mea⟩ *Bothe* 764 miis *cod.* (*antiqua forma*) 766 ipsum *del. Bothe*, *cui* iám ego *magis placet* 772 ministeriis *Acidalius* praefulgior *cod.* 773 ullum inuenire *cod.*: *trai. Pylades* 774 curer *Gulielmius*: curet *cod.*

nunc huïc lenoni hodiest natalis dies:
interminatust a minimo | ad maxumum,
si quis non hodie munus misisset sibi,
eum crás cruciatu maxumo perbitere.
nunc nescio hercle rebus quid faciam meis;
neque ego illud possum quod illi qui possunt solent.
nunc, nisi lenoni munus hodie misero,
cras mihi potandus fructus est fullonius.
eheu, quam illae rei ego etiam nunc sum paruolus!
atque edepol ut nunc male malum metuo miser,
si quispiam det qui manus grauior siet,
quamquam illud aiunt magno gemitu fieri,
comprimere dentes uideor posse aliquo modo.
sed comprimenda est mihi uox atque oratio:
erus eccum recipit se domum et ducit coquom.

BALLIO COCVS PVER ii

BA. Forum coquinum qui uocant stulte uocant,
nam non coquinum est, uerum furinum est forum.
nam ego si iuratus peiorem hominem quaererem
coquom, non potui quam hunc quem duco ducere,
multiloquom, gloriosum, insulsum, inutilem.
quin ob eam rem Orcus recipere ad se hunc noluit,
ut esset hic qui mortuis cenam coquat;
nam hic solus illis coquere quod placeat potest.
Co. si me arbitrabare isto pacto ut praedicas,
qur conducebas? BA. inopia: alius non erat.
sed qur sedebas in foro, si eras coquos,

775 *fort.* hui͡c hodiest l. (*vel* lenonist hodie; *cf. ad Merc.* 330) 776 interminatus est *Ital.*: interminatust ⟨usque⟩ *Redslob* 778 eum *Ital.*: tum *cod.* (T *pro* E) 779 quid *Ital.*: quia *cod.* (*vix forma antiqua*) miis *cod.* (*forma antiqua*) 783 rei ego *Gruterus*: relego *cod.* 784 malum *Ritschl*: eum *cod.* 785 quoi *Ital.* 788 *cf. v.* 409, *ubi* comprimunda . . oratiost, *ut vid.* 792 si ego *P*CD 794 sin sulsum *cod.* 795 hunc ad se *cod.*: *trai. Guietus* 800 coquos (-qus)] probus (?) *Leo* (*cf.* 802) *Post* co. *non distinguunt alii*

tu solus praeter alios? Co. ego dicam tibi:
auaritia ego sum factus inprobior coquos,
non meopte íngenio. Ba. quá istuc ratione? Co. eloquar.
quia enim, quom extemplo ueniunt conductum coquom,
nemo illum quaerit qui optumus et carissumust:
illum conducunt potius qui uilissumust.
hoc ego fui hodie solus opsessor fori.
illi drachumissent miseri: me nemo potest
minoris quisquam nummo ut surgam subigere.
non ego item cenam condio ut alii coqui,
qui mihi condita prata in patinis proferunt,
boues quí conuiuas faciunt herbasque oggerunt,
eas hérbas herbis aliis porro condiunt:
indunt coriandrum, feniculum, alium, atrum holus,
apponunt rumicem, brassicam, betam, blitum,
eo láserpici libram pondo diluont,
teritur sinapis scelera, quae illis qui terunt
priu' quam triuerunt oculi ut exstillent facit.
ei homines cenas ubi coquont, quom condiunt,
non condimentis condiunt, sed strigibus
uiuis conuiuis intestina quae exedint.
hoc hic quidem homines tam breuem uitam colunt,
quom hasce herbas huius modi in suom aluom congerunt,

801 alius *cod.* 802 auaritia (*T ut vid.*) *vel* hominum auaritia (P^{BC}) *cod.* 804 exemplo *cod.* 805 nemo *Camerarius*: ne *cod.* 808 drachmissant (*T ut vid.*) *vel* drahcmis sent (*i. e.* drachmissent) (P^{BC}) *cod.* 815 *ante* 814 *ponit Sauppe* 816 *accedit* *A* 817 sinapis (sen-) scelera *Charisius* 144, *Servius ad Aen.* 9, 484 *Priscianus* 1, 205 (-ra *vel* -rata *codd.*): senapis celera *P*: sinapim scelera *A* scelera *adj. fem. testatur Serv.*, sinapis *fem. casu nominat. testatur Prisc.* que i. *A*: cum i. *P*, *codd. Prisciani*: quod *cod. Charisii, fort. recte* illi qui terit *cod. Charisii* 818 triuerunt (-ont *A*)] contriuit *cod. Charisii* extilient *P* 819 ubi] libi *P* 821 uiuas *A* 822 qolunt *A* 823 aluum *Ital.*: saluom *P*: maluum *A*

formidolosas dictu, non essu modo.
quas herbas pecudes non edunt homines edunt.
BA. quid tu? diuinis condimentis utere,
qui prorogare uitam possis hominibus,
qui ea culpes condimenta? CO. audacter dicito;
nam uel ducenos annos poterunt uiuere
meas qui éssitabunt escas quas condiuero.
nam ego cocilendrum quando in patinas indidi
aut cepolendrum aut maccidem aut saucaptidem,
eaepsae se patinae feruefaciunt ilico.
haec ad Neptuni pecudes condimenta sunt:
terrestris pecudes cicimandro condio aut
hapalopside aut cataractria. BA. at te Iuppiter
dique omnes perdant cum condimentis tuis
cumque tuis istis omnibus mendaciis!
CO. sine sis loqui me. BA. loquere atque í in malam crucem.
CO. ubi omnes patinae feruont, omnis aperio·
is odos demissis pedibus in caelum uolat.
eum odorem cenat Iuppiter cottidie.
BA. odos demissis pedibus? CO. peccaui insciens.
BA. quidum? CO. 'demissis manibus' uolui dicere.
BA. si nusquam is coctum, quidnam cenat Iuppiter?
CO. it incenatus cubitum. BA. í in malam crucem.
istacine caussa tibi hodie nummum dabo?
CO. fateor equidem esse me coquom carissumum;
uerum pro pretio facio ut opera appareat

824 formidulosam *A* esum *P* 830 qui] quis *P* 831 cicilendrum *P* 832 sẹcaptidem *A* 833 eaepse se *A* (*pro* eaepsae se?): eae ipsae sese *P* (*pro* eaeps' sese?) 835 ciomalindro *A* aut *in initio v.* 836 *codd.*: *del. Guietus* 836 hapaloṣopide *A* (-cop-) 837 quom *P* (*antiqua forma*) 838 istis *om. P* 839 i *om. P* 841 (*item* 843, 844) dimissis *Ital.* pedibus] manibus *A* (*item* 843) uolanṭ *A* 842 *post* 844 *collocat Acidalius* eum modo rem *P* 844 quidum] quidem (?*pro* quid est?) Co. quia (quiam *B*) *P* pedibus *A* 845 is coctis *P* (*corr.* D^2): coctum is *A* 848 me (*pro* med?) esse *P*

mea quo conductus uenio. Ba. ad furandum quidem.
Co. an tu inuenire postulas quemquam coquom
nisi miluinis aut aquilinis ungulis?
Ba. an tu coquinatum te ire quoquam postulas
quin ibi constrictis ungulis cenam coquas?
nunc adeo tu, qui meus es, iam edico tibi
ut nostra properes amoliri * omnia,
tum ut huius oculos in oculis habeas tuis:
quoquo hic spectabit, eo tu spectato simul;
si quo hic gradietur, pariter progredimino;
manum sí protollet, pariter proferto manum:
suom sí quid sumet, id tu sinito sumere;
si nostrum sumet, tu teneto altrinsecus.
si iste ibit, ito, stabit, astato simul;
si conquiniscet istic, conquiniscito.
item his discipulis priuos custodes dabo.
Co. habe módo bonum animum. Ba. quaeso qui possum doce
bonum animum habere qui te ad me adducam domum?
Co. quia sorbitione faciam ego hodie te mea,
item ut Medea Peliam concoxit senem,
quem medicamento et suis uenenis dicitur
fecisse rusus ex sene adulescentulum,
item ego te faciam. Ba. eho, an etiam ueneficu's?
Co. immo edepol uero hominum seruator magis. Ba. ehem!

850 ueni *P* 853 quoquinatum *A* 854 constictis *A* quoquas *P* 855 est a medico *P* (T *pro* I) 856 . . u . ṭạ *A* (de uita?): *om. P* '*unde apparet duplex lectio* : amoliri omnia *et* amoliri de uia' *Leo* 858 spectauit *P* 861 sinitos *A* 864 conquiniscito] ceueto simul *Nonius* 84 : conquiniscito simul *P* (*pro* conquiniscito ceueto simul; v. 3) 865 prius *P* 866 possim *P* doce *om. A* 867 bonum *om. P* 869 Medea Peliam *Merula* : medeapellame *P* (L *pro* I) : meoeappellam *A* 872 es ueneficus *A* 873 u(er)os A^1 (*coeperat* seruator *scribere*), *unde* uero sum *Ritschl* h. seruator ehem *A* : h. seruator magis | Ba. ehem mane (P^{BC}) (mane

quanti istuc unum me coquinare perdoces?
Co. quid? Ba. ut te seruem ne quid surrupias mihi.
Co. si credis, nummo; si non, ne mina quidem.
sed utrum tu amicis hodie an inimicis tuis
daturu's cenam? Ba. pol ego amicis scilicet.
Co. quin tu illo inimicos potius quám amicos uocas?
nam ego ita conuiuis cenam conditam dabo
hodie atque ita suaui suauitate condiam:
ut quisque quidque conditum gustauerit,
ipsus sibi faciam ut digitos praerodat suos.
Ba. quaeso hercle, priu' quam quoiquam conuiuae dabis,
gustato tute prius et discipulis dato,
ut praerodatis uostras furtificas manus.
Co. fortasse haec tu nunc mihi non credis quae loquor.
Ba. molestus ne sis; nimium iam tinnis; tace.
em illíc ego habito. íntro abi et cenam coque.
propera. Pv. quin tu is accubitum et conuiuas cedo,
corrumpitur iam cena.—Ba. em, subolem sis uide!
iam hic quoque scelestus est coqui sublingulo.
profecto quid nunc primum caueam nescio,
ita in aedibus sunt fures, praedo in proxumo est.
nam mi hic uicinus apud forum paullo prius
pater Calidori | opere edixit maxumo

altera explicatio notae mā, *i. e.* magis, *in margine apposita?*) *vel* h. seruator magis. Ba. ehem (*om.* mane *ut vid.*) (*T*) *P* *fort.* h. magi' ser. Ba. ehem 874, 875 subdoces *A* 877 si non] si non credis *A*: sinos *P*: *vix* sin' (*i.q.* si non) credis mina *iambus ante iambum* quidem *displicet* minas *P* 878 tu *om. P* 880 tu illos *codd.*: *corr. Acidalius*: tuos *Lorenz* uocas] tuas *A* 882 suaui *om. P* condim *P* 884 ipse *A*: ipsos *P* 885 quicquam (*om. B*) conuiui *P* 886 gusta *P* 888 credas *P* 889 ti. non taces *P*, *conflat. ex duplici lectione* iam tinnis; tace *et* tinnis; non taces? (*Seyffert*), *nisi quidem vera lectio est* iam tinnis; taces? 890 em *om. A* quoque *P* 891 propere *P* (*contra morem Plautinum*) quin] quit *A* (*i. e.* quid) conuiuas] properas *A* (v. 4) 893 quoqui su. *A* sublingio *P ut vid.* 896 iam *P* mi hic] mihi *A* 897 ⟨hoc⟩ o. *Schoell* o. edixit *A*: o. fecit *P*: edixit opere *Abraham*

ut mihi cauerem a Pseudolo seruo suo
ne fidem ei haberem. nam eum circum ire in hunc diem,
ut me, si posset, muliere interuorteret;
eum prómisisse fortiter dixit sibi
sese abducturum a me dolis Phoenicium.
nunc ibo intro atque edicam familiaribus
profecto ne quis quicquam credat Pseudolo.—

ACTVS IV

IV. i PSEVDOLVS SIMIA

Ps. Si umquam quemquam di inmortales uoluere esse auxilio adiutum,
tum me et Calidorum seruatum uolunt esse et lenonem exstinctum,
quom té adiutorem genuerunt mihi tam doctum hominem atque astutum.
sed ubi illic est? sumne ego homo insipiens, qui haec mecum egomet loquar solus?
dedit uerba mihi hercle, ut opinor:
malu' cum malo stulte caui.
tum pol ego interii, homo si ille abiit, neque hoc opu' quod uolui hodie ecficiam.
sed eccum uideo uerbeream statuam: ut it, ut magnufice infert sese!
ehem, te hercle ego circumspectabam, nimi' metuebam male ne abiisses.
SIMIA. fuit meum officium ut facerem, fateor.

899 ne] neu *P* iret *P* 901 firmiter *P* 905 u. quicquam *A* dii mortales *P* uoluerunt *A* 906 serutum (-uum *P*CD) *P* 908 qui] quid (Quid *B*) *P* loquor *Camerarius fort. recte, nam* loquăr *suspectum* (*A n. l.*) 909 *vel* opino 910 uolui *Bothe*: uoluit *A*: uoluit [ego] *P* (*seq.* ho- ; iv. 3) 911 ut it] uti *P*

913a Ps. ubi restiteras? SIMIA. ubi mi lubitum est.
Ps. istuc ego satis scio. SIMIA. qur ergo quod scis me rogas?
Ps. at hoc uolo monere te. SIMIA. monendu's ne me moneas.
Ps. nimi' tandem ego aps te contemnor.
SIMIA. quippe ego te ni contemnam,
stratioticus homo qui cluear? Ps. iam
hoc uolo quod occeptumst agi. SIMIA. numquid agere aliud me uides?
Ps. ambula ergo cito. SIMIA. immo otiose uolo.
Ps. haec ea occasiost: dum ille dormit, uolo tu prior occupes adire.
SIMIA. quid properas? placide, ne time.
ita ille faxit Iuppiter,
ut ille palam ibidem adsiet,
924a quisquis illest qui adest a milite.
numquam edepol erit ill' potior Harpax quam ego. habe animum bonum:
pulchre ego hanc explicatam tibi rem dabo.
sic ego illum dolis atque mendaciis
in timorem dabo militarem aduenam,
ipsus sese ut neget esse eum qui siet
meque ut esse autumet qui ipsus est. Ps. qui potest?
SIMIA. occidis me quom istuc rogitas. Ps. o hominem lepidum!
SIMIA. te quoque etiam dolis atque mendaciis,
qui magister mihi es, antidibo, ut scias.
Ps. Iuppiter te mihi seruet! SIMIA. immo mihi.

914 istud *A* : ipsuc *P* : *fort.* istuc ipsus (*iamb. octonar.*) ergo quod] ego quo *P* 915 *vel* monendus moneat *P* 917 ni] me *A* 918 stratiocus homo qui cluear *P*: stratioticus esse homo cluear *A* 919 aliud agere *A* 921 [ut] oc. *P*BC, *A n. l.* 924 assiet *Camerarius*: atiet *P*, *A n. l.* 927 si *P* 929 eum esse *P* 930 quid p. *P* 932 atque [etiam] me. *P* 933 *om. P* (*propter homoeotel.*?)

sed uide, ornatus hic me satin condecet?
Ps. optume habet. SIMIA. esto. 935a
Ps. tantum tibi bóni di inmortales duint quantum tu tibi optes;
nam si exoptem quantum dignu's tantum dent, minu' nihilo sit.
neque ego hoc homini quemquam uidi magi' malum et maleficum. SIMIA. tun id mi?
Ps. taceo. 938a
sed ego quae tibi bona dabo et faciam,
si hanc sobrie rem accurassis! 939a
SIMIA. potin ut taceas? memorem inmemorem facit qui monet quod memor meminit.
teneo, omnia in pectore condita sunt, meditati sunt mihi doli docte.
Ps. probus est hic homo. SIMIA. neque hic est neque ego. Ps. at uide ne titubes. SIMIA. potin ut taceas?
Ps. ita me di amént—SIMIA. ita non facient: mera iam mendacia fundes.
Ps. ut ego ob tuam, Simia, perfidiam te amo et metuo et magni facio.
SIMIA. ego istuc aliis dare condidici: mihi optrudere non potes palpum.
Ps. ut ego accipiam te hodie lepidé, ubi ecfeceris hoc opus. SIMIA. hahahae!
Ps. lepido uictu, uino, unguentis et inter pocula pulpamentis;

935–8 *pauca servata A* 935 satis *P* (*A n. l.*) 936 diunt *P*, *A n. l.* exoptes *Goetz*, *cui* tibi | optes *displicet* 937 st *an* sit *incert. A* : est *P* 938 *vel* mage 939 quae tibi *Ital.* : quantibi *P*, *A n. l.* bona *Dousa* : dona *P*, *A n. l.* 940 qui] quoi *A* (*scripturus erat* quod) 941 in pectore omnia *A* mihi *om. P* 942 pr. hic est *P* at uide] attude *P* (atude *B*) ut] um *P* 943 faciet *A* mera iam] meram *A* fundis *A* 944 simiam *P* amo] amo et amo *A* (iv. 3) 945–55 *media fere et extrema pleraque non servata A* 947 et *om. Fleckeisen*, *nam* et ĭnter *displicet*

ibidem una aderit mulier lepida tibi sauia super sauia quae det.
Simia. lepide accipi' me. Ps. immo si ecfici', tum faxo magi' dicas.
Simia. nisi écfecero, cruciabiliter carnufex me accipito.
sed propera mi monstrare ubi sit os lenonis aedium.
Ps. tertium hoc est. Simia. st! tace, aedes hiscunt. Ps. credo, animo malest
aedibus. Simia. quid iam? Ps. quia edepol ipsum lenonem euomunt.
Simia. illicinest? Ps. illic'st. Simia. mala mercist, ⟨Pseudole⟩, illuc sis uide,
ut transuorsus, non prouorsus cedit, quasi cancer solet.

Ballio Psevdolvs Simia ii

Ba. Minu' malum hunc hominem esse opinor quam esse censebam coquom,
nam nihil etiam dum harpagauit praeter cyathum et cantharum.
Ps. heus tu, nunc occasio est et tempus. Simia. tecum sentio.
Ps. ingredere in uiam dolose: ego hic in insidiis ero.
Simia. habui numerum sedulo: hoc est sextum a porta proxumum
angiportum, in id angiportum me deuorti iusserat;
quotumas aedis dixerit, id ego admodum incerto scio.

948 aperit *P* (P *pro* D) super seuia *ut vid. P*, *A n. l.* 949 efficī *P ut vid.* (*i. e.* -cies ?) (effici *B*, efficis P^{CD}), *A n. l.* (*cf. ad* 1061) tu *addidi* (*A n. l.*) (vii. 4) *vel* mage ⟨id⟩ dicas *Ritschl* (i. 4) 954 illic'st (illic est *codd.*) *suspectum* mala mercist *P*: (malast) me(rs) *A* Pseudole *Bothe*: *nota personae Pseudoli codd.* 955 *ita ap. Varr. de L. L.* 7, 81 : non prorsus uerum ex transuerso cedit *P etiam ut vid.* (non prosusue—)*A* (*cf.* extrauersus *glossarium Plautinum*) 956 *vel* opino 957 dum etiam *A* 959 dolos ego e (et P^{BC}) *cum sign. transposit. ut vid. P* 960 ad proxumum *A* 961 iusseras *P* 962 incerte *A*

BA. quis hic homo chlamydatus est aut unde est aut quem quaeritat?
peregrina facies uidetur hominis atque ignobilis.
SIMIA. sed eccum qui ex incerto faciet mihi quod quaero certius.
BA. ad me adit recta. unde ego hominem hunc esse dicam gentium?
SIMIA. heus tu qui cum hirquina barba stas, responde quod rogo.
BA. eho, an non priu' salutas? SIMIA. nulla est mihi salus dataria.
BA. nam pol hinc tantumdem accipies. PS. iam inde a principio probe.
SIMIA. ecquem in angiporto hoc hominem tu nouisti? te rogo.
BA. egomet me. SIMIA. pauci istuc faciunt homines quod tu praedicas,
nam in foro uix decumus quisque est qui ipsus sese nouerit.
PS. saluos sum, iam philosophatur. SIMIA. hominem ego hic quaero malum,
legerupam, inpium, peiiurum atque inprobum. BA. me quaeritat,
nam illa mea sunt cognomenta; nomen si memoret modo.
quid est ei homini nomen? SIMIA. leno Ballio. BA. sciuin ego?
ipse ego is sum, adulescens, quem tu quaeritas. SIMIA. tún es Ballio?
BA. ego enim uero is sum. SIMIA. ut uestitu's, es perfossor parietum.

967 stas barba *P*: astas b. *Camerarius* 968 an *om.* *A* 971 nonuisti *P* 973 quisquis est *P* se *A* 975 legirupum inpurum peiiurum atque impium *A* (ii. 4?) 976 mea *om.* *P* 977 (no)men homini *A* 978 is sum *Gruterus*: istum *P*, *A n. l.* quaeriṣ *A* (*cf. ad* 1132) 979, 980 es] est *P* perforor *P* (r *pro* s)

BA. credo, in tenebris, conspicatus si sis me, apstineas manum.
SIMIA. eru' meus tibi me salutem multam uoluit dicere.
hanc epistulam accipe a me, hanc me tibi iussit dare.
BA. quis is homost qui iussit? PS. perii! nunc homo in medio lutost;
nomen nescit, haeret haec res. BA. quém hanc misisse ad me autumas?
SIMIA. nosce imaginem: tute eiius nomen memorato mihi,
ut sciam te Ballionem esse ipsum. BA. cedo mi epistulam.
SIMIA. accipe et cognosce signum. BA. oh! Polymachaeroplagides
purus putus est ipsus. noui. heus! Polymachaeroplagidi
nomen est. SIMIA. scio iám me recte tibi dedisse epistulam,
postquam Polymachaeroplagidem elocutus nomen es.
BA. quid agit is? SIMIA. quod homo edepol fortis atque bellator probus.
sed propera hanc pellegere quaeso epistulam (ita negotiumst)
atque accipere argentum actutum mulieremque emittere.
nam necesse [est] hodie Sicyoni me esse aut cras mortem exsequi,
ita eru' meus est imperiosus. BA. noui, notis praedicas.
SIMIA. propera pellegere epistulam ergo. BA. íd ago, si taceas modo.

'miles lenoni Ballioni epistulam
conscriptam mittit Polymachaeroplagides,
imagine opsignatam quae inter nos duo

983 hasce *corr.* hanc *ut vid.* (hansce *T*, hanasc *B*) *P* *vel* a med han me *A* 984 periit *P* tuto est *P* 988 et *om.* *P* 989 putus] nutus (*T*) *vel* mutus (*P*BC) *P* Ps. (*ut vid.*) polymachaero placides *P* 990 tibi me recte *P* 991 polymachero placide *P* es] se *A* 992 quid] sed quid *P* 994 mulieremque *Guietus*: mulieremque [mihi] *P* (?iv. 3): mulierem *A* 995 est *seclusi*, *nam* necĕsse est *vix ferendum* hodie Sicyoni necessest *Ritschl* 997 ergo epistulam *Bothe*, *ut versus trochaicus fiat* si taceas modo] (t)ạcịtụs ṣịs modo *A* 1000 imagine *Gulielmius*: imaginem *codd.*

conuenit olim.' SIMIA. sumbolust in epistula.
BA. uideo et cognosco signum. sed in epistula
nullam salutem mittere scriptam solet?
SIMIA. ita militaris disciplinast, Ballio:
manu salutem mittunt bene uolentibus;
eadem malam rem mittunt male uolentibus.
sed ut occepisti, perge opera experirier
quid epistula ista narret. BA. ausculta modo.
'Harpax calator meus est, ad te qui uenit—'
tun es is Harpax? SIMIA. ego sum atque ipse ἅρπαξ quidem.
BA. 'qui epistulam istam fert; ab eo argentum accipe;
cum eo simitu mulierem mitti uolo.
salutem scriptam dignum est dignis mittere:
te si arbitrarem dignum, misissem tibi.'
SIMIA. quid nunc? BA. argentum des, abducas mulierem.
SIMIA. uter remoratur? BA. quin sequere ergo intro.—
SIMIA. sequor.—

iii PSEVDOLVS

Peiorem ego hominem magi'que uorsute malum
numquam edepol quemquam uidi quám hic est Simia;
nimisque ego illum hóminem metuo et formido male
ne malus item erga me sit ut erga illum fuit,
ne in re secunda nunc mihi obuórtat cornua,
si occasionem capsit qui ⟨sic⟩ sit malus;

1001 sumb. (simb.) in epist. *Ballioni continuat P* (iii. 3 ?) 1002 *post* 1003 *ponit A* (*prius om. propter homoeotel.*; ii. 6) 1003 mitterē *suspectum* inscriptam *Bothe*: is scriptam *Sauppe* 1004 baltio *P* 1006 mittit *A* 1007 operam *P* 1010 tunes saphax *P* (*pro* ⊢APΠ—, *om.* is ?) ip. hapax *A* 1011 accipi et P^{BC} (*pro* a^{e}ccipi ?), *unde* accipi (*del.* et) *Goetz*, *Schoell* 1012 Quom *P* (*antiqua forma*) 1013–47 *deest A* 1016 ergo *Ital.*: rego *cod.* 1017 *vel* mageque 1019 *vel* illunc 1022 capsit *Camerarius*: ceperit capsti *cod.* (iv. 1) ⟨sic⟩ *add. Karsten* (*Mnemos.* 31, 155) ⟨mihi⟩ ma. *Ussing*

atque edepol equidem nolo, nam illi bene uolo.
nunc in metu sum maxumo triplici modo:
primum omnium iam hunc comparem metuo meum
ne deserat med atque ad hostis transeat;
metuo autem né erus redeat etiam dum a foro,
ne capta praeda capti praedones fuant.
quom haec metuo, metuo ne ille huc Harpax aduenat
priu' quam hinc hic Harpax abierit cum muliere.
perii hercle! nimium tarde egrediuntur foras.
cor conligatis uasis exspectat meum,
si non educat mulierem secum simul,
ut exsolatum ex pectore aufugiat meo.
uictor sum, uici cautos custodes meos.

SIMIA PSEVDOLVS iv

SIMIA. Ne plora, nescis ut res sit, Phoenicium,
uerum hau multo post faxo scibis accubans.
non ego te ad illum duco dentatum uirum
Macedoniensem, qui te nunc flentem facit:
quoiam esse te uis maxume, ad eum ducere:
Calidorum hau multo post faxo amplexabere.
Ps. quid tu intus quaeso desedisti quam diu?
mihi cor retunsumst oppugnando pectore.
SIMIA. occasionem repperisti, uerbero,
ubi perconteris me, insidiis hostilibus?
quin hinc metimur gradibus militariis?
Ps. atque edepol, quamquam nequam homo's, recte mones.
ite hac, triumphe! ad cantharum recta uia.—

1027 *vel* me (*ita cod.*) transeant *cod.* (*corr. B*[1]) 1031 quom m. *cod.* (*antiqua forma*) 1033 expectat *Merula*: expectata *cod.* (A *pro* M; iv. 3) 1036 aut fugiat *cod.* 1041 te nunc *Camerarius*: lenunc *cod.* (L *pro* T) 1042 ducere *Ussing*: duco te *cod.* (i. 9?) 1044 *vel* desedisti? quam diu 1047 percunctetis *cod.* 1048 *accedit A* hi cometimur (*ut vid.*) *T* (*pro* hīcm-, *i. e.* hinc m.): hii m. *B*: hic m. *P*CD 1049, 1050 nequa *codd.* homo (*om.* es) *A* 1051 triumphi *P*

v BALLIO

Hahae! nunc demum mi animus in tuto locost,
postquam iste hinc abiit atque abduxit mulierem.
iube núnc uenire Pseudolum, scelerum caput,
et abdúcere a me mulierem fallaciis.
conceptis hercle uerbis, sati' certo scio,
ego peiiurare me mauellem miliens
quam mihi illum uerba per deridiculum dare.
nunc deridebo hercle hominem, si conuenero;
uerum in pistrino credo, ut conuenit, fore.
nunc ego Simonem mi obuiam ueniat uelim,
ut mea laetitia laetus promiscam siet.

vi SIMO BALLIO

SIMO. Visso quid rerum meus Vlixes egerit,
iamne habeat signum ex arce Ballionia.
BA. o fortunate, cedo fortunatam manum,
Simo. SIMO. quíd est? BA. iam—SIMO. quid iam?
BA. nihil est quod metuas. SIMO. quid est?
uenitne homo ad te? BA. non. SIMO. quid est igitur boni?
BA. minae uiginti sanae et saluae sunt tibi,
hodie quas aps te est instipulatus Pseudolus.
SIMO. uelim quidem hercle. BA. roga me uiginti minas,
si ílle hodie illa sit potitus muliere
siue eam tuo gnato hodie, ut promisit, dabit.
roga, opsecro hercle; gestio promittere,

1052 mihi demụ(m) *A* est loco *P* 1054 iube] libet *P* 1057 mauellem me *P fort. recte* 1059 si] (cum) *vel similiter* (ubi *Goetz*) *A* 1060 pristrinum *P* 1061 uenī (*i. e.* ueniat) *ut vid. P* (uenitat *B*, uenire *P*CD) 1062 promisca *P* 1063 qui *P* meum *corr.* meus *ut vid. P* 1064 balliona *P* 1065 f. modọ manum *A* (iv. 3) 1066 Simo . . . metuas] (quid i)ạm quid (est quo)ḍ metuas *A* Simo *del. Bentley* (*seq.* SIMO) 1067 igitur est *A* 1069 est instipulatus *Priscianus* 1, 388 : inde est instipulatus *P*: est stipulatus *A* 1071 *vel* si illic *vix* hōdie *vel* siet 1073 (*cf.* 116) *secl. Lorenz* rogato *P* (*cf. ad Stich.* 256)

omnibu' modis tibi esse rem ut saluam scias;
atque etiam habeto mulierem dono tibi.
SIMO. nullumst periclum, quod sciam, stipularier,
ut concepisti uerba: uiginti minas
dabin? BA. dabuntur. SIMO. hoc quidem actumst hau male.
sed conuenistin hominem? BA. ímmo ambo simul.
SIMO. quid ait? quid narrat? quaeso, quid dicit tibi?
BA. nugas theatri, uerba quae in comoediis
solent lenoni dici, quae pueri sciunt:
malum et scelestum et peiiurum aibat esse me.
SIMO. pol hau mentitust. BA. ergo haud iratus fui:
nam quanti refert te ei nec recte dicere
qui nihili faciat quique infitias non eat?
SIMO. quid est? quid non metuam ab eo? id audire expeto.
BA. quia numquam abducet mulierem iam, nec potest,
a me. meministin tibi me dudum dicere
eam uéniisse militi Macedonio?
SIMO. memini. BA. ém illius seruos huc ad me argentum attulit
et opsignatum sumbolum—SIMO. quid postea?
BA. qui inter me atque illum militem conuenerat:
is secum abduxit mulierem hau multo prius.
SIMO. bonan fide istuc dicis? BA. unde ea sit mihi?
SIMO. uide módo ne illic sit contechnatus quippiam.
BA. epistula atque imago me certum facit;

1076 nullum periclumst *P* (*cf. ad Merc.* 330) 1079-86 *interpolatori ascribit Kiessling* 1080 dixit *Bothe* (*A n. l.*) 1083 aiebant *P* 1085–1119 *deest A* 1085 refert te i (*T*) *vel* refert ei (P^{BC}) *cod.* 1086 nihil *cod.* 1087 quid est quod *Camerarius* metuam *Bothe*: metuas *cod.* 1088 abducet *Bentley*: [a me] abducet *cod.* (*cf.* 1089) 1089 a me *om. cod.* (*cf.* 1088) 1090 *vel* uenîsse 1092 ebs- *corr.* obs- *P ut vid.* (eo obs. *T*: eboh s. *B*: *corr.* P^{CD}) 1095 bonam fidem *cod.* (*corr. in B*) 1096 *vel* contechinatus

quin illam quidem iam in Sicyonem éx urbe adduxit modo.
SIMO. bene hercle factum! quid ego cesso Pseudolum
facere ut det nomen ad Molas coloniam?
sed quis hic homo est chlamydatus? BA. non edepol scio,
nisi ut opseruemus quó eat aut quam rem gerat.

vii HARPAX BALLIO SIMO

HA. Malus et nequamst homo qui nihilí eri ímperium sui seruo' facit,
nihilist autem suom qui officium facere inmemor est nisi est admonitus.
nam qui liberos esse ilico se arbitrantur,
ex conspectu eri si sui se abdiderunt,
luxantur, lustrantur, comedunt quod habent, i nomen diu seruitutis ferunt.
nec boni ingeni quicquam in is inest,
nisi ut inprobis se artibu' teneant.
cum his mihi nec locu' nec sermo
conuenit neque is [umquam] nobilis fui.
ego, ut mi imperatumst, etsi abest, hic adesse erum arbitror.
nunc ego illum metuo, quom hic non adest,
ne quom adsiet metuam. ei rei operam dabo.
nam in taberna usque adhuc, si ueniret Syrus,
quoi dedi sumbolum, mansi, uti iusserat
leno ubi esset domi, me aibat arcessere;

1098 quin *Pylades*: qui *cod.* quidem iam *del. Leo* (iv. 1), *ut versus iambicus fiat* 1103 nihil *cod.* eri sui ser. fac. imp. *Skutsch* (*Litt. Centralbl.* 1899, p. 968) 1104 nihil est *cod.* 1105 ilicŏ *in versu bacchiaco vix ferendum* se ilico esse *Ritschl* esse *del. Guietus* 1107 luxantur *Nonius* 335 (*Paulus* 120 'luxantur a luxu dictum, i.e. luxuriantur'): luxantur *cum glossa* luxuriantur *vel* luxuriantur *corr.* luxantur *cod.* (luxuriantur P^{CD}, luxuriantur iantur *B*) 1110 nisi ut improbis artibus eniteant (?) *Leo* 1112 neque *om.* P^{CD} umquam *seclusi dubitanter metri causa* (iv. 2) 1115 *vel* adsit (*dochmiorum par*) 1116 siuĕret (*i. e.* si ueniret?) *ut vid. cod.* (sineret P^{BC}: si ueniret *T ex corr.*)

uerum ubi is non uenit nec uocat,
uenio huc ultro, ut sciam quid rei si[e]t, ne illic homo me ludificetur.
nec quicquamst melius quam ut hoc pultem atque aliquem euócem hinc íntus.
leno argentum hoc
uolo a me accipiat atque amittat mulierem mecum simul.
BA. heus tu! SIMO. quid uis? BA. hic homo meus est.
SIMO. quidum? BA. quia praeda haec meast:
scortum quaerit, habet argentum. iam admordere hunc mihi lubet.
SIMO. iamne illum comessurus es? BA. dum recens est,
dum calet, dum datur, deuorari decet iam.
boni me uiri pauperant, inprobi augent;
populo strenui, mi inprobi | usui sunt.
SIMO. malum quod tibi di dabunt; sic scelestu's.
HA. me nunc commoror, quom has fores non ferio, ut sciam
sitne Ballio domi.
BA. Venu' mihi haec bona datat, quom hos huc adigit
lucrifugas, damni cupidos, qui se suamque aetatem bene curant,
edunt, bibunt, scortantur: illi sunt alio ingenio atque tu,
qui neque tibi bene esse patere et illis quibus est inuides.

1120 *accedit A* quod (*B*) *vel* quid (P^{CD}) *P*, *A n. l.* 1121 neque *P* aliquem ⟨huc⟩ *Goetz* 1122 *A n. l.* 1123 a *om. P* 1124 SIMO. h. t. q. u. *ut vid. A* meus est] meust *P* (? *idem metrum quod in v.* 1113) 1125 iam *Pius*: tam *corr.* iam *P*, *ut vid.* (tam *B*, tam etiam P^{CD}), *A n. l.* 1126 *vix* recenst, dum | Ca. 1127 dum datur dum calet *P*: dator, dum calet *Leo* (*bacchiac.*) tam (*vel* iam) *A*: tam *P* 1128 improbi augent *A*: improbi [alent] augent [rem meam mali] *P* (iv. 1) 1129 populi *P*: *vel* poplo *vel* mihi (*ita codd.*) (*bacch. dim. cat. cum iamb. dim. cat.*) *fort.* inp. mi 1130 sic *Ritschl*: si *A*: nisic *P* (*pro* ni *corr.* sic?) (nisi P^{CD}) *vel* dabunt sic; scelestu's 1132 dat *A* (*cf. ad* 978) 1133 lucrifucos (*in fine v.* 1132) *A* (*i. e.* 1132-3 *uno versu*?) *vel* damnicupidos (*troch.*)

Ha. heus ubi estis uos? Ba. hicquidem ad me recta habet rectam uiam.
Ha. heus ubi estís uos? Ba. heus adulescens, quid istic debetur tibi?
bene ego ab hoc praedatus ibo; noui, bona scaeuast mihi.
Ha. ecquis hoc áperit? Ba. heus chlamydate, quid istic debetur tibi?
Ha. aedium dominum lenonem Ballionem quaerito.
Ba. quisquis es, adulescens, operam fac compendi quaerere.
Ha. quid iam? Ba. quia tute ipsus coram praesens praesentem uides.
Ha. tun is es? Simo. chlamydate, caue sis tibi a curuo infortunium
atque in hunc intende digitum: hic leno est, at hic est uir probus.
sed tu, bone uir, flagitare saepe clamore in foro,
quom libella nusquamst, nisi quid leno hic subuenit tibi.
Ha. quin tu mecum fabulare? Ba. fabulor. quid uis tibi?
Ha. argentum accipias. Ba. iamdudum, si des, porrexi manum.
Ha. accipe: hic sunt quinque argenti lectae numeratae minae.
hoc tibi eru' me iussit ferre Polymachaeroplagides,
quod deberet, atque ut mecum mitteres Phoenicium.
Ba. eru' tuos—Ha. ita dico. Ba. miles—Ha. ita loquor. Ba. Macedonius—
Ha. admodum, inquam. Ba. te ad me misit Polymachaeroplagides?
Ha. uera memoras. Ba. hoc argentum ut mihi dares? Ha. si tu quidem es
leno Ballio. Ba. atque ut a me mulierem tu abduceres?

1137 *secl. Fleckeisen* 1142 tute *Umpfenbach* (*A n. l.*): te *P* ipsus coram] (ip)sus ipsum *A* 1143 curio *P* infortunio *P* 1144 Ba. at *P* probus] bonus *A* (*cf. v.* 1145) 1145 none *P* 1146 quid] quod *P* 1155 adduceres *P, A n. l.*

HA. ita. BA. Phoenicium esse dixit? HA. recte meministi. BA. mane:
iam redeo ad te. HA. at maturate propera, nam propero: uides
iam diem multum esse. BA. uideo: hunc aduocare etiam uolo;
mane modo istic, iam reuortar ad te. quid nunc fi[e]t, Simo?
quid agimus? manufesto hunc hominem teneo, qui argentum attulit.
SIMO. quidum? BA. an nescis quae sit haec res? SIMO. iuxta cum ignarissumis.
BA. Pseudolus tuos adlegauit hunc, quasi a Macedonio
milite esset. SIMO. haben argentum ab homine? BA. rogitas quod uides?
SIMO. heus, memento ergo dimidium istinc mihi de praeda dare:
commune istuc esse oportet. BA. quid, malum? id totum tuom est.
HA. quam mox mi operam das? BA. tibi do equidem. quid nunc mihi es auctor, Simo?
SIMO. exploratorem hunc faciamus ludos suppositicium
adeo donicum ipsus sese ludos fieri senserit.
BA. sequere. quid ais? nemp' tu illius seruos es? HA. planissume.
BA. quanti te emit? HA. suarum in pugna uirium uictoria.
nám ego eram domi imperator summus in patria mea.
BA. an etiam umquam ille expugnauit carcerem, patriam tuam?

1157 maturitate *P* 1158 die *P* *vel* esse? (*interrogative*) 1159 *vel* isti fiet *P*, *A n. l.* 1160 BA. *ante* man. *P* (*i. e.* SIMO. quid agimus? BA. man.) 1161 quidiam *P* cum] quom *ut vid.* *P* (*antiqua forma*) *post* 1161 *in P leguntur vv.* 1205–7, *qui suo loco iterum apparent. Scilicet codicis P* (*i. e.* *P*[A]) *scriba paginas* 2 (*versus* 42) *exemplaris sui praeterierat, mox errorem cognoverat* (*aliter rem explicat Leo*) 1167 ludos *Ital.* : ludo *codd.* (iii. 3) 1168 senserim *P* 1169 illius seruos es] : ịll(iu)s (*i. e.* illiu's ?) militis *A*, *fort. recte* 1171 num *P* 1172 ille umquam *P*

HA. contumeliam si dices, audies. BA. quotumo die
ex Sicyone huc peruenisti? HA. áltero ad meridie.
BA. strenue mehercle iisti. SIMO. quam uelis pernix homost:
ubi suram aspicias, scias pósse eum—gérere crassas compedis.
BA. quid ais? tune etiam cubitare solitu's in cunis puer?
SIMO. scilicet. BA. etiamne—facere solitun es—scin quid loquar?
SIMO. scilicet solitum esse. HA. sanein estis? BA. quid hoc quod te rogo?
noctu in uigiliam quando ibat miles, quom tu ibas simul,
conueniebatne in uaginam tuam machaera militis?
HA. in' malam crucem? BA. ire licebit tibi tamen hódie temperei.
HA. quin tu mulierem mi emittis? aut redde argentum. BA. mane.
HA. quid maneam? BA. chlamydem hanc commemora quanti conductast. HA. quid est?
SIMO. quid meret machaera? HA. elleborum hisce hominibus opus est. BA. eho—
HA. mitte. BA. quid mercedis petasus hodie domino demeret?
HA. quid 'domino'? quid somniatis? mea quidem haec habeo omnia,
meo peculio empta. BA. nemp' quod femina summa sustinent.
HA. uncti hi sunt senes, fricari sese ex antiquo uolunt.

1174 meridiem *codd.* 1175 strenui *P*, *A n. l.* mehercle (*B*) *vel* mehercule (P^{CD}) *P*, *A n. l.* strenuissume hercle iuisti *Bergk* quamuis pernix hic est homo *P* 1176 (asp)icas *A* 1178 e(ti)ạṃ *A* solitum es *P*: (soli)tunst *A sequente pers. spatio* 1179 hoc *om. A* 1180 quom] tum *P* (t *pro* c) 1181 conueniebant ne *P* 1182 Ein *A* (*antiqua forma*): I in *P* (*corr. C*) ilicebit *Studemund* tamen tibi *A* 1183 emistis *A* reddis *P* (i. 9) 1184 commemores *P* 1187 q. d. [quid socii] quid somniatis *P* (iv. 3) equidem P^{CD}, *A n. l.* 1188 quid *B*, *A n. l.* sustinet *P*, *A n. l.*

BA. responde, opsecro hercle, hoc uero serio quod te rogo:
quid meres? quantillo argenti te conduxit Pseudolus?
HA. quis istic Pseudolust? BA. praeceptor tuo', qui te hanc fallaciam
docuit, ut fallaciis hinc mulierem a me abduceres.
HA. quem tu Pseudolum, quas tu mihi praedicas fallacias?
quem ego hominem nulli[u'] coloris noui. BA. non tu istinc abis?
nihil est hodie hic sucophantis quaestus: proin tu Pseudolo
nunties abduxisse alium praedam, qui occurrit prior
Harpax. HA. is quidem edepol Harpax ego sum. BA. immo edepol esse uis.
purus putus hic sucophantast. HA. ego tibi argentum dedi
et dudum adueniens extemplo sumbolum seruo tuo,
eri imágine opsignatam epistulam, hic ante ostium.
BA. meo tu epistulam dedisti seruo? quoi seruo? HA. Suro.
BA. non confidit sycophanta hic [nequam est] nugis: meditatus malest.
edepol hominem uerberonem Pseudolum, ut docte dolum
commentust! tantundem argenti quantum miles debuit
dedit huic atque hominem exornauit mulierem qui abduceret.
nam illam epistulam ipsus uerus Harpax huc ad me attulit.
HA. Harpax ego uocor, ego seruos sum Macedoni militis;
ego nec sycophantiose quicquam ago nec malefice

1191 uero *post* hercle *A ut vid.* (*i. e.* uero serio hoc?) 1192 argenti (*corr.* -to) te *P ut vid.* (argenti ote *B*, argenti te *P*CD), *A n. l.* 1193 quis i. *Ritschl*: quistic *ut vid. P*: quid i. *A* 1194 a *om. P*CD, *A n. l.* 1197 hic *om. A* pseudole *P* 1198 adduxisse *P* 1199 edepol *et* ego *om. A* 1202 ⟨mei⟩ eri *Ritschl* (*A n. l.*) 1203 tu ep. *Ital.*: tua ep. *P* (*A n. l.*) (*pro* tu aep., *i. e.* tu ep.?) dedistis *P* 1204 — nugis meditatum malẹst (*ante* n *minus quam in P extitit*) *A* meditatur male *P* '*altera lectio* (*cf. P*) *haec est*: non confidit sycophanta hic, nequamst, meditatust male' *Leo* 1205–7 *cf. ad* 1161 1207 abduceret *vel* arcesseret *P* 1209, 1210 Macedonis *vel* -nii *A*: -nis *P* (*cf. Philol.* 51, 369)

neque istum Pseudolum mortalis qui sit noui neque scio.
SIMO. tu, nisi mirumst, leno, plane perdidisti mulierem.
BA. edepol ne istuc magi' magisque metuo quom uerba audio.
mihi quoque edepol iamdudum ille Surus cor perfrigefacit,
sumbolum qui ab hoc accepit. mira sunt ni Pseudolust.
eho tu, qua facie fuit dúdum quoi dedisti sumbolum?
HA. rufus quidam, uentriosus, crassis suris, subniger,
magno capite, acutis oculis, ore rubicundo, admodum
magnis pedibus. BA. perdidisti, postquam dixisti pedes.
Pseudolus fuit ipsus. actumst de me. iam morior, Simo.
HA. hercle te hau sinam emoriri, nisi mi argentum redditur,
uiginti minae. SIMO. atque etiam mihi aliae uiginti minae.
BA. auferen tu id praemium a me quod promisi per iocum?
SIMO. de inprobis uiris auferri praemium et praedam decet.
BA. saltem Pseudolum mihi dedas. SIMO. Pseudolum ego dedam tibi?
quid deliquit? dixin ab eo tibi ut caueres centiens?
BA. perdidit me. SIMO. at me uiginti modicis multauit minis.
BA. quid nunc faciam? HA. si mi argentum dederis, te suspendito.
BA. di te perdant! sequere sis me ergo hac ad forum ut soluam. HA. sequor.
SIMO. quid ego? BA. peregrinos apsoluam, cras agam cum ciuibus.
Pseudolus mihi centuriata habuit capitis comitia,
qui illum ad med hodie adlegauit mulierem qui abduceret.

1212 neque scio] nescio *A* (*pro* nec scio?) 1214 *vel* mage 1216 ab *om. P* ni *om. P* 1217 dedistis *P* (*corr. D*) 1220 postquam dixisti] u(t no)mirauisti *A* 1221–54 *pauca leguntur A* 1222 aut (*i. e.* haut) te *P*, *allitteratione favente* sina moriri *B* mihi argentum (*B*) *vel* argentum mihi (*PCD*) *P*, *A n. l.* 1224 auferentur *P* 1227 caueres centies *Ital.*: habere sentiens *P*, *A n. l.* 1230 hac sis me ergo *Ritschl* (*A n. l.*) 1233 *vel* me (*ita codd.*)

sequere tu. nunc ne exspectetis dum hac domum redeam uia ;
ita res gestast : angiporta haec certum est consectarier.
HA. si graderere tantum quantum loquere, iam esses ad forum.—
BA. certumst mihi hunc emortualem facere ex natali die.—

SIMO viii

Bene ego illum tetigi, bene autem seruos inimicum suom.
nunc mi certum est alio pacto Pseudolo insidias dare
quam in aliis comoediis fit, ubi cum stimulis aut flagris
insidiantur : at ego iam intus promam uiginti minas
quas promisi si ecfecisset ; obuiam ei ultro deferam.
nimis illic mortalis doctus, nimi' uorsutus, nimi' malus ;
superauit dolum Troianum átque Vlixem Pseudolus.
nunc ibo intro, argentum promam, Pseudolo insidias dabo.—

ACTVS V

PSEVDOLVS V. i

Quid hoc? sicine hoc fit, pedes? statin an non?
an id uoltis ut me hinc iacentem aliquis tollat?
nam hercle si cecidero, uostrum erit flagitium.
pergitin pergere? ah ! saeuiendum mi hodie est ;
magnum hoc uitium uino est :
pedes captat primum, luctator dolosust.
profecto edepol ego nunc probe habeo madulsam :

1234 tu] te *P* *in* d(om)um *exit A* (? *i. e.* uia redeam domum) 1236 tantum quantum *A ut vid.* : tantum *P* 1240 quam] nam *A* 1241 intus] inultus (P^{BC}) *vel* inuitus (*T*) *P* 1242 feram *A*, *unde* offeram *Seyffert* 1243 doctust *Ritschl* (*A n. l.*) nimis nimis uorsutus — *A* 1245 ibo *Ital.* : ibi *P*, *A n. l.* 1246 *vel* fit ? pedes, statin 1247 iacentem *Ital.* : tacentem *P*, *A n. l.* 1249 seruiendum *Hermann* (*A n. l.*) *vix* hōdie 1252 abeo (*A n. l.*) madulsa *Lipsius*

ita uictu excurato, ita magnis munditiis diuis dignis,
itaque in loco féstiuo sumus festiue accepti.
quid opust me multas agere ambages? hoc est homini quam ob rem uitam amet,
hic omnes uoluptates, in hoc omnes uenustátes sunt : deis proxumum esse arbitror.
nam ubi amans complexust amantem, úbi ad labra labella adiungit, ubi
altera alterum bilingui manufesto inter se prehendunt,
ubi mammia mammicula opprimitúr aut si lubet corpora conduplicant,
manu candida cantharum dulciferum †propinare† amicissumam amicitiam,
neque [ibi] esse alium alii odió ibi nec molestum
nec sermonibus morologis uti,
unguenta atque odores, lemniscos, corollas
dari dapsilis, non enim parce promi,
uictum ceterum ne quis me roget:
hoc ego modo átque erus minor hunc diem sumpsimus prothyme,
postquam opus meum út uolui omne perpetraui hostibus fugatis.
illos accubantis, potantis, amantis
cum scortis reliqui et meum scortum ibidem

1253, 1254 *ordine inverso A* (*v.* 1253 *propter homoeoarch. praetermisso*? ii. 6) 1253 dis *A* (*vix vers. Eupolideus*) : *om. P* : ⟨et⟩ dis *Studemund* dignas *corr.* -is *P*, *ut vid.* (digni as *T*, digni ah P^{BC}) 1255 opus *P* homine *A* 1256–81 *deest A* 1259 labra ad *Camerarius* 1260 Alter P^{CD} inter se *Camerarius* : inters *cod.* 1261 mammia mammicula *ut vid. cod.*, *unde* mammiam (mammam B^2) anicula P^{BC}, mammilla (*pro* mammiia? *cf. v.* 180) nam amicula *T*: mamma (*abl.*) mammicula *Pontanus* : mammam mammicula (*cum* opprimit *et* conduplicantur) *Leo* (*sed cf. ad Mil.* 24) aut *Ritschl*: allant *cod.* (iv. 3) : alia aut *Camerarius* 1262 canpharum *cod.* micissimam *cod.* 1263 ibi esse alium alio odio ibi *cod.* : *corr. Leo* : *fort.* e. alium alii aiio o. i. *vel* id e. aiio o. i. 1264 *fort.* ⟨more⟩ morol. *ut integer tetrameter fiat* 1267 uictu cetero *cod.* : *corr. Seyffert* 1268 prothyme *Camerarius*: pothyme *cod.* 1269, 1270 ut uolui omne (P^{CD}) *vel* omne ut uolui (*B*) *cod.*

1272a cordi atque animo suo opsequentis. sed post
quam exsurrexi, orant med ut saltem.
ad hunc me modum íntuli illis sati' facete
1274a nimis ex discipulina, quippe ego qui
1275 probe Ionica perdidici. sed palliolatim amictus
1275a sic haec incessi ludibundus.
plaudunt, 'parum' clamitant mi uti reuortar.
occepi denuo, hóc modo: nolui:
1277a idem amicae dabam me meae,
ut me amaret: ubi circumuortor, cado:
1278a id fuit naenia ludo.
itaque dum enitor, prox! iam paene inquinaui pallium.
1280 nimiae tum uoluptati edepol fui
1280a ob casum. datur cantharus: bibi.
commuto ilico pallium, illud posiui;
inde huc exii, crapulam dum amouerem.
nunc ab ero ad erum meum maiorem uenio foedus commemoratum.
aperite, aperite, heus, Simoni mé adesse aliquis nuntiate.

SIMO PSEVDOLVS ii

1285 SIMO. Vox uiri pessumi me exciet foras.
sed quid hoc? quo modo? quid uideo ego?
Ps. cum corona ebrium Pseudolum tuom.

1272a suo cordi atque animo obs. s. postquam *Leo* (*bacch. tetr.*) corde *cod.* 1273 med *Camerarius*: me id *cod.* 1274, 1274a intulit *cod.*: -li ut *Camerarius* satisfacerem me (*T*) *vel* satis facete nime (P^{BC}) *cod.*: *corr. Leo*: *de* satisfacerem mea *cogitare vetat Pers.* 806 1275 Ionicam *Spengel* 1275a haec *om.* P^{CD} 1276 plaudunt ⟨et⟩ *Goetz, ut tetram. bacch. fiat* partim P^{CD}: *fort.* πάλιν, ⟨πάλιν⟩ mi *Leo*: me *cod.* ut *cod.* 1277, 1277a nolui idem; ⟨et⟩ a. (?) *Leo* 1278 ubi *Ital.*: tibi *cod.* 1279 prax P^{CD} 1280, 1280a *an* fui ⟨is⟩? (Nimiae . . . datur *versus Eupolideus*) 1281 commutollico *cod.* (*corr.* B^2) 1282 *accedit A* 1283 uenio] (adue)ni *A* conprob(at)u(m) *A* 1284 heu *P* aliquis] quis *P* 1285 ne *P* 1286 q . . . . . deo *A*: quit (*corr.* quid) uideo *P ut vid.* (quid triduo *T*: quid tu uideo P^{BC}): *fort.* quidue u. e.? *post* ego *aliquid scriptum fuisse videtur A* 1287 Quom *P* (*antiqua forma*)

Simo. libere hercle hoc quidem. sed uide statum.
num mea gratia pertimescit magis?
cogito saeuiter, blanditerne adloquar. 1290
sed me hoc uotat uim facere nunc quod fero, si qua in hoc spes sitast mihi.
Ps. uir malus uiro
optumo obuiam it.
Simo. di te ament, Pseudole. Ps. hae! Simo. i in malam crucem.
Ps. qur ego adflicter? Simo. quid tu, malum, in os igitur mi ebrius inructas? 1295
Ps. molliter sis tene me, caue ne cadam: non uides me ut madide madeam? 1296, 1297
Simo. quaé istaec audaciast te sic interdius
cum corolla ebrium íngrediri? Ps. lubet.
Simo. quid, lubet? pergin ructare in os mihi? 1300
Ps. suauis ructus mihi est. sic sine, Simo.
Simo. credo equidem potís esse te, scelus,
Massici montis uberrumos quattuor
fructus ebibere in hora una. Ps. 'hiberna' addito.
Simo. sed dic tamén (hau male mones) 1305
unde onustam celocem agere te praedicem?
Ps. cum tuo filio perpotaui modo.
sed, Simo, ut probe
tactu' Ballio est! 1308a
quae tibi dixi ut ecfecta reddidi!

1289 pertimescet *P* (*corr. D*[1]) 1291 hoc me *P* spesiṭ — *A* 1294 Ps. hae. Simo. i in] Ps. fui in (*T ut vid.*) (? *i. e.* Ps. fu! i in) *vel* pfui in (*B*) (? *i. e.* pfui! in' ?) *P* 1295 ergo *B* [me] adflictor *P*: afflicter (*tamquam adverbium*) *glossar. Plaut.* in os igitur] ergo in os *P* 1296, 1297 ṣịç *A*: his *T* (?) 1299 ingrediri] incedere *P* 1300 in os ructare *ut vid. A* 1301 Simo] modo *P* 1302 potis esse] potasse *P* (*pro* potesse ?) 1305 haud male mones sed dic tamen *Acidalius* dica *A* hau male mones *Pseudolo dat P* 1306 honestam *codd.* 1307 quom *P* (*antiqua forma*) filio *in marg. adscript. P ut vid.* (*ante* tuo *T*, *om.* P^{CD}) 1308a tactus est ball — *A*

SIMO. pessumu's homo.
Ps. mulier haec facit :
cum tuo filio libera accubat.
SIMO. omnia ut quidque egisti ordine scio.
Ps. quid ergo dubitas dare mi argentum? SIMO. ius petis, fateor. tene.
Ps. at negabas daturum esse te mihi : tamen das.

onera hunc hominem ac me consequere hac. SIMO. egone istum onerém? Ps. onerabi', scio.
SIMO. quid ego huic homini faciam? satin ultro et argentum aufert et mé inridet?
Ps. uae uictis! SIMO. uorte ergo umerum.
Ps. em! SIMO. hóc ego numquam ratu' sum
fore me ut tibi fierem supplex.
heu heu heu! Ps. desine. SIMO. doleo. Ps. ni doleres tu, ego dolerem.
SIMO. quid? hoc auferen, Pseudole mi, aps tuo ero? Ps. lubentissumo corde atque animo.
SIMO. nonne audes, quaesso, aliquam partem mihi gratiam facere hinc de argento?
Ps. non me deices auidum esse hominem? nam hinc numquam eri' nummo diuitior,
neque te mei tergi misereret, hoc sei non hodie ecfecissem.
SIMO. erit ubi te ulciscar, sei uiuo. Ps. quid minitare? habeo tergum.
SIMO. age sane. Ps. igitur redi. SIMO. quid redeam? Ps. redi modo : non eri' deceptus.

1310 derides (?*pro* deridens ; iv. 5) pessimus homo est *P* 1311 *post* 1308 *A* (?*propter homoeoarch. v.* 1307) 1312 omnia scio ut quicque egisti ordine scio *A* (iv. 3) quique (P^{BC}) *vel* quoque (*T*) *P* 1314 tamen das *del. Spengel* (*A n. l.*), *ut tetrameter creticus fiat* : *fort.* das *delend.* 1315 ego *P* (?*pro* egon) 1316 sati(nne) *A* (*i. e.* satin) : statim *P* 1318 *vel* eme (*antiqua forma*) '*fort. iamb.' Leo* 1320 heu heu *A* *metrum displicet* *vix* dolĕres – tu : *an* doleastu ? (*A n. l.*) 1321 auferen] auferre non *P* Pseudole mi *Seyffert* : pseudolum mihi *A* : pseudole *P* 1322 non *P* hic argenti *P* 1323 *vel* non ; me deices 1324 sei hoc *P* 1326 igitur *Simoni continuat Brix* redde *A* reddam *P*

SIMO. redeo. PS. simul mecum ⟨i⟩ potatum. SIMO. egone eam? PS. fac quod te iubeo:
si is, aut dimidium aut plus etiam faxo hinc feres. SIMO. eo, duc me quo uis.
PS. quid nunc? numquid iratus es
aut mihi aut filio propter has res, Simo?
SIMO. nil profectó. PS. i hác. te sequor. SIMO. quin uocas
spectatores simúl? PS. hercle me isti hau solent
uocare, néque ergo ego istos;
uerum sei uoltis adplaudere atque adprobare hunc gregem et fabulam in crastinum uos uocabo.

1327 i *add. Ital.* (*A n. l.*) (i. 4) 1328 pius *P* 1329 sqq. *sic disp. A*, quid . . . profecto (*v.* 1331), i . . . istos (*v.* 1333) 1333 ergo *om. A*

RVDENS

ARGVMENTVM

Reti piscator de mari extraxit vidulum,
Vbi erant erilis filiae crepundia,
Dominum ad lenonem quae subrepta venerat
Ea in clientelam suipte inprudens patris
Naufragio eiecta devenit: cognoscitur
Suoque amico Plesidippo iungitur.

ab initio fabulae usque ad v. 790 *praesto est T* 4 suipte *Camerarius*: suspte *cod.*

PERSONAE

Arctvrvs Prologvs
Sceparnio Servvs
Plesidippvs Advlescens
Daemones Senex
Palaestra } Mvlieres
Ampelisca }
Ptolemocratia Sacerdos Veneris
Piscatores
Trachalio Servvs
Labrax Leno
Charmides Senex
Lorarii
Gripvs Piscator

Scaena CYRENIS

Daem.] *vel* Demones (*K. Schmidt, Hermes* 37, 365)

PROLOGVS

ARCTVRVS

Qui gentis omnis mariaque et terras mouet,
eiius sum ciuis ciuitate caelitum.
ita sum ut uidetis splendens stella candida,
signum quod semper tempore exoritur suo
hic atque in caelo: nomen Arcturo est mihi.
noctu sum in caelo clarus atque inter deos,
inter mortalis ambulo | interdius.
et alia signa de caelo ad terram accidunt:
qui est imperator diuom atque hominum Iuppiter,
is nos per gentis alios alia disparat
qui facta hominum moresque, pietatem et fidem
noscamus, ut quemque adiuuet opulentia.
qui falsas litis falsis testimoniis
petunt quique in iure abiurant pecuniam,
eorum referimus nomina exscripta ad Iouem;
cottidie ille scit quis hic quaerat malum:
qui hic litem apisci postulant peiiurio
mali, res falsas qui impetrant apud iudicem,
iterum ille eam rem iudicatam iudicat;
maiore multa multat quam litem auferunt.
bonos in aliis tabulis exscriptos habet.
atque hoc scelesti | in animum inducunt suom,
Iouem sé placare posse donis, hostiis:

2 ciuis (*B*) *vel* cuius (P^{CD}) *cod.* 7 ⟨hic⟩ interdius *Spengel* 8 *secl. Dziatzko* 10 alius *cod.* (*i. e.* alios? i. 3): aliud *Seyffert* 11 que *om.* P^{BC} 20–37 *initia servata A* 22 ⟨si⟩ in a. *Mueller*: si a. *Schoell*: qui a. *Leo* (*A n. l.*) inducunt *Ital.*: indicunt *P*, *A n. l.*

et operam et sumptum perdunt; id eo fit quia
nihil ei acceptumst a peiiuris supplici;
facilius si qui pius est a dis supplicans
quam qui scelestust inueniet ueniam sibi.
idcirco moneo uos ego haec, qui estis boni
quique aetatem agitis cum pietate et cum fide:

* * *

retinete porro, post factum ut laetemini.
nunc huc qua caussa ueni argumentum eloquar.
  primumdum huic esse nomen urbi Diphilus
Cyrenas uoluit. illic habitat Daemones
in agro atque uilla proxuma propter mare,
senex, quí huc Athenis exsul uenit, hau malus;
neque is adeo propter malitiam patria caret,
sed dum alios seruat se impediuit interim,
rem bene paratam comitate perdidit.
huïc filiola uirgo periit paruola.
eam dé praedone uir mercatur pessumus,
is eam huc Cyrenas leno aduexit uirginem.
adulescens quidam ciuis huiius Atticus
eam uídit ire e ludo fidicinio domum,
amare occepit: ad lenonem deuenit,
minis triginta sibi puellam destinat
datque arrabonem et iure iurando alligat.
is leno, ut se aequom est, flocci non fecit fidem
neque quod iuratus adulescenti dixerat.
eí erat hospes par sui, Siculus senex
scelestus, Agrigentinus, urbis proditor;
is illius laudare infit formam uirginis

24 perduunt *cod.* 25 periuriis *P*, *A n. l.* 26 pius *Merula*: plus *P*, *A n. l.* 28 hoc *Fleckeisen* qui estis *Merula*: questis *ut vid. P* (que uestis P^{BC}), *A n. l.* *inter v.* 29 *et v.* 30 *alium habet A* 40–56 *nonnullorum versuum extrema servata A* 42 atticos *P* 49 ⟨namque⟩ ei erat *Ussing*: ei aderat *Schoell* par sui *Fleckeisen*: parui *P*, *A n. l.*

et aliarum itidem quae eius erant mulierculae.
infit lenoni suadere ut secum simul
eat in Siciliam : ibi esse homines uoluptários
dicit, potesse ibí eum fieri diuitem,
ibi esse quaestum maxumum meretricibus.
persuadet. nauis clanculum conducitur,
quidquid erat noctu in nauem comportat domo
leno ; adulescenti qui puellam ab eo emerat
ait sése Veneri uelle uotum soluere
(id hic est Veneris fanum) ét eo ad prandium
uocauit adulescentem huc. ipse hinc ilico
conscendit nauem, áuehit meretriculas.
adulescenti alii narrant ut res gesta sit,
lenonem abiisse. ád portum adulescens uenit :
illorum nauis longe in altum apscesserat.
ego quóniam uideo uirginem asportarier,
tetuli et ei auxilium et lenoni exitium simul :
increpui hibernum et fluctus moui maritumos.
nam Arcturus signum sum omnium ⟨unum⟩ acerrumum :
uehemens sum exoriens, quom occido uehementior.
nunc ambo, leno atque hospes, in saxo simul
sedent eiecti : nauis confracta est eis.
illa autem uirgo atque altera itidem ancillula
de naui timidae desuluerunt in scapham.
nunc eas ab saxo fluctus ad terram ferunt
ad uillam illius, exsul ubi habitat senex,
quoius deturbauit uentus tectum et tegulas ;
et seruos illic est eius qui egreditur foras.
adulescens huc iam adueniet, quem uidebitis,

55 eum] demum *Schoell* 57–201 *deest A* 61 et leno *Mueller* (*Rhein. Mus.* 54, 532) 63 nauem conscendit *Camerarius* auehit *Ital.* : auenit *cod.* (N *pro* H) 65 *vel* abiuisse portum ⟨quom⟩ *Fleckeisen* 68 et ei *an* et *an* et[ei] *incert. cod.* 70 unum *add. Seyffert* 72 in sa. le. atq. hos. *cod.* : *trai. Reiz, allitteratione favente* 77 ubi] qui ibi *Bothe* 79 Sed *Luchs* *vel* illic'st eiius

qui illam mercatust de lenone uirginem.
ualete, ut hostes uostri diffidant sibi.—

ACTVS I

I. i

SCEPARNIO

Pro di inmortales, tempestatem quoiusmodi
Neptunus nobis nocte hac misit proxuma!
detexit uentus uillam—quid uerbis opust?
non uentus fuit, uerum Alcumena Euripidi,
ita omnís de tecto deturbauit tegulas;
inlustriores fecit fenstrasque indidit.

ii

PLESIDIPPVS SCEPARNIO DAEMONES

PL. Et uos a uostris abduxi negotiis
neque id processit qua uos duxi gratia
neque quiui ad portum lenonem prehendere.
sed mea desidia spem deserere nolui:
eo uós, amici, detinui diutius.
nunc huc ad Veneris fanum uenio uisere,
ubi rem diuinam se facturum dixerat.
SC. si sapiam, hoc quod me mactat concinnem lutum.
PL. prope me hic nescioquis loquitur. DA. heus, Sceparnio!
SC. qui nominat me? DA. qui pro te argentum dedit.
SC. quasi me tuom esse seruom dicas, Daemones.
DA. luto usust multo, multam terram confode.
uillam integundam intellego totam mihi,
nam nunc perlucet ea quam cribrum crebrius.

82 uestiri *cod.* (*corr. B*) 88 inlustriorem *Lambinus*, *Field* (*Class. Rev.* 8, 99) *vel* festrasque 96 *alludit, credo, ad* maccare '*lutum concinnare.*' *vix* quod me mactat ego maccem lutum 97 hic *Merula*: hinc *cod.*

PL. pater salueto, ámboque adeo. DA. saluo' sis.
SC. sed utrum tu masne an femina es, qui illum patrem
uoces? PL. uir sum equidem. SC. quaere uir porro patrem.
DA. filiolam ego unam | habui, eam unam perdidi:
uirile sexus numquam ullum habui. PL. at di dabunt.
SC. tibi quidem hercle, quisquis es, magnum malum,
qui oratione hic occupatos occupes.
PL. isticin uos habitatis? SC. quid tu id quaeritas?
quon furatum mox uenias, uestigas loca?
PL. peculiosum esse addecet seruom et probum,
quem ero praesente †praetereat† oratio
aut qui inclementer dicat homini libero.
SC. et inpudicum et inpudentem hominem addecet
molestum ultro aduenire ad alienam domum,
quoi debeatur nihil. DA. tace, Sceparnio.
quid opust, adulescens? PL. istic infortunium,
qui praefestinet, ubi erus adsit, praeloqui.
sed nisi molestumst paucis percontarier
uolo ego ex te. DA. dabitur opera atque in negotio.
SC. quin tu in paludem is exsicasque harundinem
qui pertegamus uillam, dum sudumst? DA. tace.
tu si quid opus est dice. PL. dic quod te rogo,
ecquem tu hic hominem crispum, incanum uideris,
malum, peiiurum, palpatorem—DA. plurumos,
nam ego propter eiusmodi uiros uiuo miser.
PL. hic dico, in fanum Veneris qui mulierculas

103 *fort.* ⟨SC. salue⟩ DA. saluos *vel* DA., SC. saluos 104 tu masne *Camerarius*: tuasne *cod.* (*pro* tūasne, *i.e.* tumasne) 106 unam ⟨quam⟩ *Seyffert*: *fort.* unicam habebam *Leo* 107 sexus '*neutro genere*' *testatur Priscianus* I, 162; 'uirile *scriptum videtur pro genetivo* uirilis' *Leo* 109 o. [nos] hic *cod.* (iv. 2): nos *del. Guietus*: *vix ante* occupes *collocand.* (occupătṓs nos) 111 quon *Leo*: an quo *cod.*: *vix* an | Quo (*cum* quaeris; *cf. ad Pseud.* 978) nox *Dousa* 112 addecet *Bothe*: decet *cod.* 113 ⟨haud⟩ praetereat *Acidalius*: praedeceat *Leo*: *fort.* praetrahat (praetat, *with* a *written above*) 118 opus *cod.*

duas sécum adduxit, quique adornaret sibi
ut rem diuinam faciat, aut hodie aut heri.
Da. non hercle, adulescens, iam hos dies complusculos
quemquam istic uidi sacruficare neque potest
clam me esse si qui sacruficat: semper petunt
aquam hinc aut ignem aut uascula aut cultrum aut ueru
aut aulam extarem, aut aliquid—quid uerbis opust?
Veneri paraui uasa et puteum, non mihi.
nunc interuallum iam hos dies multos fuit.
Pl. ut uerba praehibes, me periisse praedicas.
Da. mea quidem hercle caussa saluos sis licet.
Sc. heus tu qui fana uentris caussa circumis,
iubere meliust prandium ornari domi.
Da. fortasse tu huc uocatus es ad prandium,
ill' qui uocauit nullus uenit? Pl. admodum.
Sc. nullumst periclum te hinc ire inpransum domum:
Cererem te melius⟨t⟩ quam Venerem sectarier:
amori haec curat; tritico curat Ceres.
Pl. deludificauit me ille homo indignis modis.
Da. pro di inmortales! quid illuc est, Sceparnio,
hominum secundum litus? Sc. ut mea opiniost
propter uiam illi sunt uocati ad prandium.
Da. qui? Sc. quia post cenam, credo, lauerunt heri.
Da. confracta nauis in mari est illis. Sc. ita est.
at hercle nobis uilla in terra et tegulae. Da. hui!
homunculi quanti estis! eiecti ut natant!
Pl. ubi sunt ei homines, opsecro? Da. hac ad dexteram
(uiden?) secundum litus. Pl. uideo. sequimini.

132 *vel* isti 142 es uoc. huc *T ut vid.* 143 ille qui *Ital.*: illu tui *cod.* 145 Cererem *Ital.*: prerem *cod.* melius *cod.* sectarier *Camerarius*: spectarier *cod.* 146 amori *Meursius*: amorem *cod.* (i. 9) 147 illic h. *usitatum* 149 ut *Merula*: aut *cod.* est opinio *cod.*: *trai. Reiz* 154, 155 natant *Priscianus* 1, 109: natrant (narrant *P*BC) *cod.* 156 ei] hi (?i) *cod. ut vid.* (*vix pro* hisce)

utinam is sit quém ego quaero, uir sacerrumus.
ualete.—Sc. si non moneas, nosmet meminimus.
sed, o Palaemo[n], sancte Neptuni comes,
qui | Herculei socius esse diceris,
quod facinus uideo! Da. quid uides? Sc. mulierculas
uideo sedentis in scapha solas duas.
ut adflictantur miserae! eugae eugae, perbene!
ab saxo auortit fluctus ad litus scapham
neque gubernator umquam potuit tam bene.
non uidisse undas me maiores censeo.
saluae sunt si illos fluctus deuitauerint.
nunc, nunc periclumst. ⟨unda⟩ eiecit alteram.
at in uadost, iam facile enabit. eugepae!
uiden alteram illam ut fluctus eiecit foras?
surrexit, horsum se capessit. salua res.
desiluit haec autem altera in terram e scapha.
ut prae timore in genua in undas concidit!
saluast, euasit ex aqua. iam in litore est.
sed dextrouorsum auorsa it in malam crucem.
hem! errabit illaec hodie. Da. quid id refert tua?
Sc. si ad saxum quo capessit ea deorsum cadet,
errationis fecerit compendium.
Da. si tu de illarum cenaturus uesperi es,
illis curandum censeo, Sceparnio;
si apud méd essuru's [es], mihi darí operam uolo.
Sc. bonum aequomque oras. Da. sequere me hac ergo.—Sc. sequor.—

161 sociennus *Pareus*: *vix* consocius (c̄socius) ⟨tu⟩que, Hercules, ⟨qui eius⟩ socius *Leo* 168 deuitauerint *Pylades*: deuitauerunt *cod.* (? *forma antiqua*) 169 unda *add. Guietus* 170 eugepace *cod.* 171 *secl. Sonnenschein* 176 it] est *codd. Prisciani* 2, 75 178 cadet (*T*) *vel* cadit (*P*BC) *cod.* 181 si *Merula*: sit *cod.* uesperi es *Camerarius*: ueperies *cod.* 183 essurus es (*T*) *vel* essurus (*i.e.* -u's?) (*P*BC) *cod.*

iii

PALAESTRA

Nimio hominum fortunae minus miserae memorantur
quam in usu, experiundó is datur acerbum.
⟨satin⟩ hoc deo complacitumst, med hoc ornatu ornatam
in incertas regiones timidam eiectam?
hancine ego ad rem natam miseram me memorabo? han-
-cine ego partem capio ob pietatem praecipuam?
nam hoc mi sat laborist laborem hunc potiri,
si | erga parentem aut deos me inpiaui;
sed id si parate curaui ut cauerem,
tum | hoc mi indecoré, inique, inmodeste
dati' di; nam quid habebunt sibi signi inpii pósthac,
si ad hunc modum est innoxiis honor apud uos?
nam me si sciam
fecisse aut parentes sceleste, minus me miserer;
sed erile scelus me sollicitat, eiius me inpietas male habet.
is nauem atque omniá perdidit in mari:
haec bonorum eiiu' sunt reliquiaé; etiam quae simul
uecta mecum in scaphast excidit. ego nunc sola sum.
quae mihi si foret salua saltem, labor
lenior esset hic mi eiius opera.
nunc quam spem aut opem aut consili quid capessam?
ita hic sola solis locis compotita
[sum]. hic saxa sunt, hic mare sonat,
neque quisquam homo mi obuiam uenit.

186 usu *Seyffert* (*Berl. Phil. Woch.* 17, 796): uisu *cod.* 188–9 *vel* eiec-|-tam hancine 191 sat *Mueller* (*Rhein. Mus.* 54, 533): aut *cod.* 192 ⟨ego⟩ erga *Mueller* (*Rhein. Mus.* 54, 533) parentis *Fleckeisen* me *ante* erga *colloc. Bothe* 194 mi hoc *Fleckeisen* 195 sibi signi *Leo*: sibigni *cod.* 197 sciam ⟨umquam⟩ *Schoell metri causa*: s. ⟨in uos⟩ *Leo* 197[a] sceleste parentis *B* me miserer *Camerarius*: mei miserer *cod.*, *vix recte*: mei misererer *Ital.* 198 *vel* eius med 202 *accedit A*, 202–6 *paucissima in initiis servata*, 207–10 *umbrae tantum*, 211–16 *item paucissima* 204 numquam *P* 205 *aut versus longior fuit aut sequebatur alter in A* (*cf. ad* 215) sola *om. P* 206 sum *del. Pylades, metro consulens* (*A n. l.*)

* * *

hoc quod induta sum, summae opes oppido,
nec cibo nec loco tecta quo sim scio:
quae mihist spes qua me uiuere uelim?
nec loci gnara sum nec †diu† hic fui.
saltem | aliquem uelim qui mihi ex his locis
aut uiam aut semitam monstret, ita nunc
hac an illac eam incerta sum consili;
nec prope usquam hic quidem cultum agrum conspicor.
algor, error, pauor, me omnia tenent.
haec parentes mei hau sciti' miseri
me nunc miseram esse ita uti sum:
leibera ego prognata fui maxume, nequiquam fui.
nunc qui minu' seruio quasi serua forem nata?
neque quicquam umquam illis profuit qui me sibi eduxerunt.

AMPELISCA PALAESTRA iv

AM. Quid mihi meliust, quid magis in remst, quam a corpore uitam ut secludam?
ita male uiuo atque ita mihi multae in pectore sunt curae exanimales.
ita res se habént: uitae hau parco, perdidi spem qua me oblectabam.
omnia iam circumcursaui atque omnibu' latebris perreptaui
quaerere conseruam, uoce, oculis, auribus ut peruestigarem.
neque eam usquam inuenio neque quo eám neque qua quaeram consultumst,

inter 206ª *et* 207 (?) *intercedebant duo versus A* 208 freta (?) *Leo* 210 diu] uidi aut *Leo*: etiamdum *Seyffert* 211 al quem saltem *Schoell, ut integer tetrameter fiat* 213 incerta sum *Gruterus*: (incerta)s — *A*: incerta (-tam P^{CD} *cod.* (? *pro* incertas̄, *i. e.* inc. sum) 215 *om. A, nisi quidem post* 205 *aut* 206ª *stetit* (ii. 6) 216ª ita *om.* P^{CD}, *A n. l.* 217 ego *om. A* 218 quam si *codd.* (*A incert.*) 219 illis] iis (his *B*) *P, unde* n. q. numquam is *Habich* 220 a *om. P vel* uti: *om. P* 221 exanimabiles *A* 222 se] ipsae *P ut vid.* 223 omnibus in latebris *P* 224 querire *P* oculisque *A* 225 Nequeam *P*

neque quem rogitem responsorem quemquam interea conuenio,
neque magi' solae terrae solae sunt quam haec loca atque hae regiones;
neque, si uiuit, eam uiua umquam quin inueniam desistam.

Pa. quoianam uox mihi
prope hic sonat?
Am. pertimui, quis hic loquitur prope?
Pa. Spes bona, opsecro,
subuenta mihi,
Am. eximes ex hoc miseram metu?

Pa. certo uox muliebrís auris tetigit meas.
Am. mulier est, muliebris uox mi ad auris uenit.
Pa. num Ampelisca opsecrost? Am. ten, Palaestra, audio?
Pa. quin uoco ut me audiat nomine illam suo?
Ampelisca! Am. hem quis est? Pa. ego Palaestra.
Am. dic ubi es? Pa. pol ego nunc in malis plurumis.
Am. socia sum nec minor pars meast quam tua.
sed uidere expeto te. Pa. mihi es aemula.
Am. consequamur gradu uocem. ubi es? Pa. ecce me.
accede ad me atque adi contra. Am. fit sedulo.
Pa. cedo manúm. Am. accipé. Pa. dic, uiuisne? opsecro.
Am. tu facis me quidem uiuere ut nunc uelim,
quom mihi te licet tangere. ut uix mihi
credo ego hoc, te tenere! opsecro, amplectere,
spes mea. ut me omnium iam laborum leuas!

226 inuenio *P* (v. 4) 227 *vel* mage sunt q. h. sunt l. *A* 228 uiuam numquam *P* 229[a]-32 *nihil omnino legi potest, vv.* 233-45 *initia tantum A* 229 quianam *P* 232 exime *Pylades* 234 *inter* 231[a] *et* 232 *P* 237 palaest *P* (palam est P^{CD}), *A n. l.* (*i. e.* Palaestra) *supplet* ⟨ecce me⟩ *Leo*, ⟨Am. opsecro⟩ *Seyffert*, *ut cretic. tetram. fiat* (*A n. l.*) 244 ut uiuere *P*, *A n. l.*: *trai. Reiz, metri causa* 245 quam *P* 247-60 *paucissima servata extremorum versuum* (248-52 *nihil*) *A*

PA. occupas praeloqui quae mea oratiost.
nunc abire hinc decet nos. AM. quo, amabo, ibimus?
PA. litus hoc persequamur. AM. sequor quo lubet.
sicine hic cum uuida ueste grassabimur?
PA. hoc quod est, id necessarium est perpeti.
sed quid hoc, opsecro, est? AM. quid? PA. uiden, amabo,
fanum [uidesne] hoc? AM. ubi est? PA. ad dexteram.
AM. uideo decorum dis locum uiderier.
PA. hau longe abesse oportet homines hinc, ita hic lepidust locus.
quisquis est deu', ueneror ut nos ex hac aerumna eximat,
miseras, inopes, aerumnosas ut aliquo auxilio adiuuet.

PTOLEMOCRATIA PALAESTRA AMPELISCA V

PT. Qui sunt qui a patrona preces mea expetessunt?
nam uox me precantum huc foras excitauit.
bonam atque opsequentem deam atque hau grauatam
patronam exsequontur benignamque multum.
PA. iubemus te saluere, mater. PT. saluete, puellae. sed und' uos
ire cum uuida ueste dicam, opsecro,
tam maestiter uestitas?
PA. ilico hinc imus, hau longule ex hoc loco;
uerum longe hinc abest unde aduectae huc sumus.
PT. nempe equo ligneo per uias caerulas

248 mest oratio *P*, *A n. l.* (*pro* meast or.): *corr. Pylades, Reiz* (*cf. ad Merc.* 230) 249 quo *elisionem vocalis patiens displicet* 251 hie cum uiuo aueste *P*, *A n. l.* : *corr. Saracenus* : hic in umida ueste *codd. Macrobii de verb. diff. G. L.* 5, 652 *K* 254 uidesne *del. Baier* (*A n. l.*) (*cf. v.* 253; iv. 1) 257 *vel* uti (*iamb. octonar.*) exigat *A* 259 precés m(ea) éx. *non omnino placet, multo minus* precés mé(a) ĕx. 261–481 *deest A* 265ᵃ m. ueste uestitas *codd. Nonii* 511 266 aut longula ex *cod.* 268 equo *Ital.*: et quo (et quod *B*) *cod.* caeruleas *cod.*, *contra metrum*

estis uectae? PA. admodum. PT. ergo aequius uos erat
candidatas uenire hostiatasque: ad hoc
fanum ad istunc modum non ueniri solet.
PA. quaene eiectae e mari simus ambae, opsecro,
unde nos hostias agere uoluisti | huc?
nunc tibi amplectimur genua egentes opum,
quae in locis nesciis nescia spe sumus,
ut tuo recipias tecto seruesque nos
miseriarumque te ambarum uti misereat,
quibus nec locust ullus nec spes parata,
neque hoc amplius [quam] quod uides nobis quicquamst.
PT. manus mi date, exsurgite a genibus ambae.
misericordior nulla me est feminarum.
sed haec pauperes res sunt inopes[que], puellae:
egomet uix uitam colo; Veneri cibo meo séruio.
AM. Veneris fanum, opsecro, hoc est?
PT. fateor. ego huius fani sacerdos clueo.
uerum quidquid est comiter fiet a me,
quo nunc copiá ualebit.
ite hac mecum. PA. amice benigneque honorem,
mater, nostrum habes.—PT. oportet.—

ACTVS II

II. i

PISCATORES

Omnibu' modis qui pauperes sunt homines miseri uiuont,

272 quae nec *cod.* (*corr. B*[2]) simus *Bentley*: sumus *cod.* 273 uoluistis *Hermann* huc *non addit cod. Charisii* 224 274 tibi iam plectimur *cod.* 278 locus *et* parata est *cod.*: *corr. Reiz* (*cf. ad Merc.* 330) locus nullus n. s. parata est *Spengel* 279 quam *del. Reiz, nam* uidēs *in versu bacchiaco displicet* quot uidens nobis qui quast *cod.* 282 inopes *Hermann*: *vix* inopesq' (*potius* pûellae) 283 egomet ⟨meam⟩ *Fleckeisen ut metrum iambicum fiat* ueniri *cod.* seruiuo *cod.* (*corr. D*[1])

praesertim quibu' nec quaestus est neque didicere artem ullam :
necessitate quidquid est domi id sat est habendum.
nos iam de ornatu propemodum ut locupletes simus scitis :
hisce hami atque haec harundines sunt nobis quaestu et cultu.
cottidie ex urbe ad mare huc prodimus pabulatum :
pro exercitu gymnastico et palaestrico hoc habemus ;
echinos, lopadas, ostreas, balanos captamus, conchas,
marinam urticam, musculos, plagusias striatas ;
postid piscatum hamatilem et saxatilem adgredimur.
cibum captamus e mari : si euentus non euenit
neque quicquam captumst piscium, salsi lautique pure
domum redimus clanculum, dormimus incenati.
atque ut nunc ualide fluctuat mare, nulla nobis spes est :
nisi quid concharum capsimús, incenáti sumu' profecto.
nunc Venerem hanc ueneremur bonam, ut nos lepide adiuerit hodie.

TRACHALIO PISCATORES ii

TR. Animum aduorsaui sedulo ne erum usquam praeterirem ;
nam quom modo exibat foras, ad portum se aibat ire,
me huc obuiam iussit sibi uenire ad Veneris fanum.
sed quos perconter commode eccos uideo astare. adibo.
saluete, fures maritumi, conchitae atque hamiotae,
famelica hominum natio. quid agitis ? ut peritis ?

291 neque] nec *cod.* edidicere *Marx* nullam *Spengel* 294 hae (*pro* haec ? i. 9) har. (P^{BC}) *vel* his har. (*T ut vid.*) *cod.* 295 cotidie *cod. ut vid.* ('*libri veteres*' *Lambini*) (P^{BC} *n. l.*) 296 palestricum *cod.* 297 balano *cod.* 299 aggredimur *Merula* : atgreditur *cod. ut vid.* (*i. e.* adgr.), *vix recte* 300 euenit *Bothe* : uenit *cod.* 303 ut *om. B* 304 concharum *Ital.* : conclarum *cod.* (*vix Plautinum* ; *cf. Class. Rev.* 6, 88) cenati *Reiz fort. recte* (*cf.* 302) 306 animum *Dissaldeus* : animo *cod.* 309 eccons (eccon^{s} ?) *ut vid. cod.* (eccons P^{CD} : ecconis *T* : eccon si *B*) (*cf. ad Pers.* 471) adibo *Ital.* : adito *cod.*

PI. ut piscatorem aequomst, fame sitique speque falsa.
TR. ecquem | adulescentem huc, dum | hic astatis, expedite,
uidistis ire strenua facie, rubicundum, fortem,
qui tris semihomines duceret chlamydatos cum machaeris?
PI. nullum istac facie ut praedicas uenisse huc scimus. TR. ecquem
recaluom ad Silanum senem, statutum, uentriosum,
tortis superciliis, contracta fronte, fraudulentum,
deorum odium atque hominum, malum, mali uiti probrique plenum,
qui duceret mulierculas duas sécum sati' uenustas?
PI. cum istiusmodi uirtutibus operisque natus qui sit,
eum quídem ad carnuficem est aequius quam ad Venerem commeare.
TR. at si uidistis, dicite. PI. huc profecto nullus uenit.
uale.—TR. ualete. credidi: factum est quod suspicabar,
data uerba ero sunt, leno abît scelestus exsulatum,
in nauem ascendit, mulieres auexit: hariolus sum.
is huc erum etiam ad prandium uocauit, sceleris semen.
nunc quid mi meliust quam ilico hic opperiar erum dum ueniat?
eadem, sacerdos Veneriá haec si quid amplius scit,
si uidero, exquisiuero: faciet me certiorem.

iii AMPELISCA TRACHALIO

AM. Intellego: hanc quae proxumast ⟨tu⟩ uillam Veneris fano

313 *vix* ecquis 314 uidistis eire *Seyffert*: uidisti seni (-tis uenientem *T*) *post* machaeris *cod.*: *traieci* (ii. 5) 315 secum homines *Mitscherlich* (sēi- *pro* sec̄-) macheriis *cod.* 317 ac (at *cod.*) silanum *Leo post Ital.*: ut S. *Pradel de praepos.* p. 482 318 *vel* contracto (i. 9) 319 male malum *Schoell* 321 siet *cod.* (*vix disyll.*, *unde fiat octonarius*) 324 quo *cod.* 329 hanc sacerdos Veneria *cod.*: *corr. Leo* 331 ⟨tu⟩ uillam *Schoell* (iii. 3): ⟨me⟩ uillam *post Camerarium Bentley*

pulsare iussisti atque aquam rogare. Tr. quoia ad auris
uox mi aduolauit? Am. opsecro, quis hic lóquitur? Tr. quém ego uideo?
estne Ampelisca haec quae foras e fano egreditur? Am. estne hic
Trachalio quem conspicor, calator Plesidippi?
Tr. east. Am. is est. Trachalio, salue. Tr. salue, Ampelisca.
quid agis tu? Am. aétatem hau malam male. Tr. mélius ominare.
Am. uerum omnis sapientis decet conferre et fabulari.
sed Plesidippus tuos erus ubi, amabo, est? Tr. heia uero,
quasi non sit intus! Am. neque pol est neque huc quidem ullus uenit.
Tr. non uenit? Am. uera praedicas. Tr. non est meum, Ampelisca.
sed quam mox coctum est prandium? Am. quod prandium, opsecro te?
Tr. nemp' rem diuinam facitis hic. Am. quid somnias, amabo?
Tr. certe huc Labrax ad prandium uocauit Plesidippum
erum meum eru' uoster. Am. pol hau miranda facta dicis:
si deos decepit et homines, lenonum more fecit.
Tr. non rem diuinam facitis hic uos neque erus? Am. hariolare.
Tr. quid tu agis hic igitur? Am. ex malis multis metuque summo
capitalique ex periculo orbas auxilique opumque huc
recepit ad se Veneria haec sacerdos me et Palaestram.
Tr. an hic Palaestrast, opsecró, eri mei amica? Am. certo.

332 atquaquam *cod.* cuia *Merula*: cui *cod.* 333 q. e. u. *Ampeliscae continuant alii* 337 tu agis *Bothe* mala male *B* 338 conferre] ⟨et⟩ colere *Lange* 344 plesidippum uocauit ad prandium *ut vid. cod.*: *trai. Reiz* 348 hic *om. B* 350 recipit *cod.* 351 ameica *B*

TR. inest lepos in nuntio tuo mágnus, mea Ampelisca.
sed istúc periclum perlubet quod fuerit uobis scire.
AM. confracta est, mi Trachalió, hac nocte nauis nobis.
TR. quid, nauis? quaé istaec fabulast? AM. non audiuisti, amabo,
quo pacto leno clanculum nos hinc auferre uoluit
in Siciliam et quidquid domi fuit ín nauem imposiuit?
ea nunc perierunt omnia. TR. oh, Neptune lepide, salue!
nec te aleator nullus est sapientior; profecto
nimi' lepide iecisti bolum: periurum perdidisti.
sed nunc ubi est leno Labrax? AM. periit potando, opinor:
Neptunus magnis poculis hac nocte eum inuitauit.
TR. credo hercle anancaeo datum quod biberet. ut ego amo te,
mea Ampelisca, ut dulcis es, ut mulsa dicta dicis!
sed tu et Palaestra quomodo saluae estis? AM. scibis faxo.
⟨de⟩ naui timidae ambae in scapham insiluimus, quia uidemus
ad saxa nauem ferrier; properans exsolui restim,
dum illi timent; nos cum scapha tempestas dextrouorsum
differt ab illis. itaque nos uentisque fluctibusque
iactatae exemplis plurumis miserae perpetuam noctem;
uix hodie ad litus pertulit nos uentus exanimatas.
TR. noui, Neptunus ita solet, quamuis fastidiosus
aedilis est: si quae inprobae sunt merces, iactat omnis.
AM. uae capiti atque aetati tuae! TR. tuo, mea Ampelisca,—
sciui lenonem facere ⟨ego⟩ hoc quod fecit; saepe dixi;
capillum promittam optumumst occipiamque hariolari.
AM. cauistis ergo tú atque erus ne abiret, quom scibatis?

359 ne te *Fleckeisen* 361 *fort.* ubi nunc *vel* opino 362 Neptuneus *B* 365 Scitu (-ta *B*) *cod* (*corr.* C^2) 366 de naui *Fleckeisen*: nauis *cod.* 371 nos *om. B* 376 faxere *Sonnenschein* ego *add. Pylades*: ero *Schoell*

TR. quid faceret? AM. sí amabat, rogas, quid faceret? adseruaret
dies nóctesque, in custodia esset semper. uerum ecastor
ut multi fecit ita probe curauit Plesidippus.
TR. qur tu istuc dicis? AM. res palam est. TR. scin tu? etiam qui it lauatum
in balineas, quom ibi sedulo sua uestimenta seruat,
tamen súrrupiuntur, quippe qui quem illorum opseruet falsust;
fur facile quem opseruat uidet: custos qui fur sit nescit.
sed duce me ad illam ubi est. AM. i sane in Veneris fanum huc intro,
sedentem flentemque opprimes. TR. ut iám istuc mihi molestumst!
sed quid flet? AM. ego dicam tibí: hoc sese excruciat animi,
quia leno ademit cistulam ei quam habebat ubique habebat
qui suos parentes nosceré posset: eam ueretur
ne perierit. TR. ubinam ea fuit cistellula? AM. ibidem in naui.
conclusit ipse in uidulum, ne copia esset eiius
qui suos parentes nosceret. TR. o facinus inpudicum,
quam liberam esse oporteat seruire postulare!
AM. nunc eam cum naui scilicet abiisse pessum in altum.
et aurum et argentum fuit lenonis omne ibidem.
TR. credo aliquem immersisse atque eum excepisse. AM. id misera maestast
sibi eorum euenisse inopiam. TR. iam istoc magis usus factost
ut eam intro consolerque eam, ne sic se excruciet animi;
nam multa praeter spem scio multis bona euenisse.

384 obseruatur (? -at) *B* (*cf.* 385) 385 qui obs. *Goetz* 386 illam. AM. i sane — TR. ubist? AM. in (?) *Leo* 392 ei *Luchs* 395 eum *Bentley* 399 ut *Camerarius*: ne *cod.* se sic *cod.*: *trai. Guietus*

AM. at ego étiam, qui sperauerint spem decepisse multos.
TR. ergo animus aequos optumum est aerumnae condimentum.
ego eo intro, nisi quid uis.—AM. eas. ego quod mihi imperauit
sacerdos, id faciam atque aquam hinc de proxumo rogabo;
nam extemplo, si uerbis suis peterem, daturos dixit.
neque digniorem censeo uidisse anum me quemquam
quoi deos atque homines censeam bene facere magi' decere.
ut lepide, ut liberaliter, ut honeste atque hau grauate
timidas, egentis, uuidas, eiectas, exanimatas
accepit ad sese, hau secus quam si ex se simus natae!
ut eapse ⟨sic⟩ succincta aquam calefactat, ut lauemus!
nunc, ne morae illi sim, petam hinc aquam unde mi imperauit.
heus ecquis in uíllast? ecquis hoc recludit? ecquis prodit?

iv SCEPARNIO AMPELISCA

SC. Quis est qui nostris tam proterue foribus facit iniuriam?
AM. ego sum. SC. hem! quid hoc boni est? eu edepol specie lepida mulierem!
AM. salue, adulescens. SC. et tu multum salueto, adulescentula.
AM. ad uos uenio. SC. accipiam hospitio, si mox uenies uesperi,
item ut adfectam; nam nunc nihil est qui te mane munerem.
sed quid ais, mea lepida, hilara? AM. aha! nimium familiariter

405 exemplo siue uer. *cod. ut vid.*: *corr. Ital.* 407 *vel* mage 410 accipit *cod.* 411 ea spe *cod.* sic *add. Camerarius* 412 mora P^{BC}, *unde* ⟨in⟩ mora *Mueller* (*Rhein. Mus.* 54, 400) *vel* und' mihi 415 mulierem *Dousa*: mulier *cod.* 418 mane munerem *Hildebrand*: mane mulierem *cod. ut vid.*: inanem munerem *Ellis* 419 hilara lepida *Fleckeisen*, *nam* meá lepida *vix placet*

me attrectas. Sc. pro di inmortales! Veneris effigia haec quidem est.
ut in ocellis hilaritudo est, heia, corpus quoiusmodi,
subuolturium—illud quidem, 'subaquilum' uolui dicere—,
uel papillae quoiusmodi, tum quae indoles in sauiost!
Am. non ego sum pollucta pago. potin ut me apstineas manum?
Sc. non licet †te sic placide bellam† belle tangere?
Am. otium ubi erit, tum tibi operam ludo et deliciae dabo;
nunc quam ob rem huc sum missa, amabo, uel tu mi aias uel neges.
Sc. quid nunc uis? Am. sapienti ornatus quid uelim indicium facit.
Sc. meu' quoque hic sapienti ornatus quid uelim indicium facit.
Am. haec sacerdos Veneris hinc me petere aquam iussit ⟨sibi⟩.
Sc. at ego basilicus sum: quem nisi oras guttam non feres.
nostro illum puteum periclo et ferramentis fodimus.
nisi multis blanditiis a me gutta non ferri potest.
Am. qur tu aquam grauare, amabo, quam hostis hosti commodat?
Sc. qur tu operam grauare mihi quam ciuis ciui commodat?
Am. immo etiam tibi, mea uoluptas, quae uoles faciam omnia.
Sc. eugepae! saluos sum, haec iam me suam uoluptatem uocat.
dabitur tibi aqua, ne nequiquam mé ames. cedo mi urnam. Am. cape.
propera, amabo, ecferre. Sc. manta, iam hic ero, uoluptas mea.—

425 te] saltem *Leo* placidule *Fleckeisen* *fort.* belliatam belle
430 sibi (?) *Leo*: a uobis *cod.* (*marg. gloss. in* hinc?) a uobis iussit petere aquam *Ussing* 432 nostro *Ital.*: nos pro *cod.*

AM. quid sacerdoti me dicam hic demoratam tam diu?
ut etiam nunc misera timeo ubi oculis intueor mare!

sed quid ego misera uideo procul in litore?
meum erum lenonem Siciliensemque hospitem,
quos periisse ambos misera censebam in mari.
iam illud mali plus nobis uiuit quam ratae.
sed quid ego cesso fugere in fanum ac dicere haec
Palaestrae, in aram ut confugiamus priu' quam huc
scelestus leno ueniat nosque hic opprimat?
confugiam huc, ita res suppetit, subita uia.

V

SCEPARNIO

Pro di inmortales! in aqua numquam credidi
uoluptátem inesse tantam. ut hanc traxi lubens!
nimio minus altus puteus uisust quam prius.
ut sine labore hanc extraxi! praefiscine!
sati' nequam sum, utpote qui hodie amare inceperim.
em tibi aquam, mea tu belliata. em sic uolo
te ferre honeste ut ego fero, ut placeas mihi.
sed ubi tu es, delicata? cape aquam hanc sis. ubi es?
amat hercle me, ut ego opinor. delituit mala.
ubi tu es? etiamne hanc urnam acceptura's? ubi es?
commodule meliust. tandem uero serio,
etiam acceptura es urnam hanc? ubi tu es gentium?
nusquam hercle equidem illam uideo. ludos me facit.
adponam hercle urnam iám ego hanc in media uia.
sed autem, quid si hanc hinc apstulerit quispiam,
sacram urnam Veneris? mi exhibeat negotium.
metuo hercle ne illa mulier mi insidias locet,

440 demoratum *Mueller* 453 *vel* illuc plus mali *cod.*: *trai. Camerarius* 455 prius *ante* in *collocat Schoell*, *nam neque* prīu' qu(am) *nec* quam | huc *satis placent* (*cf.* 494) 457 res (*P*BC) *vel* me (mi?) (*T*) *cod.* subita uia *scripsi dubitanter*: subita ueniam *ut vid. cod.*: subitaria *Ussing* 461 praeficiscine *cod.* 462 satin *Bothe* utprote *cod.* inceperim amare *cod.*: *trai. Pylades fort.* hodie ut póte qui 466 *vel* opino 468 melius *cod.*

ut comprehendar cum sacra urna Veneria.
nempe optumo ⟨me⟩ iure in uinclis enicet
magistrátus si quis me hanc habere uiderit.
nam haec litteratast, eapse cantat quoia sit.
iam hercle euocabo hinc hanc sacerdotem foras,
ut hanc accipiat urnam. accedam huc ad fores.
heus, Agasi Ptolemocratia, cápe hanc urnam tibi:
muliercula hanc nescioquae huc ad me detulit.
intro ferundast. repperi negotium,
siquidem mihi his ultro adgerunda etiam est aqua.—

LABRAX CHARMIDES vi

LA. †Qui homo sese miserum et mendicum uolet†,
Neptuno credat sese atque aetatem suam:
nam si quis cúm eo quid rei commiscuit,
ad hoc exemplum amittit ornatum domum.
edepol, Libertas, lepida es quae numquam pedem
uoluisti in nauem cum Hercule una imponere.
sed úbi ille meus est hospes qui me perdidit?
atque eccum incedit! CH. quo malum properas, Labrax?
nam equidem te nequeo consequi tam strenue.
LA. utinam te priu' quam oculis uidissem meis
malo cruciatu in Sicilia perbiteres,
quem propter hoc mihi optigit misero mali.
CH. utinam, quom in aedis me ad te adduxisti ⟨domum⟩,
in carcere illo potius cubuissem die.
deosque inmortalis quaeso, dum uiuas, uti

476 me *add. Camerarius* 481 Agasi] exi *Seyffert* 482 *accedit A*; 482–98 *paucissima in initiis servata* 484 his mihi *P*, *A n. l.*: *trai. Reiz* (*sed cf. Kaempf* '*pron. pers.*' p. 28) 485 sesse *P* (*pro* se esse *vel* sese esse?), *A n. l.*: ⟨hominem⟩ sese *Bothe* 490 unam *B* (vii. 4), *A n. l.* 494 ⟨hisce⟩ oculis *Marx*, *nam neque* prīus *neque* quam | oculis *satis placent* (*cf.* 455) 495 siciliam *P*, *A n. l.*: *corr. Camerarius* 497 domum *add. Mueller* (*Rhein. Mus.* 54, 533) (*A n. l.*): ⟨tuas⟩ *Camerarius* 499–516 *paucissima in extremis versibus servata A*

omnis tui símilis hospites habeas tibi.
LA. Malam Fortunam in aedis te adduxi meas.
quid mihi scelesto tibi erat auscultatio?
quidue hinc abitio? quidue in nauem inscensio?
ubi perdidi etiam plus boni quam mihi fuit.
CH. pol minime miror nauis si fractast tibi,
scelu' té et sceleste parta quae uexit bona.
LA. pessum dedisti me blandimentis tuis.
CH. scelestiorem cenam cenaui tuam
quam quae Thyestae quondam aut posita est Tereo.
LA. perii! animo male fit. contine quaeso caput.
CH. pulmoneum edepol nimi' uelim uomitum uomas.
LA. eheu! Palaestra atque Ampelisca, ubi esti' nunc?
CH. piscibus in alto, credo, praebent pabulum.
LA. mendicitatem mi optulisti opera tua,
dum tuis ausculto magnidicis mendaciis.
CH. bonam est quod habeas gratiam merito mihi,
qui te ex insulso salsum feci opera mea.
LA. quin tu hinc is a me in maxumam malam crucem?
CH. eas. easque res agebam commodum.
LA. eheu! quis uiuit me mortalis miserior?
CH. ego multo tanta miserior quam tu, Labrax.
LA. qui? CH. quia ego indignus sum, tu dignus qui sies.
LA. o scirpe, scirpe, laudo fortunas tuas,
qui semper seruas gloriam aritudinis.
CH. equidem me ad uelitationem exerceo,
nam omnia corusca prae tremore fabulor.
LA. edepol, Neptune, es balineator frigidus:

500 tui *Ital.*: lui *P*, *A n. l.* 503 abito *P*, *A n. l.* 505 tibi *Ital.*: ibi *P*, *A n. l.* 509 aut posita *Nettleship*: anteposita *P*, *A n. l.* (*vix* ant'posita) 518 eis *A* (*antiqua forma*) 521 tanto B^2 (*sed cf. ad Men.* 680) 526 teremore *A*, *vix recte* (*cf. ad v.* 528)

cum uestimentis postquam aps te abii, algeo.
Ch. ne thermopolium quidem ullum | instruit,
ita salsam praehibet potionem et frigidam.
La. ut fortunati sunt fabri ferrarii
qui apud carbones adsident! semper calent.
Ch. utinam fortuna nunc anetina | uterer,
ut quom exiissem | ex aqua, arerem tamen.
La. quid si aliquo ad ludos me pro manduco locem?
Ch. quapropter? La. quia pol clare crepito dentibus.
Ch. iure optumo me †lauisse† arbitror.
La. qui? Ch. quia | auderem tecum in nauem ascendere,
qui a fundamento mi usque mouisti mare.
La. tibi auscultaui, tu promittebas mihi
illi esse quaestum maxumum meretricibus,
ibi me conruere posse aiebas ditias.
Ch. iam postulabas te, inpurata belua,
totam Siciliam deuoraturum insulam?
La. quaenam ballaena méum uorauit uidulum,
aurum atque argentum ubi omne compactum fuit?
Ch. eadem illa, credo, quae meum marsuppium,
quod plenum argenti fuit in sacciperio.
La. eheu! redactus sum usque ad unam hanc tuniculam
et ad hoc misellum pallium. perii oppido!
Ch. uel consociare mihi quidem tecum licet:
aequas habemus partis. La. saltem si mihi
mulierculae essent saluae, spes aliquae forent.

528 Quom *A* (*antiqua forma*) al-algeo *Seyffert, qui passim hic dentes crepitantes syllabas explevisse suspicatur. sed* aps té abii *satis placet* 529 *vel* nullum *vel* in-instruit (*cf. ad v.* 528) 533 *vix* anātina *vel* ut-uterer (*cf. ad v.* 528) 534 *vel* uti quom exiuissem *vel* ut quom exissem (*ita codd.*) ex aqu-aqu-aqua ar-arerem t. (*cf. ad v.* 528) 535 *vel dele* La. 536 Ch.] *vel* La. La.] *vel* Ch. 537 la-la-lauisse *Seyffert* (*cf. ad v.* 528): elauisse *Fleckeisen* 538 quia] qui *A*: *vel* qui-quia (*cf. ad v.* 528) *vel* auiderem (*cf. Skutsch in Satura Viadrina*, p. 24) 544 deuortaturum *P* (*corr.* B^2) 551 consciare *P*

nunc si me adulescens Plesidippus uiderit,
quo ab arrabonem pro Palaestra acceperam,
iam is exhibebit hic mihi negotium.
CH. quid, stulte, ploras? tibi quidem edepol copiast,
dum lingua uiuet, qui rem soluas omnibus.

vii SCEPARNIO LABRAX CHARMIDES

SC. Quid illuc, opsecro, negoti quod duae mulierculae
hic in fano Veneris signum flentes amplexae tenent,
nescioquem metuentes miserae? nocte hac aiunt proxuma
se iactatas atque eiectas hodie esse aiunt e mari.
LA. opsecro hercle, adulescens, ubi istaec sunt quas memoras mulieres?
SC. hic in fano Veneris. LA. quot sunt? SC. totidem quot ego et tu sumus.
LA. nemp' meae? SC. nemp' nescio istuc. LA. qua sunt facie? SC. scitula.
uel ego amare utramuis possum, si probe adpotus siem.
LA. nemp' puellae? SC. nemp' molestus es. i uise, si lubet.
LA. meas oportet intus esse hic mulieres, mi Charmides.
CH. Iuppiter te perdat, et si sunt et si non sunt tamen.
LA. intro rumpam iam huc in Veneris fanum.—CH. in barathrum mauelim.
opsecro, hospes, da mihi aliquid ubi condormiscam loci.
SC. istic ubi uis condormisce; nemo prohibet, puplicum est.
CH. at uides me ornatus ut sim uestimentis uuidis:
recipe me in tectum, da mihi uestimenti aliquid aridi
dum arescunt mea; in aliquo tibi gratiam referam loco.

555 a quo *P* arrabone *A* 556 iam sexhibebit *P* 559 illuc est (*i. e.* illuc'st?) obsecro negotii *P*: illuc opsecro negotist *Fleckeisen* 561 aiu:t] nunc *P* (N *pro* AI) 562 iectas *P* 566 potis sum '*cum lusu verborum*' *Leo* 567 Nepuellae *ut vid. A* es i] est *P* ueisse *A* (*antiqua forma*) 568 me *P* 573 ut ornatus *A* 574 uestī aliquid *P* (*i. e.* uestimenti, vii, p. 106): aliquid uestimenti *A*

Sc. tegillum eccillud, mihi unum id aret; id si uis dabo:
eodem amictus, eodem tectus esse soleo, si pluit.
tu istaec mihi dato: exarescent faxo. Ch. eho an te paenitet,
in mari quod elaui, ni híc in terra iterum eluam?
Sc. eluas tu anne exunguare ciccum non interduim.
tibi ego numquam quicquam credam nisi si accepto pignore.
tu uel suda uel peri algu uel tu aegrota uel uale.
barbarum hospitem mi in aedis nil moror. sat litiumst.—
Ch. iamne abeis? uenalis illic ductitauit, quisquis est;
non est misericors. sed quid ego hic asto infelix uuidus?
quin abeo huc in Veneris fanum, ut edormiscam hanc crapulam,
quam potaui praeter animi quam lubuit sententiam?
quasi uinis Graecis Neptunus nobis suffudit mare,
itaque aluom prodi sperauit nobis salsis poculis;
quid opust uerbis? si inuitare nos paullisper pergeret,
ibidem obdormissemus: nunc uix uiuos amisit domum.
nunc lenonem quid agit intus uisam, conuiuam meum.—

ACTVS III

Daemones — III. i

Miris modis di ludos faciunt hominibus,
mirisque exemplis somnia in somnis danunt:
ne dormientis quidem sinunt quiescere.
uelut ego hac nocte quae processit proxuma

576 tegillum (ti- ?) ẹcillum *A*: tigillum (tix- *T*) ecillud *P* id *prius om. P, codd. Pauli* 366 577 si] u — *A* (*an* ubi ?) pluuit *P, A n. l.* 579 ne *codd.* 580 tu anne *ut vid. P* (tu an *B*, tua ne P^{CD}), *A n. l.* interdum *P* 581 *Charmidi dat* (?) *Leo* si *om. A* 583 aedeis *P* 584 uenalis *bis P* ịillic *A* 586 huc] hinc *P* 587 quom p. (?) *Leo* 588–602 *initia fere servata A* 592 agat *Camerarius* 593, 594 (*cf. Merc.* 225, 226) *alterum secl. Ritschl* 593 m(ei)r(is) *A* 594 somnia *Merc.* 226 : omnia (*B*) *vel* nam omnia (P^{CD}) *P, A n. l.* 596 praecessit *Leo* (*A n. l.*), *sed cf. Marx* (*Sitzber. Wien Akad.* 1899)

mirum atque inscitum somniaui somnium.
ad hirundininum nidum uisa est simia
ascensionem ut faceret admolirier:
ut in omnibus * * * * *
neque eas eripere quibat inde. postibi
uidetur ad me simia adgredirier,
rogare scalas ut darem utendas sibi.
ego ad hoc exemplum simiae respondeo,
* * *
natas ex Philomela ac [ex] Progne esse hirundines.
ago cúm illa ne quid noceat meis popularibus.
atque illa nimio iam fieri ferocior;
uidetur ultro mihi malum minitarier.
in ius uocat me. íbi ego nescioquo modo
iratus uideor mediam arripere simiam;
concludo in uincla bestiam nequissumam.
nunc quám ad rem dicam hoc attinere somnium
numquam hodie quiui ad coniecturam euadere.
sed quid hic in Veneris fano meae uiciniae
clamoris oritur? animus miratur ⟨meus⟩.

ii TRACHALIO DAEMONES

TR. Pro Cyrenenses populares! uostram ego imploro fidem,
agricolae, accolae propinqui qui estis his regionibus,
ferte opem inopiae atque exemplum pessumum pessum date.
uindicate, ne inpiorum potior sit pollentia
quam innocentum, qui se scelere fieri nolunt nobilis.
statuite exemplum inpudenti, date pudori praemium,

599 adoririer *codd. Prisciani* I, p. 79 H. 599a ụṭ (in om)ṇịḅụṣ ṛu(ca)ṣịṭ — — ṇ(is) ṣụịṣ (*plurima incertissima*) *A* : *om. P* 601 uidebatur *P* (*i. e.* uidĕbatur ?) 603a *om. P* : *nihil legi potest in A* 604-19 *paucissima servata A* 604 atque ex progne esse *P* (*A n. l., sed versus brevior fuit*) : ex *del. Bothe* : Attica esse *Schoell* : esse *del. Hermann* 606 illa nimio *Acidalius* : illa animo *P, A n. l.* : illaec a. *Pylades* 608 *vel* med 611 Nunquam (-mq-) ad *P* 614 meus *suppl. Camerarius* (*A n. l.*) 620-91 *deest A*

facite hic lege potius liceat quam ui uicto uiuere.
currite huc in Veneris fanum, uostram iterum imploro fidem,
qui prope hic adestis quique auditis clamorem meum,
ferte suppetias qui Veneri Veneriaeque antistitae
more antiquo in custodelam suom commiserunt caput,
praetorquete iniuriae priu' collum quam ad uos peruenat.
Da. quid istuc est negoti? Tr. per ego haec genua te optestor, senex,
quisquis es—Da. quin tu ergo omitte genua et quid sit mi expedi
quod tumultues. Tr. teque oro et quaeso, si speras tibi
hoc anno multum futurum sirpe et laserpicium
eamque euenturam exagogam Capuam saluam et sospitem,
atque—ab lippitudine usque siccitas ut sit tibi,—
Da. sanun es? Tr. seu tibi confidis fore multam magydarim,
ut te ne pigeat dare operam mihi quod te orabo, senex.
Da. at ego te per crura et talos tergumque optestor tuom,
ut tibi ulmeam uberem esse speres uirgidemiam
et tibi euenturam hoc anno úberem messem mali.
ut mi istuc dicas negoti quid sit quod tumultues.
Tr. qui lubet maledicere? equidem tibi bona exoptaui omnia.
Da. bene equidem tibi dico, qui te digna ut eueniant precor.
Tr. opsecro, hoc praeuortere ergo. Da. quid negotist? Tr. mulieres
duae innocentes intus hic sunt, tui indigentes auxili,
quibus aduorsum ius legesque ínsignite iniuria hic
facta est fitque in Veneris fano; tum sacerdos Veneria
indigne adflictatur. Da. quis homo est tanta confidentia

625 custodiam *cod.* (*cf. ad Merc.* 233) 626 perueniat *cod.* 629 quid *cod. ut vid.* 636 ulmeam *Ital.*: uimeam (*sed* umerum *ut vid. T*) *cod.* ubi rem *ut vid. cod.* (*corr.* P^{CD}) speras *Acidalius* 637 euenturam hoc anno (*B*) *vel* hoc anno euenturam (P^{CD}) *cod.* 639 optaui *Guietus, cui* tíbi bona ĕxóptaui *displicet*

qui sacerdotem uiolare aúdeat? séd eae mulieres
quae sunt? aut quid is iniqui fit? Tr. si das operam, eloquar.
Veneris signum sunt amplexae. nunc ⟨homo audacissumus⟩
eas deripere uolt. eas ámbas esse oportet ⟨liberas⟩.
Da. quis istic est qui deos tam parui pendit? Tr. uis ⟨dicam tibi?⟩
fraudis, sceleris, parricidi, peiiuri plenissumus,
legerupa inpudens, inpurus, inuerecundissumus,
uno uerbo apsoluam, lenost: quid illum porro praedicem?
Da. edepol infortunio hominem praedicas donabilem.
Tr. qui sacerdoti scelestus faucis interpresserit.
Da. at malo cum magno suo fecit hercle. ite istinc foras,
Turbalio, Sparax. ubi estis? Tr. í opsecro intro, subueni
illis. Da. iterum haud imperabo. sequimini hac. Tr. age nunciam,
iube oculos elidere, itidem ut sepiis faciunt coqui.
Da. proripite hominem pedibus huc itidem quasi occisam suem.—
Tr. audio tumultum. opinor, leno pugnis pectitur.
nimi' uelim inprobissumo homini malas edentauerint.
sed eccas ipsae huc egrediuntur timidae e fano mulieres.

iii PALAESTRA TRACHALIO AMPELISCA

Pa. Nunc id est quom omnium copiarum atque opum,
auxili, praesidi uiduitas nos tenet.
⟨nec salust⟩ nec uiast quae salutem adferat,
⟨nec quam in partem⟩ ingredi persequamur

646 *an* auideat? 648 sqq. *fines mutilati in cod.* (*cf. ad* 666 sqq.) 648 h. a. *suppl. Lambinus e 'libris veteribus'* (*i. e. T*?) 649 lib. *suppl. Camerarius* 650 dicam tibi *supplevi* pendit ⟨paucis expedi⟩ *Lambinus e 'libris veteribus'* (*i. e. T*?) 656 hercle *post* malo *Brix, rhythmo consulens*: *vix* hercule 660 porrigite B^1 661 *vel* opino 663 eccas *Bentley*: ecce *cod.* e fano *Merula*: efandae (aef.) *cod.* 666 sqq. *initia mutilata in cod.* (*cf. ad* 648 sqq.) 666 nec salust (*vel* salus) *supplevi*: se *cod.* (*pro* s?) 667 nec quam in partem *suppl. Leo post alios*: -rtem (artem *B*) *cod.*

scimus: tanto in metu nunc sumus ambae,
⟨tanta⟩ inportunitas tantaque iniuria
orta in nos est modo hic intus ab nostro ero,
quin scelestus sacerdotem anum praecipes
reppulit, propulit perquam indignis modis
nosque ab signo intumo ui deripuit sua.
sed nunc sese ut ferunt res fortunaeque nostrae,
par moriri est. neque est melius morte in malis
rebus miseris. TR. quid est? quaé illaec oratiost?
cesso ego has consolari. heus Palaestra! PA. qui uocat?
TR. Ampelisca. AM. opsecro, quis est qui uocat?
PA. quis is est qui nominat? TR. si respexis, scies.
PA. o salutis meae spes. TR. tace ac bono animo es.
me uide. PA. si modo id liceat, uis ne opprimat,
quae uis uim mi adferam ipsa adigit. TR. ah! desine,
nimis inepta es.

PA. desiste dictis nunciam miseram me consolari;
nisi quid re praesidium apparas, Trachalio, acta haec res est.
AM. certumst moriri quam hunc pati ⟨saeuire⟩ lenonem in me.
sed muliebri animo sum tamen: miserae ⟨quom uenit⟩ in mentem
mihi mortis, metu' membra occupat. edepol diem hunc acerbum!
TR. bonum animum habete. PA. nam, opsecro, unde iste animus mi inuenitur?

668 scimus *scripsi*: sciamus *cod.* 669 tanta *suppl. Valla* 671 qui *Saracenus* (*cf.* 760) 673 *vix* uid er. 674 sese] se *Guietus* (*bacch. tetram.*) nostrae] nos (?) *Leo* 675 est moriri *cod.*: *trai. Reiz*: *vel* moririst 676 miseris *Pylades*: meiseriis *cod.* 678 *vix* ⟨oh⟩ quis est, *ut integer tetrameter fiat*: quis ⟨is⟩ est (?) *Leo* 679 respexes *cod.* 682 dictis *Pylades*: dictus *cod.* 683 praesidi *Fleckeisen* 684 sqq. *medii versus mutilati; lacuna in cod.* 684 moreirei *cod.* (*antiqua forma*) saeuire *suppl. Schoell* 685 quom uenit *suppl. Fleckeisen post Camerarium* 686 *vel* TR. edepol 687 istec *cod. ut vid.* (*cf. v.* 688) (*nisi quidem* unde animus *sine pronomine exhibuit cod.*) *vix* nam opsecro ŭnde ístic a.

Tr. ne, inquam, timete; adsidite hic in ara. Am. quid istaec ara
prodesse nobis ⟨plus⟩ potest quam signum in fano hic intus
Veneris, quod amplexae modo, unde abreptae per uim miserae?
Tr. sedete hic modo, ego hinc uos tamen tutabor. aram habete hanc
uobis pro castris, moeniá hinc ego uos defensabo;
praesidio Veneris malitiae lenonis contra incedam.
Pa. tibi auscultamus et, Venús alma, ambae te opsecramus,
aram amplexantes hanc tuam lacrumantes, genibus nixae,
in custodelam nos tuam ut recipias et tutere;
illos scelestos qui tuom fecerunt fanum parui
fac ut ulciscare nosque ut hanc tua páce aram opsidere
patiare: lautae ambae sumus opera Neptuni noctu,
ne indignum id habeas neue idcirco nobis uitio uortas,
si quippiamst minu' quod bene esse lautum tu arbitrare.
Tr. Venus, aequom has petere intellego: decet aps te id impetrari;
ignoscere his te conuenit: metus has id ut fáciant subigit.
te ex concha natam esse autumant, caue tu hárum conchas spernas.
sed optume eccum exît senex patronus mihique et uobis.

iv Daemones Trachalio Labrax Lorarii

Da. Exi e fano, natum quantum est hominum sacrilegissume.
uos in aram abite sessum. sed ubi sunt? Tr. huc respice.

688 adsidete *cod.* 689 plus *suppl. Camerarius* 690 abreptae *Merula*: arreptae *cod.* 692 *accedit A*; *usque ad* 727 *paucissima servata* 692 ⟨haec⟩, hinc *Lambinus* hinc *fort. om. A* 696 custodiam *P*, *A n. l.* (*cf ad Merc.* 233) 697 ịḷḷọ *vel* ẹọṣ *ut vid. A* 698 sqq. *initia mutilata in P* (*cf. ad* 648 sqq.) 698 f̣ac ụt ulciscare *A*: -scare *P* 699 poṭ(iare)ḷạụ— *A*: — aut ae *P* neptunei *P*, *A n. l.* 700 ṇẹ— *A*: Indignum *P* 701 lautum tu *Camerarius*: lautu *P*, *A n. l.* 702 Venus *Schoell*: ụṭ— (*fort.* ue—) *A*: *spat. P*

DA. optume, istuc uolueramus. iube modo accedat prope.
tun legerupionem hic nobis cum dis facere postulas?
pugnum in os impinge. LA. iniqua haec patior cum pretio tuo.
DA. at etiam minitatur audax? LA. ius meum ereptum est mihi,
meas mihi ancillas inuito me eripis. TR. habe iudicem
de senatu Cyrenensi quemuis opulentum uirum,
si tuas ésse oportet niue eas ésse oportet liberas
neu te in carcerem compingi aéquom est aetatemque ibi
te usque habitare, donec totum carcerem contriueris.
LA. non hodie isti rei auspicaui, ut cum furcifero fabuler.
té ego appello. DA. cum istoc primum qui te nouit disputa.
LA. tecum ago. TR. atqui mecum agendumst. suntne illae ancillae tuae?
LA. sunt. TR. agedum ergo, tange utramuis digitulo minimo modo.
LA. quid si attigero? TR. extemplo hercle ego te follem pugilatorium
faciam et pendentem incursabo pugnis, peiiurissume.
LA. mihi non liceat meas ancillas Veneris de ara abducere?
DA. non licet: ita est lex apud nos— LA. mihi cum uostris legibus
nihil est commercí. equidem istas iam ambas educam foras.
tu, senex, si istas amas, huc arido argentost opus;
si autem Veneri complacuerunt, habeat, si argentum dabit.
DA. di tibi argentum! nunc adeo meam ut scias sententiam,
occipito modo illís adferre uim ioculo pauxillulum,

708–12 *A n. l.* 709 tun *Camerarius*: tunc *cod.* nobisque et dis (?) *Leo* 714 eas esse oportet *Merula*: eas oportet esse *P*, *A n. l.* (*cf. ad v.* 736) 715 est aequom *cod.* (*ordo non Plautinus*): *trai. Gimm*: *vel* aequomst *post* ibi *spat. in* P^{CD}, *unde* ibi ⟨tuam⟩ *Schoell* 720 agendum *cod.* 723 adducere *P* 724 non licet *vel* non licet ita *P*, *A n. l.* 725 *vix** nihil est (*ut puta* ⟨senex⟩, nihil est) (*A n. l.*) 726 amabas P^{CD} (*pro* -bis ?) 728 dei *an* det *incert. A*: do *P* ut scias meam *P*

ita ego te hinc ornatum amittam tu ipsus te ut non noueris.
uos adeo, ubi ego innuero uobis, ni ei caput exoculassitis,
quasi murteta iunci, item ego uos uirgis circumuinciam.
LA. uí agis [mecum]. TR. etiam uim proportas, flagiti flagrantia?
LA. tun, trifurcifer, mihi audes inclementer dicere?
TR. fateor, ego trifurcifer sum, tú es homo adprime probus:
numqui minus hasce esse oportet liberas? LA. quid, liberas?
TR. atque eras tuas quidem hercle atque ex germana Graecia;
nam altera haec est nata Athenis ingenuis parentibus.
DA. quid ego ex te audio? TR. hanc Athenis esse natam liberam.
DA. mea popularis, opsecro, haec est? TR. non tu Cyrenensis es?
DA. immo Athenis natus altusque educatusque Atticis.
TR. opsecro, defende ciuis tuas, senex. DA. o filia
mea, quom hanc uideo, mearum me apsens miseriarum commones;
trima quae periit mi iam tanta esset, si uiuit, scio.
LA. argentum ego pro istisce ambabus quoiae erant domino dedi;
quid mea refert Athenis natae haec an Thebis sient,
dum mihi recte seruitutem seruiant? TR. itane, inpudens?
tune hic, feles uirginalis, liberos parentibus
sublectos habebis atque indigno quaestu conteres?
nam huïc alterae quae patria sit profecto nescio,

730 ita hinc ego te ornatum te amittam *P*   ut tu ipsu—uerit *A*   731 ni] ni (si superscr.) (*i. e.* ni *corr.* nisi) *P*, *ut vid.* (si *T*, sine P^{BC}; v. 3), *A n. l.*   732 iunci *Leo*: luncis *P*. *A n. l.*   circum uinclam *P*, *A n. l.*   733 *vix* uid   mecum *om.* *A*   probrŏ das (?) *Leo*   736 oportet esse *P* (*cf. ad v.* 714)   738 nam(que haec alt)e—*fort.* *A*   740 opsecro *om.* *A*   741 edu(ca)tisque *A*   attigis *P* (G *pro* C)   743 cum [ego] h. *P*   mearum me (me *om.* P^{CD}) *P*: memet *A*   746 hae athenis natae *P*, *A n. l.*: *trai. Schoell*, *nam* natae | an *displicet*   748 feles *Turnebus*: fallis *P*, *A n. l.* (L *pro* E)   750 patria quae *P*

nisi scio probiorem hanc esse quam te, inpuratissume.
La. túae istaé sunt? Tr. contende ergo uter sit tergo— uerior:
ni offerrumentas habebis pluris in tergo tuo
quam ulla nauis longa clauos, tum ego ero mendacissumus:
postea aspicito meum, quando ego tuom inspectauero:
ní erit tam sincerum ut quiuis dicat ampullarius
optumum esse operi faciundo corium et sincerissumum,
quid caussaest quin uirgis te usque ad saturitatem sauciem?
quid illas spectas? quas si attigeris, oculos eripiam tibi.
La. atqui, quia uotas, utramque iam mecum abducam semul.
Da. quid facies? La. Volcanum adducam, is Venerist ad-uorsarius.
Tr. quó illic it? La. heus, ecquis hic est? heus! Da. si attigeris ostium,
iam hercle tibi messis in ore fiet mergis pugneis.
Lo. nullum habemus ignem, ficis uictitamus aridis.
Da. ego dabo ignem, siquidem in capite tuo conflandi copiast.
La. ibo hercle aliquo quaeritatum ígnem. Da. quid quom inueneris?
La. ignem magnum hic faciam. Da. quin inhumanum exuras tibi?
La. immo hasce ambas hic in ara ut uiuas comburam, id uolo.
Da. iam hercle ego te continuo barba arripiam, in ignem coniciam
teque ambustulatum obiciam magnis auibus pabulum.

752 tua enim istaec sunt *Seyffert*: nugae i. s. *Bentley*: tricae i. s. *Leo* uerior *Camerarius*: —or *A*: ueri— *P*: purior *Seyffert* 755 poste aspicito ⟨tu⟩ *Mueller* (*A n. l.*) 757 opere *P*, *A n. l.* 760 atquin *P*, *A n. l.* 763 messīs (-ēs?) *suspectum* (*vix* hercule) fiet in ore messis *Sonnenschein* mergeis *A* (*antiqua forma*) 764 ficis] olficis *A* arideis *ut vid.* *A* (*antiqua forma*) 766 lignum *Schoell* 767 inhumanum] ut humanum *P* (*cf. Class. Rev.* 18, 402) exurias *P* 768 comburem *A* 769 nam *P* barba continuo *P* [et] in *P*

quom coniecturam egomet mecum facio, haec illast simia
quae has hirundines ex nido uolt eripere ingratieis,
quod ego in somnis somniaui. TR. scin quid tecum oro, senex?
ut illas serues, uim defendas, dúm ego erum adduco meum.
DA. quaere erum atque adduce. TR. at hic ne—DA. maxumo malo suo
si attigerit siue occeptassit. TR. cura. DA. curatumst, abi.
TR. hunc quoque adserua ipsum ne quo abitat; nam promissimus
carnufici aut talentum magnum aút hunc hodie sistere.
DA. abi modo, ego dum hoc ⟨curabo⟩ recte. TR. iam ego reuenero.

v DAEMONES LABRAX LORARII

DA. Vtrum tu, leno, cum malo lubentius
quiescis an sic sine malo, si copiast?
LA. ego quae tu loquere flocci non facio, senex.
meas quidem té inuito et Venere et summo Ioue
de ara capillo iam deripiam. DA. tangedum.
LA. tangam hercle uero. DA. ágedum ergo, accede huc modo.
LA. iubedúm recedere istos ambo illuc modo.
DA. immo ad te accedent. LA. non hercle equidem censeo.
DA. quid ages si accedent propius? LA. ego recessero.
uerum, senex, si te umquam in urbe offendero,
numquam hercle quisquam me lenonem dixerit
si te non ludos pessumos dimissero.

772 e nudo *A*   774 erum] ero *A*   776 occeptassis *A*   777 quo *om. A*   nam] aut *A*   779 *om. P*   hocc . . tabo *cod.*: abes curabo *Fleckeisen, Studemund*   781 copia est *an* copiaest *incert. A*   787 equidem] egomet *P*   789 *repetit A post* 791 (? *propter homoeotel. vv.* 791, 788)   791 non te *P*   dimiserio *P*

DA. facito istuc quod minitare ; sed nunc interim,
si illas attigeris, dabitur tibi magnum malum.
LA. quam magnum uero ? DA. quantum lenoni sat est.
LA. minacias ego flocci non faciam tuas,
equidem has te inuito iam ambas rapiam. DA. tangedum.
LA. tangam hercle uero. DA. tanges, at scin quo modo ?
i dum, Turbalio, curriculo, adfert⟨o domo⟩
duas cláuas. LA. clauas ? DA. sed probas. propera cito.
ego te hodie faxo recte acceptum ut dignus es.
LA. eheu ! scelestus galeam in naui perdidi ;
nunc mi opportuna hic esset, salua si foret.
licet saltem istas mi appellare ? DA. non licet.
ehem ! optume edepol eccum clauator aduenit.
LA. illud quidem edepol tinnimentum est auribus.
DA. age accipe illinc alteram clauam, Sparax.
age, alter istinc, alter hinc adsistite.
adsistite ambo. sic. audite nunciam :
si hercle illic illas hodie digito tetigerit
inuitas, neí istunc istis inuitassitis
usque adeo donec qua domum abeat nesciat,
periistis ambo. si appellabit quempiam,
uos respondetote istinc istarum uicem ;
sin ipse abĭtere hinc uolet, quantum potest
extemplo amplectitote crura fustibus.
LA. etiam me abire hinc non sinent ? DA. dixi satis.
et ubi ille cúm ero seruos huc aduenerit,
qui erum accersiuit, itote extemplo domum.

792 minitares *P* 795 m. ego istas fl. non facio *P* (*pro* minas ego istas, *versus retractatione*, *Seyffert*) 796 eas *P* 797 *vel* tanges ? (*interrogative*) 798–844 *deest A* 798 *lacuna in fine versus*, *cod.* : *suppl. Leo* : affer ⟨huc domo⟩ *Reiz* 802 fortet *cod.* 805 uenit *Bentley*. *nam neque* édepol ĕccúm *neque* clau͡ator *disyll. placet* 808 accedite (?) *Leo* 815 sine ipse (sine dpse *B*) *cod.* abitere *Acidalius* : abire *cod.* (abile B^1) 817 sinent *Pylades* : desinent *cod.* 818 seruos cum ero *cod.* : *trai. Seyffert* ero ⟨suo⟩ *Pylades* ad ⟨uos⟩ uenerit *Schoell*

curate haec sultis magna diligentia.—
La. heu hercle! né istic fana mutantur cito:
iam hoc Herculei est, Veneris fanum quod fuit,
ita duo destituit signa hic cum clauis senex.
non hercle quó hinc nunc gentium aufugiam scio,
ita nunc mi utrumque saeuit, et terra et mare.
Palaestra! Lo. quid uis? La. apage, controuorsia est,
haec quidem Palaestra quae respondit non mea est.
heus, Ampelisca! Lo. Alter. caue sis infortunio.
La. †ut potest, ignaui† homines sati' recte monent.
sed uobis dico, heús uos! num molestiaest
me adire ad illas propius? Lo. nihil—nobis quidem.
La. numquid molestum mihi erit? Lo. nihil, si caueris.
La. quid est quod caueam? Lo. ém! a crasso infortunio.
La. quaeso hercle abire ut liceat. Lo. abeas, si uelis.
La. bene hercle factum. hábeo uobis gratiam.
non cedam potius. Lo. illic astato ilico.
La. edepol proueni nequiter multis modis.
certumst hasce hodie usque opsidione uincere.

vi Plesidippvs Trachalio Labrax
Charmides Lorarii

Pl. Meamne ílle amicam leno ui, uiolentia
de ara deripere Veneris uoluit? Tr. admodum.
Pl. quin occidisti extemplo? Tr. gladius non erat.

820 stultis *cod.* dil- *an* deil- *incert. cod.* 821 eheu *cod.* 822 fit *Palmer*: est *cod.* ⟨modo⟩ Veneris *Acidalius* 827 quidem *Acidalius*: equidem *cod.* 829 potis est *Bothe* ultro te! signa ut h. *Leo* : *fort.* utpote si (*vix* utrose) signa ut h. 830 ⟨ego⟩ dico (?) *Leo* 833 crasso *Ital.* : craeso *cod.* 834 adire *cod.* habeas *cod.* 835 b. ergo hercle P^{CD} factum ⟨et⟩ *Acidalius* 836 non cedam *Seyffert*: non accedam *cod.* : accedam (*del.* non) *Reiz* astato *Gruterus* : astate *cod.* *fort.* Hac (*pro quo* N, *i. e.* 'non,' ac *cod.*) cedam potius. Lo. Al. illic astato ilico 841 claudius *cod.* (*pro* clad-)

PL. caperes aut fustem aut lapidem. TR. quid? ego quasi canem
hominem insectarer lapidibus nequissumum?
LA. nunc pol ego perii, Plesidippus eccum adest.
conuorret iam hic me totum cum puluisculo.
PL. etiamne in ara tunc sedebant mulieres,
quom ad me profectu's ire? TR. ibidem nunc sedent.
PL. quis illás nunc illic seruat? TR. nescioquis senex,
uicinus Veneris; is dedit operam optumam.
is nunc cum seruis seruat. ego mandaueram.
PL. duc me ad lenonem recta. úbi illic est homo?
LA. salue. PL. salutem nil moror. opta ocius:
rapi te optorto collo mauis an trahi?
utrumuis opta dum licet. LA. neutrum uolo.
PL. abi sáne ad litus curriculo, Trachalio,
iube illós in urbem ire obuiam ad portum mihi,
quos mecum duxi, hunc qui ad carnuficem traderent.
post huc redito atque agitato hic custodiam.
ego hunc scelestum | in ius rapiam | exsulem.
age, ambula in ius. LA. quid ego deliqui? PL. rogas?
quin arrabonem a me accepisti ob mulierem
et eam hinc abduxti? LA. non auexi. PL. qur negas?
LA. quia pol prouexi: auehere non quiui miser.
equidem tibi me dixeram praesto fore
apud Véneris fanum: ⟨num⟩ quid muto? sumne ibi?
PL. in iure caussam dicito, hic uerbum sat est:
sequere. LA. opsecro te, subueni mi, Charmides.
rapior optorto collo. CH. quis me nominat?

843 insectarer *Ital.*: inspectarer *cod.* 845–72 *paucissima servata A* (*nihil* 849–58 *praeter* 853 *in.*, 857 *ext.*) 846 tunc *Ital.*: nunc *P, A n. l.* 857 qui hunc *cod.*: *trai. Camerarius* -ent (*vix* traderent) *A*, *unde* darent *Seyffert*, *Pradel* '*de praep.*' p. 474, trahent *alii* 859 ⟨iam hinc⟩ in ius (?) *Leo* — m exịlem *A*: ⟨exigam⟩ exulem *Schoell* 861–2 mulierem est (et *Ital.*) | Iam *P* 862 et eam *Merula post Pyladem*: iam *P, A n. l.* abduxisti *P, A n. l.*: auexti *Acidalius* 865 num *add. Bentley* (*A n. l.*) multo *P* 867 mei (*i. e.* mi *vocat. casu* ?) *P, A n. l.*

La. uiden me ut rapior? Ch. uideo atque inspecto lubens.
La. non subuenire mi audes? Ch. quis homo te rapit?
La. adulescens Plesidippus. Ch. ut nanctu's habe.
bono animo meliust te in neruom conrepere.
tibi optigit quod plurumi exoptant sibi.
La. quid id est? Ch. ut id quod quaerant inueniant sibi.
La. sequere, opsecro, me. Ch. pariter suades qualis es:
tu in neruom rapere, eo me opsecras ut te sequar.
etiam retentas? La. perii! Pl. uerum sit uelim.
tu, mea Palaestra et Ampelisca, ibidem ilico
manete dúm ego huc redeo. Lo. équidem suadeo
ut ad nos abeant potius, dum recipis. Pl. placet,
bene facitis. La. fures mi estis. Lo. quid, fures? rape.
La. oro, opsecro, Palaestra. Pl. sequere, carnufex.
La. hospes—Ch. non sum hospes, repudio hospitium tuom.
La. sicine me spernis? Ch. sic ago. semel bibo.
La. di te infelicent!—Ch. isti capiti dicito.
credo alium in aliam beluam hominem uortier:
illic in columbum, credo, leno uortitur,
nam | in columbari collus hau múlto post erit;
in neruom ille hodie nidamenta congeret.
uerum tamen ibo ei aduocatus ut siem,
si qui mea opera citius – addici potest.—

869 uinden *P, A n. l.* 872 melius *ut vid. A* 873–1004 *deest A* 875 obsecro me *Camerarius*: obsecrom *cod.* 877 Pl. etiam P^{CD} 884 semel bibo ⟨tuom⟩ *Niemeyer, nam diiambus in fine versus vix ferendus*: *fort.* si me' b. (*i.e.* 'quasi gargarizans spuo') 887 columbam *Schoell* 888 collus *testatur Priscianus* 1, 150: collum *cod.* coll. in col. *Fleckeisen post Osbernum rhythmi causa* (*cf. Class. Rev.* 10, 333)

ACTVS IV

DAEMONES IV. i

Bene factum et uolup est mé hodie his mulierculis
tetulisse auxilium. iam clientas repperi,
atque ambas forma scitula atque aetatula.
sed uxór scelesta me omnibus seruat modis,
ne quid significem quippiam mulierculis.
sed Gripus seruos noster quid rerum gerat
miror, de nocte qui abiit piscatum ad mare.
pol magi' sapisset si dormiuisset domi,
nam nunc et operam ludos facit et retiam,
ut tempestas est nunc atque ut noctu fuit.
in digitis hodie percoquam quod ceperit,
ita fluctuare uideo uehementer mare.
sed ad prándium uxor me uocat. redeo domum.
iam meas opplebit auris uaniloquentia.—

GRIPVS ii

Neptuno has ago gratias meo patrono,
qui salsis locis incolit pisculentis,
quom me ex suis locis pulchre ornatum expediuit,
templis redducem, pluruma praeda onustum,
salute horiae, quae in mari fluctuoso
piscatu nouo me uberi compotiuit

892 *vel* med 896 ne qui *Acidalius* 899 *vel* mage *vel* sapiisset: *Priscianus* 1, 500 *ex Capro* sapuisset *testari videtur* 900 facit *codd. Prisciani* 1, 332 : dat *cod.* (*pro* fãt, *i. e.* facit ?) *fort. recte* (*cf. Arch. Lat. Lexicogr.* 11, 128) retiam *testatur Priscianus* : retia *cod.* 905 meas *post* auris *Sonnenschein* [sua] uan. *cod.* (iv. 3) : sua *del. Guietus* 906 meo patrono gratias *cod.* : *trai. Reiz* 908 locis *del. Reiz* 909 templisque reducem (*ita cod.*) *Fleckeisen*, *cui* redducem *forma displicet* honestum *cod.* (*corr.* B^2) 910 horiae *Pylades* : horeia *cod.* : horia *codd. Nonii* 533

miroque modo atque incredibili hic piscatus mihi lepide euenit,
neque piscium ullam unciam hodie pondo cepi, nisi hoc quod fero hic in rete.
nam ut de nocte multa inpigreque exsurrexi, 914-15
lucrum praeposiui sopori et quieti:
tempestate saeua experiri expetiui
paupertatem eri qui et meam seruitutem
tolerarem, opera hau fui parcu' mea.
nimis homo nihilist quist piger nimisque id genus odi ego male.
uigilare decet hominem qui uolt sua temperi conficere officia.
non enim illum exspectare ⟨id⟩ oportet, dum eru' se ad suom suscitet officium.
nam qui dormiunt lubenter sine lucro et cum malo quiescunt.
nám ego nunc mihi, qui inpiger fui,
repperi ut piger si uelim siem:
hoc ego in mari quidquid hic inest 925ª
repperi. quídquid inest, graue quidemst; aurum hic
ego inesse reor; nec mihi conscius est ullus homo. 926ª
†nunc haec tibi occasio, Gripe, optigit ut liberes ex populo praeter te†.
nunc sic faciam, sic consilium est: ad erum ueniam docte atque astu[te].
pauxillatim pollicitabor pro capite argentum ut sim liber.

913 *an quattuor cola Reiziana?* pondo hodie *Pylades* (*anap.*) *sed* piscium ŭllam *displicet* hic *om.* *P*CD 918 seruitutem *Camerarius*: sententiam *cod.*: sentilentam *Schoell* 920 quis est piger *B*: quis piger est *P*CD 922 id *add. Seyffert* *fort. delend.* officium *ut versus trochaicus fiat* 925ª hic *om.* *B* 926 quidemst *Camerarius*: quidem inst *cod.* 927 *vix* poplŏ praeter *per compend. script. in cod.*, *post* populo *littera* s *in B* (*de qua cf. ad Truc.* 102) *fort.* nunc tíbi ŏccasio haĕc, Gripe, óptigit ut libéret extemplo praétor te 928 sicut cons. *P*CD ueniam ad erum (?) *Leo* astu *Reiz* (*cf. Most.* 1069)

iam ubí liber ero, igitur demum instruam agrum atque aedis, mancupia,
nauibu' magnis mercaturam faciam, apud reges rex perhibebor.
post animi caussa mihi nauem faciam atque imitabor Stratonicum,
oppida circumuectabor.
933a ubi nobilitas mea erit clara,
oppidum magnum communibo;
934a ei ego urbi Gripo indam nomen,
monumentum meae famae et factis,
935a ibi qui regnum magnum instituam.
magnas res hic agito in mentem
936a instruere. hunc nunc uidulum condam.
sed hic rex cum acéto pransurust
937a et sale sine bono pulmento.

TRACHALIO GRIPVS iii

TR. Heus, mane. GR. quid maneam? TR. dum hanc tibi quam trahi' rudentem complico.
GR. mitte modo. TR. at pol ego te adiuuo nam bonis quod bene fit hau perit.
GR. turbida tempestas heri fuit,
nil habeo, adulescens, piscium, ne tu mihi esse postules;
non uides referre me uuidum retem sine squamoso pecu?
TR. non edepol piscis expeto quam tui sermonis sum indigens.
GR. enicas iam me odio, quisquis es. TR. non sinam ego abire hinc te. mane.
GR. caue sis malo. quid tu, malum, nam me retrahis? TR. audi.

930 ero igitur *Camerarius*: erigitur *cod.* ⟨tum⟩ igitur *Spengel* atque] ad P^{CD} 934ª ei ego *Merula*: elego *cod.* 935ª ibi qui *Buecheler*: ibique *cod.* (*vix* ibiq'): ibi (*del.* que) *Sonnenschein* 936ª nunc hunc *cod.*: *trai. Reiz* 939 adiuuo *Mueller*: adiuuabo *cod.* 942 retem *testatur Priscianus* 1, 332: rete *cod.* 943 *cf. Buecheler* (*Rhein. Mus.* 56, 323)

GR. non audio. TR. at pol qui audies post. GR. quin loquere quid uis.
TR. eho modo est operae pretium quod tibi ego narrare uolo.
GR. eloqueren quid id est? TR. uide num quispiam consequitur prope nos.
GR. ecquid est quod mea referat? TR. scilicet.
sed boni consilí ecquid in te mihi est? 950
GR. quid negoti est modo dice. TR. dicam, tace,
si fidem modo das mihi te non fore infidum. 952–3
GR. do fidem tibi, fidus ero, quisquis es. TR. audi. 954–5
furtum ego uidi qui faciebat;
noueram dominum, id quoi fiebat, 956^{a}
post ad furem egomet deuenio
feroque ei condicionem hoc pacto: 957^{a}
'ego istuc furtum scio quoi factum est;
nunc mihi si uis dare dimidium, 958^{a}
indicium domino non faciam.'
is mihi nihil etiam respondit. 959^{a}
quid inde aequom est dari mihi? dimidium 960
uolo ut dicas. GR. immo hercle etiam plus,
nam nisi dat, domino dicundum 961^{a}
censeo. TR. tuo consilio faciam.
nunc aduorte animum; namque hoc om- 962^{a}
ne attinet ad te. GR. quid factumst? 962^{b}
TR. uidulum istum quoius est noui ego hominem iam pridem. GR. quid est?
TR. et quo pacto periit. GR. at ego quo pacto inuentust scio
et qui inuenit hominem noui et dominus qui nunc est scio. 965

947 modo *suspectum*: mane dum *Leo*: *an* numero? 948 eloqueren (?) *Leo metri causa*: eloquere *cod.* num quispiam *Camerarius*: nuspiam *cod.* 950 consiliis *cod.*: *corr. Camerarius* 956^{a} *vel* noram 961 plus] amplius *Seyffert* 963 cuius est *Ital.*: cuiusnest (-mest) *cod.*: *fort.* quoiusnam est (cuiusnāest *vel* cuiusn̄est)

nihilo pol pluris tua hoc quam quanti illud refert mea:
ego illum noui quoius nunc est, tu illum quoius antehac fuit.
hunc homo feret a me nemo, ne tu te speres potis.
TR. non ferat si dominus ueniat? GR. dominus huic, ne frustra sis,
nisi ego nemo natust, hunc qui cepi in uenatu meo.
TR. itane uero? GR. ecquem esse dices in mari piscem meum?
quos quom capio, siquidem cepi, mei sunt; habeo pro meis,
nec manu adseruntur neque illinc partem quisquam postulat.
in foro palam omnis uendo pro meis uenalibus.
mare quidem commune certost omnibús. TR. adsentio:
qui minus hunc communem quaeso mihi esse oportet uidulum?
in mari inuentust communi. GR. esne inpudenter inpudens?
nam si istuc ius sit quod memoras, piscatores perierint.
quippe quom extemplo in macellum pisces prolati sient,
nemo emat, suam quísque partem piscium poscant sibi,
dicant in mari communi captos. TR. quid ais, inpudens?
ausu's etiam comparare uidulum cum piscibus?
eadem tandem res uidetur? GR. in manu non est mea:
ubi demisi retem atque hamum, quidquid haesit extraho.
meum quod rete atque hami nancti sunt meum potissumumst.
TR. immo hercle haud est, siquidem quod uas excepisti. GR. philosophe!
TR. sed tu enumquam piscatorem uidisti, uenefice,
uidulum piscem cepisse aut protulisse ullum in forum?

968 potis *Benoist*: potius *cod.* 969 ne *Reiz*: [nemo] ne *cod.* (iv. 3) frustra sis (s:es) *Camerarius*: frustrases *cod.* 977 commune est GR. ne *cod.*: *corr. Leo* 980 poscant *codd. Prisciani* I, 332: poscat *cod.* 981 mare *testatur Priscianus* 984 retem *cod.* (rete B); *idem testatur Priscianus* I. 332

non enim tu hic quidem occupabis omnis quaestus quos uoles:
et uitorem et piscatorem te esse, inpure, postulas.
uel te mihi monstrare oportet piscis qui sit uidulus,
uel quod in mari non natum est neque habet squamas ne feras.
Gr. quid, tu numquam audisti esse antehac uidulum piscem? Tr. scelus,
nullus est. Gr. immo est profecto; ego qui sum piscator scio;
uerum rare capitur, nullus minu' saepe ad terram uenit.
Tr. nil agis, dare uerba speras mihi te posse, furcifer.
Gr. quo colore est, hoc colore capiuntur pauxilluli;
sunt alii puniceo corio, magni item; atque atri. Tr. scio.
tu hercle, opino, in uidulum te bis conuortes, nisi caues:
fiet tibi puniceum corium, postea atrum denuo.
Gr. quod scelus hodie hoc inueni! Tr. uerba facimus, it dies.
uide sis quoiius arbitratu nos uis facere. Gr. uiduli
arbitratu. ⟨Tr. itane? Gr.⟩ ita enim uero. Tr. stultus es. Gr. salue, Thales.
Tr. tu istunc hodie non feres, nisi das sequestrum aut arbitrum
quoiius haec res arbitratu fiat. Gr. quaeso, sanun es?
Tr. elleborosus sum. Gr. [at] ego cerritus, hunc non amittam tamen.
Tr. uerbum etiam adde unum, iam in cerebro colaphos apstrudam tuo;

993 qui tu *cod.* (*pro* quit tu) 995 uerum rare *Charisius* 217 (*qui testatur* rare); uero raro *cod.* 997 quo c. est? *Trachalioni dat cod.* 999 opinor *cod.* *vix* uidlum bis *Leo*: piscem *cod.* 1002 facere uis *cod.*: *trai. Gruterus* facere nos uis *Brix* 1003 Tr. itane? Gr. *add. Seyffert* 1005 *accedit A*; *usque ad* 1010 *paucissima leguntur*, 1011–20 *paulo plura* 1005 —e es (*i. e.* sanusne es?) *A*: sanus es *P* 1006 at *del. Guietus* (*A n. l.*) *vix* elleborosu's (-sus). Gr. ac cerritus emittam *A* 1007 adde etiam *P*CD, *A n. l.*

iam ego te hic, itidem quasi peniculus nouos exurgeri solet,
ni hunc amittis, exurgebo quidquid umoris tibist.
Gr. tange: adfligam ad terram te itidem ut piscem soleo polypum.
uis pugnare? Tr. quid opust? quin tu potius praedam diuide.
Gr. hinc tu nisei malum fruniscei nihil potes, ne postules.
abeo ego hinc. Tr. at ego hinc offlectam nauem, ne quo abeas. mane.
Gr. sei tu proreta isti naui es, ego gubernator ero.
mitte rudentem, sceleste. Tr. mittam: omitte uidulum.
Gr. numquam hercle hinc hodie ramenta fies fortunatior.
Tr. non probare pernegando mihi potes, nisi pars datur
aut ad arbitrum redeitur aut sequestro ponitur.
Gr. quemne ego excepi in mari—Tr. at ego ínspectaui e litore.
Gr. mea opera, labore et rete et horia? Tr. numqui minus,
si ueniat nunc dominus quoiiust, ego qui inspectaui procul
te hunc habere, fur sum quam tu? Gr. nihilo. Tr. mane, mastigia:
quo argumento socius non sum et fur sum? facdum ex te sciam.
Gr. nescio neque ego istas uostras leges urbanas scio,
nisi quia hunc meum esse dico. Tr. et ego item esse aio meum.
Gr. mane, iam repperi quo pacto nec fur nec socius sies.
Tr. quo pacto? Gr. sine me hinc abire, tú abi tacitus tuam uiam;
nec tu me quoiquam indicassis neque ego tibi quicquam dabo;

1008 iam— *A*: ego iam *P* peniculus *Guietus*: penicillus *P*, *A n. l.* exurgere *P* (*pro* -rei ?) 1010 te adterram *P*CD, *A n. l.* 1011 uin *Morris* (*cf. ad Bacch.* 873) 1020 horreia (horrea) *codd. Prisciani* 1, 332 1021–38 *paucae litterae in primis et extremis versibus A* 1022 fur sum *Ital*: furtum *P*, *A n. l.* 1026 repperi *Fleckeisen*: reperi rem *P*, *A n. l.*

tu taceto, ego mussitabo: hoc optumum atque aequissumum est.
TR. ecquid condicionis audes ferre? GR. iam dudum fero:
ut abeas, rudentem amittas, mihi molestus ne sies.
TR. mane dum refero condicionem. GR. te, opsecro hercle, aufer modo.
TR. ecquem in heis locis nouisti? GR. oportet uicinos meos.
TR. ubi tu hic habitas? GR. porro illic longe usque in campis ultumis.
TR. uin qui in hac uilla habitat, eiius arbitratu fieri?
GR. paullisper remitte restem dum concedo et consulo.
TR. fiat. GR. eugae! salua res est, praeda haec perpetua est mea;
ad meum erum arbitrum uocat me hic intra praesepis meas:
numquam hercle hodie abiudicabit ab suo triobolum.
né iste hau scit quam condicionem tetulerit. íbo ad arbitrum.
TR. quid igitur? GR. quamquam istuc esse ius meum certo scio,
fiat istuc potius quam nunc pugnem tecum. TR. nunc places.
GR. quamquam ad ignotum arbitrum me appellis, si adhibebit fidem,
etsi ignotust, notus: si non, notus ignotissumust.

iv DAEMONE GRIPVS TRACHALIO PALAESTRA AMPELISCA

DA. Serio edepol, quamquam uobis ⟨uolo⟩ quae uoltis, mulieres,
metuo propter uos ne uxor mea me extrúdat aedibus,

1038 huc *Bothe* 1039 *deficit A* 1042 istac *Seyffert* 1044 etsi ignotust *Acidalius*: etsist ignotus *cod.* (*cf. ad Merc.* 330) 1045 uobis ⟨uolo⟩ *Gruterus*: uolo ego uos *Mueller* (*Rhein. Mus.* 54, 534) 1046 uxor ne *Brix* *vel* med

quae me paelices adduxe dicet ante oculos suos.
uos confugite in aram potius quám ego. PA., AM. miserae periimus.
DA. ego uos saluas sistam, ne timete. sed quid uos foras
prosequimini? quoniam ego adsum, faciet nemo iniuriam;
ite, inquam, domum ambo nunciam ex praesidio praesides.
GR. o ere, salue. DA. salue, Gripe. quid fit? TR. tuo'ne hic seruos est?
GR. hau pudet. TR. níl ago tecum. GR. ergo abi hinc sis. TR. quaeso responde, senex:
tuos hic seruost? DA. meus est. TR. em istuc optume, quando tuost.
iterum te saluto. DA. et ego te. tune es qui hau multo prius
abiisti hinc erum accersitum? TR. ego is sum. DA. quid nunc uis tibi?
TR. nempe hic tuos est? DA. meus est. TR. istuc optume, quando tuost.
DA. quid negotist? TR. uir scelestus illic est. DA. quíd fecit tibi
uir scelestus? TR. homini ego isti talos subfringi uolo.
DA. quid est? qua de re litigatis nunc inter uos? TR. eloquar.
GR. immo ego eloquar. TR. ego, opinor, rem facesso. GR. si quidem
sis pudicus, hinc facessas. DA. Gripe, animum aduorte ac tace.
GR. utin istic priu' dicat? DA. audi. loquere tu. GR. alienon prius
quam tuo dábis orationem? TR. út nequitur comprimi!

1047 adduxisse *cod.*: obduxe *Mueller* (*Rhein. Mus.* 54, 534) 1052 ere *Camerarius*: pre *cod.* 1053 abi hinc sis ergo *Brix* 1060 nunc litigatis *cod.*: *trai. Camerarius* n. i. u. l. *Schoell* 1061 *vel* opino 1063 dica *cod.*

ita ut occepi dicere, illum quem dudum ⟨e fano foras⟩
lenonem extrusisti, hic eiius uidulum eccillum ⟨tenet⟩.
GR. non habeo. TR. negas quod oculis uideo? GR. at ne uideas uelim.
habeo, non habeo: quid tu me curas quid rerum geram?
TR. quo modó habeas, id refert, iurene anne iniuria.
GR. ni istum cepi, nulla caussa est quin me condones cruci;
si in mari rétia prehendi, qui tuom pótiust quam meum?
TR. uerba dat. hoc modo res gesta est ut ego dico. GR. quid tu ais?
TR. quod primarius uir dicat: comprime hunc sis, si tuost.
GR. quid? tu idem mihi uis fieri quod erus consueuit tibi?
si ille te comprimere solitust, hic noster nos non solet.
DA. uerbo illo modo ille uicit. quid nunc tu uis? dic míhi.
TR. equidem ego neque partem posco mihi istinc de istoc uidulo
neque meum esse hodie umquam dixi; sed isti inest cistellula
huiius mulieris, quam dudum dixi fuisse liberam.
DA. nemp' tu hanc dicis quam esse aiebas dudum popularem meam?
TR. admodum; et ea quae olim parua gestauit crepundia
istic in ista cistula insunt, quae istic inest in uidulo.
hoc neque isti usust et illi miserae suppetias feret,
si id dederit qui suos parentes quaerat. DA. faciam ut det. tace.
GR. nihil hercle ego sum isti daturus. TR. nihil peto nisi cistulam
et crepundiá. GR. quid si ea sunt aurea? TR. quid istuc tua?

1065 sq. *fines mutilati in cod.* 1065 e fano foras *suppl. Lambinus, Schoell* 1066 tenet *suppl. Guietus* 1069 id] illud *Camerarius* 1071 reti apprehendi *Ital.*: reti prehendi *edd.* (*cf. ad v.* 900) 1075 solitus *cod.* 1082 *vel* Isti *vel* istac *vel* isti

aurum auro expendetur, argentum argento exaequabimus.
GR. fac sis aurum ut uideam, post ego faciam ut uideas cistulam.
DA. caue malo ac tace tú. tu perge ut occepisti dicere.
TR. unum te opsecro ut ted huiius commiserescat mulieris
si quidem hic lenonis eius est uidulus, quem suspicor;
hic nisi de opinione certum nihil dico tibi.
GR. uiden? scelestus aucupatur. TR. sine me ut occepi loqui.
si scelesti illius est hic quoiius dico uidulus,
haec poterunt nouisse: ostendere his iube. GR. ain? ostendere?
DA. haud iniquom dicit, Gripe, ut ostendatur uidulus.
GR. immo hercle insignite inique. DA. quidum? GR. quia, si ostendero,
continuo hunc nouisse dicent scilicet. TR. scelerum caput,
ut tute es item omnis censes esse, peiiuri caput?
GR. omnia istaéc ego facile patior, dúm hic hinc a me sentiat.
TR. atqui nunc aps te stat, uerum hinc cibit testimonium.
DA. Gripe, aduorte animum. tu paucis expedi quid postulas.
TR. dixi equidem, sed si parum intellexti, dicam denuo.
hasce ambas, ut dudum dixi, ita esse oportet liberas:
haec Athenis parua fuit uirgo surrupta. GR. dic mihi,
quid id ad uid[u]lum pertinet, seruae sint istae an liberae?
TR. omnia iterum uis memorari, scelus, ut defiat dies.
DA. apstine maledictis et mihi quod rogaui dilue.
TR. cistellam isti inesse oportet caudeam in isto uidulo,

1087 exaequabimus (P^{CD}) *vel* exaequabitur (*B*) *cod.* 1088 fac sis *Rittershusius*: facis *cod.* 1091 *vel* eiiust 1093 scelestus [us] (is P^{CD}) *cod.*: *corr. Seyffert* 1095 his *Pylades*: hic *cod.* 1097 iniquom (?) *Leo* quasi o. *B* 1100 ego istaec *Bothe* 1101 cibit *Acidalius*: ibi *cod.* 1105 surpta *Hermann* (*sed cf. Journ. Phil.* 26, 296) 1106 id *Bothe*: ita (*B*) *vel* ista (P^{CD}) *cod.* pertinet] istum *Schoell*: attinet *Fleckeisen* *fort.* quíd id ad uidulúm seruae siént istaec an líberae? 1109 gaudeam *cod.* (*cf.* 1133) in *om. B*

ubi sunt signa qui parentes noscere haec possit suos,
quibu'cum periit parua Athenis, sicuti dixi prius.
GR. Iuppiter te dique perdant! quid ais, uir uenefice?
quid, istae mutae sunt, quae pro se fabulari non queant?
TR. eo tacent quia tacita bonast mulier semper quam loquens.
GR. tum pol tu pro portione nec uir nec mulier mihi es.
TR. quidum? GR. quia enim neque loquens es neque tacens umquam bonus.
quaeso, enumquam hodie licebit mihi loqui? DA. si praeterhac
⟨unum⟩ uerbum faxis hodie, ego tibi comminuam caput.
TR. ut id occepi dicere, senex, eam te quaeso cistulam
ut iubeas hunc reddere illis; ob eam si quid postulat
sibi mercedis, dabitur: aliud quidquid ibi est habeat sibi.
GR. nunc demum istuc dicis, quoniam ius meum esse intellegis:
dudum dimidiam petebas partem. TR. immo etiam nunc peto.
GR. uidi petere miluom, etiam quom nihil auferret tamen.
DA. non ego te comprimere possum sine malo? GR. si istic tacet,
ego tacebo; si iste loquitur, sine me pro parti loqui.
DA. cedo modo mihi istum uid[u]lum, Gripe. GR. concredam tibi:
ac si istorum nihil sit, ut mihi reddas. DA. reddetur. GR. tene.
DA. audi nunciam, Palaestra atque Ampelisca, hoc quod loquor.

1111 parua periit *cod.* : *trai. Sonnenschein* 1114 tacitast bona *alii, quibus* -tá bonăst *displicet* 1115 pro oratione *Gulielmius* 1118 unum *suppl. Camerarius* (*spatium in cod.*) 1119 ita ut occepi *Schoell* 1120 postulas *cod.* 1124 auferet (P^{CD}) *vel* aufert (*B*) *cod.* 1126 mea P^{CD} pro parte *Leo* : pro re mea parte *cod.* '*scil. coniuncta duplici scriptura* pro re mea (*sic Camerarius*) *et* pro parte' *Leo* 1127 uidulum istum *Pylades* concedam *B*

estne hic uid[u]lus ubi cistellam tuam inesse aiebas? Pa. is est.
Gr. perii hercle ego misér! ut priu' quam plane aspexit ilico
eum esse dixit! Pa. faciam ego hanc rem ⟨ex procliui pla⟩nam tibi.
cistellam isti inesse oportet caudeam in isto uidulo.
ibi ego dicam quidquid inerit nominatim: tu mihi
nullum ostenderis; si falsa dicam frustra dixero,
uos tamen istaec quidquid isti inerit uobis habebitis;
sed si erunt uéra, tum opsecro te ut mea mihi réddantur. Da. placet.
ius merum oras meo quidem animo. Gr. át meo hercle ⟨iniuriam⟩.
quid si ista aut superstitiosa aut hariolast atque omnia
quidquid insit uera dicet? idne habebit hariola?
Da. non feret nisi uera dicet: nequiquam hariolabitur.
solue uidulum ergo, ut quid sit uerum quam primum sciam.
Gr. hoc habet, solutust. Da. aperi. uideo cistellam. haecinest?
Pa. istaec est. o mei parentes, hic uos conclusos gero,
huc opesque spesque uostrum cognoscendum condidi.
Gr. tum tibi hercle deos iratos esse oportet, quisquis es,
quae parentes tám in angustum tuos locum compegeris.
Da. Gripe, accede huc; tua res agitur. tu, puella, istinc procul
dicito quid insit et qua facie, memorato omnia.
si hercle tantillum peccassis, quod posterius postules

1130 *vel* aibas: aiebat *Fleckeisen* 1131 *vel* uti aspexi *B* (*pro* -xti?) 1132 dixi *B* (*pro* -xti?) *lacunam in cod. suppl. post Camerarium Gulielmius* 1133 isticine esse *cod.* gaudeam *cod.* (*cf.* 1109) 1136 uos tamen istic quidquid inerit uobis ⟨omne⟩ habebitis *Seyffert* 1137 sed *del. Mueller, rhythmo consulens* meam *cod.* 1138 iniuriam *suppl. Camerarius* 1140 inerit *Mueller* idne *scripsi*: in me *cod.* (*pro* inne, *i. e.* idne): anne *Valla* 1141 ariolatur *cod.*: *corr. Pylades* 1142 quid *Camerarius*: qui quid (*B*) *vel* quic quid (*PCD*) *cod.* 1143 solutum est *cod.* 1144 mi *cod.* 1150 posteris *cod.*

te ad uerum conuorti, nugas, mulier, magnas egeris.
GR. ius bonum oras. TR. edepol hau te órat, nam tu iniuriu's.
DA. loquere nunciam, puella. Gripe, animum aduorte ac tace.
PA. sunt crepundia. DA. ecca uideo. GR. perii in primo proelio.
mane, ne ostenderis. DA. qua facie sunt? responde ex ordine.
PA. ensiculust aureolus primum litteratus. DA. dice dum,
in eo ensiculo litterarum quid est? PA. mei nomen patris.
post altrinsecust securicula ancipes, itidem aurea,
litterata: ibi matris nomen in securiculast. DA. mane.
dic, in ensiculo quid nomen est paternum? PA. Daemones.
DA. di inmortales, ubi loci sunt spes meae? GR. immo edepol meae?
TR. pergite, opsecro, continuo. GR. placide, aut ite in malam crucem.
DA. loquere matris nomen hic quid in securicula siet.
PA. Daedalis. DA. di me seruatum cupiunt. GR. at me perditum.
DA. filiam meam esse hánc oportet, Gripe. GR. sit per me quidem.
qui te di omnes perdant, qui me hodie oculis uidisti tuis,
meque adeo scelestum, qui non circumspexi centiens,
priu' me ne quis inspectaret quam rete extraxi ex aqua!
PA. post sicilicula argenteola et duae conexae maniculae et
sucula—GR. quin tu i dierecta cum sucula et cum porculis.
PA. et bulla aurea est pater quam dedit mi natali die.
DA. ea est profecto. contineri quin complectar non queo.

1152 *vel* ted   iniuria's *Schoell* (*cf. Isid. Etymol.* 5, 26, 10)   1157 litteratum *B*   1158 itidem *codd. Prisciani* 1, 281 : item *cod.*   1160 *vel* dice   1162 i *Guietus*   1163 in securicula quid *cod.* : *trai. Bentley*   1167, 1168 *vel sic distingue* centiens Priu' me, ne quis inspectaret,   1169 post in sicilicula *cod.* (postin sicula P^{CD}) (‘*scil. var. lect.* ensicula *in archetypo ascripta*’ *Leo*, *qui huc refert illud* ensicula *Charisii* 155, *Prisciani* 1, 115, *all.*; *vel cf.* v. 9, 8)   et *alt.*] *cf. ad Mil.* 1132

filia mea, salue. ego is sum qui te produxi pater,
ego sum Daemones et mater tua eccam hic intus Daedalis.
PA. salue, mi pater insperate. DA. salue. ut te amplector lubens!
TR. uolup est quom istuc ex pietate uostra uobis contigit.
DA. capedum, hunc si potes fer intro uidulum, age, Trachalio.
TR. ecce Gripi scelera! quom istaec res male euenit tibi,
Gripe, gratulor. DA. age eamus, mea gnata, ad matrem tuam,
quae ex te poterit argumentis hanc rem magis exquirere,
quae te magi' tractauit magi'que signa pernouit tua.—
PA. intro eamus omnes, quando óperam promiscam damus.
sequere me, Ampelisca.—AM. quom te dí amant uoluptati est mihi.—
GR. sumne ego scelestus qui illunc hodie excepi uidulum?
aut quom excepi, qui non alicubi in solo apstrusi loco?
credebam edepol turbulentam praedam euenturam mihi,
quia illa mihi tam turbulenta tempestate euenerat.
credo edepol ego illic inesse argenti et auri largiter.
quid meliust quam ut hinc intro abeam et me suspendam clanculum,
saltem tantisper dum apscedat haec a me aegrimonia?

DAEMONES V

Pro di inmortales! quis me est fortunatior,
qui ex inprouiso filiam inueni meam?
satin sí quoii homini dí esse bene factum uolunt,
aliquo illud pacto optingit optatum piis?
ego | hodie neque speraui neque credidi:

1173 salue mea P^{CD} 1174 ecca *cod.* : *corr. Fleckeisen* intust *Langen* 1177 uidum P^{CD} 1181 *vel* mage . . . mageque 1182 *vel* TR. eamus intro *cod.*: *trai. Reiz* quando ⟨omnes⟩ *Acidalius ante* operam 4 *litterae* (damu ?) *et post* damus 3 *litterae erasae B* 1184 ego ⟨homo⟩ *Fleckeisen* illuc *cod.* 1187 tam *om.* P^{CD} 1188 auri et argenti P^{CD} 1193 dei esse *Ital.* : delesse *cod.* uolo *cod.* : *corr. Valla* 1195 *vix* hŏdie ⟨nil⟩ neque *Seyffert* : ⟨qui⟩ neque *Sonnenschein* : *vix* me qui ⟨illud⟩ credidi *Bothe*

is inprouiso filiam inueni tamen;
et eam de genere summo adulescenti dabo
ingenuo, Atheniensi et cognato meo.
ego eum adeo arcessi huc ad me quam primum uolo
iussique exire huc eiius seruom, ut ad forum
iret; nondum egressum esse eum, id miror tamen.
accedam, opinor, ad fores. quid conspicor?
uxor complexa collo retinet filiam.
nimi' paene inepta atque odiosa eius amatiost.

vi DAEMONES TRACHALIO

DA. Aliquando osculando meliust, uxor, pausam fieri;
atque adorna, ut rem diuinam faciam, quom intro aduenero,
Laribus familiaribus, quom auxerunt nostram familiam.
sunt domi agni et porci sacres. sed quid istúm remoramini,
mulieres, Trachalionem? atque optume eccum exit foras!
TR. ubi ubi erit, iam inuestigabo et mecum ad te adducam simul
Plesidippum. DA. eloquere ut haec res optigit de filia;
eum roga ut relinquat alias res et huc ueniat. TR. licet.
DA. dicito daturum meam illi filiam uxorem. TR. licet.
DA. et patrem eiius me nouisse et mihi esse cognatum. TR. licet.
DA. sed propera. TR. licet. DA. iam hic fac sit, cena ut curetur. TR. licet.
DA. omnian licet? TR. licet. sed scin quid est quod te uolo?
quod promisisti ut memineris, hodie ut liber sim. DA. licet.

1199 eum ego *Bothe* 1200 seruom eius *cod.*: *trai. Acidalius*: s. eius ⟨intus⟩ *Mueller* (*Rhein. Mus.* 54, 535) ut ⟨ad erum⟩ ad forum *Serruys* (*Rev. Philol.* 24, 155) 1202 *vix* opino 1208 *vel* istunc 1210 tamen *corr.* iam *ut vid. cod.* (tamen iam *B*: tamen *PCD*) 1212 roga *Bentley*: rogat (rogato *PCD*) *cod.* 1215 sit *Acidalius*: sis *cod.* 1216 omnia inlicet *cod.*: *corr. Camerarius*

TR. fac ut exores Plesidippum ut me ⟨manu⟩ emittat. DA. licet.
TR. et tua filia facito oret: facile exorabit. DA. licet.
TR. atque ut mi Ampelisca nubat, ubi ego sim liber. DA. licet.
TR. atque ut gratum mi beneficium factis experiar. DA. licet.
TR. omnian licet? DA. licet: tibi rusum refero gratiam.
sed propera ire in urbem actutum et recipe te huc rusum. TR. licet.
iam hic ero. tu interibi adorna ceterum quod opust.—DA. licet.
Hercules istum infelicet cum sua licentia!
ita meas repleuit auris quidquid memorabam 'licet.'

GRIPVS DAEMONES vii

GR. Quam mox licet te compellare, Daemones?
DA. quid est negoti, Gripe? GR. de illo uidulo:
si sapias, sapias; habeas quod di danunt boni.
DA. aequom uidetur tibi, ut ego alienum quod est
meum esse dicam? GR. quodne ego inueni in mari?
DA. tanto illi melius optigit qui perdidit;
tuom esse nihilo magis oportet uidulum.
GR. isto tu pauper es quom nimi' sancte piu's.
DA. o Gripe, Gripe, in aetate hominum plurumae
fiunt trasennae, ubi decipiuntur dolis.
atque edepol in eas plerumque esca imponitur:
quam si quis auidus poscit escam auariter,
decipitur in trasenna auaritia sua.
ill' qui consulte, docte atque astute cauet,
diutine uti bene licet partum bene.

1218 me *om. B* manu *add. Fleckeisen post Camerarium* 1222 omnia *cod.* : *corr. Camerarius* 1229 danunt (*cum suprascr. gloss.* dant) *cod. ut vid.* (*aliter Leo* '*scriptura duplex*, di dant boni *et* diui danunt') 1232 melius illi *cod.* : *trai. Bentley*

mihi istaéc uidetur praeda praedatum irier,
ut cum maiore dote abeat quam aduenerit.
egone ut quod ad me adlatum esse alienum sciam
celem? minime istuc faciet noster Daemones.
semper cauere hoc sapientis aequissumumst
ne conscii sint ipsi malefici suis.
ego mihi conlusim nil moror ullum lucrum.
Gr. spectaui ego pridem comicos ad istúnc modum
sapienter dicta dicere, atque is plaudier,
quom illos sapientis mores monstrabant poplo:
sed quom inde suam quisque ibant diuorsi domum,
nullus erat illo pacto ut illi iusserant.
Da. abi intro, ne molestu's, linguae tempera.
ego tibi daturus nihil sum, ne tu frustra sis.
Gr. at ego deos quaéso ut, quidquid in illo uidulost,
si aurum, si argentum est, omne id ut fiat cinis.—
Da. illuc est quod nos nequam seruis utimur.
nam illic cum seruo si quo congressus foret,
et ipsum sese et illum furti astringeret;
dum praedam habere se censeret, interim
praeda ipsus esset, praeda praedam duceret.
nunc hinc intro ibo et sacruficabo, postibi
iubebo nobis cenam continuo coqui.—

viii PLESIDIPPVS TRACHALIO

Pl. Iterum mihi istaec omnia itera, mi anime, mi Trachalio,
mi liberte, mi patrone potius, immo mi pater.
repperit patrem Palaestra suom atque matrem? Tr. repperit.

1242, 1243 ire, uti ⟨Hinc⟩ cum (?) *Leo* 1247 malefici *Pylades*: maleficiis *cod.* 1248 mihi conlusim *Exon*: mihi cum lusi *cod.*: *cogitaveram de* nihil conlusi 1251 monstrabat *cod.*: *corr. Pylades* poplo (populo) *Ital.*: potio *cod.* 1252 *vel* ind' 1254 molestus (*sc.* sis) *alii* 1259 *an* conseruo? 1260 forti *cod.* 1266 immo potius *cod.*: *trai. Reiz, Specht* '*de immo particula*' p. 49

Pl. et popularis est? Tr. opino. Pl. et nuptura est mi? Tr. suspicor.
Pl. censen hodie despondebit eam mi, quaeso? Tr. censeo.
Pl. quid? patri etiam gratulabor quom illam inuenit? Tr. censeo.
Pl. quid matri eiius? Tr. censeo. Pl. quid ergo censes? Tr. quod rogas
censeo. Pl. dic ergo quanti censes? Tr. egone? censeo.
Pl. adsum equidem, ne censionem semper facias. Tr. censeo.
Pl. quid si curram? Tr. censeo. Pl. an sic potius placide? Tr. censeo.
Pl. etiamne eam aduenténs salutem? Tr. censeó. Pl. etiam patrem?
Tr. censeo. Pl. post eiius matrem? Tr. censeo. Pl. quid postea?
etiamne adueniens complectar eius patrem? Tr. non censeo.
Pl. quid matrem? Tr. non censeo. Pl. quid eampse illam? Tr. non censeo.
Pl. perii! dilectum dimisit. nunc non censet quom uolo.
Tr. sanus non es. sequere.—Pl. duc me, mi patrone, quo lubet.—

ACTVS V

Labrax V. i

Quis me est mortalis miserior qui uiuat alter hodie,
quem ad recuperatores modo damnauit Plesidippus?
abiudicata a me modo est Palaestra. perditus sum.
nam lenones ex Gaudio credo esse procreatos,

1268 opinor *cod.* mi nuptura est *PCD* 1276 quid postea? *Trachalioni continuat Seyffert* 1281 mortalium *cod.*: *corr. Bentley, nam* mortálium míserior *displicet*

ita omnés mortales, si quid est mali lenoni, gaudent.
nunc alteram illam quae mea est uisam huc in Veneris fanum,
saltem ut eam abducam, de bonis quod restat reliquiarum.

ii GRIPVS LABRAX

GR. Numquam edepol hodie ad uesperum Gripum inspicietis uiuom
nisi uidulus mihi redditur. LA. perii quom mentionem
fieri audio usquam uiduli : ⟨est⟩ quasi palo pectus tundat.
GR. istic scelestus liber est : ego qui in mari prehendi
rete atque excepi uidulum, ei darei negatis quicquam.
LA. pro di inmortales ! suo mihi hic sermone arrexit auris.
GR. cubitum hercle longis litteris signabo iam usquequaque,
si quis perdiderit uidulum cum auro atque argento multo,
ad Gripum ut ueniat. non feretis istum, ut postulatis.
LA. meum hercle illic homo uidulum scit quí habet, ut ego opinor.
adeundus mihi illic est homo. di, quaeso, subuenite.
GR. quid me intro reuocas ? hoc uolo hic ante ostium extergere.
nam hoc quidem pol e robiginé, non est e ferro factum,
ita quanto magis extergeo rutilum, atque tenuius fit.
nam quidem hoc uenenatumst uerúm : ita in manibus consenescit.
LA. adulescens, salue. GR. di te ament cum inraso capite. LA. quid fit ?
GR. uerum extergetur. LA. ut uales ? GR. quid tu ? num medicus, quaeso, es ?

1290 est *addidi* palus pectus tundit *Ussing* : *lacunam sign. Seyffert* (*scil.* '*cor tam vehementer salit*') 1292 dare *Ital.* 1296 agripum *cod.* (*pro* aggr-, *i. e.* ad Gr. ; i. 4) 1297 *vel* opino 1300 non efero factum est *cod.* : *trai. Bothe* 1301 quanti *cod.* : *corr. Pius* *vel sic distingue* extergeo, rutilum atque t. f. 1302 nam hoc idem B^2 : nam hoc quidem *Bothe* : num quid hoc *Francken, fort. recte* 1304 LA. ut *Ital.* : aut *cod.*

La. immo edepol una littera plus sum quam medicus. Gr. tum tu
mendicus es? La. tetigisti acu. Gr. uidetur digna forma.
sed quid tibi est? La. hac proxuma nocte in mari ⟨mi⟩ et alii
confracta est nauis, perdidi quidquid erat miser ibi omne.
Gr. quid perdidisti? La. uidulum cum auro atque argento multo.
Gr. ecquid meministi in uidulo qui periit quid ibi infuerit?
La. quid refert, qui periit? Gr. tamen—La. sine hoc, áliud fabulemur.
Gr. quid si ego sciam qui inuenerit? uolo ex te scire signa.
La. nummi octingenti | aurei in marsuppio infuerunt,
praeterea centum minaria Philippea in pascéolo sorsus.
Gr. magna hercle praedast, largiter mercedis indipiscar;
di hómines respiciunt: bené ego hinc praedatus ibo.
profecto est huiius uidulus. perge alia tu expedire.
La. talentum argenti commodum magnum inerit in crumina,
praeterea sinus, cantharús, epichysis, gaulus, cyathus.
Gr. papae! diuitias tu quidém habuisti luculentas.
La. miserum istuc uerbum et pessumum est, 'habuisse' et nihil habere.
Gr. quid dare uelis qui istaec tibi inuestiget indicetque?
eloquere propere celeriter. La. nummos trecentos. Gr. tricas.

1307 mi *add. Camerarius* elaui *Pius* 1308 confracta *Pylades*: contra facta *cod.* (iv. 3) 1310 ibi infuerit *Bentley*: infuere tibi *cod.* 1311 sine *Spengel* (*qui totum versum Labraci dat.*): si non *cod.*: *fort.* sino 1313 oct. nummi *Benoist* auri in (aurii *B*) *cod.*: auri ⟨probi⟩ in *Seyffert* 1314 minaria *Leo*: mna *cod.*: denaria *codd. Nonii* 151 Philippa *Seyffert* 1316 *vel* dei *vel* diui di me omnes *Weise* ergo *B* 1317 huius est *cod.*: *trai. Pylades* 1318 inerat *Ital.* 1319 epichisis cantharus *cod.*: *trai. Bothe* 1320 parae *cod.* (R *pro* P) 1321 miserum [quidem] istuc *B* *vel* 'hab. e. n. hab'

LA. quadrigentos. GR. tramas putidas. LA. quingentos. GR. cassam glandem.
LA. sescentos. GR. curculiunculos minutos fabulare.
LA. dabo séptingentos. GR. os calet tibi, nunc id frigefactas.
LA. mille dabo nummum. GR. somnias. LA. nihil addo. GR. abi igitur. LA. audi:
si hercle abiero hinc, hic non ero. uin centum et mille? GR. dormis.
LA. eloquere quantum postules. GR. quo nihil inuitus addas:
talentum magnum. non potest triobolum hinc abesse.
proin tu uel aias uel neges. LA. quid istíc? necessum est, uideo:
dabitur talentum. GR. accede dum huc: Venus haec uolo adroget te.
LA. quod tibi lubet id mi impera. GR. tange aram hanc Veneris. LA. tango.
GR. per Venerem hanc iurandum est tibi. LA. quid iurem? GR. quod iubebo.
LA. praei uérbis quiduis. [id] quod domi est, numquam ulli supplicabo.
GR. tene aram hanc. LA. teneo. GR. deiera te mi argentum daturum
eodem die, ⟨tui⟩ uídulí ubi sis potitus. LA. fiat.
GR. Venu' Cyrenensis, testem te testor mihi,
si uidulum illum quém ego in naui perdidi
cum auro atque argento saluom inuestigauero
isque in potestatem meam peruenerit,

1326 nunc id frigefactas *Camerarius et Valla*: nungit frigide (frigede *sequente ras.* 4–5 *litt. B*) factas *cod.* 1327, 1328 *vel* LA. nihil . . . igitur. GR. audi . . . ero 1333 impera *Ital.*: imperat *cod.* 1335 praei *Merula*: prae *cod.* id *del. Bentley metri causa* numqui *B* uili *cod.* 1337 tui *add. Seyffert* 1338 sqq *Labraci continuant alii* 1340 cum *Ital.*: quam *cod.* (*pro* quom, *i. e.* cum?)

tum ego huïc Gripo, ínquito et me tangito—
LA. tum ego huïc Gripo (dico, Venus, ut tu audias)
talentum argenti magnum continuo dabo.
GR. †si† fraudassis, dic ut te in quaestu tuo
Venus eradicet, caput atque aetatem tuam.
tecum hoc habeto tamen, ubi iuraueris.
LA. illaec aduorsum si quid peccasso, Venus,
ueneror te ut omnes miseri lenones sient.
GR. tamen fíet, etsi tu fidem seruaueris.
tu hic opperire, iam ego faxo exibit senex;
eum tú continuo uidulum reposcito.—
LA. si maxume mi illum reddiderit uidulum,
non ego illic hodie debeo triobolum.
meus arbitratust lingua quod iuret mea.
sed conticiscam: eccum exit et ducit senem.

GRIPVS DAEMONES LABRAX iii

GR. Sequere hac. DA. ubi istic lenost? GR. heus tu, ém tibi! hic habet uidulum.
DA. habeo et fateor esse apud me, et, si tuos est, habeas tibi.
omnia, ut quidquid †infuere†, ita salua sistentur tibi.
tene, si tuost. LA. o di inmortales! meus est. salue, uidule.
DA. tuo'ne est? LA. rogitas? si quidem hercle Ioui' fuit, meus est tamen.
DA. omnia insunt salua; una istinc cistella excepta est modo
cum crepundiis, quibu'cum hodie filiam inueni meam.

1342 ⟨tum ego huic—⟩ GR. tum ego huic *Schoell* [dico] inquito *P*CD (*cf. v.* 1343; iv. 3) 1343 *vel sic distingue* huïc (Gripo dico, *etc.*) 1345 ⟨sed⟩ si *Bothe*: si ⟨quid⟩ *Seyffert*: *fort.* ⟨si—⟩ GR. si *vix* ted quaesitu *Fay* 1347 ubi] utut *Mueller* (*Rhein. Mus.* 54, 535) 1348 illa egat uorsum *cod.* 1355 lingua *Ital.*: ungua *cod.* 1357 leno et *cod.*: *corr. Camerarius* 1359 quicque *Reiz* infuit *Fleckeisen* 1363 quibus (*del.* cum) *Fleckeisen*

LA. quam? DA. tua quae fuit Palaestra, ea filia inuentast mea.
LA. bene mehercle factum est. quom istaec res tibi ex sententia
pulchre euenit, gaudeo. DA. istuc facile non credo tibi.
LA. immo hercle, ut scias gaudere me, mihi triobolum
ob eam ne duis, condono te. DA. benigne edepol facis.
LA. immo tu quidem hercle uero. GR. heús tu! iám habes uidulum.
LA. habeo. GR. propera. LA. quid properabo? GR. reddere argentum mihi.
LA. neque edepol tibi do neque quicquam debeo. GR. quae haec factio est?
non debes? LA. non hercle uero. GR. non tu iuratus mihi es?
LA. iuratus sum et nunc iurabo, si quid uoluptati est mihi:
ius iurandum rei seruandae, non perdendae conditum est.
GR. cedo sis mihi talentum magnum argenti, peiiurissume.
DA. Gripe, quod tu istum talentum poscis? GR. iuratust mihi
dare. LA. lubet iurare. tun meo póntifex peiiurio es?
DA. qua pro re argentum promisit hic tibi? GR. si uidulum
hunc redegissem in potestatem eiius, iuratust dare
mihi talentum magnum argenti. LA. cedo quicum habeam iudicem,
ni dolo malo instipulatus sis siue etiamdum siem
quinque et uiginti annos natus. GR. habe cum hóc. LA. aliost opus.

1365 hercle *B* 1369 habes *Pylades*: habeas *cod.* 1371 es *cod.* 1374 rei reseruandae *P*CD 1375 periurissime *Ital.*: periturissime *cod.* ('*i. e.* peiiurissime *sup. scr.* r' *Leo*) 1377 tum *cod.* 1379 iuratus *cod.* 1381 siue *codd. Prisciani* I, 388: niue *cod* ⟨haud⟩ siem *Acidalius* 1382 annos natus *codd. Prisciani*: natus annos *cod.* alienost *Brix*

DA. iám ab istoc auferre haud ausim, si istunc condemnauero.
promisistin huic argentum? LA. fateor. DA. quod seruo ⟨meo⟩
promisisti meum esse oportet, ne tu, leno, postules
te hic fide lenonia uti: non potes. GR. iam te ratu's
nactum hominem quem defrudares? dandum huc argentum est probum:
id ego continuo huic dabo adeo mé ut hic emittat manu.
DA. quando ergo erga te benignus ⟨ego⟩ fui atque opera mea
haec tibi sunt seruata— GR. immo hercle mea, ne tu dicas tua.
DA. (si sapies, tacebis) tum te mihi benigne itidem addecet
bene merenti bene referre gratiam. LA. nemp' pro meo
iure oras? DA. mirum quin tuom ius meo periclo aps te expetam.
GR. saluos sum, leno labascit, libertas portenditur.
DA. uidulum istunc ille inuenit, illud mancupium meum est;
ego tibi hunc porro seruaui cum magna pecunia.
LA. gratiam habeo et de talento nulla caussa est quin feras,
quod isti sum iuratus. GR. heus tu! mihi dato ergo, si sapis.
DA. tacen an non? GR. tu meam rem simulas agere, tibi mu⟨nis uiam⟩.
non hercle istoc me interuortes, si aliam praedam perdidi.

1383 haud (haut) ausim *scripsi dubitanter*: aut sim *cod.*: haut potis sim *Leo* 1384 promisisti *cod.*: *corr. Reiz* fateor *Ital.*: inteor *cod.* meo *add. Pylades* 1385 promisti P^{CD} 1386 fidelenon lauti *cod.* 1387 defraudandum *corr.* -dares *cod. ut vid* huic P^{CD} (*cf. ad* 1409) 1388 *vel* med 1389 te benignus *Camerarius*: tibenignus *cod. ut vid.* ego *Guietus*: *om. cod.* (*perperam script.* ergo, *tum deletum*?) 1391 benione itidem addem *cod.*: *corr. Ital.* 1392 referre *Lambinus*: ferre *cod.* 1395 istunc *Dousa*: istic *cod.* 1399 tum meam re *cod.*: *corr. Fleckeisen* mu⟨nis uiam⟩ *Koch* (*cf.* ii. 5)

DA. uapulabis uerbum si addes isto unum. GR. uel hercle énica,
non tacebo umquam alio pacto nisi talento comprimor.
LA. tibi operam hicquidem dat. tace. DA. concede hoc tu, leno. LA. licet.
GR. palam age, nolo ego murmurillum neque susurrum fieri.
DA. dic mihi quanti illam emisti tuam alteram mulierculam,
Ampeliscam? LA. mille nummum denumeraui. DA. uin tibi
condicionem luculentam ferre me? LA. sane uolo.
DA. diuiduom talentum faciam. LA. bene facis. DA. pro illa altera,
libera ut sit, dimidium tibi sume, dimidium huc cedo.
LA. maxume. DA. pro illo dimidio ego Gripum emittam manu,
quem propter tu uidulum et ego gnatam inueni. LA. bene facis,
gratiam habeo magnam. GR. quam mox mi argentum ergo redditur?
DA. res soluta est, Gripe. ego habeo. GR. át ego mé hercle mauolo.
DA. nihil hercle hic tibi est, né tu speres. iuris iurandi uolo
gratiam facias. GR. perii hercle! nisi me suspendo occidi.
numquam hercle iterum defrudabis me quidem post hunc diem.
DA. hic hodie cenato, leno. LA. fiat, condicio placet.
DA. sequimini intro. spectatores, uos quoque ad cenam uocem,

1401 addes *Ital.* : adde *cod.* : addis *Leo* unum istuc (-tuc *cod.*) *Reiz* 1403 tace *Guietus* : tacebo *codd.* (*fort. pro* GR. taceo; v, p. 78) 1404 ego *codd. Nonii* 142 : *om. cod.* 1408 facis *Ital.* : facias *cod.* 1409 huic P^{CD} (*cf. ad* 1387) 1413 hercle at ego me *cod.* : *trai. Studemund* 1415 facias *Ital.* : faciam *cod.*

ni daturus nihil sim neque sit quicquam pollucti domi,
niue adeo uocatos credam uos esse ad cenam foras.
uerum si uoletis plausum fabulae huic clarum dare,
comissatum omnes uenitote ad me ad annos sedecim.
uos hic hodie cenatote ambo. LA. GR. fiat. DA. plausum date.

1419 nihil sum P^{CD} 1423 *secl. Weise*

FRAGMENTA

Diomedes p. 380 Plautus . . in Rudente: aullas abstulas *Rufinus p.* 561 Sisenna in Rudente — 'latronem producit metri causa'

STICHVS

⟨T. MACCI PLAVTI STICHVS⟩
GRAECA ADELPHOE MENANDRV
ACTA LVDIS PLEBEIS
CN. BAEBIO C. TERENTIO AED. PL.
⟨EGIT⟩
T. PVBLILIVS PELLIO
⟨MODOS FECIT⟩
MARCIPOR OPPII
TIBIIS SARRANIS TOTAM
* *
C. SVLPICIO C. AVRELIO COS.

Didascaliam om. P: *quae interciderunt* (*minio scripta, ut vid.*) *in A*; *suppl. Ritschl*

ARGVMENTVM I

Duas sorores * *
duo f⟨ratres⟩ * *
rem quaer⟨unt⟩ * *
* * * *
soror⟨es⟩ * *
pa⟨ter⟩ * *
* * * *
* * * *
* * * *

ARGVMENTVM II

Senex castigat filias quod eae viros
Tam perseverent peregrinantis pauperes
Ita sustinere fratres neque relinquere ;
Contraque verbis delenitur commodis
Habere ut sineret quos semel nactae forent.
Viri reveniunt opibus aucti trans mare ;
Suam quisque retinet ac Sticho ludus datur.

Arg. I habet A, non P *Arg. II habet P, non A* 7 retin^{e}at *cod. ut vid.* : retinent *Opitz*

PERSONAE

PANEGYRIS (PHILVMENA) VXOR EPIGNOMI
PAMPHILA VXOR PAMPHILIPPI
ANTIPHO SENEX
GELASIMVS PARASITVS
CROCOTIVM ANCILLA
PINACIVM PVER
EPIGNOMVS } FRATRES
PAMPHILIPPVS }
STICHVS } SERVI
SA[N]GARINVS }
STEPHANIVM ANCILLA

SCAENA ATHENIS

PANEGYRIS *in tit. scaenae* II. ii *in A et in textu* (*vv.* 247, 331) *in codd.* : PHILVMENA (*quod retractatoris esse potest*) *in tit. scaenae* I. i *in A*

PAMPHILA *in tit. scaenarum in A. Illud* PINACIVM (DIN.) *quod in ceteris MSS. occurrit ex v.* 284 *et fortasse aliis versibus prave intellectis ortum videtur*

SANGARINVS] *vid. ad v.* 644 (*cf. K. Schmidt, Herm.* 37, 205)

ACTVS I

PANEGYRIS PAMPHILA I. i

PAN. Credo ego miseram
1a fuisse Penelopam,
soror, suo ex animo,
2a quae tam diu uidua
uiro suo caruit;
3a nam nos eius animum
de nostris factis noscimus, quarum uiri hinc ápsunt,
5 quorumque nos negotiis apsentum, ita ut aequom est,
sollicitae noctes et dies, soror, sumu' semper.
PAM. nostrum officium
7a nos facere aequomst
neque id magi' facimus
8a quam nos monet píetas.
sed hic, soror, adsidedum: multa uolo tecum
10 loqui de re uiri.
10a PAN. saluene, amabo?
PAM. spero quidem et uolo; sed hoc, soror, crúcior
patrem tuom meumque adeo, unice qui únus
ciuibus ex omnibus probus perhibetur,
eum nunc inprobi uiri officio uti,
15 uiris qui tantas apsentibu' nostris
facit iniurias inmerito
nosque ab eis abducere uolt.
haec res uitae me, soror, saturant,

5 eorumque *Seyffert, Ussing* ut est aequm (*om.* ita) *P* 8 *vel* mage 9 s. h. mea soror adsidum *F* 11 equidem *A*

haec mi diuidiae et senio sunt.
PAN. ne lacruma, soror, neu tuo id animo
fac quod tibi tuos pater facere minatur:
spes est eum melius facturum.
noui ego illum: ioculo istaec dicit,
neque ille sibi mereat Persarum
montis, qui esse aurei perhibentur,
ut istuc faciat quod tu metuis.
tamen si faciat, minime irasci
decet neque id inmerito eueniet.
nam uiri nostri domo ut abierunt
hic tertius annus—PAM. ita ut memoras.
PAN. quom ipsi interea uiuant, ualeant,
ubi sint, quid agant, ecquid agant
neque participant nos neque redeunt.
PAM. an id doles, soror, quia illi suom officium
non colunt, quom tu tuom facis? PAN. ita pol.
PAM. tace sis, caue sis audiam ego istuc
posthac ex te. PAN. nam quid iam?
PAM. quia pol meo animo omnis sapientis
suom officium aequom est colere et facere.
quam ob rem ego te hoc, soror, tam etsi es maior,
moneo ut tuom memineris officium:
etsi illi inprobi sint atque aliter
nos faciant quam aequomst, tam pol,
ne quid magi' sit, omnibus obnixe opibus
nostrum officium meminisse decet.
PAN. placet: taceo. PAM. at memineris facito.
[PAN. nolo ego, soror, me credi esse inmemorem uiri,

20 ne] neu *P* 21 tuos *del. Bothe, ut dimeter anapaest. fiat vix* minat 27 tametsi *A* 30 tertiust *Ritschl* 36 coeunt *A* tu *om. P* 37, 38 *inverso ordine A* 38 [caue] posthac *P* (ii. 2) qui *P* (*corr. D*) 41 soror ego hoc te *A* 44 tamen *P* 45 *vel* mage sit] simus *P* *supplet* simus ⟨in culpa illis, nos hic⟩ *Leo* 47 placet? PAN. taceo *A*, *ut vid.* 48–57 *om. A*; *ad scaenam quae cantico substitueretur rettulit Ritschl*

neque ille éos honores mihi quos habuit perdidit ;
nam pol mihi grata acceptaque huiust benignitas.
et me quidem haec condicio nunc non paenitet
neque est qur studeam has nuptias mutarier ;
uerum postremo in patri' potestate est situm :
faciendum id nobis quod parentes imperant.
PAM. scio atque in cogitando maerore augeor,
nam propemodum iam ostendit suam sententiam.
PAN. igitur quaeramus nobis quid facto usu' sit.]

ANTIPHO PANEGYRIS PAMPHILA ii

AN. Qui manet ut moneatur semper seruos homo officium suom
nec uoluntáte id facere meminit, seruos is habitu hau probust.
uos meministis quotcalendis petere demensum cibum :
qui minu' meministis quod opus sit facto facere in aedibus ?
iam quidem in súo quicque loco nisi erit mihi situm supelléctilis,
quom ego reuortar, uos monumentis commonefáciam bubulis.
non homines habitare mecum mi hic uidentur, sed sues.
facite sultis nitidae ut aedes meae sint, quom redeam domum.
iam ego domi adero : ad meam maiorem filiam inuiso modo ;
si quis me quaeret, ind' uocatote aliqui ; aut iam egomet hic ero.
PAM. quid agimus, soror, si óffirmabit pater aduorsum nos ? PAN. pati
nos oportet quod ille faciat, quoius potestas plus potest.

50 mihi pol *B* eiust *Bach* 52 cur non studeam *cod.* : non *del. Guietus* : cur nunc st. *Ital.* 57 facio *cod.* (*corr. D*) 58 manet] moneat *A* 62 quique *P*CD 64 mi hic] mihi *A* 66 modo] domum *P* 67 *vix troch.* (*cum* sĭqui') 68 ọffirmauit *A*

exorando, haud aduorsando sumendam operam censeo:
gratiam per si petimus, spero ab eo ímpetrassere;
aduorsari sine dedecore et scelere summo hau possumus,
neque equidem id factura neque tu ut facias consilium dabo,
uerum ut exoremus. noui ego nostros: exorabilest.
AN. principium ego quo pacto cum illis occipiam, id ratiocinor:
utrum ego perplexim lacessam oratione ad hunc modum,
quasi numquam quicquam adeo adsimulem, an quasi quid indaudiuerim
eas in se meruisse culpam: an potius temptem leniter
an minaciter. scio litis fore (ego meas noui optume)
si manere hic sese malint potius quam alio nubere.
non faciam. quid mihi opust decurso aetatis spatio cum eis
gerere bellum, quom nil quam ob rem id faciam meruisse arbitror?
minime, nolo turbas, sed hoc mihi optumum factu arbitror:
sic faciam: adsimulabo quasi quam culpam in sese admiserint.
perplexabiliter earum hodie perpauefáciam pectora;
postid agam igitur deinde ut animus meus erit, faciam palam
multa scio faciunda uerba. ibo intro. sed apertast foris.
PAM. certo enim mihi paternae uocis sonitus auris accidit.

70-83 *sic collocat P*, 80-3, 75-9, 70-4 71 per] a patre *P* (vii, p. 99): per *postpositum* (*cf.* parumper) *tuetur Leo* (*Nachr. Gott. Ges.* 1895, p. 418) petimus *an* petemus *incert. A* 72 aduorsari sine] aduersariis in *P* 73 equidem id factura *Brix*: equidem is (? es) factura *A*: ego factura sum *P* (? *pro* e. f. ⟨id⟩ sum) tu] te *A* 75 cum illis] illi *A* (*pro* illic ?): cum is illi *Havet* (*Rev. Phil.* 28, 271) 76 orationem *cod. Charisii* 213, *codd. Nonii* 515 77 q. in eas simulem *P* an quasi quid] quasi nihil *P* 79 litus (? litiis) *A* 81 *vel* mi meis *Loman* 82 quom] quam *A* id *om. P* 84 adsemulabo *B* quam *Ritschl*: quom *A*: aliquam *P* se *A* 86 *versus vix ferendus* post id i. (*del.* agam) *Ritschl*: postidea i. *Bergk an* ⟨ut⟩ f.? patam *P* 87 mulpa *A*

Pan. is est ecastor. ferre aduorsum homini occupemus osculum.
Pam. salue, mi pater. An. et uos ambae. ilico agite adsidite.
Pam. osculum—An. sat est ósculi mihi uostri. Pan. quí, amabo, pater?
An. quia ita meae animae salsura euenit. Pam. adside hic, pater.
An. non sedeo isti, uos sedete; ego sedero in subsellio.
Pan. mane, puluinum—An. bene procuras. mihi sati' sic fultumst. sede.
Pam. sine, pater. An. quid opust? Pan. opust. An. mórem tibi geram. atque hoc est satis.
Pam. numquam enim nimi' curare possunt suom parentem filiae.
quem aequiust nós potiorem habere quam te? postidea, pater,
uiros nostros, quibus tu uoluisti esse nos mátres familias.
An. bonas ut aequomst facere facitis, quom tamen apsentis uiros
perinde habetis quasi praesentes sient. Pam. pudicitiast, pater,
eos nos magnuficare qui nos socias sumpserunt sibi.
An. num quis hic ést alienus nostris dictis auceps auribus?
Pan. nullus praeter nosque teque. An. uostrum animum adhiberi uolo;
nám ego ad uos nunc inperitus rerum et morum mulierum
discipulus uenio ad magistras: quibu' matronas moribus

89 hominem *P* 90 ilico agite [istic] *A* (? iv. 2) 91 qui am⟨a⟩bo mi pater *cod. Festi* 197 93 *vel* istic (*ita codd.*) sedero] sedere *A* 94 *vel sic distingue* mane puluinum *vel* sat Pan. (*vel* Pam.) sede *A* : mihi *P* 95 atqui *alii* hic *A* 97 quem] qum *P* 98 *vel* ess' tu nos uoluisti esse *Ritschl* 100 proinde *A* : *de* perïnde *cf. Journ. Phil.* 21, 210 quas *P* (*corr.* *D*[2]) 101 eos nos] enos *P* quis *P* (*corr. D*) 103 te qui *P*

quae optumae sunt esse oportet? sed utraque ut dicat mihi.
PAM. quid istuc est quod huc éxquisitum mulierum mores uenis?
AN. pol ego uxorem quaero, postquam uostra mater mortuast.
PAM. facile inuenies et peiorem et peius moratam, pater,
quam illa fuit: meliorem neque tu reperies neque sol uidet.
AN. at ego ex te exquiro atque ex istac tua sorore. PAM. edepol, pater,
scio ut oportet esse: si sint—ita ut ego aequom censeo.
AN. uolo scire ergo ut aequom censes. PAM. ut, per urbem quom ambulent,
omnibus os opturent, ne quis merito male dicat sibi.
AN. dic uicissim nunciam tu. PAN. quid uis tibi dicam, pater?
AN. ubi facillime spectatur mulier quae ingenio est bono?
PAN. quoi male faciundi est potestas, quae ne id faciat temperat.
AN. hau male istúc! agetu altera, utra siet condicio pensior
uirginemne an uiduam habere? PAM. quanta mea sapientiast,
ex malis multis malum quod minimumst, id minimest malum.
AN. qui potis est mulier uitare uitiis? PAM. ut cottidie
pridie caueat ne faciat quod pigeat postridie.
AN. quae tibi mulier uidetur multo sapientissuma?
PAN. quae tamen, quom res secundae sunt, se poterit gnoscere,
et illa quae aequo animo patietur sibi esse peius quam fuit.

106 oporteto *A* *vix* sēdutraque (*ut Umbrice* seipodruhpei '*utroque*') 110 uidet sol *P* 117 faciat id *P* 118 age tu dic alt(e)ra utrast (sit *codd.*) *Mueller* condicior *P* 119 uirginem an *P*: uirginemne (*om.* an) *A* meas *P* 120 minimest] minimum est *P* 121 potest *P*: potus rest *A* 124 *vel* PAM. cognoscere *A*

AN. edepol uos lepide temptaui uostrumque ingenium ingeni.
sed hoc est quod ad uos uenio quodque esse ambas conuentas uolo:
mi auctores ita sunt amici, ut uos hinc abducam domum.
PAM. at enim nos quarum res agitur aliter auctores sumus.
nam aut olim, nisi tibi placebant, non datas oportuit
aut nunc non aequomst abduci, pater, illisce apsentibus.
AN. uosne ego patiar cum mendicis nuptas me uiuo uiris?
PAM. placet ille meus mihi mendicus: suo' rex reginae placet.
idem animust in paupertate qui olim in diuitiis fuit:
AN. uosne latrones et mendicos homines magni penditis?
PAM. non tu me argento dedisti, opinor, nuptum, sed uiro.
AN. quid illos exspectatis qui abhinc iam abierunt triennium?
quin uos capitis condicionem ex pessuma primariam?
PAN. stultitiast, pater, uenatum ducere inuitas canes.
hostis est uxor inuita quae ad uirum nuptum datur.
AN. certumne est neutram uostrarum persequi imperium patris?
PAN. persequimur, nam quo dedisti nuptum abire nolumus.
AN. bene ualete. ibo atque amicis uostra consilia eloquar.
PAN. probiores credo arbitrabunt, si probis narraueris.
AN. curate igitur familiarem rem ut potestis optume.
PAN. nunc places, quom recte monstras; nunc tibi auscultabimus.
nunc, soror, abeamus intro. PAM. ímmo interuisam domum.
si a uiro tibi forte ueniet nuntius, facito ut sciam.—
PAN. neque ego te celabo neque tu me celassis quod scias.

133 mihi meus *A* mendicis *P* (*cf. v.* 132) 136 me tu *P* *vel* opino 140 ad uirum] uiro *A* (*quod retractatoris esse credo*, ad uirum *Plauti*) 144 credo] uero *Nonius* 470 (*citatio neglegens*) 145 qurate *B* PAN. opt. *Lange* 146 placet *P* auscultauimus *A* 149 scies *P*

eho, Crocotium, i, parasitum Gelasimum huc arcessito,
tecum adduce; nam illum ecastor mittere ad portum uolo,
si quae forte ex Asia nauis héri aut hódie uenerit.
nam dies totos apud portum seruos unus adsidet;
sed tamen uolo interuisi. propera atque actutum redi.—

iii GELASIMVS CROCOTIVM

GE. Famem ego fuisse suspicor matrem mihi,
nam postquam natus sum satur numquam fui.
neque quisquam melius referet matri gratiam
quam ego meae matri refero—ínuitissumus.
[neque rettulit quam ego refero meae matri Fami.]
nam illa me in áluo menses gestauit decem,
at ego illam in aluo gesto plus annos decem.
atque illa puerum me gestauit paruolum,
quo minu' laboris cepisse illam existumo:
ego non pauxillulam in utero gesto famem,
uerum hercle multo maxumam et grauissumam;
uteri dolores mi oboriunt cottidie,
sed matrem parere nequeo nec quid agam scio.
†auditaui saepe hoc uolgo dicier†
solere elephantum grauidam perpetuos decem
esse annos; eius ex semine haec certost fames,

150 i *om. A* hic *A* 152 heri aut] noctu hoc *Mueller* (*Rhein. Mus.* 54, 536) 154 atque *om. P* 155 ego *om. P* suspicor fuisse *A* 156–7ª neque quisquam melius referet matri gratiam | Quam ego meae matri refero inuitissimus *A*: quam ego matri meae refero inuitissimus. | Neque rettulit quam ego refero meae matri fami *P* (*scil. varia lectio versus* 158 *marginalis versum* 157 *eiecit*) (*cf. Charisius* 55 'Plautus in Sticho fami datiuo casu') 159 *vel* illaec me illa *Pylades* 162 illam cepisst *P* (T *pro* E) 163 [at] ego *P* (iv. 2) non] nunc *A* gestor amem *P* 165, 166 *inter v.* 160 *et* 161 *positi A* 165 ut teri didolores *P* oboriuntur *codd.*, *sed* dolŏres mi *displicet* quot dies *Goetz* 166 nec quid agam scio] nescio quomodo *P* 167 auditaui *A*: audiui (P^{CD}) *vel* aut diui (*B*) *cod.*: ⟨atque⟩ aud. *Leo*: *fort.* auditauine (*i. e.* nonne aud.), *sed vide ne ex glossa* audiui saepe *pro* auditaui *error ortus sit* 169 hac *P*

nam iam compluris annos utero haeret meo.
nunc si ridiculum | hominem quaerat quispiam,
uenalis ego sum cum ornamentis omnibus;
inanimentis explementum quaerito.
Gelasimo nomen mi indidit paruo pater,
(propter pauperiem hoc adeo nomen repperi)
quia ind' iám a pusillo puero ridiculus fui,
eo quía paupertas fecit ridiculus forem;
nam illa artis omnis perdocet, ubi quem attigit.
per annónam caram dixit me natum pater:
propterea, credo, nunc essurio | acrius.
sed generi nostro haec redditast benignitas:
nulli negare soleo, siqui' me essum uocat.
oratio una interiit hominum pessume,
atque optuma hercle meo animo et scitissuma,
qua ante utebantur: 'ueni illo ad cenam, sic face,
promitte uero, ne grauare. est commodum?
uolo inquam fieri, non amittam quin eas.'
nunc reppererunt iam ei uerbo uicarium
(nihili quidem hercle uerbumst ac uilissumum):
'uocem te ad cenam nisi egomet cenem foris.'
ei hercle ego uerbo lumbos diffractos uelim,
ni uere perierit, si cenassit domi.
haec uerba subigunt med ut mores barbaros
discam atque ut faciam praeconis compendium
itaque auctionem praedicem ipse ut uenditem.

171 h. queret *P*: quaeret hominem *Bentley* 173 exiplementum (i. sup *B*) *vel* explementum (exi sup. P^{CD}) *P* 175–6 *inverso ordine Acidalius* 175 *retractatoris esse potest, neque in v. sequenti illud* inde iam a *Plautum redolet* paupertem *P* repperit *A* 176 pausi illo *P* (*pro* pausillo) (*cf. ad Truc.* 940) 178 omnis artes *P* 180 essurio ⟨eo⟩ *Mueller* 182 nullis *A* essum me *P*: essum (*del.* me) *Bothe* (*cum* si qui), *nam* sĭquĭ' *displicet* 186 promitto *P* 188 iam *om. P* 189 nihil *P* uerbumet *A*: uerbum *P* aculissimum *P* 191 ego *om. A* defr. *codd.* 192 ni *an* ne *incert. A* domo *P* 193 me (*ita codd.*) uti *Bothe* 194 praecones *P* 195 uenditem] me ueni item *P*

CR. hic illést parasitus quem arcessitum missa sum.
quae loquitur auscultabo priu' quam conloquar.
GE. sed curiosi sunt hic complures mali,
alienas res qui curant studio maxumo,
quibus ipsis nullast res quam procurent sua :
i quando quem auctionem facturum sciunt,
adeunt, perquirunt quid siet caussae ilico :
alienum aes cogat an pararit praedium,
uxorin sit reddenda dos diuortio.
eos ómnis tam etsi hercle haud indignos iudico
qui multum miseri sint, laborent, nil moror :
dicam auctionis caussam, ut damno gaudeant ;
nam curiosus nemo est quin sit maliuolus.
ipsus egomet quam ob rem auctionem praedicem,
damna euenerunt maxuma misero mihi,
ita me mancupia miserum adfecerunt male,
potationes plurumae demortuae ;
quot adeo cenae quas defleui mortuae,
quot potiones mulsi, quae autem prandia,
quae inter continuom perdidi triennium !
prae maerore adeo miser atque aegritudine
consenui ; paene sum famé—emortuos.
CR. ridiculus aeque nullus est, quando essurit.
GE. nunc auctionem facere decretumst mihi :
foras necessumst quidquid habeo uendere.
adeste sultis, praeda erit praesentium.

197 conloquar] loquor *A* 198 complures] qui amplures *P* (? *pro* quompl., *forma antiqua*) 200 qua *P* 201 i] si *A* 202 quicquid *P* *vel* caussai 203 pararait *A* prandium *P* 205 eo *P* iudicio *P* 206 sunt *A* 207 am no *P* 208 quin] qui non *P* 208ᵃ *om. A*, *qui eius loco habet vv.* 232, 233 *suo loco redeuntes* (*indicium fortasse vv.* 208ᵃ–31 *omissos esse in altera recensione ; vel cf.* ii. 6) ipse *cod.* 213 quae] quod *P* (*i. e.* quot) quot aŭtem *tuetur Skutsch* (*Satura Viadrina p.* 127) 215 adeo A^1 : maceo A^2 (*vix varia lectio* maerore maceo, *om.* prae) : deo *P* 216 prene *P* demortuos *Lindemann* : ⟨iam⟩ em *Mueller* (*Rhein. Mus.* 54. 537) 219 necessust *A* 220 ad sese ultis *P* (? *pro* adesse sultis, *fort. recte*)

logos ridiculos uendo. áge licemini.
qui cena poscit? ecqui poscit prandio?
(Hercules te amabit)—prandio, cena tibi.
ehem, adnuistin? nemo meliores dabit,
nulli meliores esse parasito sinam.
uel unctiones Graecas sudatorias
uendo uel alias malacas, crapularias;
cauillátiones, adsentatiunculas
ac peiieratiunculas parasiticas;
robiginosam strigilim, ampullam rubidam,
parasitum inanem quo recondas reliquias.
haec ueniisse iám opus est quantum potest,
uti decumam partem Herculi polluceam.
CR. ecastor auctionem | hau magni preti!
adhaesit homini ad infumum uentrem fames.
adibo ad hominem. GE. quis haec est quae aduorsum it mihi?
Epignomi ancilla haec quidem est Crocotium.
CR. Gelasime, salue. GE. non id est nomen mihi.
CR. certo mecastor id fuit nomen tibi.
GE. fuit disertim, uerum id usu perdidi:
nunc Miccotrogus nomine e uero uocor.
CR. eu ecastor!
risi ted hodie multum. GE. quando aut quó in loco?
CR. hic quom auctionem praedicabas—GE. pessuma,
eho an audiuisti? CR. te quidem dignissumam.

221 locos *codd.* age ⟨age⟩ *Mueller* 222 Quis *A* 223 herculẹịsteamaui *A*: hercle aestimaui *Bergk* (*sed cf. Amer. Journ. Phil.* 21, 37) 225 *retractatori ascribit Guietus* nullis *P* parasitos *codd.*: *corr. Dousa* 226 iunctiones *A* 227 uendo *om. P* lalias *Bergk* 229 ad *A* 232, 233 *cf. ad* 208[a] 232 haec euenisse *vel* haec ueniisse *A* opus *vel* pus *A* (tempus A^2; *vix varia lectio* tempus, *om.* iam) 234, 235 eçmaịor *A* ⟨hanc⟩ haud *Ritschl* 237 mihi aduorsum uenit *A* (*vix pro* adibo hominem (*sic* P^{CD}) . . . mi a. u.?) 238 Epĭgnomi ancillast h. q. *Ritschl*: *fort.* Epĭgnomi ancillula h. q. e. 241 disertum *P* 244 *vel* te (*ita codd.*) 245 praedicabas pessumam *Ritschl* 246 eho an] ehon *P*

Ge. quo nunc is? Cr. ad te. Ge. quid uenis? Cr. Panegyris
rogare iussit ted ut opere maxumo
mecum simitu ut ires ad sese domum.
Ge. ego illo mehercle uero eo quantum potest.
iamne exta cocta sunt? quot agnis fecerat?
Cr. illa quidem nullum sacruficauit. Ge. quo modo?
quid igitur me uolt? Cr. tritici modios decem
rogare, opinor, te uolt. Ge. mene, ut ab sé[se] petam?
Cr. immo | ut a uobis mutuom nobis dares.
Ge. nega esse quod dem nec mihi nec mutuom
neque aliud quicquam nisi hoc quod habeo pallium;
linguam quoque etiam uendidi datariam.
Cr. au!
nullan tibi lingua est? Ge. quae quidem dicat 'dabo';
uentri reliqui éccam quae dicat 'cedo.'
Cr. malum quidem sí uis—Ge. haec eadem dicit tibi.
Cr. quid nunc? ituru's an non? Ge. abi sane domum,
iam illo uenturum dicito. propera atque abi.—
demiror quid illaec me ad se arcessi iusserit,
quae numquam iussit me ad se arcessi ante hunc diem
postquam uir abiit eiius. miror quid siet:
nisi ut periclum fiat uisam quid uelit.
sed eccum Pinacium eiius puerum. hóc uide,

248 ut] hoc *Bugge* 249 ad sese domum] eo quantum potest *A* (v. 4) 250 illuc *A* (*pro* illoc ?) 251 quod tacnis *P* (*pro* quod *corr.* quot) 252 sacrificabit *P*CD 253, 254 Quid igitur me uolt mene ut a sese petam Tritici modios decem rogare opinor te uolt *A* (ii, p. 38) 254 *vel* opino te uolt *del. Gruterus* se *Bothe, sed vide ne duplex lectio fuerit*, te uolt *et* mene 255 *vel* uti a uobis] abs te *P* (v. 1 ?): ⟨tu⟩ a uobis *Goetz* 256 negato *P* (*pro* negat? *cf. ad Rud.* 1212, 1333) 258 uendidit ariam *P* 259 *vel in fine v. prioris colloca* 260 nullam *A* : nulla *P* 261 uentri] ueterem *P* eccam illam *P* (*i. e.* eccillam) : eccam aliam *Leo* 262 quidem si uis] tibi di dent *P*, *duplex lectio, nisi excidit unus versus propter homoeoarch.* 270 hoc sis uide *Fleckeisen*

satin ut facete, átque ex pictura astitit?
ne iste edepol uinum poculo pauxillulo
saepe exanclauit submerum scitissume.

ACTVS II

PINACIVM GELASIMVS II. i

PI. Mercurius, Ioui' qui nuntius perhibetur, numquam aeque patri
suo núntium lepidum attulit quam ego nunc meae erae nuntiabo:
itaque onustum pectus porto laetitia lubentiaque
neque lubet nisi gloriosse quicquam proloqui profecto.
amoenitates omnium uenerum et uenustatum adfero
ripisque superat mi atque abundat pectus laetitia meum.
propera, Pinacium, pedes hortare, honesta dicta factis—
nunc tibi potestas adipiscendist gloriam, laudem, decus—
eraeque egenti subueni—benefacta maiorum tuom—
quae misera in exspectatione est Epignomi aduentum uiri.
proinde ut decet amat uírum suom, cupide expetit. nunc, Pinacium,
age ut placet, curre ut lubet, caue quémquam flocci feceris,
cubitis depulsa de uia, tranquillam concinna uiam;
si rex opstabit obuiam, regem ipsum priu' peruortito.
GE. quidnam dicam Pinacium
lasciuibundum tam lubentem currere?

271 satin] stat *A* ⟨aeque⟩ atque *Fleckeisen* ex] ut *A* (*pro* uti ex?) 275 erae meae *Hermann* 277 iubet *A* 278 uenustatem *A* 280 propera] propterea *P* 281 adipiscendast *A* 282 egenti *Merula*: genti *codd.* malorum *A* benef. . . . tuom *secl. Ritschl, Seyffert* (*Berl. Phil. Woch.* 16. 284) (*cf. v.* 303) *vide ne propter homoeoteleuton duo hemistichia exciderint ex codd.* 283 in *om. P* 284 uirum amat *Guietus* expetit nunc] nunc expedi *P* 285 currere *P* 287 obstabitor uiam *P* 288 dicam *om. A* (iii. 11) 288ª lubenter *P*

harundinem fert sportulamque et hamulum piscarium.
PI. sed tandem, opinor, aequiust eram mihi esse supplicem
atque oratores mittere ad me donaque ex auro et quadrigas
qui uehar, nam pedibus ire non queo. ergo †nam† reuortar.
ad me adiri et supplicari egomet mihi aequom censeo.
an uero nugas censeas, nihil esse quod ego nunc scio?
tantum a portu adporto bonum, tam gaudium grande adfero,
uix ipsa domina hoc, nisi sciat, exoptare ab dis audeat.
nunc ultro id deportem? hau placet neque id uiri officium arbitror.
sic hoc uidetur mihi magis meo cónuenire huic nuntio:
aduorsum ueniat, opsecret se ut nuntio hoc impertiam;
secundas fortunas decent superbiae.
sed tandem quom recogito, qui potuit scire haec scire me?
non enim possum quin reuortar, quin loquar, quin edissertem
eramque ex maerore eximam, bene facta maiorum meum
exaugeam atque illam augeam insperato, opportuno modo:
contundam facta Talthubi contemnamque omnis nuntios;
simulque ad cursuram meditabor me ad ludos Olympios.
sed spatium hoc occidit: breuest curriculo; quam me paenitet!
quid hoc? occlusam ianuam uideo. ibo et pultabo fores.
aperite atque adproperate, fores facite ut pateant, remouete moram;

289 hamum *A* P^{CD} 290 *vix* opino 291 donaṃque *A* 292 ergo iam *Ital.* : *fort.* ergon iam (*interrogative*) *vel* ergo num (nạm *A*) 293 me adire *A* : me iri *P* (*pro* med iri ?) supplicarẹ (*vel* -ri) *A vel* mi censeo aecum *P* 295 a *om.* *P* adfero grande *P* 296 nesi sc. *B* (*forma antiqua*) : nisciaṣ (-at ?) *A* dist *P* 297 id] hoc *P* uiri] uero *P* 298 sic] hic *P* huic] huc *P* 299 ueniat] ut ueniat *P* 302 qui me disser te *P* 304 ex insperato *P* modo] domo *A* : bono *Gulielmius* (*cf.* 338 domi *pro* boni *A*) 306 *vel troch. septenar.* ad *et* me *del.* *Ritschl* olimpiae *P*

nimis haec res sine cura geritur. uide quam dudum hic asto et pulto.
somnon operam datis? experiar fores an cubiti an pedes plus ualeant.
nimi' uellem hae fores erum fugissent, ea caussa ut haberent †manum†;
defessus sum pultando.
hoc postremumst. uae uobis!
Ge. ibo atque hunc compellabo.
saluos sis. **Pi.** et tu salue.
Ge. iam tu piscator factu's?
Pi. quam pridem non edisti?
Ge. unde is? quid fers? quid festinas? **Pi.** tua quod nihil refert, ne cures.
Ge. quid istic inest? **Pi.** quas tu edés colubras. **Ge.** quid tam iracundu's? **Pi.** si in te
pudor adsit, non me appelles.
Ge. possum scire ex te uerum?
Pi. potes: hodie non cenabis.

Panegyris Gelasimvs Pinacivm ii

Pan. Quisnam, opsecro, hás frangit fores? ubist?
tun haec faci'? tun mihi huc hosti' uenis?
Ge. salue, tuo arcessitu uenio huc. **Pan.** ean gratia fores ecfringis?
Ge. tuos inclama, tui delinquont: ego quid me uelles uisebam;
nam me quidem hárum miserebat. **Pi.** ergo auxilium propere latumst.

310 et pulto *Pareus*: es pulto *P*: et repulto *A* 311 an *alt.*] ac *Loman* 312 mānum] malum magnum *Hermann* 314 uae *om. P* 315 compello *P* 318 dedisti *P* 321 istinc est *P* tui des *P* in *om. A* 324, 325 potest *P* 326ª tu mihi *A* 327 huc *om. A* 329 *vel septenarius* me quidem] equidem *P*: med equidem *Ribbeck* miserabant *A*

PAN. quisnam hic loquitur tam prope nos? PI. Pinacium. PAN. ubi is (e)st?
PI. respice ad mé et relinque egentem parasitum, Panegyris.
PAN. Pinacium. PI. istuc indiderunt nomen maiores mihi.
PAN. quid agis? PI. quid agam rogitas? PAN. quidni rogitem? PI. quid mecum est tibi?
PAN. mihin fastidis, propudiose? eloquere propere, Pinacium.
PI. iube me omittere igitur hos qui retinent. PAN. qui retinent? PI. rogas?
omnia membra lassitudo mihi tenet—PAN. linguam quidem
sat scio tibi non tenere. PI. ita celeri curriculo fui
propere a portu tui honoris caussa. PAN. ecquid adportas boni?
PI. nimio †inparti† multo tanta plus quam speras. PAN. salua sum.
PI. at ego perii, quoi medullas lassitudo perbibit.
GE. quid ego, quoi misero medullas uentris percepit fames?
PAN. ecquem conuenisti? PI. multos. PAN. at uirum? PI. equidem plurumos:
uerum ex multis nequiorem nullum quám hic est. GE. quo modo?
iam dudum | ego ístum patior dicere iniuste mihi.
praeterhac si me inritassis—PI. edepol essuries male.
GE. animum inducam ut istuc uerum te elocutum esse arbitrer.

331 ad *om. P* 334 mihi in *P*: mein *Lipsius* (*secundum morem Plautinum*) 337, 338 *inverso ordine A* 338 prope *A* domi *A* 339 nimio inparti] nimiaṃ (*vel* pa) ṛẹs *A*, *unde* nimio id certe *Goetz*, *Schoell* tanto *Pius* (*sed cf. ad Men.* 680) 340 medullam *P* 341 misero cui medullam *P*, *allitteratione non favente* percịpit *A*, *contra metrum* uirum ecquem PI. plurimos *P* 343 *vel* quam hīc (*adverb.*) 344 *fort.* iamdudumne *indignantis* patior ego istum *Bothe* *fort.* ⟨iniustum⟩ iniuste 345 praeter haec *A*

PI. munditias uolo fieri. ecferte huc scopas simulque harundinem,
ut operam omnem araneorum perdam et texturam inprobem
deiciamque eorum ómnis telas. ⟨GE.⟩ miseri algebunt postea.
PI. quid? illos itidemne esse censes quasi te cum ueste unica?
cape illas scopas. GE. capiam. PI. hoc egomet, tu hoc conuorre. GE. ego fecero.
PI. ecquis huc écfert nassiternam cúm aqua? GE. sine suffragio
populi tamen aedilitatem hicquidem gerit. PI. age tu ocius
pinge humum, consperge ante aedis. GE. faciam. PI. factum oportuit.
ego hinc araneas de foribus deiciam et de pariete.
GE. edepol rem negotiossam! PAN. quid sit nil etiam scio,
nisi forte hospites uenturi ⟨si⟩ sunt. PI. lectos sternite.
GE. principium placet de lectis. PI. alii ligna caedite,
alii piscis depurgate quos piscator attulit,
pernam et glandium deicite. GE. hic hercle homo nimium sapit.
PAN. non ecastor, ut ego opinor, satis erae morem geris.
PI. immo res omnis relictas habeo prae quod tu uelis.
PAN. tum tu igitur, qua caussa missus es ad portum, id expedi.
PI. dicam. postquam me misisti ad portum cum luci semul,
commodum radiossus sese sol superabat ex mari.

348 operam omnem] operas *codd. Nonii* 192, *fort. recte* perdam] tergam *codd. Nonii* 349 earum *P* omneis *A* misera falgebunt *P* (*pro* miserae alg.), *unde* misere a. *quidam* (-ri *vix* -re *A*) 350 illas *P* itidem esse censes *P*: ẹạdemne censes esse *A* 351 capellas *A* ego *om. P* 354 *vel sic distingue* pinge, humum consp. finge *Bugge*: *an* pinse? 355 araneas *an* -os *incert. A* 357 si *add. Bothe* ⟨uos⟩ l. *Weise* *vix* insternite (v. 9, 8) 359 quos (P^{CD}) *vel* quod (*B*) *P* (*A. n. l.*) piscatu (-o) rettuli *Lipsius*: piscator attuli *Seyffert* 361 ut *om. A* *vel* opino 363 id *om. P* 364 sẹmẹl *A* 365 sesse *A*: esse *P* (*pro* sesse, *antiqua forma*?)

dum percontor portitores, ecquae nauis uenerit
ex Asia, negant uenisse, conspicatus sum interim
cercurum, quo ego me maiorem non uidisse censeo.
in portum uento secundo, uelo passo peruenit.
alius alium percontamur: 'quoiast nauis? quid uehit?'
interibi Epignomum conspicio tuom uirum et seruom Stichum.
PAN. hem quid? Epignomum elocutu's? PI. tuom uirum. GE. et uitam meam.
PI. uenit inquam. PAN. tutin ipsus ipsum uidisti? PI. lubens.
argenti | aurique aduexit nimium. GE. nimi' factum bene!
hercle uero capiam scopas atque hoc conuorram lubens.
PI. lanam purpuramque multam. GE. ést qui uentrem uestiam.
PI. lectos eburatos, auratos. GE. accubabo regie.
PI. tum Babylonica et peristroma tonsilia et tappetia
aduexit, nimium bonae rei. GE. hercle rem gestam bene!
PI. poste, ut occepi narrare, fidicinas, tibicinas,
sambucas aduexit secum forma eximia. GE. eúgepae!
quando adbibero, adludiabo: tum sum ridiculissumus.
PI. poste unguenta multigenerum multa. GE. non uendo logos.
iam ⟨iam⟩ non facio auctionem, mi optigit hereditas:
maliuoli, perquisitores auctionum, perierint.
Hercules, decumam esse adauctam tibi quam uoui gratulor.
spes est tandem aliquando inportunam exigere ex utero famem.

371 interim *P* 372 delocutus *A* et u. m. *Pinacio continuat A* 373 tun eum ipsum uidisti? PI. ita ego libens *P* 374 ⟨atque⟩ argenti *Mueller*: argenti⟨que⟩ *Guietus*: *an* ⟨lubens⟩ a.? nimium] multum *P* 376 est (ē) *vel* em (ē) *P* 377 accubabor egle *P* 378 Tam *P* peristromaton silla *P* 379 hercle *om. A* 381 exumia *P* (*vix antiqua forma*) 383 multigenera *Guietus* locos *A* 384 iam ⟨iam⟩ *Bothe*: iam ⟨ego⟩ *Ritschl* 385 perierunt *A* 386 Hercoleles *P* 387 *om. P*

PI. poste autem aduexit parasitos secum—GE. eí, perii miser!
PI. ridiculissumos. GE. reuorram hercle hoc quod conuorri modo.
PAN. uidistin uirum sororis Pamphilum? PI. non. PAN. non adest?
PI. immo uenisse eum simitu aiebat ille: ego huc citus
praecucurri, ut nuntiarem nuntium exoptabilem.
GE. uenales logi sunt illi quos negabam uendere.
ilicet, iam meo malost quod maleuolentes gaudeant.
Hercules, qui deu' sis, sane discessisti non bene.
PAN. í intro, Pinacium, iube fámulos rem diuinam mi apparent.
bene uale. GE. uin administrem? PAN. sat seruorum habeo domi.—
GE. enim uero, Gelasime, opinor prouenisti futtile,
si neque ille adest neque hic qui uenit quicquam subuenit.
ibo intro ad libros et discam de dictis melioribus;
nam ni illos homines expello, ego occidi planissume.—

ACTVS III

EPIGNOMVS STICHVS

III. i

EP. Quom bene re gesta saluos conuortor domum,
Neptuno gratis habeo et Tempestatibus;
simul Mercurio, qui me in mercimoniis
iuuit lucrisque quadruplicauit rem meam.
olim quos abiens adfeci aegrimonia,

388 secum parasitos *P* 389 ridiculosissimos *codd.* 390 pamphilippum. PI. non. PAN. adest *P* (? *pro* Pamphilippum? non adest?) 391 immo alebant uenisse eum simul (*pro* simitu) sed ego huc citus *P* *vel* aibat 392 obtabilem *P* 393 loci *P* 394 ilicet iam] ilico et *P* audeant *P* 395 sane *ante* qui *P* discessisses *P* 396 i i *P* famulis *A* (*recte*?) 398 *vel* opino 399 ueni *A* 400 dicam *A* 406 adfect *P*

eos nunc laetantis faciam aduentu meo.
nam iam Antiphonem conueni adfinem meum
cumque eo reueni ex inimicitia in gratiam.
uidete, quaeso, quid potest pecunia:
quoniam bene gesta re rediisse me uidet
magnasque adportauisse diuitias domum,
sine aduocatis ibidem in cercuro in stega
in amicitiam atque in gratiam conuortimus.
et is hodie apud me cenat et frater meus;
nam heri ambo in uno portu fuimus, sed mea
hodie solutast nauis aliquanto prius.
age abdúce hasce intro quas mecum adduxi, Stiche.
STI. ere, sí ego taceam seu loquar, scio scíre te
quam multas tecum miserias mulcauerim.
nunc hunc diem unum ex illis multis miseriis
uolo mé eleutheria capere aduenientem domum.
EP. et ius et aequom postulas: sumas, Stiche.
in hunc diem te nil moror; abi quó lubet.
cadum tibi ueteris uini propino. STI. papae!
ducam hodie amicam. EP. uel decem, dum de tuo.
STI. quid? hoc etiam unum? EP. quid id autem unumst? expedi.
STI. ad cenam ibone? EP. ⟨si uo⟩catu's, cẹnseo.
STI. sic hoc placet; roga⟨tu necne⟩ nil moror.
EP. ubi cenas hodie? STI. sic hanc rationem instituti:
amicam ego habeo Stephanium hinc ex proxumo,
tui frátris ancillam: eo condixi in symbolam
ad cenam ad eius conseruom Sangarinum Syrum.

407 a. f. l. *Spengel*: l. faciam ⟨iam⟩ a. *Mueller, rhythmo consulentes* 409 qumque *A* inimicitiam *P* (*corr. D*) 411 re gesta redisse *P* 415 is] si *P* 416 hieri *P* porto *ut vid. A* 418 abduc *codd.* 422 *vel* med eleutheriam *P* 423 accum *P* (*pro* aecum) 425 propeino *A* 427–9 *om. P* 427 quid? *Goetz*: quod *cod.* 428 sẹç(la)ạṭus (*vel* si uocatus) *cod.*: nisi cenatu's *Schoell* 429 roga(tu necn)ẹ *cod.* 430 sic] si *P* instituti (-ei) *Ritschl*: institue *A*: instit *P* 432 ancillulam *A* condixi *Camerarius*: conduxi *A*: condici *P*

eademst amica ambobus, riuales sumus.
Ep. age abduce hasce intro. hunc tibi dedo diem.
Sti. meam cúlpam habeto, nisi probe excruciauero.
iam hercle ego per hortum ad amicam transibo meam
mi hanc occupatum noctem ; eadem symbolam
dabo et iubebo ad Sangarinum cenam coqui.
aut egomet ibo atque opsonabo opsonium.
Sangarinus scio iam hic aderit cum domino suo.
seruos homo qui nisi temperi ad cenam meat,
aduorsitores pol cum uerberibus decet
dari, uti eum uerberabundi adducant domum.
parata res faciam ut sit. egomet me moror.
atque id ne uos miremini, homines seruolos
potare, amare atque ad cenam condicere :
licet haec Athenis nobis. sed quom cogito,
potius quam inuidiam inueniam, est etiam hic ostium
aliud posticum nostrarum harunc aedium :
(posticam partem magis utuntur aedium)
ea ibo opsonatum, eadem referam opsonium :
per hortum utroque commeatus continet.
ite hac secundum uos me. ego hunc lacero diem.—

Gelasimvs Epignomvs ii

Ge. Libros inspexi ; tam confido quam potis
me meum optenturum regem ridiculis logis.
nunc interuiso iamne a portu aduenerit,

435 abduc eas *P* (*pro* abduce has) 436 me in culpa *Salmasius* probe *compendiose script. in P* (pro *B*, per P^{CD}) 437 ad *om. P* 441–5 *om. P* 441, 442 *vel sic distingue* suo, seruos homo, qui 442 qui (ni)s(i te)ṃ(p)ẹr(i a)ḍ c̣ẹnam ṃẹaṭ *cod.* 443 p̣ọḷ (*vel* duo) *cod.* ḍẹc— *A* (decet *vel* decem) 444 daṛị (*vel* dare) *cod.* uerberabundum abducant *cod.* : *corr. Bugge* 446 seruoli *A* 449 indiuidiam *P* 450ᵃ *om. A* (*propter homoeotel.* ?) 451 Ibo obsonatum atque eadem *A* 452 conuẹṛịṭ (*vel* conuehit) *A* : conuenit D^1 453 ita *P* uos me] uosmet *A* 454 potist *P* (*pro* -est *corr.* -is ?) 455 logis] meis *P*

ut eum aduenientem meis dictis deleniam.
Ep. hicquidem Gelasimus est parasitus qui uenit.
Ge. auspicio | hodie | optumo exiui foras:
mustela murem | apstulit praeter pedes;
quom strena | opscaeuauit, spectatum hoc mihist.
nam ut illa uitam repperit hodie sibi,
item me spero facturum: augurium hac facit.
Epignomus hicquidemst qui astat. ibo atque adloquar.
Epignome, ut ego nunc te conspicio lubens!
ut prae laetitia lacrumae prosiliunt mihi!
ualuistin usque? Ep. sustentatumst sedulo.
Ge. propino tibi salutem plenis faucibus.
Ep. bene atque amice dicis. di dent quae uelis.
Ge. cenem illi apud te, quoniam saluos aduenis.
Ep. locatast opera nunc quidem; tam gratiast.
Ge. promitte. Ep. certumst. Ge. sic face inquam. Ep. certa res⟨t⟩.
Ge. lubente †hercle me† facies. Ep. idem ego istuc scio.
quando usus ueniet, fiet. Ge. nunc ergo usus est.
Ep. non edepol possum. Ge. quid grauare? censeas.
nescioquid uero | habeo in mundo. ⟨Ep.⟩ í modo,
alium conuiuam quaerito tibi in hunc diem.
Ge. quin tu promittis? Ep. non grauer si possiem.
Ge. unum quidem hercle certo promitto tibi:
lubens accipiam certo, si promiseris.

459 *fort.* ⟨Gelasime!⟩ Ge. ⟨ego⟩ optumo *Pylades*: *fort.* ⟨optume⟩ optumo 460 murem ⟨mi⟩ *Bentley* 461 cum *P* strenua *Guietus* hic *P* 465 ⟨o⟩ Epĭgnome *Fleckeisen, cui neque* Epīgnome ut *neque* Epĭgnome | ut *placet* te nunc *P* 466 praesillunt *P* 467 seduo *P* 468, 469 *inverso ordine P* 470, 471 Ep. c. i. a. te? Ge. q. s. a. *Ritschl, qui excidisse* (*propter homoeotel.*) *credit huiusmodi versum* Ge. cenabis apud me quonam saluos aduenis 472 uocata est *P* 473 facies *A* (*cf. v.* 474) res *A*, *fort. recte* (*sed cf. ad* 472): res est *P* 474 libenter A^2 me hercle *Camerarius* 476 grauari *A* 477 habea A^2 (*i. e.* habeam? *vel cf. ad v.* 478) *vix* ⟨Epignome⟩. Ep. 478 quaeritato *ut vid.* (*vix* quaerita) A^2 tibi *om. P* 480 certum *P*

Ep. ualeas. Ge. certumnest? Ep. certum. cenabo domi.
Ge. quando quidem tu ad me non uis promittere—
sed—quoniam nihil processi sat ego hac, iuero
apertiore magi' uia; ita plane loquar:
uin ad te ad cenam ueniam? Ep. si possim uelim;
uerum hic apud me cenant alieni nouem.
Ge. hau postulo equidem med in lecto accumbere:
scis tu med esse | unisubselli uirum.
Ep. at ei oratores sunt populi, summi uiri;
Ambracia ueniunt huc legati publice.
Ge. ergo oratores populi, summates uiri,
summi accubent, ego infumatis infumus.
Ep. haud aequomst té inter oratores accipi.
Ge. equidem hercle orator sum, sed procedit parum.
cras de reliquiis nos uolo—Ep. multum uale.—
Ge. periei hercle uero plane, nihil obnoxie.
uno Gelasimo minus est quam dudum fuit.
certumst mustelae posthac numquam credere,
nam incertiorem nullam noui bestiam;
quaen eapse deciens in die mutat locum,
ea ego auspicauin in re capitali mea?
certumst amicos conuocare, ut consulam
qua lege nunc med—essurire oporteat.—

482 certumnest] certum est *P* 483 *retractatori ascribit Leo* tu ad me] tuam *P* (*pro* tu amme? i. 4) 484, 485 *om. P* 484 processiṭ at (*vel* processi sat) ego *cod.* : processit hac, ego (?) *Goetz* 485 *vel* mage 488 quidem *A* 489 *fort.* tutĕ med *vel* ⟨unum⟩ unis. 490 *vel* popli 493 accubent *codd. Prisciani* 1, 338 *et* 587 : accumbent *P* : incubabunt A^{1} : accubabunt *ut vid.* A^{2} 496 *totum versum Epignomo dat P* 497 nunc ego hercle perii plane, non obnoxie *Gell.* 6, 17, 4 501 quaen eapse *Ritschl* : quaeneaṭẹst (*vel* quaen eaepse) *A* : qua enet ipsa *P* 502 eam P^{CD} (*pro* ean?) : *om. A* auspicauin *scripsi* : auspicaui *codd.*, *item codd. Nonii* 468 capitati *A*

ACTVS IV

IV. i ANTIPHO PAMPHILIPPVS EPIGNOMVS

AN. Ita me di bene ament measqué mihi bene seruassint filias,
ut mihi uolup est, Pamphilippe, quia uos in patriam domum
rediisse uideo bene gesta re ambos, té et fratrem tuom.
PAM. satis aps te accipiam, nisi uideam mihi te amicum esse, Antipho;
nunc quia té amicum mi experior esse, credetur tibi.
AN. uocem ego te ad me ad cenam, frater tuo' ni dixisset mihi
te apud se cenaturum esse hodie, quom me ad se ad cenam uocat.
et magi' par fuerat me uobis dare cenam aduenientibus
quam me ad illúm promittere, nisi nollem ei aduorsarier.
nunc me gratiam aps te inire uerbis nihil desidero:
cras apud me éritis et tu et ille cum uostris uxoribus.
PAM. at apud me perendie. nam ille heri me iam uocauerat
in hunc diem. sed satin ego técum pacificatus sum, Antipho?
AN. quando ita rem gessistis uti uos uelle amicosque addecet,
pax commersque est uobis mecum. nam hoc tu facito ut cogites:
ut quoique homini res paratast, perinde amicis utitur:
si res firma, ⟨item⟩ fírmi amici sunt; sin res laxe labat,

505 *vix* measq' mi bene *del. Ritschl rhythmi causa* 509 quia te amicum mi] quoniam ex te mihi cum *A* (*pro* quoniam tĕ amicum ?) creditur *P* (*fort. cum A*) 511 te] se *A* ad se] ad ee (*vel* ēē, *i. e.* esse) *P* 512 *vel* mage dare uobis *P* 513 illum] iliit *B*: illud *P*CD 516 At] Eat *P* (E *pro personae nota* ?) 518 uellem amicos atque *P* 519 commercique *P* nam *om. A* ut *om. P* 520, 521 perinde . . . item *om. P* (iii. 11) 521 firma item *Studemund* (*ex A*, *qui vix legitur*) : *fort.* (si) firmatast, *quo facilius omissio in P intellegatur* sin] si *P*

itidem amici conlabascunt: res amicos inuenit.
Ep. iam redeo. nimiast uoluptas, ubi diu afueris domo,
domum ubi redíeris, si tibi nullast aegritudo animo obuiam.
nam ita me apsente familiarem rem uxor curauit meam,
omnium me éxilem atque inanem fecit aegritudinum.
sed eccum fratrem Pamphilippum, incedit cum socero suo.
Pam. quid agitur, Epignome? Ep. quid tu? quam dudum in portum uenis?
Pam. huc longissume postilla. Ep. iam iste est tranquillus tibi?
An. magi' quam mare quo ambo estis uecti. Ep. facis ut alias res soles.
hodien exoneramus nauem, frater? Pam. clementer uolo.
nos potius oneremus nosmet uicissatim uoluptátibus.
quam mox coctast cena? inpransus ego sum. Ep. abi intro ad me et laua.
Pam. deos salutatum atque uxorem modo intro deuortor domum;
haec si ita ut uolo conficio, continuo ad te transeo.
Ep. apud nos eccillam festinat cum sorore uxor tua.
Pam. optumest, iam istoc morai minus erit. iam ego apud te ero.
An. priu' quam abis, praesente ted huic apologum agere unum uolo.
Pam. maxume. An. fuit olim, quasi ego sum, senex; ei filiae
duae erant, quasi nunc meae sunt; eae erant duobus nuptae fratribus,

523 nimia est uoluptast *P* (*cf. ad Merc.* 330) ubi] si *P* [a] domo *P* 524 ubi] si *P* tibi] ibi *Acidalius* (*A n. l.*) 525 absentem *P* 526 exulem *Pius* aegritudinem *A* 527 quom s. *P* (*antiqua forma*) 529 hau *Guietus* postilla *Epignomo dant* (*cum P*?) *alii* 530 *vel* mage quo a. *Ital.* : quod a. *A* : quambo *ut vid. P* 531 hodie *A* 532 nos] nosmet *P* 533 coactaes *P* 535 *om. P* 536 sẹ(*vel* i)ccillam *A* : ecilla *ut vid. P* 537 optumum est *P* 538 praesente ted huic (*vel* te huïc) *Guietus* : presentet huic *P*, *A n. l.* (iii. 3)

quasi nunc meae sunt uobis. Ep. miror quo euasurust apologus.
An. erant minori illi adulescenti fidicina et tibicina,
peregre aduexerat, quasi nunc tu ; sed ille erat caeleps senex,
quasi ego nunc sum. Ep. perge porro. praesens hicquidem est apologus.
An. deinde senex ille illi dixit, quoius erat tibicina,
quasi ego nunc tibi dico—Ep. ausculto atque animum aduorto sedulo.
An. 'ego tibi meam filiam bene quicum cubitares dedi :
nunc mihi reddi ego aequom esse aps te quicum cubitem censeo.'
Ep. quis istuc dicit ? án ille quasi tu ? An. quasi ego nunc dico tibi.
'immo duas dabo' inquit ille adulescens 'una si parumst ;
et si duarum paenitebit' inquit 'addentur duae.'
Ep. quis istuc quaeso ? an ille quasi ego ? An. is ipse quasi tu. ⟨tum⟩ senex
ille quasi ego 'si uis,' inquit 'quattuor sane dato,
dúm equidem hercle quod edint addas, meum ne contruncent cibum.'
Ep. uidelicet parcum fuisse illum senem, qui ⟨id⟩ dixerit,
quoniam ille illi pollicetur, quí eum cibum poposcerit.
An. uidelicet non fuisse illum nequam adulescentem, qui ilico
ubi ille poscit denegauit dare se granum tritici.
hercle qui aequom postulabat ille senex, quando quidem
filiae illae dederat dotem, accipere pro tibicina.
Ep. hercle illequidem certo adulescens docte uorsutus fuit,

542 Erant] Aere (*pro* A. *i. e.* An., ere?) *P* illi] ẹi *A* 548 aps te *om. A* 552–82 *deficit A* 552 tum *add. Acidalius* 554 quidem *alii* (*cf. ad Men.* 309, *Mil.* 158, *Stich.* 11) contrucent *cod.* 555 ⟨non⟩ p. *Thulin* '*de coniunctivo*' p. 24 illum fuisse *cod.* : *trai. Guietus* id *add. Loman* 556 quom ille illi qui pollicetur *Ritschl* 557 aequom *Seyffert, fort. recte* adulescentem *Ital.* : adulescentiam *cod.* 558 denegarit *Acidalius* 561 ille quidem hercle *Brix*

qui seni illi concubinam dare dotatam noluit.
AN. senex quidem uoluit, si posset, indipisci de cibo;
quia nequit, qua lege licuit uelle dixit fieri.
'fiat' ille inquit adulescens. 'faci' benigne' inquit senex.
'habeon rem pactam?' inquit. 'faciam ita' inquit 'ut fieri uoles.'
sed ego ibo intro et gratulabor uostrum aduentum filiis.
poste ibo lautum in pyelum, ibi fouebo senectutem meam.
post ubi lauero, otiosus uos opperiar accubans.—
PAM. graphicum mortalem Antiphonem! ut apologum fecit quam fabre!
etiam nunc scelestus sese ducit pro adulescentulo.
dabitur homini amica, noctu quae in lecto accentet senem;
namque edepol aliud quidem illi quid amica opu' sit nescio.
sed quid agit parasitus noster Gelasimus? etiam ualet?
EP. uidi edepol hominem hau perdudum. PAM. quid agit? EP. quod famelicus.
PAM. quin uocauisti hominem ad cenam? EP. ne quid aduéniens perderem.
atque eccum tibi lupum in sermone: praesens essuriens adest.
PAM. ludificemur hominem. EP. capti consili memorem mones.

GELASIMVS PAMPHILIPPVS EPIGNOMVS ii

GE. Sed ita ut occepi narrare uobis: quom hic non adfui,
cúm amicis deliberaui iam et cum cognatis meis.
ita mi auctores fuere, ut egomet me hodie iugularem—fame.

566 pactam *Acidalius*: factam *cod.* 568 postea ibo lauatum *cod.*: *corr. Fleckeisen* pilum *cod.*: *corr. Lambinus* 569 accumbans *cod.* 571–3 (570–3 *alii*) *Epignomo dant alii* 571 etiam *Bothe*: it iam *cod.* sese *Dousa*: esse *cod.*: ⟨se⟩ esse *Acidalius* (*cf. ad* 365) 572 accendet *PCD*: occentet *Pistoris, fort. recte* 573 opos *cod.* (*antiqua forma*?) 576 uocasti (*ita cod.*) h. ⟨ad te⟩ ad cenam *Ritschl* 577 lupum in s. *non omnino placet* 578 *vel* ludificemus 579 ut *Lambinus*: quod *cod.*

sed uideone ego Pamphilippum cum fratre Epignomo? atque is est.
adgrediar hominem. sperate Pamphilippe, o spes mea,
o mea uita, o mea uoluptas, salue. saluom gaudeo
peregre te in patriam rediisse. PAM. saluo salue, Gelasime.
GE. ualuistin bene? PAM. sustentatumst sedulo. GE. edepol gaudeo.
edepol ne ego nunc mihi medimnum mille esse argenti uelim.
EP. quid eo tibi opust? GE. hunc hercle ad cenam ut uocem, te non uocem.
EP. aduorsum te fabulare. GE. illud quidem, ambos ut uocem;
et simitu equidem hau maligne uos inuitassem domum
ad me, sed mihi ipsi domi meae níhil est. atque hoc sciti' uos.
EP. edepol te uocem lubenter, si superfiat locus.
GE. quin tum stans opstrusero aliquid strenue. EP. immo unum hoc potest.
GE. quid? EP. ubi conuiuae abierint, tum uenias. GE. uae aetati tuae!
EP. uasa lautum, non ad cenam dico. GE. di te perduint!
quid ais, Pamphilippe? PAM. ad cenam hercle alio promisi foras.
GE. quid, foras? PAM. foras hércle uero. GE. qui malum tíbi lasso lubet
foris cenare? PAM. utrum tu censes? GE. iuben domi cenam coqui

583 ⟨o⟩ sperate *Loman*, *Ferger* '*de vocat.*' p. 28 *accedit A* o *om. A*[1] 585 saluo salue *A ut vid.* : saluum. PAM. salue *P* 586 sustentaui *P* 587 egomet mihi mediam (medediam *B*) nunc mille *P* meille *A ut vid.* (*antiqua forma*) 588 ad cenam hercle *P* 590, 591 *om. P* (*propter homoeoarch.*?) 590 eq. simi̩(tu) h̩a̩u̩ *cod.* : *traieci* : eq. simul hau *Leo* 591 (mi)hi n̩st̩ d̩o̩(mi me)ae̩ *cod.* : *suppl. Studemund*, *Seyffert* 593 tum *Scaliger* : tu *codd.* (*del.* A^2) (*i.e.* quin tu? stans) 594 abirent *P* tum] ut tum *A* (*unde* tum ut *Ritschl*, ut *Seyffert*) 595 uasa] una *P* perdunt *P* 596 agis *codd.* (*i.e.* ais?) promissi *ut vid. P* (*antiqua forma*) 597 qui malum tibi] quid malum *A*

atque ad illúm renuntiari? Pam. solus cenabo domi?
Ge. non enim sólus: me uocato. Pam. at ille ne suscenseat,
mea qui caussa sumptum fecit. Ge. facile excusari potest.
mihi modo ausculta, iube cénam domi coqui. Ep. non me quidem
faciet auctore hodie ut illum decipiat. Ge. non tu hinc abis?
nisi me non perspicere censes quid agas. caue sis tu tibi,
nam illic homó tuam herédítatem inhiat quasi essuriens lupus.
non tu scis quam—écflictentur homines noctu hic in uia?
Pam. tanto pluris qui defendant ire aduorsum iussero.
Ep. non it, non it, quia tanto opere suades ne ebitat. ⟨Ge.⟩ iube
domi mihi tíbique tuaeque uxori celeriter cenam coqui.
si hercle faxis, non opinor dices deceptum fore.
Pam. per hanc tibi cenam incenato, Gelasime, esse hodie licet.
Ge. ibisne ad cenam foras? Pam. apud fratrem ceno in proxumo.
Ge. certumnest? Pam. certum. Ge. edepol te hodie lapide percussum uelim.
Pam. non metuo: per hortúm transibo, non prodibo in puplicum.
Ep. quid ais, Gelasime? Ge. oratores tu accipis, habeas tibi.
Ep. tua pol refert. Ge. enim, siquidem meá refert, opera utere.

599 cenaui *A* 602 domi cenam *A* nun (num *B*) *P* (*corr. D*) 604 ages (-is?) *A* 605 tuam] tum *P* 606 quantum *Kampmann* 607 plureis *A* 608 ne ṇebitat *A* 609 tibi tuaeque *P* 610 *vel* opino 614 per hŏrtum *suspectum*: *an* per *delend.*? non] haud *Mueller* *an* prode? 615 agis *APCD* ac(ci)p̣ias *A* 616 enim] enim uero *A* (v. 1)

EP. posse edepol tibi opinor etiam uni locum condi p * um
ubi accubes. PAM. sane faciundum censeo. GE. o lux oppidi !
EP. si arte poteris accubare. GE. uel inter cuneos ferreos ;
tantillum loculi ubi catellus cubet, id mi sat e rést loci.
EP. exorabo aliquo modo. ueni. GE. hucine ? EP. immo in carcerem ;
nam hic quidem genium meliorem tuom non facies. eamu', tu.
PAM. deos salutabo modo, poste ad te continuo transeo.—
GE. quid igitur ? EP. dixi equidem in carcerem ires. GE. quin si iusseris,
eo quoque ibo. EP. di inmortales ! hicquidem pol summam in crucem
cena aut prandio perduci potest. GE. ita ingenium meumst :
quicumuis depugno multo facilius quam cum fame.
EP. dum parasitus mihi atque fratri fuisti, rem confregimus.
GE. non ego isti ápud te—? EP. sati' spectatast mihi iam tua felicitas ;
nunc ego nolo ex Gelasimo mi fieri te Catagelasimum.—
GE. iamne abierunt ? Gelasime. uide, nunc consilio capto opust.
egone ? tune. mihine ? tibine. uides ut annonast grauis.
uiden ? benignitates hominum periere et prothymiae.
uiden ridiculos nihili fieri atque ipsos parasitarier ?

617 *vel* opino condi p...... um *A*: conspicor *P*: c. propemodum (?) *Schoell* 618 ubi cubes *Ritschl*, *nam* úbi ăccubes *displicet* : *fort.* ubi *in fine v. prioris collocand.* 620 loculi] loci *P* saẹẹrịs est *A* : sat erit *Bothe* 622 meliorem genium *P* 623 domo *A* 624 dixis *corr.* dixti (*sine nota personae*) *A* si *om.* *P* 625 pol summam] iu (ui P^{CD}) summa *P* 626 aut] ut *A* 628, 629 *inverso ordine P* 629 ego ista *A* : nego ista *Leo* (*vix Plautinum*) (*cf.* i, p. 28) 630, 631 fieri *om.* *P* 632 abisti *P* nunc consil(io) caṛọ (*vel* capto) opust *A* : quid es capturus consilii (*i. e.* -li) *P*. *vix sic reficiendus locus* (*cf. ad Merc.* 319) : Iamne abierunt ? Gelasime, uide, nunc consilio capto (*vel* caro) opust. Iam abierunt. Gelasime, uide quid es capturus consili 633–5 uiden *Fleckeisen* 636 uides *P* ut perierint A^1 (ut *del.* A^2), *unde* ut periere *edd.* 637 uides *P*

numquam edepol me uiuom quisquam in crastinum inspiciet diem ;
nam mihi iam intus potione iuncea onerabo gulam
neque ego hoc committam ut me esse homines mortuom dicant fame.—

ACTVS V

STICHVS V. i

More hoc fit atque stulte mea sententia :
si quem hominem exspectant, eum solent prouisere ;
qui | hercle illa caussa ocius nihilo uenit.
idem ego nunc facio, qui prouiso Sagarinum,
qui nihilo citius ueniet tamen hac gratia.
iam hercle ego decumbam solus, si ille huc non uenit.
cadum modo hinc a me huc cum uino transferam,
postidea accumbam. quasi nix tabescit dies.—

SANGARINVS STICHVS ii

SA. Saluete, Athenae, quae nutrices Graeciae,
⟨te⟩, terra erilis patria, te uideo lubens.
sed amica mea et conserua quid agat Stephanium
curaest, ut ualeat. nam Sticho mandaueram
salutem ut nuntiaret atque ei ut diceret
me hodie uenturum, ut cenam coqueret temperi.
sed Stichus est hicquidem. STI. fecisti, ere, facetias,
quom hoc donauisti dono tuom seruom Stichum.
pro di inmortales ! quot ego uoluptates fero,

639 uincea (*ita BD*) *D'Ovidio* onerado *A* 640 me esse omnes mortuum *A* : homines mortuum me *P* 641 stutte (*B*) *vel* stuite (est uitae P^{CD}) *P* 643 nihilotius *P* 644 Sangarinum *codd.* (*corr. D*) : *an* Sangarum ? 648–81 *deficit A* 648 postidea *Ritschl* : postea *cod.* quasi nix *Bothe* : quasenex *cod.* 650 te *addidi* : ⟨o⟩ terra *Lambinus*

quot risiones, quot iocos, quot sauia,
saltationes, blanditias, prothymias!
SA. Stiche. STI. hem! SA. quíd fit? STI. eugae! Sangarine lepidissume.
fero conuiuam Dionysum mihique et tibi.
namque edepol cena cocta est, locu' liber datust
mihi et tibi apud uos (nam apud nos est conuiuium,
ibi uoster cenat cum uxore adeo et Antipho,
ibidem erus est noster), hoc mihi dono datumst.
SA. quis somniauit aurum? STI. quid id ad te attinet?
proin tu lauare propera. SA. lautus sum. STI. optume,
sequere ergo hac me intro, ⟨Sangarine.⟩ SA. ego uero sequor.
STI. uolo eluamus hodie, peregrina omnia
relinque, Athenas nunc colamus. sequere me.—
SA. sequor et domum redeundi principium placet.
bona scaeua strenaque obuiam occessit mihi.—

iii STEPHANIVM

Mirum uideri nemini uostrum uolo, spéctatores,
quid ego hinc quae illic habito exeam: faciam uos certiores.
domo dúdum huc arcessita sum, ⟨nam⟩ quoniam nuntiatum est
istarum uenturos uiros, ibi festinamus omnes;
lectis sternendis studuimus munditiisque apparandis.
inter illud tamen negotium meis curaui amicis
Sticho et conseruo Sagarino meo céna cocta ut esset.

662 coctast *Ritschl*: dicta est *cod.* 663 *an* conuiuiumst? 666 somniauit] homo donauit (omōnauit) *Seyffert*, *sed cf. Leo ad loc.* 668 Sagarine *add. Ritschl* (iii. 2) 671 et *del. Goetz* redeunti *Acidalius* 672 obuiam *Camerarius*: obulam *cod.* 676 nam *add. Ritschl* 677 ipsarum (iss-) *Ewald* 680 sangarino *cod.* (*corr.* D^1): *an* Sangaro? (*cf. ad* 644)

Stichus opsonatust, ceterum ego curam do: id adlegauit.
nunc ibo hinc et amicos meos curabo hic aduenientis.—

SANGARINVS STICHVS iv

SA. Agite ite foras: ferte pompam. cado te praeficio, Stiche.
omnibu' módis temptare certumst nostrum hodie conuiuium.
ita me di ament, lepide accipimur quom hoc recipimur in loco.
quisqui' praetéreat, comissatum uolo uocari. STI. conuenit,
dum quidem hercle quisque ueniet ueniat cum uino suo.
nam hinc quidem hodie polluctura praeter nos datur nemini.
nosmet inter nos ministrémus monotropi. SA. hoc conuiuiumst
pro opibus nostris sati' commodule nucibus, fabulis, ficulis,
oleae †intripillo†, lupillo, comminuto crustulo.
STI. sat est seruo | homini modeste [melius] facere sumptum quam ampliter.
suom quoique decet: quibu' diuitiae domi sunt, scaphio et cantharis,
batiocis bibunt, át nos nostro Samiolo poterio:
tamen bibimús nos, tamen ecficimus pro opibus nostra moenia.

681 *fort.* curam ego curando *cod.* id] is *Leo*: *fort.* ut adlegaui *cod.*: *corr. Goetz* 682 *accedit A* hinc *om. A* aduenienteis *A* 684 omnimodis *Scaliger, fort. recte* (*cf. Class. Rev.* 8, 159) 685 accipiamur *P, A n. l.*: *corr. Guietus* quoniam hoc recipiamur *P*: *om. A* (iii. 11): *corr. Guietus* *fort.* in *delend.* 687 ueniet *om. P* (*non A ut vid.*) *vel* ueniat ueniat (*A n. l.*) 688 nos [iactura] *P, A n. l.* dabitur *P, A n. l.*: *correxi*, *nam* polluctúra praĕter *vix ferendum* 689 monotropi. SA. hoc *Ritschl*: monotrophe hoc *P, A n. l.* 691 ole(ae) in(tripi)ll(o) *A*: oleae interiplio (intriplio ?) *P*: olea in tryblio *Turnebus* *vel sic distingue* lupillo comminuto, crustulo 692 melius *om. codd. Nonii* 511 (*A n. l.*) (i. 9; *cf. ad Cas.* 253) modĕste melius *vix ferend.* 693 quique *A*: quemque *P* 694 uiunt *A* (*i. e.* uiuunt) 695 uiuimus *codd.* (? *disyllab.*)

SA. mica utér utrubi accumbamus. STI. abi tu sane superior.
atque adeo ut tu scire possis, pacto ego hoc técum diuido :
uide, utram tibi lubet etiam nunc capere, cape prouinciam.
SA. quid istuc est prouinciaé? STI. utrum Fontine an Libero
imperium te inhibere mauis? SA. nimio liquido Libero.
sed amica mea et tua dum †cenat† dumque se exórnat, nos uolo
tamen ludere inter nos. strategum te facio huic conuiuio.
STI. nimium lepide in mentem uenit quam potius in subsellio
cynice [hic] accipimur quam †in lecticis† ! SA. immo enim nimio hic magis est dulcius.
sed interim, stratege noster, qur hic cessat cantharus?
uide quot cyathos bibimus. STI. tot quot digiti tibi sunt in manu.
cantio Graecast : ἢ πέντ' ἢ τρία πῖν' ἢ μὴ τέτταρα.
SA. tibi propino. decumum a fonte tibi tute inde, si sapis.
bene uos, bene nos, bene te, bene me, bene nostram etiam Stephanium !
STI. bibe si bibi'. SA. non mora erit apud me. STI. édepol conuiui sat est,
modo nostra huc amica accedat : id abest, aliud nihil abest.

696 mĭca *scripsi* (*sc.* digitis) (v, p. 81) : amica *P* : m . . . çem *A* (? an micem) uter *om. A ut vid.* (iii. 1) 697 facto *P* tecum hoc *B* 698 cape *om. A* 699 *vel* prouinciai fontale *P* 701 cessat *Goetz, Schoell* (*A n. l.*) : *fort.* cenam *vel* dumq' 702–5 *fort. troch. systema* 702 ludere inter nos tamen (?) *Leo* huc *P* 703 mente *P* p. q. *codd.* : *traieci* 704 hic *om. P* in lectis *Pius* : *fort.* inlectĭce (*ut* 'accubuo' *Truc.* 422) nimium (*pro* -io ?) hic *A* : hic magis est (*i. e.* magest ?) *P* : *conflavi* 707 est greca *P* *graeca aut rubro colore aut omnino non scripsit A* : cepente pine et trispine emet et tara *P* 708 decumam *P* tibi tute] tibite *A* *in hoc versu deficit A* 710, 711 *retractatori ascribit Langen* ('*scriptos ut in vicem concederent versuum* 712–35' *Leo*) 710 bibe *Scutarius* : bibes *cod.* *vel* med

STI. lepide hoc actum est. tibi propino cantharum. uinum tu habes.
SA. nimi' uellem aliquid pulpamenti. STI. si horum quae adsunt paenitet,
nihil est. tene aquam. SA. melius dicis; nil moror cuppedia.
bibe, tibicen. age siquid ági', bibendum hercle hoc est, ne nega.
quid hic fastidis quod faciundum uides esse tibi? quin bibis?
age si quid agis, accipe inquám. non hoc impendet publicum?
haud tuom istúc est te uereri. éripe ex óre tibias.
STI. ubi illic biberit, uel seruato meum modum uel tu dato.
nolo ego nos †prosumo† bibere. nulli rei erimus postea;
namque edepol quam uis desubito uel cadus uorti potest.
SA. quid igitur? quamquam grauatus fuisti, nón nocuit tamen.
age,
723a tibicen, quando bibisti, refer ad labeas tibias.
suffla celeriter tibi buccas quasi proserpens bestia.
agedum, Stiche, uter demutassit, poculo multabitur.
STI. bonum ius dicis. impetrare oportet qui aequom postulat.
SA. age ergo opserua. si peccassis, multam hic retinebo ilico.
STI. optumum atque aequissumum oras. em tibi hoc primum omnium.

713 pulpulmenti *cod.* 714 tene *Ital.* : teni *cod.* 715 sĭquid *non omnino placet* *fort.* agis *delend.* (*cf. Class. Rev.* 8, 151), *nisi quidem vv.* 714–5 *troch. systema sunt* 717 hoc non *Acidalius* 718 ⟨ei⟩ tibias *Mueller* (*Rhein. Mus.* 54, 539) 719 dato *Ital.* : dabo *cod.* 720 prosum hoc ebibere *Mueller* 721 uis *Ital.* : ui *cod.* 722 *post v.* 765 *iterum apparet* (*i. e. post intervallum* 44 *versuum*). *scilicet scriba exemplaris, cum ad finem folii nesciocuius in codice* PA *venisset, praecedens folium prave repetierat* agitur *vel* icitur *cod.* nun *cod.* (*i. e.* num *vel* non) 723 age *extra versum posui, nam nec* quandŏ *nec* bibĭsti *placet* (*cf. ad v.* 715) 723a refer *codd. Nonii* 210 : refers *cod.* 724 proserrens *cod.* (R *pro* P) 725 proculo mutabitur *cod.* : *corr. Pius* 728 em . . . omnium *Sangarino dant alii*

haec facetiast, amare inter se riualis duos,
uno cantharo potare, únum scortum ducere.
hoc memorabilest : ego tu sum, tu es ego, unianimi sumus,
unam amicam amamus ambo, mecum ubi est, tecum est tamen ;
tecum ubi autem est, mecum ibi autemst : neuter †utri† inuidet.
SA. ohe, iam sati' ! nolo optaedescat ; alium ludum nunc uolo.
STI. uin amicam huc euocemus ? ea saltabit. SA. censeo.
STI. mea suauis, amabilis, amoena Stephanium, ad amores tuos
foras egredere, sati' mihi pulchra es. SA. at enim pulcherruma.
STI. fac nos hilaros hilariores opera atque aduentu tuo.
SA. peregre aduenientes te expetimus, Stephaniscidium, mel meum,
sí amabilitas tibi nostra placet, si tibi ambo áccepti sumus.

V STEPHANIVM STICHVS SANGARINVS

STE. Morigerabor, meae deliciae. nam ita me Venus amoena amet,
ut ego huc iam dudum simitu exissem uobiscum foras,
nisi me uobis exornarem. nám ita ingenium muliebrest :
bene cum lauta est, terta, ornata, ficta est, infecta est tamen ;
nimioque sibi mulier meretrix repperit odium ocius
sua inmunditia quam in perpetuom ut placeat munditia sua.
STI. nimium lepide fabulata est. SA. Veneris mera est oratio,

733 tecum autem ubi est mecum autem ibi est P^{CD} n. neutri *Guietus* : n. alteri *Camerarius* 734 obtaedes catali ut ludum *cod.* : *corr. Ritschl* 736 suauís amabílis *displicet* 737 enim ⟨mihi⟩ *Acidalius* 742 morigerabor *Ritschl* : morem uobis geram *cod.* (v. I ?) 743 huc *Scaliger* : hic *cod.* 744 ita est i. muliebrem (-re ?) *cod.* 745 *primum* est *del. Scaliger* 746 reperiet *Fuhrmann*

Sti. Sangarine. Sa. quid est? Sti. totus doleo. Sa. potus? tanto miserior.
Ste. utrubi accumbo? Sa. utrubi tu uis? Ste. cum ambobus uolo, nam ambos amo.
Sti. uapulat peculium, actum est. Sa. fugit hoc libertas caput.
Ste. date mi locum ubi accumbam, amabo, siquidem placeo. Sti. tun mihi?
Ste. cupio cúm utroque. Sti. ei mihí! bene dispereo. quid ais? Sa. quid est?
Sti. ita me di ament, numquam enim fiet hodie haec quin saltet tamen.
age, mulsa mea suauitudo, salta: saltabo ego simul.
Sa. numquam edepol med istoc uinces quin ego ibidem pruriam.
Ste. siquidem mihi saltandum est, tum uos date bibat tibicini.
Sti. et quidem nóbis. Sa. tene, tibicen, primum; postidea loci
si hoc eduxeris, proinde ut consuetu's antehac, celeriter
lepidam et suauem cantionem aliquam occupito cinaedicam,
ubi perpruriscamus usque ex unguiculis. inde huc aquam.

SANGARINVS STICHVS vi

Sa. Tene tu hóc, educe. dudum placuit potio:
nunc minu' grauate iam accipit. tene tu. ínterim,
meus oculus, da mihi sauium, dum illic bibit.
Sti. prostibilest tandem? stantem stanti sauium

749 totus? tanto *Saracenus* 750 utrubi . . . utrubi *Camerarius*: utrumubi . . . utrumubi *cod.* 753 est *Weise*: ego *cod.* 754 flet *cod.* quin saltet *Camerarius*: qui non saltent *cod.* 759 eduxerit *cod.*: *corr. Camerarius* antidhac (*cum* postidea, *cf.* 758) *gloss. Plaut.*, *contra metrum*, *unde* si hoc eduxis cel. p. ut co. antidhac *Redslob* 760 cantionem *codd. Nonii* 5: cantationem *cod.* occupito *codd. Nonii*: occipio *cod.* 762–8 '*scilicet tibicen ut bibat canere desinit*' *Leo* 762 dudum ⟨haud⟩ *Pistoris*, *sed cf. Leo ad loc.* 765 prostibiles *cod.*: *corr. Leo* stanti sauium *Saracenus*: stantis autum *cod.* *cf. ad v.* 722

dare amicum amicae? eugae eugae, sic furi datur!
SA. age, iam infla buccas, nunciam aliquid suauiter.
redd' cantionem ueteri pro uino nouam.

vii SANGARINVS STICHVS

SA. Qui Ionicus aut cinaedicus⟨t⟩, qui hoc tale facere possiet?
STI. si istoc me uorsu uiceris, alio me prouocato.
SA. fac tu hoc modó. STI. at tu hoc modo. SA. babae! STI. tatae! SA. papae! STI. pax!
SA. nunc pariter ambo. omnis uoco cinaedos contra.
satis esse nobis non magis poti' quam fungo imber.
STI. intro hinc abeamus nunciam: saltatum sati' pro uinost.
uos, spectatores, plaudite atque ite ad uos comissatum.

768 cedo *Ritschl* pro uino n. *Saracenus*: proui nouam *cod.* 769 *vix* possit. *ut fiat versus septenarius* 771 '*versus Reizianus*' *Leo* at ⟨fac⟩ *Mueller* (*Rhein. Mus.* 54, 539) 772 cinaedus *cod.* 773 potis *Leo* (*vel* pote): potis [est] *cod.* (*pro* potist *vel* potest?) 775 ad uos *Palmerius*: ad nos *cod.*

TRINVMMVS

ARGVMENTVM

Thensaurum abstrusum abiens peregre Charmides
Remque omnem amico Callicli mandat suo.
Istoc absente male rem perdit filius ;
Nam et aedis vendit : has mercatur Callicles.
Virgo indotata soror istius poscitur ;
Minus quo cum invidia ei det dotem Callicles,
Mandat qui dicat aurum ferre se[se] a patre.
Vt venit ad aedis, hunc deludit Charmides
Senex, ut rediit ; quoius nubunt liberi.

Argumentum om. A   7 se *Camerarius*   9 nubunt liberi *Valla* : nubuntur eri *cod.*

PERSONAE

Lvxvria cvm Inopia Prologvs
Megaronides Senex
Callicles Senex
Lysiteles Advlescens
Philto Senex
Lesbonicvs Advlescens
Stasimvs Servvs
Charmides Senex
Sycophanta

Scaena ATHENIS

PROLOGVS

LVXVRIA INOPIA

LV. Sequere hac me, gnata, ut munus fungaris tuom.
IN. sequor, sed finem fore quem dicam nescio.
LV. adest. em illae sunt aedes, í intro nunciam.—
nunc, ne quis erret uostrum, paucis in uiam
deducam, si quidem operam dare promittitis.
nunc igitur primum quaé ego sim et quae illaec siet
huc quae abiit intro dicam, si animum aduortitis.
primum mihi Plautus nomen Luxuriae indidit;
tum | hanc mihi gnatam esse uoluit Inopiam.
sed ea huc quid introierit impulsu meo
accipite et date uociuas auris dum eloquor.
adulescens quidam est quí in hisce habitat aedibus;
is rem paternam me adiutrice perdidit.
quoniam ei qui me aleret nil uideo esse relicui,
dedi ei meam gnatam quicum aetatem exigat.
sed de argumento ne exspectetis fabulae:
senes qui huc uenient, i rem uobis aperient.
huic Graece nomen est Thensauro fabulae:
Philemo scripsit, Plautus uortit barbare,
nomen Trinummo fecit, nunc hoc uos rogat
ut liceat possidere hanc nomen fabulam.
tantum est. ualete, adeste cum silentio.—

1 hac me] me mea *P* fungas *codd. Nonii* 497, *unde* fungas ⟨tu⟩ (?) *Schoell* 8, 9 (*omissis* Plautus—mihi *propter homoeotel.*) *post v.* 10 *collocat A* (ii. 6) 8 mi P^{CD} 9 hanc ⟨autem⟩ *Spengel* (*A n. l.*) mihi hanc gnatam [gnatam] P^{CD} 15 ei] e *P* quicum ⟨una⟩ *Vollbehr*, *nam* (meám) gnatám *displicet* 17 [uo]uobis *A* 18 nomen grece *P* 20 uos hoc *A*, *non usitatus ordo* 22 adesse *A*

ACTVS I

I. i MEGARONIDES

Amicum castigare ob meritam noxiam
inmoene est facinus, uerum in aetate utile
et conducibile. nám ego amicum hodie meum
concastigabo pro commerita noxia,
inuitus, ni id me inuitet ut faciam fides.
nam hic nimium morbus mores inuasit bonos;
ita plerique omnes iam sunt intermortui.
sed dum illi aegrotant, interim mores mali
quasi herba inrigua succreuere uberrume;
neque quicquam hic nunc est uile nisi mores mali;
eorum licet iam metere messem maxumam:
nimioque hic pluris pauciorum gratiam
faciunt pars hominum quam id quod prosint pluribus.
ita uincunt illud conducibile gratiae,
quae in rebus multis opstant odiossaeque sunt
remoramque faciunt rei priuatae et publicae.

ii CALLICLES MEGARONIDES

CA. Larem corona nostrum decorari uolo.
uxor, uenerare ut nobis haec habitatio
bona, fausta, felix fortunataque euenat—
teque ut quam primum possim uideam emortuam.
ME. hic ille ést senecta aetate qui factust puer,
qui admisit in se culpam castigabilem.

23 me (*i. e.* ME.) amicum *P* [non mala] noxiam *P* (? iv. 3; M *pro* X, L *pro* I) 25 hodie amicum *A* 27 me id *P* faciat *A* 29 plerique '*libri vet.*' *Lambini*: prerique *A*: plerumque *P* homines *A* 31 succreuerunt *P* (*i. e.* succrerunt ?) 33 *ante* 32 *collocat Buecheler* 32 uile nunc est *P* 36 conductibile *P* 40 uobis *A* 42 possit *Lambinus*

adgrediar hominem. CA. quoia hic uox prope me sonat?
ME. tui béneuolentis, sí ita es ut ego te uolo,
sin aliter es, inimici atque irati tibi.
CA. o amice, salue, | atque aequalis. ut uales,
Megaronides? ME. et tu edepol salue, Callicles.
CA. ualen? ualuistin? ME. ualeo et ualui rectius.
CA. quid agit tua uxor? ut ualet? ME. plus quam ego uolo.
CA. bene hercle est illam tibi ualere et uiuere.
ME. credo hercle te gaudere si quid mihi mali est.
CA. omnibus amicis quod mihi est cupio esse idem.
ME. eho tu, tua uxor quid agit? CA. inmortalis est,
uiuit uicturaque est. ME. bene hercle nuntias,
deosque óro ut uitae tuae superstes suppetat.
CA. dum quidem hercle tecum nupta sit, sane uelim.
ME. uin commutemus, tuam ego ducam et tu meam?
faxo hau tantillum dederis uerborum mihi.
CA. namque enim tu, credo, me inprudentem obrepseris.
ME. ne tu hercle faxo hau nescias quam rem egeris.
CA. habeas ut nanctu's: nota mala res optumast.
nam ego nunc si ignotam capiam, quid agam nesciam.
ME. edepol proinde ut bene uiuitur, diu uiuitur.
sed hoc ánimum aduorte atque aufer ridicularia;
nam ego dedita opera huc ad te [ad]uenio. CA. quid uenis?
ME. malis te ut uerbis multis multum obiurigem.
CA. men? ME. numquis est hic alius praeter mé atque te?
CA. nemost. ME. quid tu igitur rogitas tene obiurigem?

45 quia *A* hic *om. P* 46 si *om. A* te *om. P* 47 esṭ *A* 50, 51 *inverso ordine A* 51 tua agit *A* 52 [bene] ualere *P* 53 mihi] me *A* 54 fidem *A* 55 tu *om. P* 61 tu] te *A* mihi inprudenti *P* 62 h. scias *P* 65 prome *A* diu uiuitur bene uiu. *Acidalius* 67 uenio *A* 68 obiurgem *P*: obiurgitem *A* 70 tu *om. P* obiurgitem *P*

nisi tu me mihimet censes dicturum male.
nam si in te aegrotant artes antiquae tuae,
[sin immutare uis ingenium moribus]
aut si demutant mores ingenium tuom
neque eos antiquos seruas, ast captas nouos,
omnibus amicis morbum tu incuties grauem,
ut te uidere audireque aegroti sient.
CA. qui in mentem uenit tibi istaec dicta dicere?
ME. quia omnis bonos bonasque adcurare addecet
suspicionem et culpam ut ab se segregent.
CA. non potest utrumque fieri. ME. quapropter? CA. rogas?
ne admittam culpam, ego meo sum promus pectori:
suspicio est in pectore alieno sita.
nam nunc ego si te surrupuisse suspicer
Ioui coronam de capite ex Capitolio
quod in cólumine astat summo: si id non feceris
atque id tamen mihi lubeat suspicarier,
qui tu id prohibere me potes ne suspicer?
sed istúc negoti cupio scire quid siet.
ME. haben tu amicum aut familiarem quempiam
quoi pectus sapiat? CA. edepol hau dicam dolo:
sunt quos scio esse amicos, sunt quos suspicor,
sunt quorum ingenia atque animos nequeo noscere
ad amici partem an ad inimici peruenant;
sed tú ex amicis certis mihi es certissumus.
si quid scis me fecisse inscite aut inprobe,
si id non me accusas, tute ipse obiurgandus es.

71 tute mihi me *P* 72 anii que *P* 72a *om. A* 73, 74 *secl. Ritschl* 74 seruos *A* 75 inculties *A* 79 apse *P* (*antiqua orthographia*) 85 Qui *Scaliger* 87 quid tu id *A* 88 scire cupio quicquid est *P* 89 aut] ut *A* 91 amicos esse *A* 92 nequeo *Acidalius*: queo *A*: non possum *P* (v. I) 93 peruenat *P* 94 mihi es certis *A*, *fort. recte* 96–171 *deficit A* 96 *troch. septenarium exhibet cod.*, sí id me non accú. t. i. óbiurgandus és. ME. scio: si id nón me (*Reiz*) acc. tú. obiurgandú's (*del.* ipse). ME. scio *Bothe* *vix* tupte o.

ME. scio et, si ália huc caussa ad te adueni, aequom postulas.
CA. exspecto si quid dicas. ME. primumdum omnium,
male dictitatur tibi uolgo in sermonibus:
turpilucricupidum te uocant ciues tui;
tum autem sunt alii qui te uolturium uocant:
hostisne an ciuis comedis parui pendere.
haec quom audio in te †dicis† excrucior miser.
CA. est atque non est mihi in manu, Megaronides:
quin dicant, non est; merito ut ne dicant, id est.
ME. fuitne híc tibi amicus Charmides? CA. est et fuit.
id ita esse ut credas, rem tibi auctorem dabo.
nam postquam hic eiius rem confregit filius
uidetque ípse ad paupertatem protractum esse se
suamque filiam esse adultam uirginem,
simul eius matrem suamque uxorem mortuam,
quoniam hinc iturust ipsus in Seleuciam,
mihi commendauit uirginem gnatam suam
et rem suam omnem et illúm corruptum filium.
haec, si mi inimicus esset, credo hau crederet.
ME. quid tu, adulescentem, quem esse corruptum uides,
qui tuae mandatus est fide et fiduciae,
quin eum restituis, quin ad frugem corrigis?
ei rei óperam dare te fuerat aliquanto aequius,
si qui probiorem facere posses, non uti
in eandem tute accederes infamiam
malumque ut eiius cum tuo mísceres malo.
CA. quid feci? ME. quod homo nequam. CA. non istuc meumst.

97 ME. scio *in fine v.* 96 *cod.* huc alia *cod.*: *trai. Camerarius* 101 tum *Ital.*: tu *cod.* (vii. 4) 103 dici is excrucior *Vahlen*: dici discrucior *Ritschl* 109 prostractum *B*, *unde* prostratum *Bergk* 115 hic si in. (*om.* mi) *P*CD 116 corruitum *cod.* 120 possis *cod.* (*pro* -es? i. 3)

ME. emistin de adulescente has aedis (quid taces?)
ubi nunc tute habitas? CA. emi atque argentum dedi,
minas quadraginta, adulescenti ipsi in manum.
ME. dedistín argentum? CA. factum neque facti piget.
ME. edepol fide adulescentem mandatum malae!
dedistíne hoc facto ei gladium qui se occideret?
quid secus est aut quid interest dare te in manus
argentum amanti homini adulescenti, animi inpoti,
qui exaedificaret suam incohatam ignauiam?
CA. non ego illi argentum redderem? ME. non redderes
neque de illo quicquam neque emeres neque uenderes,
nec qui deterior esset faceres copiam.
inconciliastin eum qui mandatust tibi,
ill' qui mandauit, eum exturbasti ex aedibus?
edepol mandatum pulchre et curatum probe!
crede huic tutelam: suam melius rem gesserit.
CA. subigis maledictis me tuis, Megaronides,
nouo modo adeo, ut quod meae concreditumst
taciturnitati clam, fide et fiduciae,
ne enuntiarem quoiquam neu facerem palam,
ut mihi necesse sit iam id tibi concredere.
ME. mihi quod credideris sumes ubi posiueris.
CA. circumspicedum te ne quis adsit arbiter
nobis, et quaeso identidem circumspice.
ME. ausculto si quid dicas. CA. si taceas, loquar.
quoniam hinc est profecturus peregre Charmides,
thensaurum demonstrauit mihi in hisce aedibus,
hic in conclaui quodam—sed circumspice.

130 secus *Ital.*: secutus *cod.* (v. 8) 131 $\overset{i}{\mathrm{a}}$mpoti *ut vid. cod.* 132 ignauium *cod.* 139 tute iam *vel* tutelam *cod.* rem melius *Hermann* 141 quomeae *cod.* (? *pro* quommeae, *i. e.* quod meae; i. 4) concreditum sim *cod.* (i. 7, 2) 149 profecturus *Scaliger*: profectus *cod.* (t *pro* tur? vii. 1) 150 mihi demonstrauit P^{CD}

ME. nemost. CA. nummorum Philippeum ad tria milia.
id solus solum per amicitiam et per fidem
flens me opsecrauit suo ne gnato crederem
neu quoiquam unde ad eum id posset permanascere.
nunc si ille huc saluos reuenit, reddam suom sibi;
si quid eo fuerit, certe illius filiae,
quae mihi mandatast, habeo dotem | unde dem,
ut eam in se dignam condicionem conlocem.
ME. pro di inmortales, uerbis paucis quam cito
alium fecisti me, alius ad te ueneram!
sed ut occepisti, perge porro proloqui.
CA. quid tibi ego dicam qui illius sapientiam
et meam fidelitatem et celata omnia
paene ille ignauos funditus pessum dedit?
ME. quidum? CA. quia, ruri dum sum ego unos sex dies,
me apsente atque insciente, inconsultu meo,
aedis uenalis hasce inscribit litteris.
ME. adessuriuit magis, [et] inhiauit acrius
lupus, opseruauit dum dormitarent canes:
gregem uniuorsum uoluit totum auortere.
CA. fecisset edepol, ni haec praesensisset canes.
sed nunc rogare ego uicissim te uolo:
quid fuit officium meum me facere? face sciam;
utrum indicare me ei thensaurum aequom fuit,
aduorsum quam eius me opsecrauisset pater,
an ego alium dominum paterer fieri hisce aedibus?
qui emisset, eiius essetne ea pecunia?
emi egomet potius aedis, argentum dedi
thensauri caussa, ut saluom amico traderem.

157 certe *Bothe*: certo *cod.*, *contra morem Plautinum* 158 habuero *Mueller* (*Rhein. Mus.* 54, 539) ab eo, dotem ⟨habeo⟩ *vel* habeo, dotis *Schoell* 168 inscripsit *codd. Nonii* 525 (*neglegens citatio, ut vid.*) 169 mage *Hermann*: *del. Ritschl* et *del. Hermann* inebriauit P^{CD} (*pro* inbiauit; b *pro* h, vi. 1) 170 dormitaret *Lambinus* 172 *accedit A*

neque adeo hasce emi mihi nec ussurae meae :
illi redemi rusum, a me argentum dedi.
haec sunt : si recte seu peruorse facta sunt,
ego me fecisse confiteor, Megaronides.
em mea malefacta, em meam auáritiam tibi !
hasce mihi propter res malas famas ferunt.
ME. παῦσαι : uicisti castigatorem tuom :
occlusti linguam, nihil est qui respondeam.
CA. nunc ego te quaeso ut me opera et consilio iuues
communicesque hanc mecum meam prouinciam.
ME. polliceor operam. CA. ergo ubi eris paullo post ? ME. domi.
CA. numquid uis ? ME. cures tuam fidem. CA. fi[e]t sedulo.
ME. sed quid ais ? CA. quid uis ? ME. ubi nunc adulescens habet ?
CA. posticulum hoc recepit, quom aedis uendidit.
ME. istuc uolebam scire. i sane nunciam.
sed quid ais ? quid nunc uirgo ? nempe apud tést ? CA. itast,
iuxtaque eam cúro cum mea. ME. recte facis.
CA. numquid priu' quam abeo me rogaturu's ?—ME. uale.
nihil est profecto stultius neque stolidius
neque mendaciloquius neque [adeo] argutum magis,
neque confidentiloquius neque peiiurius
quam urbani adsidui ciues quos scurras uocant.
atque egomet me adeo cum illis una ibidem traho,

183 si] seu *P* 184 egomet f. *P* 185 em meam auarimeam *A* : eme m. au. *Skutsch* (*Philolog.* 59, 500) 186 hascine me *P* : hascine *Pareus* opter *Bergk* maledictas *P* : maledicas *Salmasius* *fort. duplex lectio* hasc' mihi . . . . maledicas *et* hascine mi . . . malas 187 pausa *P* 188 quod *A* (i. 9 ?) 192 cur est *P* fit *P* 194 recipit *A* 196 ita es *P* 198 num pr. *P* 199 stolidus *A* 200 adeo *om. P* *vix prius* neque *delend.* (*cf. ad Mil.* 752) 202 quoscurras *A*

qui illorum uerbis falsis acceptor fui,
qui omnia se simulant scire neque quicquam sciunt.
quod quisque in animo habet aut habiturust sciunt,
sciunt íd quod in aurem rex reginae dixerit,
sciunt quod Iuno fabulatast cum Ioue;
quae neque futura neque sunt, tamen illi sciunt.
falson an uero laudent, culpent quem uelint,
non flocci faciunt, dum illud quod lubeant sciant.
omnes mortales hunc aiebant Calliclem
indignum ciuitate hac esse et uiuere,
bonis qui hunc adulescentem euortisset suis.
ego de eórum uerbis famigeratorum insciens
prosilui amicum castigatum innoxium.
quod si exquiratur usque ab stirpe auctoritas,
und' quicquid audítum dicant, nisi id appareat,
famigeratori res sit cum damno et malo,
hoc ita si fiat, publico fiat bono,
pauci sint faxim qui sciant quod nesciunt,
occlusioremque habeant stultiloquentiam.—

ACTVS II

LYSITELES

II. i

Multas res simitu in meo corde uorso,
multum in cogitando dolorem indipiscor:
egomet me coquo et macero et defetigo,
magister mihi exercitor animu' nunc est.
sed hoc non liquet nec satis cogitatumst

208 item sciunt id quod *A* (? iv. 2) 209 [facta] sunt *P* (iv. 2) 211 lubeat *P* 213 hac esse et *Taubmann*: hac esset *P*: haeçesçiet *A*: ac sese *Gulielmius*: *an* uesci et? 214 suis] omnibus *A* 215 de e.] deorum *A* inscius *P* 217 exequiratur *A* apstirpe *P* (*antiqua orthographia*) 218 quicque *Acidalius* 219 re *P* 221 sint] sini *P* 223 corde meo *A* 224 multa *A* indispicor *A* 225 coquo [quo] *P* 226 hunc *P*

utram potius harum mihi artem expetessam,
utram aetati agundae arbitrer firmiorem :
amorin med an rei opsequi potiu' par sit, 230
utra in parte plus sit uoluptati' uitae
ad aetatem agundam.
de hac re mihi satis hau liquet ; nisi hoc sic faciam, opinor,
ut utramque rem simul exputem, iudex sim reu'que ad eam rem.
ita faciam, ita placet ; omnium primum 235
Amoris artis eloquar quem ad modum [se] expediant.
numquam Amor quemquam nisi cupidum hominem postulat se in plagas conicere :
eos petit,
eos sectatur ; subdole blanditur, ab re consulit, 238a
blandiloquentulus, harpago, mendax, cuppes, auarus, elegans, despol[i]ator,
latebricolarum hominum corruptor blandus, inops celatum indagator. 240-1
nam quí amat quod amat quom extemplo sauiis sagittatis perculsust,
ilico res foras labitur, liquitur. 'da mihi hoc, mel meum, si me amas, si audes.' 243-4
ibi ille cuculus : 'ocelle mi, fiat : et istuc et si amplius uis dari, dabitur.' 245-6
ibi illa pendentem ferit : iam amplius orat ; non satis 247-8
id est mali, ni etiam amplius,
quod ebibit, quod comest, quod facit sumpti. nox datur : ducitur familia tota, 250-1

230 sq. *disp.* Amorin — parte | Plus—agundam *A* (*bacch. systema*) 230 *vel* me (*ita codd.*) siet *P* 231 uoluptati sit *P* 233 sic] si *P* *vel* opino 234 ut *om. P* 236 se *om. P* 238, 238ª *coniung. A* eos cupit eos consectatur *P* (*anap. dim. catal.*) 239 despoliator *P* 240, 241 *vel sic distingue* corruptor, blandus inops, *vix* inopis (*ut bacchii fiant*) 242 nam quam ad quod damat *P* quom *Bothe* : quam *codd.* sagittatis *om. A* percussust *P* 243–4 si me audes si amas *A* *an* sí auides ? (*ut cretici fiant*) 245-6 Abi *A* occelle *P* (? *pro* o ocelle) 247–8 illam *A* sat *P* 249 amplius etiam *P* 250-1 quod ĕbíbit *vix ferendum* sumptui *A*

uestipica, unctor, auri custos, flabelliferae, sandaligerulae,
cantrices, cistellatrices, nuntii, renuntii, rap-
-tores panis et peni;
255 fit ipse, dum illis comis est, inops amator.
haec ego quom cum animo meo reputo,
ubi quí eget, quam preti sit parui:
apage te, Amor, non places, nil te utor;
quamquam illud est dulce, esse et bibere,
260 Amor amara dat tamen, sati' quod aegre sit:
261–2 fugit forum, fug⟨it⟩at suos cognatos, fugat ipsus se ab suo contutu
263–4 neque eum sibi amicum uolunt dici. mille modis, Amor, ignorandust,
265 procul abhibendust atque apstandust; nam qui in amorem praecipitauit
peius perit quasi saxo saliat: apage te, Amor, tuas res tibi habeto,
267–8 Amor, mihi amicus ne fuas umquam; sunt tamen quos miseros maleque habeas,
quos tibi obnoxios fecisti.
270 certast res ad frugem adplicare animum,
271–2 quamquam ibi [animo] labos grandis capitur. boni sibi haec expetunt, rem, fidem, honorem,
273–4 gloriam et grátiam: hoc probis pretiumst. eo mihi magi' lubet
275 cum probis pótius quam cum inprobis uiuere uanidicis.

252 uestipica *formam usitatam esse docuit Leo* (*Mélanges Boissier*, p. 355): uestispica *A* (*forma etymologica*): uestispic—*testatur Nonius* 12 (-ci *codd.*): uestiplice *P* (? *pro* -plica, *forma recentiore*) sandaliogerulae *A* 255 sq. *disp. A*: Fit — ego (*iamb. octonar.*) | Quum — eget | Quam — places | Nihil — bibere 256 haec ego cum ago cum meo animo et recolo (rectilo *B*) *P* 258 places] palages *P* 260 tamen] tibi *P* 261–2 fugitat *Spengel*: fugit (*vel* -at) *A*: fugat *P* suos] uos *P* sem *A* 265 adhib. *codd.* (-us *A*) atque aptinendus *P* (v. 1) amore *P* 266 te] sis *P* habe *P* 267–8 amicus mihi *A* umquam *om. A* 269. 270 *coniung. A* certunst *P*: certa est res *A* 271–2 animo *om. A* bonis *P* 273–4 *vel* mage

ii PHILTO LYSITELES

PH. Quo illic homo foras se penetrauit ex aedibus? LY. pater, adsum, impera quiduis,
neque tibi ero in mora neque latebrose me aps tuo conspectu occultabo.
PH. feceris par tuis ceteris factis,
patrem tuom si percoles per pietatem.
nolo ego cum inprobis te uiris, gnate mi,
neque in uia neque in foro necullum sermonem exsequi.
noui ego hoc saeculum moribus quibu' siet:
malus bonum malum esse uolt, ut sit sui símilis;
turbant, miscent mores mali: rapax, auarus, inuidus
sacrum profanum, publicum priuatum habent, hiulca gens.
haec ego doleo, haec sunt quae me excruciant, haec dies noctes[que] canto tibi ut caueas.
quod manu non queunt tangere tantum fas habent quo manus apstineant,
cetera: rape, trahe, fuge, late—lacrumas haec mihi quom uideo eliciunt,
quia ego ad hoc genus hominum duraui. quin priu' me ad pluris penetraui?
nam hi mores maiorum laudant, eosdem lutitant quos conlaudant.
hisce ego de artibu' gratiam facio, ne[u] colas neue imbuas ingenium.
meo modo et moribu' uiuito antiquis, quae ego tibi praecipio, ea facito.

276 ex *om. codd. Nonii* 374, *unde fit anapaest, octonar.* (? *citatio neglegens*) quod uis *P* 277–8 conspectus *P* 279, 280 *coniung. A* 280 pīetatem *suspectum* 282 neque ullum *A* (? *i.e.* neque—ullum): ullum *P* 283 siet] et *A* 286 hiutca *A* 287 quae me] quem *P* que *om. A* 292 lutitant *Ritschl*: latitant *codd.* 293–4 de *Bothe*: te *codd.* ne *Hermann* (*cf. ad* 183) 295–6 praecipito et f. *F*

nil ego istos moror faeceos mores, turbidos, quibu' boni dedecorant se.
haec tibi si mea imperia capesses, multa bona in pectore consident.
Ly. semper ego usque ad hanc aetatem ab ineunte adulescentia
tuis seruiui seruitutem imperiis, [et] praeceptis, pater.
pro ingenio ego me liberum esse ratu' sum, pro imperio tuo
meum animum tibi seruitutem seruire aequom censui.
Ph. quí homo cum animo inde ab ineunte aetate depugnat suo,
utrum itane esse mauelit ut eum animus aequom censeat,
an ita potius ut parentes eum esse et cognati uelint :
si animus hominem pepulit, actumst : animo seruit, non sibi ;
si ipse animum pepulit, dum uiuit uictor uictorum cluet.
tu si animum uicisti potius quam animus te, est quod gaudeas.
nimio satiust ut opust ted ita esse quam ut animo lubet :
qui animum uincunt quam quos animus semper probiores cluent.
Ly. istaec ego mi semper habui aetati integumentum meae ;
ne penetrarem me usquam ubi esset damni conciliabulum
neu noctu irem obambulatum neu suom adimerem alteri
neu tibi aegritudinem, pater, párerem, parsi sedulo :
sarta tecta tua praecepta usque habui mea modestia.
Ph. quíd exprobrás ? bene quod fecisti tibi fecisti, non mihi ;
mihi quidem aetas actast ferme : tua istuc refert maxume.

297–8 fac eos *P* ⌈et⌉ turbidos *P* bonis *A* 302 tui *P* et *del. Bothe* 306 ⌈id⌉ itane *P* (iv. 3) 308 perpulit *P* seruauit *P* 309 uictorum] uirtutum *A* 311 satius tui o. *P* (I *pro* T) lubet *Ital.* : iubet *codd.* 312 quam qui animos *A* ciuent *A* : cluentis *P* 313 tegumentum *P* 314 conciliitabulum *A* 315 Nei (*B*) *vel* Ne (*P*CD) *P* 318 *vix iamb. octonar.* 319 ferme] fert me *P* (*pro* ferime *forma antiqua* ?)

is probus est quem paenitet quam probu' sit et frugi bonae;
qui ipsus sibi satis placet nec probus est nec frugi bonae:
qui ipsus se contemnit, in eost indoles industriae.
benefacta benefactis aliis pertegito, ne perpluant.
Ly. ob eam rem haec, pater, autumaui, quia res quaedamst quam uolo
ego me aps te exorare. Ph. quid id est? dare iam ueniam gestio.
Ly. adulescenti huic genere summo, amico atque aequali meo,
minu' qui caute et cogitate suam rem tractauit, pater,
bene uolo ego illi facere, si tu non neuis. Ph. nemp' de tuo?
Ly. de meo: nam quod tuomst meumst, ómne meumst autem tuom.
Ph. quid is? egetne? Ly. eget. Ph. habuitne rem? Ly. habuit. Ph. quí eam perdidit?
publicisne adfinis fuit an maritumis negotiis?
mercaturan, an uenalis habuit ubi rem perdidit?
Ly. nihil istorum. Ph. quid igitur? Ly. per comitatem edepol, pater;
praeterea aliquantum animi caussa in deliciis disperdidit.
Ph. edepol hominem praemandatum ferme familiariter,
qui quidem núsquam per uirtutem rem confregit atque eget!
nil moror eum tíbi esse amicum cum eiusmodi uirtutibus.
Ly. quia sine omni malitiast, tolerare eius egestatem uolo.
Ph. de mendico male meretur qui ei dat quod edit aut bibat;
nam et illud quod dat perdit et illi prodit uitam ad miseriam.

320 [non] penitet *P* (i. 9) 324 quaedant *P* 325 ueniam dare iam (*B*) *vel* ueniam iam dare (*P*CD) *P* 326 hinc *Vollbehr* 328 ego *om. A* nisi tu non uis *A* (*vix pro* noenu uis; *cf. ad* 361) 332 mercaturamne an *P* 335 praedicatum *P* f. et fam. *A* 336 Quid *P* 338 est] es *A* egestatem eius *P* (*non D*) 339 aut [quod] *P* 340 prodit] producit *P* (v. 1)

non eo haec díco, quin quae tu uis ego uelim et faciam lubens :
sed ego hoc uerbum quom illi quoidam dico, praemostro tibi,
ut ita te aliorum miserescat, ne tis alios misereat.
Ly. deserere illum et deiuuare in rebus aduorsis pudet.
Ph. pol pudere quam pigere praestat totidem litteris.
Ly. edepol, deum uirtute dicam, pater, et maiorum et tua
multa bona bene parta habemus, bene si amico feceris
ne pigeat fecisse, ut potius pudeat si non feceris.
Ph. de magnis diuitiis si quid demas, plus fit an minus ?
Ly. minu', pater ; sed ciui inmuni scin quid cantari solet ?
'quod habes né habeas et illúc quod non habes habeas, malum,
quandoquidem nec tibi bene esse pote pati neque alteri.'
Ph. scio equidem istuc ita solere fieri ; uerum, gnate mi,
is est inmunis quoi nihil est qui munus fungatur suom.
Ly. deum uirtute habemus et qui nosmet utamur, pater,
et aliis qui comitati simus beneuolentibus.
Ph. non edepol tibi pernegare possum quicquam quod uelis.
quoius egestatem tolerare uis ? [e]loquere audacter patri.
Ly. Lesbonico huic adulescenti, Charmidei filio,
qui illic habitat. Ph. quin comedit quod fuit, quod non fuit ?
Ly. ne opprobra, pater ; múlta eueniunt homini quae uolt, quae neuolt.

343 miseres cane tui alius *P* 346 uirtutem *P* 347 paria habeamus *P* 349 animinus *P* 350 inmuni ⌈inmunifico⌉s scis *P* (iv. 1) 351 quod nunc non *P* hab. uelim malum *A* 352 quando equidem *A* potes *P* 354 minus *P* 357 quod *om. A* 358 tolerari *Leo* loquere *P* patri audacter *A* 359 *vel* Charmideï (-di *A* : -de *P*) 360 quiạ *A* quin] qui *P* non fui *P* 361 exprobra *A* ⌈mala⌉ multa *A* (iv. 3) qui u. *P* qui n. *B* non uolt *A* *secuntur in P vv.* 369, 368, *in A v.* 369 (*omissis, ut vid. in antiqua nescioqua recensione vv.* 362–8) : *corr. Muretus, Acidalius*

PH. mentire edepol, gnate, atque id nunc facis hau consuetudine.
nam sapiens quidem pol ipsus fingit fortunam sibi :
eo non multa quae neuolt eueniunt, nisi fictor malust.
LY. multa illi opera opust ficturae, qui se fictorem probum
uitae agundae esse expetit : sed hic admodum adulescentulust.
PH. non aetate, uerum ingenio apiscitur sapientia ;
sapienti aetas condimentumst, sapiens aetati cibust.
agedum eloquere, quid dare illi nunc uis ? LY. nihil quicquam, pater ;
tu modo ne me prohibeas accipere si quid det mihi.
PH. an eo egestatem ei tolerabis, si quid ab illo acceperis ?
LY. eo, pater. PH. pol ego istam uolo me rationem edoceas. LY. licet.
scin tu illum quo genere natus sit ? PH. scio, adprime probo.
LY. soror illi est adulta uirgo grandis : eam cupio, pater,
ducere uxorem sine dote. PH. sine dote uxorém ? LY. ita ;
tua re salua hoc pacto ab illo summam inibis gratiam
neque commodius ullo pacto ei poteris auxiliarier.
PH. egone indotatam te uxorem ut patiar ? LY. patiundumst, pater ;
et eo pacto addideris nostrae lepidam famam familiae.
PH. multa ego possum docta dicta et quamuis facunde loqui,
historiam ueterem atque antiquam haec mea senectus sustinet ;

364 eo nemulta *P* m. siet (et supra) *P* (? *pro* si, *i. e.* si *corr.* est) 365 multa ịḷḷị opera multust fi. *A* (*siglo erroris, ut vid., super* multust *scripto*): multas (*pro* multast ?) opera opus fi. *P* 366 expetis *P* adulescentulus *P* 367 aetatem *P* adipiscitur *P* 368, 369 *cf. ad v.* 361 368 condimentum *A* 369 quod *A* nihili quiquam *P* 371 ei *Bothe* : et *P* : e *A* tolerabilis *A* (*cum* P^{CD}) 373 aprimeo probo *A* 374 aduita *A* (I *pro* L) 375 uxoremne ? *Reiz* 376 inibis summam *P* 377 auxiliarer *A* 378 ego *P* (? *pro* egon) te *om. A* te indotatam *Kaempf* 379 nostra *P* 380 docte *A* et *del. Fritzsche*

uerum ego quando te et amicitiam et gratiam in nostram domum
uideo adlicere, etsi aduorsatus tibi fui, istac iudico:
tibi permitto; posce, duce. Ly. di te seruassint mihi!
sed adde ad istam gratiam unum. Ph. quid id est autem unum? Ly. eloquar.
tute ad eum ádeas, tute concilies, tute poscas. Ph. eccere!
Ly. nimio citius transiges: firmum omne erit quod tu egeris.
grauius tuom erit unum uerbum ad eam rem quam centum mea.
Ph. ecce autem in benignitate hoc repperi, negotium!
dabitur opera. Ly. lepidus uiuis. haec sunt aedes, hic habet;
Lesbonico est nomen. age, rem cura. ego te opperiam domi.—

PHILTO iii

Non optuma haec sunt neque ut ego aequom censeo;
uerum meliora sunt quam quae deterruma.
sed hoc únum consolatur mé atque animum meum,
quia qui nihil aliud nisi quod sibi soli placet
consulit aduorsum filium, nugas agit:
miser ex animo fit, factius nihilo facit.
suae senectúti is acriorem hiemem parat,
quom iilam inportunam tempestatem conciet.
sed aperiuntur aedes quo ibam: commodum
ipse exit Lesbonicus cum seruo foras.

LESBONICVS STASIMVS PHILTO iv

Le. Minu' quindecim dies sunt quom pro hisce aedibus
minas quadraginta accepisti a Callicle.

383 adu. [si] tibi *P* (iv. 3) 385 ad istam adde *Reiz, nam* sed ădde *displicet* id *om. A* 386 *vel* tut' conc. 387 omnem *P* 388 erit tuum *P* 391 curam *A* 394 hoc me unum consolatur *A* : hoc unum consulaturu me *P* 398 is *om. A* 400 commode *P* 402 quam *A*

estne hoc quod dico, Stasime? St. quom considero,
meminisse uideor fieri. Le. quid factumst eo?
St. comessum, expotum; exussum: elotum in balineis,
piscator, pistor apstulit, lanii, coqui,
holitores, myropolae, aucupes: confit cito;
non hercle minu' diuorse distrahitur cito
quam si tu obicias formicis papauerem.
Le. minus hercle in istis rebus sumptumst sex minis.
St. quid quod dedisti scortis? Le. ibidem una traho.
St. [quid] quod ego defrudaui? Le. em, istaec ratio maxumast.
St. non tibi illud apparere, si sumas, potest;
nisi tu inmortale rere esse argentum tibi.
Ph. sero atque stulte, priu' quod cautum oportuit,
postquam comedit rem, post rationem putat.
Le. nequaquam argenti ratio comparet tamen.
St. ratio quidem hercle apparet: argentum οἴχεται.
minas quadraginta accepisti a Callicle,
et ille aédis mancupio aps te accepit? Le. admodum.
Ph. pol opino adfinis noster aedis uendidit;
pater quom peregre ueniet, in portast locus,
nisi forte in uentrem filio conrepserit.
St. tarpezitae mille drachumarum Olympico,
quas de ratione dehibuisti, redditae,
qua sponsione pronuper tu exactus es?
Le. nemp' quas spopondi. St. immo 'quas dependi' inquito
pro illo adulescente quem tu esse aibas diuitem.

404 qum *A* 406 exusum] exutum *P*, *unde* exunctum *Gulielmius* 409 *om.* *P* (iii. 11) 410 an si (*pro* ac si ?) f. o. p. *codd. Nonii* 220 (*neglegens citatio*) 412 unam *A* 413 quid *del. Fritzsche* (*cf. v.* 412), *nam nec* quĭd quod égo *nec* ego dĕfrúdaui *placet* 419 apparet ercle *A* 420 accepistine *A* (iv. 2) 421 a. t. m. acc. *P* 422 opinor *codd.* 424 uenirem *P* 425 m. d. t. *Ritschl*, *rhythmi causa* olympicum *codd.* 426[a] *post* 427 *P*: *secl. Ritschl* tute *A* 427 qua sp. *P* dependit inquit *P* 428 esse aiiebas *A*: aiebas esse *P*

LE. factum. ST. ut quidem illud perierit. LE. factum id quoque est.
nam nunc eum uidi miserum et me eius miseritumst.
ST. miseret te aliorum, tui nec miseret nec pudet.
PH. tempust adeundi. LE. éstne hic Philto qui aduenit?
is herclest ipsus. ST. edepol né ego istum uelim
meum fíeri seruom cum suo peculio.
PH. erum atque seruom plurumum Philto iubet
saluere, Lesbonicum et Stasimum. LE. di duint
tibi, Philto, quaequomque optes. quid agit filius?
PH. bene uolt tibi. LE. edepol mutuom mecum facit.
ST. nequam illud uerbumst 'bene uolt' nisi qui bene facit.
ego quoque uolo esse liber: nequiquam uolo;
hic postulet frugi esse: nugas postulet.
PH. meu' gnatus me ad te misit, inter té atque nos
adfinitatem ut conciliarem et gratiam.
tuam uólt sororem ducere uxorem; et mihi
sententia eademst et uolo. LE. hau nosco tuom:
bonis tuis [in] rébus meas res inrides malas.
PH. homo ego sum, homo tu es: ita me amabit Iuppiter,
neque te derisum aduenio neque dignum puto.
uerum hoc quod dixi: meu' me orauit filius
ut tuam sororem poscerem uxorem sibi.
LE. mearum me rerum nouisse aequomst ordinem
cum uostra nostra non est aequa factio.
adfinitatem uobis aliam quaerite.
ST. satin tu's sanus mentis aut animi tui
qui condicionem hanc repudies? nam illum tibi

430 miserum] miserium *P* miserum (ū *pro* it) unsi (*pro* umst) *P* 431 tui] cui te *P* (*vix pro* tis) 433 ni *P* 438 mecum mutuum *A*, *contra metrum* 440 esse uolo *A* nequidquam *P* 441 n. postulat P^{CD} 442 i. se *P* 446 in *om.* *P* 447 es tu *A*, *fort. recte* 448 aduenio] ueni *P* 449 quod] ut *P* dixit *A* 451 rerum me *P* 452 uestris *P* 454 tu sanus *A* (? *i.e.* tu sanu's) *vel* menti's *codd.*

ferentárium esse amicum inuentum intellego.
Le. abin hínc dierecte? St. si hercle ire occipiam, uotes.
Le. nisi quid me aliud uis, Philto, respondi tibi.
Ph. benigniorem, Lesbonice, te mihi
quam nunc experior esse confido fore;
nam et stulte facere et stulte fabularier,
utrumque, Lesbonice, in aetate hau bonumst.
St. uerum hercle hic dicit. Le. oculum ego ecfodiam tibi,
si uerbum addideris. St. hercle qui dicam tamen;
nam si sic non licebit, luscus dixero.
Ph. ita tu nunc dicis, non esse aequiperabilis
uostras cum nostris factiones atque opes?
Le. dico. Ph. quid nunc? si in aedem ad cenam ueneris
atque ibi opulentus tibi par forte obuenerit
(adposita cena sit popularem quam uocant),
si illi congestae sint epulae a cluentibus:
si quid tibi placeat quod illi congestum siet,
edisne an incenatus cum opulento accubes?
Le. edim, nisi si ille uotet. St. at pol ego etsi uotet
edim atque ambabus malis expletis uorem,
et quod illi placeat praeripiam potissumum
neque illí concedam quicquam de uita mea.
uerecundari neminem apud mensam decet,
nam ibi de diuinis atque humanis cernitur.
Ph. rem fabulare. St. non tibi dicam dolo:
decedam ego illi de uia, de semita,
de honore populi; uerum quod ad uentrem attinet,

456 ferentarium *A*, *testatur Varro de L. L.* 7, 57: ferentaneum *P* amicum esse *A* 457 abin dīēr. *vel* abi hinc d. *Palmer* derecte *P* uotis *P* (*pro* -tes?) 463 dico *A* 464 qui *Fleckeisen*: quid *P*: quin *A* 466 nunc tu *A* (*ordo inusitatus*) 467 opus *A* 469 obuenerit] ut uenerit *P* 470 sit cena *P* 472 tibi] illi *P* 474 edit *P* uolet *A* etiamsi *P* 475 magis *A*

non hercle hoc longe, nisi me pugnis uicerit.
cena hac annona est sine sacris hereditas.
PH. semper tu hoc facito, Lesbonice, cogites,
id optumum esse tute uti sis optumus;
si id nequeas, saltem ut optumis sis proxumus.
nunc condicionem hanc, quam ego fero et quam aps te peto,
dare atque accipere, Lesbonice, te uolo.
di diuites sunt, deos decent opulentiae
et factiones, uerum nos homunculi,
salillum animai qui quom extemplo emisimus,
aequo mendicus atque ille opulentissumus
censetur censu ad Accheruntem mortuos.
ST. mirum quin tú illo tecum diuitias feras.
ubi mortuos sis, ita sis ut nomen cluet.
PH. nunc ut scias hic factiones atque opes
non esse neque nos tuam neglegere gratiam,
sine dote posco tuam sororem filio.
quae res bene uortat—habeon pactam? quid taces?
ST. pro di inmortales, condicionem quoiusmodi!
PH. quin fabulare—uin?—'bene uortat, spondeo'?
ST. eheú! ubi usus nil erat dícto, 'spondeo'
dicebat; nunc hic, quom opus est, non quit dicere.
LE. quom adfinitate uostra me arbitramini
dignum, habeo uobis, Philto, magnam gratiam.
sed si haec res grauiter cecidit stultitia mea,
Philto, est ager sub urbe hic nobis: eum dabo
dotem sorori; nam is de stultitiis meis

485 facito lesbonice hoc *A* 487 neque adsalutem *P* 488 apte *P* 489 aspicere *A* 490 decet *P* 492 satillum *A* amisimus *P* 493 Aeque *P* 494 acherunte *P* 495 [an] mirum *codd.* (an *pro nota personae*?) : an *del. Ital.* m. initu (inito *B*) illum *P* 502 uin] di *P* 504 dicebant *A* 505 mea *P* 506 obis *A* filio *P* (*cf. ad* 516) 507 si haec res] et si hercles *P* 508 hic *om. A* 509 stultitia mea *P*: diuitiis meis *Bergk*, *Leo* (*Gött. Gel. Anz.* 1904, p. 366), *sed cf. Amer. Journ. Phil.* 21, 35

solus superfit praeter uitam relicuos.
PH. profecto dotem nil moror. LE. certumst dare.
ST. nostramne, ere, uis nutricem quae nos educat
abalienare a nobis? caue sis feceris.
quid edemus nosmet postea? LE. etiam tu taces?
tibin égo rationem reddam? ST. plane periimus
nisi quid ego comminiscor. Philto, te uolo.
PH. si quid uis, Stasime. ST. huc concede aliquantum.
PH. licet.
ST. arcano tibi ego hoc dico, ne ille ex te sciat
neue alius quisquam. PH. crede audacter quidlubet.
ST. per deos atque homines dico, ne tu illunc agrum
tuom síris umquam fieri neque gnati tui.
ei rei argumenta dicam. PH. audire edepol lubet.
ST. primum omnium olim terra quom proscinditur,
in quincto quoque sulco moriuntur boues.
PH. apage! ST. Accheruntis ostium in nostrost agro.
tum uinum priu' quam coctumst pendet putidum.
LE. consuadet homini, credo. etsi scelestus est,
at mi infidelis non est. ST. audi cetera.
postid, frumenti quom alibi messis maxumast,
tribu' tantis illi minu' re[d]dit quam opseueris.
PH. em istic oportet opseri mores malos,
si in opserendo possint interfieri.
ST. neque umquam quisquamst quoius illic ager fuit
quin pessume ei res uorterit: quoium fuit,
alii exsulatum abierunt, alii emortui,

510 *post v.* 506 *P* 512 ere uis nutricem *Lindemann*: eleuis nutrice ere *P* (ii. 4): ere uis eduçat nutricem *A* (*pro* educatricem *corr.* nutricem?) quem *A* 515 tibi *P* egon *A*, *vix recte* 516 philio *P* 519 quisquisquam *A* 521 um fieri neque gnati tui quam *A* (ii. 4) 522 argumentum *P*: argumenti *A*[1] 523 quom *om.* *A* 526 coactust (-mst?) *P* 529 quo *P* 530 illis *A* (*pro* illĭc?) redit *Lambinus* 533 quisquam (*om.* -st) *A* ille *codd.*, *sed* agér fuít *displicet* 535 abiere *A*

alii se suspendere. em nunc hic quoius est
ut ad incitas redactust! PH. apage a me istum agrum!
ST. magis 'apage' dicas, si omnia [a] me audiueris.
nam fulguritae sunt alternae | arbores;
sues moriuntur angina | acerrume;
oues scabrae sunt, tam glabraé, em, quam haecst manus.
tum autem Surorum, genu' quod patientissumumst
hominum, nemo exstat qui ibi sex menses uixerit:
ita cuncti solstitiali morbo decidunt.
PH. credo ego istuc, Stasime, ita esse; sed Campans genus
multo Surorum iam antidit patientia.
sed istést ager profecto, ut te audiui loqui,
malos in quem omnis publice mitti decet,
sicut fortunatorum memorant insulas,
quo cuncti qui aetatem egerint caste suam
conueniant; contra istoc detrudi maleficos
aequom uidetur, qui quidem istius sit modi.
ST. hospitium est calamitatis: quid uerbis opust?
quamuis malam rem quaeras, illi reperias.
PH. at tu hercle et illi et alibi. ST. caue sis dixeris
me tibi dixisse hoc. PH. dixisti arcano satis.
ST. quin hicquidem cupit illum ab se abalienarier,
si quem reperire possit quoii os sublinat.
PH. meu' quídem hercle numquam fiet. ST. si sapies quidem.

536 cuiust (*i.e.* quoiust) *codd. Nonii* 123 537 incitasț (*i. e.* -ta est?) redactus *A*: incitas (*pro* -tast?) redactus *P* (*pro* -tust?): incitas redactus est *codd. Nonii* istunc *P*, *quod invitus abieci. vide ne conflatae sint duae lectiones* ap. istunc agr. *et* ap. a me istum agr. 538 a *om. P*: ex *Kampmann* (*vox usitata*) mea P^{CD} 539 alternis *Spengel*: *fort.* alternas (*adv.*) 540 macerrumae *Onions* (*Journ. Phil.* 14, 70): sacerrume *Havet* (*Rev. Phil.* 1896) 541 haecst *suspectum*: haec est P^{CD} (haec *B*) *et fort.* A^2 542 pacientis sum munc sim *P* (sim *pro* st; i. 7, 2) 550 egerunt castesum *P* 552 sint *P* 554 *vel* illic (*ita codd.*) 556 dixti arcanos sates *A* 557 apsese *P* 558 quem] quidem *P* posset *P* quoii os] cuius *P* 559 nusquam *A*

lepide hercle dé agro ego hunc senem deterrui ;
nam qui uiuamus nihil est, si illum amiserit.
Ph. redeo ad te, Lesbonice. Le. dic sodes mihi,
quid hic est locutus tecum ? Ph. quid censes ? homost :
uolt fieri liber, uerum quod det non habet.
Le. et égo esse locuples, uerum nequiquam uolo.
St. licitumst, si uelles ; nunc, quom nihil est, non licet.
Le. quid tecum, Stasime ? St. dé istoc quod dixti modo :
si ante uoluisses, esses ; nunc sero cupis.
Ph. de dote mecum conuenire nihil potest :
quid tibi lubet tute agito cum nato meo.
nunc tuam sororem filio posco meo.
quae res bene uortat ! quid nunc ? etiam consulis ?
Le. quid istíc ? quando ita uis : di bene uortant ! spondeo.
St. numquam edepol quoiquam ⟨tam⟩ exspectatus filius
natus quam illuc est 'spondeo' natum mihi.
di fortunabunt uostra consilia. Ph. ita uolo.
Le. sed, Stasime, abi huc ad meam sororem ad Calliclem,
dic hoc negoti quo modo actumst. St. ibitur.
Le. et gratulator meae sorori. St. scilicet.
Ph. i hac, Lesbonice, mecum, ut coram nuptiis
dies cónstituatur ; eadem haec confirmabimus.—
Le. tu | istuc cura quod iussi. ego iam | hic ero.
dic Callicli, me ut conueniat. St. quin tu i modo.
Le. de dote ut uideat quid opu' sit facto. St. i modo.
Le. nam certumst sine dote hau daré. St. quin tu i modo.

560 l. h. agro ego hoc hunc s. d. *A*, *fort. recte* 561 qui uamus *A* (iii. 3) 563 est *om. P* (*pro* hic locutust *vel etiam* hicst locutus ?) census *P* 566 Licitusi u. *P* (iii. 3) 568–636 *deest A* 568 ante *Guietus* : antea *cod.* 569 potest *Acidalius* : potes *cod.* 572 consulis *Camerarius* : consuis *cod.* 573 uortat *B* 574, 575 *Philtoni dant alii* 574 q. tam *Ital.* : *an* quoiiquam ? 576 *vel* Ph., Le. 582 *a retractatore 'additus ut ultima scaenae pars omitti posset' Leo* : *post* 590 *transp. Bothe* 583 conuenat *Bothe* 584 q. possit (? *pro* q. opos sit ; *cf. Stich.* 573) 585 had (*ut in Poen.* 1355) dare (addere P^{CD}) *cod.*

LE. neque enim illi damno umquam esse patiar—ST. abi modo.
LE. meam neglegentiam. ST. i modo. LE. ⟨nullo modo⟩
aequom uidetur quin quod peccarim—ST. i modo.
LE. potissumum mihi id opsit. ST. i modo. LE. o pater,
enumquam aspiciam te?—ST. i modo, i modo, i modo.
tandem impetraui abiret. di uostram fidem!
edepol re gesta pessume gestam probe,
si quidem ager nobis saluos est; etsi admodum
in ambiguo est etiam nunc quid ea re fuat.
sed id si alienátur, actumst de collo meo,
gestandust peregre clupeus, galea, sarcina:
ecfugiet ex urbe, ubi erunt factae nuptiae,
ibit istac, aliquo, in maxumam malam crucem,
latrocinatum, aut in Asiam aut in Ciliciam.
ibo huc quo mi imperatumst, etsi odi hanc domum,
postquam exturbauit hic nos [ex] nostris aedibus.—

ACTVS III

CALLICLES STASIMVS III. i

CA. Quo modo tu istuc, Stasime, dixti? ST. nostrum erilem filium
Lesbonicum suam sororem despondisse. em hóc modo.
CA. quoí homini despondit? ST. Lysiteli Philtonis filio,
sine dote. CA. sine dote ille illam in tantas diuitias dabit?
non credibile dices. ST. at tu édepol nullus creduas.

587 LE. nullo modo *Ritschl*: o pater *cod.* (*cf. v.* 589): LE. non—ST. i modo (?) *Goetz*, *Schoell* 588 peccarem *B* 594 quid dea (q. de hac P^{CD}) *cod.* 595 *an* alienat (*rhythmi causa*)? 601 exturbat *Koch* ex *del. Guietus* 603 despondissem hoc *cod.*: *corr. Ritschl* 604 *vel* quoii 606 dicis *Ital.* tua ed. (*pro* tu aed., *i. e.* tu ed.) *cod.* credas *cod.*

si hoc non credis, ego credidero— Ca. quid? St. me nihili pendere.
Ca. quam dudum istuc aut ubi actumst? St. ilico hic ante ostium,
'tam modo,' inquit Praenestinus. Ca. tanton in re perdita
quam in re salua Lesbonicus factus est frugalior?
St. atque [e]quidem ipsus ultro uenit Philto oratum filio.
Ca. flagitium quidem hercle fiet, nisi dos dabitur uirgini.
postremo edepol ego istam rem ad me áttinere intellego.
ibo ad meum castigatorem atque ab eo consilium petam.—
St. propemodum quid illíc festinet sentio et subolet mihi:
ut agro euortat Lesbonicum, quando euortit aedibus.
ó ere Charmide⟨s⟩, quom apsenti hic tua res distrahitur tibi,
utinam te rediisse saluom uideam, ut inimicos tuos
ulciscare, ut mihi, ut erga te fui et sum, referas gratiam!
nimium difficilest reperiri amicum ita ut nomen cluet,
quoi tuam quom rem credideris, sine omni cura dormias.

sed generum nostrum ire eccillum uideo cum adfini suo.
nescioquid non satis inter eos conuenit: celeri gradu
eunt uterque, ille reprehendit hunc priorem pallio.
haud ineuscheme astiterunt. huc aliquantum apscessero:
est lubido orationem audire duorum adfinium.

ii LYSITELES LESBONICVS STASIMVS

Ly. Sta ilico, noli auorsari neque te occultassis mihi.
Le. potin ut me ire quo profectus sum sinas? Ly. si in rem tuam,
Lesbonice, esse uideatur, gloriae aut famae, sinam.

607 nihil *cod.* 613 *vel* med 617 quam *Camerarius* apsente [te] *cod.*, *vix recte* 618 salum *cod.* (*corr. D*) 619 ulciscar *cod.* : *corr. Camerarius* et mihi *Ritschl* 620 amicum *Ital.* : inimicum *cod.* 621 crederis *cod.* : *corr. Ital.* 623 gradus *cod.* : *corr. Ital.* 625 in eusce me[a] ast. *cod.*: *corr. Camerarius* apsessero *cod.* 628 quo *Ital.* : quod *cod.* (*vix* quōd, *perantiqua adverbii forma*)

LE. quod est facillumum, facis. LY. quid id est? LE. amico iniuriam.
LY. neque meumst neque facere didici. LE. indoctus quam docte facis!
quid faceres, si quis docuisset te, ut sic odio esses mihi?
[qui] bene quom simulas facere mihi te, male facis, male consulis.
LY. egone? LE. tune. LY. quid male facio? LE. quod ego nolo, id quom facis.
LY. tuae rei bene consulere cupio. LE. tu [mihi] es melior quam egomet mihi?
sat sapio, satis in rem quae sint meam ego conspicio mihi.
LY. an id est sapere, ut qui beneficium a beneuolente repudies?
LE. nullum beneficium ésse duco id quod quoi facias non placet.
scio ego et sentio ipse quid agam, neque mens officio migrat
nec tuis depellar dictis quin rumori seruiam.
LY. quid ais? nam retineri nequeo quin dicam ea quae promeres:
itan tandem hanc maiiores famam tradiderunt tibi tui,
ut uirtute eorum ánteperta per flagitium perderes?
atque honori posterorum tuorum ut uindex fieres,
tibi paterque auosque facilem fecit et planam uiam
ad quaerundum honorem: tu fecisti ut difficilis foret
culpa maxume et desidia tuisque stultis moribus.
praeoptauísti amorem tuom uti uirtuti praeponeres.
nunc te hoc facto credis posse optegere errata? aha! non itast:

633 qui *del. Hermann* 635 mihi *del. Bergk* 637 *accedit A* iddest *A* a *om. P* 638 quod] cum *A* 639 mense officium *P* 640 depellor *P* 641 quid ais *Lesbonico dat P* retinere *codd. Nonii* 475 *et fort. A* 642 hanc *om. P* 643 anteuerța *A* 643, 644 perderes, . . . fieres? *distinguit Hopkins* (*Class. Rev.* 9, 307) 644 *vel* atqui 645 pater (*om.* que) *A* (*i. e.* patēr ?) facit *P* 648 praeoptasuisti *A* (*inchoaverat* praeoptasti) 649 pacto *P*

cape sis uirtutem animo et corde expelle desidiam tuo :
in foro operam amicis da, ne in lecto amicae, ut solitus es.
atque istum ego agrum tibi relinqui ób eam rem enixe expeto,
ut tibi sit qui te corrigere possis, ne omnino inopiam
ciues obiectare possint tibi quos tu inimicos habes.
LE. omnia ego istaec quae tu dixti scio, uel exsignauero,
ut rem patriam et gloriam maiorum foedarim meum :
scibam ut esse me deceret, facere non quibam miser ;
ita ui Veneris uinctus, otio [c]aptus in fraudem incidi.
et tibi nunc, proinde ut merere, summas habeo gratias.
LY. at operam perire meam sic et te †haec dicta corde sperneret†
perpeti nequeo, simul me piget parum pudere te ;
et postremo, nisi mi auscultas atque hoc ut dico facis,
tute pone te latebis facile, ne inueniat te Honor,
in occulto iacebis quom te maxume clarum uoles.
pernoui equidem, Lesbonice, ingenium tuom ingenuom admodum ;
scio te sponte non tuapte errasse, sed amorem tibi
pectus opscurasse ; atque ipse Amoris teneo omnis uias.
ita est amor ballista ut iacitur : nihil sic celere est neque uolat ;
atque is mores hominum moros et morosos eficit :
minu' placet magi' quod suadetur, quod dissuadetur placet ;
quom inopiast, cupias, quando eiius copiast, tum non uelis ;
ill' qui aspellit is compellit, ill' qui consuadet uotat.

650 tuam *A* 651 amicis operam *A* [ha] da *P* (iv. 3) ne] aut (*i. e.* haud) *P* intellecto (-tu *B*) *P* 652 ego istum *P* (*ordo usitatus*; *sed* agrŭm *vix ferendum*) menixe *B* : denixe *Bergk* 655 uel] ut *A* 658 aptus *A ut vid.* 659 ut] ac *P* 660 haec *om. A* dicta *del. Bothe, Seyffert, qui duas versiones conflatas esse credit*, haec corde *et* haec dicta 662 mi *Freund* : me *codd.* 665 lesbonicem imperium tuum ingenium a. *P* 666 tuapste *A* 667 amores *P* (*i. e.* -is) tene *A* 668 celere sic est *A* 670 *vel* mage quod suadetur magis *A* 671 Qum *A* 672-735 *deest A* 672 *del. Bergk* consuadet *Camerarius* : non suadet *cod.*

insanum [et] malumst in hospítium deuorti ad Cupidinem.
sed te moneo hoc etiam atque etiam ut reputes quid facere expetas.
si istuc, ut conare, facis †indicium†, tuom incendes genus;
tum igitur tibi aquai erit cupido genu' qui restinguas tuom,
atque sí eris nactus, proinde ut corde amantes sunt cati,
ne scintillam quidem relinques genu' qui congliscat tuom.
LE. facilest inuentu: datur ignis, tam etsi ab inimico petas.
sed tu obiurgans me a peccatis rapi' deteriorem in uiam.
meam ut sororem tibi dem suades sine dote. aha! non conuenit
me, qui abusus sum tantam rem patriam, porro in ditiis
esse agrumque habere, egere illam autem, ut me merito oderit.
numquam erit alienis graui' qui suis se concinnat leuem.
sicut dixi faciam: nolo te iactari diutius.
LY. tanto meliust te sororis caussa egestatem exsequi
atque eum agrum me habere quam te, tua qui toleres moenia?
LE. nolo ego mihi te tam prospicere qui meam egestatem leues,
sed ut inops infamis ne sim, ne mi hanc famam differant,
me germanam meam sororem in concubinatum tibi,
si sine dote ⟨dem⟩, dedisse magi' quam in matrimonium.
quis me inprobior perhibeatur esse? haec famigeratio
té honestet, me conlutulentet, si sine dote duxeris:

673 insanumst et malum P^{CD} (et '*ortum ex correctura* insan$\overset{e}{u}$m' *Leo*) hospitio (*del.* in) *Mueller* 675 incidium *T* (?) : iudicium *alii* f. incendio inc. *Nitzsch* 676 aquae erit *Dousa* : aquerit *cod.* 677 si eris *Reiz* : erit si *cod.* 679 tamen et si *cod.* inimicos *cod.* : *corr. Ritschl* 680 rapis *Ital.* : rapidis *cod* (v. 8) 681 ut *Opitz* : uis *cod.* : *del. Guietus* 685 dixit *cod.* 686–91 *post v.* 705 *iterat cod.* (ii. 6) 686 tanton *Ritschl* 691 dote *vel* dotem *B* dem *add. Klotz* *vel* mage 692–4 *post v.* 704 *iterat cod.* (ii. 6) 692 famiferatio *cod.* (*corr. in loco iterato*) 693 me [autem] c. *cod.* (*in loco iterato*) me (et me) conlutulet et *codd. Nonii* 84

tibi sit emolumentum honoris, mihi quod obiectent siet.
Ly. quid? te dictatorem censes fore, si aps té agrum acceperim?
Le. neque uolo neque postulo neque censeo, uerum tamen
is est honos homini pudico, meminisse officium suom.
Ly. scio equidem te animatus ut sis; uideo, subolet, sentio:
id agis ut, ubi adfinitatem inter nos nostram astrinxeris
atque eum agrum dederis nec quicquam hic tibi sit qui uitam colas,
ecfugias ex urbe inanis; †profugiens† patriam deseres,
cognatos, adfinitatem, amicos factis nuptiis:
mea opera hinc proterritum te meaque auaritia autument.
id me commissurum ut patiar fieri ne animum induxeris.
St. non enim possum quin exclamem: eugae, eugae, Lysiteles, πάλιν!
facile palmam habes: hic uictust, uicit tua comoedia.
hic agit magis ex argumento et uorsus meliores facit.
etiam ob stultitiam tuam te †curis† multabo mina.
Le. quid tibi intérpellatio aut in consilium huc accessio est?
St. eodem pacto quo huc accessi apscessero. Le. í hac mecum domum,
Lysiteles, ibi de istis rebus plura fabulabimur.
Ly. nihil ego in occulto agere soleo. meus ut animust eloquar:
si mihi tua soror, ut ego aequom censeo, ita nuptum datur,
sine dote, neque tu hinc abituru's, quod meum erit id erit tuom;

695 fores *cod.* 696 *tertium* neque *om. B* 700 nec *Ital.*: ne *cod.* 701 profugus *Camerarius*: *vix* profugens deseras *Camerarius* (*cf. ad* 715) 705 Noenum p. *Ritschl* quin *codd. Ciceronis de Or.* 2, 39: qui *cod.* *vel sic distingue* exclamem eugae. eugae 706 uictus *cod.* 708 te curis *B*: te turis *PCD*: te tuĕris *Merula*: ted auri *Niemeyer*: *an* te curiŏ? multa ab (ob *B*) omina *cod.*: *corr. Scaliger* 709 consilium *codd. Donati ad Eun.* 4, 4, 4: concilium *cod.*

sin aliter animatus es—bene quod agas eueniat tibi,
ego amicus numquam tibi ero alio pacto. sic sententia est.—
St. abiit [hercle] illequidem. ecquid audis, Lysiteles? ego te uolo.
hic quoque hinc ábiit. Stasime, restas solus. quid ego nunc agam,
nisi uti sarcinam constringam et clupeum ad dorsum accommodem,
fulmentas iubeam suppingi socco? non sisti potest.
uideo caculam militarem me futurum hau longius:
at aliquem ad regem in saginam eru' †sese coniecit† meus,
credo ad summos bellatores acrem—fugitorem fore
et capturum spolia ibi illum qui—meo ero aduorsus uenerit.
egomet autem quom extemplo arcum [mihi] et pharetram et sagittas sumpsero,
cassidem in caput—dormibo placide | in tabernáculo.
ad forum ibo: nudiu' sextus quoi talentum mutuom
dedi, reposcam, ut habeam mecum quod feram uiaticum.—

Megaronides Callicles iii

Me. Vt mihi rem narras, Callicles, nullo modo
potest fíeri prosus quin dos detur uirgini.
Ca. namque hercle honeste fieri ferme non potest,
ut eam perpetiar ire in matrimonium
sine dote, quom eius rem penes me habeam domi.
Me. parata dos domist; nisi exspectare uis,

715 eueniat *Ital.*: eueniet *cod.* 716 sic *Ital.*: si *cod.* 717 hercle *del. Fleckeisen, nam neque* abit (*praes.*) *neque* abĭt *pro* abīt *satis placet* 720 subponi *codd. Nonii* 206 (*neglegens citatio*?) socco *scripsi*: socios *codd.*: foco (fico) *codd. Nonii*: soccis *Camerarius* 721 cacula *cod.* 722 Ad *B* (*i. e.* At?): Aut *P*CD (*in v.* 721 aut longius *cod.*) Ad al. reg. *Guietus* erus *Ital.*: merus *cod.* si se *Pareus* coniexit *Ritschl*: coniciet *Leo* 724 meo *del. Bothe, nam elisio* m(eo) *displicet* 725 quome *cod.* mihi *del. Mueller* 726 placidule *Ritschl* 727 nundius *cod.*

ut eam sine dote frater nuptum conlocet.
post adeas tute Philtonem et dotem dare
te ei dicas, facere id eius ob amicitiam patris.
uerum hoc ego uereor ne istaec pollicitatio
te in crimen populo ponat atque infamiam;
non temere dicant te benignum uirgini:
datam tibi dotem, ei quam dares, eius a patre,
ex ea largiri te illi, neque ita ut sit data
columem te sistere illi, et detraxe autument.
nunc si opperiri uis aduentum Charmidi,
perlongumst: huic ducendi interea apscesserit
lubido; atque ea condicio huic uel primaria est.
Ca. nam hercle omnia istaec ueniunt in mentem mihi.
uide si hóc utibile magis atque in rem deputas,
ipsum adeam Lesbonicum, edoceam ut res se habet.
sed ut égo nunc adulescenti thensaurum indicem
indomito, pleno amoris ac lasciuiae?
minime, minime hercle uero. nam certo scio,
locum quoque illum omnem ubi situst comederit;
quem fodere metuo, sonitum ne ille exaudiat
neu rem ipsam indaget, dotem dare si dixerim.
Me. quo pacto ergo igitur clam dos depromi potest?
Ca. dum occasio ei ⟨rei⟩ reperiatur, interim
ab amico alicunde mutuom argentum roges.
Me. potin est ab amico alicunde exorari? Ca. potest.
Me. gerrae! ne tu illud uerbum actutum inueneris:
'mihi quidem hercle non est quod dem mutuom.'
Ca. malim hercle ut uerum dicas quam ut des mutuom.

736 *accedit A* 739 cremen *P* 741 ei] et *A* deres *P* (*corr. D*) 742 largiri te] largitate *P* 743 columen te *P*: incolumem *A* detraxi *P* 744 opperi *A* 746 *om. P* huic *del. Haupt* 747 nam hercle] eadem *A* 749 ipsum] ut *P* 750 nunc ego (*om.* ut) *A* 752 uero *om. A* 756 ergo *om. A* 757 rei (re?) *add. Camerarius* 758 mutuom *om. P* rogem *Ital.* 762 ut des] uides *P*

Me. sed uide consilium, si placet. Ca. quid consilist?
Me. scitum, ut ego opinor, consilium inueni. Ca. quid est?
Me. homo cónducatur aliquis iam, quantum potest,
quasi sit peregrinus. Ca. quid is scit facere postea?
Me. is homo exornetur graphice in peregrinum modum,
ignota facies quae non uisitata sit,
mendaciloquom aliquem—Ca. quid is scit facere postea?
Me. falsidicum, confidentem—Ca. quid tum postea?
Me. quasi ad adulescentem a patre ex Seleucia
ueniat, salutem ei nuntiet uerbis patris:
illum bene gerere rem et ualere et uiuere,
et eum rediturum actutum; ferat epistulas
duas, éas nos consignemus, quasi sint a patre:
det alteram illi, álteram dicat tibi
dare sese uelle. Ca. perge porro dicere.
Me. seque aurum ferre uirgini dotem a patre
dicat patremque id iussisse aurum tibi dare.
tenes iam? Ca. propemodo atque ausculto perlubens.
Me. tum tu igitur demum adulescenti aurum dabis,
ubi erit locata uirgo in matrimonium.
Ca. scite hercle sane! Me. hoc, ubi thensaurum ecfoderis,
suspicionem ab adulescente amoueris:
censebit aurum esse a patre allatum tibi,
tu de thensauro sumes. Ca. sati' scite et probe!
quamquam hoc me aetatis sycophantari pudet.
sed epistulas quando opsignatas adferet,

763, 764 *inverso ordine A* 763 quid ⟨id⟩ *Bach* 764 *vel* opino 765 iam aliquis *A* 766 quid iscit *A* *versum secl. Brix, tanquam substitutum pro sequentibus quattuor* 768 facie *Saracenus* q. ⟨hic⟩ *Ritschl* uisitata] uis ita *P* 769 *om. P* (iii. 11) is iscit *cod.* '*ultima verba expulerunt velut* ⟨oportet hominem deligi⟩' *Leo* 771 ex leutia *P* 773 gererem et *codd.* (iii. 3) 774–834 *deest A* 776 *vel* illīc 780 propemodum *Pradel* 781 demus *Koch, Bergk, nam* tum tú | ig. *displicet*

[sed quom opsignatas attulerit epistulas] 788a
nonne arbitraris eum adulescentem anuli
paterni signum nosse? ME. étiam tu taces?
sescentae ad eam rem caussae possunt conligi:
illum quem hábuit perdidit, [alium post] fecit nouom.
iam si opsignatas non feret, dici hoc potest,
apud portitorem eas resignatas sibi
inspectasque esse. in huiusmodi negotio
diem sermone terere segnities merast:
quamuis sermones possunt longi texier.
abi ad thensaurum iam confestim clanculum,
seruos, ancillas amoue. atque audin? CA. quid est?
ME. uxorem quoque eampse hanc rem uti celes face.
nam pol tacere numquam quicquamst quod queat.
quid nunc stas? quin tu hinc amoues et te moues?
aperi, deprome inde auri ad hanc rem quod sat est,
continuo operito denuo; sed clanculum,
sicut praecepi; cunctos exturba aedibus.
CA. ita faciam. ME. at enim nimi' longo sermone utimur,
diem conficimus quod iam properatost opus.
nihil est de signo quod uereare; me uide:
lepida illast caussa, ut commemoraui, dicere
apud portitores esse inspectas. denique
diei tempus non uides? quid illúm putas,
natura illa atque ingenio? iam dudum ebriust.
quiduis probare poterit; tum, quod maxumist,
adferre, non petere hic se dicet. CA. iam sat est.

788a *retrac!atori ascribit Ritschl, cui* attulerīt *vix Plautinum videtur* 789 eum] tum *Bothe* 790 *vel* nouisse 792 alium post *seclusi* (*Journ. Phil.* 26, 297) 794 portitores *Valla* 796 sermonem terrere *cod.* '*versus fortasse dittographia sequentis*' *Leo* 798 abi ad thensaurum *Camerarius*: tibi athenas aurum *cod.* 800 uoxorem *B* (*pro* ucx-) 802 hunc a. P^{CD} 805 precepit *cod.* 807 quom iam *Fleckeisen*: quidiam? *Lange* 808 quod *Ital.*: quo *cod.* 809 est illa (ille *B*) *cod.*: *trai. Reiz, nam* ill' *vix ferendum*: *fort.* est ea (*cf. ad Rud.* 219) 813 probari ei *Ritschl* maxumumst *Merula* 814 hinc *Fleckeisen*

ME. ego sycophantam iam conduco de foro
epistulasque iam consignabo duas,
eumque húc ⟨ad⟩ adulescentem meditatum probe
mittám. CA. eo ego igitur intro ad officium meum.
tu istuc age.—ME. actum reddam nugacissume.—

ACTVS IV

CHARMIDES IV. i

Salsipotenti et multipotenti Ioui' fratri et Neri Neptuno
laetu' lubens laudis ago et gratis gratiasque habeo et fluctibu' salsis,
quos penes mei * potestas, bonis mis quid foret et meae uitae,
quom suis med ex locis in patriam urbis †cummam† reducem faciunt.
atque ego, Neptune, tibi ante alios deos gratias ago atque habeo summas;
nam te omnes saeuomque seuerumque atque auidis moribu' commemorant,
spurcificum, inmanem, intolerandum, uesanum: contra opera expertus,
nam pol placido te et clementi meo usque modo, ut uolui, usu' sum in alto.

817 ad *add. Camerarius* 818 ego ⟨hinc⟩ *Ritschl* 819 nugacissume *Hermann*: nugacesunt nisi *cod.* 820 mulsipotenti *Buecheler* (saltip. et multip. *Plauto tribuens*) et Nerei *cod.*: aetherei *Scaliger* neptuni *cod.*: *corr. Scaliger* 821 et fl. *Ital.*: e fl. *cod.* 822 quos *Camerarius*: quom *cod.* me *cod.* ⟨fuit saepe⟩ *Leo*: (me) ⟨fuit nulla⟩ *Klotz* meis *Ital.* (*cf. ad Poen.* 1189) meai uite *B*: mea uita *Bergk* 823 cumam *P*CD p. suauissumam *Leo* 826 ⟨ego⟩ contra *Hermann* 827 *elisio* m(eo) *displicet* alto *Pius*: alio *cod.*

atque hanc tuam gloriam iam ante auribus acceperam et nobilest apud homines,
pauperibus te parcere solitum, diuites damnare atque domare.
abi, laudo, scis ordine ut aequomst tractare homines; hoc dis dignumst.
semper mendicis modesti sint.
fidu' fuisti: infidum esse iterant; nam apsque foret te, sat scio in alto
distraxissent disque tulissent satellítes tui me miserum foede
bonaque omnia item una mecum passim caeruleos per campos:
ita iam quasi canes, hau secu', circumstabant nauem turbines uenti,
imbres fluctusque atque procellaé infensae frangere malum,
ruere antemnas, scindere uelá, ni tua pax propitia foret praesto.
apage a me sis, dehinc iam certumst otio dare me; sati' partum habeo
quibus aerumnis deluctaui, filio dum diuitias quaero.
sed quis hic est qui in plateam ingreditur
cum nouo ornatu specieque simul?
pol quamquam domum cupio, opperiar,
quam hic rém agat animum aduortam.

ii SYCOPHANTA CHARMIDES

SY. Huic ego die nomen Trinummo facio: nam ego operam meam

828 nobiles (nobilis *B*) *cod.*: *corr. Leo* apra *B* 830 ordinem *cod.* (*corr.* *P*CD) 831 *del. Mueller*, *nam* moděsti-sint *displicet* 834 ⟨mea⟩ mecum *Spengel*: omnia ⟨mea⟩ *Leo*, *ut octonarius fiat* 835 *accedit A*, *prima verba* turbines uenti uenit *P* 837 propitia pax *A* 838 a *om. P* dehinc iam] deinde hinc *P* me dare *P* 839 quibus] cum hisce *codd. Nonii* 468 841 speciemque *A*: speciaque *B* 842 domi *A* 842ª agat . . . aduortam *om. P* (ii. 5) agat gerit an. *cod.*: *corr. Ritschl* 843 *vel* diēi (-ei *codd.*) faciam *P*

tribu' nummis hodie locaui ad artis nugatorias.
aduenio ex Seleucia, Macedonia, Asia atque Arabia,
quas ego neque oculis nec pedibus umquam usurpaui meis.
uiden egestas quid negoti dat homini misero mali,
quin ego nunc subigor trium númmum caussa ut hasce epistulas
dicam ab eo homine me accepisse quem ego qui sit homo nescio
neque noui, neque natus necne is fuerit id solide scio.
CH. pol hicquidem fungino generest: capite se totum tegit.
Hilurica facies uidetur hominis, eo ornatu aduenit.
SY. ill' qui me conduxit, ubi conduxit, abduxit domum,
quae uoluit mihi dixit, docuit et praemostrauit prius
quo modo quidque agerem; nunc adeo si quid ego addidero amplius,
eo conductor melius de me nugas conciliauerit.
ut ille me exornauit, ita sum ornatus; argentum hac facit.
ipse ornamenta a chorago haec sumpsit suo periculo.
nunc ego si potero ornamentis hominem circumducere,
dabo operam ut me esse ipsum plane sycophantam sentiat.
CH. quam magi' specto, minu' placet mi haec hominis facies. mira sunt
ní illic homóst aut dormitator aut sector zonarius.
loca contemplat, circumspectat sese atque aedis noscitat.
credo edepol, quo mox furatum ueniat speculatur loca.
magi' lubidost opseruare quid agat: ei rei operam dabo.

844 nauigatorias *A* (*pro* naugatorias ?) 846 usurpauimus *P* (*pro* usurpaui miis, *antiqua forma*) 847 malẹ (*vel* -i) *A* 848 qui *P* nummorum *codd.* 850 is *om.* *A* 855 quique *P* 856 conducto *A* 857 exornaui *P* (*corr.* *D*) hoc P^{CD}, *fort. recte* 860 ipsum plane esse *A* 861, 865 *vel* mage *ab* 862 *nova scaena* (*novus scriba* ?) P^{CD} 864–1044 *deest* *A* 864 nox *Scaliger*

SY. has regiones demonstrauit mihi ille conductor meus;
apud illas aedis sistendae mihi sunt sycophantiae.
fores pultabo. CH. ad nostras aedis hicquidem habet rectam uiam.
hercle opinor mi aduenienti hac noctu agitandumst uigilias.
SY. aperite hoc, aperite. heus, ecquis his fóribus tutelam gerit?
CH. quid, adulescens, quaeris? quid uis? quid istas pultas? SY. heus senex,
census quom ⟨sum⟩, iuratori recte rationem dedi.
Lesbonicum hic adulescentem quaero in his regionibus
ubi habitet, et item alterum ad istanc capitis albitudinem:
Calliclem aiebat uocari qui has dedit mi epistulas.
CH. meum gnatum hicquidem Lesbonicum quaerit et amicum meum
quoí ego liberosque bonaque commendaui, Calliclem.
SY. fac me, si scis, certiorem hosce homines ubi habitent, pater.
CH. quid eos quaeris? aut quis es? aut unde es? aut unde aduenis?
SY. multa simul rogitas, nescío quid expediam potissumum.
si unum quicquid singillatim et placide percontabere,
et meum nómen et mea facta et itinera ego faxo scias.
CH. faciam ita ut uis. agedum nomen tuom primum memora mihi.
SY. magnum facinus incipissis petere. CH. quid ita? SY. quia, †pater,

868 putabo *cod.* habet *Ital.* : habeat *cod.* 869 *vel* opino 871 heu *cod.* 872 sum *add. Acidalius* *post hunc v. Leo credit v. huiusmodi excidisse* CH. responde, monstrare tibi quos quaeris si possim. SY. eloquar 873 hinc *Nipperdey* 874 et *om. codd. Nonii* 73 istane *cod.* : ipsam *codd. Nonii* 875 mihi dedit *P*CD 877 *vel* quoii 878 si sis certiore *cod.* hisce *Ital*, *fort. recte* habitem *cod.* (*corr. D*) 881 sin *cod.* (vii. 4) 882 numen *cod.* (*corr. D*) 884 pater *Merula* : patrem *cod.*

si ante lucem * ire occipias a meo prímo nomine,
concubium sit noctis priu' quam ad postremum perueneris.
CH. opu' factost uiatico ad tuom nómen, ut tu praedicas.
SY. est minusculum alterum, quasi uexillum uinarium.
CH. quid est tibi nomen, adulescens? SY. 'Pax,' id est nomen mihi.
hoc cottidianumst. CH. edepol nomen nugatorium!
quasi dicas, si quid crediderim tibi, 'pax'—periisse ilico.
hic homo solide sycophantast. quid ais tu, adulescens? SY. quid est?
CH. eloquere, isti tibi quid homines debent quos tu quaeritas?
SY. pater istius adulescentis dedit has duas mi epistulas,
Lesbonici. is mihi est amicus. CH. teneo hunc manufestarium.
me sibi epistulas dedisse dicit. ludam hominem probe.
SY. ita ut occepi, si animum aduortas, dicam. CH. dabo operam tibi.
SY. hanc me iussit Lesbonico suo gnato dare epistulam,
et item hanc alteram suo amico Callicli iussit dare.
CH. mihi quoque edepol, quom hic nugatur, contra nugari lubet.
ubi ipse erat? SY. bene rem gerebat. CH. ergo ubi? SY. in Seleucia.
CH. ab ipson istas accepisti? SY. e manibus dedit mi ipse in manus.
CH. qua facie est homo? SY. sesquipede quiddamst quam tu longior.

885 *ante* ire *spat.* 6 *litt.* *B*: ⟨hercle⟩ *Ritschl* 886 ad *om.* *cod.* *Varronis de L. L.* 7, 78 887 factost [et] *cod.* (*pro* factostet? i. 7, 2): *corr. Scaliger* 888 uixillum (iuxillum *B*) *cod.* (? *i. e.* uexillum, *ut in C. I. L.* vi. 1377, 2544) 889–91 *versus traditos post v.* 937 *huc transposuit Meyer, vix iniuria* 889 Quid ⟨id⟩ *Ritschl* 892 est] es *cod.* 895 Lesbonici is *Pareus*: lesbonicis *cod.* 900 nuguratur *cod.* 901 '*cf.* 928. *qui versum inseruit hoc eo consilio fecisse videtur, ut deinde vv.* 928–49 *omitti possent*' *Leo* 903 quidamst *Bothe*

CH. haeret haec res, si quidem ego apsens sum quam praesens longior.
nouistin hominem? SY. ridicule rogitas, quocum una cibum
capere soleo. CH. quid est ei nomen? SY. quod edepol homini probo.
CH. lubet audire. SY. illi edepol—illi—ílli—uae misero mihi!
CH. quid est negoti? SY. deuoraui nomen inprudens modo.
CH. non placet qui amicos intra dentes conclusos habet.
SY. atque etiam modo uorsabatur mihi in labris primoribus.
CH. temperi huic hodie anteueni. SY. teneor manufesto miser.
CH. iam recommentatu's nomen? SY. deum hercle me atque hominum pudet.
CH. uide modo ut hóminem noueris! SY. tamquam me. fieri istuc solet,
quod in manu teneas atque oculis uideas, id desideres.
litteris recomminiscar. ⟨C⟩ est principium nomini.
CH. Callias? SY. non est. CH. Callippus? SY. non est. CH. Callidemides?
SY. non est. CH. Callinicus? SY. non est. CH. Callimarchus? SY. nihil agis.
neque adeo edepol flocci facio, quando egomet memini mihi.
CH. at enim multi Lesbonici sunt hic: nisi nomen patris
dices, non mostrare istos possum homines quos tu quaeritas.
quod ad exemplum est? coniectura si reperire possumus.
SY. ad hoc exemplum est: an Chares? an Charmides? CH. num Charmides?

904 quam *Rittershusius*: quia *cod.* 905 quicum *Fleckeisen* 906 ei nomen est *B* (*vix pro* ei nomenst) dedepol *cod.* 907 ille ed. *cod.*: *corr. Camerarius* 909 concluso *cod.* 913 modo] homo PCD (*cf. ad Poen.* 926) CH fieri *etc. cod.* 915 C *add. Scaliger* 916 Callias *Guietus*: callicias *cod.* 919 atque e. *B* 920 possum istos *cod.*: *trai. Bothe* 922 exemplumst: Char—

Sy. em istic erit. qui istum di perdant! Ch. dixi ego iam dudum tibi:
te potius bene dicere aequomst homini amico quam male.
Sy. satin inter labra atque dentes latuit uir minimi preti?
Ch. ne male loquere apsenti amico. Sy. quid ergo ille ignauissumus
mihi latitabat? Ch. si appellasses, respondisset, nomine.
sed ipse ubi est? Sy. pol illúm reliqui ád Rhadamantem in Cecropio [insula].
Ch. quis homo est me insipientior, qui ipse egomet ubi sim quaeritem?
sed nil disconducit huic rei. quid ais? quid hoc quod te rogo?
quos locos adiisti? Sy. nimium mirimodis mirabilis.
Ch. lubet audire nisi molestumst. Sy. quin discupio dicere.
omnium prímum in Pontum aduecti ad Arabiam terram sumus.
Ch. eho an etiam Árabiast in Ponto? Sy. est: non illa ubi tus gignitur,
sed ubi apsinthium fit ac cunila gallinacea.
Ch. nimium graphicum hunc nugatorem! sed ego sum insipientior
qui egomet unde redeam hunc rogitem, quae ego sciam atque hic nesciat;
nisi quia lubet experiri quo euasurust denique.

Ch. Chares? *etc.* *Acidalius, Reiz*: exemplum est—Ch. an Chares? an Charmides? Sy. enim Charmides. *Leo* mim (min P^{CD}) *cod.* (*pro* num): enim *Ribbeck* 926 loquere *Bentley*: loquare *cod.* 927 nomini *Ritschl* 928 ihadamante *B*: Rhadamam *Ritschl* cecropio (-pia P^{CD}) *cod.* insula *del. Guietus* 929 qui homo *cod.* 931 adistix (*i. e.* adisti *cum* X, *nota personae*) *cod.* miris modis *cod.* 933 ad *Camerarius*: a *cod.*: *del. Ital.* 934 cubitus *B* 935 atque *cod.* 937 quae] quia *B* (*vix antiqua vocis* quae *forma*) *post hunc versum stant vv.* 889–91 *in cod.* (*cf. ad* 889)

sed quid ais? quo inde isti porro? Sy. si animum aduortes, eloquar.
ad caput amnis, quod de caelo exoritur sub solio Iouis.
Ch. sub solio Iouis? Sy. ita dico. Ch. e caelo? Sy. atque medio quidem.
Ch. eho an etiam in caelum escendisti? Sy. immo horiola aduecti sumus
usque aqua aduorsa per amnem. Ch. eho an tu etiam uidisti Iouem?
Sy. alii di isse ad uillam aiebant seruis depromptum cibum.
deinde porro—Ch. deinde porro nolo quicquam praedices.
Sy. * * * o hercle, si es molestus. Ch. nam pudicum neminem,
* * re oportet, qui aps terra ad caelum peruenerit.
Sy. ⟨facia⟩m ita ut te uelle uideo. sed mostra hosce homines mihi
quos ego quaero, quibu' me oportet has deferre epistulas.
Ch. quid ais? tu nunc si forte eumpse Charmidem conspexeris,
illum quem tibi istás dedisse commemoras epistulas,
nouerisne hóminem? Sy. ne tu me edepol arbitrare beluam,
qui quidem nón nouisse possim quicum aetatem exegerim.
an ille tam esset stultus qui mi mille nummum crederet
Philippum, quod me aurum deferre iussit ad gnatum suom
atque ad amicum Calliclem, quoi rem aibat mandasse hic suam?

940 qui de *Guietus* : quoad e *Lachmann* 941 atque ⟨e⟩ *Pareus* 942 doriola *cod.* : *corr. Saracenus* 943 an tu *Ritschl*: ante *cod.* 944 alii di isse *Acidalius* : Calliclise (calliclis P^{CD}) *cod.* (cl *pro* d) 945 mande p. Ch. deinde p. *cod.* : *corr. Camerarius* 946–8 *amissa initia propter maculam in pagina archetypi* 946 Sy. ⟨Sed—Ch. abe⟩o *Leo* : Sy. ⟨Taceo eg⟩o *Ritschl* 947 *incipit* pre (*B*) *vel* ere (P^{CD}) *cod.* : ⟨Pax, refe⟩rre *Leo* : ⟨Deput⟩are *Ritschl* 948 Faciam *suppl. Spengel* 949 quos *Ital.* : hos *cod.* 950 *vel* eumpsum 952 *vel* norisne 954 tam] ita P^{CD} 955 *vel* philippeum (*ita cod.*)

mihi concrederet, nisi mé ille ét ego illum nossem probe?—
CH. enim uero ego nunc sycophantae huic sycophantari uolo,
si hunc possum illo mille nummum Philippum circumducere
quod sibi me dedisse dixit, quem ego qui sit homo nescio
neque oculis ante hunc diem umquam uidi. eine aurum crederem,
quoi, si capitis res siet, númmum numquam credam plumbeum?
adgrediundust hic homo mi astu.—heus, Pax, te tribu' uerbis uolo.
SY. uel trecentis. CH. haben tu id aurum quod accepisti a Charmide?
SY. atque etiam Philippum, numeratum illius in mensa manu,
mille nummum. CH. nempe ab ipso id accepisti Charmide?
SY. mirum quin ab auo eius aut proauo acciperem qui sunt mortui.
CH. adulescens, cedodum istuc aurum mihi. SY. quod ego aúrum dem tibi?
CH. quod a me te accepisse fassu's. SY. aps te accepisse? CH. ita loquor.
SY. quis tu homo es? CH. qui mille nummum tibi dedi ego sum Charmides.
SY. neque edepol tu is es neque hodie is umquam eris, auro huic quidem.
abi sis, nugator: nugari nugatori postulas.
CH. Charmides ego sum. SY. nequiquam hercle es, nam nihil auri fero.
nimis argute ⟨me⟩ obrepsisti in eapse occasiuncula:

957 *vel* med nosse aprobe *cod.* (A *pro* M) nouissem *Ritschl* approbe *Camerarius* 959 philippo ciuem ducere *cod.* : *corr. Ritschl* 961 eine aurum *Camerarius* : eine mirum *cod.* (MIR *pro* AVR) : ei nimirum *Ital.* 965 *vel* philippeum (*ita cod.*) 967 quin *Ital.* : quid *cod.* 969 te a me *Reiz*, *Mahler* 970 est *cod.* 971 tuis ses *cod.* (*corr. D*) 972 abi *Camerarius* : asi *cod.* 974 me *add. Ritschl* : argute ⟨tu⟩ *Niemeyer* obresisti *cod.*

postquam ego me aurum ferre dixi, post tu factu's Charmides;
priu' tu non eras quam aúri feci mentionem. nihil agis;
proin tu te, itidem ut charmidatus es, rusum recharmida.
CH. quis ego sum igitur, si quidem is nón sum qui sum? SY. quid id ad me attinet?
dum ille ne sis quem ego esse nolo, sis mea caússa qui lubet.
priu' non is eras quí eras: nunc is factu's qui tum non eras.
CH. age si quid agis. SY. quid ego agam? CH. aurum redde. SY. dormitas, senex.
CH. fassu's Charmidem dedisse aurum tibi. SY. scriptum quidem.
CH. properas an non properas ire actutum ab his regionibus,
dormitator, priu' quam ego hic te iubeo mulcari male?
SY. quám ob rem? CH. quia illum quem ementitus es, ego sum ipsus Charmides
quem tibi epistulas dedisse aiebas. SY. eho, quaeso, an tu is es?
CH. is enim uero sum. SY. ain tu tandem? is ipsusne es? CH. aio. SY. ipsus es?
CH. ipsus, inquam, Charmides sum. SY. ergo ipsusne es? CH. ipsissumus.
abi hinc áb oculis? SY. enim uero serio, quoniam aduenis—
uapulabis meo arbitratu ét nouorum aedilium.
CH. at etiam maledicis? SY. immo, saluos quandoquidem aduenis—
di te perdant, si te flocci facio an periisses prius.

976 ieras *corr.* is eras *ut vid. B*: eras P^{CD} non tu is eras *Hermann* aurifici *cod.* 977 *vel* tute decharmida *Ritschl* 978 Quid *B* 983 ire *Guietus*: abire (abere *B*) *cod.*, *sed* abĭre act. *vix ferendum* 985 ementitu's is *Fleckeisen* 986 *vel* aibas quaescan tuises (quae *et post* 6 *litt. spat.* es P^{CD}) *cod.* (C *pro* O) 987 isipsusnes ip SY. ipsuses B^1 (*corr.* B^2, *qui* aio, *fort. corr.* ain, *addidit neque* ip *delevit*): is ipsus es *reliquis omissis* P^{CD} 988 ipsusne es] ipsus est *codd. Prisciani* I, 84 989 abhinc *cod.*, *etiam codd. Prisciani*: abin hinc *Guietus* sero *Gulielmius* 990 uapulabis *Camerarius*: uapulais *ut vid. cod* (uapulis *B*: uapulas *D*, *fort. recte*) 992 perisse *cod.*

ego ob hanc operam argentum accepi, te macto infortunio:
ceterum qui sis, qui non sis, floccum non interduim.
ibo, ad illúm renuntiabo qui mihi tris nummos dedit,
ut sciat se perdidisse. ego abeo. male uiue et uale!
qui te di omnes aduenientem peregre perdant, Charmides!—

Ch. postquam illic hinc ábiit, post loquendi libere
uidetur tempus uenisse atque occasio.
iam dudum meum ille pectus pungit aculeus,
quid illí negoti fuerit ante aedis meas.
nam epistula illa mihi concenturiat metum
in corde et illud mille nummum quam rem agat.
numquam edepol temere tinnit tintinnabulum:
nisi qui illud tractat aut mouet, mutumst, tacet.
sed quis hic est qui huc in plateam cursuram incipit?
lubet ópseruare quid agat: huc concessero.

Stasimvs Charmides iii

St. Stasime, fac te propere celerem, recipe te ad dominum domum,
ne subito metus exoriatur scapulis stultitia ⟨tua⟩.
adde gradum, adpropera. iam dudum factumst quom abiisti domo.
caue sis tibi ne bubuli in te cottabi crebri crepent,
si aberis ab eri quaestione. ne destiteris currere.
ecce hominem te, Stasime, nihili! satin in thermopolio
condalium es oblitus, postquam thermopotasti gutturem?
recipe te et recurre petere⟨re⟩ recenti. Ch. huic, quisquis est,
gurguliost exercitor: is hunc hóminem cursuram docet.

993 inportunio *cod.* 994 ceterum *Gulielmius*: sed (*pro* set) erum *cod.* interdum *cod.*: *corr. Camerarius* 995 ad *Ital.*: id *cod.* 997 qui te di *Scaliger*: quo di te *cod.* 1002 epistulae illae mihi concenturiant *Meyer* 1004 numquem *cod.* 1005 mutus t. *cod.* 1009 stultitia tua *Camerarius*: stultitiam *cod.* 1012 aberis *Camerarius*: abieris *cod.* 1013 ecce te hominem *Bach* nihil *cod.* 1015 re *add. Camerarius*

St. quid, homo nihili, non pudet te? tribu'ne te poteriis
memoriam esse oblitum? an uero, quia cum frugi hominibus
ibi bibisti, qui ab alieno facile cohiberent manus?
†Truthus† fuit, Cerconicus, Crinnus, Cercobulus, Collabus,
oculicrepidae, cruricrepidae, ferriteri mastigiae:
inter eosne homines condalium te redipisci postulas?
quorum eorum únus surrupuit currenti cursori solum.
Ch. ita me di ament, graphicum furem! St. quid ego quod periit petam?
nisi etiam laborem ad damnum ápponam epithecam insuper.
quin tu quod periit periisse ducis? cape uorsoriam,
recipe te ad erum. Ch. non fugitiuost hic homo, commeminit domi.
St. utinam ueteres homin⟨um mor⟩es, ueteres parsimoniae
potius ⟨in⟩ maiore honore hic essent quam mores mali!
Ch. di inmortales, basilica hicquidem facinora inceptat loqui!
uetera quaerit, uetera amare hunc more maiorum scias.
St. nam nunc mores nihili faciunt quod licet nisi quod lubet:
ambitio iam more sanctast, liberast a legibus;
scuta iacere fugereque hostis more habent licentiam:
petere honorem pro flagitio more fit. Ch. morem inprobum!
St. strenuos⟨os⟩ praeterire more fit. Ch. nequam quidem!
St. mores leges perduxerunt iam in potestatem suam,
magi'que is sunt obnoxiosae quam parentes liberis.

1018 memoria *cod.* : *corr. Seyffert* quia] quinque *Mueller* (*Rhein. Mus.* 54, 540) 1020 truchus P^{CD} Struthus fuit, Circonychus (?) *Leo* Crimnus *Scaliger* 1021 oc.] collicrepidae *Becker* 1024 ament *Ital.* : amant *cod.* 1025 epithecam *Camerarius* : apothecam *cod.* : prosthecam (?) *Leo* 1028 uet. hominum mores *Lindemann* : uet. ueterum mores *Ritschl* 1029 p. maiori honori *cod.* : *corr. Loman* 1031 more *Dousa* : morem *cod.* 1032 mores] homines *Bergk* nihil *cod.* 1035 honore *cod.* (*corr. D*) 1036 strenuos *cod.* : *corr. Loewe* 1038 magis qui sunt *cod.* : *corr. Spengel* : m. quīs sunt *Pius* *vel* mageque obnoxiosi *cod.* liberis *Ital.* : liberi *cod.*

eae miserae etiam ad parietem sunt fixae clauis ferreis,
ubi malos mores adfigi nimio fuerat aequius.
CH. lubet adire atque appellare hunc; uerum ausculto perlubens
et metuo, si compellabo, ne aliam rem occipiat loqui.
ST. neque istis quicquam lege sanctumst: leges mori seruiunt,
mores autem rapere properant qua sacrum qua publicum.
CH. hercle istis malam rem magnam moribus dignumst dari.
ST. nonne hoc publice animum aduorti? nam id genus hominum omnibus
uniuorsis est aduorsum atque omni populo male facit:
male fidem seruando illis quoque abrogant etiam fidem
qui nil meriti; quippe eorum ex ingenio ingenium horum probant.
hoc qui in mentem uenerit mi? re ipsa modo commonitu' sum.
si quoi mutuom quid dederis, fit pro proprio perditum:
quom repetas, inimicum amicum beneficio inuenias tuo.
si mage exigere occupias, duarum rerum exoritur optio:
uel illud quod credideris perdas, uel illum amicum amiseris.
CH. meus est hicquidem Stasimus seruos. ST. nam ego talentum mutuom
quoi dederam, talento inimicum mi emi, amicum uendidi.
sed ego sum insipientior qui rebus curem puplicis
potius quam, id quod proxumumst, meo térgo tutelam geram.
eo domum. CH. heus tu, asta ilico! audi. ST. heús tu! non sto. CH. te uolo.

1039 ea miserere *cod.* : *corr. Merula* *vel* misere 1042 et *Acidalius* : sed *cod.* (*pro* set) 1043 istis *Ital.* : isti *cod.* 1045 *accedit A* 1046 hom. hominibus *Merula* 1049 ex eorum *P* 1050 menté (*sic pro* mentē, *i. e.* mentem?) *B* modo re ipsa commotus sum *A* 1051 quoi] quid *P* dederit *P* fit propio pe. A^1, *corr.* A^2 proditum *Mueller* (*Rhein. Mus.* 54, 540) 1052 qum *A* inuenias ex beneficio tuo *A* 1053 exgenere cupias *P* 1054 miseris *P* (*corr.* D^1) 1055 Meust h. *A* 1056 quoi] quod *P* 1059 CH. te uolo *om. P*

St. quid si ego me te uelle nolo? Ch. aha nimium, Stasime, saeuiter!
St. emere meliust quoi imperes. Ch. pol ego emi atque argentum dedi;
sed si non dicto audiens est, quid ago? St. da magnum malum.
Ch. bene mones, ita facere certumst. St. nisi quidem es obnoxius.
Ch. si bonus es, obnoxius sum; sin secus es, faciam uti iubes.
St. quid id ad me attinet, bonisne seruis tu utare an malis?
Ch. quia boni malique in ea re pars tibi est. St. partem alteram
tibi permitto; illam alteram apud me, quod bonist, apponito.
Ch. sí eris meritus, fiet. respice huc ad me. ego sum Charmides.
St. hem quis est qui mentionem homo hominis fecit optumi?
Ch. ipsus homo optumus. St. mare, terra, caelum, di uostram fidem!
satin ego oculis plane uideo? estne ipsus an non est? is est,
certe is est, is est profecto. o mí ere exoptatissume,
salue. Ch. salue, Stasime. St. saluom te—Ch. scio et credo tibi.
sed omitte alia, hoc mihi responde: liberi quid agunt mei,
quos reliqui hic filium atque filiam? St. uiuont, ualent.
Ch. nempe uterque? St. uterque. Ch. di me saluom et seruatum uolunt.
cetera intus otiosse percontabor quae uolo.

1060 egomet te *P* uell.t *A* 1062 es *P* da magnum] damnum *P* (vii, p. 104) 1064 est *bis Lambinus* ut mones *A* 1067 ad me *P* (*fort. recte*) 1068 fies *P* ad me huc *P* 1069 facit homo hominis *P* 1070 hohomo *A* 1071 oculis ego *A* ipsus] hic *A* 1072 is est *alterum om. A* 1074 omitto *P*

eamus intro, sequere. St. quo tu té agis? Ch. quonam nisi domum?
St. hicine nos habitare censes? Ch. ubinam ego alibi censeam?
St. iam—Ch. quid iam? St. non sunt nostrae aedes istae. Ch. quid ego ex te audio?
St. uendidit tuo' natus aedis—Ch. perii! St. praesentariis
argenti minis numeratis—Ch. quot? St. quadraginta. Ch. occidi!
quis eas emit? St. Callicles, quoi tuam rem commendaueras;
is habitatum huc commigrauit nosque exturbauit foras.
Ch. ubi nunc filius meus habitat? St. hic in hoc posticulo.
Ch. male disperii! St. credidi aegre tibi id, ubi audisses, fore.
Ch. ego miserrumeis periclis sum per maria maxuma
uectus, capitali periclo per praedones plurumos
me seruaui, saluos redii: nunc hic disperii miser
propter eosdem quorum caussa fui hoc aetate exercitus.
adimit animam mi aegritudo. Stasime, tene me. St. uisne aquam
tibi petam? Ch. res quom animam agebat, túm esse offusam oportuit.

Callicles Charmides Stasimvs iv

Ca. Quid hoc híc clamoris audio ante aedis meas?
Ch. o Callicles, o Callicles, o Callicles!
qualine amico mea commendaui bona?
Ca. probo et fideli et fido et cum magna fide.

1078 quo tu] quonam tu *A* quonam cen *A hic desinens in fine paginae* (*i. e.* quonam censes, nisi domum? *Studemund*) 1080 aedisste *cod.*, *unde* aedes. Ch. Stasime *Schoell* 1083 Qui *PCD* 1089 salus *cod.* 1090 hoc aetate '*masculini generis*' *Nonius* 192 ('*i. e.* hoc aetatis, *soloece*' *Leo*): hac aetate *cod.* 1092 offusa *cod.*

et salue et saluom te aduenisse gaudeo.
CH. credo, omnia istaec sí ita sunt ut praedicas.
sed quis iste est tuos ornatus? CA. ego dicam tibi.
thensaurum ecfodiebam intus, dotem, filiae
tuae quaé daretur. sed intus narrabo tibi
et hoc et alia. sequere. CH. Stasime. ST. hem!
CH. strenue
curre in Piraeum atque unum curriculum face.
uidebis iam illic nauem qua aduecti sumus.
iubeto Sangarionem quae imperauerim
curare ut ecferantur, et tu ito simul.
solutumst portitori iam portorium:
nihil est moraé. [i], i, ámbula, actutum redi.
ST. illic sum atque hic sum. CA. sequere tu hac me
intro.—CH. sequor.—
ST. hic meo ero amicus solus firmus restitit
neque demutauit animum de firma fide,
sed hic unus, ut ego suspicor, seruat fidem.
quamquam labores multos * * *
ob rem †laborem† eum ego cepisse censeo.—

ACTVS V

V. i

LYSITELES

Hic homost omnium hominum praecipuos,
uoluptatibu' gaudiisque antepotens:

1098 sunt *Ritschl*: st *cod.* (vii, p. 96) 1105 iubeto *Pius*: uideto *cod.* (D *pro* B) Sag- (?) *K. Schmidt* (*Herm.* 37, 205) 1108 *vel* morai morae i i *Taubmann*: moracii *cod.* (c *pro* e): moracli *Havet* (*Arch. Lat. Lexicogr.* 11, 360): morae tibi *Mueller* (*Rhein. Mus.* 54, 542) (*cf. Sjögren* '*part. copul.*' p. 150) 1110 amicus *Ital.*: amico *cod.* 1112 *post* 1113 *cod.* (ii, p. 38): *traieci* 1113 *fort.* ⟨sollicitudines⟩ 1114 *fort.* ob rém alienam eum (ii, p. 38) (*sed cf. Reissinger* '*Präpos. ob und propter*' p. 17): quamquam labores multos ob rem et liberos ⟨Apsentis mei eri⟩ eum ego cepisse censeo. Sed hic *etc. Ritschl*

ita commoda quae cupio eueniunt,
quod ago adsequitur, subest, supsequitur,
ita gaudiis gaudium suppeditat.
modo me Stasimus Lesbonici seruos conuenit ⟨domi⟩;
is mihi dixit suom erum peregre huc aduenisse Charmidem.
nunc mi is propere conueniundust, ut quae cum eius filio
egi, éi rei fundus pater sít potior. eo. séd fores
hae sonitu suo mihi moram obiciunt incommode.

CHARMIDES CALLICLES LYSITELES LESBONICVS ii

CH. Neque fuit neque erit neque esse quemquam hominem in terra arbitror
quoi fides fidelitasque amicum erga aequiperet tuam;
nam exaedificauisset me ex his aedibus, apsque te foret.
CA. si quid amicum erga bene feci aut consului fideliter,
non uideor meruisse laudem, culpa caruisse arbitror.
nam beneficium, homini propríum quod datur, prosum perit,
quod datum utendumst, id repetundi copiast quando uelit.
CH. est ita ut tu dicis. sed ego hoc nequeo mirari satis,
eum sororem despondisse suam in tam fortem familiam.
CA. Lysiteli quidem Philtonis filio. LY. enim me nominat.
CH. familiam optumam occupauit. LY. quid ego cesso hos conloqui?
sed maneam etiam opinor, namque hoc commodum orditur loqui.
CH. uah! CA. quid est? CH. oblitus intus dudum tibi sum dicere:
modo mi aduenienti nugator quidam occessit obuiam,

1118 subit *Acidalius* 1119 suppetat P^{CD} 1120 domi *add. Ritschl* 1123–4 eo ⟨quantum potest⟩ Sed fores hae *Leo* 1125 in terra *Reiz post Camerarium*: interdum *cod.* 1126 tuam *Ritschl*: suum *cod.* 1130 prosum perit *Boxhorn*: prosumpserit *cod.* 1131 datumst utendum *Mueller*, *nam* datum ŭtendumst *displicet* (*cf. ad Merc.* 330) uelis *D* 1132 nequeo *Ital.*: metuo *cod.* 1136 *vel* opino 1138 occessit *Gulielmius*: accessit *cod.* (*cf. ad Pseud.* 250)

nimi' pergraphicus sycophanta; is mille nummum se aureum
meo datu tibi ferre et gnato Lesbonico aibat meo;
quem ego nec qui esset noram neque eum ante usquam conspexi prius.
sed quid rides? CA. meo adlegatu uenit, quasi qui aurum mihi
ferret aps te quod darem tuae gnátae dotem, ut filius
tuo', quando illi a me darem, esse allatum id aps te crederet
neu qui rem ipsam posset intellegere, [et] thensaurum tuom
me esse penes, atque eum [a] me lege populi patrium posceret.
CH. scite edepol! CA. Megaronides communis hoc meus et tuos
beneuolens commentust. CH. quin conlaudo consilium et probo.
LY. quid ego ineptus, dum sermonem uereor interrumpere,
solus sto nec quod conatus sum agere ago? homines conloquar.
CH. quis hic est qui huc ad nos incedit? LY. Charmidem socerum suom
Lysiteles salutat. CH. di dent tibi, Lysiteles, quae uelis.
CA. non ego sum salutis dignus? LY. immo salue, Callicles;
hunc priorem aequomst me habere: tunica propior palliost.
CA. deos uolo consilia uostra ⟨uobis⟩ recte uortere.
CH. fíliam meám tibi désponsatam esse audio. LY. nisi tu neuis.
CH. immo hau nolo. LY. sponden ergo tuam gnatam uxorem mihi?
CH. spondeo et mille auri Philippum dotis. LY. dotem nil moror.

1139 aurum *cod.* : *corr. Camerarius* 1141 nequi es. *cod.* 1145 quis *cod.* et *del. Bothe* 1146 a *del. Mueller* 1152 Lysteus s. *cod.* (*pro* -elis) 1153 dignus salutis *Nonius* 497 ('gen. pro abl.') : salute dignus *cod.* 1155 uobis *add. Hermann* 1156 desponsam *B* (*fort. recte*; *cf. ad Mil.* 1007) tu neuis *Nonius* 144 : *om. cod.* 1158 morer *B*

Ch. si illa tibi placet, placenda dos quoque est quam dat tibi.
postremo quod uis non duces, nisi illud quod non uis feres.
Ca. ius hic orat. Ly. impetrabit te aduocato atque arbitro.
istac lege filiam tuam spónden mi uxorem dari?
Ch. spondeo. Ca. et ego spondeo idem hoc. Ly. oh saluete, adfines mei!
Ch. atque edepol sunt res quas propter tibi tamen suscensui.
Ly. quid ego feci? Ch. meum corrumpi quia perpessu's filium.
Ly. si id mea uoluntate factumst, ⟨est⟩ quod mihi suscenseas.
sed sine me hoc aps te impetrare quod uolo. Ch. quid id est? Ly. scies.
si quid stulte fecit, ut ea missa facias omnia.
quid quassas caput? Ch. cruciatur cor mi et metuo. Ly. quidnam id est?
Ch. quom ille itast ut esse nolo, id crucior; metuo, si tibi
denegem quod me oras, ne te leuiorem erga me putes.
non grauabor. faciam ita ut uis. Ly. probus es. eo, ut illum euocem.
Ch. miserumst, male promerita, ut merita sunt, si ulcisci non licet.
Ly. aperite hoc, aperite propere et Lesbonicum, si domist,
[foras] euocate: ita subitost propere quod eum conuentum uolo.
Le. quis homo tam tumultuoso sonitu me exciuit [subito] foras?
Ly. beneuolens tuos atque amicust. Le. satine salue? dic mihi.

1165 (*etiam* 1166, 1167, 1169, 1172, 1174, 1177) Ly.] Ca. *alii* 1166 est *add. Camerarius* 1167 es *cod.* 1168 missam *cod.* 1170 istast *cod.* 1173 sunt si *Lindemann*: sinis *cod.*: sint si *Ritschl* 1175 foras *del. Guietus* uocate *Bothe* 1176 subito *del. Guietus* 1177 amicus *codd. Donati ad Eun.* 5, 5, 8 satinst stsalue *cod.* (*pro* satine, *i.e.* satinest *ex* satine?)

LY. recte. tuom patrem rediisse saluom peregre gaudeo.
LE. quis id ait? LY. ego. LE. tun uidisti? LY. et tute item uideas licet.
LE. o pater, pater mi, salue! CH. salue multum, gnate mi.
LE. si quid tibi, pater, laboris—CH. nihil euenit, ne time:
bene re gesta saluos redeo—si tu modo frugi esse uis.
haec tibi pactast †Callicli filia†. LE. ego ducam, pater,
et eam et si quam aliam iubebis. CH. quamquam tibi suscensui,
miseria ⟨una⟩ uni quidem hominist adfatím. CA. immo huic parumst,
nam si pro peccatis centum ducat uxores, parumst.
LE. at iam posthac temperabo. CH. dicis, si facies modo.
LY. numquid caussaest quin uxorem cras domum ducam? CH. optumumst. [licet.]
tú in perendinum paratus sis ut ducas. CATERVA. plaudite.

1179 item *Bothe*: idem *cod.* 1184 et eam *Bothe*: etiam *cod.* 1185 una *add. Lambinus* 1187 faciaes *B*: facias *Camerarius* 1188 nunc quid *cod.* ducat *P*CD optumast (-tima est) *Gronovius* licet *del. Guietus* '*duplicis recensionis vestigia apparent*, LYS. Numquid . . . ducam? CH. Optumumst *et* CA. Numquid . . . ducat? CH. Licet' *Ritschl*

TRVCVLENTVS

ARGVMENTVM

Tres unam pereunt adulescentes mulierem,
Rure unus, alter urbe, peregre tertius;
Vtque ista ingenti militem tangat bolo,
Clam sibi supposuit clandestino editum.
Vi magna servos est ac trucibus moribus,
Lupae ni rapiant domini parsimoniam;
Et is tamen mollitur. miles advenit
Natique causa dat propensa munera.
Tandem compressae pater cognoscit omnia,
Vtque illam ducat qui vitiarat convenit,
Suomque is repetit a meretrice subditum.

5 at crucibus (tr-) *cod.* : *corr. Ital.* imoribus *B* 6 Lupae ni *Pylades* : Lut (It P^{CD}) poeni *cod.* parsimonia *B* 9 Tandem *Ital.* : Tamen *cod.* (vii. 2) 10 illam *Camerarius* : litam *cod.*

PERSONAE

DINIARCHVS ADVLESCENS
ASTAPHIVM ANCILLA
TRVCVLENTVS SERVVS
PHRONESIVM MERETRIX
STRATOPHANES MILES
CYAMVS SERVVS GETA
STRABAX ADVLESCENS RVSTICVS
CALLICLES SENEX
ANCILLA CALLICLIS
SVRA TONSTRIX (ANCILLA PHRONESII)

SCAENA ATHENIS

TRVC.] *adiectivum, non nomen, vix esse potest*: STRATILAX *Ital.*, *aperto errore qui ex scaen.* III. i. *titulo in P, ubi* STRATILAX *pro* STRAVAX (*i. e.* -BAX) *scriptum erat, emanavisse videtur; cf. Leo ad v.* 256
SERVVS GETA. *Cf. v.* 577
ANCILLA CALLICLIS. *Cf. ad v.* 775

PROLOGVS

Perparuam partem postulat Plautus loci
de uostris magnis atque amoenis moenibus,
Athenas quo sine architectis conferat.
quid nunc? daturin estis an non? adnuont
†melior me quidem uobis† me ablaturum sine mora;
quid si de uostro quippiam orem? ábnuont.
eu hercle! in uobis resident mores pristini,
ad denegandum ut celeri lingua utamini.
sed hoc agamus quoia huc uentumst gratia.
Athenis †tracto† ita ut hoc est proscaenium
tantisper dum transigimus hanc comoediam.
hic habitat mulier nomen quoí est Phronesium;
haec huiius saecli mores in se possidet:
numquam ab amatore [suo] postulat—id quod datumst,
sed relicuom dat operam—ne sit relicuom,
poscendo atque auferendo, ut mos est mulierum;
nam omnes id faciunt, quom se amari intellegunt.
ea se peperisse puerum simulat militi,
quo citius rem ab eo auorrat cum puluisculo.
quid multa? * * †stuic superet muliere†
†hiscum anima ad eum habenti erce teritur†.

corrupti codicum BCD in hac fabula textus id fuisse causae credo quod in cod. archetypo novus scriba inusitata scribendi compendia et insuetas litterarum formas adhibuerit (*Amer. Journ. Phil.* 17, 442) 1–3 *correcta praebent Apuleius Florid.* 4, 18 *fere et Priscianus* 2, 421 1 p. artem p. plaudi locu *cod.* 2 Deum eris *cod.* (*pro* deũeris, *i. e.* de uestris) 3 s. arcus pletis *cod.* 4 adnunt *cod.* 5 *fort.* meliorem (*sc.* partem) urbis quidem abiaturum *cod.* 6 ore P^{CD} abduunt *cod.* 7 eu *Spengel*: eum *cod.* (vii. 4) uobis *Camerarius*: uodiis *cod.* (? *pro* uodis; D *pro* B) 9 quia h. *D*: qua h. *BC*: huc qua *Camerarius* 10 traicio *Schoell* (*Rhein. Mus.* 55, 495): *fort.* instructo 12 nomine *cod.* (*pro* nomẽ, *i.e.* nomen ?) 14 suo *del. Weise* 15 sed reliquam *cod.*: *corr. Merula* 19 auerrat *Weise*: auferat *cod.* 20 mulierem P^{CD} *fort.* Quid multa ? ⟨uita⟩ si huïc superet (*vel* huic supererit) mulieri | Viscum, hamum, laqueum habenti, hercle exercebitur (*vel* hab., exenterabitur)

ACTVS I

I.i

DINIARCHVS

Non omnis aetas ad perdiscendum sat est
amanti, dum id perdiscat, quot pereat modis;
neque eam rationem eapse umquam educet Venus,
quam penes amantum summa summarum redit,
quot amans exemplis ludificetur, quot modis
pereat quotque exoretur exorabulis:
quot illíc blanditiae, quot illic iracundiae
sunt, quot †sui perclamanda†, di uostram fidem, hui!
quid peiierandum est etiam, praeter munera:
primumdum merces annua, is primus bolust,
ob eam—tres noctes dantur; interea loci
aut aera aut uinum | aut oleum | aut triticum;
temptat benignusne an bonae frugi sies:
quasi in piscinam rete qui iaculum parat,
quando abiit rete pessum, adducit lineam;
si iniecit rete, piscis ne ecfugiat cauet:
dum huc dum illuc rete †or† impedit
piscis usque adeo donicum eduxit foras.
itidem est, amator sei quod oratur dedit
atque est benignus potius quam frugi bonae.

22 est satis *codd. Varronis de L. L.* 6, 11 23 amanti dum hic p. quod p. modis *codd. Prisciani* 2, 421 : nam antidum id p. [ad] quod p. motus *cod.* (iv. 3) 24 eam rationem ea ipsa *codd. Prisciani*: ea ratione me abse *cod.* edocuit *codd. Prisciani* 25 penis a. suumma *B* 27 quoque *B* exoritur *cod.* 28 blanditiae *Ital.* : blanditer *cod.* (*pro* blandit̄, *i.e.* blanditiae ?) 29 supplicia danda *Buecheler* 31 miros annua is (miror annuus P^{CD}) *cod.* : *corr. Gronovius* primos *B* ebolust *cod.* : *corr. Camerarius* 32 dantur *Bothe* : dutor (tutor P^{CD}) *cod.* 33 aut aera *Ital.* : aut ara *cod.* : auctarium *Schoell* ut ui. *B* *vix* olēum 36 lineam *Studemund* : finfa (infra P^{CD}) *cod.* 37 Siniecit *B* : Sinietit P^{CD} : *corr. quidam apud Lambinum* : si inierit *Buecheler fort. recte* 38 or] circumuortit *Buecheler* (*qui alt.* dum *omittit*) : *fort.* oratas (iii, p. 52) 39 donicum *Saracenus* : dolium *cod.* foras eduxit *cod.* : *trai. Camerarius* 40 Ibidem *cod.* set (sed P^{CD}) quod *cod.*

adduntur noctes, interim ille hamum uorat;
si semel amoris poculum accepit meri
eaque intra pectus se penetrauit potio,
extemplo et ipsus periit et res et fides.
si iratum scortum fortest amatori suo,
bis perit amator, ab re⟨d⟩ atque animo simul;
sin alter alteri propitiust, †idem† perit:
si raras noctes ducit, ab animo perit;
si | increbrauit, ipsus gaudet, res perit.
[intercepta in aedibus lenonis]
priu' quam unum dederis, centum quae poscat parat:
aut periit aurum aút conscissa pallula est
aut empta ancilla aut aliquod uasum argenteum
aut uasum ahenum †aliquod aut lectus laptiles†
aut armariola Graeca, aut—aliquid semper ⟨est⟩
quod †petra† debeatque amans scorto suo.
atque haec celamus nos clam magna industria,
quom rem fidemque nosque nosmet perdimus,
ne qui parentes neu cognati sentiant;
quos quom celamus si faximus conscios,
qui nostrae aetati tempestiuo temperent,
unde anteparta demus postpartoribus,

42 hamam *B* 43 meri *Bothe*: mere *cod.* (*pro* merei?) 45 perit *cod.* 46 scortumst forte *Lambinus*, *cui* amători suo *displicet* (*cf. ad Merc.* 330) 47 periit *cod.* *de* red *cf. Arch. Lat. Lexicogr.* 10, 550 ⟨ab⟩ an. *Lambinus* 48 propitiust *Buecheler*: potius est *cod.* *an* fide? 50 sin crebrauit *B* *vel* sin *vel* increbauit 50ª *secl. Schoell* intercepta *scripsi* (vii, p. 103): iteca (ita et P^{CD}) *cod.* lenosis *cod.*: *corr. Schoell*: lenoniis *Ital.* *vix* ⟨perit⟩ intercepta in aedibus lenoniis 52 aurum periit *Camerarius* c. est pallula *codd. Porphyrionis ad Hor. ep.* 1, 17, 55 (*i.e.* conscissast?) 54 aliquod] antiquom *Buecheler* electus *B* electus lapis *Buecheler*: lectus scalptilis (scu-) *Kiessling*: lectus dapsilis *Ital.* 55 est *add. Camerarius* 56 praestet *Buecheler*: detque *Niemeyer* (*Liter. Centralbl.* 1905, p. 352) 57 celumus *B* clam] damna *Ital.* magna *Leo*: mina *cod.* (vii, p. 104) 59 ne qui *Bugge*: neque *cod.* 60 faximus *Camerarius*: facimus *cod.* (*i.e.* facĭmus?): *fort.* faciamus conscias *cod.* 61 temperint *cod.* 62 unne *cod. ut vid.* (*cf. ad v.* 82): ut ne *Ital. fort. recte* anteparata *cod.*: *corr. Saracenus*

faxim lenonum nec scortorum plus siet
et minu' damnosorum hominum quam nunc sunt siet.
nam nunc lenonum et scortorum plus est fere
quam olim muscarum est quom caletur maxume.
nam nusquam alibi si sunt, circum argentarias
†scorti† lenones qui adsident cottidie,
ea nimia est ratio; quippe qui certo scio
fere plus scortorum esse iam quam ponderum.
quos quidem quam | ad rem dicam in argentariis
referre habere, nisi pro tabulis, nescio,
ubi aera perscribantur usuraria:
accepta dico, expensa ne qui censeat.
postremo id magno in populo multis hominibus,
re placida atque otiosa, uictis hostibus:
amare oportet omnis qui quod dent habent.
nam mihi haec méretrix quae hic habet, Phronesium,
suom nómen omne ex pectore exmouit meo,
[Phronesium, nám phronesis est sapientia].
nam me fuisse huic fateor summum atque intumum,
quod amantis multo pessumum est pecuniae;
eadem postquam alium repperit qui plus daret,
damnosiorem meo exinde immouit loco,
quem infestum, odiosum sibi esse memorabat mala,

62[a] nec *scripsi*: et *cod.* siet *scripsi*: est *cod.* 64 ⟨hic⟩ plus *Ritschl, cui* scortorúm *displicet* est *ante* et *colloc. Bothe* 65 *post v.* 66 *cod.*: *corr. Camerarius* quam[nus] B^1 (*cf. v.* 66) 67 scorta et *Scaliger*: *an* scortis? qui assident *Mikkelsen* (*Nord. Tidskr. Fil.* 1897, p. 97): quasi sedent *cod.* 68 Fa *B* (F *pro* E) 69 fere *scripsi*: eri *cod.*: ibi *Seyffert* iam *Ital.*: eam *cod.* 70 Quas *Ritschl* equidem *Bentley* 72 aera *Camerarius*: ae *cod.* (hae P^{CD}) (*pro* aera *per compend. script.*?) 73 accipiat d. e. neque c. *cod.*: *corr. Acidalius* 74 id *vix ferendum*: ut *Baehrens* populo in *B* ⟨in⟩ multis *Camerarius*: mulier *cod.* 75 plagida *cod.* (G *pro* C) 77 haec ⟨nunc⟩ *Mueller* 78 omnes *cod.*: *corr. Camerarius* 78[a] Phronesim *Leo, qui versum tuetur* (iv. 1) 81 pius (prius P^{CD}) *cod.* (I *pro* L) 82 meo *scripsi*: mihi *cod.* (*pro* meo *per compend. script.*?) exine *B* ex. me mouit l. *Abraham stud. Plaut.* 237, *alii* 83 qui manifesta [ac] o. *cod.* (? *pro* q; mĩfestum o. *cf. ad Aul.* 784): *corr. Ital., Lambinus*: quem antehac o. *Buecheler*

Babyloniensem militem. is nunc dicitur
uenturus peregre; eo nunc commenta est dolum:
peperisse simulat sese, ut me extrudat foras;
eum esse simulat militem puero patrem;
atque ut cum solo pergraecetur militi,
†eum isti suppositum puerum opus† pessumae.
mihi uerba retur dare se? án me censuit
celare se potesse, grauida si foret?
nam ego Lemno aduenio Athenas nudiustertius,
legatus quo hinc cum publico imperio fui.
sed haec quidem eiius Astaphium est ancillula;
cum ea quoque etiam mihi fuit commercium.

ASTAPHIVM DINIARCHVS ii

As. Ad fores auscultate atque adseruate aedis,
nequis aduentor grauior abaetat quam adueniat,
neu, qui manus attulerit sterilis intro ad nos,
grauidas foras exportet. noui ego hominum mores;
ita nunc adulescentes morati sunt: quinei aut
senei adueniunt ad scorta congerrones;
consulta sunt consilia: quando intro aduenerunt,

86 Reperisse *cod.* (R *pro* P) 87 *post* 88 *colloc. Dousa* 87 cum esse simulant *cod.*: *corr. Ital.* puerum *B* 88 peregre getur *cod.* (G *pro* C) 88ª Eo *Ital.* opinor *Dombart*, *cui* 'opus est illam rem' (*Nonius* 482) *displicet* 89 *vel* sese ame *cod.* (? *pro* āme, *i.e.* an me) 91 adueni *Geppert, Mikkelsen* (*Nord. Tidskr. Fil.* 1897, p. 97) 92 quo hinc *Bothe*: hinc quod *cod.* (*cf. ad Trin.* 628) 93 sed haec quibus (B *pro* D) melius (*pro* -m eiius) est a. est a. *cod.*: *corr. Seyffert vel* Astaphiumst 94 c. ea *Ital.*: c. ergo *cod.*: eam erga *Seyffert* 95–8 *adfert Priscianus de metr. Terent.* 18, *Plautum eodem metro usum esse dicens quo usus sit Terentius in Andria* (iii. 2), *scilicet* '*trochaico mixto vel confuso cum iambico*' 95 adseruate *codd. Prisciani*: adseruas *cod.* 96 nequi *Hermann* abeat *F*[CD], *codd. Prisc.* qua *B* 97 quis *codd. Prisc.* intero *Schoell* 98 exportet *codd. Prisc.*: exortet *cod.* 100 seni (-nei) *Schneider*: senec *cod.* 101 consilio *codd.*: *corr. Camerarius*

oenus eorum aliqui osculum amicae usque oggerit, dum illi agant ceteri cleptae;
sin uident quempiam se adseruare, obludiant qui custodem oblectent
per ioculum et ludum; de nostro saepe edunt: quod fartores faciunt.
fit pol hoc, et pars spectatorum scitis pol haec uos me hau mentiri.
†ibi sibus† pugnae et uirtuti de praedonibu' praedam capere.
at ecastor nos rusum lepide referimu' gratiam furibu' nostris: 107-10
nam ipsi uident quom eorum agerimus bona atque etiam ultro ipsi aggerunt ad nos.
Di. me illis quidem haec uerberat uerbis,
nam ego húc bona mea degessi.
As. commemini, iam pol ego eumpse ad nos, si domi erit, mecum adducam.
Di. heus! manedum, Astaphium, priu' quam abis.
As. qui reuocat? Di. scies: respice huc. As. quis est?
Di. uobis qui multa bona ésse uolt. As. dato,
si esse uis. Di. faxo erunt. respice huc modo. As. oh!
enicas me miseram, quisquis es.
Di. pessuma, mane.
As. optume, odio es.

102 aliquis oculum *cod.*: *corr. Camerarius* amicensque *cod.* (n *pro* u): *corr. Ital.* s̃s (*pro cancellis quibus verba modum versus excedentia secludi solent*; *cf. Rud.* 927) CETERI CLEPTAE *rubricator B proprio v.*: *om.* (*tanquam scaenae tit.*) P^{CD} 103 obludeant *cod.*: obludunt *Merula*: adludiant (all.) *Mikkelsen* (*Nord. Tidskr. Fil.* 1897, p. 97), *fort. recte* 104 fartores] fector̄ (*i. e.* fectorum) *B* 105 scistis *cod.* poli ec uos me aut *B* 106 ibi usibus P^{CD}: ibist ibus *Camerarius*: *fort.* ius ibust pugna *Buecheler* 107 *accedit A* eccastor *A*: *om. P* 111 eorum cum *A* aggerimus *codd.* atque] loqui *P* (*i.e.* atqui ?) 112 uerberant *A* 113 donea (*pro* -nāea, *i. e.* dona mea) decessi *P* (D *pro* B, C *pro* G) 114 ego *om. A* *vel* eumpsum (eum ipsum *A*: um sum *P*) ad nos *om. P* erat *P* 115 astaphius *P* auis *P* (*i. e.* abis) 118, 119 io tenicas *P* 120 pessimam anel *P* 121 *vel* odio's: odio es *codd. Prisciani* 2, 422: odio esṭ *A*: odiosus es *P*

Diniarchusne illic est? atque is est.
Di. salua sis. As. et tu.
Di. fer contra manum et pariter gradere.
As. tuis seruio atque audiens sum imperiis.
Di. quid agis? As. ualeo et ualidum teneo.
peregre quoniam aduenis, cenetur.
Di. bene dicis benigneque uocas, Astaphiúm. As. amabo,
sine me ire era quo iussit. Di. eas. sed quid ais? As. quid uis?
Di. dic quó iter inceptas; quis est? quem arcessis? As. Archilinem
opstetricem. Di. mala tu femina es, oles únde es disciplinam.
manufesto mendaci, mala, teneo te. As. quid iam, amabo?
Di. quia te adducturam huc dixeras eumpse, non eampse;
nunc mulier facta est iam ex uiro: mala es praestrigiatrix.
sed tandem eloquere, quis is homost, Astaphium? nouos amator?
As. nimis otiosum te arbitror hominem esse. Di. qui arbitrare?
As. quia túo uestimento et cibó alienis rebus curas.

122 *vel* illic'st 122, 123 *fort. versus Eupolideus* isestis ad uas lissi ituli *P* (ad *pro* al; vi, p. 84) *vel* sies (*colon Reizianum*) 124 fert *P* 125 tuis] tibi *P* audies *P* 126 [tute] quid *P* uade (*B*) *vel* uale (P^{CD}) *P* (ad *pro* al; *cf. ad v.* 123) 127 cenetur *scripsi*: cena detur *A*: centur *P*: cena datur? *Spengel* 128 Benigne dicis astat eum ambo (*om.* ben. uoc.) *P*: benigne dicis bene uocas *etc. Spengel, ut versus Reizianus fiat* 129 era *om. P* As. *om. A* 130 dic] istic *P* qui es *P* archinam *P*: *vel* Archylinem, *sed cf. K. Schmidt* (*Herm.* 37, 178) 131 meretricem *A* (*fort. prava emendatio metri causa facta*): tonstricem *Bergk, cui synaphia* Archilinem óp || stetrícem *non placet* mala femina es soles unies
i
(*pro* un es, *i. e.* unde es) d. *P*: mala tu femina es oles eam unde tu es d. *A* (iv. 1?) 132 manifesta *P*: manifestam *Ital.* te teneo *P* 133 quate adducituram *P* eum ipsum inonea ase (asae *B*) *P*: *vel* eumpsum non eampsam (-se) 134 iam *om. P* est (ē) prestigiator *P* 135 loquere *P* astaphi unous *P* 136 te *om. P* qui] quinam *P*

DI. uos mihi dedistis otium. AS. qui, amabo? DI. ego expedibo.
rem perdidi ápud uos, uos meum negotium apstulistis.
si rem seruassem, fuit ubi negotiosus essem.
AS. an tu te Veneris publicum aut Amoris alia lege
habere posse postulas quin otiosus fias?
DI. illa, haud ego, habuit publicum: peruorse interpretaris;
nam aduorsum legem meam ob meam scripturam pecudem cepit.
AS. plerique idem quod tu facis faciunt rei male gerentes:
ubi non est scripturam unde dent, incusant publicanos.
DI. male uortit res pecuaria mihi apud uos: nunc uicissim
uolo habere aratiunculam pro copia hic apud uos.
AS. non aruos hic, sed pascuost ager: si arationes
habituris, quí arari solent, ad pueros ire meliust.
hunc nos habemus publicum, illi alii sunt publicani.
DI. utrosque pergnoui probé. AS. em istoc pol tu otiosu's,
quom et illíc et hic peruorsus es. sed utriscum rem esse mauis?
DI. procaciores esti' uos, sed illí peiiuriosi;
illis perit quidquid datur neque ipsís apparet quicquam:
uos saltem si quid quaeritis, exbibitis et comestis.
postremo illi sunt inprobi, uos nequam et gloriosae.
AS. male quae in nos ais, ea omnia tibi dicis, Diniarche,

138 otiosum *P* qui] quid [iam] *P* (iv. 3) 139 apud uos uos *om. P* 141 bene res *P* (*i. e.* Veneris) 142 posses *P* q. tu otiosius (osius *B*) *P* 144 meam *Schoell ex Charisio* 140 (pecudem *fem. gen.*): me *A*: amem *P* (ii. 7) accipit *P* 145–77 *deest A* 145 Plerique *Camerarius*: Fierique *cod.* gerentis *P*CD 148 copia hic *Camerarius*: copiae lic (copiae *P*CD) *cod.* (iii, p. 49) 149 pascus est agere si rationes *cod.*: *corr. Ital.*, *Valla* 150 habituru's *Ital.* 152 percognouit trobe *cod.*: *corr. Spengel* (probe *Merula*) em *Geppert*: idem *cod.* 153 es *Ital.*: esse *cod.* 154 periuriores *Brix* 156 etbibitis *cod.* (et *pro* ex; v, p. 85): *fort.* ebibitis (*cf. ad v.* 171) 157 nequam *Merula*: quam *cod.* gloriosi *cod.*: *corr. Valla* 158 ais *scripsi*: illis (*pro* aiis?) *cod.*: uis *Leo*

et nostram et illorum uicem. Dɪ. qui istuc? As. rationem dicam:
quia qui alterum incusat probri, sumpse enitere oportet.
tu a nobis sapiens nihil habes; nos nequam aps té habeamus.
Dɪ. o Ástaphium, haud istoc modo solita es me ante appellare,
sed blande, quom illuc quod apud uos nunc est apud méd haberem.
As. dum uiuit, hominem noueris: ubi mortuost, quiescat.
te dum uiuebas noueram. Dɪ. an me mortuom arbitrare?
As. qui potis [est], amabo, planius? qui antehac amator summus
habitu's[t], nunc ad amicam uenis querimoniam referre.
Dɪ. uostra hercle factum iniuria, quae properauistis olim:
rapere otiose oportuit, diu ut essem incolumis uobis.
As. amator similest oppidí hostilis. Dɪ. quo argumento[st]?
As. quam primum expugnari potis [est], tam id optumum est amicae.
Dɪ. ego fateor, sed longe aliter est amicus atque amator:
certe hercle quam ueterrumus homini optumust amicus.
non hercle * occidi, sunt mi etiam fundi et aedes.

159 qui *Camerarius*: quia *cod.* 160 quia quia al. *cod.* : *corr. Ital.* sumpsit seniteri *cod.* : *corr. Bergk* 161 ted habemus *Abraham stud. Plaut.* 238 162 Ostaphium *P*CD est *cod.* appellari *cod.* 163 biande *cod.* habebam *Luebbert* (*cf.* 381) 164 quiescas *cod.* : *corr. Bothe* 165 noueram an me *Ital.* : noueras siat me *cod.* : *fort.* n. satin (-ne) 166 *vel* potest (-ist) 167 habitus st (si *B*: est *P*CD) istunc *cod.* : *corr. Spengel* ueruis (uerius *P*CD) uerimonia *cod.* : *corr. Buecheler* querimonias *Camerarius* deferre *Ital.* 168 properauitis *cod.* : *corr. Camerarius* 170 -st *del. Ital.* 171 *vel* potest (-ist) tam id *Spengel* : amit (amat *P*CD) *cod.* amica et *cod.* : *corr. Ital.* 172 alter *Acidalius* (*sed cf.* i, p. 29) 173 homini *Saracenus* : [am] omini *cod.* (*anticipaverat scriba* amicus ; iv. 3), *unde* tam homini *Studemund* optimus *cod.* 174 *vix* hercule ⟨ego omnino⟩ *add. Brix* occide *cod.* (*pro* -dei ?) : *vix* occecidi mihi *cod.* etiamdum *Spengel*

As. qur, opsecro, ergo ante ostium pro ignoto alienoque astas?
⟨i⟩ intro, haúd alienus tu quidem es; nam ecastor neminem hodie
mage amat corde atque animo suo, si quidem habes fundum atque aedis.
Di. in melle sunt linguae sitae uostrae atque orationes,
facta atque corda in felle sunt sita atque acerbo aceto:
eo dícta lingua dulcia dati', corde amara facitis.
As. amantes si qui non danunt—non didici fabulari.
Di. †amantis si cui quod dabo non est†—non didici fabulari. 181[a]
As. non istaec, mea benignitas, decuit te fabulari,
sed istós qui cum geniis suis belligerant parcepromi.
Di. mala es atque eadem quae soles inlecebra. As. ut exspectatus
peregre aduenisti! nam, opsecro, cupiebat te era uidere.
Di. quid tandem? As. te unum ex omnibus amat. Di. eúgae! fundi et aedes,
per tempus subuenisti'. sed quid ais, Astaphium? As. quid uis?
Di. estne intus nunc Phronesiúm? As. utut aliis, tibi quidem intus.
Di. ualetne? As. immo edepol meliu' iam fore spero, ubi te uidebit.
Di. hoc nobis uitium maxumumst, quom amamus tum perimus:

175 ego *cod.* ignato *cod.* 176 i *add. Ital.* es *Ital.*: esse *cod.* 178 *accedit A* melie *P* 179 facta] fac *P* (*pro* fac̄, *i. e.* facta) belle *P* aceruo *P* (*i. e.* -bo) 180 Linguis (*om.* eo) dicta dulcia d. c. amare factis *P* 181 *om. A* Amantis si quit (*i. e.* quid) non danunt non didici fabulare *P* (*cf. ad Mil.* 371) 181[a] *om. P* (*cf. ad Merc.* 319) 182 docuit *P* 183 parcępromis (*corr.* -os) *A* 184 inlecebru *P* (u *pro* a) 185 nam] quam *Seyffert* 186 ęn omęnibus addit *A* funde *P* (*pro* -dei ?) 187 sub. [mihi] *P* (iv. 2) [ut] quid u. *P* 188 estine *A* utut aliis *om. P* *fort.* intust *A* 189 ęam *A* credo fore *P* (*pro* fore credo ?) te ubi uideret *A* (R *pro* B)

si illud quod uolumus dicitur, palam quom mentiuntur,
uerum esse insciti credimus, †ne uias utamur† ira.
As. heia! haud itast res. Di. ain tu eam me amare? As. immo unice unum.
Di. peperisse audiui. As. ah, opsecro, tace, Diniarche! Di. quid iam?
As. horresco misera, mentio quotiens fit partionis,
ita paene nulla tibi fuit Phronesium. í intro, amabo,
uisse illam. atque opperimino: iam exibit; nam lauabat.
Di. quid ais tu? quae numquam fuit praegnas qui parere potuit?
nam équidem illi uterum, quod sciam, numquam extumere sensi.
As. celabat metuebatque te, ne tu sibi persuaderes
ut abortioni operam daret puerumque ut enicaret.
Di. tum pol istic est puero pater Babyloniensis miles,
quoius nunc ista aduentum expetit. As. immo ab eo ut nuntiatumst,
iam hic adfuturum aiunt eum. nondum aduenisse miror.
Di. ibo igitur intro? As. quippini? tam audacter quam domum ad te;
nam tu quidem edepol noster es etiamnunc, Diniarche.
Di. quam mox te huc recipis? As. iam hic ero: propest profecta quo sum.

aestu
192 ne uti nestu mutua mur *P* (*pro* mutuamur? v. 3): ne ut iusta utamur *Bugge, Buecheler* 193 anin tume amaret *P* (*om.* eam; *cf. v.* 194) 194 [eam] audiui *P* (*cf. v.* 193) iam] eam *P* 195 Horrisco misera sentio *P* quotiens] quod diis *P*: quod *codd. Nonii* 218: *vix* quot dies 196 nulla *om. P* sibi *A* i *om. P* 197 atqui *Seyffert* opperimino] operire ibi *P* exiuit nam lauabit *P* 198 tu] li *P* 199 *vel* illic ut. illi *P* scias *P* (*cf. Amer. Journ. Phil.* 17, 444) 200 te ne tu] teu (te P^{CD}) aut *P* 201 ut] lit *P* (li *pro* u) 202 i. puero quid est (*i. e.* quidemst) p. *P* 203 expetiti *P* nuntatust *P* 204 moror *P* 205 tam] quam *P* 206 quidem *om. P* es etiam] set iam *P* 207 huc *om. P* recepisti *P*

Di. redi uéro actutum. ego interim hic apud uos opperibor. —

ACTVS II

II. i ASTAPHIVM

Hahahae! requieui,
quia intro abît odium meum.
tandem sola sum. nunc quidem meo arbitratu
loquar libere quae uolam et quae lubebit.
huic homini amanti mea era apud nos naeniam dixit [de] bonis,
nam fundi et aedes obligatae sunt ob Amoris praedium.
uerum apud hunc mea era sua consilia summa eloquitur libere,
magi'que adeo ei consiliarius hic amicust quam auxiliarius.
dum fuit, dedit; nunc nihil habet: quod habebat nos habemus,
iste id habet quod nos habuimus. humanum facinus factumst.
actutum fortunae solent mutari, uaria uitast:
nos diuitem istum meminimús atque iste pauperes nos:
uorterunt sese memoriae; stultus sit qui id miretur.
si eget, necessest nos patí: amauit, aequom ei factum est.

208 rede *P* (*pro* -dei?) hic] te *P* apperibor *P* 209 hahahae requieui *Camerarius*: ha requieui *A*: ha ha ha ercle quieui *P* 210 auit *B* (iuit P^{CD}) *P* (*i. e.* abit) meum *om. P* 212 iubebit *P* (*pro* lub-): licebit *A* 213 hominem *P* me era *P* (*pro* meaera, *i. e.* mea era) homini aput nos mea era amanti nneiam *A* bonis *Spengel*: de bonis *codd.* (*sed* naéniam díxit *displicet*): domi *cod. Festi* p. 161 (*s. v.* naenia) 214 fundi et] fundit *P* moris prandium *P* 215 sua *om. P* 216 *vel* mageque ei *om. A* quam] qui *B*: quod P^{CD} (*pro* quam *per compend. script.*) 218 istinc id *P* (*conflat. ex* istic, *vel* ist' nunc, *et* iste id?) 219 mutauit *P* (*pro* mutā, *i. e.* mutari?) 220 istum] eum *P* isti *P* 221 memoria est (memoriast P^{CD}) uitus sit quid ita miretur *P* 222 ei] me *P*

piaculumst miserere nos hominum rei male gerentum.
bonis ésse oportet dentibus lenam probam, ad-
-ridere ut quisquis ueniat blandeque adloqui,
male corde consultare, bene lingua loqui.
meretricem similem sentis esse condecet,
quemquem hominem attigerit, profecto ei aut malum aut damnum dari.
numquam amatoris meretricem oportet caussam noscere,
quin, ubi nil det, pro infrequente eum míttat militia domum.
neque umquam erit probu' quisquam amator nisi qui rei inimicust suae.
dum hábeat, túm amet; ubi nil habeat, alium quaestum coepiat.
aequó animo, ipse si nil habeat, aliis quí habent det locum.
nugae sunt nisi quoi, modo quom dederit, dare iam lubeat denuo;
is amatur hic apud nos, qui quod dedit id oblitust datum.
probus est amator, qui relictis rebus rem perdit suam.
at nos male agere praedicant uiri solere secum
nosque esse auaras. qui sumus? quid est quód male agimus tandem?
nam ecastor numquam sati' dedit suae quísquam amicae amator,

223 misereri *codd.* 224–7 *metrica dispositio in A haec est*, Bonis—probam (*iamb. senar.*), Adridere—consultare (*iamb. senar. cum iamb. clausula ut vid.*), Bene—addecet (*troch. septenar.*) 224 probram *P* 225 adripere *Buecheler, qui systema iambicum non agnoscit* ut *om. P* quisque *A* (*i. e.* quisq' ?) 226 consultari *P* loqui lingua *P* 227 esse similem sentis c. *P*: sentis similem esse addecet *A* 228 attingerit *P* ei *om. P* dare *Bothe et fort. A* 230 cum mittas *P* 231 quisquam probus erit *P* 232, 233 *post* 235 *P* 232 dum am. *Lambinus* habet *A* 233 *vix troch. septenar.* dent *P* 234 quoi modo (?) *Schoell*: qui modo *A*: quodo modo (quod amodo P^{CD}) *P* diberit *A* iubeat *P* 235 quid quod edit iobi (iob P^{CD}) atus d. *P* 238 qui si mumquam alenos *P*, *pro* qui simus (*i. e.* sumus) qui (*vel* quid *vel* quae, *vix* quia *antiqua forma neut. plur.*) male nos 239 dedit amicaē (*sic, nota corruptelae*?) quisqui amattor suae *A*

neque pol nos satis accepimus neque umquam úlla sati' poposcit.
nam quando sterilis est amator ab datis,
si negat se habere quod det, soli credimus,
nec satis accipimus, sati' quom quod det non habet:
semper datores nouos oportet quaerere,
qui de thensauris integris demus danunt.
uelut hic agrestis est adulescens qui hic habet,
nimi' pol mortalis lepidus nimi'que probu' dator.
sed is clam patrem etiam hac nocte illa per hortum
transiluit ad nos. eum uolo conuenire.
sed est huic unus seruos uiolentissumus,
qui ubi quamque nostrarum uidet prope hasce aédis adgrediri,
item ut de frumento anseres, clamore apsterret, abigit;
ita est agrestis. sed fores, quidquid est futurum, feriam.
ecquis huic tutelam ianuae gerit? ecquis intus exit?

ii TRVCVLENTVS ASTAPHIVM

TR. Quis illic est qui tam proterue nostras aedis arietat?
AS. ego sum, respice ad me. TR. quid 'ego'? ⟨AS.⟩ nonne 'ego' uideor tibi?
TR. quid tibi ad hasce accessio aedis est prope aut pultatio?

240 nos *om. P* umquam *om. P* 242 det] et *P* credimus *om. P* 245 quin P^{CD}: *om. A* demum occerunt *A* (*vel* oggerunt) 246–50 *quattuor troch. septenarios exhibet A*, Velut—rusticus Nimis—patrem Etiam—uolo Conuenire—uiolentissimus 246 Vi ut *P* habit *P* (*pro* -et) hic est adulescens qui habitant (*pro* -tat) hic agrestis rusticus *A* 247 pol *om. A* datur *P*: amator *A* (*contra metrum*) 248 pater *P* noctem *P* 249 transiliuit *P*: transit *A* (*i.e.* transiit): *corr. Bergk* 250 hic *P* 251 hasce *om. A* aedis hac si adgredias *P* hasce aedis *Schoell post Merulam* adgredier *Bergk* 252 ut de] uide *P* 253 ita est] is item est *P* 257 respic *A* n. u. (*om.* ego) *A* [te] tibi *P* (iv. 3) 258 ab *P* ac. est aedis p. aut pultatiost *P*

As. salue. Tr. sat mihi est túae salutis. nil moror. non salueo.
aegrotare malim quam esse tua salute sanior.
sed uolo scire, quid debetur hic tibi nostrae domi?
As. comprime sis eiram. Tr. eam quidem hercle tu, quae solita's, comprime,
inpudens, quae per ridiculum rustico suades stuprum.
As. 'eiram' dixi: ut excepisti, dempsisti unam litteram.
nimi' quidem hic truculentust. Tr. pergin male loqui, mulier, mihi?
As. quid tibi ego male dico? Tr. quia enim me tru[n]cu[m]lentum nominas.
nunc adeo, nisi abis actutum aut dicis quid quaeras cito,
iam hercle ego hic te, mulier, quasi sus catulos pedibus proteram.
As. rus merum hoc quidemst. Tr. pudendumst uero clurinum pecus.
aduenisti huc te ostentatum cum exornatis ossibus,
quia tibi suaso infecisti propudiosa pallulam?
an eo bella es, quia accepisti tibi armíllas aeneas?
As. nunc places, quom mi inclementer dicis. Tr. quid hoc quod te rogo?

259 sat salueo *A*: non salueo? (*interrogative*) *edd.* (*sed cf. Sacerdos* 433 *et* 490 *K.*) 260 egrotarem aliquam *P* esse tua *Ital.*: ịsse tua *A*: essem suam *P* 261 sed] at *P* in nostra domo *A* 262 comprime spero *P*: reprime sis iram *Sacerdos* 453 *et* 461 *K.* meam *P* comprimas *P* 263 inprudens per rid. ut (*pro* ut p. r.) rustico suadet st. *P* 264 sụṭ decepisti d. u. l. *A*: ut esse cepisti sidem sistun alteram *P*: *correxi dubitanter*: 'i' tu excepisti *Buecheler* 265 hic quidem truculentus *P* mihi [es] *P* (ii. 4) 266 ego [aut] medico *P* (v. 1) *vide ne versus iambicus sit* (tíbi ego), *nam ioco huic personae tam apto* (*cf. ad v.* 674) *aegre careo* (*sed cf.* i. 8) truculentum nomines *P* 267 aut] ac *P* dicạs quem *A* scito *P* 268 mulier *post* catulos *A fort. recte* 269 pudendum et *P* 270 h. sistentatum ex. *P* 271 insuaso ('quidam legunt') *Festus* 302: resuasu *P* paliuiam *P* 272 est *P* qui ạccẹpịsṭịbị (*vel* quia clepis tibi) ạṛmiliạṣ a^{e}neas *et in margine* ạẹṇẹạṣ *A*: quiaccepisti arme (arma P^{CD}) aduenias *P* (*pro* aduenas?) 273 cum me illi uel in (*pro* me incle; v. 1) mentiri d. *P* hoc *om.* *P*

mancupion qui accipias, gestas tecum ahenos anulos?
pignus da ni ligneae haec sint quas habes Victorias.
As. ne attigas me. Tr. egon te tangam? íta me amabit sarculum,
ut ego me ruri amplexari mauelim patulam bouem
cumque ea noctem in stramentis pernoctare perpetim
quam tuas centum cenatas noctes mihi dono dari.
rus tu mi opprobras? ut nancta es hominem quem pudeat probri!
sed quid apud nostras negoti, mulier, est aedis tibi?
quid tu hoc occursas, in urbem quotiensquomque aduenimus?
As. mulieres uolo conuenire uostras. Tr. quas tu mulieres
mihi narras, ubi musca nulla feminast in aedibus?
As. nullan istic mulier habitat? Tr. rus, inquam, abierunt. abi.
As. quid clamas, insane? Tr. abire hinc ni properas grandi gradu,
iam hercle ego istós fictos, compositos, crispos cincinnos tuos,
unguentatos usque ex cerebro exuellam. As. quanam gratia?
Tr. quia ad fores nostras unguentis uncta es ausa accedere
quiaque bucculas tam belle purpurissatas habes.

274 mancupium *P* gesta *P* henos anuos *P* 275 dignus dant lauinie (-iae) *P* hae sint *A* : hic sunt *P* 276 attinga(s) *A* : atticas *P* (eg)o(nt)e *A* : *om. P* 277 me ruriam exarma ueum patulum uoueri *P* 278 ea] ita *P* (*pro* illa?) perpetim totam *A* (iv. 2) 279 dari] patri *P* (P *pro* D) 280 rustum iodbras *P* (D *pro* pro *per compend. scripto*) es *Ital.* : est *A* : esse *P* 281 apud] ad *A* 282 occurras *P* 283 conuenire uolo *P* 285 nullam (-an?) istinc m. *P* : nullan m. istic *A* abierunt inquam *A* pabi *P* 286 propera *P* gras *P* (*pro* grā, *i. e.* gradu; *cf. Amer. Journ. Phil.* 17, 443) 287 hercle *om. P* istoc *P* (*vix pro* istosc) 288 uniuentatos *P* expellam *P* gratias P^{CD} : grat *B* (*pro* gratia *per compend. scripto*) 289 ad[eo] foras *P* (iv. 3) unguant iuncta esse audes (*conflat. ex* es ausa *et* audes?) *P* 290 bucculas] istas buccas *P* purporis satis habeost *P*

As. erubui mecastor misera propter clamorem tuom.
Tr. itane? erubuisti? quasi uero corpori reliqueris
tuo potestatem coloris ulli capiendi, mala!
buccas rubrica, creta omne corpus intinxti tibi.
pessumae estis. As. quid est quod uobis pessumae haec malefecerint?
Tr. scio ego plus quam tu arbitrare scire me. As. quid id opsecrost
quod scias? Tr. erilis noster filius apud uos Strabax
ut pereat, ut eum inliciatis in malam fraudem et probrum.
As. sanus si uideare, dicam: 'dicis contumeliam.'
nemo homo hic solet perire apud nos: res perdunt suas;
ubi res perdidere, abire hinc si uolunt saluis licet.
ego istunc non noui adulescentem uostrum. Tr. ueron serio?
quid maceria illa ait in horto quae est, quae in noctes singulas
latere fit minor, qua isto ad uos damni permensust uiam?
As. nihil mirum (uetus est maceria) lateres si ueteres ruont.
Tr. ain tu uero ueteres lateres ruere? numquam edepol mihi
quisquam homo mortalis posthac duarum rerum creduit,
ní ego ero maiori uostra facta denarrauero.

294 rubrice ceta *P* rubrĭca *Leo, cui* rūbr- *displicet* intinxti *Scaliger*: intinxit *P*: inṭẹạị *A* (*pro* intexti ?) 295 malefecerint] ma *ceteris omissis P* (ii. 5) 296 quam me arbitrarier scire. quid id est obsecro *P* 297 heriis *P* (*pro* heriiis; I *pro* L) uostram pax *P* 298 pereat ut] per ex tut *P* (X *pro* A) iniciatis *P* probrum] praemium *P* (vii, p. 104) 300 n. hominem hec perire solet *P* 301 ubi perdiderunt res *P* (*sed* -ĕrunt, *nisi in fine, displicet*) abiere *A* saluis] ut uis *P* (u *pro* a) 302 e. nunc noui (*om.* non) *P* serion *P* (*vix recte*) 303 Qui in m. *P* (i. 4) aut *P* (*corr. C*) 304 *vel* lateri (*antiqua forma*) isto ad *Seyffert*: is hoc ad *codd. Prisciani* 1, 189: isti *P*: is aput *A* damnis *A* permensus tuam *P* 305 Non m. *P* etus *A* macere *P* 306 Ain (*i.e.* Aïn) tu male (*pro* mala ?) lateres ueteres *P* ruere *Prisc.*: rure *A*: uere *P* 307 tomo *P* postquam *A* dinarum (?) *Leo* 308 niesse (*pro* nise, *i.e.* nisi) ego uestra ero amari *P* (vii, p. 104)

As. estne item uiolentus ut tu? Tr. non enim illé meretriculis
moenerandis rem coegit, uerum parsimonia
duritiaque: quae nunc ad uos clam exportantur, pessumae;
ea uos estis, exunguimini, ebibitis. egone haec mussitem?
iam quidem hercle ibo ad forum atque haec facta narrabo seni;
neque istuc insegesti tergo coget examen mali.—
As. si ecastor hic homo sinapi uictitet, non censeam
tam esse tristem posse. at pol ero beneuolens uisust suo.
uerum ego illúm, quamquam uiolentust, spero immutari potis
blandimentis, hortamentis, ceteris meretriciis;
uidi equidem †exinem intu domito† fieri atque alias beluas.
nunc ad eram reuidebo. ⟨sed⟩ eccum ódium progreditur meum.
tristis exit. hau conuenit etiam hic dum Phronesium.

iii DINIARCHVS ASTAPHIVM

Di. Piscis ego credo, qui usque dum uiuont lauant,
minu' díu lauare quam haec lauat Phronesium.
si proinde amentur, mulieres diu quam lauant,
omnes amantes balneatores sient.

309 item] ille *P* ut tu] suum *P* (*pro* uuú ?) *vel* ill' 310 moniendis (*pro* moeniendis) rem cogi u. parsimonie *P* 311 durieque quae nunc duo sciam exportatur pessumum *P* (*pro* pessum̄?) 312 em tuos (*om.* estis) *P* (M *pro* A) ex ungula male (*pro* exunguim̄e; *cf. ad v.* 266) uiuitis *P* hic *P* 313 Iam enim exercere ibi f. *P* 314 exanimen *P* (v. 8) 316 uisust suo] ut is est suos *P* 317 uiolentum est (*pro* -tust) *A* pero *P* potest *codd.* 318 ornamentis *P*: oramentis *Meursius* meretrices *P* 319–52 *deest A* 319 intum *P*CD equom ex indomito domitum *Merula*, *Weise*: equidem elephantem Indum domitum *Schoell*: *fort.* equidem lyncem Indum domitum uelbas *B* 320 reuibebo *cod.* (*corr. C*) (B *pro* D) sed eccum *Camerarius*: et cum *cod.* 321 haud conuenit *Camerarius*, *Gulielmius*: ad conuenire *cod.* (*pro* had conueñ) dum *Ital.*: bum *cod.* (B *pro* D) 322 qui *codd. Varronis de L. L.* 9, 105: quit *cod.* 323 diu minus *codd. Varronis* lauere *cod.* (*corr. C*): lauari *testatur Varro* (' Plauti aut librarii mendum ') 324 iuuant *cod.* (I *pro* l, u *pro* a) 325 amatores *P*CD (i. 10)

As. non quis parumper durare opperirier?
Di. quin hercle lassus iam sum durando miser:
mihi quoque prae lassitudine opus est ⟨ut⟩ lauem.
sed opsecro hercle, Astaphium, ⟨í⟩ intro ac nuntia
me adesse, ut properet suade, iam ut sati' lauerit.
As. licet. Di. audin etiam? As. quid uis? Di. di me perduint
qui te reuocaui! non tibi dicebam 'i' modo?
As. quid iam reuocabas, inprobe nihilique homo?
tute tibi mille passum peperisti morae.—
Di. sed quid haec hic autem tam diu ante aedis stetit?
nescioquem praestolata est; credo, militem.
illum student iam; quasi uolturii triduo
priu' praediuinant quo die essuri sient:
illum inhiant omnes, illi est animus omnibus;
me nemo magi' respiciet, ubi is huc uenerit,
quasi abhinc ducentos annos fuerim mortuos.
ut rem seruare suaue est! uae misero mihi!
post factum flector, qui antepartum perdidi.
uerum nunc si qua mi optigerit hereditas
magna atque luculenta, nunc postquam scio
dulce atque amarum quid sit ex pecunia,
ita ego illam edepol seruem itaque parce uictitem,
ut—nulla faxim cis dies paucos siet;

326 durari *cod.* 328 ut lauem *Camerarius*: laue *cod.* 329 i *add. Ital.* 330 ut *Kiessling*: tui *cod.* suade *Camerarius*: suaue *cod.* 333 quidiam [me] *B*: quidnam *Leo* improbu's *Leo, cui* nihili *trisyll. displicet* 334 tute *Leo*: que *cod.* peperisti *Spengel*: peperit *cod.* moram *Spengel* 336 praestolata est *Ital.*: presto [ita] lata est *cod.* (iv. 3) 337 uolturii triduo *Ital.*: uolturi heri duo (P^{CD}) *vel* uolo turiceri duo (*B*) *cod.* 338 de quoio *Bergk* euri *cod.* (*pro* ēuri, *i. e.* esuri) 340 nemo *Pylades*: nimo *cod.* (nimio P^{CD}) *vel* mage is *Ital.*: is ē (*vel* est) *cod.* (iv. 3?): iste *Camerarius* 341 abhinc *Fleckeisen*: hinc *cod.* 342 ut rem seruare *Studemund*: utrum seruire (seure *B*) *cod.*: ut rem inseruire *Seyffert* suaue *Camerarius*: salue *cod.* uae *Merula*: ueue *cod.* 343 qui *Bothe*: quia *cod.*

ego istós qui nunc me culpant confutauerim.
sed aestuosas sentio aperiri fores,
quae opsorbent quidquid uenit intra pessulos.

iv PHRONESIVM DINIARCHVS

PH. Num tibi nam, amabo, ianua est mordax mea,
quo intro ire metuas, mea uoluptas? DI. uer uide:
ut tota floret, ut olet, ut nitide nitet!
PH. quid tam inficetu's Lemno adueniens qui tuae
non des amicae, Diniarche, sauium?
DI. uah! uapulo hercle ego nunc, atque adeo male.
PH. quo te auortisti? DI. salua sis, Phronesium.
PH. salue. hicine hodie cenas, saluos quom aduenis?
DI. promisi. PH. ubi cenabis? DI. ubi tu iusseris.
PH. hic me lubente facies. DI. edepol me magis.
nemp' tú eris hodie mecum, mea Phronesium?
PH. uelim, si fieri possit. DI. cedo soleas mihi,
properate, auferte mensam. PH. amabo, sanun es?
DI. non edepol bibere possum iam, ita animo malest.
PH. mane, aliquid fiet, né abi. DI. ah! áspersisti aquam.
iam rediit animus. deme soleas, cedo bibam.
PH. idem es mecastor qui soles. sed dic mihi,
benene ambulatumst? DI. huc quidem hercle ad te bene,
quia túi uidendi copia est. PH. complectere.

349 confutauerunt *cod.* (*pro* -uer̄, *i. e.* -uerum): *corr. Camerarius* 350 aestuosas *Bothe*: est uos ad *cod.* 351 infra *cod.* (*corr.* D^{1}) 353 *accedit A* uoluntas *P* 354 olet ut] ole lui *P* 355 qui tam *P* (*pro* quittam) facetus *A* qui tuae] quid (*pro* quit) ue *P* 356 dini archis auiuum *P* 357 hercule *A* 358 auortistis *P* sim *P* 359 cenas hodie *A* 360 cenas *A*: cenabist *P* luseris *P* (l *pro* i) 361 iubente *B et fort. A* 362 promestum *P* 363 uellem *A* posset *A* credo *P* mihi] puer *A*, *fort. recte, nam* puer *voc. casu in fine versus non displicet* 366 fiet ne] fine *P* (? *pro* fi̅, *i. e.* fiet, ne) ah] ab *P* 367 uiuam *P* 368 ecastor *P* dicat *P* 369 ambulasti *P* ad te bene] attibent *P* 370 quam *P* (*cf. ad* 488) tu *A* uidendum est copia *P* *vel* copiast

Di. lubens. heia! hoc est melle dulci dulcius.
hoc tuis fortunis, Iuppiter, praestant meae.
Ph. dan sauium? Di. immo uel decem. Ph. ém istoc pauper es:
plus pollicere quám ego | aps te postulo.
Di. utinam ítem a principio rei repersisses meae
ut nunc repercis sauiis. Ph. si quid tibi
compendi facere possim, factum edepol uelim.
Di. iam lauta es? Ph. iam pol mihi quidem atque oculis meis.
num tibi sordere uideor? Di. non pol mihi quidem;
uerum tempestas quondam, dum uixi, fuit
quom inter nos sordebamus alter de altero.
sed quod ego facinus audiui aduenìens tuom
quod tu hic me apsente noui negoti gesseris?
Ph. quid id est? Di. primumdum, quom tu es aucta liberis
quomque bene prouenisti salua, gaudeo.
Ph. concedite hinc uos intro atque operite ostium.
tu nunc superstes solus sermoni meo es.
tibi mea consilia semper summa credidi.
equidem neque peperi puerum neque praegnas fui;
uerum adsimulaui me esse praegnatem: hau nego.

371 heia Di. hoc *A*: ad hoc *P* (*i. e.* at hoc) me illi *F* (? *pro* melli) 373 dant *P*: da *A*: *corr. Camerarius* [ut] em *P* es] esse *P* (*cf.* 280, 289, 378) 374 q. abs te posco au (aut *A*² *ut vid.*) postulo *A*, *sed* abs te posco *vix Plautinum* *fort.* plus polliceri (-rei) quam ego posco hau te postulo (*vel* quam te posco hau postulo) 375 utinam a principio rei item *P* parsissi *P* (*pro* -es): pepercisses *A* (*vix Plautinum*) 377 factam *P* (a *pro* u) 378 iam lauta es Ph. lauta Di. mihi *A* (*pro* Ph. lauta mihi, *nisi quidem alt.* lauta *glossema est*): iam iauiaisse iam pol mihi *P* 379 sorbere *A* (B *pro* D) 380 t. memini quondam f. *P* (*pro* t. q. dum m. f.?) uiuixi *A* (*pro* uixi) 381 sorderemus (*fort. recte*) alteri *P* (*pro* alter alteri) 382 quid *P* 383 hic me absente *Lambinus*: me hic absente *A*: hic absente me *P* negotiis *P* 384 *om. P* (iii. 11) 385 preuenisti *P* (e *pro* o) gratulor *A* 386, 387 *om. P* 386 operit *cod.* 388 summas semper crebri *P* 389 pregnam *P* 390 adsimulasse *A* meis se *P* ego *P* *deficit A*

DI. quem propter, o mea uita? PH. propter militem
Babyloniensem, qui quasi uxorem sibi
me habebat annum dum hic fuit. DI. ego senseram.
sed quid istuc? quoi rei te adsimulare retulit?
PH. ut esset aliquis laqueus et redimiculum,
reuorsionem ut ad me faceret denuo.
nunc huc remisit nuper ad me epistulam
sese experturum quanti sese penderem:
si quod peperissem id ⟨non⟩ necarem ac tollerem,
bona sua me habiturum omnia [esse]. DI. ausculto lubens.
quid denique agitis? PH. mater ancillas iubet,
quoniam iam decumus mensis aduentat prope,
aliam aliorsum ire, praemandare et quaerere
puerum aut puellam qui supponatur mihi.
quid multa uerba faciam? tonstricem Suram
nouisti nostram? DI. quaen erga aedem sese habet?
noui. PH. haec †ut opera† circumit per familias,
puerum uestigat; clanculum ad me detulit,
datum sibi esse dixit. DI. o mercis malae!
eum núnc non illa peperit quae peperit prior,
sed tu posterior. PH. ordine omnem rem tenes.
nunc ut praemisit nuntium miles mihi,
non multo post hic aderit. DI. nunc tu te interim

391 quem *Bugge*: que *cod.* 393 anno *Lipsius*: anno [um] *cod.* 394 te *Ital.*: tem *cod.* (vii. 4) 395 aliquis laqueus *Camerarius*: aliqui si aqueust *cod.* (aquae usque est P^{CD}, *unde* laqueusque *Seyffert*) 398 penderem *Ital.*: perderem *cod.* 399 id non necarem *Schoell*: ide carem *cod.* at P^{CD} 400 sua *Camerarius*: sum *cod.* (M *pro* A) *vel* med esse *del. Camerarius*, *nam* habituram esse *minus placet* 402 iam P^{CD}: non *B* (*pro* nunc?) 403 alia maiorsum *cod.* (*pro* maiiorsum): *corr. Ital.* 404 quisupponantur *corr.* quis opponantur *ut vid. cod.*: *corr. Acidalius* 405 qui *cod.* 406 nouisti *Ital.*: nouisi *cod.* quem *cod.*: *corr. Spengel*: quae *Ital.*, *qui* quae . . . habet *Phronesio* (*cum cod.*) *continuant* mercede sese alit *Bugge*: mercedem sese habet *Leo* 407 data opera *Koch*: *vix* topper 409 malas *Seyffert* 410 prior *Merula*: patior *cod.* 413 non] haud *Kellerhoff*, *secundum morem Plautinum* hec *cod.*

quasi pro puerpera hic procuras? Ph. quippini,
ubi sine labore res geri pulchre potest?
ad suom quemque aequom est esse quaestum callidum.
Di. quid me futurumst quando miles uenerit?
relictusne aps te uiuam? Ph. ubi illud quod uolo
habebo ab illo, facile inuenio quo modo
diuortium et discordiam inter nos parem:
postid ego tecum, mea uoluptas, usque ero
adsiduo. Di. immo hercle uero accubuo mauelim.
Ph. dis hodie sacruficare pro puero uolo,
quinto die quod fieri oportet. Di. censeo.
Ph. non audes aliquid dare mihi munusculum?
Di. lucrum hercle uideor facere mihi, uoluptas mea,
ubi quippiam me poscis. Ph. at ego, ubi apstuli.
Di. iam faxo hic aderit. seruolum huc mittam meum.
Ph. sic facito. Di. quidquid attulerit, boni cónsulas.
Ph. ecastor munus te curaturum scio,
ut quoius me non paeniteat mittatur mihi.
Di. num quippiam aliud me uis? Ph. ut quando otium
tibi sit ad me reuisas, tu ualeas.—Di. uale.

pro di inmortales! non amantis mulieris,
sed sociai unanimantis, fidentis fuit
officium facere quod modo haec fecit mihi,

414 puerpera *Ital.*: puera *cod.* procurast *cod.* 415 pulcri *cod.* 416 sum *cod.* quaestum esse *cod.*: *trai. Acidalius*: quaesitum e. *Fay* 419 inueniam P^{CD} 421 tecum *Bothe*: [totum] tecum *cod.* (iv. 3) uoluntas *cod.* 423 dis *Spengel*: [quin] his *cod.* (iv, p. 62) *secuntur quasi novus versus* Adsido immo hercle uero (*v.* 422) (iv. 3) 424 fieri oportet *Ital.*: fleri optet *cod.* 425 aliquid (*B*) *vel* aliquod (P^{CD}) *cod.* mihi dare *cod.*: *trai. Camerarius, nam* darē *ne in hoc quidem versus loco placet* (ii. 4) munusciuilim *cod.* (*pro* munusculum *corr.* -li?) 426 facerem mihi uoluntas me[hi]ea (meheia P^{CD}) *cod.* (iv. 3) 427 posces *cod.* (*i. e.* -is?) abstulit *cod.* 429 sit *B* attulerit *Brix*: ait uierit *cod.* boni *Ital.*: bona *cod.* 431 mittatur *Buecheler*: mitta (*pro* mittā, *i. e.* mittatur?) *cod.* (mitte P^{CD}): mittas *Camerarius* 432 me uis alium *cod.*: *corr. Geppert* 433 tu *Camerarius*: t *cod.* (*seq.* u): et *Geppert*: i *Seyffert, fort. recte* 436 ficit *cod.* (facit P^{CD})

suppositionem pueri quae mihi credidit,
germanae quod sorori non credit soror.
ostendit sese iam mihi medullitus:
se mi infidelem numquam, dum uiuat, fore.
egone illam ut non amem? egone illi ut non bene uelim?
me potius non amabo quam huic desit amor.
ego istí non munus mittam? ímmo ex hoc loco
iubebo ad istam quinque perferri minas,
praeterea | opsonari dumtaxat mina.
multo illi potius bene erit quae bene uolt mihi
quam mihimet, omnia qui mihi facio mala.—

V PHRONESIVM

Puero isti date mammam. ut miserae
matres sollicitaeque ex animo sunt cruciantque!
edepol commentum male, quomque eam rem in corde agito,
nimio—minu' perhibemur malae quam sumus ingenio.
ego prima de me, domo docta, dico.
quanta est cura in animo, quantum corde capio
dolorem—dolus ne occidat morte pueri:
mater dicta quod sum, eo magis studeo uitae;
quae | hunc ausa sum, tantundem dólum adgrédiar.
lucri caussa auara probrum sum exsecuta,
alienos dolores mihi supposiui.

437 pueri quem hic rededit *cod.* 439 o. mihi iam sese *cod.*: ostendisse sciam mihi *codd. Nonii* 139: *corr. Lambinus* 440 scio mi *Buecheler* dum uiuam *codd. Nonii*: ne uiuat *cod.*: se uiua *Camerarius* 441 illi ut *Camerarius*: illud *cod.* 443 immo *Mueller*: iammo *cod.* (iam modo P^{CD}) (iv. 3; A *pro* M): iam ego (?) *Leo* 444 deferri *Studemund* 445 *vix* opsónarí p. ⟨una⟩ d. *Bergk* (*cf. ad* 489) dumtaxat [at] *cod.* (iv. 1), *unde Camerarius* d. ad minam 447 quam mihi qui mihimet o. *Fleckeisen*, *nam* ómnia quí *displicet* facio *Camerarius*: facto *cod.* 449, 450 sunt *Ital.*: suni *cod.* sumus cruciamurque *Leo* 452 *vel* male *cod.* 453 prime *Seyffert* de me modo dicta dicito *cod.*: *corr. Goeller, Palmerius, Spengel* 458 hunc *Ital.*: huc *cod.*: nunc *Mueller* tantum clam dolum adgrediri *Camerarius* 459 auare *Seyffert*

nullam rem oportet dolose adgrediri
nisi astute accurateque exsequare.
uosmet iam uidetís ut ornata incedo :
puerperio ego nunc med esse aegram adsimulo.
male quod mulier facere incepit, nisi ⟨id⟩ ecficere perpetrat,
id illi morbo, id illi seniost, ea illi miserae miseriast ;
bene si facere incepit, eius rei nimi' cito odium percipit.
nimi' quam paucae sunt defessae male quae facere occeperunt,
nimi'que paucae ecficiunt si quid facere occeperunt bene :
mulieri nimio male facere melius onus est quam bene.
ego quod mala sum, matris opera mala sum et meapte malitia.
quae me grauidam esse adsimulaui militi Babylonio :
eam nunc malitiam accuratam miles inueniat uolo.
is hic hau multo post, credo, aderit ; nunc priu' praecaueo sciens
†eumque ornatum ut grauida† quasi puerperio cubem.
date mi huc stactam atque ignem in aram, ut uenerem Lucinam meam.
hic apponite atque abite ab oculis. eho, Pithecium !
face ut accumbam, accede, adiuta. em sic decet puerperam.
soleas mihi deduce, pallium inice in me huc, Archilis.

461 ⟨nam⟩ nullam *Spengel, ut integer tetrameter fiat* : *an* non ullam? (vii, p. 99) 462 nisī ⟨si⟩ *Bothe, ut integer tetrameter fiat* astu docte acc. *Schoell* exsequere *cod.* : *corr. Ital.* 463 uidetis ⟨me⟩ *Mueller* 464 essem *cod.* 465 id *add. Camerarius* 466 morbost *Spengel* senio (*om.* est) *B* 467 si bene *P*CD eius enim scito (cito *P*CD) *cod.* : *corr. Spengel* 468 quam *Camerarius* : quae *cod.* occeperent *cod.* (*i. e.* -rint ?) 469 occeperunt (-rint *P*CD) bene facere *cod.* : *trai. Bothe* 470 melius onus *displicet* leuius *Ital.* : mollius *Bentley* est onus *P*CD : opus est *Scaliger* 474 is hic *Weise* : istic *cod.* praecaueo *Camerarius* : prece caueo *cod.* 475 Sumque ornata ita ut aegra uidear *Buecheler* puer perlocubem *cod.* 476 stactam *Camerarius* : eiectam *cod.* benerem iucinam (uicinam *P*CD) *cod.* : *corr. Saracenus* 477 e opi hecium (opihetium *P*CD) *cod.* 478 adiutare sic *cod.* : *corr. Pareus, Seyffert* puerperam *Ital.* : pueri eram *cod.* 479 deduce *Geppert* : duce *cod.* inice *Ital.* : minice *cod.*

ubi's, Astaphium? fer huc uerbenam mi intus et bellaria.
date aquam manibus. nunc ecastor †um ueniret† miles uelim.

vi STRATOPHANES PHRONESIVM ASTAPHIVM

STRAT. Ne exspectetis, spectatores, meas pugnas dum praedicem:
manibus duella praedicare soleo, haud in sermonibus.
scio ego multos memorauisse milites mendacium:
et Homeronida et postilla mille memorari potest,
qui et conuicti et condemnati falsis de pugnis sient.
[non laudandust quoi plus credit qui audi⟨i⟩t quam qui uidet]
non placet quem illi plus laudant qui audiunt quam qui uident.
pluris est oculatus testis unus quam auriti decem;
qui audiunt audita dicunt, qui uident plane sciunt.
non placet quem scurrae laudant, manipulares mussitant,
neque illi quorum lingua gladiorum aciem praestringit domi.
strenui nimio plus prosunt populo quam argute cati:
facile sibi facunditatem uirtus argutam inuenit,
sine uirtuti argutum ciuem mihi habeam pro praefica,
quae alios conlaudat, eapse sese uero non potest.

480 ubi saphilim *cod.* : *corr. Ital., Pareus* mi intus (?) *Buecheler*: mihi tus *cod.* 481 data quam *cod* adueniat *Mueller*: uenerit *Camerarius*: ut ueniat *Guietus* 482 dum pugnas *Bothe, favente allitteratione* 483 duella *Gronovius*: duellis *cod.* predicarem *cod.* 484 memorauissem *cod.* 485 homeronidam *cod.*: *corr. Leo* post illam illi *cod.*: *corr. Saracenus, Camerarius* *vel* pote 486 pugnis *Camerarius*: pugnas *cod.* 487 *del. Brix* auditat *Schoell* quam ⟨ille⟩ *Leo, Goetz* 488 *del. Guietus* quem *Acidalius*: cum *cod* quam *Ital.*: quia *P*CD (q *B*) 489 unus *Paulus* 179, *Apuleius flor.* 1, 2: *om. cod.* (vii. 6) auriti decem *Paulus, Apuleius*: aurite decet *cod.* (vii. 2) *vel* auritei 490 audita *Ital.*: auditas *cod.* scient *P*CD 491 mussitan *cod.* (*corr. C*) 493 argut (-guit *BC*) eccati *cod.* (*pro* argute cati): arguti et cati *Merula* 494 argutam *Turnebus*: arguta *cod.* 495 *vel* uirtute pro praefica *Varro de L. L.* 7, 70 (*cf. Nonius* 67): profecta *cod.* 496 alios *codd. Nonii*: alias *cod.* *vel* eapsa c. eapsa (abse *P*CD) se uero *cod.*: conlaudare a se uero *codd. Nonii*: *corr. Bothe*

nunc ad amicam decumo mense post Athenas Atticas
uiso, quam grauidam hic reliqui meo compressu, quid ea agat.
Ph. uide quis loquitur tam propinque. As. miles, mea Phronesium,
tibi adest Stratophanes. nunc tibi opust aegram ut te adsimules. Ph. tace.
quoí adhuc ego tam mala eram monetrix, me maleficio uinceres?
Strat. peperit mulier, ut ego opinor. As. uin adeam ad hominem? Ph. uolo.
Strat. eugae! Astaphium eccam it mi aduorsum. As. salue ecastor, Stratophanes.
[uenire] saluom ⟨te⟩—Strat. scio. sed peperitne, opsecro, Phronesium?
As. peperit puerum nimium lepidum. Strat. ehem, ecquid mei similest? As. rogas?
quin ubi natust machaeram et clupeum poscebat sibi?
Strat. meus est, scio iam de argumentis. As. nimium tui similest. Strat. papae!
iam magnust? iamne iit ad legionem? ecquae spolia rettulit?
As. †eret† nudiusquintus natus ille quidem est. Strat. quid postea?
inter tot dies quidem hercle iam aliquid actum oportuit.

497 ad *codd. Nonii* 457 : *om. cod.* 498 hic *codd. Nonii* : *om. cod.* 499 uide *Ital.* : uibet *cod.* (B *pro* D) tam *Acidalius* : iam *cod.* propinqua P^{CD} 500 ades *cod.* 501 cui a. ego tu mala meam emonet ruria me malficio (mafficio P^{CD}) uincer est *cod.* : *corr. Buecheler, Leo* malam monerulam *Schoell* 502 Peperit *Camerarius* : Reperit *cod.* *vel* opino uinadea aut (*pro* at) hominem ut uolo *cod.*: *corr. Pius* 503 eugastha phin (euge staphin P^{CD}) maccam *cod.*: *corr. Ital.* ecastror *cod.* (*corr. D*) 504 saluom te *Kampmann*: uenire saluum *cod.* (v. 1) : bene te s.— *Seyffert* 505 ehem ecquid *Mueller*: ehec quit (hec quit P^{CD}) *cod.* mihi si mille est : *corr. Ritschl* 507 n. tui *Brix*: n. quidui *cod.* (iv. 3) : nimis quam tui *Spengel* (*cf. ad* 488) 508 i. iit ad *Buecheler* : i. letat *cod.* (lectat P^{CD}): iam letat *Schoell* ecquae *Kiessling*: quae *cod.* spolia rettulit *Spengel* : spoliaret uelit *cod.* 509 heia *Schoell*: gerrae (*vel* ἔρρε) *Palmer* quidem ille est *cod.*: *trai. Ritschl* 510 actum al. *cod.* : *trai. Bothe*

quid illi ex utero exitiost priu' quam poterat ire in proelium?
As. consequere atque illam saluta et gratulare illi. Strat. sequor.
Ph. ubi illa, ópsecro, est quae me hic reliquit, eapse abiit? ubist?
As. adsum, adduco tibi exoptatum Stratophanem. Ph. ubi is est, opsecro?
Strat. Mars peregre adüeniens salutat Nerienem uxorem suam.
quom tu recte prouenisti quomque es aucta liberis,
gratulor, quom mihi tibique magnum peperisti decus.
Ph. salue, qui me interfecisti paene uita et lumine
†quiquem ibi† magni doloris per uoluptatem tuam
condidisti in corpus, quo nunc etiam morbo misera sum.
Strat. heia! haud ab re, mea uoluptas, tibi istic obuenit labos:
filium peperisti, qui aedis spoliis opplebit tuas.
Ph. multo ecastor magis oppletis tritici opust granariis,
ne, ille priu' quam spolia capiat, hinc nos extinxit fames.
Strat. habe bonum animum. Ph. sauium sis †pete† hinc —ah! nequeo caput
tollere, ita dolet itaque ego †medulo†, neque etiam queo
pedibus mea sponte ambulare. Strat. si hercle me ex medio mari

512 gratulari *cod.* 513 *vel* illaec est obsecro *Bothe* ab⟨iit ub⟩ist *Leo*: abisti *cod.* 514 adduco *Ital.*: adduce *cod.* strato pane nubilis est *cod.*: *corr. Ital.* 515 uoxorem *B* (*pro* ucx-) 516 quam qua es *cod.* 517 peperisti *Merula*: deristi *cod.*: *vix* decoristi 518 uita *Camerarius*: [ut] ulta *cod.* (iv. 3): et uita *Ital.* 519 uimque mihi *Buecheler*: quique mihi (magnos dolores) *Ital.*: *fort.* quiq' mi uim 521 Cela ad ob rem *cod.*: *corr. Camerarius* obuenit labos istec *cod.*: *trai. Goeller* 522 oppleuit *cod.* (*i. e.* -bit) 523 opus est tritici *cod.*: *trai. Bothe* granarii P^{CD} 524 hic *Angelius* 525 habe bonum animum *Ital.*: habebo unu manunt *cod.* (vii, p. 103) pete hinc sis *Bothe*: *an* sis petere hinc? ah *Bothe*: ab *cod.* (b *pro* h) 526 dolet *Spengel*: do ut *cod.* (*pro* dolit?) ego me doleo *Ital.*: egomet d. *Spengel* etiam *Camerarius*: eliam *cod.* 527 si hercle me *Luchs*: sih plane (plame) *cod.* maria P^{CD}

sauium petere tuom iubeas, petere hau pigeat [me], mel meum.
id ita esse experta es : nunc experiere, mea Phronesium,
me te amare. adduxi ancillas tibi eccas ex Suria duas,
is te dono. adduce hoc tu istas. sed istae reginae domi
suae fuere ambae, uerum ⟨earum⟩ patriam ego excidi manu.
his te dono. PH. paenitetne te quot ancillas alam,
quin examen super adducas quae mihi comedint cibum?
STRAT. hoc quidem hercle ingratumst [donum]. cedo tu mi istam, puere, perulam.
mea uoluptas, attuli eccam pallulam ex Phrygia tibi.
tene tibi. PH. hoccin mihi ob labores tantos tantillum dari?
STRAT. perii hercle ⟨ego⟩ miser! iam ⟨mi⟩ auro contra constat filius:
etiam nihili pendit addi purpuram. ex Arabia tibi
attuli tus, Ponto amomum. tene tibi, uoluptas mea.
PH. accepi hoc; abduc⟨it⟩e hasce hínc e conspectu Suras.
STRAT. ecquid amas me? PH. nihil ecastor neque meres. STRAT. nilne huic sat est?
ne bonum uerbum quidem unum dixit. uiginti minis

528 tuom petere *Bothe, rhythmo consulens* me *del. Bothe* mel meum *Camerarius* : imme (inme P^{CD}) inmeum (v. 3. p. 109) 530 ex Syria *Ital.*: exuri *cod.* (*pro* exsuri) 532 earum *add. Seyffert* fuerunt (*Bothe*) a. earum p. *Mueller* excida *B* 533 *vel* is (*ita cod.*) quot ancillas alam *Gulielmius* : quod ancillam solam *Donatus ad Eun.* 5, 6, 12 : quod ancilla siam *B* : quod ancillast iam P^{CD} 534 examen *Haupt* : etiam men *cod.* comet incibum *cod.* : *corr. Camerarius* 535 hercle i. *Geppert* : hercles (hercle si P^{CD}; *i. e.* hercl' si ?) i. *cod.* : herclest ingratum *Goetz, Schoell* (*cf. ad Merc.* 330) donum *del. Bothe* puere perulam (-uiam *cod.*)] purpuram *Buecheler* 536 mea *Ital.* : imea *cod.* attolli *cod.* (*pro* attoli, *antiqua forma* ?) pallulam *Ital.* : paluuam (paluuiam P^{CD} *ut vid.*) *cod.* Phrygia *Gronovius* : pari gra (gr̄a, *i. e.* gratia P^{CD}) *cod.* 537 tantillum *Ital.* : tantillis *cod.* 538 ego *add. Bothe* mi *add. Camerarius* 539 nihili *Ital.* : num mali *cod.* addi *scripsi* : addit *cod.* etiam nummuli non pendit pallam (?) *Leo* : *an* etiamnum malipendio addit pu. ? Arabia *Buecheler* : arat *cod.* (*cf. Journ. Phil.* 17, 443) 540 tuas ponto (tua sponte *B*) amoenas *cod.* : *corr. Spengel, Mueller* 541 accipe hoc ⟨Astaphium⟩ *Bach* abducite *Bothe* : abduce *cod.* 542 ecquid amas me *Camerarius* : ec quidem asme *cod.* ecastor *Ital.* : castor *cod.* 543 ne bonum *Buecheler* : neuonum *ut vid. cod.* (nemonum *B* : ne unum P^{CD}) num d. *cod.* (*corr.* D^1)

uenire illaec posse credo dona quae ei dono dedi.
uehementer nunc mihi est irata, sentio atque intellego;
uerum abibo. quid ais? nunc tu num neuis mé, uoluptas mea,
quo uocatus sum ire ad cenam? mox huc cubitum uenero.
quid taces? planissume edepol perii. sed quid illúc noui est?
quis ⟨hic⟩ homost qui inducit pompam tantam? certumst quo ferant
opseruare. huic credo fertur. uerum iam scibo magis.

vii CYAMVS PHRONESIVM STRATOPHANES

CY. Ite, ite hac simul, mulieri damnigeruli,
foras egerones, bonorum exagogae.
satin, siquis amat, nequit quin nihili sit, atque inprobis se artibus exspoliat?
nam | hoc qui sciam, ne quis id quaerat ex me,
domist qui facít inprobe facta amator,
qui bona sua pro stercore habet,
foras iubet ferri: metuit 556a
†publicos†: mundissumu' fit;
puras esse sibi uolt aedis: domi quidquid habet eicitur ἔξω.

546 adibo *corr.* ab- *ut vid. cod.* (abdibo *B*: adibo *PCD*) 547 nox *Fleckeisen* m. adhuc *B* uenero *Bugge*: inero *cod.*: iuero *Ital.* 548 noui *Spengel*: boni *cod.* (*pro* uoni?) 549 hic *add. Seyffert* ducit *Bothe* 551 mulierei *cod.* (*antiqua forma*) (*vel* muli erei) 552 egerones *Bugge*: gerronis *cod.* exagogae *Merula*: axagoce (maca goce *B*) *cod.* 553 se (*pro* sei?) quis *cod.* *fort.* nequam (*del.* quin; *cf. ad vv.* 488, 595) nihilist, *nam nec* sĭquis *nec* nequĭt *satis placet* atque *Saracenus*: aque *cod.*: *fort. delend. ut fiant duo glyconici cum dochmio* inprouisse (-uise *PCD*) partibus *cod.*: *corr. Camerarius* expoliat *an* exspoliat *incert. cod.* 554 ⟨ego⟩ hoc *Mueller* qui sciam *Ital.*: quis cieam *cod.* 555 domis itque (idque *PCD*) f. *cod.*: *corr. Camerarius* inprobe *scripsi*: improba *cod.* (*cf. ad v.* 822, *Mil.* 894): ⟨tam⟩ improbe *Schoell* domist quí facit facta impróba amator *Leo* 556, 557 *vix* Q. b. sua ⟨sibi⟩ p. s. h. (*anap. dim.*) F. i. f. (*monom.*) *vix* metit 556 ⟨domist⟩ quí bona sua pro stercore habet *Leo* 557 puluisculos *Schoell* m. fit *scripsi*: mundissimust *Ital.*: mundissimum sit *cod.* 558 sibi esse *cod.*: *trai. Bothe, metri causa* aedis *Ital.*: asdis *cod.* eicitur *Leo*: neititur *cod.* (*i.e.* nititur?): *fort.* mittitur

quandoquidem ipsus perditum se it, secreto hercle equidem eum adiutabo
neque mea quidem opera umquam hilo minu' propere quam pote[st] peribit.
nam iam de hoc opsonio de mina deminui una modo
quinque nummos: mihi detraxi partem—Hérculaneam.
nam hoc adsimile est quasi de fluuio quí aquam deriuat sibi:
nisi deriuetur, tamen ea aqua ómnis abeat in mare;
nam hoc in mare abit misereque perit sine bona omni gratia.
haec quom uideo
fieri, suffuror, suppilo,
de praeda praedam capio.
meretricem ego item esse reor, mare ut est:
quod des deuorat ⟨nec dat⟩is umquam abundat.
hoc saltem: seruat nec nulli ubi sit apparet:
des quantumuis, nusquam apparet neque datori neque acceptrici.
uelut haec meretrix meum erum miserum sua blanditia intulit in pauperiem:
priuabit bonis, luce, honore atque amicis.
attat! eccam adest propinque. credo audisse haec me loqui.
pallida est, ut peperit puerum. ádloquar quasi nesciam.
iubeo uos saluere. Ph. ét nos te, Geta, quid agis? ut uales?

559 se it *Camerarius*: sit *cod.* (i. 3, p. 108) eum *Leo*: illum *cod.* 560 hilo minus *Lambinus*: nihili omnibus *cod.*: nihili homo minus *Schoell* 561 una deminui *cod.*: *trai. Leo* 562 *fort.* ⟨hercle⟩ Hercul. 564 ea aqua *Camerarius*: ea qua *cod.* omnis *post* tamen *cod.*: *trai.* (?) *Leo* mari *cod.* 565 abiit *cod.* omnia gratiam *cod.* 566ᵃ fieri suffuror suppilo *codd. Nonii* 12 (*s. v.* subpilare): [si] fieri susfuror supplicio (*pro* supplio) *cod.* (iv. 3) 567 praeda *codd. Nonii*: *om. cod.* 568 esse *om. B* 569 deuoratis *cod.* (iii. 11): *corr. Buecheler* 570 *versus nondum sanatus* ⟨rem⟩ se. *Leo* nec ulli (nulli *scripsi*) ubi sit *Leo*: mecum illi sub este *cod.* 571 *vix anap. versus cum* dātori acceptrice *cod.* (*pro* -cei?) 572–3 haec *om. PCD* *vix* int. paup. (*anap. tetram.*) 574 bones (bonas *PCD*) *cod.* (*pro* -eis?) 577 et nos te *Seyffert*: noster *cod.* Geta] Cyame *Seyffert*

Cy. ualeo et uenio ad minu' ualentem et melius qui ualeat fero.
eru' meus, ocellus tuos, ád te ferre me haec iussit tibi
dona quae uides íllos ferre et has quinque argenti minas.
Ph. pol hau perit quód illum tantum amo.
Cy. iussit orare ut haec grata haberes tibi.
Ph. grata acceptaque ecastor habeo. iube aúferri intro, i Cyame.
As. ecquid auditis haec, quae iam ⟨haec⟩ imperat?
Cy. uasa nolo auferant: desiccarí iube.
As. inpudens mecastor, Cyame, es. Cy. egone? As. tu. Cy. bona fide?
tune ais me inpudentem esse, ipsa quae sis stabulum flagiti?
Ph. dic, amabo te, ubi est Diniarchus? Cy. domi.
Ph. dic ob haec dona quaé ád me miserit
me illum amare plurumum omnium hominum * ergo,
meumque honorem illum habere omnium maxumum,
atque ut huc ueniat opsecra. Cy. ílicet.
sed quisnam illic homost qui ipsus se comest, tristis, oculis malis?
animo hercle homost suo miser,
quisquis est. Ph. dignust mecastor. nequam est. non nosti, opsecro,

578 minu *cod.* 580 illos] nos *Buecheler*: hos *Bothe* 582 iussit orare *Camerarius*: lus sit operare *cod.* 583 acceptaque *Camerarius*: acaque *cod.* (vii, p. 103) chiame *cod.* 584 heque tam *cod.*: *corr. Camerarius, Leo* haec *addidi* 585 Suasa *cod.* (?*i. e.* S(eruus) Vasa) iubet *cod.*: *corr. Buecheler* 586 Immo pudet me castor cua mestegori tu b. f. *cod.*: *corr. Merula, Bothe*, Cuame *restituit Seyffert* *vel* bonan 587 tune asin (ansin P^{CD}) pudentem me esse ipsa (aipsa *B*) quae sistabulum flagitii *cod.*: *corr. Spengel fort.* i. me, eapse (eapsa) 589 me ⟨modo⟩ *Bergk, Abraham stud. Plaut.* 240, *ut integer tetrameter fiat* 590 omnium plurumum *Spengel* (*cret.*) ergo] merito *Ussing*: *vix* ⟨humanitatis⟩ ergo 591 meque honorem illi *Bothe* 592 reueniat *Spengel*: u. ⟨ad me⟩ *Schoell, ut integer tetrameter cret. fiat* obsecra *Camerarius*: obsecrat *cod.*: obsecrare *Ital.* 594 humost *cod.* 595 nequam *Seyffert*: nequid *cod.* (*cf. ad* 488)

militem, hic apud me quí erat? huius pater pueri illic est.
usque adicit oculum, uissit, adit,
mansit: auscultat, opseruat quem perdam. CY. noui hominem nihili.
illicinest? PH. illic est. CY. me intuetur gemens;
traxit ex intumo uentre suspiritum.
hoc uide! dentibus frendit, icit femur;
num opsecro nam hariolust qui ipsus se uerberat?

STRAT. nunc ego meos animos uiolentos meamque iram ex pectore iam promam.
loquere: unde es? quoius es? qur ausu's mi inclementer dicere? CY. lubitumst.
STRAT. istuc ne[c] mihi responsis. CY. hoc. non ego te flocci facio.
STRAT. quid tu? qur ausa es alium te dicere amare hominem? PH. lubitumst.
STRAT. ain tandem? istuc primum experiar. tun tantilli doni caussa,
holerum atque escarum et poscarum, moechum malacum, cincinnatum,
umbraticulum, tympanotribám amas, hominem non nauci? CY. quae haec res?

596 militem hic apud me qui erat *Schoell*: qui ilitic (illic *P*CD) apud me erat *cod.* (*pro* quĩlitẽic, *i. e.* qui militem hic) 597 adicit (adiĕcit) oculum uisit (*Spengel*) adit (abiit *Spengel*) *scripsi*: adiecta culem iussit alii *cod.* 598 mansi auscultaui obseruaui (-bi *B*) quem per nam *cod.*: *correxi* quam rem agam *Spengel* nihil *cod.* 599 illic que est illic est *cod.*: *corr. Kiessling* 600 suspiritum *Camerarius*: suspensum (-us *B*) *cod.* (*pro* suspm̃, *i. e.* suspiritum) 602 ariolus *cod.* 603 uiolentus *B* expector etiam *P*CD 604–5 unde est *cod.* inc. m. *P*CD lubitumst *Spengel*: lubido (iub- *B*) est *cod.* (*pro* lubitust) 606 istucine mihi respondes? *Camerarius* responsas *Ital.* 608 tun tantilli *Ital.*: tum pentilli (pert- *B*) *cod.*: tun petili *Geppert* 611 tympanotribam *codd. Prisciani* I, 204: lymphanotribam *cod.* haec res *Saracenus*: hercles *cod.*

meon [ero] tu, inprobe, ero male dicere ⟨nunc⟩ audes, fons uiti et peiiuri?
STRAT. uerbum unum adde istoc: iam hercle ego te hic hac offatim conficiam.
CY. tange modo, iam ego ⟨te⟩ hic agnum faciam et medium distruncabo.
si tu legioni bellator clues, at ego culinae clueo.
PH. si aequom facias, aduentores meos ⟨non⟩ incuses, quorum
mihi dona accepta et grata habeo, tuaque ingrata, quae aps te accepi.
STRAT. tum pol ego et donis priuatus sum et perii. PH. plane istuc est.
CY. quid nunc ergo hic, odiose, sedes, confectis omnibu' rebus?
STRAT. perii hercle hodie, nisi hunc a te abigó. CY. accede huc modo, adi módo huc.
STRAT. etiam, scelu' uiri, minitare? quem ego offatim iam iam [iam] concipilabo.
quid tibi huc uentio est? quid tibi hanc aditio est?
quid tibi hanc notio est, inquam, amicam meam?
emoriere ocius, ni manu uiceris.
CY. quid, manu uicerim? STRAT. fac quod iussi, mane.
iam ego te hic offatim conficiam; ⟨óffatim⟩ occidi optumum est.

612 imp. et omale (male P^{CD}) d. audes *cod.*: *correxi*: (Meone) improbe tu, male dicere ero audes *Leo* 613 conficiam *Lipsius*: officiam *cod.*: offigam *Schoell* 614 te *add. Ital.* 615 si tu legioni (-nei) *scripsi*: sit uellegionem *cod.*: si tu Bellonae *Schoell* clues *Camerarius*: ciuis *cod.* culinae (Cul.) *Schoell*: in culina *cod.* clueo *Camerarius*: ciue *cod.* 616 non *add. Ital.* 617 abs te quae *Kiessling*: *fort. delend.* abs te, *ut septenarius fiat* 619 odiosĕ (-osse) sedes *scripsi dubitanter*: odiosse (-ose P^{CD}) es (odies sees *B*) *cod.*: odiosu's *Kiessling* *fort.* o. manes (odiosēāes) confectis omnibus rebus *Spengel*: confessus o. teus *cod.*: confessus omnino reus *Leo* 620 acc. hunc m. a. huc modo *cod.*: *correxi* 621 ueri *cod.* (*corr.* C^2) iam *tert. del. Ital.* 623 noctio est umquam *B* 624 ni *Studemund*: si *cod.* (? *pro* ni *corr.* nisi) 626 offatim *addidi* occidi *Ital.*: occidit *cod.*: occidi te *Buecheler*

Cy. captiost: istam machaeram longiorem ⟨tú⟩ habes quam haec est.
sed uerum ⟨me⟩ sine dum petere: siquidem belligerandum est tecum,
†abo domum† ego tecum, bellator, arbitrum aequom ceperim.
sed ego cesso hinc me amoliri, uentre dum saluo licet.—

Phronesivm Stratophanes viii

Ph. Datin sóleas? atque me intro actutum ducite,
nam mihi de uento miserae condoluit caput.—
Strat. quid mihi futurum est, quoi duae ancillae dolent,
quibu' te donaui? iamne abiisti? em sic datur!
quo pacto excludi, quaeso, potui planius
quam exclusus nunc sum? pulchre ludificor. sine.
quantillo mi opere nunc persuaderi potest
ut ego hisc' suffringam talos totis aedibus.
num quippiam harum mutat mores mulierum?
postquam filiolum peperit, animos sustulit.
nunc quasi mi dicat: 'nec te iubeo neque uoto
intro ire in aedis.' at ego nolo, non eo.
ego faxo dicat me in diebus pauculis
crudum uirum esse. sequere me hac. uerbum sat est.—

627 tu *add. Spengel* *fort.* quam haec est longiorem habes 628 me *add. Goeller* 629 ibo d. P^{CD}: abeo dum *Geppert* *fort.* cep. arb. aeq. (*octonar.*) 630 mi hincamo sire *cod.*: *corr. Camerarius* (-lire), *Bothe* uentrem *cod.* 632 misere *cod.* 634 '*legendum aut* iamne abis? *aut* iamne abiit?' *Seyffert* datur *Ital.*: oatur *cod.* 635 excludi *Studemund*: excludis *cod.* quameso *cod.* potui *Buecheler*: potius (pitius P^{CD}) *cod.* 638 hisce (*ita cod.*) effr. *Ital.* 639 harum mutat (*Camerarius*) *scripsi*: auarum ut at *cod.*: *an* autem (aū) inmutat (*Leo*)? 640 filiolum *Camerarius*: filiorum *cod.* 641 uoto (ueto) *Camerarius*: uolo *cod.*

ACTVS III

III. i STRABAX ASTAPHIVM

STRAB. Rus mane dudum hinc ire me iussit pater,
ut bubus glandem prandio depromerem.
post illoc quam ueni, aduenit, si dis placet,
ad uillam argentum meo qui debebat patri,
qui ouis Tarentínas erat mercatus de patre.
quaerit patrem. dico esse in urbe. interrogo
quid eum uelit * *
homo cruminam sibi de collo detrahit,
minas uiginti mi dat. accipio lubens,
condo in cruminam. ille abiit. ego †perpera† minas
ouis ín crumina hac ⟨huc⟩ in urbem detuli.
fuit edepol Mars meo periratus patri,
nam oues illius hau longe apsunt a lupis.
ne ego urbános istos mundulos amasios
hoc ictu exponam atque omnis eiciam foras.
eradicarest certum cumprimis patrem,
post id locorum matrem. nunc hoc deferam
argentum ad hanc, quam mage amo quam matrem meam.

646 clandem *PCD* 647 ueni quamadueni *cod.* : *corr. Spengel, Merula* 649 qui ouis Tarentinas erat *Ital.* : quo uistaret inaserant (-rat *C*) *cod.* (' *scil.* n *omissa et ascripta locum non suum occupavit' Leo*) 651 uellit *cod.* ⟨concredat mihi si quid uelit⟩ *suppl. Schoell* q. e. u. *vix delend.* (iv, p. 62) 652 erumenam *cod.* detrahit *Camerarius* : detraxit *cod.* 653 *vel* mihi middat *B* 654 *vel* abit propere *Ital.* : pera *Spengel* 655 ouis *Merula* : quis *cod.* (Q *pro* O) huc *add. Geppert* urbem detuli *Ital.* : urbe medetuli *cod.* 656 periratus *Camerarius* : piratus *cod.* (vii. 1) 658 nunc e. i. m. u. amaspos *cod.* : stos mundolos amasios *codd. Diomedis* 343 *K.* (*s. v.* amasius) : *correxi, nam* mundlos *non ferendum nec* múndulos úrb. *placet* : *fort.* nunc ⟨nunc⟩ e. i. m. a. (*del.* urbanos ; iv. 1) 659 ictu *Merula* : itu *cod.* ieciam *cod.* (*corr. D*) 660 eradicarensi *cod.* (-msi *PCD*) 661 locarum *cod.* hoc die (hodie *PCD*) efferam *cod.* : *corr. Spengel* 662 ad hanc argentum *cod.* : *trai. Bothe rhythmi causa*

tat ! ecquis intust ? ecquis hoc áperit ostium ?
As. quid istúc ? alienun es, amabo, mi Strabax,
qui non extemplo ⟨intro⟩ ieris ? Strab. anne oportuit ?
As. ita te quidem, qui es familiaris. Strab. ibitur,
ne me morari censeas.—As. lepide facis.

Trvcvlentvs Astaphivm ii

Tr. Mirum uidetur rure erilem filium
Strabacem non rediisse ; nisi si clanculum
conlapsus est hic in corruptelam suam.
As. iam pol illic inclamabit me si aspexerit.
Tr. nimio minu' saeuos iam sum, Astaphium, quam fui,
†iam non sum truculentus†, noli metuere.
⟨quid ais ?⟩ As. quid uis ? Tr. quin tuam exspecto osculentiam.
dic, impera mihi quid lubet quo uis modo.
nouos ómnis mores habeo, ueteres perdidi.
uel amare possum uel iam scortum ducere.
As. lepide mecastor nuntias. sed dic mihi,
haben—Tr. parasitum te fortasse dicere ?
As. intellexisti lepide quid ego dicerem.
Tr. heus tu ! iam postquam in urbem crebro commeo,
dicax sum factus. iam sum caullator probus.

663 tatec qui si nulla est et quis aperit hoc ostium *cod.* : *corr. Camerarius, Spengel, Bothe* 664-5 es *Lambinus* : est *cod.* 666 intro ieris *Brix* : ire si *cod.* 669 rurier item filium *cod.* : *corr. Ital.* 672 me inclamauit se a. *cod.* : *corr. Bothe* : me inclamauerit *Seyffert vel* sei 673 nimio inissae uos iam sumas astaphium *cod.* : *corr. Ital.* (*cf. Amer. Journ. Phil.* 17, 442) 674 non ⟨ego⟩ *Leo* : noenum *Bothe* truncus lentus *Ussing, fort. recte* (*cf. ad v.* 266) metuere *Ital.* : metueris *cod.* 675 quid ais *add. Schoell* quin *Schoell* : qui *cod.* expector *cod.* osc. *cf. Class. Rev.* 10, 334 676 impera *Ital.* : incipera *cod.* (v. 8) *vel* mi quid tibi et quo *cod.* : *corr. Buecheler* 678 uel iam *Camerarius* : uellam *cod.* dicere *B* 680 haben *Lipsius* : habent *cod.* marsipum *Leo* (*sed cf. Class. Rev.* 10, 334) te *Ital.* : et *cod.* 682 commeo *Camerarius* : commoueo (-obeo *B*) *cod.* (v. 8) 683 hic axsum (axum P^{CD}) factum *cod.* : *corr. Camerarius* cauillator *cod.*

As. quid id est, amabo? ístaec ridicularia,
cauillátiones, uis opinor dicere?
Tr. ita, ut pauxillum differt a cauillibus.
As. sequere intro [me], amabo, mea uoluptas. Tr. tene hoc tibi:
rabonem habeto, uti mecum hanc noctem sies.
As. perii! 'rabonem'? quám esse dicam hanc beluam?
quin tu 'arrabonem' dicis? Tr. 'a' facio lucri,
ut Praenestinis 'conea' est ciconia.
As. sequere, opsecro. Tr. Strabacem hic opperiar modo,
si rure ueniat. As. is quidem apud nos [est] hic Strabax,
modo rúre uenit. Tr. priu'ne quam ad matrem suam?
eu edepol hominem nihili! As. iamne autem ut soles?
Tr. iamne—nihil dico. As. í intro, amabo, cedo manum.
Tr. tene. in tabernam ducor deuorsoriam,
ubi male accipiar mea mihi pecunia.—

ACTVS IV

IV. i

Diniarchvs

Neque gnatust neque progignetur neque potest reperirier
quoí ego nunc ⟨aut⟩ dictum aut factum melius quam Veneri uelim.
di magni, ut ego ⟨laete⟩ laetus sum et laetitia differor!
ita ad me magna nuntiauit Cyamus hodie gaudia:

684 ⟨tu⟩ istaec (?) *Leo* 685 *vel* opino 686 Istud *Leo* ita ut pauxillum differant a caulibus *post alios Goeller* 687 me *del. Bothe* uoluptast (uolupta si *B*) *cod.* hoc *del. Bothe* 688 habeto ⟨hoc⟩ *Bergk* mecum *ante* ut (*ita cod.*) *Camerarius* ac (a *B*) nocte *cod.* : *corr. Camerarius* 689 uelbam *cod.* 690 dicista facto *cod.* : *corr. Merula, Lambinus* ('t *Truculentum indicaverat ut vv.* 680, 687' *Leo*) 693 si *Ital.* : se *cod.* (*pro* sei ?) ueniet *B* *an* hicst? hic apud nos est *Schoell* 694 rure ⟨huc⟩ (?) *Leo* 695 iamne *Acidalius* : anne *cod.* 696 i intro *Ital.* : lintro *cod.* 697 ducor *Ital.* : dulor *cod.* 699 potes *cod.* 700 *vel* quoii dictum nunc *Guietus* aut *add. Bothe* (vii. 5) Veneri *Camerarius* : bene rem *cod.* : ⟨meae⟩ V. *Mueller* 701 diui *Bothe* laete *add. Spengel*

mea dona deamata acceptaque habita esse apud Phronesium;
quom hoc iam uolup est, tum illuc nimio magnae mellinae mihi,
militis odiosa ingrataque habita. totus gaudeo.
mea pila est: si repudiatur miles, mulier mecum erit.
saluos sum, quia pereo; si non peream, plane interierim.
nunc speculabor quid ibi agatur, quis eat intro, qui foras
ueniat; procul hinc opseruabo meis quid fortunis fuat.
quia nil habeo, nam amoui mi hic omnia, agam precario.

ASTAPHIVM DINIARCHVS ii

As. Lepide ecficiam meum ego officium: uide intus modo ut tu tuom item ecficias.
ama, id quod decet, rem tuam: istum exinani.
nunc dum isti lubét, dúm habet, tempús ei rei secundumst,
prome uenustatem tuam amanti, ut gaudeat quom perdis.
ego hic interim restitrix praesidebo,
istic dum sic faciat domum ad te exagogam;
nec quemquam interim istoc ad uos qui sit odio
intro mittam: tu perge ut lubet ludo in istoc.

703 deamat *cod.* 704 es *cod.* illuc (-oc) *Bach*: hoc *cod.* nimium *Langen* (i. 3) *fort.* tum hoc nimium (-io) iam meliniae *cod.*: *corr. Merula* 705 habita totus gaudeo *Ital.*: habitato tuca audeo *cod.* (C *pro* G) 706 erit *Ital.*: prit (*antecedente spatio* *P*CD) *cod.* (P *pro* E) 707 plane (*Ital.*) interierim *Weise*: pane uriem (urient *P*CD) *cod.* (*pro* ꞁierim, *i. e.* interierim): p. perierim *Goeller*, *fort. recte* 709 procui hunc *cod.*: *corr. Merula* meis *Acidalius*: miles *cod.* (? *pro* mieis, *antiqua forma*) 710 nam amoui *scripsi*: unum a[nimos] moui *cod.* (iv. 3; v. 8) mihi omnia *P*CD 711 meum *Gulielmius*: mea *cod.* (a *pro* u) ego *Leo*: ero *cod.* (*cf. Asin.* 456, *Mil.* 1353) *fort.* uide *delend.*, *nam* uíde ȉntus *displicet* tu tuom *Merula*: tutum *cod.* 712 istum *Camerarius*: estum *cod.* 713 dum iusti iubet *cod.*: *corr. Ital.* *fort.* ei rei *delend.*, *ut bacch. tetram. fiat* secundumst *Geppert*: secundas *cod.* (a *pro* u) 714 amanti tuam *cod.*: *trai. Geppert* gaudeat *Mueller*: gaudia *cod.* perdis *Leo*: pereis *cod.* Nunc dum ísti lubét, dum habet, témpust ĕi rei. Sed cúnctam prome uenústatem tuam, amánti ut gaudeat cúm perdis (?) *Leo* 715 interim hic *cod.*: *trai. Bothe* restitricis (restiti tricis *B*) *cod.* (*pro* -tris ?): *corr. Turnebus* 716 iste *cod.* 717 nec *Camerarius*: ec *cod.* 718 perce ut iubet ludin istos *cod.*: *corr. Ital.*

DI. quis est iste, Astaphium, indica, qui perit? AS. amabo, hicin tu eras?
DI. molestusne sum? AS. nunc magis quam fuisti,
nam si quid nobis usust nobis molestu's.
sed opsecro, da mi operam ut narrem quae uolo.
DI. nam quid est? num mea refert? AS. non mussito.
intu' bolos quos dat! DI. quid? amator nouo' quispiam?
AS. integrum et plenum adortast thensaurum. DI. quis est?
AS. eloquar, sed tu taceto. nostin tu hunc Strabacem? DI. quidni?
AS. solus summam habet hic apud nos, nunc is est fundus nouos.
animo bono male ⟨rem⟩ gerit. DI. perit hercle; ego idem
bona perdidi, mala repperi, [factus] sum extumus a uobis.
AS. stultus es qui facta infecta facere uerbis postules.
Theti' quoque etiam lamentando pausam fecit filio.
DI. non ego nunc intro ad uos mittar? AS. quidum quam miles magis?
DI. quia enim plus dedi. AS. plus enim es intro missus quom dabas:
sine uicissim qui dant [operam] ob illud quod dant operis utier.

719 qui est iste [ea] ast. *cod.*: *corr. Ital.*: quis istest A. *Bach* hicinet uere *cod.*: *corr. Merula* 721 si] nisi *Ital.* usui's *Seyffert* nobis *alt.*] *fort.* non *vix* nam si quid (quis?) nobis non usust, non molestumst? (-tust?) 722 narem *cod.* uolo *Ital.*: uolom *B*: uolti *C*: uolu *D* 723 num mea *Gulielmius*: nam ea *cod.* mussito *Spengel*: musset *cod.* 723–4 *vix* mussito in-|-tus (*creticum systema*) 726 eloquar *Ital.*: te loquar *cod.* tu *Camerarius*: diu *cod.* tun *cod.* (*corr. in B*) (*pro* tú; vii. 4) 727 summa hiabet *B* ⟨nunc⟩ hab. *Leo* nouos *Schoell*: nobis *cod.* 728 male rem *Camerarius*: malem (male P^{CD}) *cod.* perii *Ital.* itidem *Geppert* 729 *om. cod.*: *hab. Priscianus* I, 100 (*s. v.* extremus, extimus) *hic reposuit Langen* factus *delevi dubitanter, ut versus Reizianus fiat* 730 est *cod.* 731 pausam *Valla*: lausum *cod.*: lausam *Schoell* (*Arch. Lat. Lex.* 4, 258) 732 qui tu quam *Kiessling* 733 es *Ital.*: se *cod.*: ⟨tu⟩ es (?) *Leo*, *nam* enim | es *vix ferendum* quom *Saracenus*: quam *cod.* 734 operam *del. Lambinus* ob illud *Loman*: oblit (oblitus P^{CD}) *cod.*

litteras didicisti : quando scis, sine alios discere.
Dɪ. discant, dum mihi adcentare liceat, ní oblitus siem.
As. quid erit interea magistrae, dum tu commentabere?
uolt [interim] illa itidem commentari. Dɪ. quid? As. rem accipere identidem.
Dɪ. dedi equidem hodie: ⟨iussi⟩ ei quinque argenti deferri minas,
praeterea unam in opsonatum. As. idem istoc delatum scio.
de eo núnc bene sunt tua uírtute. Dɪ. ei! meane [ut] inimici mei
bona istic caedent? mortuom hercle me quam ut id pátiar mauelim.
As. stultu's. Dɪ. quid est? aperí re⟨m⟩. quid iam, ⟨Astaphium⟩? As. quia pol mauelim
mihi inimicos inuidere quam med inimicis meis;
nam inuidere alii bene esse, tibi male esse, miseria est.
qui inuident egent; illis quibus inuidetur, i rem habent.
Dɪ. non licet dimidio opsoni me participem fieri?
As. si uolebas participari, auferres dimidium domum.
nám item ut Accherunti hic ⟨apud nos⟩ ratio accepti scribitur:
intro accipimus; quando acceptumst, non potest ferri foras.

735 discere *Ital.* : dicere *cod.* 736 adcentare liceat *scripsi* (v, p. 81) : argentarilliceam (-ri illic eam P^{CD}) *cod.* : commentari liceat *Ital.* 737 qui dedit As. interea magister *cod.* : *corr. Buecheler* 738 interim *del. Bothe* (iv. 3?) ididem *cod.* dentidem *cod.* 739 iussi *add. Saracenus* 740 unam *Merula* : unum *cod.* una mina obs. *Leo* 741 sunt *Brix*, *Seyffert* : sum *cod.* uirtutem ime me (me *om.* P^{CD} utini emci mei *cod.* : *corr. Ital.*, *Brix*, *Leo* 742 comedint *Spengel* ut *del. Ital.* 743 *post* 746 *cod.* : *huc trai. Weise* *supplevi dubitanter* (iii. 2) *vix* St. tuquidem es. Dɪ. aperi (*vel* St. quidem es aperte.) 744 inimicus inuiderem *cod.* : *corr. Ital* 745 essem seria mesi *cod.* (esse inseria mesi P^{CD}) : *corr. Camerarius* 746 qui *Ital.* : quid *cod.* 747 do *cod.* (*pro* dō, *i.e.* dimidio? *cf. Amer. Journ. Phil.* 17, 443) 749 idem *cod.* : *corr. Rittershusius* nam itidem hic ut A. *Gruterus* ⟨fit⟩ hic *Mueller* (*Herm.* 34, 332) apud nos *add. Schoell* accepti *Ital.* : accepii (accepi P^{CD}) *cod.* : *fort.* accepti ⟨expensi⟩ (iii. 11) 750 accipimus *Camerarius* : accipiamur *cod.* : accipitur *Spengel* ferre *cod.* (? *pro* -rei)

bene uale. Di. resiste. As. omitte. Di. sine eam intro. As. ad te quidem.
Di. immo istoc ad uos ⟨uolo⟩ ire. As. non potest, nimium petis.
Di. sine experiri—As. immo opperire. uis est experirier.
Di. dic me adesse. As. abi, occupatast. res itast, ne frustra sis.
Di. redin an non redis? As. uocat me quae in me potest plus quam potes.
Di. uno uerbo—As. eloquere. Di. mittin me intro? As. mendax es, abi.
unum aiebas, tria iam dixti uerba atque ⟨ea⟩ mendacia.—
Di. abiit intro, exclusit. egon ut haec mihi patiar fieri?
iam hercle ego tibi, inlécebra, ludos faciam clamore in uia,
quae aduorsum legem accepisti a plurumis pecuniam;
iam hercle apud nouos [omnis] magistrátus faxo erit nomen tuom,
postid ego te manum iníciam quadrupuli, uenefica,
suppostrix puerum. ego edepol ⟨iam⟩ tua probra aperibo omnia.
nihil me ⟨prohibet,⟩ perdidi omne quod fuit: fio inpudens
nec mi adeost tantillum pensi iam quos capiam calceos.

751 bene ualere siste omittes inea m[itto] intro *cod.* (iv. 3) : *corr. Camerarius, Schoell* 752 uolo *add. Buecheler* irem *cod.* petis *Boeckel*: pati *cod.* 753 exp. sine (sinem *B*) *cod.* : *trai. Bothe* : sine *del. Leo* opperirem *cod.* experire *cod.* : *corr. Camerarius* 754 dicam adesse ubi occupatast resistat et (r. ex ex *B*) frustra sit *cod.* : *corr. Spengel* *vix* ut f. s. 755 non redin si uocat *cod.* : *corr. Camerarius, Geppert* si u. me qui *Schoell* potes *Lambinus* : potest *cod.* quae in me plus quam tu potest *Goeller* 756 mitti inme *cod.* 757 alebat stridia dixti u. (dixit uerbe *B*) *cod.* : *corr. Camerarius* ea *add. Gulielmius* 758 exclusit *Spengel* : incluit (induit P^{CD}) *cod.* egon *Loman* : ego *cod.* 759 clamorem *B* 760 quem *B* accepisti a (ab) *Ital.* : accepistis ad *cod.* (*pro* ab) 761 nouos (*del.* omnis) *Bergk* : nos omnis *cod.* (*pro* nos os ?) (omnis *tutatur Leo*) 762 tibi *Schoell* initiam quadrupiis beneficia *cod.* : *corr. Ital., Camerarius* 763 iam tua *Camerarius* : itu a *cod.* proba *cod.* 764 prohibet *add. Leo* 765 adest *cod.* : *corr. Acidalius* tantillum *Casaubonus* : ad illum *cod.*

sed quid ego hic clamo? quid si me iubeat intro mittier?
conceptis me non facturum uerbis iurem, si uelit.
nugae sunt. si stimulos pugnis caedis, manibus plus dolet.
de nihilo nihil est irasci, quae te non flocci facit.
sed quid hoc ést? pro di inmortales! Calliclem uideo senem,
meu' qui adfinis fuit, ancillas duas constrictas ducere,
alteram tonstricem | huiius, alteram ancillam suam.
pertimui: postquam una cura cor meum mouit modo,
timeo ne male facta antiqua mea sint inuenta omnia.

CALLICLES ANCILLA CALLICLIS DINIARCHVS SVRA iii

CA. Egon tibi male dicam? at tibi te mauelim: ut animus meust,
propemodum expertae estis quam ego sim lenis tranquillusque homo.
rogitaui ego uos uerberatas ambas pendentis simul;
commemini, quo quicquid pacto sitis confessae scio;
hic nunc uolo scire eodem pacto sine malo fateamini.
quamquam uos colubrino ingenio ambae estis, edico prius
ne duplicis habeatis linguas, ne ego bilinguis uos necem,
nisi si ad tintinnaculos uoltis uos educi uiros.
AN. uis subigit uerum fateri, ita lora laedunt bracchia.

766 mittiar *cod.* 767 uerui sirem sileuit *cod.* (ii. 7): *corr. Merula, Angelius* 769 nihilist *Spengel* 770 hoc *om. B* calictenui desenem *cod.*: *corr. Merula* 771 *post* 772 *cod.*: *trai. Gruterus* 771 meusque *cod.*: *corr. Merula* 772 Alteram ⟨Suram⟩ *Mueller* *vix* huīus 774 ne *Camerarius*: ne [me] *cod.* (? *pro* ne mē, *i. e.* ne male; iv. 3) sine inuenia (-am P^{CD}) *cod.*: *corr. Acidalius* 775 at tibi te mauelim *scripsi*: aut tibi adte male uelim *cod.* aut tibi adeo *Camerarius*: a. t. Acte *Schoell* animu meust (animo meost P^{CD}) *cod.* 776 estis *Ital.*: essetis *cod.* sim lenis *scripsi*: similes *cod.* (vii, p. 99): sim mitis *Camerarius* tranquillusque *Camerarius*: tranquillus (-ilus *B*) usque *cod.* 777 uerberantis *cod.*: *corr. Spengel* ambas *Gruterus*: bas (has P^{CD}) *cod.* 778 quicquid *scripsi*: quicquam *cod.* (*cf. ad vv.* 595, 785): quicque *Camerarius* 779 pacton *Studemund* 780 colubri non *cod.* 781 linguam ne ego ibi linguis *cod.*: *corr. Ital.* 782 nesi *cod.* (*antiqua forma*?) uos uoltis *Gruterus, rhythmo consulens* 783 subegit *cod.* (*antiqua forma*?)

CA. at si uerum mi eritis fassae, uinclis exsoluemini.
DI. etiamnum quid sit negoti falsus incertusque sum,
nisi quia timeo tamen, egomet ⟨quia⟩ quod peccaui scio.
CA. omnium primum diuorsae state—em sic, istuc uolo;
neue inter uos significetis, ego ero paries. loquere tu.
AN. quid loquar? CA. quid puero factumst, mea quem peperit filia,
meo nepoti? capita rerum éxpedite. AN. istae dedi.
CA. iam tace. accepistin puerum tú ab hac? SV. accepi. CA. tace.
nil moror praeterea. satis es fassa. SV. infitias non eo.
CA. iam liuorem tute scapulis istoc concinnas tuis.
conueniunt adhuc utriusque uerba. DI. uae misero mihi!
mea nunc facinora aperiuntur clam quae speraui fore.
CA. loquere tu. qui dare te huic puerum iussit? AN. era maior mea.
CA. quid tu, qur eum accepisti? SV. éra med orauit minor,
puer uti ferretur eaque ut celarentur omnia.
CA. loquere tu. quid eo fecisti puero? SV. ad meam eram detuli.
CA. quid eo puero tua era facit? SV. erae meae extemplo dedit.

784 uincis exsolue mihi *cod.*: *corr. Angelius, Camerarius* 785 etiam numquam sit negotii fassis *cod.*: *corr. Camerarius, Angelius* 786 tamen ego net (nec *PCD*) quid pecc. *cod.*: *corr. Kiessling, Leo* 787 diuersa est ete em *cod.*: *corr. Camerarius* 788 neue *Camerarius*: ne *cod.* l. tu *Ital.*: loqueretur *cod.* 789 factumst *Camerarius*: datumst (datum sit *B*) *cod.* 790 ⟨ede⟩ expedite *Leo* (*sed cf. Seyffert Berl. Phil. Woch.* 1897, p. 715) dedit *cod.*: *corr. Merula* 791 accepisti in *cod.* accepit *cod* 792 est *cod.* 793 tute sc. *Camerarius*: utē capulis *cod.* (*cf. ad* 816): uerbo sc. *Leo* 794 adhunc *cod.* utrique (?) *Leo* uae *Merula*: tuae *cod.* mihi *Ital.*: nisi *cod.* 796 huc *cod.*: *corr. Merula* ira *cod.* 797–8 *secl. Langen* 797 era med orauit (*vel* me rogitauit) *Bothe*: eram ero uit *cod.* 798 ut (*ita cod*) sibi f. *Ussing*: ut afferretur *Camerarius* omniam *B* 799 erem *cod. ut vid.* (rem *PCD*) 800 quiite opuero (cui te puero *PCD*) tuo *cod.*: *corr. Camerarius* fecit *Ital.* mea *cod.*

CA. quoi, malum, erae? AN. duae sunt istae. CA. caue tu nisi quod te rogo.
ex te exquiro. SV. mater, inquam, filiae dono dedit.
CA. plus quam dudum loquere. SV. plus tu rogitas. CA. responde ocius:
quid illa quoi ⟨dono⟩ donatust? SV. supposiuit. CA. quoi? SV. sibi.
CA. pro filiolon? SV. pro filiolo. CA. di, opsecro uostram fidem!
ut facilius alia quam alia eundem puerum unum parit!
haec labore alieno puerum peperit sine doloribus.
puer quidem beatust: matres duas habet ét auias duas:
iam metuo patres quot fuerint. uide sis facinus muliebre.
AN. magi' pol haec malitia pertinet ad uiros quam ad mulieres:
uir illam, non mulier praegnatem fecit. CA. idem ego istuc scio.
tu bona ei custos fuisti. AN. plus potest qui plus ualet.
uir erat, plus ualebat: uicit, quod petebat apstulit.
CA. et tibi quidem hercle | idem áttulit magnum malum.
AN. de istoc ipsa, etsi tu taceas, reapse experta intellego.
CA. numquam te facere hodie quiui ut is quis esset diceres.

801 caue *Camerarius*: ca *cod.* (vii. 2) nisi (iste *B*) quod te rogo [nisi] *cod.* (*pro* iste *corr. in marg.* nisi?): *corr. Goeller* 802 ex *Bothe*: ea *cod.* inquem *cod.*: *corr. Ital.* m. f. d. d. i. *cod.*: *trai. Bothe* 803 [inqua] loquere *cod.* (*cf. ad v.* 802): *corr. Bothe* 804 dono *add. Kampmann* sibi *Ital.*: tibi *cod.* 805 pro filio lotoni pro filio lodeì (*pro* dei) *cod.*: *corr. Ital.*, *Seyffert* 806 unum p. *Buecheler*: ut num paret *cod.* 808 beatus *cod.* mater (*pro* mat̄., *i. e.* matres?) ouas *cod.*: *corr. Ital.* et *del. Geppert* 809 muliebri *cod.* 810 *vel* mage pertinet haec malitia ad uiros *Brix*: ad ui. mal. h. p. *Bothe*. *ne sit dactylus* pertinet *sed scande sic*, pértinét ad uírŏs quam ad múl., *nam* uiros *ἔμφασιν habet* mulieres *Ital.*: muliebri *cod.* (v. 4) 811 uir illam *Camerarius*: uiri iam *cod.* idem *Camerarius*: et ide *cod.* 813 abstulit *Camerarius*: adstuni (adest uni *P*CD) *cod.* 814 *vix* hercule idem ⟨uir⟩ *Guietus* 815 Idem istuc (-oc) *Kiessling* reapse *Camerarius*: re ab *cod.* 816 quiui ut is *Camerarius*: ut quiuis *cod.* dicerē *ut vid. cod.* (*i. e.* diceres) (dicere *B*: diceret *P*CD)

AN. tacui adhuc: nunc ⟨non⟩ tacebo, quando adest nec se indicat.
DI. lapideus sum, commouere me miser non audeo.
res palam omnis est, meo illic nunc sunt capiti comitia.
meum illuc facinus, mea stultitia est. timeo quam mox nominer.
CA. loquere filiam meam quis integram stuprauerit.
AN. uideo ego té, propter male facta qui es patronus parieti.
DI. neque uiuos neque mortuos sum neque quid nunc faciam scio
neque ut hinc abeam neque ut hunc adeam scio, timore torpeo.
CA. dicin an non? AN. Diniarchus, quoí illam priu' desponderas.
CA. ubi is homost quem dicis? DI. adsum, Callicles. per te opsecro
genua ut tu istuc insipienter factum sapienter feras
mihique ignoscas quod animi inpos uini uitio fecerim.
CA. non placet: in mutum culpam confers ⟨qui non⟩ quit loqui.
nam uinum si fabulari possit se defenderet.
non uinum ⟨uiris⟩ moderari, sed uiri uino solent,
qui quidem probi sunt; uerum qui inprobust si quasi bibit

817 t. ad nunc nunc t. *cod.* : *corr. Seyffert* necesse indice *cod.* : *corr. Seyffert* 819 ineo (neo *B* : *corr. D*) *cod.* *vel* illi comtia *cod.* (coptia C^1, coitia *ut vid.* C^2 : castia D^1, costia D^2) 820 illac *cod.* (a *pro* u) stultam (stulta P^{CD}) *cod.* (*pro* stultā, *i. e.* stultitia ?) nominer *Saracenus* : non miner *cod.* 822 mala *cod.* est *cod.* 823 neque q. *Ital.* : ne q. *cod.* 824 neque ut hunc *Ital.* : ut neque hunc *B* : ut neque ad hunc P^{CD} 825 desponderas *Camerarius* : dicis (*pro* dis ?) ponderas *cod.* 826 te *Spengel* : tuo *B* (*seq.* o) : tua P^{CD} 827 genua te ut ist. *Leo* 829 cui pam (quippiam P^{CD}) confer quid (quod P^{CD}) l. *cod.* : *corr. Ital.*, *Camerarius*, qui non *add. Luchs* placet ⟨qui⟩ . . . confert *Fleckeisen* 830 fabularem *cod.* (*pro* -re? *cf. ad Mil.* 371) posset *Camerarius* defenderem *cod.* 831 uiris *add. Schoell* uiri uino *Schoell* : uim non *cod.* hominibus . . . homines *Camerarius* 832 probri *cod.* (*corr. D*) improbus *Ital.* : iam probus *cod.* (iv. 3 ; A *pro* M *vel* N)

siue adeo caret temeto, tamen ab ingenio inprobust.
DI. scio equidem quae nolo multa mi audienda ob noxiam.
ego tibi me obnoxium esse fateor culpae compotem.
AN. Callicles, uide quaeso magnam ne facias iniuriam:
reu' solutus caussam dicit, testis uinctos attines.
CA. soluite istas. agite, abite tu domum et tu autem domum.
eloquere haec erae tu: puerum reddat, si quis eum petat.
eamus tu in ius. DI. quid uis in ius me ire? tú es praetor mihi.
uerum te opsecro ut tuam gnátam des mi uxorem, Callicles.
CA. eam dem? pol te iudicasse pridem istam rem intellego.
nam hau mansisti, dum ego darem illam: tute sumpsisti tibi.
nunc habeas ut nactu's. uerum hoc ego te multabo bolo:
sex talenta magna dotis demam pro ista inscitia.
DI. bene agi' mecum. CA. filium istinc tuom te meliust repetere.
ceterum uxorem quam primum potest abduce ex aedibus.
ego abeo. iam illi remittam nuntium adfini meo,
dicam ut aliam condicionem filio inueniat suo.—
DI. at ego ab hac puerum reposcam, ne mox infitias eat;
nihil est, nám eapse ultro ut factumst fecit omnem rem palam.

833 inprobus (*pro* -st) *codd. Nonii* 5: [timidus] est inprobus *cod.* (iv. 3) 834 obnoxia *cod.*: *corr. Palmerius* 835 essem *cod.* cultae compotemi *cod.*: *corr. Saracenus* 836 uidē *B* quaeso magnam ne *Schoell*: quaesomnem *cod.* (vii, p. 104): in quaestione ne *Leo* 837 dicit ta (tam P^{CD}) estis (*pro* taestis, *i. e.* testis) uicto sati ines *cod.*: *corr. Lipsius* 840 tu] t P^{CD}: *om. Ital.* in ius . . . in ius *Saracenus*: intus . . . intus *cod.* tu es *Ital.* · et ues *cod.* 841 mi *om.* P^{CD} 842 eam dem *Palmer* (*Hermath.* 9, 73): eundem *cod.* (u *pro* a) pulte *cod.* pridem *Spengel*: quidem *cod.* qui admisti eam rem *Leo* 843 dum *Camerarius*: dem *cod.* (idem P^{CD}) 845 magna *Saracenus*: malana *cod.* dotes (detes P^{CD}) *cod.* istasc (istast P^{CD}) insc. *cod.* (iv. 3) 846 tuom *Camerarius*: tum *cod.* 847 uxorum *cod.* (*corr.* P^{CD}) abdu (abduci P^{CD}) *cod.* (*pro* abdū, *i. e.* abduce?) 848 abeo *Fleckeisen*: adeo *cod.* (D *pro* B) affini *Camerarius*: adi (*pro* adfī, *i. e.* adfini?) *cod.* 850 ab hac] istanc *Abraham*, *qui* posco ab *non Plautinum esse monet* eat *Ital.*: et *cod.* 851 eapse *Seyffert*: ipsa et *cod.* factus *cod.*

sed nimium pol opportuna éccam eapse égreditur foras.
ne ista stimulum longum habet quae usque illinc cor pungit meum.

iv PHRONESIVM DINIARCHVS ASTAPHIVM

PH. Blitea et luteast meretrix nisi quae sapit in uino ad rem suam;
si alia membra uino madeant, cor sit saltem sobrium.
nam mihi diuidiaest, [in] tonstricem meam †sicut multam† male.
ea dixit, eum Díniarchi puerum inuentum filium.
DI. uidi, audiui, quam penes est mea omnis res et liberi.
PH. uideo eccum qui amans tutorem med optauit suis bonis.
DI. mulier, ad ⟨te⟩ sum profectus. PH. quid agitur, uoluptas mea?
DI. non 'uoluptas,' aufer nugas, nil ego nunc de istac re ago.
PH. scio mecastor quid uis et quid postules et quid petas:
me uidere uis, et me te [amare] postulas, puerum petis.
DI. di inmortales! ut planiloqua est, paucis ut rem ipsam attigit!
PH. scio equidem sponsam tibi esse et filium ex sponsa tua,
et tibi uxorem ducendam iam, esse alibi iam animum tuom;
et quasi pro derelicta sím, abituru's. sed tamen

852 oportuna ecce ab se *cod.*: *corr. Ital.*, *Bothe* *vix* ecceampse 853 longem (longe P^{CD}) *cod.*: *corr. Camerarius* pugit *cod.* melim P^{CD} 854 bliteae clautea *codd. Nonii* 80 est *Nonius*: et *cod.* 856 in *del. Camerarius* sic mulcatam male *Camerarius*: sic conuictam male *Leo* 857 meum *Bothe* 858 ubiit (-id P^{CD}) audiuit *cod.*: *corr. Schoell* quam[quam] *cod.*: *corr. Pistoris*: *fort.* eam quam Vbi id audiui, quam ⟨ego propere potui egressa huc sum foras. DI. Lubet adire⟩ quam *etc. Leo* 859 manstutorem mea doptauis bonis *cod.*: *corr. Bothe*, *Lambinus*, *Rost* 860 mul. adsum profectust *cod.*: *corr. Acidalius* 861 nunc *Ital.*: hunc *cod.* 862 uelis *Camerarius*: uis *cod.* 863 amare *delevi dubitanter* (iv. 1, p. 62) uis, te amari (*del.* et me) *Bothe* 864 rempsam *B* (*forma antiqua*?) 866 iam *pr. del. Leo* aliena an. *Abraham stud. Plaut.* 240 867 et⟨me⟩ *Camerarius*: ut me *Lambinus* sim *scripsi*: sis *cod.* (*cf. Amer. Journ. Phil.* 17, 444): scio *Leo* habiturus (*i. e.* -ru's) *cod.* amen *cod.*

cogitato mus pusillus quam sit sapiens bestia,
aetatem qui non cubili ⟨uni⟩ umquam committit suam,
quia, si unum ostium opsideatur, aliud perfugium †gerit†.
DI. otium ubi erit, de istis rebus tum amplius tecum loquar.
nunc puerum redde. PH. immo amabo ut hos dies aliquos sinas
eum esse apud me. DI. minime. PH. amabo. DI. quid ⟨eo⟩ opust? PH. in rem meamst.
triduom hoc saltem, dum miles aliquo circumducitur,
sine me habere: siquidem habebo, tibi quoque etiam proderit;
si auferes [puerum], a milite omnis [tum] mihi spes animam ecflauerit.
DI. factum cupio, nam refacere si uelim, non est locus;
nunc puero utere et procura, quando pro cura aes habes.
PH. multum amo te ób istam rem mecastor. ubi domi metues malum,
fugito huc ad me: saltem amicus mi esto manubiarius.
DI. bene uale, Phronesium. PH. iam ⟨me⟩ tuom oculum ⟨non⟩ uocas?
DI. id quoque interatim furtim nomen commemorabitur.

868 uestia *cod.* 869 quin ocubilium quam *cod.* : *corr. Buecheler* suum *cod.* (*cf. ad Trin.* 1090) 870 quin *Bothe* ostium *Mueller* (*Herm.* 34, 335) : odium *B* : *om.* P^{CD} (*et fort. cod.*; *cf. v.* 871) obsidiator *cod.* alium *cod.* q. si u. op. aliud ⟨iam⟩ p. ⟨ele⟩gerit *Leo* : *fort.* al. p. ei erit 871 odium *cod.* 872 amabo *Bothe post Camerarium* : iam abo *cod.* (iam abio P^{CD}) 873 quid opus iure mea *cod.* : *corr. Studemund, Camerarius, Bothe, Lambinus* 874 saltem ⟨unum⟩ *Mueller* aliquo milis *cod.* : *trai. Bothe* (ii. 1) : ⟨mi⟩ al. mil. *Schoell* aliqui *Spengel* : *fort.* aliqua 875 In eam rem siquid *cod.* : *corr. Buecheler* (*cf. ad Men.* 452) 876 puerum *del. Guietus* tum *del. Mueller* animam *Merula* : anima *cod.* 877 nefacere *Ital.* 878 pro cura aes *Schoell* : procures *cod.* : quor cures *Leo* 879 amo *Bothe* : amabo *cod.* 880 manubinarius *cod.* : *an* mutuarius (-tuit-)? 881 me *et* non *add. Camerarius* tuum *Ital.* : tum *cod.* 882 interatim furtim *scripsi* : interim futatim *cod.* (ii, p. 38) : i. furatim *Lipsius* commemorauiter *cod.* : *corr. Camerarius*

numquid uis? PH. fac ualeas. DI. operae ubi mi erit, ad te uenero.—
PH. ille quidem hinc abiit, apscessit. dicere hic quiduis licet.
uerum est uerbum quod memoratur: úbi amíci, ibidem opes.
propter hunc spes etiamst hodie tactuiri militem;
quém ego ecastor mage amo quam me, dum—id quod cupio inde aufero.
quae quom multum apstulimus, hau multum ⟨eius⟩ apparet quod datum est:
ita sunt gloriae meretricum. AS. aha tace! PH. quid est, opsecro?
AS. ⟨pater⟩ adest pueri. PH. sine eumpse adire huc. sine, si is est modo.
AS. ⟨ipsus est⟩. PH. sine eumpse adire, ut cupit, ad me. AS. rectam tenet.
PH. ne istum ecastor hodie †hastis† confectum fallaciis.

ACTVS V

V STRATOPHANES PHRONESIVM STRABAX ASTAPHIVM

STRAT. Ego minam auri fero supplicium †damnis† ad amicam meam·

883 fac ualeas *Acidalius*: facultas *cod.*: fac uenias *Mueller* mi ubi *Bothe* 884 ascessit *cod.* hic quis uidelicet *cod.*: *corr. Camerarius* 885 uerum ⟨uetus⟩ est *Goetz, Schoell* ⟨ubi⟩ubi *Mueller* ibĭdem ⟨sunt⟩ *Camerarius* opes *Pius*: opus *cod.* 886 etiam se hodie tantum rimlitem *cod.*: *corr. Palmerius, Petitus* tactum iri ⟨iterum⟩ *Buecheler*: inanitum iri (?) *Leo* 887 ego *om.* P^{CD} ama qua me dum (dudum P^{CD}) *cod.*: *corr. Ital., Camerarius* aufero *Camerarius*: auferue (auferre P^{CD}) *cod.* *ante* 888 *talem versum suppl. Buecheler*: nam quantumuis dent amantes, semper id nobis parumst 888 mutum *cod.* haud ⟨id⟩ *Seyffert* mutu *cod.* eius *add. Leo* 890 pater *add. Guietus* 891 ipsus est *add. Leo* sin *cod.* ad me ad recta si tenent *cod.*: *corr. Leo* (tenet *Pius*) 892 astutis conficiam *Camerarius, Geppert*: aspiciam confectum *Leo*: *fort.* habuisti (hāsti *per compend. script.*) confectum, *verba Astaphii* 893 Eo mihi amare *cod.*: *corr. Buecheler, Seyffert*

ut illud acceptum sit priu' quod perdidi, hoc addam insuper.
sed quid uideo? eram atque ancillam ante aedis. adeundae haec mihi.
quid hic uos agitis? PH. ne me appella. STRAT. nimium saeuis †ic†.
PH. potine ut mihi molestus ne sies? STRAT. quid, Astáphium, litiumst?
AS. merito ecastor tibi suscenset. PH. egon, atque isti etiam parum
male uoló. STRAT. ego, mea uoluptas, si quid peccaui prius,
supplicium hanc minam fero auri. si minu' credis, respice.
PH. manu' uotat priu' quam penes sese habeat quicquam credere.
puero opust cibum, opus est matri aútem quae puerum lauit,
opu' nutrici, lact' ut habeat, ueteris uini largiter
ut dies noctesque potet, opust ligno, opust carbonibus,
fasciis opus est, puluinis, cunis, incunabulis,
oleum ⟨opust⟩, opus est farina; pu⟨e⟩rus est totum diem:
numquam hoc uno die ecficiatur opu' quin opu' semper siet;
non enim possunt militares pueri †etauio† exducier.

damnâs *Dousa*: damnis *cod.* 895 uideo *Merula*: uidet *cod.* adeunda est haec mihi *cod.*: *corr. Leo*: adeunda haec mihist *Bothe* 896 appellat nimius eui sic *cod.*: *corr. Ital.* *fort.* sae. saeuiter 897 potines *cod.* ecquid (*cum* sis) *Buecheler* ast apilitiumst *cod.*: *corr. Spengel* 898 tibi *Ital.*: sibi *cod.* lego natque ne isti *cod.*: *corr. Camerarius* 900 hanc *Ussing*: archanc (adhanc P^{CD}) *cod.* (iv. 3): ad te hanc *Camerarius* minus *Bugge*: mihi *cod.* (*pro* mī, *i. e.* minus?) credis respice *Acidalius*, *Muretus*: ri despice *cod.*: (si mihi) arrides r. (?) *Goetz*, *Schoell* 902 cibo *Spengel* ⟨opus est⟩ quae *Leo* 903 lact (lacte) ut *Seyffert*: actut *cod.* (attut *B*: actute P^{CD}) lagiter *cod.* 904 opust ligno *Guietus*: opustic no (opus istic non P^{CD}) *cod.* 905 fasciis *Ital.*: falciis *cod.* (faciliis P^{CD}) 906 oleo *Spengel* opust *add. Buecheler* puerus *scripsi* (*Harv. Stud.* 9, 131): purus *cod.*: porro opus *Buecheler* 907 *fort. ordo verborum mutandus, nam nec* d(ie) ecf. *nec* die ĕcficiá. *satis placet* 908 possum *cod.* dauco *Seyffert*: ut auium *Palmer*

STRAT. respice ergo: áccipe hoc qui ístuc ecficías opus.
PH. cedo, quamquam parum est. STRAT. †ad omnae manuc† istuc post. PH. parumst.
STRAT. tuo arbitratu quod iubebis dabitur. da nunc sauium.
PH. mitte me, inquam, odiosu's. STRAT. nihil fit, non amor, teritur dies.
plus decem pondó—amoris pauxillisper perdidi.
PH. accipe hoc atque auferto intro.
STRAB. ubi mea amica est gentium?
neque ruri neque hic óperis quicquam facio, corrumpor situ,
ita miser cubando in lecto hic exspectando obdurui.
sed eccam uideo. heús amica, quid agis? STRAT. quis illic ⟨est⟩ homo?
PH. quém ego ecastor mage amo quam te. STRAT. quam me? ⟨PH. quam te. STRAT.⟩ quo modo?
PH. hoc modo ut molestus ne sis. STRAT. iam⟨ne⟩ abis, postquam aurum habes?
PH. condidi intro quod dedisti. STRAB. ades, amica, te adloquor.
PH. at ego ad te ibam, mea delicia. STRAB. hércle uero serio,
quamquam ego tibi uideor stultus, gaudere aliqui me uolo;
nam quamquam es bella, malo tu tuo, nisi ego aliqui gaudeo.
PH. uin te amplectar, sauium dem? STRAB. quiduis face ⟨qui⟩ gaudeam.

909 ⟨atque⟩ accipe *Bothe* hoc ⟨sis⟩ *Spengel* [ex]efficias *cod.* (‘*scil. varia lectio* exficias’ *Leo*) 910 addam unam minam *Bothe*: *fort.* addo minam etiam (*Leo*) auri (*cf. ad v.* 836) istuc *Bothe*: istic *cod.* poste *cod.* (*antiqua forma*?) 911 dabitur *Goeller*: adabitur *cod.* (ii. 7) (addabitur *P*CD) 913 amoris *codd. Nonii* 155: moris *cod.* pausilliper *cod.* perdidit *codd. Nonii* 914 me am. e. centium *cod.* 915 facto *cod.* 917 amicam q. a. [mille] *cod.* (*pro personae titulo* MILES) est *add. Weise* 918 mage *Ital.*: age *cod.* amo ⟨multo⟩ *Guietus* quam te *add. Bothe* 919 -ne *add. Guietus* 920 adest *cod.*, *unde* adesdum *Mueller* (*Herm.* 34, 339) 921 ibo ad medelicia *cod.*: *corr. post Angelium et Acidalium Spengel* 923 est *cod.* (*cf. Amer. Journ. Phil.* 17, 443) tu *post* nisi *cod.* (ii. 2): *huc transposui* (iii. 1): *post* es *Schoell* tuo's *Pareus* 924 uincte *cod.* amplectar [et] *cod.*: *corr. Goeller* qui *add. Ussing*

STRAT. meosne ante oculos ego illam patiar alios amplexarier?
mortuom hercle me hodie satiust. apstine hoc, mulier, manum,
nisi si te mea manu ui ín machaera et hunc uís mori.
PH. †nihili phiari† satiust, miles, si te amari postulas;
auro, hau ferro deterrere potes ⟨hunc⟩ né amem, Stratophanes.
STRAT. qui, malum, bella aut faceta es, quaé ames hominem isti modi?
PH. uenitne in mentem tibi quod uerbum in cauea dixit histrio:
omnes homines ad suom quaéstum callent et fastidiunt.
STRAT. huncine hominem te amplexari tam horridum ac tam squalidum?
PH. quamquam hic †qualest†, quam⟨quam⟩ hic horridus, scitus, bellus mihi.
STRAT. dedin ego aurum—PH. mihi? dedisti filio cibaria.
nunc, si | hanc tecum esse speras, alia opust auri mina.
STRAB. malam rem is et magnam magno opere, serua tibi uiaticum.
STRAT. quid isti debes? PH. tria. STRAT. quae tria nam? PH. unguenta, noctem, sauium.

925 Me eosne *cod.* 926 me hodie satiust *Brix*: medio satius *cod.*: me di s. *Ribbeck* manu *cod.* 927 nisi si te mea machaera uis et hunc una mori *Schoell* 928 nihilpphiari *B*: nil alapari *Buecheler*: Philippiari (*sc.* auro Philippeo uti) *Spengel* 929 haud ferro *Merula*: aufero *cod.* potest ne amet *cod.*: *corr. Seyffert* 930 faceta es *Pius*: eaci (-ti P^{CD}) eta est *cod.* (E *pro* F) hominem *Ital.*: homini *cod.* (i. 10) 931 dixi *cod.* 932 et] nec *Bothe* ⟨qui⟩ ad s. q. c. nihil f. *Ussing* 933 amplexari *Saracenus*: amplexares *cod.* (? *pro* -rei) horridum (horri *B*) acta (atque P^{CD}) *cod.*: *corr. Spengel* 934 qualest (*corr.* -is est) *cod.* (qualiest *B*: qualis est P^{CD}): squalet *Spengel*: squalust *Seyffert*: *vix* squalenst -quam *add. Merula* horret *Spengel* citus bellum hi *cod.*: *corr. Lipsius* (bellust) *vel* scitust 935 Dedin *Camerarius*: Dedi u (dedi P^{CD}) *cod.* mihin? *Mueller* dedixisti *cod.* (*corr.* D^1) cibariam *cod.* 936 tecum hanc *Spengel* 937 ⟨In⟩ malam rem is magnam *Acidalius et Guietus* magnam *Merula*: magna *cod.* *vel sic distingue* magnam, magno opere serua seruat ibi aticum (seruatib atticum P^{CD} *ut vid.*) *cod.* (iii. 3): *corr. Merula* 938 debes *Goeller*: debe isi (debet nisi P^{CD}) *cod.* nocte (noctes P^{CD}) *cod.*

STRAT. par pari respondet. uerum nunc saltem, †sit† amas,
dan tu mihi de tuis deliciis †sum quicquid† pauxillulum?
PH. quid id, amabo, est quod dem? †dic tum super ferit†
Campas dicit †auaui consultam† istuc; mi homo,
caue faxis uolnus tibi iam quoi sunt dentes ferrei.
STRAT. uolgo ad se omnis intromittit: apstine istac tu manum.
STRAB. iam hercle cum magno ⟨malo⟩ tu uapula uir strenuos.
STRAT. dedi ego huic aurum. STRAB. at ego argentum. STRAT. †eat apale puram†.
STRAB. at ego ouis et lanam et alia multa quae poscet dabo.
meliust te minis certare mecum quam minaciis.
PH. lepidu's ecastor mortalis, mi Strabax, perge opsecro.
AS. stultus atque insanus damnis certant: nos saluae sumus.
STRAT. age prior perde aliquid. STRAB. immo tu prior perde et peri.
STRAT. em tibi talentum argenti. †Philippices† est, tene tibi.
PH. tanto melior: noster esto—sed de uostro uiuito.
STRAT. ubi est quod tu das? solue zonam, prouocator. quid times?

939 ⟨et⟩ si ⟨istunc⟩ a. *Leo* 940 deliciis *Ital.*: delictis *cod.* *fort.* umquam (*vel* numquam) quid (*vel* quod) (*cf. ad v.* 595) pusillulum *B* (*pro* paus.) 941 quid ita ababo (alabo *B*: abauo *P*CD) est quod idem *cod.*: *corr. Palmerius* fert *P*CD *fort.* dictatura tu supersede 942 capas *B* ab aui *P*CD *fort.* i consultum i., mi h.; caue, si dicat, in tuam uitam sit consultum istuc, mi homo *Buecheler* 943 uomus *B* sum d. *B* 945 cum magno malo *Bothe*: iam magno *cod.* tut *B* strenuis *B* ⟨PH.⟩ uir strenuo's *Seyffert* (*Burs. Jahresber.* 1894, p. 324) 946 aurum *Merula*: mirum *cod.* at ego pallam et purpuram *Camerarius*: at ego ancillas tura purpuram *Schoell* 947 et lanam *Camerarius*: etia nam *cod.* roscet *cod.* dabo] dolum *B* 948 melius *cod.* minis *Camerarius*: minis[ter] *cod.* (iv. 3) certarem *B* 949–61 *et* 967 *paucissima leguntur A* 949 (me)castor *A* mi Strabax *Guietus*: [est] strabax mi *P*, *A n. l.* 950 dannis *P*, *A n.l.* sumis *B* (iv. 3) 951 perde *Mueller*: tirot *B*: tyro *D*: tyranno *C* (*A n. l.*) 952 talentum *Ital.*: tale actum *P*, *A n. l.* (A *pro* N) Philippi hic est, em t. t. *Schoell.*: *vix* Philippicense est, t. t. 953 de *Camerarius*: et *P*, *A n. l.* 954 xonas *P*, *A n. l.* prouocatur *P*, *A n. l.*

STRAB. tu peregrinu's, hic ⟨ego⟩ habito : non cum zona ego ambulo :
pecua ad hanc collo in crumina ego obligata defero.
quid dedí ! ut discinxi hominem ! STRAT. ímmo ego uero qui dedi.
PH. í intro, amabo, i, tú eris mecum ; ⟨tum⟩ tu eris mecum quidem.
STRAT. quid tu ? quid ais ? cum hocin ⟨eris⟩ ? ego ⟨ero⟩ posterior ⟨qui⟩ dedi ?
PH. tu dedisti iam, ⟨hic⟩ daturust : istuc habeo, hoc expeto.
uerum utrique mos geratur amborum ex sententia.
STRAT. fiat. ut rem gnatam uideo, hoc accipiundumst quod datur.
STRAB. meum quidem te lectum certe óccupare non sinam.
PH. lepide ecastor aucupaui atque ex mea sententia,
meamque ut rem uideo bene gestam, uostram rusum bene geram :
†romabo† si quis animatust facere, faciat ut sciam.
Veneris causa adplaudite : eius haec in tutelast fabula.

spectatores, bene ualete, plaudite atque exsurgite.

955 ego *add. Angelius* non cum zona ego *Ussing* : nunc meos nego (nunc meos non ego P^{CD}) *P*, *A n. l.* 956 ne rumina ego *codd. Prisciani* I, 270 : ego in crumina *P*, *A n. l.* 957 discinxi *Pius* : dixtinxi (*B*) *vel* distinxi (P^{CD}) *P*, *A n. l.* 958 i *Merula* : in *cod.* (vii. 4) i *Leo* : et *cod.* (*pro* ei ?) tu (*om.* P^{CD}) uergo a mecum tu *cod.* : *corr. Leo* 959 eris *et* ero *add. Ussing* qui *add. Studemund* *fort.* cum hocin ? ego posterior ? ⟨posterior⟩ dedi ? (*vel* p. ⟨qui prīor⟩ dedi) 960 hic *add. Buecheler post Lambinum* 962 cipiundumst *B* quo *cod.* 963 sinem *cod.* 964 ecastor aucupaui atque *codd. Nonii* 467 : mecastor aucupabatque *cod.* 965 meamque] aeque P^{CD} ut rem debere negestam *cod.* : *corr. Bothe* gera *cod.* 966 rem bonam *Buecheler* : Romae habeo *Schoell* : uerum (*malim* ergo) amabo (*Ital.*) *Camerarius* si quid a. facere (facire *B*) faciam *cod.* : *corr. Schoell* ⟨me⟩ ut *Seyffert* 967–8 *exitus duplex etiam in A ut vid.*

FRAGMENTVM

Cf. ad v. 729

VIDVLARIA

PERSONAE

Aspasivs (?) Servvs
Nicodemvs Advlescens
Gorgines Piscator
Dinia Senex
Cacistvs Piscator
Soteris Virgo, etc.

Aspasivs. *Cf. ad v.* 17

PROLOGVS

* * * hanc rem uetere nomine
* * * * * *
* * * * * *
laudatus * * * gra⟨ti⟩as
* * * * * *
Sc⟨h⟩edia * * * * *
* * noster f⟨ecit⟩ V⟨idularia⟩m.
* * * * * * *
priu' noscite * * scitis, ipsus ⟨e⟩s⟨t⟩;
credo argumentum uelle uos ⟨pern⟩os⟨cer⟩e;
int⟨elle⟩g⟨etis poti⟩us q⟨uid a⟩g⟨an⟩t q⟨ua⟩nd⟨o a⟩gent
* * uos in loco monitum * *
* * * * * *
* * * * * *
* * * * * *
* * * * * *

⟨A⟩S⟨PA⟩S⟨I⟩VS

Hominem, semel quem †usu rupit† seruitus
* * *

Huius fabulae praeter titulum, INCIPIT VIDVLARIA | VIDVLARIA, *nihil servatum in P, amissa ultima codicis parte. Fragmentorum quae in A sunt pleniorem descriptionem habes in Studemundi 'apographo cod. Ambrosiani.' Sicubi nihil adnotavi, Studemundum pro auctore habeas licet.*

1 ⟨nouam⟩ hanc (?) *Leo* 4 laudatus ⟨iam est acturus uobis⟩ gratias (?) *Leo* 6, 7 Sched⟨ia haec⟩ uo⟨catast a⟩ grae⟨co com⟩o⟨edia⟩ | Poeta, hanc noster f. V. *Studemund* 16 uos ill⟨um a⟩udite (*Goetz*) mox pro hoc ⟨alius rediero⟩ *Studemund* 17 usurpauit *Studemund*: *vix* usuripauit (-rup-). *Inter v.* 17 *et v.* 18 *interciderunt circ.* 190 *versus in A, quorum haec fragmenta servaverunt grammatici*

⟨NICODEMVS GORGINES⟩

NI. Eiusdem Bacchae fecerunt nostram nauem Pentheum. frag. I (
inopiam, luctum, maerorem, paupertatem, algum, famem. II (VIII
GO. paupera haec res est. III (XI
haec myrtus Veneris est. IV (VI,

⟨DINIA NICODEMVS⟩

est quo * neque ⟨temp⟩us censeo
NI. quid ais? licet⟨ne? DI. m⟩axum⟨e, si⟩ quid est opus.
sed quid est negoti? NI. té ego audi⟨ui di⟩cere
operarium te uelle ru⟨s condu⟩c⟨ere⟩.
DI. re⟨ct⟩e audiuisti. NI. quid uis operis ⟨fie⟩ri?
DI. qu⟨id t⟩u istuc curas? an mihi tutor additu's?
NI. dare possum, opinor, sati' bonúm operarium.
DI. est tibi in mercede seruos quem des quispia⟨m⟩?
NI. inopia seruom * * *
DI. quid? tu locas * * *
nam equidem te * * * ⟨arb⟩itror.
NI. non sum, siquidem tu * * *
uerum, si pretium das, du⟨ces te⟩cum simul.
DI. laboriosa, adulescens, uita est rustica.
NI. urbana egestas edepol aliquanto magis.
DI. talis iactandis tuae sunt consuetae manus.
NI. at qualis exercendas nunc intellego.
DI. mollitia urbana atque umbra corpus candidumst.
NI. sol est ad eam rem pictor: atrum fecerit.
DI. heus * illic estur * *

I *Priscianus* I, 300 (*accus. in* -eum) II *Priscianus* I, 235 (algus) III *Priscianus* I, 152 (paupera), *Probus cathol.* 16 (*item*) IV *Porphyrio ad Hor. C.* I. 38, 7 (myrtus *fem. gen.*) 24 *vel* opino satis *an* si uis *incert. cod.* 25 in *del. Goetz* 26 seruumst. i⟨ps⟩e ⟨eg⟩o me loc⟨auero⟩ *Buecheler*: s. i⟨ta⟩ f⟨it ut eg⟩o me loc⟨em⟩ (?) *Leo* 27 locas ⟨te⟩? no⟨n, ut opinor, serio⟩ *Leo* 28 te m⟨ercennarium haud esse⟩ a. *Leo* 29 tu n⟨on uis mercedem dare⟩ *Leo, Palmer* (*Hermath.* 20, 60) 36 aerum *cod.* (E *pro* T) 37 heus tu a me⟨is⟩ i.e. ⟨satis duru⟩s c⟨ibus⟩ *Leo*

Ni. misero male esse * * *
Di. quod aps te * * * quaesso ut m⟨ih⟩i impertias.
Ni. si tibi pudico | ⟨homine⟩ est opus et non malo,
qui * * quam serui tui
cibique minimi maxumaque industria,
minime mendace, em me licet conducere.
Di. non edepol equidem credo mercennarium
te esse. ⟨Ni. an⟩ non credis? * * *
* * * dicat simul
* * * operarium
iam * * unde conducam mihi
multum labor⟨et, p⟩aullum mereat, paullum edi⟨t⟩.
Ni. minus operis nihilo faciam quam qui plurumum,
nec mihi nisi unum prandium quicquam duis
praeter mercedem. Di. quid merendam? Ni. ne duis
neque cenam. Di. non cenabis? Ni. immo ibo domum.
Di. ubi habitas? Ni. hic apud piscatorem Gorginem.
Di. uicinus igitur es mihi, ut tu praedicas.

⟨Gorgines Cacistvs Aspasivs⟩

fg. v (i) Go. Animum aduortite ambo sultis. uidulum hic apponite;
ego seruabo, quasi sequestro detis; neutri reddibo,
donicum rés diiudicata erit haec.
vi (ii) As. hau fugio sequestrum

56 (Ca.) ibo et quaeram, si quem possim sociorum nanciscier

38 esse ⟨fuerit⟩ con⟨senta⟩ne⟨um⟩ *Leo* 39 *Nicodemo dant alii* 41 qui fidĕi plenior sit quam *Leo* 43 mendacem em *cod.* 45 esse non *cod.* 50 faciat *cod.* *Inter v.* 55 *et v.* 56 *interciderunt circ.* 150 *versus in A, quorum haec fragmenta servaverunt grammatici.* v (*vv.* 1–3) vi *Priscianus* 1, 224 (sequestro) 1 amabo si uultis uitulum *codd. Prisciani* 2 *Nonius* 508 (reddibo) sequestri *codd. Nonii* neutri reddibo *Priscianus* 1, 226 (neutri); *idem cum v.* 3 *Priscianus* 2, 7 (neutri) 3 donicum *testatur gloss. Plaut.* donicum res reiudicata (*vel* res iudicata) erit haec (*vel om.*) 1, 224 : donicum res diiudicata (deiu.) sit 2, 7 : donicum haec diiudicata res erit *Ritschl*

seu quem norim, qui aduocatus adsit. iam hunc noui locum.
hicine uos habitatis? Go. hisce in aedibus: huc adducito.
at ego uidulum intro condam in arcam atque occludam probe.
tu si quem uis inuenire tibi patronum, quaerita;
perfidiose numquam quicquam hic agere decretumst mihi.—
Ca. qur, malum, patronum quaeram, postquam litem perdidi?
ne * homo miser * * * infelix fui,
uidulum q⟨ui⟩ ubi u⟨id⟩i, non me circumspexi centiens;
uerbero illic, inter mu⟨rtos⟩ locust, in⟨de⟩ insidias dedit
tam scio quam med hic stare: captam praedam perdidi,
nisi quid ego mei simile aliquid contra consilium paro.
hic astabo atque opseruabo, si quem amicum conspicer.

Dinia Nicodemvs Cacistvs

Di. Ne tu edepol hodie miserias multas tuas
mihi narrauisti, eoque ab opere maxume
te abire iussi, quia me miserebat tui.
Ca. illic est adulescens quem tempe⟨st⟩as e mari
* * * * * *
et iam ego audiui * * *
in opus ut sese collocauit quam ⟨cit⟩o!
⟨po⟩l hau cessauit, postquam * *
mirum est * * * *
* * * * * *
rem mihi na⟨rrauit⟩; ede⟨po⟩l * *
puer * * * * *

63 ne ⟨ego⟩ homo miser e⟨t scelestus dudum at⟩que infelix fui *Leo*: ne⟨mo⟩ homo miser e⟨st adaeque ut ego sum at⟩que infelix fui *Studemund* 65 *suppl. Skutsch*: i. m. latuit, ins. *Leo* (*cf. Palmer, Hermath.* 20, 63) 67 concilium *cod.* 70 narauisti *cod.* 72 e mari] *vel* immin— 77 ⟨Di.⟩ Mirumst ni a⟨udiui⟩ tuam u⟨ocem u⟩squa⟨m gentium⟩ 79 *vel* na⟨rauisti⟩ edepol simul ⟨tecum fleo⟩ (?) *Leo* 80 puer i⟨s mi⟩hi ⟨periit⟩ (?) *Leo*

egentiorem * * * * neminem
aeque esse cred⟨o neque fuisse⟩ neque f⟨o⟩re.
Di. caue tú istuc dixis. immo etiam argenti minam,
quam med orauisti ut darem tibi faenori,
iam ego adferam ad te. faenus mihi nullum duis.
Ni. di tibi illum faxint filium saluom tuom,
quom mihi qui uiuam copiám inopi facis.
sed quin accedat faenus, id non postulo.
Di. defaenerare | hominem egentem | hau decet.
quam ad redditurum te mihi dicis diem
caue démutassis. Ni. usque donec soluero

vii (iv) Ca. ibi ut piscabar, fuscina ici uidulum.
viii (vi^a) nescioqui seruos e myrteta prosil[u]it.
ix (v) quid multa uerba? plurumum luctauimus.
x (vii) nunc apud sequestrum uidulum posiuimus.

xi (x) opposita est calcendix. Ni. at ego signi dicam quid siet.

xii (xviii) As. iube hunc in culleo insui
atque in altum deportari, si uis annonam bonam.
xiii (xvii) Ca. malo hunc adligari ad horiam,
ut semper piscetur, etsi sit tempestas maxuma.

xiv (xi) signum recte comparebat; huiius contendi anulum.

81 egentiorem ⟨me ho⟩mine(m) n⟨atu⟩m neminem (?) *Leo* 82 aeque *scripsi*: atque *cod.*: neque *Studemund* 84 taenori *cod.* 87 copiam ⟨hanc⟩ *Studemund* 89 hau condecet *Studemund* 90 dicis *vix* -es *cod.* 91 *deficit A* *Haec fragmenta reliquorum fabulae versuum servaverunt grammatici* vii *Nonius* 123 (ici) uici *codd. Nonii* viii *Priscianus* 1, 123 (myrt. *fem. gen.*), *Porphyrio ad Hor. C.* 1, 38, 7 e] per *codd. Porphyrionis* myrteta *suspectum* prosilit *Bothe*: prosiluit *codd. Prisciani et Porphyrionis* ix *Nonius* 468 (deluctaui) x *Priscianus* 1, 528 (posiui) xi *Prisciano* 1, 165 *in aliquot codd. ascriptum* (c. concha qua signum tegitur) *vel* clac. xii *Fulgentius Serm. Ant.* 53 (culleum) insui in culleo *codd. Fulgentii*: *transposui* bonam piscibus *codd. deteriores* xiii *Fulgentius Serm. Ant.* 15 (oriam . . Plautus in Cacisto) xii, xiii *coniungit Leo, qui sic legit* suis ut a. b. Piscibus ⟨concinnet⟩. Ca. malo *etc.* xiv *Nonius* 258 (contendere)

malim moriri meos quam mendicarier: xv (III
boni miserantur illum, hunc inrident mali.
nunc seruos argentum a patre expalpabitur. xvi

(Ni.) immo id quod haec nostra est patria et quod hic meu' pater, xvii (
illic autem Soterinis est pater.
nam audiui feminam ego leonem semel parire xviii (
ubi quamque pedem uiderat, subfurabatur omnis. xix (x

xv *Nonius* 138 (mendicarier) 2 boni ministrantur illum nunc irrident mali *codd. Nonii*: *corr. Lipsius, Studemund* xvi *Nonius* 104 (expalpare); 476 (expalpabitur) nunc *om. codd.* 476 a patre argentum *codd.* 476 xvii *Priscianus* 1, 317 (Soteris Soterinis) xviii *Philargyrius ad Verg. Ecl.* 2, 63 (leonem feminam) xix *Nonius* 220 (pedis *fem. gen.*) uiderat *Fleckeisen*: uidebat *codd. Nonii*

Fragmentvm Dvbivm

Aul. frag. vii *Vidulariae tribuunt Guietus, Mercerus*

FRAGMENTA

FABVLARVM PRAETER VARRONIANAS

ACHARISTIO

Quám ego tanta pauperaui per dolum pecunia. I
Panem et polentam, uinum, murrinam. II

ADDICTVS

Opu' facere nimio quam dormire mauolo :
ueternum metuo.

AGROECVS

Quási lúpus ab armis ualeo, clunis infractos fero.

ARTEMO

Nunc mihi licet quiduis loqui : nemo hic adest superstes. I
—⟨mu⟩iionum nauteam fecisset— II
rauim. III

ASTRABA

Sequere adsecue, Polybadisce : meam spem cupio consequi. I
Po. sequor hercle equidem : nam lubenter meam speratam consequor.
Axitiosae annonam caram e uili concinnant uiris. II
Quasi tolleno aut pilum graecum reciprocas plana uia. III

ACH. I *Nonius* 157 (pauperavit, pauperem fecit) II *Plinius N. H.* 14, 92 (vina murrae odore condita) ADD. '*Servius*' *ad Verg. Georg.* 1, 124 (veternus) AGR. *Paulus* 61 (clunes *masc.*), *Nonius* 196 (clunes *masc.*) infractos fero *Paulus* : desertos (*pro* dissertos ?) gero *codd. Nonii* ART. I *Festus* 305 (superstites, testes praesentes) (*cf. Pseudacr. in Hor. Epod.* 1, 5 nemo . . . sup.) II *Festus* 165 (nautea) III *Festus* 274 (rauim) AST. I *Varro Ling. Lat.* 6, 73 (spes) 2 erclem quidem *cod.* : *corr. Spengel* mea sperata *cod.* : *corr. Ritschl* II *Varro Ling. Lat.* 7, 66 (axitiosas, consupplicatrices) III *Festus* 274 (reciprocare pro ultro citroque poscere) tollenono *cod.* : *corr. Scaliger* reciproceis *cod. vix recte* : *corr. O. Mueller* uia *Scaliger* : uta *cod.*

iv . . Terebratus multum sit et supscudes addite.
v Terebra tu quidem pertundis.
vi Dare pedibus protinam sese ab his regionibus
vii apluda.

BACARIA

PARASITVS. Quis est mortalis tanta
fortuna adfectus umquam
qua nunc ego sum, quoiius haec uentri portatur pompa?
uel nunc qui mi in marí acipenser latuit antehac, quoius ego
latus in latebras reddam meis dentibus et manibus.

BOEOTIA

i PARASITVS. Vt illúm di perdant primus qui horas repperit
quique adeo primus statuit hic solarium,
qui mihi comminuit misero articulatim diem!
nam me puero uentér erat solarium,
multo omnium istorum optumum et uerissumum.
ubi is té monebat, esses, nisi quom nihil erat;
nunc etiam quod est non estur, nisi Soli lubet.
itaque adeo iam oppletum oppidum est solariis:
maior pars populi | aridi reptant fame.

ii Vbi primum accensus clamarat meridiem.

iv *Festus* 306 (subscudes, cuneatae tabellae quibus tabulae inter se configuntur) sit et] sit *Ritschl, ut iamb. senarius fiat*: *fort.* siet v *Nonius* 62 (exterebrare, curiosius quaerere. Plautus . . cum in curiosum iocaretur) terebra tu *Turnebus*: terebratum *codd.* (tum *pro* tú; vii. 4) vi *Nonius* 376 (protinam) vii *Gellius* 11, 7, 5 (apludam), *unde Nonius* 69 BAC. *Macrobius Sat.* 3, 16, 1 (acipenser . . Plautus . . ex persona parasiti) *Anapaestice discripsit Skutsch* (*Berl. Phil. Woch.* 1895, 265) 1, 2 q. ést m. ⟨aút fuit⟩ tantá f. affféctus *Seyffert* 3 quam *alii* nunc egō *scripsi*: ego nunc *codd.* 4 uel] uenit *Leo* 5 manibus] mandibulis *Scaliger* BOE. 1 *Gellius* 3, 3, 3 (parasitus ibi esuriens haec dicit) 4 me pueró uentḗr *suspectum*: ⟨unum⟩ m. p. u. *Hertz.* *Cf. Amm. Marc.* 23, 6, 77 uenter uni cuique uelut solarium est 6 esses *Leo*: esse *codd.* 7 quom *Bothe* 8 est oppidum *codd.*: *trai. Hermann* 9 pars p. ⟨iam⟩ *Hertz*: populi pars *Cobet* arida *Hertz* (*cf. Amm. Marc.* 19, 8, 8 per aestum arida siti reptantes) 11 *Varro Ling. Lat.* 6, 89 (accensus) *vel* meridie

FRAGMENTA

CAECVS vel PRAEDONES

Nil quicquam factum nisi fabre nec quicquam positum sine loco; I
auro, ebore, argento, purpura, picturis, spoliis,
tum statuis
Neque eam inuito a me umquam abduces. II
Spectaui ludos magnufice atque opulenter. III
. . . . Plure altero tanto quanto eius fundust uelim. IV
Ita sunt praedones : prosum parcunt nemini. V
In peregre [est]. VI
A. Velim te arbitrari factum. VII
B. Sedulum ; si summouentur hostes, remouentur lap[id]es.
. . . Si non strenue fatetur ubi sit aurum, VIII
membra exsicemus serra.
Nil feci secus quam me decet. IX
A. Quis tu es qui ducis me? B. mu. A. perii hercle! Afer est. X

CALCEOLVS

Molluscam nucem
super eius dixit impendere tegulas.

CARBONARIA

Ego pernam, sumen, sueres, spetile, callum, glandia. I

CAE. I *Charisius* 199 (fabre) I sine] nisi (?) *Leo* luco *cod.* 2 *post* spoliis *lacunam sign. Winter* II *Charisius* 202 (invito, *adverb.*) III *Charisius* 209 (opulenter) magn. ⟨confectos⟩ *Leo, ut anap. septenarius fiat* opulentiter *Weise, ut iamb. senarius fiat* IV *Charisius* 211 (plure) fundus est *cod.* V *Charisius* 211 (prorsum) VI *Charisius* 212 (peregre) in *del. Putsche* in (isne) peregre? (*del.* est) *Leo* VII *Charisius* 219 (sedulum, *adverb.*) si (?) *Leo*: est *cod.* fustes *Winter* lapes *Buecheler, ut troch. septenarius fiat* VIII *Charisius* 219 (strenue) IX *Charisius* 220 (secus pro aliter) X *Charisius* 240 (mu *interiect.*) *cf. Class. Rev.* 12, 364 CALC. *Macrobius Sat.* 3, 18, 9 (nucem molluscam, Persicum quod vulgo vocatur) CARB. I *Festus* 330 (spetile, infra umbilicum suis quod est carnis) sueres] *cf. Heraeus* (*Arch. Lat. Lex.* 14, 124) callum *Ursinus*: galium *cod.*

II Patibulum ferat per urbem, deinde adfigatur cruci.
III . . Secundum eampse aram aurum apscondidi.

†CESISTIO†

Dis stribula aut de lumbo opscena uiscera.

COLAX

I Batiolam auream octo pondo habebam, accipere noluit.
II Qui data fide firmata fidentem fefellerint,
subdoli subsentatores, regi qui sunt proxumi,
qui aliter regi dictis dicunt, aliter in animo | habent.
III Si me tu hodie inuitaueris numquam quicquam . . .
IV Nexum.

COMMORIENTES

Saliam in puteum praecipes.

CONDALIVM

I Tum crepusculo fere ut amant. lampades accendite.
II Pro!

CORNICVLA

I Quid cessamus ludos facere? circus noster ecce adest!

II *Nonius* 221 (patibulum *masc. gen.*) adfigatur *vir doctus in Nonii ed. Basiliensi*: adfigat *codd.* III *Priscianus* 1, 516 (*de compositorum verbi 'do' perfectis*) ipsam *codd.* CES. *Varro Ling. Lat.* 7, 67 (stribula . . circum coxendices sunt bovis) dis stribula *Buecheler*: distribula *cod.* aut *Scioppius*: ut *cod.* COL. I *Nonius* 545 (batiola) habebam *Ritschl*: habebat *codd.* II *M. Caesar ad Frontonem* 2, 10, p. 33 *Nab.* 3 animos *Ellis* ('*Fronto*' p. 25) III *Schol. Veron. Verg. Aen.* 2, 670 (numquam hodie) *fort.* ⟨numquam⟩, numquam IV *Varro Ling. Lat.* 7, 105 (nexum) *Plautinum an Naevianum incertum* COMM. *Priscianus* 1, 280 (praecipes) COND. I *Varro Ling. Lat.* 7, 77 (crepusculum, dubium tempus noctis an diei sit) *vel* ferae II *Festus* 229 (pro *interiect.*) *sed vide Herm.* 40, 247 CORN. I *Varro Ling. Lat.* 5, 153 (circus, in Corn. militis aduentu, quem circumeunt ludentes) eccum *Langen* ('*Beiträge*,' p. 4)

Qui regi latrocinatu's annos decem Demetrio. II
Pulchrum et luculentum hoc nobis hodie euenit proelium. III
Mihi Lauerna in furtis celebrassit manus. IV
Qui amant ancillam meam Phidullium oculitus. V
Em te opsecro, VI
Lyde, pilleum meum, mí sodalis, mea Salubritas.
Face olant aedes arabice. VII

DYSCOLVS

. Virgo sum : nondum didici nupta uerba dicere.

FAENERATRIX

Heus tu ! in barbaria quod dixisse dicitur I
libertus suae patronae, id ego dico ⟨tibi⟩ :
'Libertas salue ! uapula Papiria.'
Quae ego populabo probe. II

FRETVM

Nunc illud est quód 'responsum Arreti' ludis magnis dicitur :
peribo si non fecero : si faxo, uapulabo.

FRIVOLARIA

Commodo dictitemus. I
Is mihi erat bilis, aqua intercus, querquera tussis. II

II *Varro Ling. Lat.* 7, 52 (latro), *Nonius* 134 (latrocinari, militare mercede) latrocinatu's *non* -tus, *nam Nonius sic interpretatur* 'qui apud regem in latrocinio fuisti, stipendium acceptitasti' decem annos *cod. Varronis* Demetrio] mercedem in tiberio *codd. Nonii* III *Nonius* 63 (luculentum) IV *Nonius* 134 (Laverna) mihi Lauerna in *Scaliger*: militaueram nam in *codd.* ⟨ita⟩ mihĭ L. *Buecheler* (*praec.* -ia) *vel* celerassit manius *codd.* V *Nonius* 147 (oculitus) fedulium *codd.* VI *Nonius* 220 (pilleus *gen. neutri*) Te *an* Em te *incert. codd.* VII *Diomedes* 383 (olant) face *Goetz* : facere *codd.* : fac ere *Buecheler* DYSC. *Festus* 170 (nupta verba) *cum Paulo* 171 FAEN. I *Festus* 372 (uapula Papiria, *proverb.*) 2 ego d. tibi *Scaliger*: eo dico * * *cod.* 3 Libertas *O. Mueller*: liberta *cod.* II *Diomedes* 401 (populo) proue *codd.* FRET. *Gellius* 3, 3, 7 (historia oraculi Arretini) I r. Arreti *Hertz* : arretini r. *codd.* (v. 4) magis *codd.* FRIV. I *Charisius* 193 (*cf.* 196) (commodo) II *Paulus* 256 (querquera) *cum Festo* 257, *Priscianus* 1, 271 (intercus) aqua intercus *om. codd. Pauli* querquera tussis *edd.*: querqueratus *codd. Pauli*: tussis febris *codd. Prisciani* (*glossa marginali, ut vid., inculcata*)

iii . . Sequimini me hac sultis legiones omnes Lauernae.
iv Vbi rorarii estis? B. adsunt. A. ubi sunt accensi? C. ecce . .
v Agite nunc, supsidite omnes, quasi solent triarii.
vi Naue agere oportet quod agas, non ductarier.
vii Superaboque omnis argutando praeficas.
viii Tunc papillae primulum
fraterculabant—illud uolui dicere,
'sororiabant.' ⟨quid⟩ opus est uerbis?
ix * * * agnina tene * * * strebulis.
x O amice ex multis mi une, Cephalio.

FVGITIVI

A. †Agerge†, specta, uide uibices quantas. B. iam inspexi. quid est?

HORTVLVS

Praeco ibi adsit, cum corona, quique liceat, ueneat.

LENONES GEMINI

Dolet huic puello sese uenum ducier.

LIPARGVS

Nil moror mihi fucum in alueo, apibus qui peredit cibum.

iii *Festus* 301 (sultis) *cum Paulo* 300 *Ne bacchiace disponamus* (*om.* omnes) *monet sequentium versuum metrum* iv *Varro Ling. Lat.* 7, 58 (rorarii, qui bellum committebant; accensi ministratores) ansunt *cod.* (*pro* assunt ?) v *Varro Ling. Lat.* 5, 89 (triarii . . quod hi subsidebant, subsidium dictum), *Festus* 306 (subsidium) vi *Festus* 169 (navus) vii *Nonius* 66 (praeficae) viii *Festus* 297 (sororiare mammae dicuntur puellarum cum primum tumescunt, ut fraterculare puerorum) *cum Paulo* 296 (*cf. Herm.* 40, 247) 1 primulum *Ursini*: primum *codd. Pauli* (*cod. Festi n. l.*) 3 quid *add. Ursinus, codd n. l.* *vel* opust ix *Festus* 313 (strebula, coxendices hostiarum) ⟨carne Venus⟩ ag. tene⟨ra, at duris Iuno stre⟩bulis (*scil.* placatur) (?) *Leo* x *Priscianus* 1, 188 (unus, *voc.*) Fvgi. *Varro Ling. Lat.* 7, 63 (vibices) age age *Scaliger*: age ergo *vel* a tergo *L. Spengel*: '*nomen proprium*' (?) *Leo* quid est *Scaliger*: quid (? quidem) esset *cod.* Hort. *Festus* 306 (sub corona venire dicuntur, quia captivi coronati solent venire) cuique *cod.* ueneat *Ursinus*: uentat *cod.* (T *pro* E) Len. Gem. *Festus* 249 (puelli), *Priscianus* 1, 231 (puellus) dolet] holim *cod. Festi* hic puellus *codd. Prisciani* Lip. *Priscianus* 1, 522 (edo, edis, edit) alueo *Pareus*: aluo *codd.*

FRAGMENTA

NERVOLARIA

Scobina ego illunc actutum adrasi senem. I
Prohibentque moenia alia. unde ego fungar mea? II
Ocissume nos liberi possimus fieri . . III
Producte prodigum esse amatorem addecet. IV
Vinum sublestissumum V
Insanum ualde uterque deamat. VI
Scrattae, scruppedae, strittabillae, sordidae. VII

P⟨H⟩AGO

⟨PARASITVS⟩. Honos sýncerasto periit, pernis, glandio.

PARASITVS MEDICVS

In conspicillo I
adseruabam pallium, opseruabam.
Cum uirgis caseum radi potest. II
. . . . . Addite lopadas, echinos, ostreas III
. . . Domi reliqui éxoletam uirginem. IV

NERV. I *Varro Ling. Lat.* 7, 68 (scobina, a scobe) scobinam e. illum *cod.* senem *Lachmann*: enim *cod.* II *Festus* 145 (moenia, officia) *cum Paulo* 144 III *Festus* 181 (ocissime) fier— *cod.* IV *Festus* 229 (prodegeris, consumpseris, perdideris) prodigium esse m. (*i. e.* Marcus *vel* Manius) amatorem *cod.*: *corr. Ursinus, Bothe* V *Festus* 294 (sublesta, infirma et tenuia) VI *Nonius* 127 (insanum pro insane) VII *Varro Ling. Lat.* 7, 65 (scrat. siccas significat; scrupp. . . a pede ac scrupea; strittab. a strittillando, strittare ab eo qui sistit aegre), *Gellius* 3, 3, 6 (meretricum vitia atque deformitates significant) *cum Nonio* 169 scratie *cod. Varronis*: scrattae *codd. Gellii*: escratae *codd. Nonii*; *cf. Fest.* 333 scraptae (*ita cod.*) dicebantur nugatoriae ac despiciendae mulieres; *cf. Corp. Gloss. Lat.* 5, 243 scrattae despectae et nugatoriae sruppae ide *cod. Varronis*: scrupedae *codd. Gellii*: crupedae *codd. Nonii*: *cf. Corp. Gloss. Lat.* 5, 631 scrapedus (*ita codd.*) scabiosus srittabillae *cod. Varronis*: strittiuillae *codd. Gellii*: strictibilae *codd. Nonii* tantulae *cod. Varronis* (*varia lectio antiqua* ?) PHA. *Varro Ling. Lat.* 7, 61 (syncerastum, omne edulium . . Plautus in Pagone) glandio *Pius*: gradios *corr.* gladios *cod.* PAR. MED. I *Nonius* 84 (conspicillum, unde conspicere possis) II *Nonius* 200 (caseus *gen. neut.*) III *Nonius* 551 (lopades, genus conchae marinae) *de* lopadās *cf. Hopkins* (*Harv. Stud.* 9, 98) IV *Priscianus* 1, 489 (exoletam, grandem quae exoleverat) reliquit *Buecheler*

PARASITVS PIGER

i Inde hic bene potus primulo crepusculo.
ii Domum ire coepi tramiti dextra uia.
iii Ambo magna laude, lauti, postremo ambo sumu' non nauci.

PLOCINVS

Nam coloratum frontem habet, petilus⟨t⟩, habrus.

SATVRIO

i (Catulinam carnem esitauisse Romanos Plautus in Saturione refert)
ii Retrahi nequitur quoquo progressa est semel.
iii 'Male tibi euenisse uideo.' glaber erat tamquam rien.
iv Subcenturiatum require qui te delectet domi.

SCHEMATICVS

Nam pater tuo' numquam cum illa étiam limauit caput.

SITELLITERGVS

i Mulier est, uxorculauit, ego noui, scio axitiosa
quam sit
ii †Fitea† mihi insignitos pueros pariat postea
aut uarum aut ualgum aut compernem aut paetum aut brocchum filium.

Par. Pig. i *Varro Ling. Lat.* 7, 77 (crepusculum) bene *Pius*: dene *cod.* primulo *Scaliger*: primo *cod.* ii *Varro Ling. Lat.* 7, 62 (trames) tramite *cod.* iii *Festus* 166 (naucum) Ploc. *Nonius* 149 (petilum, tenue et exile), 204 (frontem *masc. gen.*) coloratilem *codd.* 204 petilust *Ritschl*: petilis *codd.* habrus *Scaliger*: habris (-bis) *codd.* Sat. i *Paulus* 45 ii *Festus* 162 (nequitur) iii *Festus* 277 (rienes) iv *Festus* 306 (succenturiare, explendae centuriae gratia supplere, subicere) subcenturiatum *Dziatzko*: subcenturia centum *cod.* Sch. *Nonius* 334 (limare) *vel* illac limabit *codd.* Sit. i *Varro Ling. Lat.* 7, 66 (axitiosae) est *Seyffert*: es *cod.* ax. quam sit *Schoell*: ac sitio aquam sic *cod.* ii *Festus* 375 (valgos)

FRAGMENTA

TRIGEMINI

Nisi fugissem [inquit], medium, credo, praemorsisset . . .

FABVLARVM INCERTARVM FRAGMENTA

Epeum fumificum qui legioni nostrae habet coctum cibum. I
Quod uolt densum, ciccum non interduo. II
Gannit odiosus omni totae familiae. III
Licet uos abire curriculo. IV (XVII)
Iam tibi tuis meritis crassus corius redditust. V (XVIII)
Di bene uortant! tene cruminam. ínerunt triginta minae. VI (XIX)
Nullam ego rem citiorem apud homines esse quam famam reor. VII (XXI)
Stultus est aduorsum aetatem et capitis canitudinem. VIII (XXII)
. Conruspare tua consilia in pectore. IX (XXIII)
Numnam mihi oculi caecultant? estne hic noster Hermio? X (XXIV)
Eierauit militiam. XI (XXV)
Sic me subes cottidie quasi fiber salicem. XII (XXVI)
Init te umquam febris? XIII (XXVIII
Neque muneralem legem neque lenoniam XIV (XXIX)
rogata fuerit necne flocci existumo.
Perfidiose captus edepol neruo ceruices probat. XV (XXX)
Muriaticam autem uideo in uasis stagneis XVI (XXXI)
naricam bonam et canutam et †taguma†
†quinas† fartas, conchas piscinarias.

TRI. *Gellius* 6, 9, 7 (praemorsisse) inquit] in *Winter*: ***utrum Plauti sit an Gellii non liquet*** INC. I *Varro Ling. Lat.* 7, 38 (Epeum fumificum, cocum) II *Varro Ling. Lat.* 7, 91 (ciccum) densum] deus mittat (?) *Leo* III *Varro Ling. Lat.* 7, 103 (ab animalium vocibus tralata in homines) IV *Paulus* 49 (curriculo, cursim. Pl. licet, inquit, uos *etc.*) V *Paulus* 60 (corius *masc. gen.*) VI *Paulus* 60 (crumina) VII *Paulus* 61 (citior) VIII *Paulus* 62 (canitudinem) IX *Paulus* 62 (conruspari, conquirere) X *Paulus* 62 (caecultant, caecis proximi sunt) XI *Paulus* 77 (eiuratio significat id quod desideretur non posse praestari) XII *Paulus* 90 (fiber) *vel* cott. | Quasi XIII *Paulus* 110 (init, introit) (*cf. Pers.* 78) XIV *Paulus* 143 (muneralis lex, qua Cincius cavit ne cui liceret munus accipere) existimo *Scaliger*: aestimo *codd.* XV *Festus* 165 (nervum, ferreum vinculum) captas (?) *Leo* eoepol *cod. ut vid.* XVI *Festus* 166 (narica, genus piscis minuti) I muriatica *Scaliger*

xvii (xxxii) Non ego te noui, naualis scriba, columbar inpudens?
xviii (xxxiii) Nil deconciliare sibu's nisi qui persibus sapis.
xix (xxxiv) . . . Sacrum an profanum hábeas parui penditur.
xx (xxxvi) Vix super * * * misero mihi ac * * * ⟨regliscit⟩.
xxi (xxxvii) * * * surus * * * non est tibi.
xxii (xxxviii) Vlcerosam, compeditam, subuerbustam, sordidam.
xxiii (xxxix) Venter suillus * * * scrutillum ego me hodie * * * esa farte biberem.
xxiv (xliii) Mittebam uinum pulchrum murrinam.
xxv (xliv) (Hortos tutelae Veneris adsignante Plauto.)
xxvi (xlv) Quid est? hoc rugat palliúm: amictus non sum commode.
xxvii (xlvi) Exi tu, Daue, age sparge, mundum | esse hoc uestibulum uolo.
Venus uentura est nostra, non hoc pulueret.
xxviii (xlviii) In pellibus periculum portenditur.
xxix (xlix) Cilix, Lycisce, Sosio, Stiche, Parmeno,
exite et ferte fustis priuos in manu.
xxx (xlvii) (Dulcia Plautus ait grandi minus apta lieni.)
xxxi (l) Glirium examina.
xxxii (li) Quid murmurillas tecum et te discrucias?

xvii *Festus* 169 (navalis scriba, qui in nave apparebat, . . minimae dignitatis; columbaria in nave appellantur ea quibus remi eminent) *vel* non égo te n. | Navális *etc.* columbari *cod.* (*seq.* i): *fort.* columbare *cum Amph.* fr. xix *coniung. Brandt* xviii *Festus* 217 (persibus, peracutus) *vel* sibus quid *Scaliger* persicus *cod.* xix *Paulus* 228 (profanum) xx *Festus* 278 *cum Paulo* 279 (regliscit, crescit) regiescit *codd.* xxi *Festus* 297 *cum Paulo* 296 (surus, ex quo per deminutionem fit surculus) xxii *Festus* 309 (subverbustam, verberibus ustam) uicerosam conpenditam *cod.* xxiii *Festus* 333 (scrutillus, venter suillus condita farte expletus) *cum Paulo* 332 xxiv *Plinius N. H.* 14, 92 (vina murrae odore condita) xxv *Plinius N. H.* 19, 50 xxvi, xxvii *Gellius* 18, 12, 3 (pulveret, quod ipsum pulveris plenum sit) hoc esse *Ritschl*: *fort.* ⟨mi⟩ esse hoc uestra (*vel* nostra) *codd.* non] nolo *Ital.* xxviii *Porphyrio ad Hor. Serm.* 1, 6, 22 (quod veteres in pellibus dormirent . . Plautus, cum de anu ebria iocaretur) in *del. Winter* pellibus *vel* pellis *cod.* xxix *Pseudacro ad Hor. Serm.* 2, 5, 11 (privum, quod unius est) 1 Sosia (?) *Leo* 2 *fort.* ecferte xxx *Serenus Sammonicus de Med.* 425 xxxi *Nonius* 119 (glis) xxxii *Nonius* 143 (murmurillum, murmuratio) *vel* técum | Et té

Leuior es quam tippula. XXXIII (LII)
. . . . Nec machaera aúdes dentes frendere. XXXIV (LIII)
Inimicus esto, donicum ego reuenero. XXXV (LIV)
. Si qua forte contio est, ubi éum hietare nondum in mentem uenit. XXXVI (LVI)
Ego illi uenear. XXXVII (LVII)
Vinum precemur, nam hic deus praesens adest. XXXVIII (LVIII)
Cette patri meo. XXXIX (LIX)
Haec praesepes mea est. XL (LX)
Neque ego ad mensam publicas res clamo neque leges crepo. XLI (LXI)
Et ego te conculcabo ut sus catulos suos. XLII (LXII)
Hunc sermonem institi. XLIII (LXIII)
Properate prandium. XLIV (LXIV)
Corpus tuum uirgis ulmeis inscribam. XLV (LXV)
Paupera est haec mulier. XLVI (LXVI)
Ipsa sibi auis mortem creat. XLVII (LXVII)
. . Pro laruato te circumferam. XLVIII (LXVIII)
Castrum Poenorum. XLIX (LXIX)

XXXIII *Nonius* 180 (tippula, animal levissimum, quod aquas non nando sed gradiendo transeat) (*cf. Pers.* 244) XXXIV *Nonius* 447 (frendere) machaera *vocativo Bothe*: macheram (-ce-) *codd.* XXXV *Charisius* 197 (donicum) XXXVI *Diomedes* 345 (hietare) XXXVII *Diomedes* 368 (veneor) XXXVIII *Diomedes* 458, *Donatus Art. Gramm.* 400, *Pompeius Comm.* 307, *Isidorus Orig.* 1, 36, 9, *Servius ad Aen.* 1, 724 precamur *codd. Diomedis, Donati, Isidori* XXXIX *Cledonius* 59, *Pompeius Comm.* 240, *Mar. Plotius Sacerdos* 490, *Phocas* 436, (cette) XL *Mar. Plotius Sacerdos* 472 *cum Probi Catholic.* 8 (praesepes feminino) (? *cf. Rud.* 1038) XLI '*Servius*' *ad Aen.* 1, 738 (increpitans, clara voce hortatus) XLII '*Servius*' *ad Aen.* 2, 357 (catuli non solum canum) (*ad Truc.* 268 *respiciens* ?) XLIII '*Servius*' *ad Aen.* 4, 533 (insistit) XLIV '*Servius*' *ad Aen.* 9, 399 (properet mortem), *ad Georg.* 4, 170 (fulmina properant) (*cf. Cas.* 766) properant *codd. Schol. Georg.* XLV *Servius ad Aen.* 1, 478 (inscribitur, dilaceratur) '*dubitare licet an Servius respiciat Pseud.* 545' *Leo* XLVI *Servius ad Aen.* 12, 519 (paupera) (*cf. Aul.* 174, *Vid.* fr. 3) XLVII *Servius ad Aen.* 6, 205 (viscum de fimo turdelarum nascitur) cacat *Burmann* (*ex Isidor. Orig.* 12, 7, 71 turdela quasi minor turdus, cuius stercore viscum generari putatur. unde et proverbium apud antiquos erat 'malum sibi avem cacare') XLVIII *Servius ad Aen.* 6, 229 (circumtulit, purgavit) (*cf. Amph.* 776) XLIX *Servius ad Aen.* 6, 775 (castrum) poenarum (-orum) *codd.*

L (LXX) Dissupabo te tamquam folia farfari.
LI (LXXI) Facilis oculos habet.
LII (LXXIII) Me⟨di⟩cum habet patagus morbus aes.
LIII (LXXIV) Qui talis est de gnatabus suis.
LIV (LXXIX) Probus quidem antea iaculator eras.
LV (LXXX) Linna cooperta est †textrino Gallia†.
LVI (LXXXI) Si quid facturus es
appende in umeris pallium
et †pergat† quantum ualet
tuorum pedum pernicitas.
LVII (LXXXII) Aeneis coculis mi excocta est omnis misericordia.
LVIII (Dub. IV vel XI) Fortasse ted amare suspicarier.
LIX (Dub. V vel XII) Argentum hinc facite.

VOCABVLA

Acieris; addues; ad exitam aetatem; adfabrum; aeneolo; aequiter; aerumnula(s); alimodi; angina(m) uinaria(m); aristophorum; asperiter; bellitudinem (?); bellule; binominis; Bitienses; blandicella; butubatta; custoditio; glos; herbam do; interluere mare; prosis lectis; pullaria(m); scelerare; thocum; uesperna.

FRAGMENTA DVBIA ET SVSPECTA

I (IV) Amoris imber grandibus guttis

L *Servius ad Aen.* 7, 715 (Farfarus) LI *Servius ad Aen.* 8, 310 (faciles oculos, mobiles vino) LII *Macrobius Sat.* 5, 19, 11 (ad rem divinum pleraque aenea adhiberi solita . . in his maxime sacris quibus . . exigere morbos volebant) medicum *Buecheler*: mecum *codd.* paeagus *codd.*: *corr. Canter* (*ex Paulo* 221 patagus, morbi genus) LIII *Priscianus* 1, 293 (natabus) *vel* quin LIV *Isidorus Orig.* 19, 5, 2 (funda, genus piscatoriae retis, . . etiam a iactando iaculum dicitur) LV *Isidorus Orig.* 19, 23, 3 (linnae, saga quadra et mollia) c. est ⟨e⟩ (*vel* c. e) textrina gallica *docti* LVI *Isidorus Orig.* 19, 24, 1 (pallium, quo ministrantium scapulae conteguntur) 3 perge ad ⟨eam⟩ *Leo*: *an* perge, ait? LVII *Isidorus Orig.* 20, 8, 1 (cocula, omnia vasa coquendi causa parata) LVIII *Donatus ad Ter. Hec.* 3, 1, 33 (fortasse cum infinito modo) suspicarier *Ritschl*: suspicauere *codd.* LIX *Donatus ad Ter. Phorm.* 4, 3, 30 (facesso et facio) Voc. prosis lectis (significari rectis) *Varr. ap. Isid. Etym.* 1, 37, 1; scelerare *ad Pseud.* 817 *refert Heraeus* (*Herm.* 34, 165) DVB. I *Fronto* 2, 2, p. 27 *Nab.*; *sed cf. Most.* 142

non uestem modo permanauit, sed in medullam ultro fluit.

Pilleum II (VI)
quém habuit deripuit eumque ad caelum tollit.

Numquam ad ciuitatem uenio nisi quom infertur peplum. III (IX)

Flocci pendo quid rerum geras. IV (VI vel XIII)

Cistellam mihi ecfers cum crepundiis. V (VII vel XIV)

(Plautus .. inducit inter multos amatorem positum dicentem VI (XVI vel VII)
quod solus sit.)

Pudens qui facit spes in alias VII

VOCABVLA DVBIA ET SVSPECTA

Coquitare; fucilis; Hannibālem, Hasdrubālem, Hamilcārem; meminens; reboo; penitissuma(e) (-me).

II *Nonius* 220 (pilleus gen. masculini, Plautus Captivis 'pilleum quem' *etc.*) III *Servius ad Aen.* 1, 480 (peplum); *sed cf. Merc.* 66 sqq. IV *Fulgentius Serm. Ant.* 38 (flocci) V *Fulgentius Serm. Ant.* 50 (cistella, capsella; crepundia, puerilia ornamenta); *sed cf. Cist.* 665 sq., 709 offers *codd. deteriores* VI *Servius ad Aen.* 4, 82 (sola); *sed cf. Amph.* 640 VII *Commentator Bobiensis in Donati Art. Gramm.* (ab impersonali verbo participia) *Cf. Sabbadini* (*Stud. Ital.* 11, 169)

Osbernus Panorm. 332 (momarsiculus, stultus qui cito movetur ad iram), 360 Quid tu, o momarsicule (Quid ais, m.) homo praesumis? *quod ex Paulo* 140, momar Siculi stultum appellant, *conflatum esse docuit Goetz* (*Bericht. sächs. Gesellschaft*, 1903, p. 144)

essentia, queentia (*Quint.* 8, 3, 33) *ad Sergium Plautum refert Schoell* (*Berl. Phil. Woch.* 16, 93)

SCHEMA METRORVM

Mil. Arg. I, II, vv. 1–155 Iamb. Senarii
156–353 Troch. Septenarii
354–425 Iamb. Septenarii
426–80 Troch. Septenarii
481–595 Iamb. Senarii
596–812 Troch. Septenarii
813–73 Iamb. Senarii
874–946 Iamb. Septenarii
947–1010 Troch. Septenarii
1011–93 Anapaest. Tetram. Cat.
1094–1136 Iamb. Senarii
1137–1215 Troch. Septenarii
1216–83 Iamb. Septenarii
1284–1310 Iamb. Senarii
1311–77 Troch. Septenarii
1378–93 Iamb. Senarii
1394–1437 Troch. Septenarii

Most. Arg., vv. 1–83 Iamb. Senarii
84–101 Bacch. Tetram. Acat. (88 Cat.): sed 90, 98, 102 Iamb. Dim. Cat.; 94 Anap. Dim. Acat.
103–4 Iamb. Octonarii
105–16 Cretici: sed 107 Iamb. Octonarius; 115, 117 Troch. Septenarii
108–9, 113, 116 pro altero hemistichio habent ‖ ⏖́ ⏓ | –́ ⏑ –́
118–9 Iamb. Octonarii
120–6 Bacch. Tetram. Acat.: sed 123 Anap. Dim. Acat.; 127 Iamb. Dim. Cat.
128–9, 131–2 Iamb. Octonarii, 130 Iamb. Dim. Acat.
133–53 Cretici, sed 142 (?) –3, 146–8 Iamb. Octonarii, 145 Troch. Septenarius
133–6, 141 (149 ?) pro alt. hemist. habent ‖ –́ ⏕ | –́ ⏑ –́

SCHEMA METRORVM

154–6 Troch. Septenarii

157–247 Iamb. Septenarii

248–312 Troch. Septenarii

313–9 Bacchiaci : sed 315 Cola Cretica,
– ⏑ – ⏑ – || – – – ⏑ –

313–4, 317–8 (alt. hemist.) || ⏓ ⏖́ | ⏓ ⏖́ –́

320–45 Cretici : sed 322–324, 326–7, 328[a]–9, 331–3, 335[a] Anapaestici ; 325[a], 334–5 Iambici ; 330, 346–7 Versus Reiziani

337–8, 343 (alt. hemist.) || –́ ⏑ | –́ ⏑ –́

336, 339–42 (alt. hemist.) || – ⏑ ⏑ ⏑ –

344–5 –́ – | –́ ⏑ –́ || – ⏑ ⏑ ⏑ –
|| –́ ⏑ | –́ ⏑ –́

348–407 Troch. Septenarii

409–689 Iamb. Senarii

690–739 Cretici : sed 727, 737, 740 Troch. Septenarii ; 721 Glyconicus (?)

690–2, 694–5, 698–701, 707–11, 714, 717 (alt. hemist.) || –́ ⏑ | –́ ⏑ –́

693, 696–7, 702–3, 706 (alt. hemist.) || – ⏑ ⏑ ⏑ –

704–5 –́ ⏑ –́ | –́ ⏑ ⏑ || –́ ⏑ –́ | –́ ⏑ –́

725 –́ ⏑ –́ | –́ ⏑ || –́ ⏑ –́ | –́ ⏑ –́

731, 738–9 (alt. hemist.) || –́ ⏖ | –́ ⏑ –́

733 –́ ⏑ | –́ ⏑ –́ || ⏑́ ⏑ ⏑ –́ | –́ ⏑ –́

741–5 Iamb. Octonarii, 746 Septenarius

747–82 Iamb. Senarii

783–803 Bacch. Tetram.

783–4, 790, 792, 796 (alt. hemist.) || ⏓ –́ | ⏓ ⏖́ –́

805–57 Troch. Septenarii, 804 Octonarius

858, 863 Versus Reiziani

859, 861 Anap. Dim. Cat., 860 Trim. Acat.

862 Anap. Tetram. Acat.

867 Bacch. Dim. Cat.

868, 874 Cola Reiziana ⏖ –́ | ⏓ –́ –

869, 870–5 Bacch. Tetram. (sed 874 duo Cola Reiziana)

869 – –́ –́ | ⏑ –́ || ⏑ –́ –́ | ⏑ –́ –́

872 (?) – –́ –́ | ⏑ –́ || – ⏑́ ⏑ ⏑́ ⏑ | ⏑ –́

SCHEMA METRORVM

876 Anap. Dim. Acat.
877 Iamb. Dim. Cat.
878 Anap. Tetram. Acat.
879, 881 Cret. Tetram. Acat.
880, 882 Glyconici cum Dochmiis
(– ⏓ – ⏑ ⏑ – ⏑ – || – ⏑ – – – et – ⏑ – – – ⏑ ⏑ – || – ⏑ ⏑ – ⏑ ⏑ –)
883–4 Troch. Septenarii
885–7 Glyconici
887[a] Dochmii (⏑ – – ⏑ – | – ⏑ ⏑ ⏑ – ⏓)
888 Troch. Octonarius
889 Anap. Dim. Acat.
890 Cola Bacch. et Reiz.
(⏑ –́ –́ | ⏑ –́ || ⏑ ⏑ ⏑́ ⏑ | ⏑ –́ –)
891 Cola Reiziana (⏑ ⏑ –́ | ⏑ –́ – || ⏑ ⏑ –́ | ⏑ ⏑ –́ –)
892–5 Versus Reiziani
896 Anap. Tetram. Acat.
897–8 Troch. Septenarii
899 (?) Glyconicus cum Dochmio
(– – ⏑ ⏑ – – ⏑ – || ⏔ – – ⏑ –)
900 Iamb. Senarius (Dochmius cum Glyconico?
⏑ ⏑ ⏓ – – – || – ⏑ – ⏑ ⏑ – ⏑ –)
901, 903 Anap. Dim. Cat.
902 Anap. Tetram. Cat.
904–92 Troch. Septenarii
993–1040 Iamb. Senarii
1041–1181 Troch. Septenarii
Pers. Arg. I Iamb. Senarii
1 Iamb. Octonarius contract.
(⏑ ⏑ –́ ⏑ – | – –́ ⏑ – || –́ – ⏑ ⏑ | – –́ ⏑ –)
2 Iamb. Septenarius
3–12 Iamb. Octonarii (sed 7–8 Septenarii)
13–6 Troch. Octonarii
17–7[b] Cretici
18 Troch. Septenarius
19–22 Iamb. Septenarii, 23–5 Octonarii
26–32 Trochaici : sed 29 Glyconicus
(⏑ ⏑ ⏑ ⏑ ⏑ ⏑ – ⏑ ⏓)

SCHEMA METRORVM

33–4^{b} Iambici (sed 34 Troch. Septenarius)
35, 37 Troch. Septenarii, 36 Octonarius
38 Iamb. Dim. Acat.
39–42 Iambicum systema
43–52 Iamb. Septenarii (sed 48^{a} Dim. Acat.)
53–167 Iamb. Senarii
168–74 Anap. Tetram.
175–80 Anap. Dim. Acat.
181–2 Anap. Dim. Acat. cum Troch. Dim. Acat. (?)
183–250 Troch. Septenarii (sed 196, 200–2 Octonarii; 197 Dim. Cat.)
251 Anap. Dim. Acat.
252 Bacch. Trim., 253 Tetram.
255–6 Iamb. Octonarii
257–67 Troch. Octonarii et Septenarii
268 Glyconicus (– – – ⏑ ⏑ – ⏑ –)
268^{a} Dochmii (– ⏑ ⏑ – ⏑ ⏑ ⏓ ‖ – ⏑ ⏑ – ⏑ –)
269–70 Iamb. Octonarii
271 Bacch. Trim. Acat. cum duobus Colis Reizianis (?)
(– –́ ⏑́ ⏑ | – –́ –́ | ⏑ –́ –́ ‖ – –́ ⏑ –́ ⏑ ⏑ | – –́ ⏑ –́ –)
272 Anap. Tetram. Acat.
273–6 Troch. Octonarius et Septenarii
277, 278 Iamb. Dim. Acat.
277^{a}–7^{b} Cola Reiziana (⏑ ⏑ –́ ⏑ –́ – et – –́ ⏑ ⏑ ⏑́ ⏑ –)
279 Troch. Dim. Cat.
280–328 Iamb. Septenarii
329–469 Iamb. Senarii
470–489 Troch. Tetram. (sed 485, 486 Iamb. Octonarius cum Colo ⏑ – –)
490 Anap. Dim. Cat.
491–6, 499 Anap. Tetram., 500 Anap. Pentam.
497–8 Bacchiaci
501–12 Iamb. Senarii
513–9 Troch. Septenarii
520–7 Iamb. Senarii
528–672 Troch. Septenarii
673–752 Iamb. Senarii
753–802 Anapaestici: sed 758, 759 Cret. Tetram.; 771^{a}, 775^{a} Anap. Dim. Acat. cum Colo Reiziano

(⏖ –́ ⏓ –́ –); 776 Iamb. Dim. Acat.; 776[a] duo Cola Reiziana (– ⏖ ⏑ – – ‖ ⏑ ⏑ – ⏖ – –); 792 Anap. Dim. Acat. cum duobus Dochmiis (– ⏑ – ⏑ ⏑ – | – – – ⏑ ⏑ ⏓); 794 Anap. Dim. Acat. cum Dochmio (– ⏑ ⏑ – ⏑ –)

803–6 Cretici

805–6 (alt. hemist.) ‖ –́ ⏓ –́ | –́ ⏑ – –

807–17 Bacchiaci

809, 811, 812 ⏓ –́ –́ | ⏑ –́ ‖ ⏓ ⏖́ –́ | ⏑ –́

815 Bacch. Dim. Cat. cum Troch. Dim. Cat.
(– –́ –́ | ⏑ –́ ‖ ⏑́ ⏑ – – – | –́ ⏑ –)

818 Anap. Dim. Cat.

819–42 Troch. Octonarius et Septenarii

843–8 Anap. Tetram. Acat.

849 duo Cola Reiziana (⏑ –́ ⏑ ⏑́ ⏑ – | ⏑ –́ – –́ –)

850 Anap. Dim. Acat.

851–3 Troch. Octonarius et Septenarii

854–5[a] Iamb. Dim. Cat.

856–7 Bacchiaci

858 Iamb. Octonarius

Poen. Arg., Prol., vv. 129–209 Iamb. Senarii

210–60 Bacchiaci: sed 224, 254 Cret. Trim. cum Colo Reiziano (?); 231[a] Troch. Dim. Cat.; 232 Troch. Octonarius; 238 Versus Reizianus; 239 Iamb. Septenarius

261–409 Troch. Septenarii

410–503 Iamb. Senarii

504–614 Troch. Septenarii

615–816 Iamb. Senarii

817–20 Iamb. Octonarii, 821–2 Septenarii

823–929 Troch. Septenarii

930–1173 Iamb. Senarii; sed 1165 Troch. Septenarius

1174–86 Anap. Tetram. et Dim.; sed 1176 Bacch. Trim. cum Anap. Dim. (?); 1177 (et 1182 (?)) Cret. Trim. cum Anap. Dim. (?); 1181 Anap. Dim. cum Cret. Trim. (?); 1183 Anap. Pentam. Cat.

1187–91 Anapaesticum systema

1192 Colon Reizianum
1192^{a}–5 Iamb. Octonarii
1196 Iamb. Senarius
1197 Troch. Septenarius
1197^{a}–8 Iamb. Dim. Acat.
1200 (et 1199?) Anap. Dim. Acat. cum Colo Reiziano
1201–25 Troch. Septenarii
1226–73 Iamb. Octonarius et Septenarii
1274–1303 Troch. Septenarii
1304–97 Iamb. Senarii
1398–1422 Troch. Septenarii

Pseud. Arg. I, II, Prol., vv. 3–132 Iamb. Senarii
133–45 Troch. Octonarii et Septenarii (sed 139 Dim.; 140, 141 Septenarius cum Colo Reiziano (?)
146–60 Iamb. Octonarii et Septenarii
161–4 Troch. Octonarii
165–8 Anap. Tetram. Acat.
169–72 Iamb. Octonarii et Septenarii
173 Troch. Octonarius
174–84 Anap. Tetram.
185–93 Iamb. Octonarii (sed 187 Dim. Cat.)
194–229 Troch. Octonarii et Septenarii (sed 195, 202–2^{a}, 211–13, 216–17, 222, 224, Dim. Cat.; 205^{a}–205^{c} Iamb. Dim. Acat.; 208, 227 Iamb. Octonarii; 219 Iamb. Septenarius)
230–42 Anapaestici
243 Troch. Octonarius
244–57 Bacch. Tetram. (sed 249, 255 Troch. Octonarii)
258–64 Cretici (sed 264 cum Ithyphallico)
258 –́ – | ⏑́ ⏑ ⏑ –́ ‖ –́ ⏑ | –́ ⏑ –́
261–3 –́ ⏑ –́ | –́ ⏑ –́ ‖ –́ ⏑ | –́ ⏑ –́
264 –́ ⏑ –́ ‖ – ⏑ – – ⏑ ⏑ –
265–393 Troch. Septenarii
394–573^{a} Iamb. Senarii
574–5 Anapaestici, item 576–7 (cum Iamb. Monom.), 578, 580, 583, 586 (cum Colo Reiziano), 587 (?), 588, 591–3
579 Trochaicus, item 584–585^{a}, 590.

SCHEMA METRORVM

581–2 Bacch. Octam.
589 Versus Reizianus
594–7 Anap. Tetram. Acat.
598–603 Glyconici ut vid.: sed 601a Troch. Dim. Acat.; 603 Priapeus cum Dochmio

600a ⏑ ⏑ ⏑ ⏑ ⏑ ⏑ ⏑ – ⏑ ⏑ – ‖ – – ⏑ ⏑ – – ⏑ –

602 – – – – – ⏑ ⏑ – ‖ – – – ⏑ ⏑ – ⏑ ⏑ – ‖ ⏓ ⏑ ⏑ – – –

603 – ⏑ ⏑ – ⏑ ⏑ – ⏑ – ‖ – ⏑ – ⏑ ⏑ – – ‖ ⏑ – – ⏑ ⏑ –

604–766 Troch. Septenarii
767–904 Iamb. Senarii
905–13a Anap. Tetram. et Dim.
914 Troch. Septenarius
915 Iamb. Septenarius
916–8 Anap. Dim.
919 Iamb. Octonarius
920 Cret. Tetram.
921 Cret. Pentam. cum Ithyphallico (– ⏑ – ⏑ – ⏑)
922–4a Iamb. Dim. Acat.
925 Troch. Septenarius
926–35 Cret. Tetram.: sed 931 Anap. Dim. cum Colo Reiziano (⏓ ⏑́ ⏑ – ⏑ ⏑ –)
935a Colon Reizianum (– ⏑́ ⏑ – –́ –)
936–48 Anap. Tetram. (sed 939–9a Dim.)
949–50 Anap. Dim. cum Colo Reiziano (– ⏑́ ⏑ – ⏑́ ⏑ –)
951–96 Troch. Septenarii
997 Iamb. Octonarius
998–1102 Iamb. Senarii
1103–4 Anap. Tetram. Acat.
1105–6 Bacch. Tetram.
1107 Troch. Septenarius
1108–9, 1112 Cretici
1109, 1112 –́ ⏑ | –́ ⏑ –́ ‖ –́ ⏑ | –́ ⏑ –́
1110–1 Anap. Dim. Cat.
1113 Iamb. Octonarius contract.

⏑ ⏑ –́ ⏑ – | – –́ ⏑ – ‖ –́ ⏑ – | ⏑ –́ ⏑ –

1114 Dochmius cum Iamb. Monom. (?)
1115 Iamb. Monom. cum Glyconico (?)

SCHEMA METRORVM

1116–8 Cret. Tetram., 1119 Trim.
1120–2 Anap. Tetram. Acat. et Cat. et Monometer
1123–5 Troch. Septenarii
1126–30 Bacch. Tetram.: sed 1127 Cret. Trim. cum Troch. Monom. (?)
1131 Dochmius cum Glyconico
(– – – ⏑ – ‖ – ⏑ ⏑ – ⏑ ⏑ – ⏑ –)
1131^a Troch. Dim. Cat.
1132–3 Anap. Dim. Acat. et Tetram. Cat.
1134–1245 Troch. Septenarii
1246–7, 1251–2 Bacch. Tetram.
1248–9 Cret. Dim. cum Ithyphall.
1248 –́ ⏑ –́ | ⏑́ ⏑ ⏑ –́ ‖ – ⏑ – – ⏑ ⏑ ⏒
1249 –́ ⏑ –́ | –́ ⏑ –́ ‖ – ⏑ – – ⏑ ⏑ –
1250 Ithyphallicus (– – ⏑ ⏑ – – –)
1253 Anap. Tetram. Cat.
1254, 1257 Versus Reiziani
1255 Anap. Dim. cum Colo Reiziano (– –́ – ⏑́ ⏑ –)
1256 Bacch. Dim. Cat.
1258 Cret. Trim. vel (*cum* dis) Bacch. Trim. Cat.
1259–60 Troch. Octonarii
1261–2 Anap. Tetram. Acat.
1263–7, 1271–2 Tetram. Bacch.
1264 – –́ –́ | ⏑ –́ ‖ – ⏑́ ⏑ | – –́ –́
1267 – –́ –́ | ⏑ –́ ‖ – –́ –́ | ⏑ –́
1268–70 Dochmius cum Glyconico et Ithyphallico
1268 – ⏑ – ⏑ – ‖ – ⏑ – ⏑ ⏑ – ⏑ – ‖ – ⏑ – ⏑ – –
1269–70 – ⏑ – ⏑ ⏒ ‖ – ⏑ ⏑ – ⏑ – ⏑ – ‖ – ⏑ – ⏑ – –
1272^a–6 Ionici ut vid.: sed 1275^a Bacch. Trim.
1277–8, 1280–o^a Cretici
1280 ⏑́ ⏑ – | –́ ⏑ –́ ‖ –́ ⏑ ⏑ | –́ ⏑ –́
1280^a –́ – | –́ ⏑ –́ ‖ –́ ⏑ | –́ ⏑ –́
1278^a Anap. Dim. Cat,
1279 Troch. Septenarius
1281–2 Bacch. Tetram.
1283–4 Troch. Octonarii
1285–1314 Cretici (sed 1291 Iamb. Dim. Acat. cum Cret.

Tetram.; 1295 Anap. Tetram. Cat.; 1296–7 Cret. Tetram. cum Anap. Dim. Cat. (vel Glyconico); 1302 Dochmiorum par; 1305 (?) Iamb. Dim. Acat.; 1313 (?) Iamb. Octonarius; 1314 Cret. Dim. cum Troch. Dim. Acat.

1285, 1287–8, 1294, 1300, 1309, 1311 (alt. hemist.) ‖ –́ ⏑ | –́ ⏑ –́

1286, 1301, 1312 (alt. hemist.) ‖ – ⏑ ⏑ ⏑ –

1291 – –́ ⏑ – | – ⏑́ ⏑ ⏑ – ‖ –́ ⏑ –́ | –́ ⏑ –́ | –́ ⏑ | –́ ⏑ –́

1292–3, $1308–8^{a}$, $1310–0^{a}$ ⏑́⏑ ⏑ | –́ ⏑ –́

1315–28 Anap. Tetram. (sed 1317–9 Dim. Cat.; 1320 Iamb. Septenarius ut vid.)

1329 Bacch. Trim. Cat.

1330–2 Cret. Tetram.

1333 Iamb. Dim. Cat.

1334 Cret. Heptam. cum Troch. Monom. (–́ ⏑ – –)

Rud. Arg., Prol., vv. 83–184 Iamb. Senarii

185 Versus Reizianus

187 Anap. Dim. Acat. cum Colo Reiziano (– –́ – –́ –)

186, 188–94 Bacch. Tetram.

186, 188 (alt. hemist.) ‖ – ⏑́ ⏑ | ⏓ –́ –́

195–6 Versus Reiziani

$197–7^{a}$ Bacchiaci

198 Anap. Tetram. Cat.

$199–216^{a}$ Cretici (sed 204–5 Bacch. Tetram.; $206–6^{a}$ Iamb. Dim. Acat.; 212 (?), 216^{a} Anap. Dim.

200–1 –́ ⏑ –́ | –́ ⏑ –́ | ⏓́ ⏑ –́ ‖ ⏑́ ⏑ – | –́ ⏑ –́

203, 209, 215–6 (alt. hemist.) ‖ – ⏑ ⏑ ⏑ –

217 Troch. Octonarius

218 (?) Versus Reizianus

219 Iamb. Septenarius

220–8 Anap. Tetram.

229 (coniunct. cum 229^{a}), 230, 232 Dochmius cum Iamb. Monom. (vel Cret. Trim.)

$231–1^{a}$ Cret. Dim. (–́ ⏓ | –́ ⏑ –́) vel Dochmius

233–52 Cret. Tetram.: sed 237 Dim. cum Troch. Monom. (⏑́ ⏑ ⏑ – ⏑)

SCHEMA METRORVM

253 Cret. Dim. cum Ithyphallico
254–6 Iamb. Dim. Acat., Senarius, Octonarius
257–8 Troch. Septenarii
259–64 Bacch. Tetram. et Dimeter
265 Cret. Tetram. (–́ ⏑ | –́ ⏑ –́ ‖ –́ ⏑ –́ | –́ ⏑ –́)
265[a] Iamb. Dim. Cat.
266–77 Cret. Tetram.
278–89 Bacchiaci: sed 283 Troch. Septenarius; 284 Iamb. Dim. Cat.
(?) 285 ⏑ ⏑ –́ ⏑́ ⏑ | ⏓ –́ –́ ‖ ⏑ –́ | – ⏑́ ⏑ –́
287, 289 – –́ –́ | ⏑ –́ ‖ ⏑ –́ –́
290–413 Iamb. Septenarii
414–41 Troch. Septenarii
442–558 Iamb. Senarii
559–92 Troch. Septenarii
593–614 Iamb. Senarii
615–63 Troch. Septenarii
664–81[a] Cret. Tetram. (sed 667 (et 668 ?) Cret. Dim. cum Troch. Monom.; 674 Cret. Trim. cum Troch. Monom.; 677 Cret. Dim. cum Troch. Dim. Cat.; 681[a] Troch. Monom.)
678 –́ ⏑ –́ | –́ ⏑ ‖ –́ ⏑ –́ | –́ ⏑ –́
682–705 Iamb. Septenarii
706–79 Troch. Septenarii
780–905 Iamb. Senarii
906–11, 914–8 Bacch. Tetram.
912, 921–2 Anap. Tetram. Acat., 919 Dim. Acat.
920 Iamb. Octonarius
923 Troch. Octonarius
924–5[a] Dochmii ut vid. (vel Cret. Dim.)
926 Dochmius cum Anap. Monom. (?)
926[a] Anap. Monom. cum Glyconico (*cum* consciust) (?)
928–37[a] Anapaestici
938–44 Iamb. Octonarii (sed 940 Dim. Acat.)
945–6 Iamb. Septenarii contracti
⏖ –́ ⏑ – | – –́ ⏑ – ‖ –́ – ⏑ ⏑ | ⏑ –́ –
947–8 Glyconici
949–51 Cret. Tetram.

952–5 Glyconici cum Dochmiis
(– ⏑ – ⏑ ⏑ – ⏑ ⏑ – ‖ – ⏑ – – –)

956–62^a Anap. Dim. Acat., 962^b Cat.

963–1190 Troch. Septenarii

1191–1204 Iamb. Senarii

1205–26 Troch. Septenarii

1227–64 Iamb. Senarii

1265–80 Troch. Septenarii

1281–1337 Iamb. Septenarii

1338–56 Iamb. Senarii

1357–1423 Troch. Septenarii

Stich. Arg. I, II Iamb. Senarii

vv. 1–3^a Dochmii

4–6, 9 Versus Reiziani

7–7^a – ⏖ ⏖ – (vel Anap. Monom. vel Colon Reiz. contractum)

8–8^a Cola Reiziana, 15 bis

10–14 Iamb. 'tripodiae' (?) cum Colo Reiziano

16–17 Glyconici

18–47 Anapaestici (sed 21, 45 Glyconicus (?) cum Anap. Monom.)

48–57 Iamb. Senarii

58–154 Troch. Septenarii (sed 67 Iamb. Octonarius)

155–273 Iamb. Senarii

274–308 Iamb. Octonarii (sed 275 sqq., 291 sqq. Iamb. systema, 288^a, 300 Senarii; 280, 302 Troch. Octonarii, 288 Dim. Cat.)

309–29 Anapaestici

331–401 Troch. Septenarii

402–504 Iamb. Senarii

505–640 Troch. Septenarii

641–72 Iamb. Senarii

673–82 Iamb. Septenarii

683–761 Troch. Septenarii (sed 702–5 Iamb. Octonarii)

762–8 Iamb. Senarii

769–71 Iamb. Octonarius et Septenarii

772–3 Versus Reiziani

774–5 Iamb. Septenarii

Trin. Arg., Prol., vv. 23–222 Iamb. Senarii

SCHEMA METRORVM

223–31 Bacch. Tetram., 232 Dim.
233–4 Iamb. Septenarii
235 Anap. Dim. Acat.
236 Versus Reizianus
237 Anap. Tetram. Acat.
238 Iamb. Monom. Acat.
238[a] Iamb. Octonarius
242–4 Anap. Tetram. Acat.
247–9 Iambici (in tertio metro Choriambus)
250, 251 Anap. Tetram. Acat. (?)
252–4 Trochaici
255 Versus Reizianus (– –́ ⏑ – | – –́ ⏑ – ‖ ⏑ –́ ⏑ –́ –)
256–300 Anapaestici : sed 260, 280, 284 Versus Reiziani ; 270, 273–6, 287 Dochmii (275 in Glyconicum (?) desinentes) ; 281, 283 Cretici ; 282, 285–6 Iamb. Octonarii
301–91 Troch. Septenarii
392–601 Iamb. Senarii
602–728 Troch. Septenarii
729–819 Iamb. Senarii
820 42[a] Anap. Tetram. (sed 831, 840–2 Dim. Acat., 842[a] Dim. Cat.)
843–997 Troch. Septenarii
998–1007 Iamb. Senarii
1008–92 Troch. Septenarii
1093–1114 Iamb. Senarii
1115–9 Anap. Dim. Acat.
1120–89 Troch. Septenarii

Truc. Arg., Prol., vv. 22–94 Iamb. Senarii
95–100 vix Bacchiaci
101 Versus Reizianus
102–11 Anap. Tetram. Acat., 114 Cat., 112–3 Dim. Cat.
115, 119 Iamb. Dim. Acat.
116–8, 120–2 Cretici (122 cum Troch. Dim.)
116 –́ ⏑ ⏑ | –́ ⏑ –́ ‖ –́ ⏑ | –́ ⏑ –́
117 –́ – –́ | –́ ⏑ ⏑́ ⏑ ‖ –́ ⏑ | –́ ⏑ –́
118 –́ ⏑ –́ | –́ ⏑ –́ ‖ –́ ⏑ | –́ ⏑ .–́
120–1 – ⏑ ⏑ ⏑ –
122 –́ ⏑ – – | –́ ⏑ – ‖ –́ ⏑ –́

SCHEMA METRORVM

124–7 Anap. Dim. Acat.
128 (?) Anap. Dim. cum Colo Reiziano (⏑ ⏑ –́ ⏑ –́ –)
129 Versus Reizianus
130–208 Iamb. Septenarii
209 Colon Reizianum (⏑ ⏑ –́ ⏑ ⏑ –́ –)
210 Iamb. Dim. Acat.
211–2 Bacch. Tetram.
213–6 Iamb. Octonarii, 217–23 Septenarii, 224–7 Senarii
228–30 Troch. Septenarii
231–6 Iamb. Octonarii, 237–40, 251–5 Septenarii, 241–7, 250 Senarii
248–9 Bacch. Tetram.
256–321 Troch. Septenarii
322–447 Iamb. Senarii
448–51 Ionici ut vid. (Anapaestici ?)
452 Versus Reizianus ut vid.
453–64 Bacch. Tetram.
461 – –́ | ⏑ –́ –́ || ⏑ –́ –́ | ⏑ –́ –́
462 ⏑ –́ –́ | – –́ –́ || – –́ | ⏑ –́ –́
465–550 Troch. Septenarii
551–2, 554–5 Bacch. Tetram.
553 (?), 558 Anap. Tetram. Acat.
556–7 Glyconici
559–65 Troch. Octonarii et Septenarii
566 Anap. Monom.
566^{a}–68 Anap. Dim. (567 Cat.)
569–70, 574 Bacch. Tetram.
571 Troch. Octonarius
572–3 Anap. Trim. cum Colo Reiziano (⏑ ⏑ –́ – ⏑́ ⏑ –)
575–80 Troch. Septenarii
581 Iamb. Dim. Acat. ut vid.
582, 584–5, 588–9, 591–2 Cret. Tetram.
589 –́ ⏑ –́ | –́ ⏑ –́ || –́ – | –́ ⏑ –́
592 –́ ⏑ –́ | ⏑́ ⏑ – || –́ ⏑ –́ | –́ ⏑ –́
583 Anap. Tetram. Cat.
586–7, 593, 595–6 Troch. Septenarii, 590 (?) Octonarius, 594 Dim. Cat.
597 Anap. Dim. Acat., 598 Tetram. Acat.

SCHEMA METRORVM

599–602 Cret. Tetram.
603–21 Anap. Tetram.
622–5 Cret. Tetram.
626–30 Troch. Septenarii et Octonarii
631–98 Iamb. Senarii
699–710 Troch. Septenarii
711 Anap. Tetram. Acat.
712, 715–8, 720–1 Bacch. Tetram., 713 (?) Trim. cum Colo Reiziano (– ⏑́ ⏑ ⏑́ –)
714 Anap. Dim. Acat. cum Colo Reiziano
719 Iamb. Octonarius, 722, 724 Senarii
723, 725 Cret. Tetram.
726–7 Troch. Octonarius et Septenarius
728–9 Versus Reiziani
730–968 Troch. Septenarii

Vid. Prol., Iamb. Senarii
frag. I–II Troch. Septenarii
18–55 Iamb. Senarii
frag. V. 56–68 Troch. Septenarii
69–91, frag. VII–X Iamb. Senarii
frag. XI–XIV Troch. Septenarii
frag. XV–XVI Iamb. Senarii
frag. XIX Iamb. Septenarius

Frag. 1, 5 Troch. Septenarii
3–4 Iamb. Senarii
6 Iamb. Septenarius
9–13 Troch. Septenarii
15 Iamb. Senarius
16–7 Iamb. Dim. Cat., 18 Septenarius, 19 Octonarius
20 Versus Reizianus
21–30 Iamb. Senarii
31, 36 Iamb. Octonarius
32 Versus Reizianus
37 Iamb. Senarius
40 Troch. Septenarius
41 Iamb. Septenarius, 44–6 Senarii
47–8 Troch. Septenarii
49–50 Iamb. Senarii

SCHEMA METRORVM

51–4 Troch. Septenarii
55 Iamb. Septenarius
58, 60–2 Troch. Septenarii
63–4 Iamb. Senarii
65–6, 68 Troch. Septenarii
69–71 Iamb. Senarii, 73 Octonarius, 74 Septenarius
76 Anap. Trimeter (?)
77–8 Troch. Octonarii, 79 Septenarius
80–4 Iamb. Senarii
87–8, 90 Troch. Septenarii
89, 91–2, 94, 97–8 Iamb. Senarii, 93 Septenarius
99–100 Troch. Octonarii, 103 Septenarius
102 Iamb. Octonarius, 104–5 Senarii
106 Troch. Octonarius
109 Iamb. Senarius
110–2, 115–7 Troch. Septenarii, 113 Octonarius
118 Iamb. Octonarius, 120, 122 Senarii
123–5, 127 Troch. Septenarii
126, 131–2 Iamb. Senarii
133 Troch. Septenarius
134 Iamb. Senarius
137–9, 142 Troch. Septenarii
145–6 Iamb. Octonarii, 148–50, 155, 159 Senarii, 156 Septenarius
154, 162 Troch. Septenarius
163 (?) Iamb. Senarius, 177–80 Dim. Acat.
181 Troch. Septenarius
182 Iamb. Senarius